知识产权法律译丛
Translation of A Collection of Classic Works on IP and Competition Law

创造无羁限：促进创新中的自由与竞争

Creation Without Restraint: Promoting Liberty and Rivalry in Innovation

[美]克里斯蒂娜·博翰楠（Christina Bohannan）
[美]赫伯特·霍温坎普（Herbert Hovenkamp） 著
兰磊 译

法律出版社
LAW PRESS · CHINA

著作权合同登记号
图字：01-2015-4941

译丛总序

翻译外文著作，在盛行学术“创新与创造之风”的当下，被普遍认为是吃力不讨好的活儿，其主要原因在于，翻译作品尚未纳入现有学术贡献评价标准。然而，知识产权与竞争法因其舶来属性，制度移植前少不了要研究外国较为成熟的制度、理论和经验，因而翻译外文作品就成了必需的手段。

当今较为盛行的学术之风，就是以最快速度获取外文资料，并将其悄然转化为自己的作品。这种学术路径，多半是少数人在介绍国外的现象，而不是由多数人进行比较研究。

我们着手开始的知识产权与竞争法经典作品翻译之事，旨在满足译者自身学习欲望的同时，向各位同仁尽可能提供“原汁原味”的资料，以便各位同仁能够借用这些资料共同参与比较研究。成为各位同仁在思考有关问题时的案头资料，乃是本译丛作者们共同努力的目标。若各位同仁能够推荐几本外国经典作品，我们由衷感激。

各位同仁有任何意见和建议，请通过邮箱 iipe@ecupl. edu. cn 联系，我们叩首期盼。

黄武双

2015 年 6 月 18 日

序

知识产权与反垄断的历史联系源远流长，在当代的联系更为紧密。这主要是因为创新已成为当代经济科技发展的重要主题，知识产权保护和反垄断均以促进创新为目标，促进创新是连接二者关系的重要纽带。我曾从事过反垄断行政执法、司法和理论研究，当然更多的时候是职司知识产权保护，这种特殊经历使我深知二者关系的密切，因而在我国《反垄断法》施行之时，我曾力争将反垄断案件归入知识产权审判庭审理，在该法施行前后也曾积极推动一些重要司法措施的出台。这些经历使我与知识产权和反垄断法均结下深缘，也一直密切关注二者之间的交叉研究和国内外动态。正像本书作者所说，在美国“一个名为‘知识产权与反垄断法’的新兴学科已经形成，涌现出多部教材和遍布多个法学院和商学院的相关课程，以及一大批丰富而又不断成长的学术成果。”在我国，二者交叉的领域，如标准必要专利反垄断等问题，已成为近年来我国学界和实务界颇为关注的热点，有关方面也取得了一定的研究成果。但总体上说，由于尚无比较丰富的实践素材，加上当前学界多少有点乐于走马灯式捕捉和谈论热点，而疏于严谨务实地展开深度研究的风气，这方面的研究还比较初步，有分量的成果还相对较少。相比之下，在大洋彼岸的美国，这方面的实践和理论研究均已比较丰富和深入。兰磊博士翻译的本书就是很能体现这方面研究状况的一部力作,也是这个领域的一部很有影响的代表作。值反垄断与知识产权保护交叉问题在我国渐成热点之际,这本译著的推出无疑恰逢其时。

创新在促进社会福利中的地位从来都是举足轻重。多年前开始的金融危机和全球经济衰退,又使创新受到了新一轮的空前关注。诚如本书作者所说,"眼下是创新政策发展的关键期和机遇期。"而且,当代的创新又极富有时代特色。如本书所说,"创新现在比历史上任何时候都更加依赖信息和'更软'的技术形式,例如数字媒体。还比任何时候更加依赖'互操作性'或技术兼容性以及共享接入。"这些特色为创新理论和法律政策的研究不断提出新课题和新挑战。本书以促进创新为立足点,以实践中的突出问题为导向,重点运用法经济学和法政策学方法,对于反垄断法和知识产权法的相关规则进行了深度审视,既有对于历史经验教训的总结分析,又有对于现实问题的准确把握和热点问题的深刻剖析;既分析探讨反垄断和知识产权保护各自在促进创新中的内在机制,又在两种法律制度之间相互借鉴,尤其是关于在知识产权保护中借鉴反垄断改革经验问题;既探讨问题,又提出对策建议,视野开阔,视角新颖独到,读后常常令人耳目一新。例如,经过几十年来的探索,美国反垄断法在促进竞争和创新的合目的性适用及改革完善方面走在了前面,积累了经验教训,本书对于这些经验教训在知识产权保护中的借鉴问题做了很好的分析,其中如关于在借鉴"反垄断法上的损害"的基础上引进"知识产权法损害",就很值得思考。本书从促进创新的角度有针对性地重点分析了专利法和版权法中的制度完善,既可以让我们理解问题的背景和症结,又可以看到其改革的方向。本书对于知识产权滥用问题进行了详细论述,可以帮助我们丰富和加深对于知识产权滥用的理解和认识。本书对创新与排斥效应、创新公地等创新问题进行了理论和实证的分析,这种直奔创新主题的研究殊为难得。可以说,本书涉及的前沿和热点问题很多,我们可以从中比较系统全面地了解当今美国在反垄断法和知识产权法及创新问题上的前沿动态。此外,我读过为数不少的美国法学论著,感到学者们既有理论上的专长,但又不脱离实践,理论与实践似乎都能实现无缝连接,其论述多资料详实、理论厚实和言之有物。读完本书的感觉尤其如此。

当前我国正在实施创新驱动发展战略,正在使创新成为引领发展的第一动力,并全面推进科技创新、制度创新、管理创新、商业模式创新、业态创新和文化创新。反垄断法和知识产权法作为以促进创新为重要或者根本目的的法律,在我国创新驱动发展中必将发挥更大的作用。首先,我们需要以创新的目标取向认真审视现有的法律和法律执行,使法律建构和法律施行更好地符合创新需求和促进创新。例如,我国反垄断法和知识产权法的历史虽然还不太长,但仍承袭了由以有形产品为明显特征的时代发展而来的制度,需要进一步契合网络型创新经济的新特点和新机制,有效解决当前创新中的突出问题。滥用知识产权的反垄断问题在我国已受到较多提及和关注,但更多是一般性的时髦说法和仅当作一个热词,真正的具体实践还很少,理论研究还不够深入。我国知识产权法律相对而言体系比较完善和规则较为具体,与此相应的司法更多是就事论事,法律的执行有时存在与创新目标等制度初衷相背离的现象和做法。本书立足于实证资料,对于网络型创新经济、滥用知识产权和专利版权法律施行中的创新考量等问题的研究,对我们很有针对性的借鉴意义。其次,我们需要正视促进创新中的世界性难题。诚如本书作者所言,"事实证明,通过实施恰如其分的法律规则来促进创新极其困难,并且分歧不止于细节。""单就知识产权而言,理性和学识渊博之人就根本问题存在着分歧,而且这种分歧广泛存在。例如,他们无法就专利或版权保护的最优范围和期限达成共识,某些人甚至认为如果没有知识产权法我们的情况可能会更好些。分歧也绝不止于学术界。""知识产权从来没有发展出一套连贯有用的关于知识产权适当期限和范围的理论。""确定知识产权的最优保护量是一项极其困难的工作。""知识产权法'顶多'是一套基于一系列直觉的法律,这些直觉关涉如下问题,即哪些类型的市场和创新需要保护,或者什么情况下采用市场导向的方式(如先发优势或保密)能够改进我们的处境。即便我们确实要给予保护,围绕什么是最优期限和最优范围仍然存在着大量不确定性。"这些看法确实有助于我们正视反垄断和知识产权保护中的一些认识和实践问题。例如,知识产权保护"度"与创新直接关联,"过"与"不足"均与促进创新的目标不合。但是,如何准确把握"度",确实是一个世界性难题。即便像知识产权法最为发达的美国，这些问题也没有彻底解决。近年来我国也一直在探索知识产权保护“度”的问题，虽有一定的成就，但仍有很多问题需要解决。尤其是，当前仍存在把加强保护作为标签化和教条化理解的倾向，不太注意具体情形的把握，实践中仍存在走极端的现象，这样就可能背离制度初衷。如本书所说，“反垄断法以促进竞争为主要目的。然而，在知识产权法和反垄断法存在的大部分时期内，它们都曾因为保护过度而削弱了创新和竞争。反垄断政策经常反映出对竞争损害的夸大担忧，并因此发展出一些具有过度保护性的规则，以消费者为代价使无效率的企业免于竞争压力。同样，知识产权授予的权利也经常远远超过适当创新激励所需的程度，从而削弱而非促进创新。在需要以他人成果为创新基础的市场上，知识产权法经常徒增创新成本，但却没有换取到多少利益。”这些话非常深刻。我也感到，从事知识产权保护的法官等专业人员往往偏好于权利的扩张和过度保护，有意无意地以此显示其工作的重要性，这在一定程度上是一种职业通病。对此应该有足够的警惕，一定注意知识产权保护的平衡性，否则会与促进创新的制度初衷相背离。再次，我们需要更加理性地认清国外制度的局限和缺陷。无论是学界还是实务界，言必称美欧、将美欧制度理想化对待甚至简单当作评判我国制度优劣的标准，这些现象并不罕见。但是，深入研究美国的反垄断和知识产权保护制度就可以看到，美国制度也有其发展完善和曲曲折折的过程，也有美国利益集团游说、历史上把握不适当等种种问题的存在。因此，参考借鉴美国的有益制度很必要，但一定要研究透彻并把握准确，真正做到择善而从，要多一些视角，多了解一些真相，而不是简单美化和盲从，不简单作为标本和科学。例如，美国的专利制度曾深陷过度授权、过度保护和过度诉讼的多重危机，美国立法和司法陆续开展了应对。如本书所说，“知识产权法的目前状况跟1960年代反垄断政策所处的状况极其相似。知识产权法已经脱离了促进创新这一核心关切。诉讼和诉讼威胁对市场造成深度干预，总体而言，这种干预以牺牲消费者为代价使权利人受益。”在我国此类现象虽然没有如此严重，但值得警惕，尤其是一些苗头性的东西要防微杜渐和未雨绸缪。美国在实践和制度方面可能是先行者，但它们今天的情形或许是我们明天可能遇到的情形，美国的情形有助于我们把握方向和展望前景。

在美国制度的发展完善中，学者具有特殊使命和独立的思想，并作出了独特贡献。例如，如本书所说，“反垄断法改革的源头是学术著作，它们主要针对联邦最高法院 1940 年代至 1970 年代初期作出的一系列判决进行批判和反思。”“反垄断法改革基本上始于学术文献，随后得到政府执法机构和法院的响应。”同样，“美国专利制度正身陷危机，受到所有政治派别异口同声的严厉批评。这些批评最初主要来源于学术文献，但随后得到联邦最高法院以及下级法院的响应，甚至还在一定程度上得到国会的回应。”这些足以说明学术研究和批判对于反垄断法和知识产权法的改革和完善的重要性。学术研究应当具有独立精神，不能只做实务部门的应声虫和诠释者，不能仅以能够被聘到头衔、获取课题等现实利益，忘记自己的独立担当和责任。学者应当通过高质量的研究成果和独立自主的批评精神，为推进制度创新贡献自己的独特力量和智慧。我国学者在这方面做得还不够，在创新事业中仍大有可为和任重道远。

我在国家图书馆看到过本书的英文原版，觉得确系一本好处，正准备仔细研读，恰好收到兰磊博士发给我的中文译本，这使我异常惊喜。兰磊博士是青年才俊，多年以来专心于反垄断法和知识产权法的研究，笔耕不辍，成果颇多。兰磊博士现将该书译成中文，可谓眼光独到。我深知译事不易，看似对于原文的语言转化，实则有大量的创造性劳动。该译本语言流畅，翻译准确，质量很高，充分展示了译者较高的专业和语言素养。像本书这样的著作目前在我国是稀缺的，相信本书的出版将对我国该领域的研究产生积极影响。值本书付梓之际，兰磊博士瞩我作序，我觉得不能敷衍了事，所以通读了译文，在此基础上写下了上面的文字，虽然不一定准确到位，但藉此聊表我对本书作者慨允译成中文及兰磊博士辛勤劳作之敬意和谢意，也权作向读者的推荐之意。

是为序。

孔祥俊

二零一六年六月三日

简目

详目

中文版序言

We are very grateful to see our book Creation *Without Restraint*: *Promoting Liberty and Rivalry in Innovation*, so capably translated by our friend and scholar Dr. Lan Lei. This book was a joy for us to write. It has been quite influential in the United States and has been cited by both the United States Supreme Court and the federal patent court, which is the United States Court of Appeals for the Federal Circuit. While protecting the incentives to innovate through intellectual property law is important, it is also important to keep the channels of innovation open and competitive. To that end, intellectual property law and competition law face unique problems of mutual engagement and balance. We offer this book in the humble hope that it will be of some benefit to the Chinese legal communities in intellectual property law and competition law as well.

Christina Bohannan
Herbert Hovenkamp
Oct. 7, 2015

非常感谢我们的朋友、学者兰磊博士把我们的著作《创造无羁限：促进创新中的自由与竞争》高质量地译成了中文。写作本书的过程对我们而言是一大乐事。它在美国产生了相当大的影响，联邦最高法院和联邦专利法院——美国联邦巡回区上诉法院——均已引证过本书。虽然通过知识产权法保护创新激励是一项重要的工作，但保障创新渠道的开放和竞争也同样重要。为实现这一目标，围绕如何相互接触与平衡，知识产权法和竞争法面临着一系列独特的问题。我们将本书呈现给中国读者，并谦恭地希望它也能对中国知识产权法和竞争法领域的法律各界有所裨益。

克里斯蒂娜·博翰楠
赫伯特·霍温坎普
2015 年 10 月 7 日

前　言

在促进社会福利方面，少有什么能超过创新带来的贡献。然而，事实证明，通过实施恰如其分的法律规则来促进创新极其困难，并且分歧并不止于细节。单就知识产权而言，理性和学识渊博之人就根本问题存在分歧，而且这种分歧广泛存在。例如，他们无法就专利或版权保护的最优范围和期限达成共识，且某些人甚至认为如果没有知识产权法我们的情况可能会更好。[①] 分歧也绝不限于学术界。不同市场和产业想要不同数量和类型的保护。一个市场上的最佳方案在其他市场未必适用。因此，不足为奇的是，知识产权制定法是由服务不同特殊利益集团的各种保护制度构成的大杂烩。反垄断法反映的特殊利益集团压力要小很多，但关于它在创新政策中应该扮演什么样的角色也并非完全没有争议。 ix

本书中，“创新”是指任何人类的想法，只要它在已

---

① 关于专利，*see* Michele Boldrin & David K. Levine, Against Intellectual Monopoly (2008)；关于版权，参见美国联邦最高法院斯蒂芬·布雷尔大法官的论文 Stephen Breyer, The Uneasy Case for Copyright: A Study of Copyrightin Books, Photocopies, and Computer Programs, 84 *Harv. L. Rev.* 281 (1970).

有成果的基础上增加了一些重要内容。创新可以是某种物品、方法或表达。创新的价值向来都是递增的,即它是在现有成果基础之上的增量成果。本书中“创新政策”是指鼓励以创新促进进步的一整套政策。创新政
x 策包括知识产权法,也包括反垄断法(借助它对于维护竞争的明确关切),且针对具体市场的监管政策(如电信、能源和医药),偶尔也包括侵权法。创新政策当然还包括各州的商业秘密法,但我们的研究对象集中在根据联邦宪法知识产权条款[*]制定的联邦法——专利法和版权法——以及联邦反垄断法。

美国联邦宪法知识产权条款要求专利和版权法通过创设“有限时间”的权利“促进”各自领域的“进步”。这一条款为知识产权设定了基于经济激励而非其他理论(如自然权利)的理论根据。② 关于以此作为知识产权保护的理据是否正确存在争论,本书无意参与其中。③ 诚然,人们有时会为了非经济动机而谱曲、作诗甚至发明新产品,但它们在以法律鼓励创新的机制中并没有扮演特别重要的角色。理由如下:第一,尽管不乏车库发明家的传奇故事,但如今大多数发明都诞生于以追求利润为主要目的的商业企业。即便大学的创新成果也多半是以许可赢利为目标。版权领域同样如此。事实上,而且令人不安的是,如今版权诉讼中已经基本上看不到艺术家、作者或者作曲家的身影了。主要的利益持有人是出版商、电影或音乐制作者以及其他媒体公司,而他们的动机几乎无一例外是为了获得金钱回报。第二,尽管非经济激励因素可以较好地解释人们从事某些创新活动的动机,但并不能解释他们为何要申请并随后强制执行法定排他权。诚然,版权法会遇到杰罗姆·大卫·塞林格(J. D. Salinger)[**]那样的人,无论别人开价多高,他都不愿意让其复制

---

* 即下文脚注②所引的条文。——译者注

② 参见《联邦宪法》第1条第8款第8项(U. S. Constitution, Article 1, Section 8, Clause 8),宣布国会有权“为促进科学和实用艺术的进步而授予作者和发明人就其各自作品和发现享有有限时间的排他权利”。

③ 对此争论的杰出介绍,*see* Robert P. Merges, *Justifying Intellectual Property*(2011)。

** 杰罗姆·大卫·塞林格(J. D. Salinger, 1919~2010),美国作家,最著名的作品是《麦田里的守望者》(1951年),此外还有《弗兰尼与卓埃》(1961年)、《木匠们,把屋梁升高》、《西摩:一个介绍》(1963年)以及收录他短篇故事的《九故事》(1953年)等。塞林格后来变得性格孤僻,虽不断创作,但很少发表。——译者注

自己未曾发表的信函。[④] 但隐士般的书信作者并不是任何版权法重大制度的背后驱动力量。总体而言,版权法跟专利法一样,其根基都是要打造一套激励私人创新的制度。

基于私人激励的创新政策需要平衡两项互相对立的权利:一项是通过创新新事物参与竞争的权利;另一项是获取创新成果部分价值的权利。健康的创新需要两个最为重要的前提条件:一是存在一个庞大的公有思想领域;二是保护持续丰富我们知识存量的那些重大的增量创新。保护公有领域至关重要。创新步伐最快的社会都为创新者在前人成果基础上继续前行提供了可观的自由。[⑤] 每一项创新都立基于前人的成 xi
果之上,其中一些前人的贡献得到了承认,另外一些则默默无闻。正如阿列克斯·考辛斯基(Alex Kozinki)法官指出,

> 知识产权保护过度跟保护不力一样有害。没有丰富的公有领域,创造性无从谈起。如今,或许人类驯服火种以来,没有一样东西是真正全新的事物。文化,跟科学技术一样,在累积中增长,每一个新的创造者都踏着前人的成果前行。保护过度会遏制它本来想要培育的创造力量。[⑥]

健康创新的第二个前提条件——保护新发明和新表达——也很重要。然而,不同情况下的保护必要性以及所需的保护程度差异很大。另外,非常关键的是,正如联邦宪法所要求的那样,这种保护只能是“有限时间”的保护。受保护的发明和表达必须进入公有领域才能进一步激励不受羁束的创新。但是,受保护产品必须在还有一定剩余经济生命的时候进入公有领域才会有意义。

问题在于,公有领域的规模与知识产权的保护范围呈现此消彼长的关系。每授予一项知识产权就会缩减公有领域的规模,知识产权的范围越大公有领域的缩减程度也越大。知识产权政策必须努力找到一个平衡点,将排他权的增加扣除公有领域缩减造成的社会价值损失所得的净收益最大化,还必须考虑运作知识产权制度带来的巨大管理和诉讼成本

---

④ *See* Salinger v. Random House, Inc., 811 F. 2d 90 (2d Cir. 1987).

⑤ *See*, eg., Jared M. Diamond, *Guns, Germs, and Steel: The Fates of Human Societies* 244 – 45 (1998).

⑥ White v. Samsung Electronics America, Inc., 989 F. 2d 1512, 1513 (9th Cir. 1993) [考辛斯基法官(Kozinski),异议意见].

及其发生严重差错的可能性。

反垄断政策也扮演着重要角色。反垄断法以促进竞争为主要目的。然而，在知识产权法和反垄断法存在的大部分时期内，它们都曾因为保护过度而削弱了创新和竞争。反垄断政策经常反映出对竞争损害的夸大担忧，并因此发展出一些具有过度保护性的规则，以消费者利益为代价使无效率的企业免于竞争压力。同样，知识产权法授予的权利也经常远远超过创造适当创新激励所需的程度，从而削弱而非促进创新。在需要以他人成果为创新基础的市场上，知识产权法经常徒增创新成本，但却没有换取到多少利益。

一、决定创新的可控因素

现在，大多数经济学家都认为创新对经济进步的贡献度远大于单纯
xii 为创造和维护竞争性市场所作的努力。与此同时，一个社会中经济竞争的强度与其产生的创新量之间呈现出强烈的相关性。另外，创新是私人努力和公共努力共同作用下的结果。目标精确的政府政策毫无疑问有助于形成创新激励。

然而，在资本主义制度下，私人决策和政府激励往往是一个硬币的两面。大多数创新激励都源于市场及其创造的利润诱导并得到法律激励结构的支持。针对特定市场的不计其数的法律、法规和政府机构调整着具体经济领域的竞争和创新，例如能源、电信和计算机技术、医药和医疗设备、运输等等。它们之上还存在两套综合性的规范，即知识产权法和反垄断法，它们调整着几乎每一个经济和创新活动领域。

反垄断法和知识产权法的逻辑起点都是这样一个前提，即如果引导得当，私人激励可以促进竞争和创新。在反垄断法领域，这通常意味着政府只需高度一般性地界定财产权利和合同权利，然后放手企业进行自我管理即可，只有在为了限制反竞争行为需要公共纠正时才进行干预。知识产权的问题更为复杂，因为在确定政府保护权利的范围时就需要明确考虑创设创新激励的问题了。

然而，并非任何诱导创新的因素都能通过政府政策加以控制，某些

因素的形成需要非常漫长的时间，因此很难预测具体结果。例如，也许最为重要的创新因素是公民拥有的才智、创造性和资源禀赋。父母的言传身教以及各个层面的教育长期内当然会对创新带来强大的影响。

影响创新的因素还有基本不受政府有效控制的人工的或天然的市场特征，包括市场上的实际和最优企业数量，以及它们的规模、产品差异化程度、成本结构，新企业进入的难易程度，小企业存活率，"先发"优势的价值，技术的商业生命周期，生产活动要求向公众进行技术披露的程度。例如，技术方面的约束因素决定了生产飞机或汽车的企业必须拥有很大的规模，但餐饮或小说写作这样的市场上却不存在类似的约束。在某些市场，如软饮料制造，技术性质决定了制造过程或配方可以无限期保密，使得专利保护基本失去了存在的必要。在其他市场，例如图书印刷或数字权利，即便是相当缺乏技能的人都可以立即复制创新成果，这意味着除非有可强制执行的知识产权提供帮助，创新者得到的保护寥寥无几。一般而言，购买者通常可以直接查看产品改进，因此它比方法改进更容易复制。虽然不同方法可能有所差异，但通常而言，人们并不能 xiii
通过查看最终产品获知多少关于方法本身的信息，而且方法通常都是在不对公众开放的制造商工厂之中实施的。

无论反垄断政策还是专利政策都不会直接对如下市场特征提出正面要求，即市场中的应然企业数量、企业之间的产品差异化程度、新企业进入的难易程度、复制的难易程度。它们主要由消费者需求和市场的自然特征决定。然而，如果企业试图以危害竞争的方式操纵市场特征，政府政策就将进行干预。例如，并购政策约束私人主体减少市场上的企业数量。调整联合抵制、独家交易和掠夺性定价的反垄断规则有助于约束"人为"限制新企业进入市场的行为。虽然反垄断法很少干预单一企业独立设计产品的行为，但却更加频繁地干预竞争对手就产品设计加以约定的行为。

在某些市场，特别是信息技术，创新的过时速度极快，专利制度只会带来成本高昂的困扰。[7] 而在其他市场，例如医药，产品的商业生命周期非常长并且很容易复制，相应地，专利具有非常巨大的价值。版权法同样如此。个别图书的市场生命可能非常长，但大多数则远远短于版权

---

⑦　参见第四、五章；*see also* Richard Gilbert, *The Rising Tide of Patent Damages*, *Concurrences* (Febrary 2010)。

保护期。同样，大多数软件代码不等版权保护期届满早就已经在商业上过时了。尽管政府政策在修正这些市场事实方面无能为力，但却能以各种各样的方式对其作出回应，包括差异化的法律保护，或者某些情况下对希望借助专利池或其他机制“以合同方式走出”某些知识产权制度的企业给予更大的灵活性。我们将在第十二章对此作更详细的探讨。

半个多世纪以来人们对反垄断政策的痛斥不绝于耳：往往针对假想的而非真实的竞争问题管制过度；从中受益最大的是商业企业而非消费者；往往导致经济的竞争程度下降而非提升。正如第三章揭示的，这些批评最早出现于学术界，一开始基本遭到忽视，但最终得到联邦最高法院和政府政治机构的接纳。知识产权法正在经历类似的过程，而且类似程度令人惊讶。首先是各种无情的批评：政府对创新市场的干预实在太多，体现为专利授权爆炸和执行过度；从中受益最大的是权利人而非公众；其结果往往是限制而非促进创新。同样，这些批评起源于学术文献，但现在很多已经进入联邦最高法院的视野。

xiv 眼下是创新政策发展的关键期和机遇期。专利制度正深陷过度授权、过度保护和过度诉讼的多重危机。也许我们已经看到了一线希望，尽管最重要的改革措施出自法院而非国会。版权法的前景更加灰暗。相反，反垄断政策基本已经走过了 30 年的改革期，变得更加关注保护市场竞争和消费者而非企业。这一领域的大多数重要改革措施同样出自法院而非国会。在这一过程中，反垄断法变得更加关注创新与竞争之间的复杂关系。一个名为“知识产权与反垄断法”的新兴学科已经形成，涌现出多部教材和遍布多个法学院和商学院的相关课程，以及一大批丰富而又不断成长的学术成果。⑧

在一个至关重要的意义上，知识产权改革并不需要像反垄断法改革那样激进。反垄断法改革的实现很大程度上取决于联邦最高法院对私人诉讼增设了一个专门的损害要件，而有关反垄断私人诉讼的制定法并没有明确规定这一要件。知识产权法的司法改革无需如此咄咄逼人。特殊利益集团推动下的立法过程及其带来的冗长法典导致的负面效果之一是，法条中充斥着模糊不清。易言之，许多（当然决非全部）重要的

---

⑧ *E. g.*, Herbert Hovenkamp, Mark D. Janis, Mark A. Lemley & Christopher Leslie, IP And Antitrust: An Analysis Of Antitrust Principles Applied To Intellectual Property Law (2d ed. 2010 & Ann. Supp.).

知识产权法条文都可以合理地作不同解释。我们提出一个法律解释规则，它强调以知识产权法创设正确的创新激励。

现在再说我们生活在信息经济时代已经是一个了无新意的话题了。正如本克勒(Benkler)指出，我们事实上生活在网络型信息经济时代，协作与兼容对于人们器重之物的生产往往至关重要。[9] 我们的反垄断法和知识产权法均诞生于一个以生产有形产品为明显特征的早期时代。要想在网络型创新经济中运行良好，它们一直需要并且仍然需要不断进行大幅度的重新解读。反垄断法在某些方面做到了这一点，例如承认知识产权密集型市场对协作的需求程度不断提高。但它在其他方面的表现则相当糟糕，特别是还没有认识到限制而非促进创新的行为造成的损害。而在知识产权法领域，获益(appropriation)模型在19世纪以及至少20世纪前半叶表现总体良好，但如今它已经无法适应时代的需要了。这表现在许多方面，包括专利数量扩散、专利范围扩张、专利诉讼激增，以及同样高速增长的精致而成本高昂的反制措施。结果，专利制度在许多产业带来的成本极有可能超过了其价值。[10]

网络型环境发展方面取得的进步很多都源于非典型的经济活动，其 XV
收益表面上并不符合追逐利润的传统模型。以免费开源软件为代表的技术就是实例。[11] 事实上，通过非市场替代措施在社会之中移动资源并不是一个新兴现象。人类历史上只有小得惊人的一部分资源移动活动是通过市场实现的。[12] 一千年以后书写人类经济文明史的历史学家将会发现，在人类经济发展史中市场交易主导的经济形态只不过是一个简短的插曲而已。

然而，真正的非市场行为可能并不像表面上看起来那么多。网络型市场上提供的许多免费服务背后其实隐含着如下事实，即卖方从事的业务是在“双边”市场上出售互补的产品。他们可能为增加市场一边的需求

⑨ Yochai Benkler, *The Wealth of Networks: How Social Production Transforms Markets and Freedom*(2006).

⑩ *See* James Bessen & Michael J. Meurer, *Patent Failure: How Judges, Bureaucrats, and Lawyers Put Innovators at Risk*(2008); Dan L. Burk, Mark A. Lemley, *The Patent Crisis and How the Courts can Solve It*(2009).

⑪ 参见第十二章。

⑫ *See* Douglas C. North, Understanding the Process of Economic Change (2005); Herbert J. Hovenkamp, Coase, Institutionalism, and the Origins of Law and Economics, 86 *Ind. L. J.* 499(2011).

而补贴另一边的需求。例如，企业可能通过免费开源软件来推动硬件销售。很多产品的销售模式都遵循这一模型，例如蜂窝电话和大型计算机。

创新现在比历史上任何时期都更加依赖信息和“更软”的技术形式，例如数字媒体。它还比任何时候都更加依赖“互操作性”或技术兼容性以及共享接入。20 世纪下半叶法律领域的一项重要发展是它承认了如下事实，即网络并不需要垄断，或者并不需要由单一企业进行自上而下的控制。它们在竞争状态下同样可以运作良好，并且能比垄断状态下提供大得多的利益，只要能够确保互操作性以及选择网上或网下经验的自由。

20 世纪中叶专利通常被视为一类垄断。特别是反垄断法案件经常会提到“专利垄断”。如今我们通常更倾向于把专利视为一类财产而非垄断。在某些方面这是一项值得肯定的发展，因为专利很少会带来显著的市场力量。其表现更类似于单纯的财产权，即只拥有“基于边界”的排斥力而非“基于市场”的排斥力。例如，一位农场主有权排除侵入者进入他的玉米地，但这根本不会在玉米市场或农田市场上赋予他超过市场价格收取高价的任何力量。同样的道理也适用于大多数专利。

然而，这种观念转变也带来了专利法上不那么受欢迎的扩张问题。一个重要的例子是，专利法并没有在“财产化”的同时引入传统财产权需要满足的其他要求。财产法的原则之一是请求人有义务清晰表述其所有权边界，模糊不清会使其受到惩罚，而这往往意味着丧失产权。另
xvi 一项原则是财产所有人必须就其诉求作出及时、有效的通告，因为通告成本通常远低于检索成本。贝森和莫伊雷尔（Bessen & Meurer）在《专利失灵》一书中非常深刻地指出，专利法仍然是这样一个奇怪的领域，它把某些事物称作财产但却没有严肃地要求它们像财产一样行事。[13]过度保护及其导致的资源浪费都程度惊人。这些问题基本上只能靠专利制度自身去解决，反垄断法的用武之地很小。版权制度同样如此。

二、概览

本书试图通过考察涉及专利法、版权法以及竞争政策和监管的一系

---

⑬ Bessen & Meurer, *supra* note 10,46 – 72.

列政策,探讨前述问题及相关事项。第一章探讨了竞争政策的性质和目的,包括价格竞争与创新竞争之间的某些重要区别。第二章介绍了一种在创新密集型市场上无处不在的现象——搭售,或者说互补品的网络化。绝大部分技术相关的重大反垄断纠纷以及数量惊人的知识产权纠纷,都涉及企业如何将产品或市场关联一体的问题。

第三章解读并批判了竞争政策和创新政策对于损害采取不同证明要求的毫无道理的做法。反垄断法从来都不曾推定损害的存在,而是要求原告必须证明损害,并且证明过程不得有不合理的猜测,因此反垄断法经常拒绝向明显受到损害的当事人提供法律救济。相反,知识产权法往往推定损害的存在,有时甚至相当极端地向非但没有因为被告行为受到损害,反而从中获益的知识产权人判予损害赔偿。知识产权对话中使用的知识产权属于"财产"的辞令可以部分解释这一差别,但它远远不能提供完整的解读。

第四章和第五章简要考察了专利制度及其存在的问题,特别是监管俘获、过度授予微不足道或显而易见的专利、界定糟糕的专利客体概念,以及边界和通告问题。凡此种种将创新者置于无谓的风险境地。我们认为反垄断法在解决多数此类问题方面并非一个良好的政策工具,并考察了几种提升专利公共价值而非私人价值的方案。

第六章考察版权法中特殊利益集团的影响及权利过度扩张的问题。国会明显陷入了一个尴尬境地。过去几十年间它基本上都只是在听取权利人而非使用者的声音,导致创新吃尽苦头。版权立法被俘获的一个重要结果是,法律对于许多版权侵权的认定几乎未作任何严肃的损害要求,特别是涉及衍生作品和合理使用的情况。第七章考察了版权法、他 xvii
人使用版权材料致生损害以及言论自由三者之间的关系。美国拥有以宪法第一修正案*保护言论自由的非常悠久和强劲的传统,包括保护威胁他人的、违反多数人道德标准的以及其他干扰社会秩序的言论。[14] 版

* 美国联邦宪法前十条修正案于1789年9月25日提出,1791年12月15日批准,被称为"权利法案"。其中第一条被称为"第一修正案",因保障宗教、言论、写作出版、和平集会以及向政府请愿的自由,而被视为美国联邦宪法最重要的条款。该条规定如下:"国会不得制定关于下列事项的法律:确立国教或禁止信教自由;剥夺言论自由或出版自由;或剥夺人民和平集会和向政府请愿申冤的权利。"——译者注

⑭ *See*, e. g. , Snyder v. Phelps, 121 S. Ct. 1207(2011).

权法上存在一个非常醒目的例外,即它通常允许针对言论行为提起侵权诉讼,尽管这些言论构成言论者的一种表达并且对版权人甚至任何人都是无害或基本无害的。我们建议为版权侵权诉讼设置一个损害要件,以保护创造性的创新和言论自由。第八章探讨了其他解决方案。由于法院对版权法进行违宪审查的能力有限,我们建议采用一项新的法律解释规则。总体而言,面对模糊不清的法律条文,法院应该作有利于涉公条款(例如合理使用和思想/表达二分法)的解释,而不利于涉私条款(例如衍生作品权和《数字千禧年版权法》的禁止性规定)的解释。这一解释规则能够落实立法意图、避免宪法问题,而且国会可以通过修法纠正法院的错误解释。历史表明,权利人争取矫正性立法的能力远远强于使用者,在这一过程中国会将被迫直面并澄清其法律政策。

第九章转向讨论反垄断政策和知识产权政策应该协调立场的一个问题,即限制而非促进创新的企业行为。不幸的是,反垄断法对于损害和价格竞争之影响两个要件规定了严格的证明要求,这导致它(特别是在私人诉讼中)在制裁限制创新行为方面往往不能发挥应有的作用。

第十章提出了一个不完整的解决方案,即借助自身问题缠身的知识产权"滥用"法则。我们认为,尽管垄断违法是滥用案件的一个非常重要的子类,但却不应该以反垄断法界定滥用法则的调整范围。滥用法则起源于知识产权政策而非反垄断政策,它有自己要保护的价值。其关切对象包括限制竞争、限制创新以及不合理地封锁本来已经合法进入公有领域的信息和技术。

第十一章讨论了一个颇具争议的话题,即创新密集型市场上支配地位企业从事的反竞争行为。知识产权法和反垄断法都正确地以激励创新作为自己的关切。但创新本身也可能以有害的方式遭到操控。当支配地位企业与竞争对手拥有的资源相差悬殊时,就可能出现危及竞争政策和创新政策的情况。我们特别考察了一系列问题,例如强占专利并弃之不用,网络型产业中的拒绝交易,网络中立政策的适当范围,以及创新本身是否可以作为反竞争行为加以制裁。

第十二章的主题是"创新公地",考察了人们对于联合研究、联合生产及标准制定行为给出的种种对社会有益和有害的解释。我们认为,很多时候最好把知识产权协作理解为一种弥补知识产权制度缺陷的方法。

xviii

该制度把权利分割成零散的碎片,这些权利除非得到整合否则无法得到有益的利用。重要的是,用以支持个人获益和公地管理这两种组织形式的论据都是经济性的。运用法律程序排斥他人需要付出成本,而在知识产权制度下这些成本极其高昂,因为权利的边界非常不清晰。一个企业为创设和防御个体边界所作的投入,以它从排斥中获得的利益大于它从合作中获得的利益为限。两类成本之间的平衡线决定了个体管理和共同体管理之间的边界。

第十三章考察了一个遭到严重误解的主题,即许可人或卖方对于知识产权的许可以及受知识产权保护之产品的销售设置的售后限制及相关纵向限制。在知识产权领域,"合同是一系列单次交易"的经典概念不复存在,而且它这一领域中的消失程度比在任何其他领域都更加突出。下游控制对权利人具有多方面的价值,而且很多情况下对社会有益。调整下游限制的法律工具有多种,包括反垄断法上的搭售和转售价格维持制度,以及知识产权法上的"权利用尽"和许可限制法则。[15] 纵向限制的经济理据包括价格歧视、交易成本节省、消除双重垄断加价、策略性排斥竞争对手、限制反向工程,甚至控制二手市场的发展。

最后,我们在后记中提出若干改革法律政策的建议,其中很多完全可以由法院加以落实。

---

⑮ *See* Christina Bohannan, Copyright Preemption of Contracts, 67 *Md. L. Rev.* 611(2008).

第一章　知识产权密集型市场上的竞争政策

一、反垄断法采用“普通法”进路的竞争政策

经济的健康和增长高度依赖两件事情：竞争和创 1
新。经济学家有时将竞争视为一种“静态的”或者短期的关切，而把创新视为较长时期内对于增长的“动态”关切。静态方式意味着以工厂和现有技术均已到位的企业或市场为考察对象，然后在一个有限的时间内分析产出和定价行为。相反，动态分析的内容则是企业在一个更长时期内面临的更加广泛的选项，包括开发或实施新技术、建设新工厂以及开发新市场。这种区分是有益的，但同时也是不准确的。例如，反垄断法事实上也非常关注降低市场进入壁垒，而进入壁垒正是企业开发新技术或进入新市场的能力所受到的限制。这主要是一种长期关系。另外，创新政策对现有技术的自由许可与传播所给予的关注程度，毫不逊色于它对尚且无法预见之事物的开发所给予的关注。

当价格被约束到接近成本的水平且现有货物或服务的产出实现最大化时，我们说这样的市场是竞争

性市场(competitive market)。垄断被视为竞争的敌人,因为它导致相对成本而言价格更高,并且伴随着客户放弃购买被垄断的产品,产出也将
2 减少。这种意义上的静态竞争很容易用模型描述。新古典经济学的传统公式和图表就可以展示竞争状态下成本与产出之间的关系,以及垄断的各种效应。① 一个“完全竞争的”(perfectly competitive)经济被视为是有效率的。也就是说,如果不发生技术变革,没有人能够在不导致他人境况变差的前提下使自己的境况变得更好。

相反,动态效率包含了经济**进步**的步伐。当某人开发出某种至少受一些消费者青睐的新事物时,就出现了经济进步。一旦考虑到进步或创新,传统的完全竞争的经济模型开始土崩瓦解。考察一个简单的例子:假设存在这样一种经济,所有价格都是竞争性的,不存在垄断。这一经济从来不曾开发出铝这种金属,各种产品的零部件都采用钢铁或塑料制成的。现在假设有一家公司开发了铝,并且能够在20年间(也就是专利的有效期内)阻止他人开发铝。铝受到众多客户的青睐,他们开始以铝代替钢铁和塑料,即便铝生产商收取的价格是其成本的三倍。

关于这种包含铝业垄断的替代经济,请考虑以下几点:第一,虽然新型经济包含垄断,原有经济不包含垄断,但并没有任何客户的境况变差。市场上仍然存在他们原先使用的产品(钢铁和塑料)。事实上,如果铝对钢铁和塑料形成竞争,这些产品将在产出下降的同时出现价格下降。② 第二,某些客户的境况得到改善,因为相对钢铁或塑料,他们更加青睐铝。第三,不进行创新的钢铁和塑料生产商境况变差,因为其产品的需求下降。当然,从一开始他们就只是在挣取竞争性的回报。第四,铝发明人的境况得到改善,或许是得到非常大的改善,因为铝的售价要比成本高得多。第五,客户和铝生产商获得的收益很可能超过不进行创新的钢铁和塑料生产商遭受的损失。第六,根据情况,通过专利保障一定时期内的排他利润可能激励铝发明人开发该产品。如果他人可以迅

---

① 关于这些基本模型,*see* HERBERT HOVENKAMP, FEDERAL ANTITRUST POLICY: THE LAW OF COMPETITION AND ITS PRACTICE ch. 1(4th ed. 2011).

② 钢铁和塑料生产商在铝出现之前进行竞争性的定价,在铝出现之后降低它们的价格,二者之间并不存在冲突。在铝出现之后的市场上,这些产品生产商的产出量将下降到边际成本曲线的一个较低的点上,最终,效率较低的工厂将退出市场。

速以很低的成本复制，铝的发明只能带来竞争性的利润，任何公司都只
有很小的激励去付出很高成本只为从一种竞争性产品转向另一种竞争
性产品。第七，如果提供某种激励，例如一定期限的排他权，许多人将围
绕着开发铝的活动展开竞争，先前生产钢铁或者塑料的某些企业也将加
入这一竞争过程。第八，是否以及何时能够发明铝，谁将发明铝，发明过 3
程需要付出多大的成本，它的表现如何，以及相对既有技术有多少客户
更加青睐铝？要进行这些预测是极其困难的。

因此，包含“被垄断的”铝的经济可能比没有铝的“完全竞争的”经济更加富有。由此，这种源于创新的垄断是一件好事，**只要**我们认为该垄断源于创新。我们并不希望在没有得到任何创新回报的情况下创设垄断。我们也不希望以垄断为代价，换取一种能够在竞争程度更高的情况下取得的创新。例如，如果 4 年的先发优势能够带来同等程度的开发铝的激励，那么 20 年的专利保护就提供了一种不必要的、给社会徒增成本的排他期，而且这还不包括获得和强制执行专利等活动本身带来的成本。

反垄断法是我国最为抽象的规制经济竞争的法律规定。它们并没有明确提及创新竞争，但也没有明确排除它。事实上，反垄断法最为著名的特征不在于它规定了什么，而是它**没有**规定什么。反垄断实体法属于联邦法典之中最为简单的法律文本之一，以一两个句子规定其禁止性要求。制定于 1890 年的《谢尔曼法》第 1 条调整各种类型的“限制贸易的协议”。这一短语的含义该法之中并无界定，但它最为流行的含义是指减少产出以及提高价格的协议。

《谢尔曼法》第 2 条规定，一个企业“垄断化”或者试图垄断化的行为非法，它同样没有对这些词语作出界定。如今，这些条文被排他性地等同于支配地位企业以不合理方式从市场上排除竞争对手的行为。第 2 条并不谴责高价格或者高市场份额，而仅仅谴责被认定为在其市场上处于支配地位的企业所从事的“排斥竞争行为”。

由于担心联邦最高法院对《谢尔曼法》的解释过窄，1914 年国会通过制定《克莱顿法》对禁止性行为作了更加明确的规定。第 2 条——经 1936 年修订、目前被称作《罗宾逊帕特曼法》——是一部详细的法典，它是最为明显的特殊利益集团影响下的立法产品。该条的主要目的是确

保小企业在购买用于转售的产品时，不会比大企业支付更高的价格。《克莱顿法》第 3 条规定的是反竞争的搭售和独家交易行为，我们将在下一章对它们作更详细的讨论。第 4 条对私人诉讼作了非常宽泛的规定，私人原告可以就其因垄断违法行为遭受的损害获得三倍赔偿。我们将在第三章详细考察联邦最高法院对这一宽泛条文进行的改造。最后，《克莱顿法》第 7 条规定禁止反竞争的并购。③

4 特殊利益集团的影响在《谢尔曼法》和《克莱顿法》通过之时都是存在的，并且此后也一直存在。《谢尔曼法》的立法史表明，国会的目的并非追求抽象的“竞争”或效率，而是保护那些因为咄咄逼人的大型低成本竞争对手（例如约翰·洛克菲勒的标准石油公司）而遭受威胁的小企业。标准石油公司本身是一个高度创新的企业。

但是，具体的特殊利益集团，例如俄亥俄州参议员约翰·谢尔曼的选民基础——小型石油生产商——并没能将任何具体的保护主义要求写入制定法条文之中。也许国会只是假定禁止“限制贸易”或“垄断化”行为有助于保护小型无效率企业免受大型企业的损害。又或者国会议员相信，大型企业正是完全通过这些条文调整的反竞争行为取得现有地位的。但无论出于什么样的原因，《谢尔曼法》的制定者所使用的词语，最终获得了与效率、接近成本的价格以及不存在不合理排斥等概念相关联的、相当技术性的含义，而非与保护任何具体特殊利益集团相关联的含义。

虽然说没有任何一部制定法能够完全不受特殊利益集团的影响，但反垄断法肯定算是相对“较为干净的”联邦监管制度之一。更为重要的是，联邦反垄断政策从 1970 年代开始经历了一场非同寻常的“清洗”运动。如今反垄断法具备一个合理免于特殊利益集团影响的端庄法则所具有的比较优势。相对而言，《专利法》和《版权法》就不能作同样的主张，尽管《专利法》也在处于自我批评与改革的时期。但版权和专利制定法都是相当详细的监管法典，而法典是实现监管俘获的重要渠道。事实上，监管俘获理论似乎是专为知识产权法量身定制的一套理论。该理

③ 对于这些条文的全面讨论，*see* PHILLIP E. AREEDA & HERBERT HOVENKAMP, ANTITRUST LAW（3d ed. 2004 – 2012），尤其是，第 2 卷（私人诉讼）、第 3 卷（垄断化）、第 4 卷（并购）、第 8 ~ 13 卷（限制贸易的协议，包括搭售、独家交易、卡特尔以及合营企业）以及第 14 卷（《罗宾逊—帕特曼法》）。

论认为，如果特殊利益集团规模较小、同质化程度较高并且成员拥有较大个体利益，这些小集团在影响政府决策者方面比更加多元化和拥有较小个体利益的大集团更加有效。④ 最有可能因知识产权过度保护而获益的人是知识产权人，他们在大多数知识产权法相关问题上是一个同质化程度相当高的特殊利益集团。相对应的一方是各类受保护和不受保护的创新成果的消费者。消费者利益与促进最优创新通常高度一致，但知识产权人在国会明显拥有更强大的话语权。

虽然联邦反垄断法缺乏细节性规定，但调整范围却大得惊人，其宽泛程度足以涵盖涉及知识产权和各种现代数字市场的反竞争行为。《谢尔曼法》从来不曾提及任何知识产权法，⑤但重要的是，它并没有将 5
涉及知识产权的行为豁免反垄断法管辖。该法旨在全面调整经济生活，没有排除任何形式的监管，无论是州监管还是联邦监管。例如，《谢尔曼法》通过之时铁路公司已经受到一个联邦机构——州际商业委员会——的监管。该机构曾经批准一种形式的网络型合营企业——“联合管理安排”，但政府指控它属于非法固定价格行为。联邦最高法院根据反垄断法谴责了这一安排，完全没有认可联邦机构的批准。⑥

几年后，联邦最高法院转而对专利抱以友好的态度，拒绝谴责专利搭售安排。作为回应，国会迅速制定了《克莱顿法》。该法第 3 条谴责反竞争的搭售安排，即便包含专利产品。⑦ 搭售安排是卖方设置的如下

---

④　参见第六章。

⑤　《谢尔曼法》第 1 条和第 2 条的条文，*see* 15 U. S. C. § § 1 - 2(2004)。关于其立法史的讨论，*see* 1 PHILLIP E. AREEDA & HERBERT HOVENKAMP, ANTITRUST LAW ¶¶ 100 - 01 (3d ed. 2006)。其立法史的完整文本收录于 EARL W. KINTNER, THE LEGISLATIVE HISTORY OF THE ANTITRUST LAWS AND RELATED STATUTES(1977 - 1978)。

⑥　United States v. Trans-Missouri Freight Ass'n. ,166 U. S. 290,369(1897). 下级法院根据州际商业委员会的评估维持了该协议的效力。*See* United States v. Trans-Missouri Freight Ass'n. , 58 F. 58,76(8th Cir. 1893)[quoting ICC ANN. REP. 25(1889)，该决定批准被告使用一个“共同机构”设定费率和费率表以及提供运输]。*See* Herbert Hovenkamp, Regulatory Conflict in the Gilded Age: Federalism and the Railroad Problem,97 YALE L. J. 1017,1041 - 42(1988).

⑦　《克莱顿法》第 3 条(15 U. S. C. § 14)规定：

> 如果出租人或卖方以承租人或买方不使用或交易前者之竞争者的商品为条件、协议或谅解出租或销售……产品，不管它是否受专利保护……并且其效果……可能实质上削弱竞争或可能形成垄断，则该行为非法。

该法是作为对 Henry v. A. B. Dick Co. ,224 U. S. 1(1912)案的回应制定的。

要求,即客户除非同时购买该卖方一个或多个"被搭售品",否则无法取得其"搭售品"。根据当时的观点,这种安排不适当地强迫客户为了购买或租用卖方的专利产品而购买其非专利产品,以此扩大专利的保护范围。专利或版权"滥用"法则将搭售问题等同于不适当的专利权行使行为。法律对搭售的敌视态度正是源于专利或版权"滥用"法则,只是后来才进入到反垄断法领域。然而,对于如何划定专利内含的"排他权"与反垄断法所关注的"反竞争排斥"之间的界限,法院的态度是模糊的和不一致的。易言之,它们经常将"边界排斥"与"市场排斥"相混淆。

法官和反垄断法学者经常说,反垄断法使用极其简洁的语言等于是在邀请联邦最高法院创设一套有关反竞争行为的"普通法"。现实也基本如此。调整固定价格、合营企业、生产商的分销限制以及排斥竞争行为(包括几乎所有知识产权行为)的技术性规则,都是由法官在极度缺乏细节规定的反垄断制定法基础上创造出来的。法律用语极其简洁并
6 且没有任何规定将竞争政策与创新政策关联起来,这对该法的未来发展具有重要的影响。一方面,它会削弱法律的稳定性;另一方面,它也有助于限制特殊利益集团影响反垄断相关政策的制定。

关于第一点,在美国历史上的不同时期,联邦最高法院有时把专利(偶尔也把版权)视为骇人的、反社会的垄断,有时又把它视为几乎不具有任何反竞争效应的完全无害的财产权。其结果是,反垄断/知识产权政策缺乏相应的连贯性,有时甚至走向极端。在这种意义上,构成多数反垄断分析之特征的"普通法"进路似乎并没有很好地服务社会利益。至于第二点,即特殊利益集团的俘获,国会涉足法律制定工作往往都是为了特殊利益集团。在特殊利益集团驱动下以制定法的形式对反垄断法则进行大规模的修订并不能很好地服务反垄断政策。虽说两种方式都不是尽善尽美,但目前来看,反垄断政策在促进竞争方面取得的成绩似乎明显好于知识产权政策在促进创新方面取得的成绩。

在政策层面,反垄断法是一个比知识产权制度更具融贯性的事业。无论在反垄断学术界还是联邦司法系统,反垄断法向新古典经济学借用的基本竞争模型都已确立了稳固的地位。在过去三四十年间,法院日益更加娴熟地掌握了区分反竞争行为与促进竞争或无害行为的方法。尽管反垄断法还存在众多问题,但多数只涉及反垄断执法的细节而非核心

政策。[8]

有关创新的政策模型发展程度则要落后得多。也许最为重要的是，知识产权法从来没有发展出一套连贯有用的关于知识产权适当期限和范围的理论。联邦宪法要求专利法和版权法应该“促进科学和实用艺术的进步”。[9] 这表明我们应该建立一套寻求如下利益最大化的政策：创新带来的社会回报，扣除它带来的任何垄断损失以及运行知识产权系统的交易成本所得的净额。知识产权系统的交易成本包括区分公有领域与知识产权保护边界所发生的成本，以及许可谈判和诉讼活动的成本。[10]

确定知识产权的最优保护量是一项极其困难的工作。例如，随着知识产权保护范围和强度的增加，一方面，如果创新成果带来的预期回报增加，会增加人们的创新激励；另一方面，如果借鉴他人思想的成本增加，则可能降低创新激励。另外，知识产权制定法具有高度通用性，但各个行业要求的最优保护量并不尽相同。[11] 例如，给予计算机代码较短的版权保护期几乎肯定会促进该市场上的创新。大多数计算机代码的市 7
场生命都只有短短几年时间，而现行体制却给予它们大概一百年的保护期，受版权保护的代码根本没有在仍然具有经济生命时进入公有领域的任何现实可能性。如果知识产权保护到期时创新成果已经完全过时，宪法有关仅授予“有限时间”知识产权保护的要求就成为一句空话。

然而，我们也不要对反垄断法相对知识产权法的相对优势抱有过度热情。反垄断法遭受的一个重要而且完全成立的批评是，它从来没有发展一套良好的技术性规则将创新纳入反竞争行为的分析过程之中。反垄断法所要打击的弊害主要涉及不合理高价。这种关切背后的强大力量是“完全竞争”的经济模型，它将竞争性定价作为反垄断政策的最高目的。据此，如果竞争者之间的协作、纵向限制以及并购会导致价格上

---

⑧ *See* HERBERT HOVENKAMP, THE ANTITRUST ENTERPRISE: PRINCIPLE AND EXECUTION(2006).

⑨ U. S. CONST. art. I, § 8.

⑩ 一般论述, *see* WILLIAM M. LANDES & RICHARD A. POSNER, THE ECONOMIC STRUCTURE OF INTELLECTUAL PROPERTY LAW ch. 1(2003).

⑪ *See* DAN L. BURK & MARK A. LEMLEY, THE PATENT CRISIS AND HOW THE COURTS CAN SOLVE IT(2009).

涨，它们就是有害的。同样，如果排斥竞争行为将一家企业隔绝于市场竞争之外，使其能够提价，则该行为有害。

相反，适当的创新激励可能要求，企业能够相对成本收取更高的价格。这导致创新关切从来无法轻易地纳入反垄断模型，而必须以令人尴尬和不令人满意的方式对其作补充性考察。例如，负责执行反垄断法的联邦政府机构虽然在并购案件中承认“效率抗辩”，但只有在效率带来的多少能立即出现的效益足以抵消任何潜在涨价效果时，才会承认此效率。[12] 易言之，我们仍然使用“短期”（定价）标准来评价几年甚至几十年后才能实现的创新效果。按照目前的法律标准，一笔威胁立即造成高价的并购交易，即便可能在十年后带来有助于大幅提升福利的创新，通常也无法得到准许。

专利或版权的创设方式及边界由知识产权制定法规定。相反，授予知识产权之后发生的行为则往往按照反垄断法分析。如今，反垄断立法对各类知识产权都相当友善。另外，虽然专利法和版权法保护过度的问题饱受批评，但很少有法院将它们视为一个反垄断法问题，而且它们也不应该这样做，因为正如下文指出，修复联邦制定法的缺陷并不属于反垄断政策的任务。例如，授予过多或过宽的专利明显会损害竞争，但解决办法来自于专利法内部，而不是由反垄断法充当监督专利制度的警察。然而，正如第四章指出，这种批评主要适用于专利授予之前的阶段，这时广泛存在政府监管。专利授予之后发生的行为则另当别论。政府监管一旦终止，反垄断法就将担负起更重要的角色。

二、反垄断政策、市场结构与创新

8 知识产权法很少关注市场结构本身，而仅仅关注鼓励企业创新。相反，反垄断法高度关注市场结构问题。然而，反垄断法的关切对象主要

[12] *See*, *e. g.*, U. S. DEP'T OF JUSTICE & FED. TRADE COMM'N, HORIZONTAL MERGER GUIDELINES §10 (2010). *See also* 4B PHILLIP E. AREEDA & HERBERT HOVENKAMP, ANTITRUST LAW ch. 9E. (3d ed. 2009 & Supp.).

是定价而非创新本身。例如，我们可能因为担心合并之后会出现涨价，而谴责在一个只有四家企业的市场上发生的两家企业之间的并购。虽然我们也可能担心它造成创新竞争减少，但主要关切的却是价格和产出竞争。即便是反垄断法上的沃克尔工艺案法则（Walker Process doctrine）也主要关切涉案行为可能导致涨价；该法则谴责企业利用不正当诉讼行为形成或维持垄断地位。⑬

虽然反垄断法关切市场结构与定价之间的关系，但它并不关切市场结构与创新之间的关系，至少不直接关切。之所以如此并不是因为缺乏相关研究。经济学文献中充斥着有关市场结构与创新关系的理论和实证研究，⑭但从政策视角看，这些研究成果并不是很让人满意。现代争论始于1940年代约瑟夫·熊彼特（Joseph Schumpeter）提出的一个强有力的论点，即垄断促进创新，竞争阻碍创新。熊彼特阐述了两个具有密切联系的命题。第一，只有支配地位企业具有适当的创新激励。熊彼特相信竞争留给企业的资源不够其进行大规模的创新投入。第二，通过创新形成和再形成垄断的过程是一个持续不断的“创造性破坏”过程。在熊彼特看来，资本主义竞争的决定性属性是它具有的不稳定性或者叫动态性，因为每一个新的创新基本上都会取代它之前的创新。熊彼特认为，这一过程对于经济增长的贡献远远超过市场从垄断走向竞争这一更加平和的运动过程。⑮

一代人之后，肯尼斯·阿罗（Kenneth J. Arrow）对熊彼特的观点提出严重质疑。阿罗观察到，竞争者从创新中得到的利益远远超过垄断者，而其因为不创新而失去的利益也会远远超过垄断者。⑯ 垄断者已经在收取垄断回报，并且对自己现在拥有的技术通常进行过大规模的投资。取代现有技术的创新将会导致这些投资丧失价值。除非能够带来

---

⑬　参见第四章。

⑭　对它的一个优秀的概括，*see* Richard Gilbert, Looking for Mr. Schumpeter: Where Are We in the Competition-Innovation Debate? in 6 INNOVATION POLICY AND THE ECONOMY 159, 165 (Adam B. Jaffe et al. eds., 2006).

⑮　*See* JOSEPH A. SHUMPETER, CAPITALISM, SOCIALISM AND DEMOCRACY 101 - 106 (1942).

⑯　Kenneth J. Arrow, Economic Welfare and the Allocation of Resources for Invention, in ESSAYS IN THE THEORY OF RISK-BEARING 144, 157 (3d ed. 1976) (1962).

超乎寻常的回报，创新只会迫使垄断者为了新的不确定性而放弃某种昂
9 贵的、有利可图的技术。同样，不进行创新的垄断者也无需担心竞争对手会这样做，因为作为垄断者它根本就没有竞争对手。相反，竞争者一开始只能挣取竞争性回报，因此能够从创新中获得更大的利益，尤其是如果它能够获得法律上或事实上的保护，免于被他人复制。另外，如果一个竞争者开发了一项重要的颠覆市场的创新，其他竞争者将会失去一切。因此，总体而言，竞争者的创新激励远远超过垄断者。根据有关竞争强度的不同假设，阿罗证明，创新给垄断者带来的净回报通常小于给竞争者带来的净回报。[17]

关于垄断或竞争状态下的创新激励，参与熊彼特/阿罗争论的大多数理论文献都得出了相对一致的结论。[18] 相反，实证文献则以各种各样的市场和企业作为研究对象，研究结果也更加缺乏一致性。这方面的实证文献数量庞大；事实上，关于竞争与创新关系的实证文献数量可能超过产业组织经济学领域关于任一主题的文献。[19]

虽然这方面的实证文献采用了非常不同的研究方法，并得出了各式各样的结论，但它们总体上一致认为市场结构与创新的关系呈现“倒 U 型”曲线的形状。在绝对垄断和接近完全竞争这两个极端状态下创新数量最低。[20] 而当规模最大的前 4 家企业占一半以上市场份额时通常创

---

⑰ 以阿罗的观点看待产品创新与方法创新会有一定的不同，主要是因为产品差异化市场上的创新并不必然导致完全放弃旧产品。例如，目前正在生产喷墨打印机的一家企业可能会通过创新生产出激光打印机，但之后会继续同时生产两种类型的打印机。因此，这家企业将继续从先前向旧打印机技术所作的投资中获得回报。这种情况下，阿罗的理论并不能明显地得出竞争者是比垄断者更好的创新者的结论。*See* Richard J. Gilbert, Holding Innovation to an Antitrust Standard, 3 COMPETITION POLICY INTL. 3(2007).

⑱ 然而，多数文献都基于一些适用面很窄的假设，例如在某一个时间只有一家公司能够创新，市场是完全垄断或者完全竞争的，新创新完全取代旧技术。

⑲ Wesley Cohen & Richard Levin, Empirical Studies of Innovation and Market Structure, in 2 HANDBOOK OF INDUSTRIAL ORGANIZATION 1059 – 1107 (Richard Schmalensee & Robert Willig eds., 1989).

⑳ *See* Wendy Carlin, Market Schaffer & Paul Seabright, A Minimum of Rivalry: Evidence from Transition Economics on the Importance of Competition for Innovation and Growth, 3 CONTRIBUTIONS TO ECON. ANALYSIS & POL'Y 1284(2004)(在转型经济体，来自国外的竞争增加时前国有企业的创新程度增加).

新量最大。[21] 总体而言，这些研究支持阿罗对熊彼特的批评，并认为纯 10
垄断者缺乏进行最优水平创新的足够激励。然而，当市场上企业数量变得庞大时创新回报开始消失，任何单个企业都没有足够的创新激励。事实上，集中度低的市场上情况比这还要复杂，尤其是当企业生产的产品可相互区分时。在这种市场上，更加咄咄逼人的、拥有大量技术的企业创新量通常都超过落后企业。另外，如果竞争性市场上的企业呈现出多元化特征，规模较大企业的创新成果通常超过规模较小的企业。最后，竞争性市场上的创新水平高度取决于企业享有创新成果的程度。易言之，下列市场上通常创新成果最多：先发优势有价值的市场、专利有价值且属强专利（即难以绕开它们进行发明并且发现侵权人相对容易）的市场，或者保护商业秘密有价值的市场。[22]

熊彼特/阿罗“争论”还表明，在就专利的范围——特别是专利权人有权排除竞争对手改进技术——作出政策决策时，必须更加认真地考虑市场结构问题。如果我们认同熊彼特关于多数创新来自支配地位企业的观点，那么宽泛的专利权可能是一个好主意，因为它能够进一步激励支配地位企业改进自己的技术。而如果我们认同阿罗的观点，认为多数创新源于一心想要革除既有技术的小型外部企业，那么收窄专利权的范围则是更合适的选择。正如第四章和第五章阐述的那样，我们需要在如下情况下处理这一问题：支配地位企业试图利用重要专利霸占那些虽然不受专利本身覆盖，但根据足够宽泛的解释或扩张性的等同原则却能够被专利覆盖的重大改进。宽泛解释将把竞争对手的改进转变成侵权行为，从而降低它们改进技术的激励。

我们还有理由认为，在具有某种既定市场结构的产业中，以反垄断规则提升市场竞争的同时也有助于培育创新。例如，为了促进价格竞争

㉑ Philippe Aghion, Nick Bloom, Richard Blundell, Rachel Griffith & Peter Howitt, Competition and Innovation: an Inverted-U Relationship, 120 Q. J. ECON. 701, 704 – 08 (2005)（发现强有力的证据表明存在“倒U型”关系，使用的衡量指标是各种集中度水平上的专利授予数量，以及勒纳指数）；Joseph Farrell, Richard Gilbert & Michael Katz, Market Structure, Organizational Structure and R&D Diversity, in ECONOMICS FOR AN IMPERFECT WORLD: ESSAYS IN HONOR OF JOSEPH E. STIGLITZ (Richard Arnott, Bruce Greenwald, Ravi Kanbur & Barry Nalebuff eds. 2003).

㉒ *See* Richard Levin, Wesley Cohen & David Mowery, R&D Appropriability, Opportunity and Market Structure: New Evidence on Some Schumpeterian Hypotheses, 75 AM. ECON. REV.: PAPERS & PROCEEDINGS 20 (1985).

而限制过高市场集中度的反垄断政策很可能也有助于促进创新竞争。[23]卡特尔往往发现,除了固定产品价格还有必要固定产品质量。卡特尔推高了价格—成本差,因此每个成员都有通过实现更多销量进行“作弊”的激励。如果不能秘密降低价格,卡特尔成员可能会试图通过提升产品吸引力来增加自身销量。为遏制这种冲动,卡特尔可能会故意压制创新。作为替代选择,卡特尔成员还可能进行无效率的创新,也就是从事那种如果企业能够降价原本并不具有成本合理性的创新行为。寡头市场上的企业通常具有类似的激励。

11 我们对市场结构与创新的关系认识不足,而对反竞争行为的理解相对较为深刻,因此,相比通过直接控制市场结构来管制创新,反垄断法在识别反竞争行为方面更为得心应手。易言之,在反垄断法上,鼓励创新基本上是一个行为性而非结构性事项。为了鼓励创新,法律政策是否应该更深入地涉足直接管制市场结构?这是一个有趣的问题。没有任何一套制定法项下的制度明显涉及这一问题。《专利法》和《版权法》的任何规定都没有将市场结构作为一个非常重要的考虑因素。唯一例外是,在涉及证明损害赔偿的少数案件中,要证明利润损失需要查明谁是竞争对手。没有任何反垄断法条文将创新与市场结构直接关联起来,尽管竞争和垄断化这样的词语外延足够宽泛,当然能够同时涵盖价格/产出和创新。

三、反垄断法在促进创新中的作用及其局限性

反垄断政策能够在促进创新竞争方面发挥重要作用,但也存在严重的局限并与知识产权政策分饰这一角色。作为本章的结束语,我们提出以下几项原则。

第一,集中度较高的市场上通常无需担心精心设计的“结构性”反垄断救济措施会削弱创新。例如,在一个拥有四家企业的市场上,禁止一项合并可能造成的促进与阻碍创新的概率至少大致相当,即便我们谴

㉓ *See* Jonathan Baker, Beyond Schumpeter and Arrow: How Antitrust Fosters Innovation, 74 ANTITRUST L. J. 575, 586(2007).

责该并购交易的主要理由是为了阻止价格协调。当然,我们必须认真对待以源于该交易的可证明的创新效率为由提出的抗辩。强制分拆非法垄断者则会带来大得多的风险,因为糟糕的司法强制的分拆会削弱企业的生存能力和创新。

第二,在考察具体情景而非一般性地考察市场结构时,竞争、创新和市场结构三个要素之间的关系具有远远更大的意义。例如,如果并购形成的企业能够比合并前的两家企业更加有效地从事和利用创新,效率抗辩在这起并购交易中就具有相关性。同样的道理基本上也适用于反垄断法的合营企业政策。合营企业在反垄断法上的合法性同时取决于基础市场结构以及该企业的具体要素。这一点与专利法和版权法形成非常强烈的对比,因为在这两个领域,市场结构在确定保护范围和认定侵权行为过程中几乎总是不相关的。为了更加认真地对待市场结构的个案差异,专利法和版权法必须做到如下二者之一:(1)比现行制定法作出更详细的规定,针对发生争议的市场设定不同的保护范围和受禁行为;或者(2)像反垄断法那样,以更加简化的、明确性更低的制定法允许法院在个案中处理这些事项。虽然最有利于鼓励创新的法律政策应该 12
区别具体市场或技术作出具有高度针对性的规定,但大多数时候知识产权法并不允许考察行业之间的差异。在这方面,反垄断法具有优势。

第三,在创新密集型市场上,反垄断法并非保护竞争的唯一手段。许多竞争问题都可以通过知识产权法本身(单独或者与反垄断法一起)得到更加有效的解决。以有关拒绝许可知识产权的法律为例。目前最为困难的政策选择出现在涉及网络化或标准制定的市场上,因为在这里拒绝准入会造成致命后果,同时又必须维护适当的开发和创新激励。这一问题的部分原因在于知识产权政策的失灵,特别是整个系统之细微组成部分的过度财产化。如果我们继续就同一技术的其他使用者很可能独立发现的琐碎发明授予专利,专利劫持将成为一个大问题。另外,专利制度有关通告的规定也非常不足,投资者经常在被锁定到一个网络型基础设施之后才发现自己侵犯了他人的权利。[24]

以反垄断法处理该等问题存在困难,因为把有关判赔三倍损害赔偿

[24] 参见第四章和第五章;*see also* Christina Bohannan & Herbert Hovenkamp, Concerted Refusals to License Intellectual Property Rights,1 HARV. BUS. L. REV. ONLINE 21(2011)。

和律师费的强制性规定用于处理传统上归属“监管”事项的问题显得过于严厉。这种不平衡导致法院通过创设过度限缩性的实体规则进行抵消。处理拒绝交易问题的最佳方案通常是综合运用专利法的救济制度和反垄断法。例如,在处理网络型通讯的“互联互通”和缺乏中立性问题时,将反垄断法与知识产权法相结合往往能够比政府机构监管提供更好的解决方案。监管型解决方案通常会过犹不及,它们有时会强制互联互通和分享,即便这样做会无效率地降低投资激励。[25] 在另一个极端,反垄断法几乎放弃了这一领域,针对单方拒绝交易发展了几乎本身合法的规则。[26] 要妥善解决网络中的互联互通问题必须要做到两点:首先,必须界定知识产权的适当范围,这本质上属于知识产权法的任务。其次,必须界定什么情况下互联互通能够促进竞争,这本质上属于反垄断法的任务。

协作领域存在同样的情况。过去几十年间反垄断法对协作的态度从敌意转向了更乐于承认联合研究和生产带来的创新潜力。在敌意时
13 期它甚至对创造效率的、市场份额很小的合营企业也加以谴责。知识产权法也需要一次类似的转向,但它要克服的问题是过度财产化。反垄断法主要关注共谋效应,而知识产权法主要关注排斥和劫持效应。

在创新密集的领域,市场的竞争性运作往往要求企业相互合作。当互操作性具有至关重要的意义时,如果界定得过于宽泛,一个企业拥有的财产权就能够劫持整个产业。这意味着,我们需要对调整拒绝交易的规则进行某些改进,特别是在网络型市场以及互操作性具有至关重要性的其他市场。但最为重要的是,这意味着知识产权法必须张开双臂迎接改革:最大化公有领域的规模,将专利的保护范围限制在激励创新真正所需的限度,要求专利权人对合理可预见的侵权人及时作出通告,并重新设计专利法的救济结构以限制禁令的作用,特别是针对无辜侵权人的禁令。

第四,反垄断法的目的不是要处理政治缺陷,或者补救其他监管制度的不足。反垄断法旨在矫正私人市场。但是,正如在其他监管领域一

---

[25] 参见第十一章。

[26] Verizon Commc'ns Inc. v. Law Offices of Curtis V. Trinko, LLP, 540 U. S. 398 (2004); Pac. Bell T. Co. v. Linkline Commc'ns, Inc., 129 S. Ct. 1109 (2009).

样，如果知识产权法或其他法律对某些问题未作明确处理，反垄断政策应该大胆地去追求更加竞争性的结果。尽管我们不应该走得更远，但是我们可以说相对于成文知识产权法，以法官造法为主的反垄断法受特殊利益集团俘获的程度较小。如果法院严重跑偏，我们完全可以相信国会将对知识产权人的呼声作出回应，因为知识产权权利人一再证明了自己是比使用人或消费者更加有效的特殊利益集团。[27]

第五，可操作性很关键。无论竞争政策还是知识产权政策都没有将道德本身作为自己的诉求。它们的目的是增进经济和公共福利。反垄断法实现这一目的的主要途径是查获并救济导致产出减少的限制措施，以及支配地位企业从事的阻止新竞争出现或发展的行为。知识产权的使命也很清晰，即促进创新，或者以联邦宪法的语言表述，促进“科学和实用艺术的进步”。只有在它们提供的保护有助于增进事前创新激励时，专利法和版权法才符合这一宪法目的。与此同时，政府干预措施需要付出很大成本。无论是竞争政策还是知识产权法，只有当国会或法庭拥有站得住脚的理由认为干预能够增进竞争或创新时，进行干预才是有正当理由的。授予无助于增加创新激励的知识产权，在缩小公有领域规模的同时并不能换来任何利益。即便不考虑制定和强制执行该等规则所发生的行政成本，它们也是对社会有害的。正如联邦最高法院在拒绝向一个“显而易见的”思想授予专利时写道，“国会不得授权颁发具有如下效果的专利，即从公有领域中排除现有知识或者限制自由接触已经可获得的材料”。[28]

第六，并非竞争政策与知识产权法之间的任何表面冲突都是真实 14
的。许多情况下，知识产权行为（例如搭售安排）可能在不损害竞争或消费者福利的前提下增加源自创新或许可的回报。反垄断法过去之所以对搭售抱持过度厌恶的态度，正如“滥用”法则的历史表明的那样，实际上主要反映了对专利的厌恶。在另一个极端也存在一些案例，例如医药领域的反向支付和解会推迟仿制药进入市场的时间。[29] 一方面，它造成严重的竞争损害；另一方面，专利权人获得的利益只不过是一种意外

㉗ 参见第八章。

㉘ Graham v. John Deere Co. ,383 U. S. 1,6(1966).

㉙ 参见第四章。

之财，不属于其创新时合理可能预见的利益。拒绝谴责该等和解协议不但不会促进创新激励，而且会给消费者造成产出减少和价格上涨等损害。中间地带也存在一些案例，例如直接指控创新本身的案件，这时会出现竞争政策与创新政策的真实冲突。

第七，源于创新的经济效益非常可能远远超过促进价格接近竞争水平所带来的经济效益。旨在考察生产率或财富增长源泉的经济增长理论仍然存在争议，其不同学派持续互相指责彼此使用的假设和方法论。[30] 然而，存在一项广泛的共识，即源自创新的利益超过科技恒定情况下简单资本积累带来的利益。这一观点的较强版本意味着，如果需要认真权衡创新和竞争，我们应该偏向于创新。它在处理如下指控时是一项重要的原则，即创新因其自身具有的排斥性而违反法律政策。反垄断法明智地拒绝接受这类指控，或者将其适用范围局限于如下情形，即涉案创新根本就不是创新，而是试图排斥竞争对手提供的互补品。[31]

但是一个更加清晰的教训是，正如创新比提升竞争程度的市场运动更能促进经济增长一样，限制创新也会造成更大的损害。在这一领域，知识产权和反垄断法步调一致，谴责不合理限制创新可能性或范围的行为有助于同时实现两类法律的立法目的。当然，证据是一个问题，但反垄断判例法之中不乏如下协同或单方排斥性竞争行为的实例：其唯一的合理目的就是要阻止竞争对手开发或营销自己的创新产品。在这些案例中，反垄断法有义务进行干预，知识产权政策则没有干预的必要。[32]

第八，我们应该铭记，拒绝创新者享有预期回报将破坏创新激励，但
15 是创新并不等同于专利法或版权法。裁决反垄断或监管案件的法庭不应该仅仅因为某种现象在知识产权法项下合法就推定它有助于激励创新。知识产权法“顶多”是一套基于一系列直觉的法律。这些直觉关涉如下问题，即哪些类型的市场和创新需要保护，或者什么情况下采用市场导向的方式（如先发优势或保密）能够改进我们的处境。即便我们确

---

[30] 一个杰出的概括，*see* ELHANNAN HELPMAN, THE MYSTERY OF ECONOMIC GROWTH (2004)。

[31] 参见第十一章。

[32] 参见第九章。

实要给予保护，围绕什么是最优期限和最优范围仍然存在大量不确定性。另外，我们目前拥有的知识产权法远远称不上是这种“顶多”类型的立法。这些制定法出自一个貌合神离的政治过程，代表权利人的特殊利益集团在其中拥有的话语权远远超过使用者。这表明，如果涉案行为明显反竞争或者反创新而知识产权法本身对待它的态度又不是很明确，我们应该将其交由反垄断法处理。

四、结论

知识产权法可以从反垄断法的改革之路中学到很多经验教训。大约40年前，反垄断法以消费者为代价追求保护小型竞争对手的目的，甚至恰恰因为某些行为降低成本而加以谴责。但是到1970年代后期，联邦最高法院通过发展“反垄断法损害”法则断然改变了立场。它要求，原告不仅要清晰地证明损害，而且要证明适当类型的损害——易言之，必须是对竞争的损害，而不仅仅是对原告的损害。另外，这项改革的“捉刀者”完全是联邦法官，他们面对着基本上冷漠的国会，并与一项私人损害赔偿制定法存在明显冲突，该法授予原告就任何类型的损害求偿的宽泛权利。稍后我们将论证，知识产权法也应该做同样的改革。知识产权侵权诉讼的一个至关重要的要件应该是，证明削弱事前创新激励的那种实际发生的事实上的损害。通过像反垄断法那样持续考察自己根基性的立法动机，知识产权法能够获益良多。“反垄断法损害”这样的要件迫使反垄断法院在每一个具体案件中考察涉案行为是否真的损害了竞争，还是仅仅损害了原告的业务。同样，审理知识产权诉讼的法院也应该有意识地将这些诉讼请求与事前创新激励联系起来。

第二章　互补关系和网络关系

一、搭售的多重脸孔

16 自从反垄断法出现以来,反垄断和知识产权就不
得不相互磨合。但在不同时期它们采取了不同的协调
方式。20 世纪初期是知识产权扩张和反垄断妥协的时
代。从 1910 年代后期开始,联邦最高法院开始更加积
极地适用反垄断法,并日益倾向于将专利视为具有内
在反竞争的性质。直到 1980 年代,法官们仍然对他们
认为不适当扩张专利权的排斥行为或共谋行为抱以强
烈的怀疑。他们以“传导”(leverage)效应或者“无理
17 由扩张”专利权人的“垄断”等字眼来描述这些行为。①

---

① *See*, *e. g.* , U. S. v. Glaxo Group Ltd. , 410 U. S. 52, 60 – 61 (1973)(被告凭借自己的专利坚持要求和强制执行对被许可人强加的只准出售散装剂型的销售限制,法院谴责这种追求经济传导的专利使用行为);Brulotte v. Thys Co. ,379 U. S. 29,33(1964)(“利用该传导效应将许可费扩张到专利有效期之外,类似于试图通过将专利产品的销售或使用结搭到非专利产品的销售或使用来扩大专利垄断。”);Morton Salt Co. v. G. S. Suppiger Co. , 314 U. S. 488, 491 (1942) (谴责“使用……专利垄断限制如下市场上的营销竞争,即与专利机器一起使用的非专利产品——盐片……从而协助在不属于专利授权范围之内的盐片市场上形成有限垄断”)。然而,“专利垄断”这一术语的使用历史可以追溯到更早的时期。*See*, *e. g.* , Consolidated Electric Light Co. v. McKeesport Light Co. ,159 U. S. 465,476(1895)(过度宽泛的灯泡灯丝之权利要求构成“不正当扩展其[专利权人]垄断”).

由于垄断暗含着加以监管的必要但却没有现成的监管机构，法院以各种各样的名目接手了这一任务，包括首次销售法则、知识产权“滥用”规制法以及反垄断政策。从 1980 年代开始，法院对专利发展了远远比以前更为友好的态度。

技术的一个共同特征是它们通常连接起两个或更多市场。技术密集型市场上发生的许多竞争政策争议都涉及关于互联互通、兼容性或互操作性的主张。事实上，联邦最高法院审理的首批两个“知识产权/竞争法”案件都涉及搭售安排，即 1912 年的亨利诉 A. B. 迪克案（*Henry v. A. B. Dick*）和 1917 年的电影专利案（*Motion Picture Patents*，*MPPC*）。[②]

如果一个公司拒绝销售“搭售品”，除非买方同时购买“被搭售品”，从而将“独立产品”结搭在一起，该行为构成反垄断法项下的非法搭售。两笔购买有时同时发生，例如医院只同意与麻醉服务一起销售手术服务；有时则存在先后顺序，例如打印机销售商要求买方使用该销售商自己的维修服务或墨盒。卖方有时以合同方式实现结搭，要求买方同时购买搭售品和被搭售品，或者向同时购买两种产品者收取更低的价格；有时则通过“技术”手段实现结搭，把这些产品设计成一个产品包，或者设计得只有它们相互配合才能够正常使用。结搭构成非法搭售的前提条件是，涉案企业必须在“搭售品”市场上具有市场势力，并且必须能够推断它在“被搭售品”市场造成了损害。这里使用推断（inference）一词是适当的，因为在 20 世纪大多数时候，联邦最高法院对于搭售都抱持非常敌意的态度，在几乎未证明市场势力或反竞争效果的情况下加以谴责。[③] 然而，重要的是，有关搭售的法则主要源于专利侵权诉讼而非反垄断诉讼。亨利案和电影专利案都不是反垄断诉讼。

这里讨论的许多行为都不满足反垄断法关于搭售的相当严格的定义。它们的共同点在于有人抱怨说一家公司将两个市场或产品连接在了一起，而它们原本应该相互独立；或者抱怨说一家同时在两个市场上

---

② Henry v. A. B. Dick Co.，224 U. S. 1，48（1912）；Motion Picture Patents Co. v. Universal Film Mfg. Co.，243 U. S. 502（1917）。第十章关于知识产权滥用和第十三章关于首次销售法则的考察再次讨论了这两个判决。

③ 有关搭售的基本法则，*see* HERBERT HOVENKAMP，FEDERAL ANTITRUST POLICY：THE LAW OF COMPETITION AND ITS PRACTICE，§ § 10.1 – 10.3（4th ed. 2011）。

经营的企业采取的某些行为损害了仅在其中一个市场上经营的企业。这样的主张常常出现在电子和信息技术市场，也经常出现在涉及标准制定或互操作性的其他市场，但在医药和化学产品市场则比较少见。

互联互通（interconnection）是技术创新的一个核心特征。例如，电
18 脑和手机都包含众多互补的零部件。它们还需要软件操作系统、应用程序并接入一个通讯网络。某些企业可能仅提供这众多组件中的一个，许多企业可能提供其中某个子系列，少数企业则可能提供几乎所有组件。另外，这些企业可能采用不同的组织方式。一种方式是所有权形式。例如电脑制造商自行生产硬盘驱动，或者收购一家生产硬盘驱动的企业。另一种方式是长期合同。例如苹果公司通过独家安排将 AT&T“结搭”为 iPhone 手机的运营商。

一家企业同时在两个相关联的市场上经营对于竞争政策和知识产权政策而言都是推定无害的，尽管可能损害仅在其中一个市场上经营的竞争者。另外，由一家企业提供互联互通的产品或服务能够带来重大效益，包括更好的产品质量、更低的生产或分销成本以及更低的垄断加价。同时提供两种不同产品的企业，相对于仅提供其中一种产品的企业可能具有经济优势。这一事实引发了很多主张反竞争排斥效应的诉讼，并在反垄断法和知识产权法项下导致了一大批毫无道理的推断。

然而，互联互通的产品并不必然要求由一家企业独家提供。在某些市场上，由采用共同标准的多家企业竞争供货能够带来更大程度的价格竞争和更多的创新。因此，我们往往能够同时享受到互联互通的网络以及多家企业相互竞争带来的利益。例如，手机基本上由一批企业生产，手机网络由另一批企业运营。消费者需要同时购买这两种产品才能够正常使用手机，并且兼容性或者“互操作性”至关重要。然而，消费者并不需要从同一家公司购买手机和网络接入。

当说到两个或更多市场之间的关系时，我们经常使用**互补品**或互补性以及**纵向一体化**等术语。虽然这些术语具有不同的含义，但它们也存在很大程度的重叠。如果两个产品通常一起使用，例如面包和面包酱、硬件和软件或者汽车和汽油，它们就是互补品。有时，我们以**使用型互补品**指代一起使用的产品，而以**生产型互补品**指代一起生产的产品，例如牛肉和牛皮，或者木材和锯末。**互补品**一词单独使用时通常是指使用

型互补品。互补品之间存在不同程度或者说不同"强度"的互补性。例如,对于某些人来说番茄酱和炒蛋可能是互补品,但也有很多人喜欢不加炒蛋的番茄酱或者不加番茄酱的炒蛋,因此它们只是弱互补品。"完美"互补品是指总在一起使用的产品。通常而言,如果两个产品除非结合使用,否则其中任何一个都将没有任何价值,那么它们就是完美互补品。但是满足这种严格条件的产品并不多见。例如,虽然打印机和墨盒是很强的互补品,但在《办公室》(*The Office*)这样的电视剧中制片人可能只需要一些不带墨盒的打印机,因为这些打印机并不是用来打印的而只是作为舞台布景的道具。然而,对于大多数人来说,打印机如果不跟墨盒一起使用或者墨盒不跟打印机一起使用都没有太大的价值,因此它们是非常强的互补品。事实上,即便是左脚鞋和右脚鞋也不是完美互补品,因为偶尔也会有亚哈船长(Captain Ahab)*那样只需要右脚鞋而不 19
需要左脚鞋的人出现。

如果一家企业自行生产原本可以向另一家企业购买的产品,我们就说该企业是"纵向一体化"的。纵向一体化必然包含着两个市场之间的"结搭"。例如,需要使用硬盘驱动的笔记本电脑生产商可以向希捷或富士通等独立供应商采购硬盘驱动,也可以通过"纵向一体化"进入硬盘驱动器生产环节。然后它可以通过销售带有硬盘驱动的电脑"结搭"驱动。纵向一体化事实上是产品互补性的一个特例。例如,汽油精炼商可以通过收购或建造自己的连锁零售加油站实现纵向一体化,进入分销环节。消费者在它旗下某个加油站购买汽油时事实上购买了两个互补的产品——汽油和分销服务。

产品互补性和纵向一体化的区分具有高度的人为性。如果一家电脑生产商开始生产和供应自己的显示器并将带有显示器的电脑作为一个产品包供应,我们说该企业纵向一体化进入到显示器生产环节。但如果客户从一个生产商购买电脑,从另一个生产商购买显示器,我们说这两种产品只不过是一对互补品。看待二者关系的一种有用的方法是,产品互补性涉及产品之间的关系,而"纵向一体化"涉及一种具体形式的

* 亚哈船长(Captain Ahab)是美国作家赫尔曼·麦尔维尔(Herman Melville)的长篇小说《白鲸记》(*Moby Dick*)中的一号人物。他在一次出海捕鲸中遇到白鲸,被咬断了一条腿,从此走上了复仇之路,并最终与白鲸同归于尽。——译者注

商业企业组织。历史上，关于反竞争“传导”效应的所有关切也都曾被应用于搭售和纵向一体化。

数以百计的反垄断和专利案件以及不计其数的法律文献讨论过将不同市场的产品相结搭的行为。然而，即便有人愿意购买未经任何组合的所有物品，这种人也会很少。大多数人都缺乏相关的知识或意愿来利用各种组件自行组装电脑或手机。这些都是非常复杂的设备，按照确保兼容性的标准生产。因此，由生产商组装的这些产品通常都比消费者自行组装的产品性能更好。

当然，组合购买而非单独购买这些物品只是一种选择。几乎所有这类抱怨都起因于卖方以某种方式限制了这种选择：通过拒绝单独销售或者以更高价格单独销售将这些物品结搭在一起。当能够从其他卖方以更低价格购买其中一件物品时，客户可能抱怨说卖方将两个物品结搭在一起能够收取更高的价格。或者，只生产其中一种物品的竞争对手可能抱怨说，结搭行为将它们赶出了市场。例如，微软公司将自己的 IE 浏览器整合进视窗操作系统，这耗尽了网景公司的大部分市场机会，因为网景公司只生产竞争性的浏览器但并不生产操作系统。[4]

20 本章以下部分将考察反垄断法和知识产权法在具有重大产品互补性或网络化特征的市场上用于评判搭售和准搭售行为的一些理论和法则。其中最重要的事项包括价格歧视、市场封锁和传导效应、抵消性力量和双边垄断，以及双重加价。有关搭售的其他事项将留待以后章节讨论。其中讨论知识产权滥用的第十章考察反搭售法关注“传导效应”的起源，第十一章和第十二章都涉及搭售和网络之间的关系，第十三章涉及表现为如下形式的结搭，即对专利产品或版权作品的使用设置的售后限制。

二、价格歧视

一个卖方从几笔不同的销售中获得的利润水平不同，即构成价格歧

---

④ United States v. Microsoft Corp.，253 F. 3d 34，65 – 67（D. C. Cir.），*cert. denied*，534 U. S. 952（2001）.

视。理论上,卖方可以按照每一个买方愿意支付的最高价格向其销售每一单位产品,从而实现利润最大化,但市场状况决定了这种情况几乎不可能出现。于是卖方使用了一些次优方案。其中之一称为“可变比例”搭售,即不同客户购买被搭售品的数量不同。例如,许多打印机生产商以非常接近成本的价格甚至亏本销售打印机,同时运用各种合同或技术手段强迫客户购买制造商自己的墨盒,并从墨盒中挣取较高的加价。[⑤]因此,卖方从消费较多墨盒的使用者身上挣取的利润高于仅使用少量墨盒的用户。

价格歧视型搭售的总体经济效应难以评估,但作一些一般性的观察还是有可能的。[⑥] 第一,降低打印机价格有助于给市场带来更多打印机客户。只要这些客户使用墨盒就会双双增加打印机和墨盒的产量,这毫无疑问是一种社会效益。第二,对被搭售的墨盒收取较高价格会降低那些原本会购买打印机的客户对墨盒的需求,但打印机价格下降会带来一定程度的抵消。如果通盘考虑价格歧视带来的各种效应——产出增加、联合供货的经济效应、规模经济效应以及减少双重加价——以严厉规则调整搭售的理由就会变得极其微弱。很少有一种行为增加产出的同时又损害消费者。

如果一同生产或销售两种产品比分别生产或销售的成本更低或者质量更高,就会出现联合供货经济效应。在同时销售搭售品和被搭售品的情况下这种效应尤其明显,例如汽车及其引擎,电脑及其硬盘驱动,或者医院手术和麻醉服务。但“售后市场”搭售中因购买被搭售品的时间 21
晚于购买搭售品的时间,这种经济效应并不那么明显。常见的例子包括打印机和墨盒,iPod 音乐播放器和音乐下载,以及复印机和维修零部件。然而,联合供货经济效应至少可以解释部分此类搭售,例如,如果生产商的搭售品搭配使用自己的被搭售产品或服务性能会好于搭配使用其他生产商的产品或服务。

如果某种物品的单位生产成本随着产出量的增加而下降,即存在规

---

⑤ *E. g.*, Xerox Corp. v. Media Sciences, Inc., 660 F. Supp. 2d 535, 541 (S. D. N. Y. 2009)(观察到这种情形).

⑥ *See* Erik N. Hovenkamp & Herbert Hovenkamp, Tying Arrangements and Antitrust Harm, 52 ARIZ. L. REV. 925 (2010).

模经济效应。例如,前面例子中的打印机生产商,通过降低打印机的价格和提高被搭售品墨盒的价格进行搭售。取决于市场需求状况,在搭售安排下该生产商的打印机销量很有可能达到原来的两倍。产出量增加不仅使新客户受益,而且如果打印机的生产成本随着产出增加而下降,还可能使任何人都受益。如今,大多数搭售都发生在制造品市场上,许多该等产品包含很高比例的研发成本。成本通常随着产量增加而下降。例如,假设该生产商为开发打印机投入研发成本 100 万美元,如果仅销售一万台打印机,每台售价必须必须达到 100 美元才能收回这些成本,而如果销售两万台则每台只需售价 50 美元。

这一分析表明,大多数可变比例搭售,如这里提到的打印机与墨盒之间的搭售,都是良性的,甚至能给消费者带来很大利益。但是也不能一概而论。有时支付较高价款的消费者遭受的损害可能超过所有这些抵消性利益之和。虽然以实证方式查明这些情形并不容易,但也不能说完全不可能。处理这种行为的最佳方式是运用反垄断法的合理原则进行分析,该原则要求证明反竞争效果。合理原则可能造成威慑不足,因为某些反竞争搭售可能因为举证过于困难而逃脱责任。但它总比如下规则更好,即仅凭证明搭售行为的发生而制裁大批对社会有益的搭售。

人们反对价格歧视型搭售的理由之一是,它们将销售从高赋值客户转移到低赋值客户,从而损害消费者。⑦ 但这一理由只能适用于"三级"价格歧视,即卖方事先区分不同客户群体并按照不同价格分别销售产品。例如,他可能将一套软件程序以 100 美元的价格销售给商业用户,而以 60 美元的价格销售给居民用户。⑧ 在这种情况下,一个愿意以 99 美元购买该软件的商业用户无法如愿,而一个只愿意支付 61 美元的居民用户却可以买到该产品。这一价格歧视方案为了低赋值客户的利益拒绝向高赋值客户出售商品,从而降低了社会福利。

22 价格歧视型搭售属于一种"二级"价格歧视,其作用机制与三级价

---

⑦ Einer Elhauge, Tying, Bundled Discounts, and the Death of the Single Monopoly Profit Theory, 123 HARV. L. REV. 397, 431 & n. 89(2009).

⑧ *E. g.*, ProCD, Inc. v. Zeidenberg, 86 F. 3d 1447(7th Cir. 1996)(针对计算机程序的商业用户和居民用户收取不同价格). *See* Christina Bohannan, Copyright Preemption of Contracts, 67 MARYLAND L. REV. 616(2008).

格歧视非常不同。[9] 例如，假设一家公司单独出售打印机的价格是 400 美元，单独出售墨盒的价格是 10 美元。之后它把打印机价格降到 200 美元，把墨盒价格提高到 20 美元，因此能够从高使用量打印机用户身上挣取更多利润。然而这里并未发生从高赋值客户向低赋值客户的销售转移，所有给打印机赋值 200 美元的用户都可以如愿以偿地购得商品，包括支付意愿位于 200 美元到 400 美元的许多用户。另外，每一个客户都可以购得墨盒，直至其给下一个墨盒的赋值跌落至 20 美元以下。

然而，某些连接多个市场的行为则可能涉及三级价格歧视。例子之一是纵向非价格限制，之二是与之密切相关的专利法上的“使用领域”限制。例如，在通用有声电影案中（*General Talking Pictures*），专利权人自己保留制造商业用途有声设备的权利，但许可他人制造受相同专利覆盖的居民用途的有声设备。[10] 假设该公司对两类用途收取不同的许可费率，该行为构成三级价格歧视。然而，反垄断政策对非价格限制和使用领域限制均采取宽松的态度。[11]

即便三级价格歧视也可能对社会有益，特别是当它能够提高产出时，而如果涉案产品存在高固定成本对社会有益的可能性更大。如果存在高固定成本——创新密集型市场上的一个普遍特征——价格歧视事实上能够在增加卖方利润的同时降低向所有买方收取的价格，特别是支付较高价格的买方。存在高固定成本时企业可以通过增加产出获益，而价格歧视恰恰有助于增加产出。

例如，假设某企业在既定时期内的固定成本（如研发、工厂和耐用设备）是 100 美元，每单位产出的可变成本是 1 美元。该企业目前拥有 100 个“小”客户，每个客户购买 1 单位产品，因此卖方的盈亏平衡价格是每单位 2 美元（按比例分摊的固定成本 1 美元加可变成本 1 美元）。假设该卖方现在有机会向 10 家“大型”买方销售产品，每家购买 5 单

---

⑨　在“一级”价格歧视中，买方能够查明每一个买方的支付意愿并收取等于这一数量的价格。即便是设计精良的价格歧视型搭售也无法实现一级价格歧视。相关解释，*see* Erik N. Hovenkamp & Herbert Hovenkamp，Tying Arrangements and Antitrust Harm，52 ARIZ. L. REV. 932 – 935（2010）。

⑩　Gen. Talking Pictures Corp. v. Western Elec. Co.，305 U. S. 124，125 – 27（1938）.

⑪　关于调整纵向非价格限制的法律，*see* 8 PHILLIP E. AREEDA & HERBERT HOVENKAMP, ANTITRUST LAW ¶¶ 1641 – 49（3d ed. 2010）。

位,但它们只愿支付每单位 1.50 美元的价格,因为它们拥有小客户所没有的其他供货渠道。小客户可能因为大型买方支付较低价格感到愤怒;然而,大型客户贡献了 50 美分乘以 50 单位(即 25 美元)的固定成本。其结果是,这 100 个小客户只需再贡献剩下 75 美元的固定成本即可,因此卖方向小客户收取的盈亏平衡价格从 2 美元降到了 1.75 美元。这里的价格歧视是一种纯粹的福利改进:卖方和所有买方都从中受益,尽管
23 大型买方的受益程度更大。我们也许会把小型买方的愤懑算作一种"损害",因为它们对于其他买方支付较低价格的现象感到不快,但事实上它们的财务境况也得到了改善。[⑫]

可以预见专利许可和互联网接入等市场也会出现这样的结果,因为这些市场上固定成本通常较高并且价格高度取决于产出水平。该等结果对创新密集型市场应采取什么样的经济政策具有重要意义。首先,它表明,不应该有任何不利于价格歧视的法律推定,因为多数价格歧视都非常可能是有益的。第二,它表明,对"网络中立性"等定价问题应该采用柳叶刀而非短柄斧的方式处理。网络中立性是互联网服务提供领域的非歧视政策。最为激进的网络中立性观念要求对任何人采取一律平等接入的态度。但是"平等接入"可以有不同的含义。网络源(network sources)提供过程中发生的某些歧视形式可能非常有害。例如,网络服务提供商康卡斯特(Comcast)2011 年年初收购了 NBC 公司。这是一种从平台进入节目制作领域的纵向一体化。孤立来看,它可能是无害的甚至是有效率的。但如果康卡斯特之后对 NBC 在视频内容方面的竞争网站(例如 Netflix)采取歧视态度呢?如果一家互联网公司提供电话服务并对竞争对手提供的网络电话(VOIP)实施歧视,会出现同样的问题。传统上,我们之所以不主张公用事业企业通过纵向一体化进入竞争性市场,原因就在于它们会以牺牲竞争对手为代价偏袒自己旗下的供应商。这种担忧在这里同样适用。

然而,基于其他要素(例如流量或速度)的歧视性定价则可能是完

---

⑫ 这些基本道理早在 19 世纪和 20 世纪初就已经广为人知了。*See* ARTHUR HADLEY, RAILROAD TRANSPORTATION: ITS HISTORY AND ITS LAWS 117 (1885). *See* Herbert Hovenkamp, Regulatory Conflict in the Gilded Age: Federalism and the Railroad Problem, 97 YALE L. J. 1017(1988).

全不同的问题。该等歧视有助于确保网络服务提供商的流量保持在高位水平，从而降低所有用户的使用成本。在此过程中，它还可能带来更多投资。反垄断政策在促进网络中立性等政策方面可能相对监管规则具有内在的优越性，因为后者通常过于严苛和僵硬。[13] 正确的处理方式不是禁止所有价格歧视，而是区分两类价格歧视：增加产出和接入的有益的歧视，以及不合理排斥竞争的歧视。

三、传导效应、封锁效应及专利"垄断"

1980 年代以前联邦法院倾向于认为专利和垄断存在强相关性。这种观念带来的后果之一是，推定专利权人在搭售品专利所在的市场具有市场势力。[14] 尽管这一推定表面上仅及于搭售安排，是一个适用范围很 24
小的法则，但事实上其适用范围相当宽泛，因为众多专利行为都可以被刻画成专利"搭售"，不仅包括将专利结搭到商品上，还包括将专利与其他知识产权结搭。例如，在 2006 年联邦最高法院通过伊利诺伊工具公司案（*Illinois Tool Works*）推翻这一推定之前，它曾被适用于成批订购受版权保护的电影[15]以及一揽子许可。[16] 这两种行为都涉及把多项知识产权捆绑成一个产品包并拒绝单独许可其中的知识产权。

然而，在过去大约 25 年间反垄断法发生了大变脸。现在它把专利视为一种财产，这意味着专利权像所有其他财产一样赋予权利人一种排斥他人进入自己边界的力量，偶尔才会形成重大的经济势力。这种从专

---

⑬ 第十一章将进一步讨论这些问题。*See also* Frank Pasquale, Beyond Innovation and Competition: the Need for Qualified Transparency in Internet Intermediaries, 104 NW. UNIV. L. REV. 105 (2010); C. Scott Hemphill, Network Neutrality and the False Promise of Zero-Price Regulation, 25 YALE J. REG. 135 (2008).

⑭ *E. g.*, International Salt Co. v. United States, 332 U. S. 392 (1947), *overruled by* Illinois Tool Works, Inc. v. Independent Ink, Inc., 547 U. S. 28 (2006).

⑮ United States v. Loew's, Inc., 371 U. S. 38, 51 – 52 (1962); United States v. Paramount Pictures, 334 U. S. 131, 157 – 58 (1948); MCA Television Ltd. v. Public Interest Corp., 171 F. 3d 1265, 1278 – 80 (11th Cir. 1999).

⑯ *See* McCullough Tool Co. v. Well Surveys, Inc., 343 F. 2d 381, 408 (10th Cir. 1965)（附带意见）; American Securit Co. v. Shatterproof Glass Corp., 154 F. Supp. 890, 895 – 96 (D. C. Del. 1957)（专利一揽子许可构成滥用）.

利垄断到财产的辞令上的范式转换带来了不小的影响，其中之一是，相比 30 多年前如今反垄断法质疑专利行为的空间大大缩小。虽然竞争政策正当地以垄断为关切对象，但在财产边界问题没有威胁造成垄断的情况下它却很少干预。

传导效应一词指的是从消费者身上榨取更高的价格。正如第十章阐述指出，根据传导效应理论对搭售抱以任何形式的普遍敌视基本上都是站不住脚的。一个远远较之更为切实的关切是，市场支配地位企业从事的搭售或其他行为可能从市场上排斥或“封锁”竞争对手，以此保持自己的支配地位。例如，微软捆绑视窗操作系统和 IE 浏览器的目的并不是要在短期内提高视窗或 IE 的价格，而是为了排斥网络浏览器市场上的竞争对手网景公司。由于几乎所有使用英特尔兼容电脑的用户都使用视窗操作系统，而它又与 IE 浏览器捆绑在一起，用户将缺乏单独购买网景浏览器的激励。

即便简单的拒绝交易行为也往往涉及两个市场，特别是网络型市场上销售的互补品。如果网络主导着该市场，拒绝交易可能导致市场封锁效应。例如，欧盟委员会谴责微软公司拒绝向电子邮件和互联网接入所用“服务器”的竞争性供应商提供充分的操作协议（operating protocols）。[17] 历史上，反垄断法一直非常激进地谴责搭售安排，但却不太情愿谴责简单的单方拒绝交易。然而，在涉及网络及纵向一体化的支配地位企业时，拒绝交易实际上跟搭售的作用相同。通过把客户使用竞
25 争对手服务器系统的体验搞得非常糟糕，微软实质上把客户使用其服务器软件设定成了使用其操作系统的“前提条件”。

当然，专利和版权制度本质上就具有“封锁效应”，即阻止他人的侵权行为。因此，区分知识产权的边界封锁效应和市场封锁效应就变得至关重要。反垄断政策关切的是排斥到**市场**之外的效应。通过把竞争对手排斥在外，支配地位企业可以降低产出、提升价格。相反，专利或版权仅仅封锁了该项具体权利的边界——就像是农场上树立的“不得进入”标志虽能排除他人进入，但通常并不会对耕地、玉米或肉牛的价格产生影响。然而，如果一项专利或版权的排斥力极其强大，以至于主导了整

---

[17] Case T – 201/04, Microsoft Corp. v. Comm'n, 2007 E. C. R. II – 3601, P 4, *available at* http://curia. europa. eu/juris/document/document. jsf? docid = 62940&doclang = EN.

个市场，这时知识产权的封锁效应同时也构成反垄断法意义上的封锁效应。但这样的情况在专利领域非常稀少，在版权领域则极端稀少。

这并不意味着知识产权与封锁效应无关。聚集知识产权的行为以及多个权利人达成的某些协议都可能封锁市场，不适当地取得知识产权也可能导致封锁效应。当然，知识产权经常还构成明示搭售安排的一部分。虽然仅仅强制执行有效专利或版权的行为不违反反垄断政策，但这些更加复杂的行为则有可能违反。

搭售法上的“传导效应”是一种纵向关切，以消费者价格的提高为关注对象，“封锁效应”则是一种横向关切，关注对竞争对手的排斥。另外，传导一词有时采其广义，用以描述实际上构成封锁而非压榨效应的行为。例如，欧盟竞争法以及许多其他国家的法律使用“滥用市场支配地位”的措辞，而不像《谢尔曼法》第2条那样使用垄断化的措辞。滥用市场支配地位的违法行为类似于《谢尔曼法》项下的“垄断传导效应”（monopoly leveraging）这类违法行为，但这一概念因为与《谢尔曼法》的措辞不一致如今已基本上遭到抛弃。[18] 垄断传导效应型违法行为的调整对象是，支配地位企业利用其在主要市场上的地位在某个次要市场上获得“不公平”优势。

当受到既有技术即将过时的威胁时，垄断者可能试图将自己的支配地位迁移到下一项技术，这构成一种“防御性传导效应”（defensive leveraging）。例如，微软曾面临如下威胁，即运算能力的基点将从本地硬盘驱动转向互联网。于是它把自己的操作系统与互联网浏览器加以捆绑，以此确保其视窗垄断能够转换成浏览器垄断。[19] 这些行为的本质是封锁效应而非压榨效应。

反竞争封锁效应比在专利滥用法则项下发展起来的传导效应理论 26
内在地具有更大的成立可能性。虽然如此，封锁效应理论还是异乎寻常地遭到了过度滥用。特别是创新市场往往瞬息万变并蕴含高度风险，企

---

⑱ 对美国法项下“垄断传导效应”历史的考察，*see* 3 PHILLIP E. AREEDA & HERBERT HOVENKAMP, ANTITRUST LAW ¶652(3d ed. 2008)。

⑲ United States v. Microsof Corp., 253 F. 3d 34, 81 – 82 (D. C. Cir.), *cert. denied*, 534 U. S. 952 (2001); *see also* Robin Cooper Feldman, Defensive Leveraging in Antitrust, 87 GEO. L. J. 2079 (1999).

业倒闭司空见惯，它们拥有向反垄断法求助的强劲动机。另外，造成封锁效应的最大推动力量正是效率和创新。大型企业拥有较低生产成本的原因可能正在于创新密集型市场上无处不在的规模经济效应。我们在前文谈到，规模经济效应或者联合供货经济效应构成搭售的理据。这些理据在搭售行为排斥竞争对手时同样适用。最后，创新会导致现有产品过时，这些被抛后的过时产品的生产商可能会抱怨反竞争的排斥效应。面对这各式各样的抱怨，我们应该保持警惕。反垄断法的目的并不是保护竞争者而去保障它们的市场存在；它之所以保护竞争者仅仅是因为维护价格及产品设计方面的竞争能够使消费者获益。

四、抵消力量及双边垄断

标准的垄断模型视垄断者具有控制其产品价格及设计的力量，而把消费者视为纯粹的“价格接受者”。消费者的决策内容仅限于购买与否以及购买数量，但没有力量迫使垄断者改变价格或产品。然而，这一模型往往并不能反映创新密集型市场上发生的复杂互动关系。交付某个产品往往涉及不同市场上不同企业之间的互动，每个企业生产一种具有区别性的产品并拥有某些市场势力。这些行为主体以难以预测的复杂方式互动。如果被这些企业联结起来的两个市场均具有一定程度的非竞争性，搭售安排将极难评估。

1950 年代约翰·肯尼思·加尔布雷斯（John Kenneth Galbraith）使用抵消力量一词描述如下情况，即具有势力的买方可以抵消具有势力的卖方收取垄断价格的能力。[20] 20 世纪中期伟大的产业经济学家乔·S. 贝恩（Joe S. Bain）基本上同意这一观点，并认为有势力的卖方与有势力的买方相结合时价格会有所降低。[21] 在他们于 1959 年出版的经典反垄

---

⑳ JOHN KENNETH GALBRAITH, AMERICAN CAPITALISM: THE CONCEPT OF COUNTERVAILING POWER (1952). FREDERIC M. SCHERER AND DAVID ROSS, INDUSTRIAL MARKET STRUCTURE AND ECONOMIC PERFORMANCE (3d ed. 1990) 一书收录了一些实证研究的成果，但仅有少数支持买方势力增加能够让消费者受益的结论。两位作者指出了如下假设的重要性，即买方在购买端拥有重大势力但在销售端缺乏势力。

㉑ JOE S. BAIN, INDUSTRIAL ORGANIZATION 141 (1959).

断政策著作中，卡尔·凯森（Carl Kaysen）和唐纳德·F. 特纳（Donald F. Turner）承认某些情况下存在有势力的买方，但并不认为它们在反垄断 27
法上具有重大意义。[22] 目前联邦政府用以评估并购交易的指南也将是否存在有势力买方作为并购分析的要素之一，其背后逻辑是存在有势力的精明买方有助于抵制合并后企业提价能力的任何增加。[23]

如今，我们通常以一个更加技术性的术语——“双边垄断”而非抵消力量——来描述同时具有市场势力的买卖双方之间的关系。最为重要的是，并非赋予买方更大的市场势力就能自动降低价格。当个体卖方和买方均拥有市场势力时，市场价格变得难以确定，谈判成本随之增加。另外，同时在这两个市场上经营的企业有能力比仅在其中一个市场上经营的企业收取更低的价格。因此，连接非竞争性产品的搭售往往会导致价格低于两家企业单独销售互补品时收取的价格之和。我们将在下节有关双重边际化这一技术性法则的讨论中进一步考察这个问题。

有关企业相互关系的这些问题越来越重要。这解释了“交易成本经济学”（TCE）在创新密集型市场上为何成为了一个如此重要的分析工具。[24] 交易成本经济学研究两个对反垄断政策具有核心意义的非常重要的问题。第一，什么因素决定着单个企业的规模和形态，以及哪些业务需要在企业内部而非市场上开展？第二，剩余的谈判关系属于什么性质？

关于第一个问题，交易成本经济学通常遵循罗纳德·科斯（Ronald Coase）开创性的论文《企业的性质》（1937 年）。[25] 科斯在这篇文章中提出，企业的规模和形态取决于市场交易与内部生产之间的成本对比。一家电脑制造商应该自行设计操作系统，还是只生产电脑而使用其他卖方

㉒ CARL KAYSEN & DONALD F. TURNER, ANTITRUST POLICY: AN ECONOMIC AND LEGAL ANALYSIS 153, 194 (1959).

㉓ 2010 Horizontal Merger Guidelines § 8, *available at* http://www.ftc.gov/os/2010/08/100819hmg.pdf.

㉔ *See* Herbert Hovenkamp, Harvard, Chicago and Transaction Cost Economics in Antitrust Analysis, 55 ANTITRUST BULL. 613 (2010), *available at* http://papers.ssrn.com/sol3/papers.cfm? abstract_id = 1592476.

㉕ Ronald H. Coase, The Nature of the Firm, in 4 ECONOMICA (n. s.) 386 (1937); *See* Herbert Hovenkamp, Coase, Institutonalism, and the Origins of Law and Economics, 86 IND. L. J. 499 (2011).

的操作系统？一家手机制造商应该自行设计手机屏幕，还是向更加专业化的屏幕生产商（如夏普公司）采购？该企业只需考察如下两项因素并对它们加以比较，即自行投资生产设施将会带来的成本和回报，以及在市场上采购制造品将会带来的成本和回报。它将选择内部生产，直至内部生产的成本刚好超过市场采购的成本；反之亦然。两套成本实现均衡的一条线决定该企业的边界。正如我们将在后文看到的，同样的考虑还决定着企业何时参与网络，以及何时就生产性资产开发公地而非个体财产权。[26]

28 第二个问题在复杂产品市场上发挥着重要作用，它涉及交易成本在确定交易相对方及交易条件时扮演的角色。[27] 创新密集型市场的特点包括以下方面：（1）专业化企业投资于独特的资产和技能；（2）难以轻易改作他用的高额固定成本投资；（3）持续变动的设计和信息需求。这样的环境要求更加友好地对待稳定而长期的买方—卖方关系，以及签订具备详细细节的合同。许多行为——例如搭售、独家交易以及相关的排他条款，或者激励与同一交易相对方进行交易的“忠诚”折扣——如果发生在干冰、食盐等大宗商品市场上可能令人生疑。但是，当我们把目光从大宗商品市场转向更加专门化的环境时，这些行为的合理性大大提升并且可能对于有效经营至关重要。

例如，一家企业，如戴尔公司，并不是简单地生产一款电脑，然后到别处采购处理器芯片。相反，相关企业必须对电脑和处理器作针对性的设计，以使它们能够协同工作，操作系统生产商也必须参加这一磋商过程。戴尔公司一旦对自己的电脑技术投入大量资源，它为各种组件（包括处理器和操作系统）选择交易相对方的范围事实上是很小的。许多企业自愿或非自愿地陷入只有一个供应商或客户可选的境地。很多年间通用汽车和费希尔车身工程公司（Fisher Body Works）之间的关系就是这样，后者为通用汽车公司的车辆制作车身，直至1926年被通用汽车

---

[26] 参见第十二章。

[27] 阐述这一问题的主要著述是2010年诺贝尔经济学奖得主奥利弗·威廉姆森的作品。*See* OLIVER E. WILLIAMSON, MARKETS AND HIERARCHIES: ANALYSIS AND ANTITRUST IMPLICATIONS (1975); OLIVER E. WILLIAMSON, THE ECONOMIC INSTITUTIONS OF CAPITALISM (1985); OLIVER E. WILLIAMSON, THE MECHANISMS OF GOVERNANCE 66, 93－119 (1996).

公司收购。[28] 在“双边垄断”时期，双方被迫不断地谈判、再谈判它们之间的供应协议。费希尔曾经好几次占通用汽车的便宜。

交易成本分析通常涉及至少两个市场之间的关系。因此，有关“搭售”的说辞经常能够得以适用。例如，一旦戴尔公司设计出一款专门适用于英特尔处理器的电脑，二者就将以组合方式销售给消费者。无需过多思考就能发现，这将招致“戴尔从事搭售行为”的指控。

交易成本经济学的最重要影响是，它在非干预主义和结构主义两条反垄断路径之间开辟了一条中间道路；干预主义通常被视为芝加哥经济学派的立场，结构主义则是流行于1960年代之前的一个干预程度远超前者的反垄断法路径。在大多数该等情形下，企业实施纵向一体化、订立具有排他性条款的长期合同或者要求某种类型的忠诚，以此降低自己面临的不确定性，进而降低成本、提高产品质量。必须把这些效益与竞争损害的威胁加以权衡，但真正反竞争的纵向合同属于例外而非原则。

五、双重边际化和“反向”传导效应

法官们发展了专利滥用法则和反竞争搭售的传导效应理论。他们 29
担心，把两种产品联结起来能够一定程度上把一个企业的垄断地位从一种产品“扩展”到另一种产品。他们经常简单地假设这将导致消费者价格提高。如今，人们已经清晰地认识到这种观点总体上是错误的。另外，如果两种产品都具备一定市场势力，将它们集中于同一家企业更有可能降低而非提高价格。这将导致一种“反向传导效应”——把销售从两家企业引向同一家企业，却能够让消费者受益。[29]

我们来考察一家炼油商的例子。它在汽油批发市场上具有足够

㉘ *See* Benjamin Klein, The Economic Lessons of Fisher Body-General Motors, 14 INT'L J. ECON. OF BUS. 1(2007); Ronald H. Coase, The Acquisition of Fisher Body by General Motors, 43 J. L. & ECON. 43(2000).

㉙ 对此的基本经济学分析，*see* W. KIP VISCUSI, JOSEPH E. HARRINGTON, JR., & JOHN M. VERNON, ECONOMICS OF REGULATION AND ANTITRUST 238 -41(4th ed. 2005)。

的市场份额,能够收取高于成本的价格。该炼油商将产品销售给一家在零售市场拥有市场势力的经销商。两家企业将各自收取反映自己市场势力的加价,这两个加价之和大于同一家企业控制两个交易环节时所会收取的加价。[30] 因此,最终价格将会上涨,而市场产出将会下降。

30 如果生产商和经销商能够就如何分割源于其市场地位的利润达成一致,它们将能够降低甚至消除双重边际化。[31] 然而,这种境况下的谈判并不能很好地解决问题,除非一方收购另一方,否则双方难以达成有效的结果。在制造品(特别是具有重大研发或知识产权成分的制造品)市场上,双重边际化问题普遍存在,因为该等市场上价格通常远高于边

㉚ 图1展示了这种效果。需求曲线D代表最终消费者的需求。垄断炼油商的边际成本曲线是MC1,它通过将边际成本等于边际收入实现利润最大化,据此把产出量减少到Q1,并收取价格P1。经销商在零售市场上也是垄断者,它按照价格P1买进产品。为简化分析,我们假设该经销商除了采购汽油的成本之外不存在其他成本。因此,价格P1代表该经销商的边际成本。经销商按照自己的边际成本曲线等于边际收入曲线的点来确定销售价格,换言之它再一次实施了"边际化"。现在产出量降到了Q2,而价格上升到P2。如果在这一分销链条上还存在第三家具有市场势力的企业,产出将继续下降,价格也将继续上升。

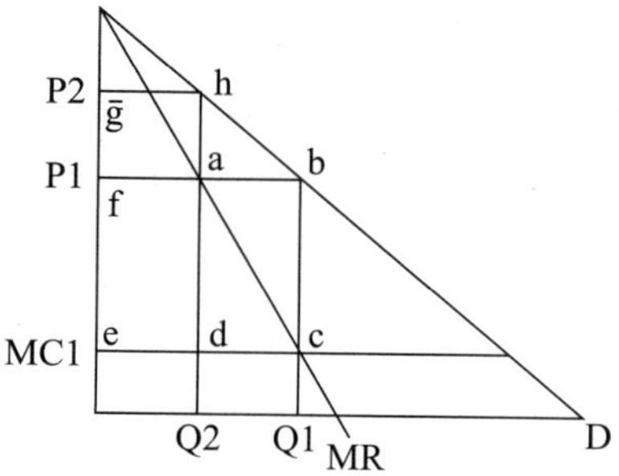

图1

双重边际化不仅损害消费者,也会损害图1中的两个卖方。如果只有一个垄断者,利润将等于大四边形f-b-c-e。然而,当存在双重边际化时,生产商的利润下降到四边形f-a-d-e,而零售商的利润是g-h-a-f。另外,三角形h-a-b代表第二个"无谓损失三角形",即没有通过生产商利润上涨得到抵消的消费者损失增加。因此双重边际化除了提高消费者价格,还降低供应商(生产商+经销商)的总体利润并增加垄断的无谓损失。

㉛ 生产商的谈判起点是它拥有剩余f-a-d-e,经销商的谈判起点是g-h-a-f。可以推定,二者均不会接受小于该等数量的和解方案。有待分割的利润是四边形a-b-c-d扣除四边形g-h-a-f的余值。虽然图1中可以清晰地看出联合最大化产出为数量Q1和价格P1,但对于如何分割该等剩余却没有确定的答案。

际成本。[32]

出现双重边际化问题的领域并不局限于纵向分销,它同样适用于互补品。[33] 例如,假设某最终产品的生产商必须就两个组件分别取得两项专利许可,而这两项专利由不同专利权人持有。每一个专利权人都力图攫取利润最大化的许可价格,这将导致许可总成本高于一个专利权人同时拥有两项专利的情况。同样,如果生产商需要从三个供应商手中取得三项专利许可,情况将更加糟糕,依此类推。

这一点对创新的影响令人不安。首先,正如前文指出,虽然生产商和经销商之间的纵向谈判也许能够改进某些双重边际化问题,但是当涉案产品是各自拥有分销渠道的互补品时,这种谈判的发生概率将大大下降。这是因为,这些企业并不在同一个分销链条中存在关联关系,发生相互谈判的机会较少。

过度授予琐碎的知识产权造成了高昂的社会成本,双重边际化可能进一步加剧这一问题。[34] 越多权利分散掌握在不同人手中,双重边际化问题就越严重。例如,过度授予微不足道的专利权将导致众多专利分别控制在不同实体手中,这不仅造成专利检索的噩梦,而且导致许可成本增加。这些事实表明,反垄断法历史上对搭售、专利联营及相关做法抱 31
持的敌意态度被严重夸大了。搭售几乎总会涉及互补品,即一起使用时价值更大的产品。单个卖方一同提供两项产品时收取的加价,通常会低于两个卖方分别提供这两项产品时收取的加价之和。这些事实还表明,

---

[32] *See*, *e. g.* , Robert E. Hall, The Relation between Price and Marginal Cost in U. S. Industry, 96 J. POL. ECON. 921 (1988).

[33] 互补品的双重边际化理论最早由小查尔斯·艾利特(Charles Ellet, Jr.)和古诺(Cournot)提出。*See* Charles Ellet, Jr. , An Essay on the Laws of Trade, in REFERENCE TO THE WORKS OF INTERNAL IMPROVEMENT IN THE UNITED STATES (1839). *See also* R. G. D. ALLEN, MATHEMATICAL ANALYSIS FOR ECONOMISTS (1938). Giuseppe Dari-Mattiacci & Francesco Parisi, Substituting Complements, 2 J. COMP. L. & ECON. 333 (2006)。对二者的理论进行了讨论。有关互补品双重边际化的一个简单经济模型, *see* Mark A. Lemley & Carl Shapiro, Patent Holdup and Royalty Stacking, 85 TEX. L. REV. 1991, 2046 – 48 (2007). *See*, *e. g.* , VISCUSI, et. Al. , *supra* note 29, at 549; JEAN TIROLE, THE THEORY OF INDUSTRIAL ORGANIZATION 175 – 76 (1988).

[34] *See* Michael A. Heller, The Tragedy of the Anticommons: Property in the Transition from Marx to Markets, 111 HARV. L. REV. 621 (1998), 尽管海勒尔(Heller)并没有讨论双重边际化问题。

捆绑折扣无论对于生产商还是消费者都是有价值的。捆绑折扣（bundled discount）是以买方向同一卖方购买至少两项产品为条件给予的折扣。

导致双重边际化的互补品可能形式多样，例如打印机和墨盒，[35]MP3数字音乐播放器和下载的音乐，[36]以及电脑操作系统和应用程序软件。[37]该等产品无需是被垄断的产品，但它们必须来自具有足够差异化或集中度的、价格高于成本的市场。它们可以按照固定比例销售，也可以按照可变比例销售。[38] 对于一家想要通过消除双重边际化增加产出的企业而言，搭售是一个非常有吸引力的手段，同时还能够使消费者获益。假设A公司生产电脑，B公司生产一种兼容的打印机。两种产品都是在价格高于成本的寡头市场上销售。这些价格都是利润最大化价格，因此两家企业都不希望降低自己的产品价格。此时，A公司将拥有收购B公司的动机，反之亦然；或者，它可能自行进入打印机市场。A公司对于电脑/打印机组合收取的利润最大化价格将低于两家独立企业收取的价格之和。

A公司可以通过两种方式实现这一目的。它可以简单地将电脑和打印机进行搭售，拒绝单独销售其中任一产品。这样做能够使想要同时

---

[35] *E. g.*, Ill. Tool Works Inc. v. Indep. Ink, Inc., 547 U. S. 28, 42 – 43 (2006)（专业化商用打印机和墨水）；Xerox Corp. v. Media Sciences, Inc., 660 F. Supp. 2d 535, 541 (S. D. N. Y. 2009)（小型打印机和墨盒）。

[36] Tucker v. Apple Computer, Inc., 493 F. Supp. 2d 1090, 1097 – 98 (N. D. Cal. 2006).

[37] 参见微软案救济方案遭致的批判。该方案拟对微软实施分拆，将视窗操作系统和微软应用程序软件分别划归两加公司经营。这一提议招致的反对意见是，它将导致双重边际化。Kenneth G. Elzinga, David S. Evans & Albert L. Nichols, United States v. Microsoft: Remedy or Malady, 9 GEO. MASON L. REV. 633, 680 (2001); Richard J. Gilbert & Michael L. Katz, An Economist's Guide to U. S. v. Microsoft, 15 J. ECON. PERSP. 25, 29 (2001)（"一家一体化垄断者设定的操作系统和应用软件价格之和，将低于由两家均具有相当市场势力的独立企业分别设定的价格之和。"）; Stan J. Liebowitz, An Expensive Pig in a Poke: Estimating the Cost of the District Court's Proposed Breakup of Microsoft, 9 GEO. MASON L. REV. 727, 729 – 30 (2001); Giuseppe Dari – Mattiacci & Francesco Parisi, Substituting Complements, 2 J. COMPETITION L. & ECON. 333, 336 (2006).

[38] James L. Hamilton & Ibrahim Mqasqas, Double Marginalization and Vertical Integration: New Lessons from Extensions of the Classic Case, 62 S. ECON. J. 567, 581 – 84 (1996). 如果一方是垄断者，另一方是寡占者，而整合之后垄断者将切断与其不具有伙伴关系的寡占者，这种情况将造成更加有害的结果。*See* Michael Waterson, Vertical integration, Variable Proportions and Oligopoly, 92 ECON. J. 129 (1982).

购买两种产品的消费者获益，许多消费者可能都是如此。然而，它也可 32
能将那些只希望购买其中一种产品（可能是作为更换件）的消费者排除在市场之外。或者，它可以对单独出售的每一种商品收取独立的利润最大化价格，但对两种产品的组合收取较低的价格，即针对那些将两种产品作为互补品购买的买方以"捆绑折扣"消除双重边际化。[39]

双重边际化能够对搭售等行为提供非常有力的解释，并且这种解释在具有单一企业支配地位或产品差异化特征的市场上具有广泛的适用性。[40] 事实上，不能适用双重边际化理论的唯一情形是，其中一种产品是在高度竞争条件下出售的种类物，例如著名搭售案件中出现的食盐和干冰。[41]

六、结论

正如我们将在本书通篇看到的那样，搭售和类似搭售的行为在高度科技化的市场上无处不在。事实上，如果没有它们，我们就不可能拥有各种互联互通的现代网络。绝大多数搭售和类似搭售的行为都对竞争无害并且对消费者有益。只有少数情况属于例外。如果一家企业具有重大的市场势力，特别是如果它支配一个网络而互联互通对于市场的存续而言至关重要，它所实施的搭售行为偶尔会具有反竞争效果。这表明，大多数情况下我们都应该对搭售和类似行为采取不干涉的态度，只有当市场支配企业实施这种行为并且明显存在市场排斥或创新限制效果时才需要作严格审查。

㊴ *See* HOVENKAMP, *supra* note 3, § 10. 6f. *See also* Stan Liebowitz and Steve Margolis, Bundling and Unbundling in New Technology Markets: Seven Easy Pieces: The Ideal is the Enemy of the Efficient 77, in COMPETITION AND PATENT LAW UNDER UNCERTAINTY (Geoffrey A. Manne & Joshua D. Wright, eds., 2011); Daniel A. Crane, Mixed Bundling, Profit Sacrifice, and Consumer Welfare, 55 EMORY L. J. 423, 434 – 36 (2006). 关于该理论, *see* Michael L. Katz, Vertical Contractual Relations, in 1 HANDBOOK OF INDUSTRIAL ORGANIZATION 655, 673 (Richard Schmalen*See* & Robert D. Willig eds., 1989); TIROLE, *supra* note 33, at 174 – 77.

㊵ *See* TIROLE, *supra* note 33, at 175。

㊶ Int'l Salt Co. v. United States, 332 U. S. 392, 398 – 400 (1947); Carbice Corp. v. Am. Patents Dev. Corp., 283 U. S. 27, 31 – 32 (1931). *See* Hovenkamp & Hovenkamp, *supra* note 6.

第三章　损害概念的重要意义

一、知识产权法及反垄断法上的损害

33 反垄断法和知识产权法旨在通过促进竞争与创新提升经济和文化福祉。然而,它们都曾经偏离方向,将涉公关切屈从于私人特殊利益集团的诉求。如今它们却走向了完全不同的改革之路。反垄断法已经基本完成了它持续数十载的剥离、重新界定以及削减适用范围的改革过程,在某些方面甚至做得有些过头。而知识产权法的改革尚未完成,特别是在专利和版权这两个由联邦宪法知识产权条款明确授权的知识产权部门法领域。①

20 世纪中叶反垄断政策基本丧失了对经济竞争的关切,开始以保护无效率小企业免受低成本大企业的伤害为己任。1970 年代后期起联邦最高法院把反垄断法引向了新的方向:对低价、效率及消费者福利的关切。专利法和版权法不再关注促进能使消费者获益的创新类型和程度,转向了保护权利人,并且经
34 常以牺牲经济进步为代价。确定适当的知识产权保

---

① *See* U. S. CONST. art. I, § 8, cl. 8.

护范围既是一个专利或版权政策问题，又是一个竞争政策问题。过度宽泛的知识产权权利范围以及宽松的侵权行为法则造成无理由的过度保护，威胁创新，正如反垄断法为了竞争力不强的企业而谴责有效率的行为会威胁竞争一样。两种情况下消费者都是受害者。

在反垄断法和知识产权法领域，有意义的改革都要求具备两项条件。第一，必须修正实体法规则，使法律与其背后的政策协调一致。然而，改进实体法并非问题的全部答案。就其性质而言，反垄断法和知识产权法均要持续面对那些没有得到很好理解的新现象。要从实体上做到正确是极其困难的。因此，第二，要在两个领域进行有意义的改革，较好的路径选择是把注意力投向认定违法行为所需证明的损害类型和程度。在多年处理私人反垄断案件的过程中，联邦最高法院通过不断解释反垄断法发现，要避免模糊、复杂的实体法造成的种种缺陷，方法之一是确保原告主张的损害与这些法律的背后目的相一致。例如，预测并购的经济后果是极其困难的，因而发生错误的几率也很高。[②] 但如果原告抱怨说并购导致市场竞争程度增加而非减少，为何还要去进行困难的实体分析呢？原告诉讼请求的性质本身就表明了，我们不希望谴责这起具体的并购交易，至少不会为了原告主张的这一理由谴责它。同样，很多时候，要矫正知识产权调整过宽的问题，我们并不需要涉足制定专利和版权实体规则这一真正困难的工作。法院只需更经常地询问原告抱怨的损害类型与法律背后的目的之间是否存在足够的关联。

经过评估这一问题并提出解决方案，我们认为法院比国会更有可能成为这场重大改革的发动机。反垄断革命几乎完全是由法院完成的，并且他们在这样做的过程中面对一部文字清晰、态度激进的法律，似乎根本不可能提出一个严格的损害要件。目前正在发生的专利法转型也基本上完全是联邦最高法院的成果。尽管《版权法》的清理工作尚未开始，但我们没有任何理由寄希望于国会启动这场改革。不过，在专利和版权法领域，法院无需像联邦最高法院在反垄断法领域那样把制定法清晰的规定当作耳旁风。它们只需对《专利法》和《版权法》较为开放的条文改变一下解释，更加关注促进创新而非保护权利人。

---

② 并购审查中需要使用一些简化问题的假设和预测性的规则。对于这种必要性的论述，*see* 4 PHILLIP E. AREEDA & HERBERT HOVENKAMP, ANTITRUST LAW ¶905(3d ed. 2009)。

二、反垄断法改革

35 反垄断法改革的故事众所周知。在截至1970年代末的半个世纪里反垄断法领域出现了许多偏失，主要是因为法院经常不要求证明竞争损害，从而导致了在今天看来毫无原则的扩张。这些偏失包括如下法则：在高集中度市场上，如果并购导致新企业有能力低于小型竞争对手定价则予以谴责；[3]如果新进入某个市场的企业在其他地域收取较高的价格，则不能针对这一市场上的主导企业使用咄咄逼人的定价；[4]对纵向非价格限制适用本身违法原则；[5]即便卖方缺乏重大的市场力量、没有造成排斥他人的后果，也认定搭售非法；[6]维持最高和最低转售价格的纯纵向协议本身违法。[7] 其中最后三项法则涉及的都是纵向行为，很少具有反竞争效果。这一时期反垄断法存在严重的威慑过度问题；易言之，它谴责了大量促进竞争的行为，进而迫使消费者支付更高的价格。在这一过程中，反垄断法阻碍而非促进了竞争。

反垄断法当时存在的问题与知识产权法当前存在的问题没有什么两样。两个领域内，法律政策都脱离了其宣称的目标，转向追求其他目的。它们都在某些市场上进行了过度的政府干预，这些市场的运作情况

---

③ Brown Shoe Co. v. United States, 370 U. S. 294 (1962); United States v. Von's Grocery Co., 384 U. S. 270 (1966); FTC v. Procter & Gamble Co., 386 U. S. 568 (1967)（谴责一起并购，因为它带来广告方面的经济效益）.

④ Utah Pie Co. v. Cont'l Baking Co., 386 U. S. 685 (1967).

⑤ United States v. Schwinn & Co., 388 U. S. 365 (1967), *overruled by* Cont'l T. V., Inc. v. GTE Sylvania Inc., 433 U. S. 36 (1977)（纵向非价格限制采用合理原则分析）.

⑥ Int'l Salt Co. v. United States, 332 U. S. 392 (1947)（将专利产品和大宗商品进行搭售，原则上非法）, *overruled by* Ill. Tool Works Inc. v. Indep. Ink, Inc., 547 U. S. 28 (2006)（否定市场力量推定）.

⑦ Dr. Miles Med. Co. v. John D. Park & Sons Co., 220 U. S. 373 (1911)（最低转售价格维持本身违法）, *overruled by* Leegin Creative Leather Prods., Inc. v. PSKS, Inc., 551 U. S. 877 (2007)（最低转售价格维持适用合理原则分析）; Albrecht v. Herald Co., 390 U. S. 145 (1968)（最高转售价格维持本身违法）, *overruled by* State Oil Co. v. Khan, 522 U. S. 3 (1997)（最高转售价格维持适用合理原则分析）.

事实上比决策者认为的要好很多。反垄断法把小企业隔绝在原本对消费者有利的竞争压力之外。类似的，知识产权法往往以牺牲创新为代价不断扩张专利权人和版权人的权利，而创新总是依赖于前人的成果和强大的公有领域。消费者再次成为最终受害者。

在反垄断法领域，人们最初把这一脱节问题怪罪到联邦最高法院头上。例如罗伯特·博克（Robert Bork）和沃尔德·鲍曼（Ward Bowman）在1960年代令人不安的论文《反垄断法危机》[8]中所作的言词激烈的抨 36
击，以及十几年后博克在《反垄断法悖论》[9]一书中所作的进一步批评，矛头均指向联邦最高法院。新近时期更加流行的趋势是把矛头指向私人原告和私人三倍损害赔偿的执法体制。[10] 然而，事实上，大多数时候这一切的背后推手正是联邦国会以及联邦政府的反垄断执法机构。例如施文案（*Schwinn*）[11]是一个咄咄逼人的判决，它谴责生产商施加的地域限制，原因在于它们限制所有权让渡而非对竞争具有任何影响。布朗鞋业案（*Brown Shoe*）谴责一项并购，因为它损害了较小的竞争对手，尽管这种损害是因并购降低对消费者收取的价格导致的。[12] 但这些案件中的原告并非波普的单车及三轮车店铺（Pop's Bike and Trike）或者莎莉的小鞋店。正如最高法院在这一年代审理的其他大型反垄断案件一样，这两个案件的原告都是联邦政府。联邦最高法院基本上只不过批准了政府索要的东西。诚然，联邦最高法院确实恰恰以并购带来的效率可能损害竞争对手为由谴责了很多并购交易，但它之所以这样做，很大程度上是因为司法部和联邦贸易委员会希望如此。

---

⑧ Robert H. Bork & Ward Bowman Jr. , The Crisis in Antitrust, 65 COLUM. L. REV. 363 (1965).

⑨ ROBERT H. BORK, THE ANTITRUST PARADOX: A POLICY AT WAR WITH ITSELF (1978).

⑩ *See, e. g.*, William J. Baumol & Janusz A. Ordover, Use of Antitrust to Subvert Competition, 28 J. L. & ECON. 247 (1985)（反垄断法为了小企业的利益而保护无效率）; Frank H. Easterbrook, Predatory Strategies and Counterstrategies, 48 U. CHI. L. REV. 263 (1981)（类似观点）; Edward A. Snyder & Thomas E. Kauper, Misuse of the Antitrust Laws: The Competitor Plaintiff, 90 MICH. L. REV. 551 (1991)（类似观点）.

⑪ United States v. Arnold Schwinn & Co. , 388 U. S. 365 (1967), *overruled by* Cont'l T. V. , Inc. v. GTE Sylvania Inc. , 433 U. S. 36 (1977).

⑫ Brown Shoe Co. v. United States, 370 U. S. 294 (1962)（政府提起的请求分拆一项并购交易的诉讼）.

例如，通过副检察长考克斯（Archibald Cox）之口，联邦政府将降低消费者所付价格视为布朗鞋/基尼合并案带来的最大的恶：

> 生产商兼零售商布朗鞋业公司与大型零售组织基尼之间的整合，将严重加剧独立零售商目前在与规模庞大并持续扩张的零售连锁企业竞争过程中已经面临的种种困难。生产商拥有或控制的零售渠道可以低价销售产品，这些价格远低于非整合的独立零售商就类似产品所可能取得的价格。……我们不可避免地得出如下结论，即合并后企业相对小型零售竞争对手拥有的竞争优势将会非常巨大，以至于可能成为决定性的因素。[13]

甚至早在1947年国际盐业公司案（*International Salt*）中，联邦最高法院就曾应联邦政府的请求谴责一项搭售安排，根本没有要求其证明被告在搭售品市场上具有市场势力，也无证明该行为对被搭售品食盐市场
37 造成重大损害。换句话说，政府没有证明任何竞争损害，却认为专利权人要求其专利机器的使用者同时使用其食盐的行为是错误的，而食盐是一种不可能被垄断的普通大宗商品。[14]

私人原告肯定有拓展反垄断法边界的倾向，但在大多数后续私人案件*中，私人原告只不过是请求联邦法院把已经给予政府的东西也给予他们而已。例如，在布伦什维克案（*Brunswick Corp. v. Pueblo Bowl - O - Mat, Inc.*）[15]中，原告只不过是请求法院遵循布朗鞋业案的判决，保护小型保龄球球道免受可能因为并购交易变得更加强健、有效率的竞争对手之害而已。第三巡回区上诉法院准许了原告的请求，并在判决中详细分析了布朗鞋业案。两案的主要区别在于，克罗拉多州普布罗市保龄球球道市场的集中度要远远高于布朗鞋业案中的鞋子市场。[16] 在推翻这一判决时，联邦最高法院创造性

---

[13] Brief for the United States at 48, Brown Shoe, 370 U.S. 294 (No. 4).

[14] Int'l Salt Co. v. United States, 332 U.S. 392 (1947)（接受政府的辩论意见，即可以从专利存在本身推定市场势力和反竞争效果）, *overruled by* Ill. Tool Works Inc. v. Indep. Ink, Inc., 547 U.S. 28 (2006)（推翻专利表明市场势力的推定）.

* 后续诉讼是指在政府反垄断执法机关作出违法认定之后提起的私人诉讼。在这种诉讼程序中反垄断执法机关作出的违法认定通常具有一定的证据效力。——译者注

[15] 429 U.S. 477 (1977).

[16] NBO Indus. Treadway Cos. v. Brunswick Corp., 523 F.2d 262 (3d Cir. 1975).

地提出了“反垄断法损害”法则（详见下文介绍），从而完全颠覆了布朗鞋业案的推理。

反垄断法改革的源头是学术著作，它们主要针对联邦最高法院1940年代至1970年代初期作出的一系列判决进行批判和反思。1957年沃尔德·鲍曼（Ward Bowman）在一篇论文中破除了分析搭售安排的传统传导效应理论。该理论认为，将一个竞争性产品结搭到一个垄断产品之上可以把一个垄断变成两个垄断。[17] 一年后，约翰·麦吉（John McGee）破除了标准石油公司曾从事掠夺性定价的理论。[18] 十年之后公布的有关反垄断法的《尼尔报告》引起强烈反弹，人们拒绝采纳该报告提出的干预性建议。[19] 1975年哈佛法学院教授菲利浦·阿瑞达（Phillip E. Areeda）和唐纳德·特纳（Donald F. Turner）发表了一篇影响深远的文章，提出对掠夺性定价采用严格的、基于成本的判断标准。[20] 1978年他们出版了改革主义的《反垄断法》释论前三卷。[21]* 1976年时任教授 38

---

[17] Ward S. Bowman, Jr., Tying Arrangements and the Leverage Problem, 67 YALE L. J. 19 (1957). 关于搭售的传导效应理论, *see* Christina Bohannan, IP Misuse as Foreclosure, 96 IOWA L. REV. 475 (2010)。

[18] John McGee, Predatory Price Cutting: The Standard Oil (N. J.) Case, 1 J. L. & ECON. 137 (1958)（主张标准石油公司并未从事掠夺性定价，它只不过是比竞争对手效率更高而已）. 麦吉（McGee）的作品近期遭到质疑：James A. Dalton & Louis Esposito, Predatory Price Cutting and Standard Oil: A Re-examination of the Trial Record, 22 RES. L. & ECON. 155 (2007)（发现大量掠夺性行为的例证，与麦吉的结论冲突）. *See also* RON CHERNOW, TITAN: THE LIFE OF JOHN D. ROCKEFELLER, SR. 113–17, 144–47, 202–25, 251–58 (1998)（记载了标准石油公司与铁路公司之间的各种回扣协议）.

[19] 115 CONG. REC. 13890 (1969); *see* Herbert Hovenkamp, The Neal Report and the Crisis in Antitrust, COMPETITION POL'Y INT'L 217 (Spring 2009).

[20] Phillip Areeda & Donald F. Turner, Predatory Pricing and Related Practices Under Section 2 of the Sherman Act, 88 HARV. L. REV. 697 (1975)（提出基于成本的严格的掠夺性定价判断标准）.

[21] PHILLIP E. AREEDA & DONALD F. TURNER, ANTITRUST LAW (1978).

* “释论”（treatise）是英美法国家一种非常流行的法律著作体裁，是由法律学者撰写的围绕某一法律主题的范围极其全面的著作，通常包含多卷，每三到五年进行一次全面修订，其间提供年度增补。释论包含极其详尽的描述、分析和评论，并包含对于案例、制定法等原始法律渊源的广泛引证，例如《尼默论版权法》（*Nimmer on Copyright*）、《麦肯锡论商标及不正当竞争法》（*McCarthy on Trademarks and Unfair Competition*），以及本书作者之一赫伯特·霍温坎普教授撰写的反垄断法释论《论反托拉斯法：反托拉斯原则及其应用分析》（*Antitrust Law: An Analysis of Antitrust Principles and Their Application*）。《反垄断法释论》由菲利浦·阿瑞达（Phillip E. Areeda）和唐纳德·特纳（Donald F. Turner）发起，1984年起霍温坎普教授加入。——译者注

的理查德·波斯纳(Richard A. Posner)出版了专题著作《反垄断法》第一版。[22] 1978年罗伯特·博克(Robert Bork)通过它极具影响的著作《反垄断法悖论》把芝加哥学派的思想发扬光大。行政机关最重大的举措发生于1981年,唐纳德·里根总统任命威廉姆·巴克斯特(William F. Baxter)任司法部反垄断局局长。

反垄断法改革基本上始于学术文献,随后得到政府执法机构和法院的响应。虽然这场反垄断法改革经常与所谓的芝加哥学派联系在一起,但事实上这场革命的基础要更加广泛。对联邦最高法院的法则影响最为深远的著作并非源自芝加哥学派,而是源自接近中间道路的哈佛学派。智识支持的来源更加广泛。联邦最高法院作出的许多改革主义的判决都是得到所有大法官一致通过。其他判决通常也都得到多数意见的支持,同时包括民主党和共和党总统提名的大法官。也就是说,反垄断法改革的基础既广泛又深厚。

当今的反垄断法图景已经大不同于布朗鞋业案作出时的面貌,以那个时代的眼光来看真可谓面目全非。在作出布伦布什维克案的一致判决五年之后,联邦最高法院对反垄断起诉资格提出了更严格的限制性要求,把私人执行的原告局限于能够证明因为竞争减少而受到损害的人。[23] 联邦最高法院在相隔20年的两个重要判决中,大大强化了诉答要求和证明标准:1986年松下电器案(*Matsushita*)[24]对简易判决的适用规定了严格标准,2007年托姆布里案(*Twombly*)[25]采纳了严格的诉答标准。在实体问题方面,联邦最高法院通过三个掠夺性定价案件大大提高了证明排斥竞争行为的难度。这些判决不但采纳了严格的基于成本的定价标准,还要求所涉市场能够形成有利可图

---

[22] RICHARD A. POSNER, ANTITRUST LAW: AN ECONOMIC PERSPECTIVE(1976).

[23] Assoc. Gen. Contractors of Cal., Inc. v. Cal. State Council of Carpenters, 459 U. S. 519, 542–44(1983)(8:1 多数意见;对起诉资格提出限制性判断标准).

[24] Matsushita Elec. Indus. Co. v. Zenith Radio Corp., 475 U. S. 574(1986)(5:4 多数意见;对反垄断案件中的简易判决采纳严格标准).

[25] Bell Atl. Corp. v. Twombly, 550 U. S. 544(2007)(7:2 多数意见;对指控违反反垄断法的共谋采纳严格的诉答标准); *see* Herbert Hovenkamp, The Pleading Problem in Antitrust and Beyond, 95 IOWA L. REV. BULL. 55(2010).

的垄断。[26] 2004 年联邦最高法院大幅收窄了支配地位企业单方拒绝交易法的管辖范围。[27] 它还完全重写了纵向限制法，剔除了一些与竞争政策完全无关的普通法关切，例如限制财产权让渡。[28] 在更加普遍的意义 39
上，法院系统大幅减少了对于自动推导竞争损害的本身违法原则的适用，将其局限于赤裸裸的共谋行为。相反，它们要求原告在个案中证明市场势力和反竞争效果。[29] 也许人们可以争论这些新的发展是否全都在朝着有利的方向前进，但总体而言，它们明显使得反垄断法与消费者福利而非企业福利更一致。

三、知识产权法改革的目标

知识产权法的目前状况与 1960 年代反垄断政策所处的状况极其相似。知识产权法已经脱离了促进创新这一核心关切。诉讼和诉讼威胁对市场造成深度干预。总体而言，这种干预以牺牲消费者为代价使权利人受益。美国法院已经开始在专利法领域作出回应，但版权法领域至今还未出现该等迹象。

美国联邦最高法院认识到，联邦宪法知识产权条款背后的“经济理

---

[26] Pacific Bell Tel. Co. v. LinkLine Commun. , Inc. , 129 S. Ct. 1109(2009)(就判决结果意见一致；价格挤压案件)；Brooke Group Ltd. v. Brown & Williamson Tobacco Corp. , 509 U. S. 209(1993)(6∶3 多数意见；掠夺性销售)；Weyerhaeuser Co. v. Ross-Simmons Hardwood Lumber Co. , Inc. , 549 U. S. 312(2007)(一致意见；掠夺性购买).

[27] Verizon Commc'ns Inc. v. Law Offices of Curtis V. Trinko, LLP, 540 U. S. 398(2004)(就判决结果意见一致).

[28] 按照时间先后顺序：Cont'l T. V. , Inc. v. GTE Sylvania Inc. , 433 U. S. 36(1977)(7∶2 多数意见；对纵向非价格限制适用合理原则分析)；Jefferson Parish Hosp. Dist. No. 2 v. Hyde, 466 U. S. 2(1984)(就判决结果意见一致；收紧搭售的判断标准)；State Oil Co. v. Khan, 522 U. S. 3(1997)(一致意见；对于固定最高转售价格适用合理原则)；Ill. Tool Works Inc. v. Indep. Ink, Inc. , 547 U. S. 28(2006)(一致意见；废除专利搭售品赋予足以导致搭售违法的市场势力之推定)；Leegin Creative Leather Prods. , Inc. v. PSKS, Inc. , 551 U. S. 877(2007)(5∶4 多数意见；对最低转售价格维持适用合理原则).

[29] *E. g.* , Cal. Dental Ass'n. v. FTC, 526 U. S. 756(1999)(5∶4 多数意见；对影响价格的联合行为采用宽松的评价规则).

念”是通过专利和版权制度“促进公共福利”。[30] 这就好比是说反垄断法的目标是通过促进竞争推动公共福利。竞争和创新是同一把剪刀的两个刀片。传统竞争通过保持市场竞争性也即确保价格合理接近成本并消除对产出和市场进入的不必要限制来提升短期经济福利。创新政策追求同样的福利目标，但它专注于更加“动态”的关切。达到这一目的的手段是向人们提供适当的激励，以此鼓励他们开发对社会有用的新创意和新技术。在这两个领域，受保护的群体都是消费者，他们从价格降低以及产品和服务提升中获益。

虽然反垄断规则比知识产权规则更加明显地植根于经济学，但后者在经济增长过程中发挥的作用至少跟前者同等重要。然而，经济福利关切在反垄断判例法中比在知识产权判例法中表现得更加直接，出现得也
40 更加频繁。在反垄断法案件中，法院经常会说通过竞争促进经济福利是反垄断法的唯一目标。很少能看到一个上诉法院的反垄断法判决对实体问题作出判断，但却没有就如下事项发表意见：涉案行为是否通过把价格提高到成本之上、减少产出、损害消费者、排除竞争对手等等损害了竞争。事实上，布伦什维克案发展的反垄断法损害法则对私人诉讼提出的正是这种要求。

下级法院作出的大多数知识产权法判决都没有如此明确。知识产权案件中，法院的思路通常不是通过考察根本原则来决定什么是通过创新促进公共福利的最佳方式，而是专注于解释具体的法律条文。联邦最高法院和联邦巡回区上诉法院在专利案件中确实比其他法院更加频繁地处理有关创新激励的根本关切，但也主要集中在解释知识产权法与联邦宪法关系的判决之中才这样做。[31]

反垄断法革命的后果之一是非经济目标逐渐消退。历史上，人们曾

---

[30] Mazer v. Stein, 347 U. S. 201, 219 (1954)（“授权国会授予专利和版权的宪法条款以这样一种信念作为背后的经济理念，即要想通过‘科学和实用艺术’的作者和发明人发挥才能实现公共福利，最佳选择是以个人利益鼓励个体努力。”）

[31] *E. g.*, KSR Int'l Co. v. Teleflex Inc., 550 U. S. 398 (2007)（非显而易见性，探讨联邦宪法知识产权条款的相关性）；Eldred v. Ashcroft, 537 U. S. 186 (2003)（回溯性地延长版权保护期的法律修正案是否合宪，第一修正案，以及知识产权条款）；Graham v. John Deere Co., 383 U. S. 1 (1966)（非显而易见性，知识产权条款）；Sony Corp. v. Universal City Studios, Inc., 464 U. S. 417 (1984)（第一修正案和知识产权条款）.

经为反垄断法提出了多种目标,包括确保商业行为的"公平"或正义,保护小企业,或者某种形式的平民主义。[32] 然而,如今参与反垄断法争论的所有各方似乎达成了一项共识,即反垄断法旨在促进某种形式的经济竞争。当然,他们仍然存在重要分歧。某些人偏爱把经济竞争表述为最大化经济总福利,即生产者财富和消费者财富之和。总体而言这种观点与新古典经济学最为一致,新古典经济学关注如何把蛋糕做大,而不管如何分配这些资源。另一个较为缓和的版本是"消费者福利",它的目标是实现消费者剩余的最大化。持有这种观点的人愿意谴责损害消费者的行为,哪怕它能够给生产者带来更大的利益。[33] 经典的例子是这样 41
一笔合并交易:它导致消费者价格上涨,但是却给合并方带来规模更大的效率利益。假设该合并交易对其他任何人都没有影响,它在新古典经济学意义上就是"有效率的",因为总价值增加了,而我们并不在乎谁变得更加富有。然而,消费者福利观却认为反垄断法保护的群体是消费者,我们宁愿付出某些无效率的代价来保护较低的消费者价格。这种反垄断法观念或多或少地被写进了目前生效的美国并购指南。该指南在并购案件中拒绝承认"效率抗辩",除非并购带来的效率利益足以确保该合并不会导致消费价格上涨。[34] 但是,除了这一在诉讼案件中很少出

---

[32] *See*, *e. g.*, Robert H. Lande, Wealth Transfers as the Original and Primary Concern of Antitrust: The Efficiency Interpretation Challenged, 34 HASTINGS L. J. 65(1982)(主张消费者福利是反垄断法最为显著的关切); Louis B. Schwartz, "Justice" and Other Non-Economic Goals of Antitrust, 127 U. PA. L. REV. 1076(1979)(反垄断法关注大企业和小企业之间的竞争地位平等). 对此的评价, *see* HERBERT HOVENKAMP, FEDERAL ANTITRUST POLICY: THE LAW OF COMPETITION AND ITS PRACTICE ch. 2(4th ed. 2011)。

[33] 关于相冲突的观点, *see* Alan J. Meese, Debunking the Purchaser Welfare Account of Section 2 of the Sherman Act: How Harvard Brought us a Total Welfare Standard and Why We should Keep it, 85 N. Y. U. L. Rev. 659(2010); Steven C. Salop, Exclusionary Conduct, Effect on Consumers, and the Flawed Profit Sacrifice Standard, 73 *Antitrust L. J.* 311(2006); Joseph Farrell & Michael L. Katz, The Economics of Welfare Standards in Antitrust, COMPETITION POL'Y INT'L 3(Autumn 2006); John B. Kirkwood & Robert H. Lande, The Chicago School's Foundation Is Flawed: Antitrust Protects Consumers, Not Efficiency, in HOW THE CHICAGO SCHOOL OVERSHOT THE MARK: THE EFFECT OF CONSERVATIVE ECONOMIC ANALYSIS ON U. S. ANTITRUST 89 (Robert Pitofsky ed., 2008).

[34] U. S. DEP'T OF JUSTICE & FED. TRADE COMM'N, HORIZONTAL MERGER GUIDELINES §10(2010), *available at*: http://www.justice.gov/atr/public/guidelines/hmg-2010.html("为做出必要的认定,执法机构考察得到认可的效率是否可能足以扭转该并购损害相关市场上客户的可能性,例如通过阻止该市场上价格上涨。")

现的差别之外,反垄断法的目的是纯粹经济性的。

承认其他目标将导致理论的强健性下降,受特殊利益集团俘获的可能性增加。如果立法目的得到清晰的界定和广泛的支持,国会最有可能制定出良好的法律。如果立法目的各异、模糊不清或者没有得到很好的表述,在就处理问题的方式形成自己的观点时,国会将面临更大的困难。这时它将更加愿意听取特殊利益集团的声音。

非经济目的的另一个问题是几乎不可能使其具有可操作性。例如,在反垄断政策上承认保护小企业这一目的,最终可能导致谴责每一个使得大企业价格低于小企业价格的有效率行为。如果得到连贯的执行,这一政策将把我们的经济赶回前工业化时代,而问题在于这一理论本身对于如何划界并没有提供什么有意义的指南。

同样,如果偏离鼓励创新的工具性目的,专利法和版权法也更有可能受到特殊利益集团的影响并更加难以实施。事实上,在说法律是促进经济增长和福利的工具时,知识产权法比反垄断法更加成立。反垄断法与专利和版权法之间的一项重要区别是,反垄断法是根据国会的商业权限制定的,而知识产权法是由联邦宪法知识产权条款授权的。宪法商业条款只字未提以鼓励竞争或效率作为排他目标甚至明确的目标,它仅仅赋予国会管理州际和对外商业的权力。事实上,商业条款[35]授权国会制
42 定很多关涉“公平”的条款,例如联邦公民权法。[36] 相反,宪法知识产权条款在授权国会通过立法“促进科学和实用艺术进步”时明确阐述了促进经济进步的目标。为实现这一目标,这些立法创设的财产权必须仅仅“在有限的时间内”有效。[37] 也就是说,这些立法的目的是赋予有创造力的人一个有限期间获取足以鼓励其工作的利益,以此提供创新激励。该期间届满之后,创新成果必须进入公有领域。

尽管联邦宪法对知识产权法表明了工具性目标的立场,但学者还是提出了各种各样的知识产权理论,它们反映着自然法理论、普通法财产

㉟ 美国联邦宪法第1条第8款第3项俗称“商业条款”(Commerce Clause)。该款规定,“联邦国会有权管理与外国之间的、州际之间的以及与印第安部落之间的商业。”

㊱ *E. g.*, 42 U. S. C. § 2000e(2006)(反工作场所雇主歧视行为法).

㊲ U. S. CONST. art. I, § 8, cl. 8.

权理论、黑格尔人格权理论、[38]洛克劳动论。[39] 我们只想指出,知识产权
法的非经济理论与竞争政策的非经济理论一样难逃如下藩篱,即它们并
没有提供一个有用的机制来“测度”究竟多少保护是足够的。总体而
言,知识产权的非经济理论倾向于创设更宽泛的权利,任何以福利最大
化为知识产权政策目的的观念都难以为这些权利提供支持。相对专利
法,[40]这些理论更加频繁地被用于支持版权法。[41] 这些理论倾向于支持
增加财产权并且对其不设置任何有意义的限制。例如,国会一而再、再
而三地回溯性地延长《版权法》的保护期,其结果是,如今版权在两种意
义上实际已经具有了无限保护期。首先,国会似乎有可能持续延长或再 43
延长保护期,导致现存版权永远不会到期。其次,即便不再延长,目前的
保护期——“作者有生之年加 70 年”——在经济效果上也几乎等同于

㊳ *E. g.* , Justin Hughes, The Philosophy of Intellectual Property, 77 GEO. L. J. 287, 330 – 65 (1988)(倡导基于个人自主优先的黑格尔理论).

㊴ *E. g.* , JEREMY WALDRON, THE RIGHT TO PRIVATE PROPERTY 137 – 252 (1988)(为基于劳动和个人贡献的洛克式权利进行辩护). *See also* ROBERT P. MERGES, JUSTIFYING INTELLECTUAL PROPERTY (2011)(反对功利论,赞成一系列非结果主义的理论).

㊵ *See, e. g.* , Adam Moore, Toward a Lockean Theory of Intellectual Property, in INTELLECTUAL PROPERTY 81 (Adam Moore ed. , 1997)(提倡洛克的基于劳动的理论); Edwin C. Hettinger, Justifying Intellectual Property, 18 PHIL. & PUB. AFF. 31 (1989)(类似); Hughes, *supra* note 37; Tom G. Palmer, Are Patents and Copyrights Morally Justified? The Philosophy of Property Rights and Ideal Objects, 13 HARV. J. L. & PUB. POL'Y. 817, 820 (1990)(人格权理论); D. B. Resnik, A Pluralistic Account of Intellectual Property, 46 J. BUS. ETHICS 319 (2003)(倡导多视角的方式).

㊶ *See, e. g.* , Stephen Breyer, The Uneasy Case for Copyright: A Study of Copyright in Books, Photocopies, and Computer Programs, 84 HARV. L. REV. 281 (1970)(逐一列举并批判版权法的各种非经济目的); Wendy J. Gordon, A Property Right in Self-Expression: Equality and Individualism in the Natural Law of Intellectual Property, 102 YALE L. J. 1533 (1993)(倡导一种经修正的自然法理论); Glynn S. Lunney, Jr. , Reexamining Copyright's Incentives-Access Paradigm, 49 VAND. L. REV. 483 (1996)(为一种配置效率理论进行辩护); Stewart E. Sterk, Rhetoric and Reality in Copyright Law, 94 MICH. L. REV. 1197 (1996)(批评激励理论); *see also* LIOR ZEMER, THE IDEA OF AUTHORSHIP IN COPYRIGHT (2007); Benjamin G. Damstedt, Note, Limiting Locke: A Natural Law Justification for the Fair Use Doctrine, 112 YALE L. J. 1179 (2003); John Tehranian, Et Tu, Fair Use? The Triumph of Natural-Law Copyright, 38 U. C. DAVIS L. REV. 465 (2005); Lior Zemer, The Making of a New Copyright Lockean, 29 HARV. J. L. & PUB. POL'Y 891 (2006)(为洛克的劳动贡献论进行辩护).

无限保护期。[42] 这一结果与宪法知识产权条款激励创新的要求完全不相容,而更加接近自然权或者财产—劳动理论,它们对以自身劳动为社会带来价值者赋予永久的私人权利。

四、反垄断法和知识产权法的条文结构

反垄断法和知识产权法对待根本问题的态度之所以存在如此巨大的差异,部分原因在于它们存在明显的条文差异。反垄断法非常概括地谴责限制竞争行为,但几乎没有提供任何更具体的指示。1890 年通过的《谢尔曼法》谴责"限制贸易"的协议以及进行"垄断化"的单方行为。[43] 但法条对这两个术语未作任何界定,竞争一词也根本没有出现在法律中。霍姆斯大法官曾经斥责同僚的论点"好像维护竞争是《谢尔曼法》明确规定的目标一样",但事实上,该法"完全没有提到竞争"。[44]

国会在 25 年后制定的 1914 年《克莱顿法》中稍微增加了一些细节规定,以非常概括的语言谴责反竞争的搭售、独家交易、价格歧视和并购。但《克莱顿法》提供的细节仍然非常少,仅仅规定如果这些行为"可能实质上削弱竞争或者倾向于形成垄断"是非法的。[45] 反垄断制定法并没有给竞争一词提供定义,也没有规定竞争受到削弱的机制,或者多大程度的削弱足以构成违法行为。法律也没有提及边际成本定价或者产出最大化行为,而这些概念如今已成为测度竞争的基准。国会显然不想自找麻烦给竞争拿出一个具体定义,或者确定哪些行为可能促进或削弱竞争。相反,它只是把源于普通法的一些一般原则纳入制定法,[46]把确定哪些行为违反这些原则的任务基本上留给了法官。

---

[42] Eldred v. Ashcroft, 537 U. S. 186, 255 – 56 (2003) (布雷尔大法官异议意见;观察到,在《版权法》下,立法创设的保护期之现值等于无限期保护之价值的 99.8%,使得实际期限"几乎永久").

[43] 15 U. S. C. § § 1, 2 (2006).

[44] N. Sec. Co. v. United States, 193 U. S. 197, 403 (1904) (霍姆斯大法官异议意见;反对多数意见谴责一起铁路公司并购).

[45] *See* 15 U. S. C. § 13 (2006) (价格歧视), *id.* § 14 (搭售和独家交易); § 18 (并购).

[46] *See* 1 PHILLIP & AREEDA & HERBERT HOVENKAMP, ANTITRUST LAW ¶¶ 101 – 03.

相反，《专利法》和《版权法》都是冗长的法典，详细描述它们创设的种种权利以及强制执行这些权利的各种救济手段，尤其是专利受到重重监管，主要监管机构是美国专利商标局。 44

国会为何对反垄断法采取抽象立法的思路，把发展细节的工作干脆交给法院，而在知识产权法中却规定那么多细节？其中一种解释是，国会议员既不是经济学家也不是市场专家，他们不想过多涉足自己并不在行、弄不好会造成严重损害的领域。因此，在反垄断法领域，他们留给法院以个案方式发展一套反竞争行为普通法的任务。

然而，如果这种解释适用于反垄断法的话，它也可以更有力地适用于知识产权法。在人类智识史的每一个阶段，我们对传统价格/产出竞争所需技术前提的理解和描述，都远远超过对促进创新所需最优前提的理解和描述。相反，反垄断和知识产权立法之所以在条文具体程度上存在差异，最有可能的解释是特殊利益集团在立法过程中发挥了不同的影响。专利和版权立法主要反映版权人和专利权人的意志而非消费者的利益。在版权领域，国会一再屈从代表主要版权人的特殊利益集团。《1976 年版权法》的制定表现得尤为淋漓尽致，国会有时甚至让特殊利益集团接管法律起草工作。[47] 事实证明，《专利法》几乎同样容易受到特殊利益集团的影响。

诚然，反垄断法领域也一直存在特殊利益集团的影响。然而，除了存在于受监管行业的少数例外，这种影响从来都没能深度体现在制定法语言之中，这些法律的条文基本都只是使用了一些有关竞争和垄断的开放式陈述。[48] 但是把反垄断法和知识产权法的区别怪罪到特殊利益集团头上实在过于肤浅，因为人们很自然地会提出这样的问题：为什么知识产权法比反垄断法更容易受到俘获呢？

(一)缺省状况

似乎比较可信的一种解释涉及缺省规则方面的差异。在美国，竞争

---

[47] 参见第八章。

[48] 关于特殊利益集团在反垄断立法过程中作用的描述，*see* HERBERT HOVENKAMP, THE ANTITRUST ENTERPRISE: PRINCIPLE AND EXECUTION, ch. 1 (2006); Thomas J. DiLorenzo, The Origins of Antitrust: An Interest-Group Perspective, 5 INT'L REV. L. & ECON. 73 (1985); George J. Stigler, The Origin of the Sherman Act, 14 J. LEG. STUD. 1 (1985).

政策背后的经济学一直以来都是古典主义或者新古典主义。这两种经
45 济思想学派都认为,缺省状态的规则是自由和开放的市场竞争。反垄断法的逻辑起点是市场通常运行良好并有能力自我矫正,政府以竞争为由进行干预只有在例外情况下才是正当的。当反垄断法确实进行干预时,这些措施也主要是矫正性的,即旨在恢复先前受到破坏的、通常不受管制的平衡。即便是“管理性的”反垄断法命令通常也都以竞争状况的恢复及命令本身的届满作为一个目标。㊾

与之形成鲜明对比,《专利法》和《版权法》的前提都是,仅仅依靠市场本身难以带来恰到好处的创新规模。这一前提得到联邦宪法知识产权条款的充分支持。事实上,市场失灵正是知识产权法定保护的逻辑起点。如果没有知识产权法创造的财产权,其他人就可以复制创新者的发明或创造性作品,进行搭便车。其结果将是越来越少的人愿意进行这方面的投资,进而导致对社会有益的创新成果减少。因此,知识产权法的缺省规则是政府行为而非不行为;唯一的问题是社会需要多少政府行为以及什么样的政府行为。也就是说,知识产权法是积极的管制规定,而管制自然会招致特殊利益集团参与关于政府干预的性质及范围的争论。

(二)缺乏理论强健性

特殊利益集团之所以在知识产权法比在反垄断法上拥有更大影响力,第二个原因是竞争模型和创新模型的强健程度不同。我们的政策历史始终如一地表明,人们对于鼓励传统竞争的法律框架比对于促进最优创新的框架具有更广泛的共识。这一点可能会言过其实,并且在边缘地带还存在很多不同意见,但是我们的确有一项强健的基本原则,即竞争要求同一市场上的企业之间存在对抗并且市场进入自由。我们也许可以无休止地争论到底需要多少企业才能让一个市场具有竞争性绩效,或者无休止地争论需要针对产品差异性、高固定成本或者信息不平衡作何种调整,但有关竞争前提条件的基本框架则一个世纪多以来一直广为人

㊾ *E. g.* , United States v. Microsoft Corp. 253 F. 3d 34,103(D. C. Cir. 2001)(全席审理;法院整体意见)[反垄断法的救济命令“必须要寻求‘将市场从反竞争行为中解放出来’,‘终止非法垄断,剥夺被告享有违法成果,以及确保消除未来可能导致垄断化的行为’。”(引证省略)]

知并形成了广泛的专业和政策共识。[50]

相反，当谈到什么样的政府政策能够鼓励最优数量的创新时，我们的答案却变得非常不确定，呈现出更加极端化的倾向。迄今为止，创新经济学并不像新古典经济学那样拥有强健的、得到广泛运用的规则，例如完全竞争背后的规则——价格等于边际成本。诚然，反垄断法上也需要一些复杂的权衡。例如，我们需要不断将支配地位企业的积极扩张需 46
求与因此给竞争对手造成的损害进行比较，需要猜测对消费者造成的长期影响。但是知识产权法上的权衡却要极端得多，更加难以测度。没有人知道最优的专利或版权保护期应该多长，或者是否应该针对不同企业领域设置不同的保护期。有些人甚至怀疑我们是否真的需要提供任何保护。[51] 尽管专利有效期（提交专利申请之日起 20 年）远远短于版权保护期（对于大多数作品而言，作者有生之年加 70 年），但在某些领域仍然显得过长，例如计算机技术。在这些领域，有效期届满之前发明本身早已在市场上过时了，漫长的保护期只会形成扼制创新的灌木丛。相反，在某些领域，例如医药，专利保护期反而可能过短。在这些领域，技术生命非常长，但是复制却相对容易，相对于年化回报而言创新成本很高。[52] 我们也没有强健的模型来解释专利权利要求的适当范围、版权合理使用的最佳数量以及诸如此类的问题。[53]

---

[50] *See*, *e. g.*, George J. Stigler, Perfect Competition, Historically Contemplated, 65 J. POL. ECON(1957).

[51] *E. g.*, MICHELE BOLDRIN & DAVID K. LEVINE, AGAINST INTELLECTUAL MONOPOLY(2008).

[52] *See* SUZANNE SCOTCHMER, INNOVATION AND INCENTIVES 117(2006)（所有市场使用统一的保护期会过度回报某些行业，但对其他行业回报不足）; Dan L. Burk & Mark A. Lemley, Is Patent Law Technology-Specific?, 17 BERKELEY TECH. L. J. 1155(2002)（类似观点）.

[53] *See* Andrew F. Christie & Fiona Rotstein, Duration of Patent Protection: Does One Size Fit All?, 3 J. INTELL. PROP. L. & PRAC. 402(2008); Richard Gilbert & Carl Shapiro, Optimal Patent Length and Breadth, 21 RAND J. ECON. 106(1990). 经典的辩论发生在以下学者之间：WILLIAM D. NORDHAUS, INVENTION, GROWTH, AND WELFARE: A THEORETICAL TREATMENT OF TECHNOLOGICAL CHANGE(1969)（考察了众多行业内影响专利保护之价值的多种因素，并提出计算最优专利保护期的方程式），和 F. M. Scherer, Nordhaus' Theory of Optimal Patent Life: A Geometric Reinterpretation, 62 AM. ECON. REV. 422(1972)（解读前述 Nordhaus 的著作）. 关于版权，*see* Yuehong Yuan & Stephen F. Roehrig, On the Duration of Copyright Protection for Digital Information, in THE INTERNET AND TELECOMMUNICATIONS POLICY 247(Gerald W. Brock & Gregory L. Rosston eds., 1996)（考察针对数字作品和更传统的作品适用不同的保护期）.

我们顶多只能说,知识产权政策的核心目标应该是扣除所有已支付交易成本之后实现源自创新的净利益最大化。为此,我们必须将排他权具有的激励价值与允许利用他人已开发的技术和创造性作品所具有的激励价值进行权衡。[54] 这也许要求(也许不要求)针对不同行业设置不同的专利保护期和保护范围。但如今人们的广泛共识是,我们提供的保护过度了。[55]

特殊利益集团的影响力大小取决于民主制政策制定者可用的模型
47 是否强健。面对一个强健的、获得广泛共识的模型,特殊利益集团的影响通常得到最小化。例如,在美国,杂货和电力零售的定价都由州政府监管,这就意味着众多法域可能干预其中一个或两个市场。然而,杂货价格几乎在任何地方都由市场决定,而电力零售价则几乎在任何地方都受政府机构监管。出现这种局面的原因并非电力行业的游说力量比杂货行业更强,或者电力行业的特殊利益集团在所有各州都更加组织得力。原因非常明显:很多市场上都有为数众多的杂货店。大多数情况下,它们销售的是大宗商品并且市场进入容易。相应的,杂货市场高度契合竞争的经济模型。在这一系谱的另一端,电力零售则符合自然垄断的经济模型。由一家企业向各家各户配送电力最为有效率,这就要求进行价格管制。因此,尽管杂货和电力市场存在巨大差异,人们对于其中哪个市场应使用何种经济模型和政策则存在广泛的共识。这种共识而非特殊利益集团俘获更能够解释为什么一个市场上存在监管而另一个市场上却没有。

相反,如果人们对某一个商业领域理解不够,立法者就会更容易受到特殊利益集团的影响。很明显,专利法和版权法就属于这种情况。在这两个领域,关于知识产权保护期和保护范围的颇具争议的话题并不存在事实上的"正确答案",或者更为可能的是这些问题的答案非常复杂,

---

[54] *See*, *e. g.*, WILLIAM M. LANDES & RICHARD A. POSNER, THE ECONOMIC STRUCTURE OF INTELLECTUAL PROPERTY LAW 11 – 36(2003).

[55] *See*, *e. g.*, MICHAEL HELLER, THE GRIDLOCK ECONOMY: HOW TOO MUCH OWNERSHIP WRECKS MARKETS, STOPS INNOVATION, AND COSTS LIVES (2008); LAWRENCE LESSIG, FREE CULTURE: HOW BIG MEDIA USES TECHNOLOGY AND THE LAW TO LOCK DOWN CULTURE AND CENTRAL CREATIVITY(2004). 即便兰德斯和波斯纳这样相对保守的学者也认同这一点。*See* Landes & Posner, *supra* note 53.

各个行业之间存在巨大差异。在缺乏类似价格竞争模型的那种共识的情况下，国会干脆听取发出最具说服力声音者的意见。经典的公共选择理论明显更有利于知识产权人：他们人数较少，个体利益巨大，利益同质化程度较高。相反，知识产权使用者通常人数众多，差异化程度也很高。因此，权利人比知识产权使用人的组织化程度更高，并能够以更加有效的方式向国会传达自己的意愿。[56]

由于受特殊利益集团俘获，现行知识产权制定法已经远远脱离了自己的目标，即最优的创新促进。与此同时，近期某些司法判决和正在审议中的专利改革法案表明专利法已经启动了改革进程，尽管远未完成。版权法改革的前景却更加渺茫。

五、反垄断法损害

正如以下两章所述，近期的专利法改革朝着鼓励创新与竞争的方向迈出了值得期待的一步，但还有很多工作要做。目前的版权法几乎完全 48
脱离了宪法赋予它的存在理由，即创造一套恰如其分的创作激励。[57] 兰德斯和波斯纳曾主张，普通法能够为测度知识产权的正确范围提供有用的基准，因为普通法受特殊利益集团影响相对较小，法官们因此更有可能作出正确判断。[58] 知识产权法还能够从反垄断"普通法"中借鉴良多。如果能够借鉴"反垄断法损害"法则构建一个知识产权损害概念将有助于调校知识产权法，使其与创新激励更加一致。

知识产权法上可证明的损害应该与创新激励相关，正如反垄断法上可证明的损害必须与竞争激励相关一样。通过首先考察原告受到损害的机理，法院也许可以避免就专利或版权保护范围是否适当这个更加困难的问题作出回答。当然，设置一个损害要件并不能解决全部知识产权

---

[56] 参见第六章和第八章。关于公共选择理论，*see* DANIEL A. FARBER & PHILIP P. FRICKEY, LAW AND PUBLIC CHOICE: A CRITICAL INTRODUCTION (1991); DENNIS C. MUELLER, PUBLIC CHOICE III (2003)。

[57] 参见第七章。

[58] Landes & Posner, *supra* note 53, at 10, 87, 205 – 06.

扩张问题。“反垄断法损害”法则在协调反垄断政策与创新激励方面做出了重大贡献，但反垄断法革命同样源于其他实体法变革。然而，一个得到认真对待的损害要件有助于缩小创新激励与有缺陷实体法则之间的差距。即便按照法律规定可以认定涉案行为违法，没有遭受必要类型之损害的原告也不应该获得赔偿。

反垄断法采取公共执行与私人执行相混合的执法体制。司法部反垄断局和联邦贸易委员会代表政府负责反垄断执法工作，但大多数诉讼都是由私人提起的。[59] 知识产权法同样主要依靠私人执行。过去 30 年间发生的反垄断法革命主要围绕着私人诉讼及其需要的损害类型展开。事实上，反垄断法革命的背后力量主要是人们认为反垄断法被私人原告用于了追求反竞争目的，即主要用于保护自己免受激烈竞争之苦。[60] 同样的观念也适用于知识产权法和创新激励。

1977 年联邦最高法院在布伦什维克案中提出的“反垄断法损害”法则已成为这场反垄断法改革的标志性事件。[61] 布伦什维克案同时向我们展示了它如何将损害要件与反垄断法的立法目的相联系，以及它如何对一个表面上措辞清晰、适用范围宽泛的私人执行条文作限制性解释。该案原告是一个位于科罗拉多州普布罗市(Pueblo)的经营困难的独立
49 保龄球球道。它的竞争对手是一家面临更大财务困难的企业，向它的主要硬件供应商布伦什维克公司欠下巨额债务。布伦什维克公司是一家大型企业，供应多种体育产品，包括保龄球球道相关的设备。该竞争对手与布伦什维克公司达成债务和解协议，约定由后者收购该球道、对它注入资金并作为自己的子公司继续经营。原告提起诉讼，指控布伦什维克收购该经营困难的保龄球道构成非法并购。原告主张在自己的市场上它原本面临一个濒临破产的软弱的竞争对手，现在却不得不面临一个从新的母公司手中获得巨额资金支持的、新生的竞争对手。

---

[59] 在大多数年份，大约 90% 的反垄断诉讼由私人原告提起。*See* BUREAU OF JUSTICE STATISTICS, U. S. DEP'T OF JUSTICE, SOURCEBOOK OF CRIMINAL JUSTICE STATISTICS ONLINE tbl. 5. 41. 2008, http://www. albany. edu/sourcebook/pdf/t5412008. pdf(last visited April 1, 2011).

[60] *See* Baumol & Ordover, *supra* note 10; William H. Page, Optimal Antitrust Penalties and Competitors' Injury, 88 MICH. L. REV. 2151(1990).

[61] Brunswick Corp. v. Pueblo Bowl-O-Mat, Inc., 429 U. S. 477(1977).

案件事实似乎并不复杂。这起并购可能合法也可能非法，一切取决于合并双方的市场份额、市场进入壁垒的高低以及实体并购法规定的其他要件。[62] 另外，原告明显因该并购“遭受了损害”，因为被迫与一个重获新生的、由布伦什维克拥有的设施竞争会比与一个债务缠身的独立球道竞争更加艰难。因此，按照反垄断法规定的宽泛私人诉因条款的表面含义——它只要求损害和因果关系——所有法条措辞似乎都对原告有利，只要它能够证明该并购非法。

但是联邦最高法院并没有把考察对象锁定在该并购是否技术上非法。事实上，它甚至根本就没有触及这个问题。唯一重要的事项是，原告抱怨说普布罗市保龄球市场因此交易竞争加剧而非减少。这一指控的实质是，如果濒临倒闭的竞争对手继续存续原告本将成为一个支配地位企业，而并购迫使它迎战一个更有竞争力的对手。认可这一指控将会损害反垄断法的立法目的。联邦最高法院为此提出了一项规则，要求私人反垄断原告不仅要证明自己遭受了某种损害，该等损害还必须是反垄断法损害——源自竞争减少的损害。这一规则的表述人正是联邦最高法院伟大的亲反垄断法的自由主义者、沃伦时代的亲历者——瑟古德·马歇尔大法官（Justice Thurgood Marshall）。此外，他所表述的反垄断法损害法则似乎与制定法的用语格格不入。该法规定：“因反垄断法禁止的任何事项遭受经营或财产损害的任何人均可……据此起诉，并有权获判其所受损害三倍的损害赔偿。”[63]法条似乎提出了一项强制性要求并且非常全面：它只要求一项垄断行为对经营或财产造成了损害。然而，马歇尔大法官在代表最高法院撰写的一致意见中写道：

任何一起将两个现存企业合并为一的交易，无论是否违法，都可能带来经济的重新调整，对某些人造成不利影响。但是，国会并没有基于此等重新调整而谴责并购；**只有在它们可能造成反竞争效果时才加以谴** 50
责。然而根据上诉法院的判决，一旦认定一起并购交易违反《克莱顿法》第7条，该并购导致的所有变动都是可诉的，无论这些变动是否与谴责该并购的理由有关……

---

[62] 关于并购法规定的要件，*see* 4 &4A PHILLIP E. AREEDA & HERBERT HOVENKAMP, ANTITRUST LAW, chs. 9 – 10(3d ed. 2009)。

[63] 15 U. S. C. §15(2006).

……要以涉案行为违反第7条为由求偿三倍损害赔偿,[原告]不能仅仅证明与市场上存在的非法行为有因果联系的损害。原告必须证明反垄断法损害,也就是说,反垄断法意图阻止的那类损害,并且该损害源自导致被告行为非法的因素。该损害应该要么反映了该违法行为的反竞争效果,要么反映了该违法行为所致反竞争行为的反竞争效果。简言之,它应该属于“所指控的违法行为……可能导致的损失类型”。[64]

联邦最高法院的布伦什维克案判决对私人反垄断执法带来了一场革命,数以百计的私人反垄断起诉因为缺乏“反垄断法损害”遭到驳回。事实上,反垄断法损害现在被视为一个有关私人原告起诉资格的法则。法院在考察起诉资格问题时会暂且假设垄断违法行为成立。今天同样清晰的一点是,反垄断法损害法则同时适用于损害赔偿救济和禁令救济。尽管反垄断法有关禁令的条文只要求任何类型的损害威胁,联邦最高法院却判决“如果把《克莱顿法》解读为授权私人原告有权就一项损害威胁请求禁令救济,但在该等损害实际发生时却无权取得损害赔偿,将是不合逻辑的”。[65]

六、“知识产权法损害”与源自创新的剩余

布伦什维克案最大的特点在于,它几乎无视反垄断法私人诉因条款的宽泛措辞。制定法授权的对象是“因为”垄断违法行为遭受经营或财产损害的“任何人”。法律条文本身没有任何一处规定将损害的性质与促进竞争的反垄断立法目的相联系。知识产权法改革完全无需如此激进。正如我们在本书许多地方指出的那样,《专利法》和《版权法》的很多条文规定并没有明确指向某个方向,法院只需把法律语言解释得与知识产权法激励创新的目的更加一致就可以实现大部分改革目的。专利法领域已经在这样做了。但有一部分改革需要修改法律条文。

51 在目前的知识产权法领域,正如30年前的反垄断法领域一样,法院

---

[64] Brunswick,429 U. S. at 487 – 89(着重号为作者所加).

[65] Cargill,Inc. v. Monfort of Colo. ,Inc. ,479 U. S. 104,112(1986). *See* 15 U. S. C. §26(赋予“因垄断违法行为面临损失威胁或损害威胁的”任何私人请求禁令的权利).

太过轻率地假设技术性侵权会造成削弱知识产权立法目的的损害。作为知识产权法改革的第一步，法律起草人需要采纳一个更加自律的“知识产权法损害”概念，它不仅要求存在侵权行为，还要求存在与知识产权法立法目的相联系的可证明的损害。知识产权法应该仅仅认定某些使用行为可能造成损害，因为这些使用行为可能影响知识产权人创作或发行作品的决定。易言之，应该仅仅承认与宪法如下要求相一致的损害，即专利和版权制度的目的是促进创新。

当然，从某种意义上讲，损害与侵权行为总是相伴而生的：知识产权人可以声称，被告本可以为其使用行为支付许可费，即便该使用并没有对版权作品或专利发明的销售造成替代效应。毕竟，被告搭了知识产权人作品的便车，应该允许知识产权人至少分享被告从其使用行为中获得的利益。

但这是一种事后损害观而非事前损害观，只有后者才能把知识产权损害与创新激励联系起来。另外，这种主张还反映着如下观点，即知识财产中的财产权理应内部化该知识财产为他人创造的全部利益。但这种主张无法满足宪法授权国会创造和保护知识产权时所设定的标准。基于经济激励的标准关注的是“鼓励最优投资所需的激励是多少？”为此它追求这样一种状态，即给予投资者足以维持该等投资水平的激励，但仅此而已，不会更多。

这一点与竞争市场的经济模型相一致。该模型偏爱满足如下标准的基于成本的定价，即企业挣得的利益恰好足够其在市场上维持最优的投资水平。消费者能够保留由此带来的“剩余”或者溢出效应。在竞争性市场上你可以以生产商的成本即1000美元的价格购买一台电脑，尽管这台电脑为你的业务带来十倍于购买价的价值。每个销售者均能获得其产品给消费者所生全部价值的世界是一个由垄断者构成的世界。事实上比这还要糟糕，因为即便是垄断者也无法完全取得支配地位带来的全部剩余。[66]

有人主张，源自生产有价值财产（包括发明和艺术作品）的全部回

---

[66] *See* HOVENKAMP, *supra* note 32, § § 1.1 – 1.3. 唯一能够从其支配地位中获得全部剩余的垄断者是能够从事完全价格歧视的假设垄断者。*Id.* at § § 14.1 – 14.3. 关于竞争的经济概念与溢出效应观念之间的关系，*see* RICHARD TUCK, FREE RIDING (2008)。

报都应该由创作人享有。[67] 这种主张的逻辑出发点往往是这样一种道德观或者个人自治观，即人们有权获得其劳动和冒险带来的全部果实。它同时拒斥如下观点，即基于公平或某种其他社会义务人们应该与其同
52 类分享剩余。但是，仅授予足以维持投资水平的权利，这一主张背后的理论根据根本就不是公平方面的考虑，它深深植根于古典和新古典经济学有关激励和市场行为的经济理想。根据这些理想，竞争带来最大的总体价值，但竞争状态下处于边缘地带的生产商并不能获得剩余。

无论如何，如果创新是累积性的、相互关联的又或者存在于互补关系之中，授予发明人全部剩余的规则即便在观念上也不可能成立。例如，网络型市场和互联互通型市场存在不计其数的双边垄断，此种情形下剩余的分享是不确定的，无法以一种并不武断的方式把某个具体部分分配给某个特定发明人。假如一个人发明了电脑，另一个人发明了操作系统，这两个产品组合起来可以创造出高于成本（1000 美元）的剩余，但任何一个产品如果缺少另一个基本上都没有任何价值。除非能够找到一种划分剩余的方法，否则市场无法运行，但并不存在一个并不武断的划分方法。同样的情况也发生在顺序性发明（sequential inventions）领域，例如改进型专利或者版权演绎产品。国家可能希望以“公平”之名介入划分剩余的工作。例如通过为每一个组成部分分配一部分价值——罗伯特·诺齐克很显然会反对这样做。即便国家不以武力方式转移财产，它对财产权范围的界定也必然产生划分剩余的效果。例如，国家根本不需要明确转移任何财产，它可以通过知识产权政策或反垄断政策创设竞争性的硬件市场，但允许软件市场存在垄断，也许出于自然垄断的原因。在这种情况下，全部剩余均由软件企业享有。或者，国家可以宽泛解释硬件领域的专利权而狭隘解释软件版权，这样也能够划分剩余。经营者固然只能保留市场产生的剩余，但市场财产权的形态则取决于国家的界定。

如果创新者的专利或版权足够强，知识产权法可以并且应该允许创

---

[67] *E. g.*, ROBERT NOZICK, ANARCHY, STATE AND UTOPIA 63 – 87, 176 – 182（1974）；*see also* RICHARD EPSTEIN, TAKINGS：PRIVATE PROPERTY AND THE POWER OF EMINENT DOMAIN, chs. 1 & 2（1985）.

新者成为垄断者。[68] 因此,创新回报可以包含高于竞争水平的回报。这种回报是可以事前预见的,也就是说,每一个创新者事先都知道高售价或高许可费是创新带来的合法回报。如果进行事后衡量,某些专利和版权得到的报酬过度,另一些则报酬不足。

一个较为容易处理的报酬问题涉及如下情况下的侵权指控,即违法 53
者的行为很可能根本不会影响创新激励。(下一章将要谈到的)延迟权利要求就是一例。在提交专利申请书之后新增加的权利要求很难说会对先前的发明提供什么激励。激励结构必须立基于人们可以合理预见并能赋予其一定价值的东西。还有一项重要原则,即在后创新者有权就他人已经提出权利要求的东西及时获得通告。

非侵权互补品也是一种源于创新的剩余。例如,成功话剧作品的作者可能提升观剧镜的需求,速度更快、效率更高的电脑操作系统的开发者有助于提升电脑需求。这些利益都是可预见的,即我们可以预见创新者成功之后将会出现这些情况,但它们并不是可获得报酬的,因为即便对知识产权概念作最宽泛的理解它也不能涵盖因使用该知识产权而获益的所有产品。

对此存在一些例外。例如,版权法上的演绎作品权对版权作品的某些互补品提供保护。但是,几乎可以肯定地说,过度宽泛地解释这项权利非但不会激励创作,还会严重阻碍在后创新者基于前人作品进行创作的能力。英国法院审理的《达·芬奇密码》案就是一个很好的例子。丹·布朗创作了畅销小说《达·芬奇密码》。这是一部宗教题材的历史惊悚小说,描写了耶稣基督和抹大拉的马利亚之间的所谓爱情故事。布朗的小说大量借鉴了迈克尔·贝金特(Michael Baigent)、理查德·李(Richard Leigh)和亨利·林肯(Henry Lincoln)合著的非小说类著作《圣

---

[68] 参见以下作者之间有趣的争论:Mark A. Lemley, Property, Intellectual Property, and Free Riding, 83 Tex. L. Rev. 1031, 1065(2005)(主张应该对知识产权进行调整,给予创新者的回报仅限于其平均固定成本);John F. Duffy, Intellectual Property, Isolationism and the Average Cost Thesis, 83 Tex. L. Rev. 1077(2005)(主张激励创新的报酬金额要大得多,足以内部化被他人享有的利益);*see also* Brett M. Frischmann & Mark A. Lemley, Spillovers, 107 COLUM. L. REV. 257, 282–284(2007)(主张溢出效应,也即未得到报酬的带给他人的利益,是创新带来的一种无处不在的后果,并发现"有坚实的经济证据表明,更大程度的创新溢出效应与更高而非更低程度的创新相联系")。

血与圣杯》，该书研究了耶稣基督与抹大拉的马利亚之间的故事。《达·芬奇密码》出版以后，《圣血与圣杯》的销量飙升并一度重登英国畅销书榜单。[69] 但这种好处并没有阻止《圣血与圣杯》的出版商在英国法院对《达·芬奇密码》提起版权侵权诉讼。[70] 法院最终认定不构成版权侵权，因为虽然布朗借鉴了不受版权保护的事实和思想，但却仅仅复制了很少量的受版权保护的表达。[71]

对于《圣血与圣杯》来说，《达·芬奇密码》是互补品而非替代品。在互补品之间，一个产品的销售会增加另一个产品的销售，例如，黄油降价能够增加面包销量，软件质量提高能够增加电脑销量。与我们的主题
54 更加相关的是，产品互补性能够增加而非降低创新激励。因此允许对互补品提起侵权诉讼与版权法的立法目的不相容，除非版权人自己非常可能亲自开发这一互补作品。然而，虽然《圣血与圣杯》的作者有可能会考虑在其非小说类作品的基础上创作一部小说，但它肯定不会跟丹·布朗创作的小说一模一样。因此，如果说布朗的行为可能对《圣血与圣杯》的作者创作该非小说类作品的激励造成任何损害，那完全是一种臆测。就事前眼光来看，如果非小说类历史著作的作者能够预见到别人将据此创作一部畅销小说，这种预见几乎肯定会增加而非降低作者创作该作品的激励。

从根本上讲，知识产权法的目的并不是要补偿无处不在的“溢出效应”。要求对溢出效应给予报酬不但与有关竞争行为的经济模型不相容，而且从知识产权的角度看也是不可取的。[72] 溢出效应是投资各类财

---

[69] CBS 新闻网的一篇报道指出，原告著作的销量增长了大约 3500%。*See* James M. Klatell, Dramatic Day at "Da Vinci" Trial, http://www. cbsnews. com/stories/2006/03/07/entertainment/main1379394. shtml(last visited July 30,2009).

[70] *See* Richard Roth, Mining Da Vinci, http://www. cbsnews. com/stories/2006/03/10listening_post/main1390534. shtml(last visited July 30,2009).

[71] Baigent v. Random House Group Ltd. , [2006] EWHC(Ch) 719 No. HC04C03092(U.K.)(认定主要复制思想而非表达), *aff'd*, [2007] EWCA(Civ) 247 No. A3 2006/0971.

[72] Brett M. Frischmann, Spillovers Theory and Its Conceptual Boundaries, 51 WM. & MARY L. REV. 801(2009). *See also* Wendy J. Gordon, Harmless Use, 77 FORDHAM L. REV. 2411, 2419(2009)(如果推向逻辑极致，禁止不播种而收获的行为“是疯狂的”，因为“在一个充满物理、技术和文化设施的文明社会，我们一出生就开始收获因别人播种而结下的果实”).

产权(无论是知识财产还是其他财产)带来的主要社会利益。[73] 生产性投资几乎无可避免地会让投资者以外的人受益,创新同样如此。事实上,联邦宪法知识产权条款正是为了社会整体的利益而非个体发明人的利益才鼓励创新的。联邦最高法院早在1850年代就已指出,授予发明人“有限和临时”权利的目的“从来都不完全是为了他们的个人利润和优势”。相反,“公众或社会整体的利益是[《专利法》]追求的另一个目标,而且无疑是最主要的目标”。[74] 重大创新通常会带来许多有价值的溢出效应,而这正是我们鼓励创新的原因所在。

创新者本身从溢出效应中获益的程度并不逊于竞争对手或客户。例如,一个人在开发受专利或版权保护的软件时会在很大程度上得益于一个供应电脑的市场。一个企业在开发受专利保护的烤面包机时,则会受益于人们的房屋有电力供应以及面包商制作面包。但是我们并不会要求这些发明人回报电脑生产商、供电企业或者面包批发商。或者从另一个视角来看,电脑开发商或供电企业的建造者无权就其产品给平行产品或互补产品的制造商带来的每一项利益都获得报酬。未得报酬的溢出效应会带来好坏不同的结果,事实上,有些知识产权之所以有极高的价值原因正在于利用了他人开发的技术。微软公司视窗操作系统的价值完全取决于我们的社会已有一套电脑硬件基础设施,而这套基础设施本身并非由微软公司开发。

这种分析遭到的质疑之一是,创新回报比源自传统投资的回报更加 55
难以预测和量化。我们永远无法确切地知道创新回报将以何种方式出现,或者回报率有多高。我们首先承认这种质疑在一定程度上成立,但它也很容易被夸大。事实上,普通的竞争性市场经常能给某些买方带来巨大利益,但他们却有权以竞争价格购买产品。一个人可能使用阿司匹林控制轻微头痛,另一个人则可能用它预防心脏病发作。一个人可能用撬棍拔出旧木板上的钉子,另一个人则可能用它打开一个西班牙保险柜,但两个人都可以以4.95美元的价格从五金店购得。

---

[73] *See* Harold A. Demsetz, The Private Production of Public Goods, 13 J. L. & ECON. 293 (1970); Mark A. Lemley, Property, Intellectual Property, and Free Riding, 83 TEX. L. REV. 1031 (2005).

[74] Kendall v. Winsor, 62 U. S. 322, 327 – 28 (1859).

另外,正如以下几章所要阐述的,不同知识产权的回报类型可能不同,而这些回报对激励具有非常不同的影响。例如,制定法规定的知识产权保护期和保护范围当然能够影响创新激励。保护期较长的版权或专利的价值相对高一些,尽管边际价值要比人们通常想象的小很多。[75]因此,我们通过立法修改知识产权的保护期,并使用法律手段确定保护范围。但是,联邦最高法院在艾尔德瑞德案(*Eldred v. Ashcroft*)[76]中批准的那种回溯性延长保护期有什么意义呢?它根本不能为75年高龄的现存作品提供任何创作激励,只不过是权利人向消费者榨取垄断利润的赤裸裸的转移手段而已。专利的"延迟权利要求"——以专利保护后来出现的技术——方面也存在同样的问题,专利权人在提交专利申请时根本不可能考虑到该技术。

七、结论:知识产权侵权中的损害和损害赔偿

通过简单地排除不能提供创新激励的权利主张,法院无需涉足有关保护期限和范围的棘手实体法问题,就可以在矫正知识产权激励结构方面做出重大贡献。大多数情况下,现行知识产权制定法都允许这样的解释,但某些问题的解决却需要立法作出改变。

这么多年来,知识产权人从损害几乎自动成立的规定中获得了巨大利益。这些规定简单地推定损害存在,并根据侵权人的利润或者很大程度上
56 假设性的许可费损失等因素计算损害赔偿,而完全不要求证明知识产权人受到的损害会削弱其创新激励。反垄断法的经验表明,这种类型的本身违法规则存在一个问题,即它无助于记载行为的实际效果。例如,我们之所以对转售价格维持——供应商对其产品转售时的销售价格

---

[75] *See* LANDES & POSNER, *supra* note 53, at 214 & n. 12(假设一个合理的折现率,25年期版权的事前价值是无限期版权事前价值的90%以上。这一数字事实上夸大了二者的价值差别,因为它假定在整个版权保护期内许可费恒定。但事实上,绝大多数版权作品在前几年内获得最高的许可费,然后急剧下降,经常低至零)。*See also* Rufus Pollock, Forever Minus a Day? Calculating Optimal Copyright Term, 6 REV. ECON. RES. ON COPYRIGHT ISSUES 35(2009)(最优保护期为15年左右).

[76] 537 U. S. 186(2003).

作出规定——的经济效果知之甚少,原因之一是在1911年到2007年间反垄断法一直把转售价格维持视为本身违法的行为。原告只需简单地证明转售价格维持行为的存在就证明了行为的违法性,因此没有人会关心它的反竞争效果。其结果是,诉讼过程中很少考察反竞争效果。

知识产权侵权案件中要求原告切实证明损害将促使法院保留相应的卷宗,对于哪些侵权行为实际上会削弱知识产权人的投资预期提供相关信息。为了把知识产权保护局限于鼓励创新所需的限度,“知识产权法损害”必须以事前视角而非事后视角测度激励。侵权行为损害预期回报时才会损害创新,而只有能够被预见到的东西才是创新发生时可合理预期的。如果侵权行为不会损害权利人但却能使侵权人或其客户受益,并且不会影响任何其他人,这种行为就是一种纯粹的帕累托改进。这是一种在非自愿交易中极少会出现的经济理想状态。[77] 谴责这样的行为是一种无效率的法律政策,即便不考虑知识产权执行体制带来的极高交易成本也是如此。当然,问题在于如何界定知识产权人受到损害的情形。知识产权人永远不会进入的市场上发生的侵权行为仅仅在如下意义上对其造成了“损害”,即他本可以取得许可费但实际上却没有,也就是说该行为没有把他的情况变得更好。

有关帕累托改进的叙述同时也解释了知识产权案件与反垄断案件中损害赔偿评估工作为何如此不同。正确查明的垄断违法行为导致产出降低、价格上涨。产出降低还会导致“无谓损失”,因为在垄断价格下放弃购买该产品的客户必须转向次优替代品。如果违反反垄断法的行为同时带来效率改进,它可以构成一种抵消。例如,如果一个行为造成多收价款100美元、无谓损失50美元、效率提升60美元,那么该行为总体上就是有效率的,即便它给消费者造成了100美元的损害。最后这个数字是从消费者流向生产商的纯粹福利转移,而效率改进大于无谓损失。[78] 在基于总福利的、严格的反垄断法损害赔偿规则之下,损害赔偿 57

---

[77] 帕累托改进是这样一种状态,它使得至少一个人的状况得到改进,同时又不会损害任何其他人。改进后的状态必然会比先前的状态具有更大的总福利,因为此时没有需要权衡的对象。纯粹帕累托效率是经济福利改进的最严格界定。

[78] 本例中,50美元的效率损失属于“配置性”无效率,因为它来源于涨价导致的无效率的客户替代。60美元的效率改进则是“生产性”效率,因为它来源于生产或者分销成本下降。

等于多收价款与无谓损失之和。根据这一规则，有效率行为得到准许，而无效率行为受到谴责。[79]

但是这种评定罚金的方式并不适用于知识产权侵权，因为它根本就很少造成任何多收价款或无谓损失。一般而言，知识产权侵权会造成产出增加，因为必须把侵权人的产量追加到知识产权人的产量之上。少数情况下，知识产权人是垄断者而侵权人制作完美的复制品。这时侵权人每一单位的销售都会替代知识产权人一个单位的销售。[80] 然而，即便这种情况下产出也可能增加。尽管每销售一个单位的侵权产品就会替代一个单位的知识产权人的销售，但由于侵权人无需取得专利而具有较低的成本，或者在与知识产权人竞争时具有较低的利润最大化价格。市场价格很可能会因此有所下降。

发生侵权生产时通常会出现以下情况：(1)侵权人的产出增加；(2)知识产权人的产出不受影响或小幅下降，这要取决于市场结构以及侵权产品和被侵权产品是否是完美替代品；[81](3)以事后视角衡量，许可收入的损失属于纯粹财富转移；以及(4)如果权利人的产出加上侵权人的产出超过权利人单方的产出，消费者的境况得到改善。如下情况极端少见：知识产权人与侵权人在一个仅有这两家公司的市场上互相构成完美的竞争对手，因此每一单位的侵权产品销售都会替代一个单位的权利人销售。而涉及以下几类产品的案件中总产出几乎总会增加：不完美替代品、互补品而非替代品、专利权人不实施专利以及几乎所有版权演绎作品（顶多是非完美替代品）。只有当我们把目光投向长远影响即破坏以

---

[79] 这一数字还必须根据查获违法行为的概率进行调整。例如，三倍损害赔偿就是基于查获概率为三分之一这一假设前提所作的适当调整。*See* HOVENKAMP, *supra* note 32, § 17.2b; William M. Landes, Optimal Sanctions for Antitrust Violations, 50 *Univ. Chi. L. Rev*. 652 (1983); Mitch Polinsky & Steven Shavell, The Optimal Tradeoff between the Probability and Magnitude of Fines, 69 Am. Econ. Rev. 880 (1979). 根据反垄断法损害赔偿的"消费者福利"理论，这一行为将受到谴责，它带来的效率不予考虑。损害赔偿将等于多收价款，加上无谓损失和效率改进二者之中较大者。

[80] 如果市场上还有其他竞争者，那么侵权人的产出只有一部分来源于替代知识产权人。事实上，如果该市场是高度竞争的，知识产权人可能根本就不会受到实质性损害，因为侵权人大多数的销售都来自替代其他竞争者。早在 1927 年联邦最高法院 Mosler Safe Co. v. Ely-Norris Safe, 273 U. S. 132, 134 (1927) 案的判决中，霍姆斯大法官就已经认识到了这一点："没有任何证据表明客户……将会转向原告而非市场上的其他竞争者购买产品。"

[81] 如果两个产品是互补品，二者的产出都会增加。

事前视角衡量的创新激励时,侵权行为才会导致福利损失。这就决定了,至关重要的一点是该等损失构成须由原告证明的要件之一。

无论专利法还是版权法上,严肃的损害要件都要求针对"赤裸裸的"侵权行为——即竞争对手实施的字面上的复制行为——提供救济,因为这些行为显然剥夺了权利人可获得的销售。该要件还要求对发生于明显市场上的侵权行为提供救济,虽然侵权人并未在这种市场上与权 58
利人直接竞争,但创新者在决定是否创作作品时显然会依赖该市场上的许可费收入。这种情况包括,例如,对受版权保护的小说或小故事进行电影剧本改编、翻译或者较长的节选出版。相反,它表明,对涉嫌侵权行为仅造成臆测性损害的情况只应提供较小的保护或者完全不提供保护。如果某种具体使用行为不可能影响知识产权人创作该作品的决定,他就无权获得救济。因此,如下情况通常不应该被认定为侵权行为:被告生产一种能提升受保护作品销量的互补作品;或者被告出于个人的、非商业目的使用作品并且人们通常不愿意为该等使用付费。

在版权领域,损害要件还能阻止将如下情况下的使用行为认定为侵权行为,即使用行为的发生市场与版权人所在的原始市场相隔遥远。反垄断法,特别是它为有关新兴或待建企业是否具有起诉资格的规则提供了很好的借鉴。反垄断法允许计划进入新市场的企业针对垄断违法行为进行求偿,但必须满足严格的条件。如果原告声称"假如不发生被告的反竞争行为,我原本会进入这一市场",它通常必须证明"意图和准备";为此它通常必须证明自己进行了投资、有一套商业计划或者作了其他承诺,以表明被告确实剥夺了原告享受一个已经预见到并已作出实质性承诺的商业机会。[82]

反垄断法上的待建企业规则是一个关于起诉资格的规则。与反垄断法损害法则一样,它在发展过程中也是面对着一部明确的制定法——宽泛地规定经营或财产受到损害的任何人都有权取得损害赔偿。另外,因为是起诉资格规则,它在应用时也假定事实上存在垄断违法行为。推

[82] *See* 2A PHILLIP E. AREEDA & HERBERT HOVENKAMP, ANTITRUST LAW ¶ 349; *See*, *e. g.* , Ashley Creek Phosphate Co. v. Chevron USA, 315 F. 3d 1245(10th Cir. ,2003)(原告公司拥有一些采矿租赁合同,但尚未就进入磷酸盐生产领域是否有利可图得出结论,尚未取得融资并且没有这方面的生产经验,法院认定其缺乏反垄断起诉资格).

动发展反垄断起诉资格规则的主要因素包括认定排斥竞争行为是否实际违法的工作存在极大的不确定性，如果没有明显受损的原告损害程度极难评估，以及我们希望通过创设一套恰当的激励鼓励企业参与激烈竞争，而无需过度担心会对竞争对手造成损害，特别是在难以估算投资激励所受损害的情况下。

类似的规则同样适用于知识产权法。简单地说权利人"期望"针对一切侵权行为都能获得报酬（无论是否可预见），并不是解决问题的办法。这种观点混淆了事前激励与事后期望。从事后视角来看，农场主肯定想保有深埋于自己土地上的黄金。但从事前视角看，土地上存在黄金
59 的可能性只会在如下限度内影响他愿意支付的地价，即他预见到这块土地上埋有黄金并且能够为此估算一个概率和价值。创新者并不会仅仅因为所有可想象的（无论是否可预见）结果加起来可能无限大而愿意在一个研究项目上无限制地投入资金。跟任何其他理性行为人一样，他们的投资意愿是其所能预见的成果的函数。如果小说出版商预见到将会有一个良好的翻译权或电影权市场，他就会愿意支付更多的稿酬。如果出版物是一本法学教科书，也许他会预见到翻译权，但可能并不会预见到电影权。涉及尚未进入某个市场的原告，反垄断法发展了一套规则来认定哪些人对于该等进入具有足够且可客观确定的承诺。而从受指控侵权人的立场看，如果能够可信赖地预测哪些行为构成或不构成侵权行为也将能够大大激励有效投资。

法院在发展知识产权损害要件时应该时刻铭记，专利法和版权法得到联邦宪法的明确授权，其明确程度远远超过反垄断法的授权条款——商业条款——所使用的非常抽象的语言，并且这一授权条款明确将国会创设的知识产权与创作激励联系起来。因此，知识产权法拥有一套强有力的指导原则，我们只需切实加以贯彻落实。

第四章　创新、竞争与专利制度

一、专利法的危机

如今美国专利制度正身陷危机，受到所有政治派 60
别异口同声的严厉批评。这些批评最初主要源自学术文献，但随后得到联邦最高法院以及下级法院的响应，甚至还在一定程度上得到国会的回应。

像本书这样主题宽泛的著作不可能面面俱到地评估专利质量问题。围绕专利失灵及专利改革这两个主题，过去十年间产生了几部重要的著作以及数以百计的学术论文。① 因此，本章及下一章将仅仅简要

---

① *See, e. g.*, JAMES BESSEN & MICHAEL J. MEURER, PATENT FAILURE: HOW JUDGES, BUREAUCRATS, AND LAWYERS PUT INNOVATORS AT RISK (2008); MICHELE BOLDRIN & DAVID K. LEVINE, AGAINST INTELLECTUAL MONOPOLY (2008); DAN L. BURK & MARK A. LEMLEY, THE PATENT CRISIS AND HOW COURTS CAN SOLVE IT (2009); ROBERT MERGES, JUSTIFYING INTELLECTUAL PROPERTY (2011); MICHAEL A. CARRIER, INNOVATION FOR THE 21ST CENTURY: HARNESSING THE POWER OF INTELLECTUAL PROPERTY AND ANTITRUST LAW (2009); ADAM B. JAFFE & JOSH LERNER, INNOVATION AND ITS DISCONTENTS: HOW OUR BROKEN PATENT SYSTEM IS ENDANGERING INNOVATION AND PROGRESS AND WHAT TO DO ABOUT IT (2004); SUZANNE SCOTCHMER, INNOVATION AND INCENTIVES (2004).

考察美国专利制度与创新竞争之间的关系。本章非常简略地介绍美国
61 专利制度，并评估激励问题和可预见损害这一概念。本章还将考察如下观点存在的各种缺陷，即反垄断法能够补救专利制度存在的缺陷。下一章考察如何提升专利的社会（而非私人）价值。

完美的专利制度能够在具体商业领域的现有激励方案之外提供最优的增量创新激励。专利在某些产业具有极高的价值，在其他产业则一文不值，甚至还会产生负面效果。我们实际拥有的专利制度远远称不上完美。事实上，在整个联邦监管体系内，专利制度（连同版权制度）是受特殊利益集团俘获最为严重的法律领域之一。伯克（Burk）和莱姆雷（Lemley）指出，1982 年设立专属管辖专利上诉案件的联邦巡回区上诉法院时，人们广泛认为应该加强专利保护，但如今这一共识已经“消失”。② 第一，“一刀切式的”制度并不能反映市场现实：在某些市场上，例如医药，专利具有极高的确定性和价值，但在其他市场，例如信息技术和商业方法，专利则具有高度的模糊性并且极有可能对社会无用。第二，现有制度下授予了过多的专利，其中许多仅对现有技术作了微不足道的改进。第三，在许多市场上由于专利边界不清晰，创新者无法自信地知悉自己何时可能侵犯他人的财产权。第四，现行专利制度缺乏有关通告和优先权的清晰规则。因此，技术开发者常常在不可撤销地投入大量资源后才发现自己侵犯了他人的权利。通过支付赔偿摆脱困境往往要比一开始避免这种情况成本高昂得多。第五，现行专利制度没有将严肃的损害要求作为侵权行为的要件。因此，它创设的权利往往与宪法赋予该制度的目的（即鼓励创新）不存在任何紧密的联系。

设计精良的专利制度授予的专利权能够精准地告知全世界专利权人发明了什么。该发明必须具有充分的“非显而易见性”，预计不会有大批其他人能够在不进行复制的情况下独立开发出这项发明。专利描述的发明必须得到清晰的界定，使其处于专利权人的“掌握”

② BURK & LEMLEY, *supra* note 1. at 3. 关于联邦巡回区的设立以及围绕其设立存在的争议，*see* Paul M. Janicke, To Be or Not to Be: The Long Gestation of the U. S. Court of Appeals for the Federal Circuit (1887 – 1992), 69 ANTITRUST L. J. 645 (2002), and Rochelle Cooper Dreyfuss, The Federal Circuit: A Case Study in Specialized Courts, 64 N. Y. U. L. REV. 1 (1989)。关于该法院在强化专利保护方面产生的影响，*see* Matthew D. Henry & John L. Turner, The Court of Appeals for the Federal Circuit's Impact on Patent Litigation, 35 J. LEGAL STUD. 85 (2006)。

(possession)之中。如果满足这些条件，专利能够保障专利权人拥有在专利失效前排除他人进入专利边界之内的权利，以此激励他进行投资。如果所有外部人都能够及时合理地获悉该发明，他们将能够知道何时构成侵权，何时能够自由地从事自己的创新投资。在这种情况下，侵权行 62
为将会对专利权人造成(就立法目的而言)恰当类型的"损害"，因为它从专利权人手中剥夺了某种有价值的东西，发明人为它的开发和公开披露实际投入了资源。正是由于这种损害，我们有理由要求侵权人对过去造成的损害支付损害赔偿，并且适当情况下给予禁令救济。

但如果存在如下任何一种情况，专利制度就会失灵：(1)发明本身没有带来重大进步，即其他人都可能独立地发现它；(2)一项发明的观念本身或对它的描述过于抽象，导致专利覆盖范围外溢到专利权人事实上并未想到并且专利本身也没有提供充分通告的领域；(3)允许专利权人纳入"后见之明"，即就最初提出专利申请时并未存在于发明人头脑之中的发明提出权利要求。现行专利制度同时存在上述三种类型的失灵。

二、专利审查流程

专利审查流程有一个突出的监管特征，即授予专利之前存在非常广泛的政府监管，并且基本上只有单方参与；而一旦获得授权，专利受到的监管降至最低点。涉及专利有效性、侵权行为以及授予后使用行为的问题基本上都由联邦法院处理。最为明显的例外是重授专利和复审程序。因专利权人认为已授予的专利在某一项或某几项权利要求上存在错误而要求重新授予专利时适用重授专利(reissue)程序。复审程序(reexamination)是美国专利商标局对可能导致专利无效或导致要求修正某些权利要求的现有技术进行重新考察。③

---

③ 关于重授专利，*see* 35 U. S. C. § §251，252.《专利法》规定了两类再审程序，即单方再审程序和双方再审程序。二者的主要区别在于，第三方能够参与后一种程序。*See* 35 U. S. C. §311(2010). 对这两种程序的透彻分析，*see* Eric B. Cheng, Alternatives to District Court Patent Litigation：Reform by Enhancing the Existing Administrative Options, 83 S. CAL. L. REV. 1135 (2010)。

专利授予程序是一种单方程序（ex parte），这里是指程序参与方通常是供职于专利商标局的一位政府官员以及专利申请人的代理律师。一旦得到授予，专利推定有效。④ 这意味着，在专利侵权诉讼中质疑专利有效性的被告承担证明责任。在该推定成立之时，除专利商标局的审查员以外，其他人通常都没有机会就可专利性提出质疑。然而，在法院受理的质疑专利有效性的案件中，有三分之一到一半的专利被认定为无
63 效。⑤ 专利审查员对专利申请投入的平均审查时间很短，通常都不够充分。但鉴于大量专利从未受到质疑，甚至没有付诸实施或许可，这样做也许是合理的。在这种情况下，应该把专利授权视为对可专门性的初步裁决，并在专利有效性随后受到质疑的少数案件中进行更深入的审查。这样的体制下强有力的有效推定是没有根据的。虽然该推定源于制定法的规定，但制定法本身并没有对需要以何种证据推翻该推定作任何规定。⑥ 然而，近期国会通过了一项法律，从 2013 年起允许第三方在专利获得授予之后对专利申请提出异议。* 如果这一改革运作良好，它可能会对专利质量的改进产生重大而积极的影响。

正是由于有如此众多的专利经不起仔细审查，联邦最高法院作出的医学免疫公司案（*MedImmune*）判决对保持专利制度的纯洁性就显得尤为重要。⑦ 该案判决专利被许可人有资格质疑获得许可的专利的有效

---

④ *See* 35 U. S. C. § 282（2010）. 该推定独立适用于每一项权利要求。因此，如果一项权利要求的可专利性遭到否定，该推定针对其他权利要求继续有效。

⑤ *See*, *e. g.*, WILLIAM M. LANDES & RICHARD A. POSNER, THE ECONOMIC STRUCTURE OF INTELLECTUAL PROPERTY LAW 338（2003）; Paul M. Janicke and LiLan Ren, Who Wins Patent Infringement Cases?, 34 AIPLA Q. J. 1（2006）. 在 KSR 案中，美国联邦最高法院在附带意见中指出，通过证明专利申请人遗漏引证一项重要的现有技术，可以推翻有效推定。*See* KSR Intern. Co. v. Teleflex, Inc., 550 U. S. 398, 436（2007）. 近期，联邦最高法院重申了专利有效的强有力推定，只能通过"清晰和令人信服的"证据加以推翻。*See* Microsoft Corp. v. i4i Ltd. P'ship, 131 S. Ct. 2238（2011）. 然而，最高法院同时指出，初审法院可以指示陪审团考虑专利审查员没有机会获得的现有技术证据，并且如果侵权诉讼被告提出要求，初审法院通常都应该做出这种指示。

⑥ Doug Lichtman and Mark A. Lemley, Presume Nothing: Rethinking Patent law's Presumption of Validity 301, in COMPETITION AND PATENT LAW UNDER UNCERTAINTY（Geoffrey A. Manne & Joshua D. Wright, eds., 2011）.

* 作者所指的是《莱西—史密斯美国发明法》（*Leahy-Smith America Invents Act*）。——译者注

⑦ MedImmune, Inc. v. Genentech, Inc., 549 U. S. 118（2007）. *See* Rochelle Cooper Dreyfuss & Lawrence S. Pope, Dethroning Lear? Incentives to Innovate After MedImmune, 24 BERKELEY TECH. L. J. 971（2009）.

性。历史上，私人主要在专利侵权诉讼中以被告身份质疑专利有效性，但涉嫌侵权人在此之前已经对涉嫌侵权技术进行了大量投资。将质疑权局限于该等情形大大增加了质疑专利有效性的交易成本。1969 年李尔案（*Lear*）中，联邦最高法院允许被许可人质疑专利有效性，但必须首先撕毁许可协议，而这样做会使其担冒诉讼风险。[8] 医学免疫公司案允许被许可人在遵守许可协议的同时质疑专利的有效性。该案的规则是否可取高度取决于如何看待专利的强健性以及质疑行为的正当性。如果认为大多数被许可人的质疑行为只不过是滋扰诉讼，那么该案判决只会进一步增加滋扰诉讼。但如果我们认同来自数据的结论，认为数量众多的专利从一开始根本就不应当获得授权，那么该案判决将有助于把专利保护的范围与创新激励目的协调一致。

美国授予的最常见的专利类型称为“发明专利”（utility patent）。 64
此外专利商标局还授予某些植物专利[9]和设计专利。[10] 发明专利可以进一步划分为产品专利和方法专利。《专利法》有关专利保护客体的重要条款规定，“发明或发现任何新颖和实用方法、机器、制造品或者物质组合”之人可以获得专利。[11] 除了证明发明属于这些类型之一，专利申请人还必须证明其专利符合制定法有关新颖性、非显而易见性和实用性的要求，并且没有在“申请日一年之前在美国境内被公开使用或销售”。[12]

专利申请书必须披露已知的“现有技术”（prior art）。理论上，现有技术是指能够被解释为预见或覆盖所请发明的任何现存事物。[13] 实践

---

⑧ Lear v. Adkins, 395 U. S. 653 (1969).

⑨ 35 U. S. C. § 161 (2010).

⑩ *Id.* § 171.

⑪ *Id.* § 101.

⑫ *See* 35 U. S. C. § 101 (1952)（可专利客体）; *id.* § 102（可专利性的各项条件，包括在先公开使用或出版以及在售禁止）; *id.* § 103（非显而易见性）; *id.* § § 111 – 15（申请书及宣誓的内容）.

⑬ 特别是，专利申请人必须披露“[专利申请人]已知的对可专利性具有重大意义的所有信息”。Rules of Practice in Patent Cases, 37 C. F. R. § 1. 56 (a) (2008). “重大性不仅局限于现有技术，还包括合理的审查员在决定是否允许把专利申请授权为专利时非常可能视为重要的‘任何’信息。”Bristol-Meyers Squibb Co. v. Rhone – Poulenc Rorer, Inc., 326 F. 3d 1226, 1234 (Fed. Cir. 2003). 对专利申请具有重大意义的信息必须在信息披露声明中向专利商标局披露。37 C. F. R. § § 1. 56 (a), 1. 97 – 1. 98.

中，“现有技术”不仅包括专利商标局档案中收存的现有专利和专利申请，还包括在可申请专利的任何领域内存在的、汗牛充栋的已发表技术文献甚至非技术文献。但实际被检索的现有技术主要是在先专利和在先专利申请。这一事实对专利的强度具有重大影响。相对新兴的市场上，例如互联网市场，专利型现有技术的数量相对较少，非专利型现有技术则数量庞大、种类繁多。总体而言，市场越新非专利型技术越有可能遭到忽视。正如下一章指出，商业方法专利尤其存在这种问题。它们往往只不过是将某个已经在传统市场上实施数十年甚至更久的方法应用于新的领域，例如网上销售。

专利申请书必须通过制定法要求的“说明书”充分披露发明。说明书记载对于该发明的书面说明以及“制造和使用该发明的方式和方法”。这一制定法上的要求被称为“可实施性”（enablement）要件，它要求“以充分、清晰、简洁和准确的语言”进行披露，“以使该领域任何技术
65 人员”无须过度实验就能“制造或使用该发明”。⑭ 这一要件的宪法意义非常明显。宪法知识产权条款授权“在有限时间内”创设专利，该等时间届满之后发明进入公有领域。可实施性要件确保一旦专利失效，他人将能够以专利为“配方”制造或使用该发明。这一点构成商业秘密保护与专利保护的根本差异。商业秘密保护取决于秘密性的保持，而专利保护要求立即披露，在专利有效期内以司法方式确保不受侵权。⑮

专利申请书除了包含文字以外，通常还包括附图，有时甚至以数学或其他技术性语言描述发明。法律要求申请人已经“掌握”该发明，但这并不意味着发明人事实上已经建造或使用该发明。相反，发明人只需拥有并能够传达该发明的完整观念。

最后，专利申请书提出一系列“权利要求”（claim），即申请人主张构成其发明内容的具体事物。权利要求旨在划定合理精确的边界线。在专利侵权诉讼中，专利权人必须能够指出涉嫌侵权人侵犯了哪一项或几项具体权利要求。权利要求大致相当于不动产权证中的“四至”描述。

---

⑭ 35 U. S. C. § 112.

⑮ *See* Jeanne C. Fromer, Patent Disclosure, 94 IOWA L. REV. 539(2009). 然而，专利申请书以外的其他渠道也可能导致有效披露。*See* Jason Rantanen, Peripheral Disclosure (SSRN Aug. 2011), *available at* http://papers. ssrn. com/sol3/papers. cfm? abstract_id = 1907360.

举例来说，假设专利申请人的权利要求主张，带有轮子和可伸缩拉杆的登机随身行李对乘机旅行者具有实用性。授权于 1993 年的这项专利对具有该等特征的软皮箱包主张权利。[16] 在授权专利之时，手提箱、带轮子的手提箱、带拉杆的手提箱甚至可伸缩拉杆都已经在普遍使用。根据专利申请书的记载，现有带轮子和可伸缩拉杆的手提箱尺寸较大，主要用于托运行李。而现有登机随身行李不带轮子和拉杆，尽管专利型现有技术中确实存在能够在上面捆扎手提箱的带有分离式轮子的“小手推车”。[17] 另外，该专利还主张，之前的箱包尺寸较大，轮子放在长边外侧，而本案箱包把轮子放在底部。根据申请书记载，如此安排轮子的位置可以纵向而非横向分配重量，使得箱包更容易拖行，并减少拉杆承受的重量。专利申请书包含 18 项附图。附图 8 中的数字（如下）指向专利说明书中的具体陈述。专利末端的“权利要求”记载了本发明突破 66
现有技术的具体新特征，包括把轮子安排在底部。

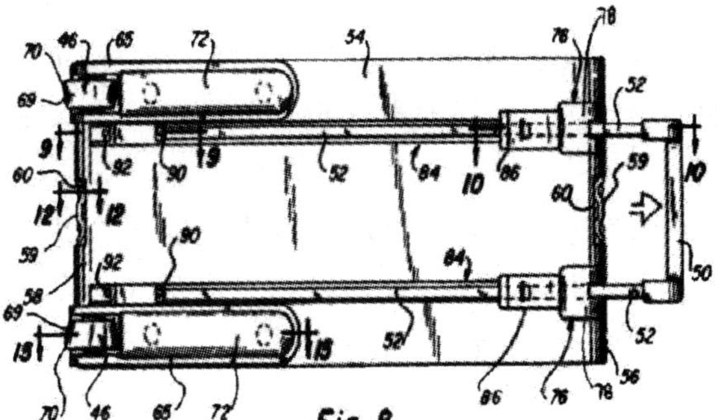

Fig_8

跟许多简单的发明专利相比，该专利并没有特别特别之处。第一，它以一种新颖和可能非显而易见的方式组合了处于公有领域已久的几项广为人知的要素。大多数获得专利的装置事实上都是多个要素的组合，至少其中某些要素之前已经存在。第二，书面说明和附图完整地描述了这一装置，但发明人并没有主张自己发明了它的每一项具体要素。这实际是“可实施性”要件要求的结果。按照该要件，

[16] U. S. Patent No. 5,253,739 (issued Oct. 19, 1993) (“带有可伸缩拉杆的带轮登机提包”).

[17] *See*, *e. g.*, U. S. Patent No. 2,581,417 (issued Jan. 8, 1952) (带有可伸缩支持性滚轴的行李手拖车).

专利期届满之后本领域具有熟练技能的人应该无需过度试错就能够利用专利披露的信息实施整个发明。第三，然而，专利授权书末端的各项具体权利要求详细记载了发明人要求获得权利的该装置的新属性。

虽然专利法将“实用性”(usefulness)规定为可专利性的要件之一，但该要件并没有那么重要并且显然不是指“商业上的成功”。虽然本案专利似乎取得了非常大的商业成功，但许多其他专利并没有如此走运。一半专利从来没有付诸商业实施，而所有被授予的专利之中半数以上都因为专利权人没有缴纳年费(maintenance fees)而在到期之前提前失效，这表明这些专利具有的价值甚至不够缴纳这相当微不足道的费用。⑱

67 提出专利申请之后便进入了专利审查程序。⑲ 专利审查理论上非常严格，包括专利商标局审查员亲自检索现有技术，以确保专利申请案没有漏掉任何东西。审查员必须确信该发明满足了制定法规定的“新颖性”和“非显而易见性”要件。但实践中专利商标局审查员都是工作严重超负荷的官员，他们对每项申请投入的时间平均不超过16～18个小时。⑳

然而，经初步审查，许多专利申请都被驳回了至少一项权利要求。申请人可以放弃这些权利要求，或者启动与专利商标局的“磋商”期，磋商可能历时数年，包括专利商标局的内部上诉程序。现行制度框架还允许申请人在专利“延续案”程序(continuation)中添加新的权利要求，有时这会带来令人不安的结果。提交原始申请之后撰写的延期权利要求，

---

⑱ *See* Ted Sichelman, Commercializing Patents, 62 STAN. L. REV. 341(2010)(对大量文献的综述); Kimberly A. Moore, Worthless Patents, 20 BERKELEY TECH. L. J. 1521(2005)(关于年费).

⑲ 对专利审查程序的详细介绍，*see* U. S. PATENT & TRADEMARK OFFICE, MANUAL OF PATENT EXAMINING PROCEDURE (MPEP) (rev. ed. 2008), *available at* http://www.uspto.gov/web/offices/pac/mpep/index.htm. *See* 4 DONALD S. CHISUM, CHISUM ON PATENTS §11.03 (2005); IRAH H. DONNER, PATENT PROSECUTION: PRACTICE & PROCEDURE BEFORE THE U. S. PATENT OFFICE(5th ed. 2007); 1 HERBERT HOVENKAMP, MARK D. JANIS, MARK A. LEMLEY & CHRISTOPHER R. LESLIE, IP AND ANTITRUST §2.2a1(2d ed. 2010); Michael Risch, The Failure of Public Notice in Patent Prosecution, 21 HARV. J. L. & TECH. 179, 182－84(2007).

⑳ BURK & LEMLEY, *supra* note 1, at 9.

其提出时间可能大大晚于提交原始专利申请的时间，甚至晚于专利授权的时间。[21] 一旦得到授权，专利的强制执行日便回溯到提交原始申请之日。这可能导致如下局面，即专利申请人可以针对之前已经存在的他人技术撰写权利要求。

三、创新以及专利的时间维度

在授权后直至届满的整个期间内，专利被视为基本等同其他财产权，赋予权利人使用、销售或许可他人实施以及起诉侵权行为的权利。按照法律规定，这项权利的期限为从最初提交申请书之日起算的 20 年。然而，如今专利审查程序中存在严重的延迟问题，大多数发明专利的专利权人都获得了保护展期。[22]

一个高度依赖私人执行的激励创新的专利制度，要求侵权行为的要 68
件之一是涉案行为造成了恰当类型的损害。该等损害必须是这样一种利益，即以事前眼光看，对它的侵害将降低知识产权人进行投资的激励。支持侵权诉讼的损害类型在专利法和版权法上有所不同。版权作品就是作品之本身，其“权利要求”或者说边界由作品本身以及关于复制和合理使用的法律规则界定。[23] 相反，专利由一套详细的书面说明构成，它指向一项必然不同于专利文件本身的发明；专利还记载一系列“权利要求”，主张该发明的一些具体部分。因此，专利向我们提供了有关专利权人事实上“预见”其发明是什么的大量额外信息。所以，专利法上作品形成时的可预见性远比版权法上具有更大的主观成分。

---

[21] *See also* 35 U. S. C. § 251，该条允许在如下情况下重授专利，即如果最初授予的专利“因为说明书或附图存在缺陷，或者因为专利权人的权利要求范围大于或小于有权要求的权利而被视为完全或部分不可行或无效”。

[22] *See* 35 U. S. C § 154(b)(2006). 被授予的专利 70% 左右都获得展期，*see* Extending the Patent Term：Most Patents Are Extended Due to PTO Delay，PATENTLY-O BLOG(Oct. 18，2009)，http://www. patentlyo. com/patent/2008/03/extending-the-p. html. 平均展期时间稍长于一年。*Id. See also* Wyeth v. Kappos，591 F. 3d 1364(Fed. Cir. 2010)(以对专利权人有利的方式宽泛地解释展期规定).

[23] 关于版权的“权利要求”，*see* Jeanne C. Fromer，Claiming Intellectual Property，76 U. CHI. L. REV. 719(2009)。

具体权利要求界定了专利的边界,并提供有关专利权人预见其发明是什么的信息,但权利要求本身却可能因为请求的范围超过发明人的实际发明内容而无效。另外,并非最终获得批准的专利权利要求全都撰写于起草专利申请书之时。有些权利要求是在很晚以后才加入的,有时甚至是在专利申请人有机会查验竞争对手的技术之后。如果一项具体权利要求的产生历史表明它并非原始申请书的一部分,那么认定可预见损害的根据将大大削弱。与此紧密相关的是优先权问题。由于在后加入的权利要求回溯到原始专利申请书提交之日,它们可能赋予专利权人对如下技术拥有法律上的优先权:该等技术事实上先于遭其侵权之权利要求的起草或公布日期。

创新具有顺序性和累积性,而专利只不过是一个"抓拍的镜头",对申请人和专利商标局在专利授权时想象的发明内容主张权利。然而,专利权人和其他人都在持续不断地创新。事实上,在某些领域,例如信息技术,一项发明获得专利授权之时就已经在市场上过时了。即便是某些机械性的装置,例如下一章将要谈到的摩斯电码和莱特兄弟发明的飞机,也会迅速被重大的改进所修改或替代。

对于协调专利政策与创新激励而言,确定专利的适当"时间范围"是它面临的最为困难的问题之一。关于时间范围,相对简单的方面是法律规定的20年有效期;一个远远更加复杂的问题是,专利的所请发明与专利有效期内开发的后续改进或其他技术之间的关系。除了主张现有发明之外,专利申请书往往还试图主张一大片未来发明。例如,虽然塞
69 缪尔·摩斯(Samuel Morse)仅仅发明了一种具体的电报仪器,但他却主张使用"电磁"空中发送字母或信号的整个原理。莱特兄弟对于使用翘曲机翼原理的飞机控制装置取得专利,翘曲机翼是一项通过扭转织物覆盖的机翼来平衡飞机和实现转向的技术。然而,他们的专利却宣称"申请人的发明不限于这一具体构造[翘曲机翼],因为任何如下构造均落入本发明范围:通过该构造可以以相反方向改变飞机侧缘相对于该飞机法向面的角度关系"。[24] 也就是说,虽然莱特兄弟实际开发的技术对改变机翼姿势这一问题采用了一项具体和相对原始的方法,但他们的专利

[24] Unite States Patent #821,393 (C. & W. Wright, Flying Machine, May 22, 1906), p. 3 & claim 1.

却描述了一项远远更加抽象的功能。后来法院认同了他们的主张，判决根据专利等同原则，莱特兄弟发明的使用灵活机翼的翘曲机翼技术可以阻止在后开发的使用副翼和方向舵的固定机翼。[25]

专利的自我描述范围完全是一种文字游戏。申请人总是可以写入一些模板性的文字，例如"申请人不仅主张本申请书描述的具体构造，还主张以后发展出来的能够实现这一目的的所有其他构造"。摩斯和莱特兄弟的专利都使用了这种技巧。然而，是否允许专利的强制执行范围扩及后生技术是一个政策问题，并且与可预见损害要件直接相关。处理后续改进的可能方案有以下几种。第一，我们可以授予原始专利权人对所有后续改进拥有排他控制权。这样做将完全消除任何他人对专利技术进行改进的激励。它还会降低专利权人改进技术的竞争压力：专利权人仍然会从事有助于提升自己利润的改进活动，但他并不会面临这样的威胁，即如果他不改进将会有人代劳。第二，在另一个极端上，我们可以赋予改进人对于独立满足可专利性要求的任何改进享有排他权，完全不受原始专利权人任何权利要求的约束。这样做将同时给予原始专利权人和第三方改进人改进技术的强烈激励，但如果第三方开发出颠覆市场的改进，也将导致原始专利权人的专利一文不值。

第三，与现行法的做法最为接近的方式是，允许专利权人强制执行自己的专利权利要求，同时允许改进人强制执行自己专利中任何具有独立可专利性的权利要求。这种方案可能会造成"阻滞性"（blocking）权利要求问题。实施原始技术只需要许可第一种专利，但是实施改进版本的技术则需要同时许可两项专利。这种方案在原始发明人和后续发明人之间最大程度的适当分配了继续开发技术的激励。然而，我们仍然需 70
要确定原始专利权的范围。另外，这种方案也更有可能造成专利丛林以及双重边际化问题。

（一）书面说明、"掌握"以及后生技术

正如前文指出，在提交专利申请甚至获得专利授权之后，专利权人

---

[25] Wright Co. v. Paulhan, 177 F. 261, 266（C. C. N. Y. 1910），*rev'd on other grounds*, 180 F. 112（2d Cir. 1910）（使用副翼的飞机与使用翘曲机翼的飞机是"明显等同物"）；Wright Co. v. v. Herring-Curtiss Co., 204 F. 597（D. C. N. Y. 1913）（同样判决）.

仍然有机会为原始专利申请添加新的权利要求。[26] 延迟提出的权利要求，其强制执行日回溯到原始专利申请日。这种制度允许专利权人针对已知的竞争对手技术撰写延续案权利要求，联邦巡回区上诉法院对这种做法通常予以容忍。[27]

为延迟权利要求进行辩护的人指出，任何权利要求都必须在申请书的书面说明中存在根据。[28] 专利的书面说明描述了该专利之前现有技术的历史、该专利所要解决的问题以及发明整体，所有这些描述都必须足够详尽，使得相关领域技术人员无需过度实验就能够重复该发明。[29] 最后一项要求被称为“可实施性”要件，它是书面说明的一个至关重要的组成部分。然而，书面说明必须提供的信息并不局限于该发明的制作或使用方法，还必须具体表明申请人已经掌握该发明或其完整概念。[30] 这种对发明的整体描述构成对权利要求起草工作的一项重要限制。除非书面说明中存在根据，否则不能主张一项专利权利要求。因此，书面说明同时也构成对权利要求解释工作的限制。

专利书面说明与权利要求之间“不匹配”的现象常常发生在涉及后生创新（after-arising innovation）的案件中。如果专利权人实际“掌握”的发明并不包括随后出现的某种原理、功能或用途，就会出现这种情况。然而，宽泛起草的权利要求可能声称它覆盖远超专利权人观念的未来技术。正如一位联邦巡回区法官指出，“权利要求的外延大于其实施例”
71 时就会出现这种问题。[31] 以莱特兄弟发明的飞机为例，申请书中的附图和说明书展示的是这样一种飞机，它使用缆绳机制扭转织物覆盖的灵活机翼（“翘曲机翼”）以实现飞机转向和平衡。然而，第一项权利要求却极其宽泛，主张“带有能移动到不同位置的侧缘部分的飞机，这种飞机

㉖ *See*, *e. g.*, 35 U. S. C. § 251 and § 252（原始专利授权两年内可以申请重授专利，扩大权利要求的范围）.

㉗ *See* Kingsdown Med. Consultants, Ltd. v. Hollister Inc., 863 F. 2d 867（Fed. Cir. 1988）.

㉘ *E. g.*, *id.* at 874. *See* 35 U. S. C. § 112.

㉙ 35 U. S. C. § 112（2006）.

㉚ *See* Ariad Pharm., Inc. v. Eli Lilly & Co., 598 F. 3d 1336, 1344 – 1345（Fed. Cir. 2010）（要获得专利，除了需要满足可实施性要件之外，还需满足单独的书面说明要件）. *See* Timothy R. Holbrook, Possession in Patent Law, 59 SMU L. REV. 123, 147 – 48（2006）.

㉛ Lizardtech, inc. v. Earth Resource Mapping, Inc., 433 F. 3d 1373, 1376（Fed. Cir. 2006）（瑞达法官（Radar）对于法院拒绝全席重新听审的决定发表的异议意见）.

通常是平面的”。事实是,莱特兄弟并没有发明通过改变机翼表面实现飞机转向的一般思想。他们只不过制造了一种以相当粗糙的方式实现这一思想的实施模型,但在撰写权利要求时却把他们自己并没有开发甚至没有预见到的其他方式也纳入权利要求范围。

涉及生物医学领域的创新,我们面临着一个不同的问题:如果发明人就一项基础发明取得专利,例如某条具体基因序列的使用方法,但是熟练人员通过检查该序列能够轻易开发出实现相同结果的替代序列。这时候就会出现一个问题,即专利权人的权利要求应该局限于他实际开发的基因序列,还是可以同时覆盖这些替代序列。这时,可以说替代序列“具备了可实施性”(enabled)——研究人员无需过多实验就可以开发出它们——但并没有在专利申请中“被描述”,除非允许书面说明指向序列“家族”而非具体的序列。在生物医学研究领域出现专利丛林问题的过程中,承认这种性质的家族式权利要求无疑起到了推波助澜的作用。[32] 在阿瑞亚德案(*Ariad*)中,法院重申了书面说明要求;涉案专利描述了一个家族式的权利要求,它可以涵盖高达250万个不同的化合物,但并没有具体描述侵权人制作的那种具体化合物。[33]

因此,必须以法律政策“精确配置”专利权的范围,既赋予专利权人足以激励创新的权利,又不至于遏制未来发展。此时,正如专利法其他领域一样,书面说明的正当范围根据专利申请所属技术领域的不同而有所不同。联邦巡回区在阿瑞亚德案中提出了严格的书面说明要求,这样做也许会剥夺原始专利权人的很多利益,但相对于允许专利权人封锁其既没有描述,可能也没有预见到的替代方案而言,也许是更好的选择。无论如何,专利制度都不应该奖励策略性主张过宽权利要求或者策略性隐瞒信息的行为。另外,专利制度的目的是,无论对于在先开发者还是在后开发者,都仅仅给予恰好足够的开发激励,其价值会远远低于他们能够实现的全部报酬。正如第三章指出,健康的市场回报应该足够诱使投资,但并不允许投资人完全占有每一丁点儿社会收益。“剩余”价值,即超过最优投资所需的价值,由消费者而非生产者享有。

---

[32] Michael Heller & Rebecca Eisenberg, Can Patents Deter Innovation? The Anticommons in Biomedical Research, 280 SCIENCE 698, 701(1998).

[33] Ariad, 598 F. 3d at 1348.

72 书面说明除了引用发明所包含的新的发明步骤，通常还引用已经属于现有技术的（因此不受该具体专利覆盖的）东西。可实施性要件实际上要求作这种混合性描述。例如，如果一个装置包含十个组件，达到充分可实施性标准的书面描述通常必须对全部十个组件进行描述，就它们如何协同运作给予指示。但是其中也许只有三个是新组件，发明人仅主张这三项组件属于自己的发明。㉞ 于是，权利要求指明专利权人主张这三项组件具有新颖性并对其寻求排他权。㉟ 例如，前文谈到的带轮登机随身行李专利，大部分描述所引用的技术特征（包括印制的附图）在专利申请之时都已广为人知。

书面说明本身对于专利的边界并没有提供充分的告知。因此，法院一贯拒绝仅仅重复书面说明的权利要求。这样的权利要求基本上没有任何价值，因为它要求第三方开发者通过自行检索现有技术来确定新专利的正当客体。㊱《专利法》规定权利要求应当“具体指出并单独请求［该发明的］客体”。㊲

如前所述，延迟提出权利要求会带来优先权方面的问题。这一点可以通过一个例子加以说明。假如发明人在一个存在激烈创新竞争的市场上提出专利申请。之后申请人又提出增加权利要求。在这一期间内，一个竞争对手独立地开发出一项技术，它与申请人的技术相似，但并没有被原始专利申请中的任何权利要求所覆盖。申请人经检查竞争对手

㉞ Cf. Evans v. Eaton, 20 U. S. (7 Wheat.) 356, 434(1822)（专利的书面说明“混合了新东西和旧东西”，因此人们无法区分被描述的机器哪些部分是新的，哪些部分是旧的；“如果一项关于机器改进的说明书没有区分哪些是改进内容，也没有说明它包含什么，或者该发明的外延有多宽，它怎么能构成一项充分的说明书呢？”有关这一判决在发展独立权利要求之必要性方面具有的重要意义，*see* Tun-Jen Chiang, Fixing Patent Boundaries, 108 MICH. L. REV. 523(2010).

㉟ 有关权利要求在确定专利范围方面具有的核心作用，*see* Christopher A. Cotropia, Patent Claim Interpretation Methodologies and Their Claim Scope Paradigms, 47 WM. & MARY L. REV. 49, 65(2005), Mark A. Lemley, The Changing Meaning of Patent Claim Terms, 104 MICH. L. REV. 101 (2005), and John F. Duffy, On Improving the Legal Process of Claim Interpretation: Administrative Alternatives, 2 WASH. U. J. L. & POL'Y 109(2000).

㊱ *Ex parte* Fressola, No. 93 – 0828, 1993 WL 311933(B. P. A. I. May 11, 1993), *aff'd*, 17 F. 3d 1442(Fed. Cir. 1993)（涉案权利要求仅仅以“如说明书及附图披露”的方式重复了发明观念，法院拒绝接受）; John M. Golden, Construing Patent Claims According to Their "Interpretative Community": A Call for an Attorney-Plus-Artisan Perspective, 21 HARV. J. L. & TECH. 321, 350 (2008)（把综合性的权利要求描述为“具有坦率但无用的概括性”）.

㊲ 35 U. S. C. §112.

的技术撰写了一项权利要求,将该技术完全覆盖在内。新撰写的权利要求回溯到专利申请日,专利权人据此能够宣告竞争对手侵犯其专利,尽 73
管在开发其技术时该竞争对手可获知的任何权利要求都没有覆盖该技术。杰罗姆·莱姆森(Jerome H. Lemelson)的故事基本上就是这种情况。20 世纪 50 年代他针对自己从未开发的条形码读取技术提出专利申请。原始书面说明极其模糊,最初提出的大部分权利要求都遭到驳回。莱姆森提出漫长的延续案申请,撰写的权利要求覆盖到其他市场参与者开发的技术。最终授予的专利覆盖了当时已经存在并且正在由数百家公司使用的技术。莱姆森最终从很多企业身上共计搜刮到 15 亿美元专利许可费,而这些企业并没有合理的渠道知悉他们的技术受莱姆森的专利覆盖。[38]

极高比例的涉诉专利涉及延续案权利要求。[39] 非常反常的是,对于专利权人而言,没有做出及时通告的延迟权利要求往往远比及时提出的权利要求更有价值。以事前眼光看,由于有竞争性的替代技术可选,获悉一项专利的潜在被许可人只会愿意支付该发明带来的增量价值。然而,如果一家企业在已经进行了投资之后才突然被告知侵权,专利权人将能够占有该项投资的全部价值。正因如此,房地产开发商总是要首先弄清楚权属状况才会进行开发工作。因为此时他们可以在竞争性的土地市场上谋划投资决策。但如果在成本高昂的建筑物竣工之后才被认定为侵权,土地所有人将能够榨取高得多的付款,直至等于搬迁成本。易言之,延迟提交的权利要求可以把竞争性的创新市场转变成双边垄断,尽管它并没有为激励创新做出任何贡献。

优先权规则应该鼓励专利权人从一开始就提交合理、全面的权利要求,除非确有必要,否则不允许之后进行修改和回溯执行效力。通过规则对提出延续案申请的次数及提出时间作出严格限制将能够大幅提升

---

[38] 该专利最终因为专利审查过程中的不合理拖延被认定为不具有强制执行力。Symbol Techs.,Inc. v. Lemelson Med.,277 F. 3d 1361(Fed. Cir. 2002).

[39] Mark A. Lemley & Kimberly A. Moore, Ending Abuse of Patent Continuations, 84 B. U. L. REV. 63,70(2004). 目前已颁发专利中很大比例都主张因为先前提出的至少一项专利申请而享有优先权,以享受强制执行效力回溯到申请日的制度好处。*See* Priority Claims in Issued Patents, PATENTLY-O BLOG (July 26, 2009, 6:26 PM), http://www.patentlyo.com/patent/2009/07/priority-claims-in-issued-patents.html.

我们的制度。原则上,延迟追加的权利要求只能具有面向未来的强制执行效力,也许唯一的例外是仅仅为了纠正错误而提交的延迟权利要求。采用这样的规则需要首先修改制定法,但它能够给申请人施加一开始就准确撰写权利要求的激励。

地契和专利在某些方面非常相似,但在其他方面则完全不同。地契说明(deed description)通常由律师起草,可能会参考房屋鉴定人的说明。地契说明的内容并不提交任何监管机构批准,登记处书记员通常也
74 仅仅审查契据是否缺少某些明显要素,例如转让人的签字和公证人签章。书记员当然不会审查文件以确保地契说明的准确性,大多数情况甚至不去确保它的可能性。另外,书记员也不会进行产权检索以决定地契说明与让与人登记在案的产权是否相符,让与人产权登记在不动产登记系统中的地位就相当于"现有技术"在专利系统中的地位。但是,地契说明也可能成为诉讼对象。一般规则是,如果地契说明没有足够准确地描述受让土地以使有合理知识的人能够查明其边界,它将不发生任何产权转移效力。[40] 这种方式创设了一个极其强有力的缺省规则,即地契起草人必须一次性描述准确,否则,其代价是地契无效。由于存在这一缺省规则,地契成为描述财产所有权状况的极为可靠的工具,经过训练的职业人士绝大多数情况下都能够通过查看地契毫无困难地决定财产的边界。

专利制度并没有赋予申请人及时提出清晰权利要求的足够激励。[41] 原始专利申请中记载的权利要求最能够证明专利权人预见的发明内容。相反,除为了矫正错误以外,延迟提交权利要求最为可能的解释是其内容超过了专利权人的预见范围。因此,它赋予发明人劫持第三方在后发明的可能,而申请人根本就不曾预见到这些发明。

拉姆布斯案(*Rambus*)向我们展示了专利权人就竞争对手的技术偷

---

[40] *E. g.*, *In re* Poteat, 176 B. R. 734 (Bankr. D. Del. 1995) (不充分的说明导致抵押契据无效;受托人原本可以通过检查与该地块先前转让情况相关的土地产权记录而撰写正确的说明,但这一点无关紧要).

[41] 居高不下的撤销率反映了缺乏撰写清晰权利要求的正确激励因素这一事实:联邦巡回区上诉法院在超过三分之一的上诉案中撤销了地区法院的权利要求解释。Kimberly A. Moore, Markman Eight Years Later: Is Claim Construction More Predictable?, 9 LEWIS & CLARK L. REV. 231, 233, 239 (2005).

偷申请延续案将会带来何种危害。1990 年拉姆布斯公司提出专利申请。之后它一边参与标准制定谈判，一边秘密地提交专利申请延续案，新增权利要求覆盖到标准制定组织即将发布的标准。根据优先权规则，这些权利要求回溯到 1990 年最初提出申请之日。标准制定组织的成员企业开始实施标准化的技术之后，拉姆布斯对其主张专利权并索要专利许可费。[42]

鉴于专利是告知财产权的公共记录，专利改革的一项重要举措应该是让专利申请人在及时有效通告其发明内容方面承担更大的责任。[43] 75
在这里，我们面临着两个相互冲突的原则。第一项原则是专利权人希望要求所有东西，即便在提出专利申请时它并不在专利权人的预见范围之内。[44] 另一项原则是潜在侵权人希望及时知悉任何构成侵权行为的东西。现行体制绝对有利于前一项原则，这意味着发明人只有在事后才知道其技术是否侵犯他人的专利。[45] 再次以地契作为类比，这种做法就像是地契上保留一条未决的边界，土地所有人只需等待邻居建造起一栋房屋或者游泳池，之后才对此边界提出主张，指控邻居侵犯其土地。

一般来说，专利延续案（即迟延的权利要求）用于三种目的之一。第一，申请人在提交专利申请书时没有预见到这项权利要求，原因可能是他没有想到后来出现的技术。第二，申请人预见到了该权利要求，但选择“坐观其变”，直到他人开发出新技术才就此技术撰写延迟的权利

㊷ Rambus Inc. v. FTC, 522 F. 3d 456 (D. C. Cir. 2008), *cert. denied*, 129 S. Ct. 1318 (2009); *see also In re* Dell Computer Corp., 121 F. T. C. 616 (1996)（这家计算机制造商参与标准制定组织，并声明自己对于正在开发的标准不拥有知识产权，但它事实上拥有）.

㊸ *See* Boyden v. Burke, 55 U. S. (14 How.) 575, 582 (1853)（“专利是公共记录。任何人都有知悉其内容的义务，并因此有获得专利证书副本的权利。”）*See* Colleen V. Chien, Predicting Patent Litigation (Santa Clara University Working Paper, Aug. 2011), *available at* http://papers.ssrn.com/sol3/papers.cfm?abstract_id=1911579（知悉所有权和范围将大大提升可靠性）.

㊹ 为这一原则进行辩护的观点，*see* Stephen T. Schreiner & Patrick A. Doody, Patent Continuation Applications: How the PTO's Proposed New Rules Undermine an Important Part of the U. S. Patent System with Hundreds of Years of History, 88 J. PAT. & TRADEMARK OFF. SOC'Y 556, 560 (2006)（主张专利权人有权拥有其在提出申请时没有预见到的使用方法或者发明带来的回报）.

㊺ *See* Michael J. Meurer & Craig Allen Nard, Invention, Refinement and Patent Claim Scope: A New Perspective on the Doctrine of Equivalents, 93 GEO. L. J. 1947, 1993 (2005)（针对竞争对手的发明延后提出权利要求，必然会涉及发明人在提交原始申请时没有预见到的权利要求）; *see also* Risch, *supra* note 9, at 179.

要求。[46] 第三，没有一次性准确起草权利要求可能是由错误所致。例如，所起草的权利要求范围小于起草人的本意，或者因最初的起草过于宽泛遭到专利商标局驳回，随后提交修改时进行了限缩。

我们对于以上三种情况下的问题简要回答如下：

- 如果申请人因为没有预见到该权利要求而没有将其纳入原始申请书，该权利要求并不构成其最初从事该发明的激励因素之一；因此，侵犯该权利要求并不会导致知识产权制度设想的那种“损害”。承认该等权利要求将与宪法有关专利制度旨在激励发明的规定相冲突。如果一定要承认该等权利要求，至少不应该溯及既往地将其适用于在该权利要求登记入册之前作出技术选择的主体。实现这一目标的途径有两个：规
76 定延迟权利要求仅从登记入册之日起生效，或者赋予被侵权权利要求公布之前已作出侵权性投资的第三方先用权。[47] 正如任何理性财产权制度一样，专利制度的总体目的应该是首先给予客观合理的通告，然后才可能发生侵权行为。如此修改专利制度将完全改变专利申请人的激励结构，迫使其撰写清晰、合理的权利要求，并尽早将其登记在公共记录。

- 策略性地延迟提出权利要求限制他人的创新活动，明显违背宪法规定的专利政策的目的，无论如何都不应该溯及既往地将其适用于权利要求公告之前所作的技术投资。[48] 当然，要确定一项权利要求是否被策略性地延迟提出也是一项困难的工作。

- 必须承认无辜错误的存在，但问题是谁应该承担由此造成的损失。作为一般原则，普通法并不会通过溯及既往地修正错误的财产说明来惩罚财产侵入者或者其他占有人，除非存在实际告知。这样做有充分的理由：如果一项规则把错误后果加诸于造成错误者身上，将形成一开

---

[46] 根据35 U. S. C. § 122(2006)的规定，在提交申请日之后的18个月之内未决专利申请案处于保密状态；延续案与原始申请书同等对待，因此在启动专利检索之前的18个月内通常无法通过案卷知悉已经提交的任何权利要求。

[47] *See* Carl Shapiro, Prior User Rights, 96 AM. ECON. REV.: PAPERS & PROC. 92(2006); FED. TRADE COMM'N, TO PROMOTE INNOVATION: THE PROPER BALANCE OF COMPETITION AND PATENT LAW AND POLICY 16(2003), *available at* http://www.ftc.gov/os/2003/10/innovationrpt.pdf.

[48] *See* Robert P. Merges, Software and Patent Scope: A Report from the Middle Innings, 85 TEX. L. REV. 1627, 1653 – 54(2007)(把策略性地延迟提出权利要求、然后针对第三方技术撰写权利要求的行为称为“以修改为手段的窃占”).

始就避免犯错的激励。另外，相对于让第三方投资者对其无法合理发现的东西担冒侵权风险，要求某人尽早清晰地起草权利要求——尤其是如果能够将其适当局限于已经预见到的东西——将大大降低交易成本。[49]

与此同时，必须认真对待专利权范围和后生技术（after-arising technology）的问题。许多著名的发明，包括摩尔斯的电报、爱迪生的灯泡和莱特兄弟的飞机，获得专利的最初版本都相当原始，迅速被原始专利权人及其他人所改进。这一问题同样存在于许多较为平常的发明。如果把专利权严格局限于权利要求的字面用语，将导致专利保护无利可图，进而削弱发明激励，特别是如果只需要微不足道的修改就能够避免落入专利权的范围。但是，我们也不希望专利权人有权通过扩大专利权 77
利要求的范围覆盖他们在撰写专利申请书时并没有预见到的正当的改进，因为这会削弱改进激励。

延迟提出权利要求并非解决后生技术问题的可取对策，这一任务交给等同法则处理更加合适。权利要求的撰写往往是一个申请人策略问题，而不是一个实际预见的问题。等同法则允许就如下技术提出专利侵权诉讼，即该技术虽然没有在字面上侵犯专利权人的权利要求，但它以相同的方式发挥基本相同的功能并带来基本相同的结果。[50]作为一个调校后生技术保护程度的工具，等同法则比延迟提出权利要求具有两方面的重要优势。第一，它创设了一个由法院负责实施的客观标准，而不是一个可以任由专利权人操纵的工具。第二，因为使用客观标准，双方当事人都可以获得确定侵权行为是否发生所需的信息。

诚然，平衡并不能确保确定性。如果专利权人不可能合理预见到某项独立开发的技术，专利使用的语言也没有就其合理提供通告，但是却

---

[49] *See* R. Polk Wagner, Understanding Patent-Quality Mechanisms, 157 *U. Pa. L. Rev.* 2135, 2165 – 68 (2009); Lee Petherbridge, Positive Examination, 46 IDEA 173, 181 – 84 (2006); *see also* F. Scott Kieff, The Case for Registering Patents and the Law and Economics of Present Patent-Obtaining Rules, 45 B. C. L. Rev. 55, 99 (2003)（专利权人能够以最小成本避免通告和检索过程存在的模糊性）; Tun-Jen Chiang, The Levels of Abstraction Problem in Patent Law, 105 *Nw. U. L. Rev.* (2011).

[50] 最初表述该法则这些要件的案例是 Union Paper-Bag Machine Co. v. Murphy, 97 U. S. 120, 125 (1878). *See also* Warner-Jenkinson Co. v. Hilton Davis Chem. Co., 520 U. S. 17, 39 – 40 (1996)（重述该法则并对其加以限制）.

将其认定为等同技术，这时等同原则本身也会带来过度保护问题。[51] 判例法曾经把等同原则应用于如下情形，即专利权人不可能曾经预见到其专利提交审查之后才出现的技术发展。[52] 但是，如果它不可能被预见，它也就不可能曾经影响创新激励。与此同时，在后开发者也可能进行专利“赌博”(game)，即对它进行微不足道的修改，仅仅为了使自己的技术不落入专利的字面权利要求之内。然而，等同法则是由法院发展的衡平法上的原则，以针对这样的情形进行量身定裁。该法则唯一的正当目的是保护专利制度旨在创设的创新激励。

联邦最高法院曾经对这一问题的正反两个方面都做过考察。它曾经指出，等同法则的适用范围过窄将会“为无耻的模仿者进行不重要和
78 微不足道的修改及替代留下空间，事实上还可能鼓励这种行为”。[53] 但它同时也承认，“不可否认，宽泛地适用等同法则将与[专利权利要求]的界定功能和公开通告功能相冲突”。[54] 如果在后开发者采用专利权人不曾预见到的技术变体进行专利赌博，法院可以通过适用该法则调整专利的保护范围。但如果无辜的开发者对现存技术进行了真实的改进，只不过非常接近于专利权利要求使用的语言，应该将该专利局限于其字面用语。如果侵权人甚至根本不知道该专利的存在(多数情况如此)，尤其应该这样处理。

(二)通告与专利救济的关系

在 eBay 案中，联邦最高法院否定了联邦巡回区上诉法院的一项规

---

[51] 关于以上几点的论述，*see* Michael J. Meurer & Craig Allen Nard, Invention, Refinement, and Patent Claim Scope: A New Perspective on the Doctrine of Equivalents, 98 GEO. L. J. 1947 (2005); Gary C. Ganzi, Patent Continuation Practice and Public Notice: Can They Coexist?, J. PAT. & TRADEMARK OFF. SOC'Y 545, 559 (2007)(关于利用专利延续案以及申请人的“后见之明和随后开发的技术，试图超越发明人最初掌握的技术范围提出权利要求”); Lee Petherbridge, On the Decline of the Doctrine of Equivalents, 31 CARDOZO L. REV. 1371 (2010). 关于等同法则以及后生技术，*see* Timothy R. Holbrook, Equivalency and Patent Law's Possession Paradox, 23 HARV. J. L. & TECH. 1 (2009). Dan L. Burk & Mark A. Lemley, Quantum Patent Mechanics, 9 LEWIS & CLARK L. REV. 29 (2005); Christopher A. Cotropia, "After-Arising" Technologies and Tailoring Patent Scope, 61 NYU SURV. AM. L. 151 (2005).

[52] E. g., Festo Corp. v. Shoketsu Kinzoku Kogyo Kabushiki Co., Ltd., 535 U. S. 722, 734 (2002).

[53] Graver Tank & Mfg. Co. v. Linde Air Prods. Co., 339 U. S. 605, 607 (1950).

[54] Warner-Jenkinson Co., Inc. v. Hilton Davis Chem. Co., 520 U. S. 17, 29 (1997).

则。该规则赋予专利权人就专利侵权行为几乎自动获得禁令救济的权利。联邦最高法院要求，专利权人要获得禁令救济必须证明衡平法设置的一系列传统要求——存在不可弥补的损害，损害赔偿不能提供充分的救济，对双方负担的平衡考察以及对公共利益的考察都有利于授予禁令。[55]

人们可能认为 eBay 案创设了一种打着其他旗号的强制许可制度。如果法院只是简单地允许专利侵权行为继续存在并把损害赔偿作为唯一的救济方式，确实会出现这种结果。但是，作为强制许可的替代，eBay 案受到多项严格限制。首先，它不适用于事先提出的交易请求，仅仅适用于认定侵权行为之后的救济方式。这意味着，事先知道他人专利权存在的人不能要求法院拒绝颁发禁令。另外，开发者必须首先进行投资，并冒险指望法院在认定侵权之后把专利权人的救济局限于损害赔偿。另外，侵权人事先“知悉”专利的存在构成颁发禁令的有效理由。eBay 案最大的用武之地是如下情形，即开发者并不知悉自己的行为构成侵权，而是出其不意地被抓。因此，即便认为支配地位企业有义务分享新开发的技术，eBay 案也不是落实这种义务的可靠手段。[56] eBay 案最为擅长的是精调专利法的救济制度，从而创设一套有关披露和通告的适当激励。这些激励因素指向两个方向：第一，专利权人会因为践踏其正当专利权利的侵权行为而受到损害。第二，外部开发者则会因为其不可能合理预见到的侵权行为而受到损害。

例如，如果无法以合理成本有效检索到他人持有的专利，eBay 案有 79
助于降低创新风险。[57] 一个经常被提及的例子是非实施实体（NPE）——又称“专利蟑螂”（patent troll）——持有的专利。这些实体针对复杂技术开发专利但自己并不实施。由于专利检索成本很高、结果

[55] eBay Inc. v. MercExchange, L. L. C., 547 U. S. 388, 391(2006).

[56] *See* Daniel A. Crane, Intellectual Liability, 88 TEX. L. REV. 254(2009)（认为，需要考察整个强制许可问题，并认为如果允许其他行为，例如知识产权权利打包，并且在强制许可义务的约束下这些行为的反竞争效果将会降低，那么强制性的许可可以构成一种政策上的抵充。）

[57] *See* Mark A. Lemley, Ignoring Patents, 2008 MICH. ST. L. REV. 19（专利检索的成本极高、结果极不可靠，因此企业往往直接进行创新并把专利侵权诉讼的事情留待日后解决）.

很糟,企业很可能就一项技术进行了成本高昂的、不可撤回的投资之后才发现这项技术受他人专利覆盖。[58] eBay 案带来的后果之一是,法院倾向于把 NPE 可获得的救济局限于损害赔偿。[59]

从根本上讲,如何处理 NPE 主要是一个有关通告的性质和及时性的问题,而非哪种救济类型适当的问题。然而,如果通告情况很糟糕,把侵权人的责任局限于支付损害赔偿将有助于向创新者提供至少一定程度的可涉足新领域的自信,而无需担心以后会面临禁令救济权伴随的致瘓性的惩罚。同样重要的是,如果一项规则对通告行为给予更大的奖励,将有助于激励专利权人确保其专利已被有效告知潜在侵权人。例如,在拉姆布斯案中,专利权人正在参与标准制定相关的谈判,它事前非常清楚哪些人可能侵权及其侵权的性质。事实上,正如后续诉讼程序所揭示的那样,它制定了一套秘密的不披露策略,首先静观其变,只等其他企业进行了尽可能多的投资以后才突然冒出来主张专利权,以此放大可能获得的损害赔偿金。[60]

对社会来说可取的规则是,要求专利权人在开发者尚能做出选择时把自己的权利告知开发者。拉姆布斯选择了为今后能够敲诈更多赔偿金而隐瞒自己的权利状况。在这种情况下,不应该允许专利权人获得超

---

[58] *See* Thomas F. Cotter, Patent Holdup, Patent Remedies, and Antitrust Responses, 34 J. CORP. L. 1151,1180(2009)(涉及非实施专利权人时,有理由拒绝给予禁令救济);Mark A. Lemley & Carl Shapiro, Patent Holdup and Royalty Stacking, Tex. L. Rev. 1991(2007)(类似观点);Lee Anne Fennell, Adjusting Alienability, 122 HARV. L. REV. 1403,1425(2009). 但这一问题存在争议。*See also* Einer Elhauge, Do Patent Holdup and Royalty Stacking Lead to Systematically Excessive Royalties?, 4 J. COMPETITION L. & ECON. 535,537(2008)(主张应该保留大部分禁令救济);John M. Golden, "Patent Trolls" and Patent Remedies, 85 TEX. L. REV. 2111,2148 – 49(2007)(建议对禁令救济设置给予禁令的可反驳推定).

[59] *See* Michael W. Carroll, Patent Injunctions and the Problem of Uniformity Cost, 13 MICH. TELECOMM. & TECH. L. REV. 421, 442 (2007); Bernard H. Chao, After eBay, Inc. v. MercExchange: The Changing Landscape for Patent Remedies, 9 MINN. J. L. SCI. & TECH. 543,553(2008); Vincenzo Denicolò, Damien Gerardin, Anne Layne-Farrar & A. Jorge Padilla, Revisiting Injunctive Relief: Interpreting eBay in High-Tech Industries with Non-Practicing Patent Holders, 4 J. COMPETITION L. & ECON. 571,572 – 73(2008).

[60] *See* Micron Tech., Inc. v. Rambus, Inc., 645 F. 3d 1311(Fed. Cir. 2011)(描述了拉姆布斯公司的策略,得出如下结论,即拉姆布斯为阻止披露不当粉碎了大批文件). 地区法院在一份判决意见 255 F. R. D. 135(D. Del. 2009)中详细描述了相关事实,详述了拉姆布斯公司就标准制定组织——电子工程设计发展联合协会(JEDEC)——正在开发的技术撰写迟延权利要求,以此铺设"专利雷区"的计划。

过如下金额的损害赔偿金，即以事前眼光——侵权人作出专项投资之前——计算的替代技术之价值。[61] 联邦巡回区上诉法院认定专利侵权成立，并认定拉姆布斯没有披露义务，因为该标准制定组织对于成员承担什么样的披露义务没有作出清晰的规定。[62] 但是法院问错了问题。该案涉及的问题并非标准制定组织施加了什么样的义务，而是专利法的救济制度应该要求什么类型的通告。站在拉姆布斯撰写延迟权利要求的时间点上来看，潜在侵权人是拉姆布斯非常熟悉的该标准制定组织的成员。事实上，拉姆布斯正是以他们作为猎捕目标来撰写延续案权利要求的。 80

拉姆布斯意识到，标准制定组织讨论的技术可能侵犯它正在申请的专利；从那一刻起它就承担起一项义务，把它正在起草的额外权利要求告知已知的潜在侵权人。这项义务并非源于标准制定组织的主观期望，而是源于一项基础事实，即专利是一种财产性利益，因此应该遵守有关及时通告的合理财产规则。在这一具体案件中，这一义务的履行成本并不高，却能节省大量开发资源。面对拉姆布斯请求禁令救济的主张，无需修改制定法，法院只需运用它在衡平法上的权力就可以拒绝向未及时提供通告的原告颁发禁令。不动产制度已经这样做了将

---

[61] *See* Herbert Hovenkamp, Notice and Patent Remedies, 88 TEX. L. REV. ONLINE 221 (2011), *available at* http://papers. ssrn. com/sol3/papers. cfm? abstract_id = 1596789. 损害赔偿金额的计算基准应该是侵权组件在侵权人产品中占有的价值，而非该产品的整体市场价值。*See* Lucent Techs., Inc. v. Gateway, Inc., 580 F. 3d 1301, 1337 – 38 (Fed. Cir. 2009). 关于顺序性创新者之间的通知问题，*see* Michael Meurer, Patent Notice and Cumulative Innovation 332, in COMPETITION AND PATENT LAW UNDER UNCERTAINTY (Geoffrey A. Manne & Joshua D. Wright, eds., 2011).

[62] Rambus Inc. v. FTC, 522 F. 3d 456, 463 (D. C. Cir. 2008), *cert. denied*, 129 S. Ct. 1318 (2009). 第十二章进一步探讨了这一判决。*See also In re* Dell Computer Corp., 121 F. T. C. 616 (1996)(这家计算机制造商参与标准制定组织，并声明自己对于正在开发的标准不拥有知识产权，但它事实上拥有)；Qualcomm Inc. v. Broadcom Corp., 548 F. 3d 1004, 1022 – 23 (Fed. Cir. 2008)(专利权人没有如实告知标准制定组织它正在针对受覆盖技术申请延续案。法院根据衡平法上的禁反言规则禁止强制执行专利), *cert. denied*, 129 S. Ct. 2182 (2009); *in re* Negotiated Data Solutions ("N-Data") (同意令), http://www. ftc. gov/os/caselist/0510094/080923ndsdo. pdf, (专利受让人拒绝兑现让与人做出的许可承诺). *See* 3 PHILLIP E. AREEDA & HERBERT HOVENKAMP, PHILLIP E. AREEDA & HERBERT HOVENKAMP, ANTITRUST LAW ¶712b (3d ed. 2008).

近两个世纪,[63]联邦最高法院的 eBay 案判决也允许在专利诉讼中采取同样的做法。

根据通告情况调校损害赔偿金额也有助于把专利法的救济制度与适当的创新激励进行更加一致的协调。在一个方面,该制度已经做到了
81 这一点:《专利法》允许对故意侵权行为判赔加重的损害赔偿,[64]因此如果有证据证明侵权人已经得到了通告,将构成增加损害赔偿金的法定理由。但是,该制度还需要进一步完善**专利权人**向预期侵权人提供有效通告的激励。

人们可能在不知道他人专利存在的情况下从事了专利侵权行为。但这并不能否定法院要求提供及时、有效通告的权力,它反而说明更有必要进行这样的监控。如果开发者事先知悉他人的专利却执意选择侵权则完全另当别论,这时颁发禁令更加合适,因为开发者完全可以在尚且拥有各种选择时事先谈判获得许可。另外,如果存在实际知悉,专利权人是否自己实施该专利也变得相对不太重要了。

以上论述无意选择站在如下争论的任何一方,即应该使用损害赔偿还是禁令规则保护知识产权人。希望采纳宽泛财产权利的人通常强调,他们认为由司法机关决定损害赔偿金将会造成系统性的补偿不足,并因此损害创新激励。[65] 他们还关注由法官而非买卖双方决定价格是否会损害市场的纯洁性。[66] 而那些支持放松禁令权的人则主要关注专利劫

---

[63] Tulk v. Moxhay,41 Eng. Rep. 1143,1144(Ch. 1848)(土地上设置的限制,其强制执行效力取决于是否在购买时对买主作了通知). *See* James Barr Ames' classic discussion of the problem in James B. Ames, Specific Performance For and Against Strangers to the Contract, 17 HARV. L. REV. 174,181 -82(1904).

[64] *See* 35 U. S. C. § § 284,285(2000).

[65] E. g. , Richard A. Epstein, The Property Rights Movement and Intellectual Property, REGULATION, Winter 2008, at 58,62("在专利有限保护期内系统性的补偿不足可能会降低创新水平,同时增加运作整个系统的管理成本"); Anne Layne-Farrar, Gerard Llobet and Jorge Padilla, The dynamic Innovation Implications of Licensing Patents Under an Incremental Value Rule 443, in COMPETITION AND PATENT LAW UNDER UNCERTAINTY(Geoffrey A. Manne & Joshua D. Wright, eds. ,2011).

[66] Henry E. Smith, Property and Property Rules, 79 N. Y. U. L. REV. 1719,1726(2004).

持和许可费过高问题。[67] 如果一个体制下财产权利界定清晰并且对外部人士发布的通告也及时充分，补偿不足的担心有一定道理。而如果存在客观合理之人在不可能知悉权利的情况下出其不意侵犯他人权利的状况，对专利劫持的担心显然也是成立的。通过精心调校可给予的救济方式，可以将两种担心降到最低。如果知识产权人已经采取了所有合理的措施向他人告知其权利，包括向合理可预见的侵权人发出具体及时的通告，相对于在知悉可能的侵权行为后保持沉默或者采取其他措施隐瞒其权利信息的情况，此时给予禁令救济的理由要充分得多。[68] 应该采用如下客观标准落实这一通告义务，即专利权人是否知悉或者应当知悉潜 82
在侵权人的身份，并将专利情况及时告知了他们。

当然，并不会因为人们及时知悉了财产权利，就能够消除所有交易谈判问题。例如，即便财产权利界定清晰，在单一卖方和单一买方之间的交易中仍然会出现双边垄断问题。如果标准制定组织支配某个市场而专利权人提供的技术明显优于替代技术，就可能出现这样的问题。这时候双方陷入了一种只能彼此进行交易的境地。

说到底，无论反垄断政策还是知识产权政策都无力解决双边垄断问题。但是双边垄断普遍存在，绝对不限于知识产权领域。[69] 我们还可以运用反垄断法处理这些担心。如果标准制定组织只不过是一个买方卡特尔的障眼法，毫无疑问它应该受到反垄断法的谴责。如果支配某个市场的一群企业制定了一项强制性标准，正如网络兼容型通讯设备等产品

---

[67] Peter Lee, The Evolution of Intellectual Infrastructure, 83 WASH. L. REV. 39 (2008). 另外请参见以下作者之间的观点交锋：Mark A. Lemley & Carl Shapiro, Patent Holdup and Royalty Stacking, 85 TEX. L. REV. 1991 (2007); John M. Golden, "Patent Trolls" and Patent Remedies, 85 TEX. L. REV. 2111 (2007); Mark A. Lemley & Carl Shapiro, Reply: Patent Holdup and Royalty Stacking, 85 TEX. L. REV. 2163 (2007).

[68] 对于未就权利状况提供有效及时通知的专利权人不给予禁令救济，仅判决由司法机关决定的使用费，有人可能会觉得这是一种苛刻的惩罚。但是请不要忘记，如果不动产所有人没有提供充分的通知，所受到的惩罚往往是完全丧失产权。另外，检索成本越高，财产所有人应该承担越大的通告义务。

[69] *See* Herbert Hovenkamp, Harvard, Chicago, and Transaction Cost Economics in Antitrust Analysis, 55 ANTITRUST BULL. 613 (2010), *available at* http://papers.ssrn.com/sol3/papers.cfm?abstract_id=1592476; Roger D. Blair et al., A Pedagogical Treatment of Bilateral Monopoly, 55 S. ECON. J. 831 (1989).

市场上可能发生的那样,就可能产生买方势力问题。[70] 在这种情况下,对于能够压制所购技术之价格的正当采购组织,我们应该抱以容忍的态度。但这绝不构成专利权人在买方进行投资之前隐瞒其专利情况的理由。

四、以反垄断法或专利滥用法则限制专利膨胀

处理专利制度各种问题的方法之一是使用反垄断法或与之相关的专利滥用法则。有时候案例法会谈到专利赋予专利权人有限的反垄断法“豁免”。[71] 但事实上并不存在这样的豁免,至少不存在任何一般性的豁免。支配地位企业利用专利从事非法的排斥竞争行为或者多个企业使用限制贸易的许可协议显然违反反垄断法。然而,反垄断法与专利之间的关系要比反垄断法与其他类型财产权之间的关系更加复杂。在某些领域,处理这两类关系的方式非常接近:例如,专利权人可以合法地提
83 起侵权之诉,正如不动产所有人可以提起侵占不动产之诉一样,但两个制度都不会尊重“虚假”或不适当提起的诉讼。然而,如果这种诉讼可能排除市场上的竞争对手,则可能构成垄断违法行为。

涉及普通产品或服务的固定价格行为违反《谢尔曼法》。涉及专利权的固定价格行为有时也会非法,但联邦最高法院在1920年通用电气案(*General Electric*)中针对专利权人与其被许可人之间达成的固定价格行为承认了一项独一无二并且毫无根据的例外。[72] 如今这一规则仍然存在,但它没有消亡的唯一原因是联邦最高法院一直没有改变它。按照普通反垄断规则,竞争对手之间达成的产出限制协议非法。然而,许可协议通常必须规定一个数量,因此针对专利权人和与之有竞争关系的

---

[70] Golden Bridge Tech., Inc. v. Motorola, Inc., 547 F. 3d 266, 271 – 72 (5th Cir. 2008)(移动电话标准制定组织设定的一项标准排除了原告的技术,法院认定该组织行事合理), *cert. denied*, 129 S. Ct. 2055 (2009).

[71] Unitherm Food Sys., Inc. v. Swift-Eckrich, Inc., 375 F. 3d 1341, 1355 (Fed. Cir. 2004), *rev'd on other grds.*, 546 U. S. 394 (2006)(谈到专利权人的行为“豁免适用反垄断法”).

[72] United States v. Gen. Elec. Co., 272 U. S. 476, 490 (1926). *See* 12 ANTITRUST LAW ¶ 2041.

被许可人之间的专利许可协议之中规定的该等限制，法院通常承认一项例外。[73] 同样，按照反垄断法，市场分割协议通常非法，但专利许可协议按照地域或客体设置的限制——所谓的使用领域限制——则通常合法。[74]

这个反垄断"豁免"清单似乎长得吓人，但是请不要忘记，大多数这类协议的双方当事人是专利权人和生产性的被许可人。易言之，这些协议创设出如下情形，即一家企业（专利权人）向另一家供应技术，因此许可增加了市场产出，至少增加了生产商的数量。善意专利权人及其被许可人之间的安排更加类似于合营企业而非赤裸裸的卡特尔，而增加产出的安排几乎总是促进竞争的。

也许联邦国会从来不曾意图以反垄断法修补政府制度中的缺陷，但专利"滥用"法则是法官造法的结果并属于专利政策的一部分，因此构成一种内部"处理"方式。有鉴于此，正如我们将在第十章论述的那样，滥用法则可以比反垄断法容纳更多种类的知识产权关切，反垄断法只是狭隘地关注产品垄断。不幸的是，联邦巡回区上诉法院并不这么认为，而且它似乎正在迈向消除滥用法则有效处理知识产权膨胀问题的功能，甚至还在朝着把滥用法则完全吸收进反垄断法的方向前进。

（一）区分授权前的行为和授权后的行为

反垄断法和滥用法则相同的一点是，虽然它们有时能够处理滥用制度的问题，但并不能补救政府政策导致的制度缺陷。特别是在反垄断法方面，联邦最高法院发展了针对各种形式联邦监管的一套精细的默示监管豁免法则。[75] 这些豁免规则背后的首要原则是，反垄断法的适用不应 84
该与政府自己的监管使命相冲突。然而，如果政府机构本身没有对监管环境下发生的私人行为进行监督，反垄断法可以对其进行控制。这种情况产生的原因通常有三种：第一，政府机构可能对受控的具体行为缺乏管辖权。第二，政府机构可能不上心，对这些行为只扮演"橡皮图章"的角色。第三，受监管的私人企业或个人可能对监管机构隐瞒信息，导致

---

[73] *See*, *e. g.*, Cole v. Hughes Tool Co., 215 F. 2d 924, 936 – 37 (10th Cir. 1954).

[74] *See*, *e. g.*, Gen. Talking Pictures Corp. v. W. Elec. Co., 304 U. S. 175 (1938)（批准将市场区分成商业用户和非商业用户的许可限制）.

[75] *See* 1B AREEDA & HOVENKAMP, *supra* note 62 ¶¶ 240 – 48.

该行为根本没有受到有效监管。[76]

监管豁免法则表明，涉及专利的行为可以大致划分为两类——授权前的行为和授权后的行为。这种区分对于版权意义不大，因为版权在发生强制执行力之前受到的审查极少。但专利不同，在授权之前，一个政府机构（专利商标局）根据一部详尽的制定法和各种规章对专利取得过程进行深度监管，而专利商标局受到联邦巡回区上诉法院的监督。也许有人会像我们一样抱怨说，这一过程存在缺陷，因为它授予了太多专利，授权的专利边界不清晰，并且优先权规则也存在瑕疵。但是，假设专利商标局遵循了国会和联邦巡回区上诉法院的指示，留给反垄断法"处理"的空间是很小的。另外，很难说专利商标局是一枚橡皮图章，它根据外部为其设定的标准进行非常深度的审查，并且驳回了很大比例的专利申请。[77] 因此，除非我们允许反垄断法庭无视国会或其创设的政府机构，否则必须从知识产权制度内部着手进行改革。

然而，一旦专利获得授权，大多数监管活动便不复存在。专利权人在授权后使用专利的行为完全属于反垄断法的调整范围，但受到某些重要限制。例如，专利界定了它自己的排斥力量，对于该力量的合理解释不受质疑。其次，《专利法》明确授权的行为不属于反垄断法的调整对象。适用反垄断法的绝大多数专利行为都是授权后的行为，包括不适当的侵权之诉、向标准制定组织作不实陈述、固定价格、搭售、独家交易、垄断化或者其他反竞争行为。

在这种意义上，专利制度是某种形式的政府"部分监管"。1970 年
85 代之前我们往往把某些行业内的监管视为"完全"监管，完全"排除"反垄断法的适用。但在 1970 年代后期兴起、1980 年代和 1990 年代加速推进的放松管制时期，这种观念发生了重大改变。如今许多产业都是部分受到管制，部分对竞争开放。反垄断法在这些产业中发挥着作用，但

[76] *See* Credit Suisse Sec.（USA）LLC v. Billing，551 U. S. 264（2007）（对于证券交易委员会已经知悉并实施监管的行为适用监管豁免）；*see also* Verizon Commc'ns Inc. v. Law Offices of Curtis v. Trinko，LLP，540 U. S. 398（2004）（监管机构正在做反垄断法庭要做的事情，没有太大必要适用反垄断法）.

[77] *See* Mark A. Lemley & Bhaven Sampat，Is the Patent Office a Rubber Stamp?，58 EMORY L. J. 181（2008）.

发挥作用的程度不及不受管制的行业。[78]

下文详细考察两种行为：不适当地提起知识产权侵权之诉，以及司法对专利和解行为给予的高度尊让。

（二）不当提起侵权之诉

针对提起不合理排斥竞争的侵权之诉，反垄断法的调整规则相当清楚。如果知识产权人拥有或威胁拥有垄断性市场地位并提起“无根据的”侵权之诉，该诉讼是反竞争的，违反《谢尔曼法》第2条。[79] 常见的情况有侵权之诉的被告反诉，指控专利权人根据无效或不可强制执行的专利提起诉讼，或者如果知悉案件事实，没有任何合理的人会期待该诉讼可能胜诉。例如，专利可能因为以下原因不具有强制执行性：通过欺诈专利商标局或者在专利商标局从事不衡平行为（inequitable action）取得专利，或者专利权人应该知道被告的技术不侵犯其专利权。

不当提起侵权之诉带来的经济效果取决于具体情况。有时，新的市场进入者未经取得专利许可或者经取得第三人许可之后生产产品，支配地位企业为了将该企业的产品排斥在市场之外而提起诉讼。假设涉案专利无效，那么新的市场进入者只不过是一个合法利用公有领域技术的模仿者。这时造成的主要损害是产品市场上价格上涨，这是反垄断法的传统关切对象。然而，其他情况下新企业可能开发出比支配地位企业更优的技术，这时不适当提起侵权之诉的效果是限制创新，即把一种替代技术完全赶出市场。这样的诉讼比导致涨价的诉讼造成的社会损害大得多。

在沃克尔工艺案（*Walker Process*）中，一家企业通过“欺诈”专利商标局取得专利并据此提起专利侵权之诉；联邦最高法院判决该行为构成非法垄断化。[80] 涉案专利申请没有披露违反《专利法》“在先销售”阻却法则的销售行为。该法则禁止对申请日一年之前公开销售的客体授予专利。[81] 这项阻却事由具有绝对效力，即一旦一个客体推向市场的 86

---

[78] *See* 1B AREEDA & HOVENKAMP, *supra* note 62 ¶¶ 240 – 43.

[79] *See* 3 AREEDA & HOVENKAMP, *supra* note 62 ¶ 706.

[80] Walker Process Equip. Inc. v. Food Mach. & Chem. Corp., 382 U. S. 172, 177 (1965); *see* 3 AREEDA & HOVENKAMP, *supra* note 62 ¶ 706; 1 HERBERT HOVENKAMP, et al., IP AND ANTITRUST: AN ANALYSIS OF ANTITRUST PRINCIPLES APPLIED TO INTELLECTUAL PROPERTY LAW § 11.2 (2d ed. 2009).

[81] 35 U. S. C. § 102 (b) (2006).

时间超过一年即不能再获得专利，而且进入公有领域。因此沃克尔工艺案中的专利权人实际是试图强征不具有可专利性的技术。

沃克尔工艺案类型的反垄断诉讼不仅要求证明不适当提起侵权之诉的行为，还要求证明涉案市场具有继续被垄断或成为被垄断的合理可能。如今，绝大多数沃克尔工艺案类型的诉讼都是在专利侵权之诉中作为反请求提起的。因此，联邦巡回区上诉法院受理了绝大多数此类上诉，因为它对于这类诉讼拥有专属上诉管辖权。[82] 沃克尔工艺案之前的相关法律规则是，欺诈专利局构成专利侵权之诉中的抗辩事由。[83] 在1870年代莫瑞案（*Mowry*）中，联邦最高法院采用了如下英国规则，即只有政府才能以专利权人通过欺诈取得专利权为由主张专利无效。[84] 在1952年的一个案件中，一家企业在没有查验专利侵权被告的技术是否实际侵犯其权利的情况下提起专利侵权之诉，联邦最高法院允许政府对该公司提起反垄断诉讼。该案中，一家支配地位企业利用不当专利侵权之诉压制生产水泥砖的替代技术。[85] 沃克尔工艺案中的反垄断诉讼涉及私人原告对专利权人的正面攻击，因此两级下级法院均驳回了诉讼请求。联邦最高法院并没有在该案中推翻莫瑞案，而是区分了两类诉讼：只能由政府提取的直接质疑专利的诉讼，以及根据平行制定法（例如反垄断法）提起的诉讼。[86]

沃克尔工艺案类型的诉讼同时适用于专利侵权之诉和版权侵权之

---

[82] 对于联邦巡回区对专利侵权诉讼拥有专属上诉管辖权的批评意见，*see* Craig Allen Nard & John F. Duffy, Rethinking Patent Law's Uniformity Principles, 101 NW. U. L. REV. 1619 (2007); Cecil D. Quillen, Jr., Commentary on Bessen and Meurer's Patent Failure: An Industry Perspective, 16 J. INTELL. PROP. L. 57, 75 – 76 (2008).

[83] *E. g.*, Precision Instrument Mfg. Co. v. Auto. Maint. Mach. Co., 324 U. S. 806 (1945)（禁止强制执行通过欺诈取得的专利）; Keystone Driller Co. v. Gen. Excavator Co., 290 U. S. 240, 246 – 47 (1933)（专利权人破坏会导致专利丧失强制执行性的现有技术证据，然后不当提起专利侵权之诉）.

[84] Mowry v. Whitney, 81 U. S. (14 Wall.) 434, 437 (1872). 关于此类诉讼的一个例子，*see* United States v. American Bell Tel. Co., 128 U. S. 315 (1888)（贝尔公司知情地就他人已经开发并进行商业性使用的改进申请专利，法院允许政府以欺诈为由主张专利无效）.

[85] United States v. Besser Mfg. Co., 96 F. Supp. 304, 312 (E. D. Mich. 1951), *aff'd*, 343 U. S. 444 (1952).

[86] 现在还可以通过宣告判决之诉质疑专利权，只要存在充分的"争议"——例如提出质疑者是被许可人，或者受到专利侵权诉讼的威胁。MedImmune, Inc. v. Genentech, Inc., 549 U. S. 118 (2007); Plumtree Software, Inc. v. Datamize, LLC, 473 F. 3d 1152 (Fed. Cir. 2006).

诉,但前者要远远更为常见。侵权之诉本身的许多缺陷都可能成为垄断违法的行为要件,包括如下情形:知识产权人知道自己主张的知识产权 87
无效或者不可强制执行,[87]侵权之诉原告依赖对制定法的非理性解释,[88]基础知识产权有效但其权利要求并不覆盖侵权之诉被告的技术,[89]或者所主张的专利已经失效。[90]

人们可能会质疑是否有必要以反垄断法对欺诈性侵权之诉单独提供救济,因为《专利法》本身已经对专利欺诈行为规定了多种重要救济途径。通过欺诈专利商标局或者在专利商标局从事不衡平行为取得的专利不具有强制执行性。[91] 联邦最高法院甚至曾经判决,一项专利申请过程中发生的欺诈可能导致相关专利丧失强制执行性。[92] 正如前文指出,政府可以起诉要求撤销通过欺诈取得的专利,法院以欺诈或不实陈述为由作出的专利无效判决在其他被许可人提起的后续诉讼中通常具

---

[87] *E. g.* , Open LCR. com v. Rates Tech. ,112 F. Supp. 2d 1223(D. Colo. 2000)(原告主张,专利权人没有向专利商标局披露现有技术,并且威胁并实际提起不具有实体上胜诉之实际期望的侵权诉讼,即便反垄断法原告之前已经在文件中指出了现有技术的存在。该主张足以支持反垄断法诉讼。)

[88] *See* Professional Real Estate Investors, Inc. v. Columbia Pictures Industries, Inc. ,508 U. S. 49(1993)(侵权诉讼原告要求把制定法解释为在酒店房间收费播放电影的行为构成"表演",这种解释并非不合理).

[89] *E. g.* , Besser,96 F. Supp. 304; *see also* Ecrix Corp. v. Exabyte Corp. ,95 F. Supp. 2d 1155(D. Colo. 2000)(为提起反垄断诉讼之目的,侵权之诉被告有权进行证据开示,以揭示侵权之诉原告主张被告技术侵犯其专利所依据的事实).

[90] *E. g.* , Int'l Techs. Consultants, Inc. v. Pilkington,137 F. 3d 1382(9th Cir. 1998).

[91] Precision Instrument Mfg. Co. v. Auto. Maint. Mach. Co. ,324 U. S. 806,814 – 15(1945)(禁止强制执行通过欺诈取得的专利); *see also* Hewlett-Packard Co. v. Bausch & Lomb, Inc. ,882 F. 2d 1556(Fed. Cir. 1989)(再颁专利申请过程中从事的欺诈或不衡平行为导致原专利丧失强制执行性); Kingsdown Med. Consultants, Ltd. v. Hollister Inc. ,863 F. 2d 867,874(Fed. Cir. 1988)(专利申请中针对一项重要权利要求发生的不衡平行为导致整个专利丧失强制执行性)。但是,在本书付梓之际,联邦巡回区上诉法院在一个存在分歧的判决中对不衡平行为的证明提出了更高的要求,受指控侵权人必须以清晰和令人信服的证据证明欺诈专利商标局的意图以及任何疏忽或不实陈述的重大性。另外,即便已经证明了不衡平行为,法院仍将通过"权衡证据"决定是否需要给予该行为不可强制执行性的救济。Therasense, Inc. v. Becton, Dickinson and Co. ,___ F. 3d ___,2011 WL 2028255(Fed. Cir. 2011). *See* Herbert Hovenkamp, Patent Exclusions and Antitrust af er T erasense(working paper, Sep. 1,2011), *available at* http://papers. ssrn. com/sol3/papers. cfm? abstract_id = 1916074.

[92] Keystone Driller Co. v. Gen. Excavator Co. ,290 U. S. 240,244(1933).

有既判力。[93] 如果一项专利因为欺诈或不衡平行为被认定为丧失强制执行性,被许可人无须继续支付许可费;[94]如果存在欺诈行为还可以收回先前已经支付的许可费。[95] 另外,如果被许可人或者侵权之诉的被告
88 证明专利权人存在欺诈或者不衡平行为,根据《专利法》本身的规定还可以求偿律师费。[96] 最后,如果专利权人从事专利滥用行为,只要滥用行为仍在继续法院就可以拒绝强制执行专利,或者判决被告免于支付许可费。[97]

法院对沃克尔工艺案作了相当限缩性的解读,[98]这样做很有道理。如果适用的标准不够严格,任何通过威胁或实际提起侵权之诉强制执行专利的行为都可能招致反垄断反诉。因为有太多专利侵权之诉的被告提起不衡平行为抗辩,联邦巡回区不得不对它的适用作出严格限制。[99] 我们必须一定程度上确保专利权人享有保障投资的权利,《专利法》也明确授权专利权人在"有权获得救济"的情况下提起侵权之诉。[100] 另外,因为专利通告和优先权制度极其不可靠,我们也不能责怪专利权人就权利要求的范围所作的善意判断,即便最终证明这一判断有误。

即使可以强有力地证明不正当侵权之诉可能造成竞争损害,专利法自身具有的不确定性和造成的混淆也会削弱反垄断诉讼请求。绝大多

---

[93] *See* Blonder-Tongue Labs. v. Univ. of Ill. Found. ,402 U. S. 313(1970). 关于反垄断案件中的非互惠或"攻击性"附带禁反言(collateral estoppel)法则,*see* 2 ANTITRUST LAW ¶318。

[94] Lear,Inc. v. Adkins,395 U. S. 653,668(1969).

[95] USM Corp. v. SPS Techs. , Inc. ,514 F. Supp. 213,250(N. D. Ill. 1981), *rev'd on other grounds*,694 F. 2d 505(7th Cir. 1982); *see also* Transitron Elec. Corp. v. Hughes Aircraft Co. ,649 F. 2d 871,879(1st Cir. 1981)(要求申请时知悉对专利局所作的不实陈述).

[96] *See* 35 U. S. C. §285(2006);Fox Indus. ,Inc. v. Structural Preservation Sys. ,Inc. ,922 F. 2d 801,804(Fed. Cir. 1990)(侵权之诉被告求偿律师费);Monolith Portland Midwest Co. v. Kaiser Aluminum & Chem. Corp. ,407 F. 2d 288,297(9th Cir. 1969)(同样判决).

[97] Morton Salt Co. v. G. S. Suppiger Co. ,314 U. S. 488,493(1942).

[98] 例如,联邦巡回区上诉法院要求以清晰和令人信服的证据证明专利欺诈。*See Therasense*, *supra* note 91; FMC Corp. v. Manitowoc Co. , Inc. , 835 F. 2d 1411, 1415 (Fed. Cir. 1987).

[99] *See* Thomas F. Cotter, An Economic Analysis of Patent Law's Inequitable Conduct Doctrine, 53 Ariz. L. Rev. (2011); Christopher A. Cotropia, Modernizing Patent Law's Inequitable Conduct Doctrine,24 BERKELEY TECH. L. J. 723,739(2009); Lee Petherbridge, Jason Rantanen, & Ali Mojibi,et al. ,The Federal Circuit and Inequitable Conduct:An Empirical Assessment,___ U. S. C. L. Rev. ___(2011), *available at* http://ssrn. com/abstract = 1686102.

[100] 35 U. S. C. §271(d)(3)(2006).

数时候专利的边界都是难以确定的。[101] 因此,我们往往不可能断言没有任何合理之人会通过提起某一具体侵权之诉来强制执行一项专利。如下事实加剧了这一问题,即联邦巡回区上诉法院似乎愿意放过几乎肯定不是善意提起的相当令人发指的专利诉讼。例如,在迪平豆案(*Dippin' Dots*)中,该院拒绝对通过欺诈专利商标局取得专利的专利权人处以反垄断法上的责任。专利申请人在知情状态下以一份宣誓陈述撒谎说提出申请一年之前不存在销售行为,而事实上它进行了800份这样的销售。联邦巡回区上诉法院判决,尽管这一疏忽导致专利丧失强制执行 89
性,[102]也不足以造成反垄断法上的责任。法院要求至少有两项独立的信息表明欺诈专利商标局的意图,但它只发现了一项,即被忽视的销售行为。涉案销售行为发生在1987年,而提起侵权之诉的时间是13年后的2000年。[103] 因为要证明欺诈行为必须调查很多年前发生的且并非广为人知的事实,法院的这一判决对于想要证明专利权人以反竞争方式使用专利侵权之诉的当事人提出了极高的证明要求。

法院的判决并没有考察专利权人提起侵权之诉这一行为本身所构成的反竞争行为。法院推理,由于反垄断法的惩罚措施比专利无效严重得多,单单是知情的错误陈述并不足以构成支撑反垄断反诉的有害行为。但是联邦巡回区上诉法院忽视了一点,即事实上当时远非如此。专利权人不仅向专利商标局作了撒谎,而且在十多年后(专利商标局已经就该项专利结案并且在先销售已经变得极其难以查明之时)提起专利侵权之诉。因此联邦巡回区上诉法院事实上当时就拥有它所要求的证明欺诈行为所需的两项独立的证据,只是它忽视了考察发生侵权之诉行

[101] 参见第五章。有关权利要求解释的判决中,撤销率和联邦巡回法官持异议的比率都高得令人无法接受,对此的观察,*see* John R. Thomas, Claim Re-Construction: The Doctrine of Equivalents in the Post-Markman Era, 9 LEWIS & CLARK L. REV. 153, 163 & n. 69 (2005)。*See, e.g.*, Erbe Elektromedizin GmbH v. Canady Tech., LLC, 629 F. 3d 1278 (Fed. Cir. 2010)(即便法院对专利权人作出的不利权利要求解释致其在侵权诉讼中败诉,也不构成支持反垄断反诉的客观"无根据的"诉讼).

[102] Dippin' Dots, Inc. v. Mosey, 476 F. 3d 1337, 1340, 1346 (Fed. Cir. 2007)(证据"合理支持作出一项推论,即发明人的律师意图误导专利商标局").

[103] *See In re* Dippin' Dots Patent Litig., 249 F. Supp. 2d 1346 (N. D. Ga. 2003)(卷宗记录). Cf. Nobelpharma AB v. Implant Innovations, Inc., 141 F. 3d 1059 (Fed. Cir. 1998)(发明人在专利申请书中引用了先前出版的一本著作,该著作后来被认定为导致丧失可专利性的现有技术,但是提交专利申请的代理人删除了对该著作的引用).

为的专利授予后阶段。专利制度本身针对造假申请规定的丧失强制执行性的救济,旨在保护专利授予程序的纯洁性。即便一项具体专利没有形成市场势力或者形成的市场势力极小,这种关切同样存在。相反,反垄断法旨在保护消费者免受垄断价格或限制创新行为之害。某些专利即便从未强制执行也具有巨大的排斥竞争力量。例如,一家公司准备从事冰激凌产品开发,在专利检索时发现了迪平豆公司的专利,于是放弃了开发活动。[104] 它与专利权人不曾有过任何沟通。结果却造成了市场竞争的减弱,而如果已知该专利无效该市场的竞争程度本应更高。

迪平豆案还向我们展示了哪些类型的不当侵权之诉可能造成最为严重的危害。如果侵权之诉依据的专利在公开信息的基础上存在合理争议——例如对于客体可专利性或者权利要求解释存在法律上的争议——这种诉讼并不会特别有害。无论专利权人还是侵权人都可以同
90 等程度地获得相关信息,因此这一诉讼构成围绕公共记录具体含义的"产权争议"。相反,专利申请人在提出申请之前销售专利产品的行为通常并不会记录下来并且难以发现。欺诈性的不披露在先销售通常并不会出现在记录之中,专利权人自己在13年前进行的销售根本不可能自己冒出来。联邦巡回区上诉法院自己就指出了这一点:"隐瞒销售情况是一种尤其恶劣的行为,因为与专利权人拒绝披露重大专利引用等行为不同,审查员无法独立地取得这一信息。"[105]迪平豆案所涉的这种强制执行行为之所以如此危险,原因在于只有专利申请人自己可能知悉在先销售,侵权之诉的被告完全只能凭运气发现这种情况。再次以不动产进行类比,对于在先销售的撒谎更像是在地契上伪造签名。虽然该地契不具有转移任何产权的效力,但通过产权检索并不能发现伪造行为本身。[106]

在以反垄断法审查专利侵权之诉、该等诉讼威胁或者相关排斥竞争行为时,选取的考察时间点应该是提起侵权之诉或者作出威胁之时。在这个时间节点所要考察的问题是,知悉全部卷宗的合理专利权人是否应

---

[104] 关于未达到实际侵权诉讼或者诉讼威胁程度的各式各样的排斥竞争行为,*see* Christopher R. Leslie, Patents of Damocles, 83 IND. L. J. 133(2008)。

[105] Dippin' Dots, 476 F. 3d at 1376.

[106] *See, e. g.*, Erler v. Creative Fin. & Invs., L. L. C., 203 P. 3d 744, 750(2009).

当知悉该等情形下其专利不可强制执行。如果答案是肯定的,就证明了垄断化行为的"行为"要件。[107] 有时,该等考察要求分析行为人在专利商标局从事的任何不当行为之严重程度,以及该不当行为是否具有如下意义上的"重大性",即若非该不当行为原本不会授予专利(或者授予的范围会更窄)。然而,任何一个案件中都需要考察一个合理的专利权人在提起诉讼之时的想法。但这并不是反垄断考察的终点。反垄断法庭还必须决定专利权人或者专利本身是否在某个相关市场上具有支配地位,以及该侵权之诉是否足以造成重大的市场排斥。个案中并非总是如此。

例如,根据过期专利提起诉讼当然是不合理的行为。然而,如果通过查看公开记录就可以很容易地解决争议,很难说这样一起诉讼如何可能导致持久的市场排斥。然而,即便这类案件中也存在例外。在皮尔金顿案(*Pilkington*)中,被告就某种非常成功的玻璃制作方法拥有专利和某些商业秘密。[108] 专利到期后竞争对手开始复制该专利技术并轻易地对商业秘密进行了反向工程,后者是合法行为。但是,作为回应,原专利 91
权人向竞争对手的众多客户发函,虚假地告知他们竞争对手侵犯知识产权,并且如果他们知情地购买侵权产品也可能构成侵权。由于客户对于诉讼结果拥有的利益不大,他们宁愿选择改变供应商也不愿做哪怕是成本不大的专利有效性方面的法律考察。

(三)对于知识产权和解的司法尊让

传统上,专利侵权之诉中的和解通常采取许可形式,涉嫌侵权人获准实施专利但作为交换条件支付许可费。这种许可得到《专利法》的授权,即便在未提起侵权之诉的情况下也相当普遍。这种许可协议即使包含地域分割也不违反反垄断法,因为它得到《专利法》的明确授权。[109] 但是地域分割在反垄断法项下原本是非法的。其他行为既没有得到《专

---

[107] 不适当地提起侵权之诉还可能受到严厉惩罚,包括责令专利权人支付侵权之诉被告的律师费。*See*, *e. g.* ,Eon-Net LP v. Flagstar Bancorp. ,___ F. 3d___,2011 WL 3211512(Fed. Cir. July 29,2011)(专利权人根据过度宽泛的权利要求解释提起侵权之诉,法院责令该专利权人支付律师费).

[108] Int'l Techs. Consultants v. Pilkington plc,137 F. 3d 1382,1384(9th Cir. 1998).

[109] *See* 35 U. S. C. § 261(授权专利权人针对"美国全境或者规定任何的部分"授予许可).对于相关案例的讨论,*see* 12 HERBERT HOVENKAMP, ANTITRUST LAW ¶ 2044(3d ed. 2012, forthcoming)。

利法》的授权也不受其禁止，包括转售价格维持条款和使用领域限制。前者要求被许可人按照规定价格转售产品，后者将被许可人的产出限制在某些市场领域，例如非商业用户。《专利法》对这些行为采取中立态度，因此对它们可以适用反垄断法。例如，对专利产品实施转售价格维持的行为 2007 年以前属于本身违法，但自从联邦最高法院作出丽锦案（*Leegin*）判决之后需要证明反竞争效果。[110] 使用领域限制通常按照反垄断法用以考察纵向非价格限制的合理原则进行分析。大多数这类行为都是合法的。[111]

21 世纪之交医药产业出现了一种在专利诉讼中不曾出现过的现象，即专利权人向涉嫌侵权人支付费用，以此和解侵权之诉并换取它放弃进入专利权人的市场。专利权人可以通过这种和解排除竞争对手，即便其专利的有效性或范围高度可疑。

这种现象即所谓的“反向支付”和解。其源头是一部俗称《哈奇—维克斯曼法》（*Hatch-WaxmanAct*）的制定法。为促进药品专利到期时从专利药向仿制药的平稳和迅速过渡，它作了一种原本值得称赞的努力。它规定如果原研药企已经通过食品药品监督局规定的审查程序，仿制药
92 企在推出化学成分相同的药物时无需再次接受该等审查。该法还允许第一个仿制药企在原研药专利到期之前从事旨在申请监管审批的活动。[112] 如果潜在仿制药生产商认为原研药专利无效或者其仿制药不构成侵权，即便该专利尚未到期，亦可提交该等声明。这使得专利权人自动获得提起侵权之诉的权利。[113] 首个提交声明的仿制药企获得 180 天的排他性市场保护期，从开始商业性营销仿制药之日起算。这造成了国

---

[110] Cf. Straus v. Victor Talking Machine Co.，243 U. S. 490（1917）（对受许可产品的转售价格维持适用本身违法原则）；Leegin Creative Leather Products，Inc. v. PSKS，Inc.，551 U. S. 877（2007）（对转售价格维持适用合理原则）.

[111] *E. g.*，Gen. Talking Pictures v. Western Elec.，Inc.，304 U. S. 175（1938）（法院批准将被许可人的销售对象局限为非商业用户的限制性规定）.

[112] Drug Price Competition and Patent Term Restoration Act（《药品价格竞争与专利保护期恢复法》），35 USC § 156（2002）. 尤其是 *see* 35 U. S. C. § 271（e）（1）（2010）. *See* Merck KGaA v. Integra Lifesciences I，Ltd.，545 U. S. 193（2005）（只要有合理根据认为化合物的临床前试验可能用于食品药品监督局申报，即可得到免责）。国会多次审议了旨在消除仿制药案件中反向支付和解的立法议案，但在本书付梓之际没有一部成为法律。*See*，*e. g.*，S. 27：Preserve Access to Affordable Generics Act，112th Cong. 2011.

[113] 21 U. S. C. § 355（j）（2）（A）（vii）（IV）（2010）.

会不曾预料到的一个特殊的机会：原研药企提议以和解侵权之诉的形式向仿制药企支付一大笔款项，以换取它不向市场推出仿制药的承诺。其结果是，该仿制药企根本就不开始营销药品，180 天排他营销期的起算时间被推迟。第二个以及所有的后续仿制药进入市场后都不能享受 180 天的排他营销期，大大削弱了它们的市场进入激励。[114]

原研药企以及进行和解的仿制药企都强烈支持维持现状。从原研药企的角度看，最优方案是尽可能保持自己的排他权。因为产品开发和测试相关的所有固定成本此时都已经发生，所有未来销售的利润幅度都非常高。次优方案是与和解仿制药企分享这些垄断利润，这样垄断利润由两家企业分享。对于和解仿制药企而言，反向支付几乎是一种纯粹的意外收获。它虽然发生了提交材料的成本，但在和解期内根本就没有生产或营销药品。和解支付的金额通常超过仿制药企从生产药品中可期待的收益。从两家企业的角度来看，最差的方案正是《哈奇—维克斯曼法》所设想的结果，即仿制药企开始进行生产。如果发生这种情况，伴随产出扩张药品价格通常会大幅下降。第一家仿制药企能够在 180 天内获得接近竞争水平的收益，但之后市场大门洞开，价格进一步下降。
总之，一旦仿制药企提出申请并触发原研药企的专利侵权之诉，仿制药 93
企通常便基本失去了激励去通过诉讼追求法律设想它本应追求的结果——宣告专利权无效或者其行为不构成侵权。

截至 2010 年，联邦贸易委员会共发现了五十多起反向支付和解，其中一些涉案金额高达数亿美元，每年造成消费者损失大约 35 亿美元。[115] 仅

---

⑭ 对于整个监管程序的简要介绍，*see* C. Scott Hemphill, An Aggregate Approach to Antitrust: Using New Data and Rulemaking to Preserve Drug Competition, 109 COLUM. L. REV. 629 (2009). *See also* MICHAEL A. CARRIER, INNOVATION FOR THE 21ST CENTURY: HARNESSING THE POWER OF INTELLECTUAL PROPERTY AND ANTITRUST LAW 345 – 71 (2009)（主张采取推定违法的态度）; Henry N. Butler & Jeffrey Paul Jarosch, Policy Reversal on Reverse Payments: Why Courts Should not Follow the New DOJ Position on Reverse-Payment Settlements of Pharmaceutical Patent Litigation, 96 *Iowa L. Rev.* 57 (2010)（主张采取合理原则分析）.

⑮ FEDERAL TRADE COMMISSION, PAY-FOR-DELAY: HOW DRUG COMPANY PAY-OFFS COST CONSUMERS BILLIONS: AN FTC STAFF STUDY 4 (2010), *available at* www.ftc.gov/os/2010/01/100112payfordelayrpt.pdf.

2008年涉及利普托(Lipitor)* 以及耐信(Nexium)** 的两起和解就涉及100多亿美元的年销售额。

在专利侵权诉讼中,和解是一种重要的工具,因为诉讼成本高昂、结果不确定,而和解能够带来终局性。一个不堪重负的法院体系中,法院欢迎当事人这样做。和解还能够给双方当事人带来收益,收益金额超过他们可能因败诉遭受的损失,尽管可能小于他们可能因胜诉获判的金额。然而,专利和解与通常的合同或财产争议不同,它涉及第三方的权利,特别是在涉案专利可能无效或者未遭侵权的情况下。相反,如果涉案专利有效并遭到侵权,即便是反向支付和解也不会给社会造成损害,毕竟专利权人拥有排他权。但如果原研药专利权人向仿制药企支付的大额和解金增加专利权人的成本并进而提高药品价格,则会损害消费者的利益。另一方面,如果和解准许仿制药企在争议专利到期之前进入市场,会在一定程度上对社会有益。

由于《专利法》并未授权专利权人以支付款项换取竞争对手根本不进行生产,该做法完全可以成为反垄断法的调整对象。另外,由于该等和解不打算将涉嫌侵权人的产出投放市场,它们并不拥有用于正当化传统和解的任何合营企业属性。传统的和解中,侵权被告获得了生产许可,社会获得了通过分享资产(专利)进行联合生产的好处,因此至少可以推定将会出现产出上涨。但反向支付和解并不具备这些特征。因此,反垄断法正当地对该等和解抱以较低程度的容忍。

如果专利明显无效或者明显不受侵权,该等支付属于赤裸裸的市场分割,因此本身违法。[116] 反向支付和解就像是你每月向邻居支付1000美元,以换取他不在你的土地上建造商店与你竞争。如果你事实上拥有该地块,你根本无需支付任何款项就有权排除他在上面建造商店。逻辑上看,支付款项的行为必然反映了以下二者之一:(1)你对于该财产是否事实上归属于你存在疑问;(2)如果支付金额较小,它可能反映了避免诉讼成本所具有的防滋扰价值。与预期诉讼成本明显不成比例的支付反映了对产权状况的疑问,支付的金额越大疑问越大。事实上,如果

---

* 利普托是辉瑞公司的降脂药。——译者注

** 耐信是阿斯利康公司(AstraZeneca)的胃食管反流症药物。——译者注

[116] *See*, *e. g.*, Palmer v. BRG of Ga., Inc., 498 U. S. 46(1990).

支付金额等于争议地块的月租价值，它将构成邻居而非你事实上拥有该地块的自认。

原研药专利通常都相当强健。它们覆盖基础分子，知识丰富的化学师对其边界很少存在疑虑。最常见的例外发生在如下情况，即某个化合物与现有化合物非常相似，因此不能满足专利法有关客体非显而易见性的要求。[117] 然而，药品特别容易发生"重复专利"(double patenting)的问题。"重复专利"通常还被称作"专利常青"(evergreening)或"产品跳转"(product hopping)。例如，通过发现原始药品获得专利时没有预见到的新用途来扩展药品专利。这些新用途还可能涉及新的剂量以及针对旧药的新施药方法。[118] 有时，通过采用新的生产方法、使用新的涂层或添加物或者通过控制向血液系统释放药物的方法，可以使现有药物产生不同的功能。虽然原始专利通常很强，但这些次生专利则往往很弱。[119] 在其他情况下，原研药企可能把一种药物从胶囊形式改变成("跳转")药片形式，同时使用不同的化合物混合，伴随不同的剂量。如果它之后将原有药品形式退市，跳转版本的原研药与仿制药之间将不存在"等同"，因此药剂师不能合法地以仿制药作为替代。[120] 94

我们有时说司法对和解的尊让适用于所有类型的和解，而不仅是涉及专利的和解。但法院处理其他类型和解的方法非常不同。假设前例中的商店业主对于建造竞争性商店的邻居提起不动产侵占之诉，但原告对被告的土地不拥有任何产权。双方通过协议"和解"它们之间的争议，协议规定现有商店的业主支付新进入者一定的金额，以换取它放弃开设新店。任何一个法院都会毫不犹豫地审查产权记录，并发现整个诉

---

[117] *E. g.*, Altana Pharma AG v. Teva Pharmaceuticals USA, Inc., 566 F. 3d 999 (Fed. Cir. 2009).

[118] *E. g.*, Purdue Pharma Prods. L. P. v. Par Pharm., Inc., 377 F. App'x. 978 (Fed. Cir. 2010)(既有药物的新施药方法因显而易见性而专利无效).

[119] *E. g.*, Sun Pharm. Indus., Ltd. v. Ely Lilly & Co., 625 F. 3d 719 (Fed. Cir. 2010)(使用现有药物的新方法，以"显而易见型重复专利"为由遭到拒绝); Pfizer, Inc. v. Teva Pharms. USA, Inc., 518 F. 3d 1353 (Fed. Cir. 2008)(涉案专利仅仅描述了一种既有药物的新施药方法，以"显而易见型重复专利"为由被判无效，特别是因为这种施药方法与原专利描述的使用方法等同). Cf. AstraZeneca LP v. Apotex, Inc., 633 F. 3d 1042 (Fed. Cir. 2010)(针对一种药物每天用药一次的方法专利，维持其权利要求).

[120] *See* Stacey L. Dogan & Mark A. Lemley, Antitrust Law and Regulatory Gaming, 87 TEX. L. REV. 685, 711 – 13 (2009).

讼只不过是掩盖一个赤裸裸市场分割协议的笨拙的幌子。在专利法上，换取市场退出的和解支付之所以存在问题并不是因为它们是和解，而是因为专利的权利状况非常糟糕，专利诉讼的结果具有高度不确定性。

迄今为止，法院运用反垄断法治理反向支付和解的效果不佳。多数法官拒绝认定它违反反垄断法。他们通常推理说，如果专利有效，原研
95 药专利权人并没有超过原本有权拥有的东西取得任何收益。另外，因为审查对象是法律高度鼓励的和解协议，法院不愿意绕到背后考察专利的有效性或其是否受到侵权。[121] 但我们认为大额反向支付表明专利无效，这要求进行反垄断法上的审查，至少应该根据简式合理原则（truncated rule of reason）进行分析。[122] 但这也导致司法对专利的审查在确定合法性方面具有至关重要的意义。

与之相关，我们可以采取如下方式：证明高额劝退金即可解除专利有效推定。虽然《专利法》规定专利推定有效，但它对于以什么方式反驳该推定并没有作任何规定。这种情况下，高额劝退金构成专利权人对其专利能否通过法院有效性检验存在怀疑的证据。然而，即便解除了这一推定，法院仍须决定该专利是否有效并受到侵权，但迄今为止它们基本上都不愿意这样做。

另一种选择是将高额劝退金视为一种触发复审程序的专利无效信号。复审程序即专利商标局基于授权之后发现的相关现有技术重新审

---

[121] *E. g.*, Arkansas Carpenters Health & Welfare Fund v. Bayer AG, 604 F. 3d 98 (2d Cir. 2010), *cert. denied*, 131 S. Ct. 1606 (2011)（以显而易见为由质疑涉案专利；显而易见型重复专利，以及不衡平行为；立即支付 4,900 万美元，并在剩余六年专利有效期内每季度支付 1,200 万～1,700 万美元）；*In re* Ciprofloxacin Antitrust Litig., 544 F. 3d 1323 (Fed. Cir. 2008); Schering-Plough Corp. v. F. T. C., 402 F. 3d 1056 (11th Cir. 2005)（同上；《联邦贸易委员会法》；本案涉案专利的客体是现存药物的不同剂量单位，并带有缓释给药涂层）. 相反的判决，*see In re* Cardizem CD Antitrust Litigation, 332 F. 3d 896 (6th Cir. 2003)（反向支付和解本身违法；原始专利已经失效，但是专利权人针对提供定量释放药物的替代溶出曲线取得了专利）. 对于这些案件的详细讨论，*see* 12 HERBERT HOVENKAMP, *supra* note 109, ¶ 2046。

[122] 简式合理原则分析有时也称为“快速审查”（quick look），是位于全面合理原则分析与本身违法原则之间的审查方式。例如，大额反向支付极有可能使得没有必要全面证明市场势力，因为超出成本的利润额必须至少等于支付金额。认定专利无效或者不构成专利侵权之后，应该能够立即得出反向支付非法的结论。关于“快速审查”的讨论，*see* 7 PHILLIP E. AREEDA & HERBERT HOVENKAMP, ANTITRUST LAW ¶¶ 1508 – 11 (3d ed. 2010)。

查一项专利。[123] 专利商标局进行审查的事实依据是当时可获得的最佳证据，有效推定并不适用于复审程序。[124] 在导致支付劝退金的专利侵权之诉中，潜在仿制药进入者已经提交了专利无效或不受仿制药侵权的声明和证据。[125] 专利商标局可根据该等证据对专利有效性作出自己的判断。

然而，专利商标局在复审程序中的权力是有限的。例如，虽然它有 96
权宣告专利无效或缩小权利要求的范围，但它并不能决定侵权与否。另外，其重新审查有效性的权力基本局限于审查新颖性和非显而易见性两个要件，这要求重新审查现有技术。最后，虽然复审程序的审查深度通常高于原始的专利授权程序，但复审程序毕竟仍由同一机关根据相同的规则实施。因此，专利商标局倾向于授予专利或者过窄解读现有技术的所有偏见都依然存在。

不过，复审程序也绝不是一只纸老虎。2010 年收集的数据表明，在单方复审程序中接受审查的专利大约 25% 得到整体维持，10% 被彻底撤销，而大约 2/3 被修改权利要求。相反，在对抗程度更高的双方复审程序中，60% 的专利被撤销，35% 的专利被缩小权利要求范围。[126] 双方复审程序中撤销专利的比例甚至比诉讼中宣告无效的比例还要高。

要使复审程序凑效或者至少成为一种可检验的解决该问题的机制，应该做到两点。第一，查明大额反向支付和解之后应该触发适当的联邦政府机构（联邦贸易委员会或者联邦药品监管局）请求启动双方复审程序。该程序中由政府机构而非和解仿制药企作为质疑专利的一方。法

---

[123] *See* the PTO'S MANUAL OF PATENT EXAMINING PROCEDURE（美国专利商标局的《专利审查程序手册》）(rev. ed. July, 2010)，§ § 2200（单方复审）和 § 2600（可选择的双方复审程序，它允许寻求复审者更大程度上参与复审程序），*available at* http://www.uspto.gov/web/offices/pac/mpep/index.htm. 此处提出的建议参照了格利高里·多林（Gregory Dolin）的设计，*see* Gregory Dolin, Reverse Settlements as Patent Invalidity Signals, 24 HARV. J. L. & TECH. (forthcoming 2011).

[124] *In re* Swanson, 540 F. 3d 1368, 1377 (Fed. Cir. 2008).

[125] *See* 35 U. S. C. § 355(j)(3)(B)(iv)(II)(2006).

[126] *See* Alan W. Kowalchyk & Joshua P. Graham, Patent Reexamination, 3 LANDSLIDE 47 (Sep./Oct. 2010).

律允许“任何第三方请求人”要求启动双方复审程序,[127]因此这一建议的落实无需新的立法。然而,第二,必须扩大复审范围。现有立法仅允许“根据任何现有技术”进行复审,复审范围基本局限于对新颖性和非显而易见性的复审,通常并不能在复审程序中攻击“记录外”的瑕疵,例如在先销售阻却事由。[128]《哈奇—维克斯曼法》项下的和解有一小部分涉及该等缺陷。

采用一旦发现大额反向支付和解自动启动复审程序的方法,将可能带来如下结果:原研药专利权人坚持推进专利诉讼直至得到最终解决,或者在达成和解协议之前自愿寻求复审。通过复审检验的专利其确定性将会提高,并因此大大降低了反向支付的预期价值,甚至导致不支付任何款项。

五、结论

97 反垄断法对专利制度存在的种种问题并不能提供全面的解决方案。这一任务基本上要靠国会以及解释《专利法》本身的法院来完成。仅仅改变《专利法》的适用方式就能够以该法促进更大程度的创新竞争,多数情况都无需新的立法。然而,如果《专利法》对某种行为保持沉默或者该行为与《专利法》不一致,只要它对竞争造成明显的威胁,反垄断法就无需保持缺位。下一章将考察提升专利社会(而非私人)价值的其他方法。

---

[127] 35 U. S. C. §311(a).

[128] 例如,在盐酸特拉唑嗪(Terazosin Hydrochloride)案中,一种原研药专利构成反向支付和解的客体,根据在先销售阻却法则,它很可能是无效的。*In re* Terazosin Hydrochloride Antitrust Litig. ,352 F. Supp. 2d 1279(S. D. Fla. 2005). 关于复审程序中排除审查在先销售阻却事由的规定,参见《专利审查程序手册》[*Manual of Patent Examining Procedure*(8th ed. Rev. 2010)]的如下条款:MPEP §2216(公开销售,在先销售阻却,以及不受复审的当事人行为),§2217(类似规定),§2258(IV)(H)(复审程序中不得考察在先销售阻却事由,尽管审查员可以记录该主张),*available at* http://www. uspto. gov/web/offices/pac/mpep/index. htm.

第五章　提升专利的社会价值

一、市场和专利价值

本章考察专利质量及其与创新激励之间的关系 98
这个麻烦的话题。如今人们已经形成了广泛的共识：我们颁发了过多的专利，许多专利相对现有技术仅有微不足道的改进，专利通告程序极度不足。[1] 这些问题同样属于竞争政策的关切对象。对显而易见的产品或方法授予专利，事实上构成就正常过程中很多人都会独立开发出来的客体创设排他权。其结果是，虽然它没有对创新作出一丁点儿的促进，却在原本竞争性的市场上创设了一项排他权。同样，缺乏有效通告和权利要求过度宽泛都会损害竞争，因为无法及时告知人们他人已经就什么取得了专利。

---

① 近期对专利质量低下的抱怨，*see* FED. TRADE COMM'N, TO PROMOTE INNOVATION: THE PROPER BALANCE OF COMPETITION AND PATENT LAW AND POLICY ch. 5 (2003), *available at* http://www.ftc.gov/os/2003/10/innovationrpt.pdf; NAT'L RESEARCH COUNCIL OF THE NAT'L ACADS., A PATENT SYSTEM FOR THE 21ST CENTURY (2004)。一个严厉并且有些悲观的评估，*see* R. Polk Wagner, Understanding Patent Quality Mechanisms, 157 U. PA. L. REV. 2135 (2009)。

第一章研究指出，某些市场结构比其他市场结构更有利于创新。但
99 市场上的企业数量并非决定创新激励的唯一因素。企业是否愿意投资开发某种新事物取决于它对以下三项因素的预期：创新成本、总回报以及它自己在这些回报中的获益（appropriate）比例。完全获益并不必要，也不可取，因为我们希望社会也能够从发明中受益。但是，除非能够预期经调整时间和风险因素的回报超过投入，否则企业不愿意投资。最糟糕的情况是，创新者对一项发明投入了大量资源，一旦成功竞争对手立即就能够廉价地进行抄袭。这一创新本身具有社会价值（广泛的抄袭行为表明了这一点），但它却在事实上导致创新者的境况变差了，因为任何市场主体都享受了创新成果，却只有该创新者支付发明成本。

任何形式的知识产权保护，包括专利，都涉及对接近（access）与保护之间的某种权衡。宽泛的专利保护会同时产生两种效果：提升发明人自身专利的价值，因此有助于激励创新，但它同时也会增加后人借鉴在先发明人成果的成本。颁发的专利数量越多，查明和解释专利的工作就越发困难，对创新的阻碍也就越发严重。

专利只不过是众多激励之一，其相对重要性在不同产业存在重大差异。② 许多创新激励源于市场的自然属性。例如，如果不受专利保护，产品通常比方法更容易受到抄袭。通过简单的检查往往就可以复制产品；新方法的创新特征则可能完全不会在最终产品中显现，因此，如果无法进入创新者的工厂就很难抄袭它的方法。

该等产业事实表明，商业秘密相对于专利的价值在不同市场可能存在重大差异。商业秘密无需申请，甚至无需登记，并且受到无期限的保

---

② 对于这些激励因素的详细考察，*see* SUZANNE SCOTCHMER, INNOVATION AND INCENTIVES § 4.3(2004)；WILLIAM M. LANDES & RICHARD A. POSNER, THE ECONOMIC STRUCTURE OF INTELLECTUAL PROPERTY LAW 294 – 96(2003)（比较版权和专利的价值）。但是参见 MICHELE BOLDRIN & DAVID K. LEVINE, AGAINST INTELLECTUAL MONOPOLY 7(2008)（目前的知识产权制度“既没有增加创新也没有增加创造”）。Cf. Andrew W. Torrance & Bill Tomlinson, Patents and the Regress of the Useful Arts, 10 COLUM. SCI. & TECH. L. REV. 130, 131(2009)（“在纯专利制度与专利和开源保护相结合的制度之间，并不存在创新、生产率或社会效用方面的统计上的差异。”）一项颇具争议的研究考察了生物科技、医疗设备和软件产业之中，专利、版权、商业秘密和先发优势在初创企业获取创新回报能力方面的相对重要性，*see* Stuart J. H. Graham et al., High Technology Entrepreneurs and the Patent System：Results of the 2008 Berkeley Patent Survey, 24 BERKELEY TECH. L. J. 1255(2009)。

护，只要权利人采取了足够的保密措施。③ 然而，法律允许人们对受商业秘密保护的产品进行反向工程，并且允许的程度大于对专利产品的反 100
向工程。根据专利法的等同原则，如果反向工程非常接近于抄袭专利产品或方法具有的功能或方法，即便侵权产品并不构成字面侵犯权利要求，也可能构成专利侵权。④ 相反，即便是精确复制结果也不违反商业秘密，只要抄袭者没有通过不适当的方式获取它。其结果是，商业秘密保护对于某些行业几乎没有任何价值，例如医药，因为化学师能够在很短的时间内分析并再现一种化合物。与此相反，商业秘密保护对于无法通过考察最终产品获知细节的生产方法而言具有极高的价值，例如可口可乐公司的保密配方。⑤ 后一种情况下商业秘密所有人可以获得无期限的保护，并且无需满足专利制度要求的成本高昂的申请程序和披露要求。

专利通常比商业秘密更容易转让，因此在大量发生许可和转让交易的市场上专利具有更大的相对价值。专利是一纸文件，其边界在授予专利时即得到了界定，并且专利可以像汽车或房屋产权一样容易地转让。专利的边界就是它的权利要求，不会随着专利从一个人手中转到另一个人手中而发生变化。诚然，模糊不清的权利要求范围可能给解释工作带来巨大的麻烦，但它并不是由转让造成的，而是同等程度地适用于原始专利权人和任何后续持有人。相反，商业秘密的原始所有人可能从来不曾以类似专利权利要求的方式把商业秘密记录下来。其结果是，要确定转让的内容是一件困难的工作，需要认真和精确的起草。许多商业秘密只有在转让或受诉时（而非最初创设时）才得到“界定”，并取得自己的边界。另外，商业秘密的转让和许可还会带来监督链的问题，因为它增加了承担保密义务的行为主体的数量。

---

③ *See* 1 ROGER M. MILGRIM, MILGRIM ON TRADE SECRETS § 1.04, at 1 - 282 - 85 (2008); Mark A. Lemley, The Surprising Virtues of Treating Trade Secrets as IP Rights, 61 STAN. L. REV. 311, 331 (2008)（在许多市场上商业秘密优于专利）; Edmund W. Kitch, The Law and Economics of Rights in Valuable Information, 9 J. LEGAL STUD. 683, 691 (1980).

④ Warner-Jenkinson Co. v. Hilton Davis Chem. Co., 520 U.S. 17, 21 (1997); Graver Tank & Mfg. Co. v. Linde Air Prods. Co., 339 U.S. 605, 608 - 09 (1950).

⑤ *See* Pamela Samuelson & Suzanne Scotchmer, The Law and Economics of Reverse Engineering, 111 *Yale L. J.* 1575, 1582 (2002).

一个市场上的创新成本大小以及收回成本的速度也是至关重要的因素。除了一些重要限定以外,创新属于固定成本,必须先期支付,然后在使用该创新之产品或方法的生命周期内逐渐收回。例如,开发新药品或医疗设备的研发工作通常需要初期投入大量资金,创新产品成功后才开始营销,研发成本必须分摊到这些产品的销售过程中。研
101 发固定成本越高,越需要防止抄袭、为创新者创设参与该等项目的激励。[6]

时间优势和先发优势(first mover advantage)往往能够比专利申授*带来更大或者更具可预见性的创新回报。某些市场上新发明的商业周期很长,而抄袭和营销所需的时间相对较短。不受法律保护的医药产品就是一个很好的例子。另外一个例子是数码产品,例如软件、电影或音乐制品。在这些情况下,随着竞争对手开始制作和营销复制版本,创新的价值很快消失。其他情况下,例如计算机技术,创新产品的商业生命周期相对于分析和抄袭时间来说较短。在这样的产业,"先发"优势远比专利制度提供的优势更重要。[7] 事实上,在这些市场,专利往往只会带来沉重的负担,增加创新的成本和风险。如果专利的商业价值在届满之前已经降为零,"在有限时间内"授予专利的宪法设想基本上就丧失

⑥ 其中一项限定是,持续进行的创新和专利申授项目,其成本是连续性的,并且至少拥有某些可变成本的属性。例如,公司停止生产后无需再支付这些成本,并且创新速度随着生产速度的变化而变化。此外,商业秘密也具有持续成本的成分,因为持续保持秘密性的工作成本高昂。*See*, *e. g.*, Rockwell Graphic Sys., Inc. v. DEV Indus., Inc., 925 F. 2d 174 (7th Cir. 1991)(注意到,当很多人能够接触秘密材料时,维持秘密性的成本很高).

* 原文使用的词语是"patenting"。经询问,作者指出该词用于整体上指代专利申请和授予,因此此处译为"专利申授"。——译者注

⑦ *See* Jonathan M. Barnett, Private Protection of Patentable Goods, 25 CARDOZO L. REV. 1251, 1257(2004); Jay P. Kesan & Andres A. Gallo, The Political Economy of the Patent System, 87 N. C. L. REV. 1341, 1353(2009). 最为重要的实证研究之一是 Richard C. Levin, Alvin K. Klevorick, Richard R. Nelson, & Sidney G. Winter, Appropriating the Returns from Industrial Research and Development, 1987 BROOKINGS PAPERS ON ECON. ACTIVITY 783, 790. 历史研究,参见 ALFRED D. CHANDLER, JR., SCALE AND SCOPE: THE DYNAMICS OF INDUSTRIAL CAPITALISM 34 - 35(1990). 随着复制技术的进步,先发优势的价值不断下降,专利在这些市场上的价值随之提升。*See* Rajshree Agarwal & Michael Gort, First-Mover Advantage and the Speed of Competitive Entry, 1887-1986, 44 J. L. & ECON. 161(2001).

了任何意义。[8]

美国和欧洲方面的研究发现,在大多数产业专利申授在保护创新结果方面是重要性较差的机制之一。其他研究表明,专利的价值在美国研发投资中仅占很小的比例。一项研究表明,企业对每项专利投入的研发成本平均超过 1,500,000 美元,专利的平均价值(相互差异很大)则不超过 65,000~125,000 美元。考察研发支出与专利收入之间关系的其他研究发现,取决于是否将公共资金纳入支出金额,专利收入仅占研发 102
支出的 15~24%。以上数字还没有考虑诉讼成本。因此,苏珊尼·斯考特齐默尔(Suzanne Scotchmer)认为,"只有极小部分的研发支出以专利利润的形式被收回。"[9]

也许企业在持续不断地通过研发活动投入大量没有带来任何回报的资金。但更为可能的解释是,研发回报并没有体现为专利价值或专利收益,因为专利对这些回报的贡献率很小。这一结论也与更加主观的调查问卷结果相一致。这些问卷以商业企业的经理人为调研对象,请他们为专利价值等创新激励因素进行排序。"生产周期"* 在几乎所有产业的排名都高于专利,在一些产业(如半导体)的排名还遥遥领先。商业秘密的价值也几乎在所有产业的排名都高于专利价值(专利需要披露)。[10]

某些创新研究以专利授予量作为衡量创新率的指标。[11] 但是专利授予量是一个很糟糕的衡量创新的指标。事实上,专利申授量似乎与某些管理因素(例如收费结构的改变)的变动更加一致,而不是敏感地反

---

⑧ *See also* Graham et al., *supra* note 2(在获取竞争优势方面,在软件产业先发优势比专利更重要,在生物医疗设备领域先发优势比专利稍微重要,而它在生物技术产业的重要性不及专利);Kesan & Gallo, *supra* note 7, at 1352-53(高科技产业通常更加青睐较弱的专利制度,"它们之所以会有此偏好,原因在于这些公司依赖[先发优势]……获取创新带来的利益,并且新技术的实用性仅有几年甚至几个月的时间").

⑨ *See* SUZANNE SCOTCHMER, INNOVATION AND INCENTIVES 270-82(2004). 以上数字主要基于 1980 和 1990 年代的研究成果计算得出。

* 生产周期(lead time)即订货到交货之间的时间。——译者注

⑩ *Id.* at 260(概括介绍源自其他调查的数据).

⑪ Zvi Griliches, Patent Statistics as Economic Indicators: A Survey, 28 J. ECON. LITERATURE 1661, 1701-02(1990)(专利授予量与研发之间的关系);Frederic M. Scherer, Corporate Inventive Output, Profits, and Growth, 73 J. POL. ECON. 290, 297(1965)(利润增长率与专利申授量呈正相关关系).

映任何创新方面的长期变化。⑫ 另外,如果专利系统授予过多微不足道的专利,专利申授量的增加根本不能等同于创新的增加。更加糟糕的是,某些专利之所以对私人非常有价值,正是因为它们就是某些极有可能在竞争环境下开发出来的客体取得排他权。例如,如果允许某人就一种将数码照片上传到网站上销售的普通方法取得商业方法专利,我们就对一种相当普通的经营机制授权了垄断地位,而数以百计精通电脑的摄影师都会独立地想到这种做法。涉案专利的客体是这样一种方法,它对某些活动(例如运动会)进行拍照,给每张照片分配一个识别名称或数字,并将它们上传到网站上展示供客户在线购买。专利权人的网站极其宽泛地主张,"通过互联网提供活动照片以供查看、选择和销售的概念受专利保护,PhotoCrazy ©对此方法拥有知识产权"。⑬

103 一些完全不应该授予的专利之所以极具价值,正是因为它们对本将自主发生的创新竞争形成了瓶颈。对显而易见的方法申授专利会阻止他人使用这些方法,即便他们在进行自我开发时并不知悉该专利或者完全没有抄袭别人的技术。另外,显而易见的专利更可能在独立创新者作出投资之后令其措手不及,专利权人能够以此取得敲诈性的许可费。易言之,只要专利制度不承认独立发明抗辩,谨防对于很多人都可能独立开发的客体授予专利就具有至关重要的意义。

一些研究得出了一个更加令人不安的结论,即企业申请专利的一个主要理由是为了防止其他企业独立地开发竞争性的方法或产品,而非保

---

⑫ *See* Jonathan Eaton, Samuel Kortum & Josh Lerner, International Patenting and the European Patent Office: A Quantitative Assessment, in ORGANISATION FOR ECON. CO-OPERATION & DEV., PATENTS, INNOVATION AND ECONOMIC PERFORMANCE, OECD CONFERENCE PROCEEDINGS 27,48(2004)(考察了1991年至2000年间欧洲专利申授量,认为收费变化是最强的变量).

⑬ Process for Providing Event Photographs for Inspection(提供各种活动之照片供查看的方法), U. S. Patent No. 6,985,875(issued Jan. 10,2006); *see* PHOTOCRAZY, http://www.photocrazy.com/FAQ.html(last visited April 30,2011). 该专利的存在令许多专业活动摄影师深感惊愕。Soc'y of Sport & Event Photographers, PhotoCrazy Patent Letters: What You Need to Know, http://www.sepsociety.com/i4a/pages/index.cfm? pageid=3429.

护自己的发明不受抄袭。[14] 这一现象的源头在于,与商业秘密和版权法的规定不同,独立发明并不构成专利侵权的抗辩事由。一家企业可能完全独立地开发了某种新事物,随后却发现它侵犯了别人的专利。

二、专利价值与专利质量

专利质量并不等同于私人拥有的专利价值。首先,专利质量一词的含义模糊不清。非常明显,高质量专利可以指符合专利“促进[实用艺术]进步”的宪法要求,即它必须构成给社会作出正贡献的“真实”创新。另外,它还可以指专利明显符合《专利法》规定的全部可专利性要件,从而非常不可能被宣告无效。

然而,上述任一意义上的高质量专利都不必然是有价值的专利。一项专利作为专利可能具有高度的强健性并基本免受任何质疑,但如果没有人想要它提供的技术,该专利在市场上也是一文不值。天才往往在市场还没有认识到问题的时候为它提供解决方案。另外,成本对于能否取得商业成功至关重要,但授予专利的过程中却很少考虑成本。例如,某公司可能发明了一种具有高度创造性的精炼石油的方法,并撰写了一份具有技术强健性的漂亮的专利申请书。但如果现有技术的生产成本是 104
每桶 3 美元,而该技术的成本是 4 美元,并且除此之外不能提供任何其他利益,将没有什么人想要许可这项专利。事实上,如果该公司自己使用这种方法,那将是愚蠢的行为,因为这会造成它的生产成本高于竞争对手。因此该专利没有任何价值。有一半被授予的专利从未付诸商业实施。

更加令人难以接受的是,如果一项专利限制竞争性市场上原本会出现的简单创新,其私有价值将与其质量呈现负相关的关系。前文提及的

---

[14] *See* Wesley M. Cohen, Richard R. Nelson & John P. Walsh, Protecting Their Intellectual Assets: Appropriability Conditions and Why U. S. Manufacturing Firms Patent(Or Not)(Nat'l Bureau Econ. Research, Working Paper No. 7552, 2000), *available at* http://www.dklevine.com/archive/cohen-survey.pdf; Florence Jaumotte & Nigel Pain, Innovation in the Business Sector(OECD Econ. Dep't, Working Paper No. 459, 2005), *available at* http://oberon.sourceoecd.org/vl=3683295/cl=21/nw=1/rpsv/cgi-bin/wppdf? file=5lghb8lzt5r1.pdf(收集欧洲的数据).

Photocrazy 专利就是一个很好的例子。由于数码照相、网络上传以及在线信用交易都有了很大程度的发展,数以千计的摄影师都想到了在体育赛事拍照、对其作出标记并上传到网站上销售这样的创意。如果任何人都能想到,那它就不是什么了不起的创新。专利权人并没有发明这其中任何一项**技术**,而只是发明了给数码照片编号或命名并上传到网站销售的创意。专利权人向任何一位摄影师收取的许可费都可能等于在线销售带来的价值增量,因此,这一商业方法专利将一种原本具有高度竞争性的分销工具转变成了一种垄断。

如果再考虑到实施成本,仅授予高质量专利的制度可能既是无法实现的,也是不可取的。通过初步审查筛选具有较高社会价值的专利,成本是极其高昂的,特别是考虑到只有少数专利曾经受到质疑或涉诉。因此,最优的制度设计应该是在授予专利之前对它作相对快速和低成本的初始考察;如果专利权人要求他人取得实施许可或者对其提起专利侵权之诉,这时再对它作更加深入的后续考察。⑮ 但是这种方式凑效的前提是应该合理设计授权后审查程序适用的实体标准,以使其满足宪法和制定法提出的最低限度的价值要求。由于诉讼成本高昂,某些弱专利也能对创业者和客户形成威胁,因为仅仅是受诉威胁就足以达到这种效果。Photocrazy 专利就是一个很好的例子。微软公司那样的大企业对抗侵权之诉是一回事,对于在高度竞争的业务领域刚刚事业起步的专业摄影师来说则是另一回事。市场上还存在集体行动的问题:专利权人向众多个体摄影师发出侵权警告函,但这些摄影师彼此并不认识或者无法组织集体应诉。已获授权的专利享有强有力的有效推定。专利诉讼与高度不确定性相伴而生,因此这一推定本身就会形成一种巨大的威胁,即便大多数有学识的人都对该专利的质量抱有怀疑。更加糟糕的是,一项专利具有很高价值的原因,可能仅在于有动力对它提出挑战者处于财务弱势地位或者组织力量薄弱。

理性的专利制度应该做到两点:第一,它应该提高专利授权的成本
105 和专利年费的标准。这些费用有助于将专利授权的成本私有化,并至少在一定程度上阻吓不具有市场价值的专利。虽然目前专利申请费和年

⑮ Mark A. Lemley, Rational Ignorance at the Patent Office, 95 NW. U. L. REV. 1495(2001).

费都比以前有所提高,但可能还不够高。[16] 第二,该制度必须严格审查后续受到质疑的专利,以确保它们不是因为不贴切原因而高度具有价值。

三、显而易见的专利

对显而易见的创新授予专利向我们提出了一个有关通告(notice)的具体问题,即告知人们哪些情况下需要进行专利检索。* 企业每天都在对自己的经营方式进行着微小的改进。如果每一件小事都要进行专利检索将严重阻碍该等改进活动。正如斯蒂文斯大法官在比尔斯基案(*Bilski*)附议意见中抱怨的那样,由于对商业方法授予宽泛的专利,"许多商业决策,不管多么微小,都'潜在地'构成专利侵权行为"。其结果是,企业"要么持续生存在对诉讼的恐惧之下",要么必须"承担费用检索那些描述营业方法的专利,试图以此确定它们的创新是否属于公有领域"。[17] 斯蒂文斯大法官所指的行为主体并非模仿者,而是进行独立开发的侵权人。微不足道的专利很可能形成大量这类侵权人,原因就在于人们只需要借助普通技能就可以想到这些发明。重要的是,斯蒂文斯大法官提到的第三方承担的成本并"不在记录之内",也就是说,这些成本必须有人承担,但并不会出现在专利商标局的预算或者任何其他公共预算之中。有人抱怨说,要求授权前进行更全面的考察会导致过于高昂的成本。但这种抱怨只看到了问题的一个方面。

两个世纪前,托马斯·杰斐逊(Thomas Jefferson)注意到,"要区分哪些东西值得公众付出排他性专利负担带来的成本、哪些不值得这样

---

[16] 当前的费用情况, *see* U. S. Patent and Trademark Office, United States Patent and Trademark Office Fee Schedule, http://www. uspto. gov/web/offices/ac/qs/ope/fee 2009 september 15. htm. 另外,附带的律师检诉费和检索费则要远远高于申请费。

* 这句话的原文是"Patents on obvious innovations raise one particular issue of notice, which is notice that a patent search is necessary to begin with."经询问后半句的含义,作者解释:"If the observed technology seems obvious, then it would appear that a patent search is unnecessary."(如果涉案技术看上去显而易见,那么似乎没有必要进行专利检索。)——译者注

[17] Bilski v. Kappos, 130 S. Ct. 3218, 3256 (2010) [citing Clarisa Long, Information Costs in Patent and Copyright, 90 VA. L. REV. 465, 487 – 488 (2004)].

做”是极其困难的。[18] 1850 年联邦最高法院驳回了一项关于球形门把手的专利申请，这种门把手的唯一创新之处在于它使用的材料不是木材或金属，而是陶瓷。联邦最高法院判决，制作这种门把手只需要“熟练技工”拥有的“聪明才智和技能”。[19] 后来《专利法》对这一问题作出明确规定，要求所请发明与“现有技术”之间的差异必须足够大，即“本领域
106 普通技术人员”(PHOSITA)不会认为所请创新是显而易见的。[20] 为此，制定法采取了多项举措。第一，它提到“现有技术”(prior art)，但仅对其内容作了一般性规定。判例法表明，“现有技术”包括但不限于先前已经授予的专利和相关材料，以及与涉案专利的客体相关的其他可获得的知识。[21] 第二，制定法提到本领域拥有“普通技术”的假设人，他是该专利所属领域受过培训的专业人士，但并非天才。第三，制定法将这种知识与“取得”专利的过程相联系，从而表明申请人和专利审查员都有责任通过考察现有技术确定所请创新是否具有足够的“发明步伐”(inventive step)。[22] 其他一些法域的专利法也使用“发明步伐”这一术语。[23] 其基本思路具有直觉的清晰性：我们希望知道在该具体领域工作的普通人员是否能够轻易预见到所请专利的客体。如果答案是肯定的，它就不具有可专利性。

对不满足非显而易见性要件的产品或方法授予专利内在地具有反竞争性。如果一项专利客体有利可图但对“具有普通技术”的人而言也是显而易见的，我们自然会认为许多人都会开发出它。鉴于它的显而易见性，这些人将没有理由认为需要对此申请专利。

---

⑱ Letter from Thomas Jefferson to Mr. Isaac M’Pherson (Aug. 13, 1813), in 6 THE WRITINGS OF THOMAS JEFFERSON 181(H. A. Washington ed., 1905).

⑲ Hotchkiss v. Greenwood, 52 U. S. 248, 267(1850).

⑳ *See* 35 U. S. C. § 103(a). 这一要求并非从一开始就明确构成美国专利政策的一部分，尽管至少从 19 世纪中期以来它的某些版本就默示地存在着。*See* John F. Duffy, Inventing Invention: A Case Study of Legal Innovation, 86 TEX. L. REV. 1(2007).

㉑ *See*, *e. g.*, Atlana Pharma AG v. Teva Pharms. USA, Inc., 566 F. 3d 999, 1004(Fed. Cir. 2009)(学者文章构成现有技术); Kinetic Concepts, Inc. v. Blue Sky Med. Group, Inc., 554 F. 3d 1010(Fed. Cir. 2009)(文章、图书以及有关历史使用情况的专家证言构成现有技术).

㉒ Graham v. John Deere Co., 383 U. S. 1, 18(1966)(“专利局承担筛选不具有可专利性之材料的主要责任”).

㉓ *E. g.*, EUROPEAN PATENT CONVENTION, art. 52(13th ed. 2007), *available at* http://www.epo.org/patents/law/legal-texts/epc.html.

商业方法专利尤其可能遭遇这种问题。伴随着互联网作为一种商业市场不断兴起的步伐,许多旧有的、悠久的商业方法都被授予了专利,其唯一新颖性在于现在被应用于互联网。其中一个例子是亚马逊公司的“一键下单”专利。[24] 一键下单方法的主要成分包括一个能够储存登录信息的账户、一张有效的信用卡以及一个邮寄地址。在此基础上,客户点击一次鼠标理论上就可以从亚马逊网站上选购商品,亚马逊公司将自动对存储的信用卡收取该商品的货款,并将它发送到存储的邮寄地址。为了讨论的需要,我们姑且承认亚马逊公司是网络购物环境下第一个想到这一创新的主体。但更加传统的市场上是什么情况呢?自古以来商店都允许常客开立账户。这些商店会在一些索引卡片上记载顾客的姓名、发货地址甚至还包括某些信用信息。因此,如果“二战”前你的 107
祖父前往这家商店要它发送一袋面粉,店主会把它装进货车,找到账户记上一笔账,然后将这袋面粉发往账户单上记载的地址。月末,你的祖父将收到商店的账单。亚马逊公司是否有权仅仅因为卖主把这种降低个人购物交易成本的古老方法应用于互联网而对他们收取许可费,或者禁止它们这样做呢?[25] 一键下单专利对社会带来的危害在于,众多互联网卖主都能够独立想到这种方法。因此,这是一个高度可能出现竞争的市场。

非显而易见性要件提出了很多解释问题,它们直接涉及我们是否授予了过多专利的问题。我们应该仅仅对具有重大创造性才智的作品授予专利,例如轮船、电报、飞机、电灯或者百忧解?* 还是专利权人只要想到一个与先前现有技术相比仅有微小不同的聪明的小装置或方法就足够了呢?与此相关的是“后见之明偏见”的问题。事后,我们可能会看着某种新颖的事物说“这显而易见”或者“我也能想到”,例如带轮子和可伸缩拉杆的箱子。但事实上,行李箱、轮子和可伸缩拉杆存在几十

㉔ Method and System for Placing a Purchase Order Via a Communications Network(通过通信网络下单采购的方法和系统),U. S. Patent No. 5, 960, 411(filed Sept. 12,1997).

㉕ *See* Amazon. com,Inc. v. Barnesandnoble. com,Inc. ,239 F. 3d 1343,1363(Fed. Cir. 2001)(由于现有技术的存在,在认定它可能显而易见之后,法院拒绝给予初步禁令).2010 年 3 月经过复审,第 5, 960, 411 号专利的权利要求经限缩以后得到维持。Reexamination No. 90/007,946 for U. S. Patent No. 5, 960, 411.

* 百忧解(Prozac)是礼来公司的一款畅销的抗抑郁药品。——译者注

年之后才有人以这种方式加以组合，开发出一种商业产品。[26]

Photocrazy 和一键下单这样的专利之所以能够获得授权，是因为相关现有技术往往被解释得很窄。[27] 相关现有技术仅指先前授予的专利、专利申请以及技术性出版物，还是也包括落入普通实践甚或常识范围内的事物？这一问题具有巨大的实践意义，因为专利审查员已经在超负荷工作，他们只能考察有限的引证来源。专利商标局维持着一个庞大的现有技术数据库，其中主要包括专利和专利申请以及某些技术材料。[28] 此
108 外还存在一些私人数据库。[29] 审查员参考这些数据库，但专利申请人也有义务披露已知的现有技术，不披露会导致专利丧失强制执行性。[30] 检索现有技术是否有用高度取决于市场的性质。新兴技术出现时，市场参与者往往把旧背景下的创意“转移到”新背景，但这并不能使得这些创意具有新颖性或非显而易见性。众多商业方法专利只不过是把旧有的、悠久的商业方法应用于电子商务，完全没有对基础技术作出任何贡献。

在 KSR 案[31]中，联邦最高法院收紧了证明专利权利要求非显而易见的标准。联邦最高法院否定了联邦巡回区上诉法院对“教导—启示—激发”（TSM）测试的僵化适用方法，但并没有否定该测试本身。按照 TSM 测试，只有现有技术对所请技术的各项要素都包含有“清晰和具体的”表明（showing）并就如何组合这些要素至少有所“启示”时，一项权

㉖ 参见第四章。

㉗ *See* Robert P. Merges, As Many as Six Impossible Patents Before Breakfast: Property Rights for Business Concepts and Patent System Reform, 14 BERKELEY TECH. L. J. 577（1999）（在新兴技术领域，现有技术检索主要集中于先前授予的专利以及专利申请）; Susan Walmsley Graf, Comment, Improving Patent Quality Through Identification of Relevant Prior Art: Approaches to Increase Information Flow to the Patent Office, 11 LEWIS & CLARK L. REV. 495, 500 – 01（2007）（类似观点，软件专利）; Julie Callaert et al., Traces of Prior Art: An Analysis of Non-Patent References Found in Patent Documents, 69 SCIENTOMETRICS 3, 7（2006）（一项专利引用的现有技术中大约 83% 是先前专利）.

㉘ *See* U. S. Patent and Trademark Office, Patent Full-Text and Full-Page Image Databases, http://patft.uspto.gov（last visited Oct. 11, 2010）.

㉙ *See*, *e. g.*, ip. com, Searching the Prior Art Database, http://www.ip.com/prior-art-database/searching.jsp（last visited April 25, 2011）.

㉚ *E. g.*, Nobelpharma AB v. Implant Innovations, Inc., 141 F. 3d 1059（Fed. Cir. 1998）（没有将专利申请案撰写人已知的先前出版的著作列入引证文献范围）.

㉛ KSR International Co. v. Teleflex Inc., 550 U. S. 398（2007）.

利要求才属于显而易见。[32] 有人批评这种解释方法混淆了新颖性和非显而易见性两个要件，尽管按照制定法的规定它们属于两个独立要件。[33] 更加公平的解读是，按照联邦巡回区上诉法院的解释，TSM 标准要求现有技术中存在大量信息，足以使具有普通技术的人员（即联邦最高法院所说的"熟练技工"）能够开发该发明。总之，TSM 测试对于向琐碎发明授予专利大开方便之门。

KSR 案要求专利审查员对显而易见问题采取一种大幅提高的整体观进路，即便具有普通技术的人员也具有一定的想象力，并非肯尼迪大法官所说的"机器人"。因此，不能简单地通过考察现有技术中存在的明示迹象来界定非显而易见性。KSR 案偏离 TSM 测试的做法是完全明智的，尽管联邦最高法院的方法适用起来更加困难，成本也更高。如果具有本领域普通技术的人员能够在现有技术中找到所有必要的成分，那么尝试所请改进似乎就是显然的事情。[34] 在高科技、互联 109
网等年轻和快速发展的市场上采取更具前瞻性的测试尤其重要。这些市场上的传统现有技术数量远小于悠久的旧市场，创新的步伐也非常快，许多发展来不及被载入现有技术就已经被预见到。根据 KSR 案的标准，专利审查员必须大大放宽考察范围，依赖更加多样化的引证来源，并在某种程度上依赖常识。KSR 案以后亚马逊公司的"一键下单"专利依然通过了复审，这表明专利商标局并没有完全领悟 KSR 案的意图。

KSR 案的问题在于，联邦最高法院在需要大刀阔斧改革的地方只

---

[32] *In re* Dembiczak, 175 F. 3d 994, 999 (Fed. Cir. 1999). 联邦巡回区上诉法院后来表示，TSM 可以默示而非明示地存在于现有技术之中，只要它清晰地存在其中。*See* DyStar Textilfarben GmbH & Co. Deutschland KG v. C. H. Patrick Co., 464 F. 3d 1356, 1364 – 1366 (Fed. Cir. 2006). *See also* Peter Lee, Patent Law and the Two Cultures, 120 YALE L. J. 2 (2010).

[33] 其中一项区别是，如果单一的现有技术引证资料请求了一项发明的各项要素，该专利将因不具有新颖性而丧失可专利性；但如果只能在超过单一引证资料的现有技术中找到这些要素，那么适当的考察对象是显而易见性。对于这种主张的支持与反对观点，*see* MEHL/Biophile Int'l Corp. v. Milgraum, 192 F. 3d 1362, 1365 (Fed. Cir. 1999) (单一引证资料); Scripps Clinic & Research Found. V. Genentech, Inc., 927 F. 2d 1565, 1577 (Fed. Cir. 1991) (需要组合多种引证资料).

[34] KSR, 550 U. S. at 421. 联邦最高法院否定了联邦巡回上诉法院的如下规则，即"显然会进行尝试"(obvious to try) 不构成显而易见。*See, e. g.*, *In re* Deuel, 51 F. 3d 1552, 1559 (Fed. Cir. 1995).

做了一些微调。在决定驳回权利要求时 TSM 测试仍然具有价值，因为现有技术中已经存在 TSM 的事实表明了所请发明的显而易见性。但在决定接受权利要求时 TSM 测试并不具有决定意义，因为现有技术中没有提供教导或启示的许多创意，对于本领域具有普通技术的人员而言仍然是可预见的。联邦最高法院仅仅表示必须以更加灵活的方式适用 TSM 测试。这等于邀请专利商标局和联邦巡回区上诉法院基本上继续它们以前的做法，只需在边缘地带进行一些微调。[35] 2010 年，也就是 KSR 案作出三年之后，专利商标局授予了将近 22 万件专利，高于之前任何一年的授予量。[36]

处理显而易见专利问题的一个更加直接的方式是在专利法上承认独立发明权。这是版权法和商业秘密法均承认而专利法独缺的一项机制。如果专利法设置这项权利，客体非显而易见性这一要件的重要性将大大下降。那些不满足严肃非显而易见性要件的创意，对他人专利一无所知者也能开发出来。商业秘密法在这方面为我们提供了很好的类比。任何人在为自己的商业开发新技术时都无需“检索”可能遭其侵权的他人商业秘密。根本不存在可供检索商业秘密的数据库，并且无论如何，
110 独立发现都是一项绝对抗辩。[37] 因此，只有一项商业秘密具有充分的“非显而易见性”、许多其他人都不能独立开发出类似的方法时，它才具有重大价值。

---

[35] *See* Emer Louise Simic, The TSM Test is Dead! Long Live the TSM Test! The Aftermath of KSR, What Was All the Fuss About, 37 AIPLA 227(2009)（KSR 案对基于显而易见的专利驳回率影响不大）; Edward L. Pencoske and Matthew W. Johnson, So What's A Patent Prosecutor To Do in this Post-KSR World, 2 LANDSLIDE 31(2010)（仅有微小的影响）; Tom Brody, Obviousness in Patents Following the U. S. Supreme Court's Decision, KRS, 92 J. PAT. & TRADEMARK OFF. SOC'Y, 26(2010)（对于专利申请“影响甚微或者没有影响”）. 对于 KSR 案更加严厉的批评, *see* Gregory Mandel, Patently Non-Obvious II: Experimental Study on the Hindsight Issue before the Supreme Court in KSR v. Teleflex, 9 YALE J. L. & TECH. 1(2007); Gregory N. Mandel, Another Missed Opportunity: the Supreme Court's Failure to Define Nonobviousness or Combat Hindsight Bias in KSR v. Teleflex, 12 LEWIS & CLARK L. REV. 323(2008).

[36] *See* USPTO Patent Grants, PATENTLY-O (Jan. 16, 2011, 10:34 AM), http://www.patentlyo.com/patent/2011/01/uspto-patent-grants.html.

[37] *See* Kewanee Oil Co. v. Bicron Corp., 416 U. S. 470, 476(1974)（商业秘密法上同时存在反向工程权和独立发现权）; *see also* 1 ROGER M. MILGRIM, MILGRIM ON TRADE SECRETS § 1.05[1]-[2](2008).

为满足宪法规定的《专利法》立法目的，第103条要求利用“常识”测试非显而易见性。这种测试并不完全取决于对现有技术数据库的正式检索。任何一个对拥有常客的业务活动稍有了解的人都会知道，“一键下单”事实上根本不是什么创新。这一结论并非基于对现有技术的检索，而是基于对世界运行方式的普通认知。一旦（由专利权人以外的人）解决了双向沟通和信用卡交易安全问题并使在线销售具备技术可行性，给照片标上识别代码或名称并在网络上销售这一创意根本就不是什么创新。在使用活动挂图培训清洁工工作方法这一专利中——布雷尔大法官（Breyer）在比尔斯基案的判决意见中提到这一专利[38]——专利权人甚至都没有发明活动挂图。他所请求的只是一个“系统”，“它向清洁工[受训者]展示一个文件——该文件以图形方式指示清洁工每一步应该做什么”并且“让清洁工在培训人面前完成这些步骤”。[39] 美国任何一个小学教师都曾经在自己的课堂上提出和使用过这种方法，但从来没有对其结果主张过专利。正如肯尼迪大法官在KSR案代表联邦最高法院撰写的判决意见指出，“显而易见性分析不应该因为教导、启示和激发这几个词语的形式主义观念而受到局限，也不应该因为过度强调已发表文章的重要性和已授予专利的明示内容而受到局限。”更进一步，“对正常情况下无需真正的创新也会出现的改进提供专利保护将阻碍进步”，并且向发明人对他人技术所作的微小改进授予专利权将造成相互阻滞的局面。[40]

“非显而易见性”应该比简单的新颖性超出多大程度，这是一个很难回答的问题。新颖性（novalty）采取向后视角考察现存的东西，而非显而易见性采取向前视角考察一个拥有普通技术的人能够预见到什么。KSR案传递的信息之一是，利用既有数据库检索现有技术可能把我们带向错误的方向。一键下单、在线照片销售以及清洁工培训这些专利之所以获得授权，正是因为对现有技术的检索未能预见到这些专利所描述的方法。现有技术数据库之所以未能揭示出这些专利，往往正是因为它们本身是如此的微不足道；它们只不过对普通人日常生活中一直使用的

---

[38] Bilski v. Kappos, 130 S. Ct. 3218, 3259 (2010).

[39] U. S. Patent No. 5,851,117 (issued Dec. 22, 1998)（引用权利要求1）.

[40] KSR Int'l Co. v. Teleflex Inc., 550 U. S. 398, 419 (2007).

事物重新进行了包装和程式化的描述，普通人根本不会想到要申请专利。

目前环境下非显而易见性问题几乎无解，因为专利审查员虽然精通业务但却不堪重负，必须在几个小时内决定一项客体的可专利性。然而，这一问题确实表明，必须在后续程序中把专利付诸更加严格的
111 第二道检验。因此，必须把更多的非显而易见性问题放在简易判决动议阶段交由法官处理（正如 KSR 案那样），而非交给陪审员。[41] 专利审查员目前使用的 TSM 测试是一个快速且成本相对低廉的捷径，它能够胜任对从未付诸实施或者从未提交诉讼的大多数专利的考察。但那些实际被用于排斥他人的专利则需要范围更宽、成本更高的考察。这表明应该同时提升授权前和授权后异议程序以及复审程序的重要性。它同时表明应该放松专利有效推定，特别是在相关现有技术已经提请法庭知悉的情况下。1980 年代反垄断法也曾经经历过类似的转型，从而大大减少了琐碎诉讼的数量。[42] 在专利法上，由于专利有效推定的存在以及法院要求对反驳这一推定适用“清晰和令人信服的”证据标准，原本已经非常严重的陪审员亲专利的偏见得到进一步放大。[43]

四、客体的可专利性

《专利法》第 101 条以如下方式界定了具有可专利性的客体：任何人“发明或者发现任何新的、有用的方法、机器、产品、物质合成，或其任何新的和有用的改进”，均能获得专利，只要申请人满足《专利法》规定

[41] *See id.* at 427，其结论是，如果“就现有技术的内容、专利权利要求的范围以及相关领域普通技术水平不存在重大争议”，对非显而易见性适用简易判决是适当的。

[42] Matsushita Electric Indus. Co. v. Zenith Radio Corp. , 475 U. S. 574 (1986); *see* 2 PHILLIP E. AREEDA & HERBERT HOVENKAMP, ANTITRUST LAW ¶308(3d ed. 2007); *see* Tokai Corp. v. Easton Enter. , Inc. , Nos. 2010 – 1057, 2010 – 1116, 2011 WL 308370 (Fed. Cir. Jan. 31, 2011)（批准以显而易见性为由给予简易判决）.

[43] Kimberly A. Moore, Judges, Juries, and Patent Cases——An Empirical Peek Inside the Black Box, 99 MICH. L. REV. 365, 367 – 68 (2000). 正如上一章指出，在 Microsof Corp. v. i4i Ltd. P'ship, 131S. Ct. 2238 (2011) 案中，联邦最高法院对于反驳专利有效推定继续采用“清晰和令人信服的”证明标准。

的所有要求。尽管该法使用任何人“发明”或“发现”的措辞,但仅仅“发现”大自然中已经存在的事物并不具有可专利性。“新的”一词限定着“发现”一词。“物理现象”、“抽象思想”和“自然法则”不具有可专利性,即便第101条并没有排除它们。正如比尔斯基案认识到的那样,该等“发现”必然是对“现有技术”中已经存在的事物的发现。第101条根据对客体的限制将它们予以排除,而无需进行旨在测试新颖性或非显而易见性的检索。[44] 另外,根据第101条对可专利性客体所作的限制,专利请求保护的事物必须是“新的”,尽管《专利法》第102条包含新颖性 112
要件,第103条要求客体“非显而易见”。

近年来有关客体可专利性的争议基本都围绕着两个问题展开。一个问题是生物体或者说生命“积木”的可专利性。仅仅存在于自然界的生物不具有可专利性,但经过“重组”的生物具有可专利性。[45] 另一个问题领域是方法,特别是没有与具体某项技术或硬件相联系的、以抽象方式描述的方法。[46] 这类专利的问题之一是,权利要求表述越抽象就越难以精确确定其覆盖的范围,因此可能适用于专利权人不曾预见的各种各样的情形。

在代表联邦最高法院撰写的比尔斯基案判决意见中,肯尼迪大法官贬低可专利客体要件的独立意义,认为专利申请必须满足新颖性和非显而易见性两个单独的要件。[47] 但这种观点忽视了客体可专利性要件包含的一项独特成分,即运用这一要件时只需考察专利申请的四至。新颖

㊹ 35 U. S. C. § 101; *see* Bilski v. Kappos, 130 S. Ct. 3218, 3235(2010). *See also id.* at 3230 [Parker v. Flook, 437 U. S. 584(1978) 案中涉及的方法“被假定属于现有技术”,因为它的唯一贡献是一个数学算法]; Diamond v. Chakrabarty, 447 U. S. 303, 309(1980).

㊺ Funk Brothers Seed Co. v. Kalo Incoluent Co., 333 U. S. 127(1948)(自然界中发现的微生物不具有可专利性); Diamond v. Chakrabarty, 447 U. S. 303(1980)(经过人类重组的微生物具有可专利性).

㊻ AT&T Corp. v. Excel Commc'ns, Inc., 172 F. 3d 1352(Fed. Cir. 1999)(用于计算客户账单中数值的方法是否具有可专利性); State St. Bank & Trust Co. v. Signature Fin. Group, Inc., 149 F. 3d 1368(Fed. Cir. 1998)(商业方法的可专利性). 在本书付梓之际,联邦最高法院同意审理 Prometheus Laboratories, Inc. v. Mayo Collaborative Svces., 628 F. 3d 1347(Fed. Cir. 2010), *cert. granted*, 2011 WL 973139(June 20, 2011)。该案形式上是一个有关可专利客体的案件,然而,涉案专利也涉及新颖性和过度宽泛等问题。该专利请求的是如下一种方法:对病人施药,然后通过测量血压监测正确的药物剂量。

㊼ *Bilski*, 130 S. Ct. at 3221.

性和非显而易见性要件则要求检索一个非常庞大并且往往不确定的现有技术记录——并且 KSR 案判决正确地导致了这一记录变得规模更加庞大、更加不确定。易言之，第 101 条要求专利申请人提出一个表明专利发明满足新颖性要件的可信赖的主张，然后，第 102 条要求通过检索现有技术对此提供客观的确证。[48] 有关现有技术检索的经验表明，它不仅成本高昂、模糊不清，而且检索范围往往过于狭隘，无视从传统市场转移到新兴市场的创新。有关可专利性其他要素（例如在先销售和在先使用）的证据甚至根本没有收录在检索库之中，而需要进行过度的"记录外"检索，例如前一章讨论的迪平豆案。

113 可专利客体要件因此扮演着重要的守门员角色。那些主张放松可专利客体要件的人经常援引《1952 年专利法》立法史中的如下说法，即"太阳之下的任何事物"都可以授予专利。在戴梦得诉查克拉巴蒂案（*Diamond v. Chakrabarty*）中，联邦最高法院断章取义地引用了这一陈述。该案判决转基因微生物可以获得专利。正如斯蒂文斯大法官在比尔斯基案附议意见中指出，立法史的完整表述其实另有含义：

一个人可能"发明了"一部机器或一种产品，它们可包括太阳之下人类创造的任何事物，但除非满足［本］篇规定的各项条件，它并不必然具有第 101 条规定的可专利性。[49]

这段文字所要表达的含义似乎是，"太阳之下的任何事物"都不具有可专利性，除非满足《专利法》的全部要求。另外，正如斯蒂文斯大法官指出，这一陈述根本没有提及方法专利，而只提到了"机器"或"产品"。抛开生物体的问题不讲，有关可专利客体的问题绝大多数都涉及方法专利（process patent，有时也称 method patent）。

---

[48] 这种区分类似于联邦民事诉讼中驳回起诉动议和简易判决动议之间的差异。在 Bell Atlantic Corp. v. Twombly，550 U. S. 544，558 – 59（2007）案中，联邦最高法院要求原告具体主张足以赋予救济权利的事实，以免迫使当事人负担成本极其高昂并且往往无意义的证据开示程序。*See* Herbert Hovenkamp，The Pleading Problem in Antitrust Cases and Beyond，95 IOWA L. REV. BULL. 210（2010）.

[49] Diamond，447 U. S. at 309；Bilski，130 S. Ct. at 3247（Stevens，J.，concurring）（quoting S. Rep. No. 1979，at 4（2d Sess. 1952）；H. R. Rep. No. 1923，at 6（2d Sess. 1952）.

五、商业方法专利与竞争性市场的常规功能

涉及商业活动的方法专利由来已久。但在过去 20 年间，这些专利的高度抽象性以及申请人尽可能扩大权利要求边界的天然倾向越来越成为问题。过度抽象性造成权利要求蔓延到未曾预见的领域，使得专利权人能够垄断其不曾发明甚至不曾预见的事物。[50] 如果已授专利的权利要求过于抽象，在后创新者就难以确定自己的成果是否受他人专利覆盖。创新成果一出现就被法院认定为事实上属于别人，没有什么比这更能有效地压制不可撤回的创新投资了。界定模糊的"商业方法"专利尤其面临过度抽象问题，尽管这绝不是它所面临的唯一问题。因此，这些专利引发了数量庞大的诉讼，几乎可以肯定地说它们的净福利效果是个负值。[51]

商业方法专利是一个界定模糊的概念，在某些人看来，它几乎与坏 114
专利同义。然而，商业方法专利事实上有坏也有好，正如不属于商业方法类别的专利有好也有坏。许多商业方法专利存在的问题都涉及以下三者之中的至少一项：(1)过于抽象；(2)仅仅因为现有技术界定不合理才具有新颖性；(3)显而易见。

说明抽象问题的一个很好的例子是臭名昭著的电子数据(E-Data)专利，其核心主张覆盖在销售点下载并销售远程来源提供的电子文档(如音乐或其他数据)的行为。[52] 专利权人后来成功地对网上销售如

---

[50] 许多这样的问题在方法专利的早期发展阶段同样存在。*See* 1 DONALD S. CHISUM, CHISUM ON PATENTS § 1.03(2006).

[51] *See* Graham v. John Deere Co., 383 U.S. 1, 5–6(1966)("[联邦宪法知识产权]条款在授予权利的同时也规定了限制。"); *see also* JAMES BESSEN & MICHAEL J. MEURER, PATENT FAILURE: HOW JUDGES, BUREAUCRATS, AND LAWYERS PUT INNOVATORS AT RISK 25–27, 151–61, 187–88, 246–57(2008); Malla Pollack, The Multiple Unconstitutionality of Business Method Patents: Common Sense, Congressional Consideration, and Constitutional History, 28 RUTGERS COMPUTER & TECH. L.J. 61, 90(2002)(制宪者反对授予商业方法专利，因为他们认为垄断贸易本身就是可憎的).

[52] System for Reproducing Information in Material Objects at a Point of Sale Location(在销售点将信息重现在物理载体上的系统), U.S. Patent No. 4,528,643(Jan. 10, 1983).

下产品的许多卖方提起侵权之诉，如软件、音乐、电子书及其他数字技术。

利用通讯线路传输电脑文档并将其记录到磁带、卡带或其他存储装置，这一过程要用到许多技术，包括硬盘驱动、软件和文档格式、电信和调制解调器、盒式录音机等，但电子数据（E-Data）的专利权人并没有发明其中任何一项技术。它们已经存在。然而，该专利却请求保护远程传输电子文档并在接收端对包含该数据的产品收费的创意。该专利的书面描述和附图内容都是一些标有“信息文档单元”和“再现单元”等矫饰名称的空盒子。这些盒子可以通用指代所有类型的装置，包括文档传输系统可能包含的硬盘驱动或 CD 刻录机。如果一个商店（1）以电子方式从一个远程供应源下载数字音乐，（2）将其刻录在磁带或 CD 上，（3）并将后者现场出售给客户，它将构成侵犯这一专利，尽管所有这些活动使用的都是处于公有领域的或者其他人发明的技术。[53]

对普通的商业实验授予专利会从两个方面损害竞争。首先，它把竞争性市场转变成具有市场进入壁垒的产品差异化市场。在正常商业过程中，竞争性企业会抄袭成功的商业方法，忽视失败的商业方法，竞争本身是一股非常有效的诱发创新的约束力量。竞争性市场通常会迫使企
115 业的成本基本趋同、产品或服务类似。《专利法》的立法史之中没有任何内容显示它意图削弱竞争性市场的正常运作。

第二，如果对日常创新授予专利，竞争主体哪怕在对经营方式作微小改进时都会犹豫不决。这样的专利很多，例如将照片上传到网上销售的专利，在厕所小便器上做广告的专利，[54]在包装鞋盒中展示鞋子的专利，[55]以及在披萨送货盒上使用包装带以使客户确知它不曾被打开过的

---

[53] *See* Interactive Gift Exp.，Inc. v. Compuserve，Inc.，256 F. 3d 1323（Fed. Cir. 2001）（对电子数据（E-Data）专利进行宽泛的解释，使其覆盖撰写专利时尚未开发出来的技术，并将其适用于从事如下活动的企业，它们将远程文档（包括图书）下载到零售商店，然后刻录到顾客提供的媒介上）. 有关电子数据的曲折故事，*see* BESSEN & MEURER，*supra* note 51，1 – 25，194 – 99.

[54] *See* U. S. Patent No. 7，805，869（Oct. 5，2010）（“在厕所做广告的方法”）. 该专利的独特特征是，在小便器上安装三维物体（例如啤酒罐）或者代表这种物体的标志。

[55] *See* U. S. Patent No. 6，505，742（Jan. 14，2003）（“鞋子展示方法”）. 该专利的独特特征是，在鞋盒中安装一种不受专利保护的纸箱插入件，从而能够将一只鞋子颠倒过来展示鞋底。

专利。[56] 要求对这样的创意进行专利检索至少会增加竞争成本，而最为糟糕的是，它恰恰可能阻吓我们期待竞争性市场带来的那些类型的创新。

真正的创新并不会仅仅因为涉及从事商业活动的方法而丧失可专利性。“商业方法”专利的真正问题并不在于它们涉及商业，而在于它们反映着对创新与正常竞争之差异的理解匮乏。这些专利之所以具有“商业”内容，是因为几乎所有专利都指向企业活动这一事实。专利法上并没有很多类似于大学生因下载音乐文档违反版权法的情形。许多专利并不会因为查明侵权行为、收取许可费的难度致使这些投资无利可图就成为了“非商业”专利。[57] 从事商业活动的侵权人通常更容易被发现。即便是臭名昭著的“花生酱三明治”专利也从来不曾打算针对为孩子准备午餐的父母进行强制执行，其目标是小吃食品的商业生产商。该专利最终因为显而易见在复审中被撤销。[58] 然而，如果在自家厨房中制作花生酱三明治的个人行为也像下载音乐文档行为那样容易查获，几乎可以肯定专利权人也会提起专利侵权之诉。

许多有形产品和方法被正确地授予了专利，尽管被用于落实具体的商业方法。其中包括商用展示架、雇员计时钟、条形码技术、批量灌装容器的技术、判断受精卵和非受精卵的方法、向瓶中数装药丸的方法以及数以千计的其他装置和方法。[59] 区分商业方法专利是否可接受的标准 116

[56] *See* U. S. Patent No. 6,398,028 (Jun. 4,2002) (“披萨送货系统和方法”). 这种方法的内容是，在包装带上填写一个数字并在接受订单时将其告知客户；交货时通过检查打包带，客户理论上可以知道送货盒是否曾被打开过。

[57] 一个反例是 U. S. Patent No. 6,368,227(“乘坐秋千荡秋千的方法”)(2002 年授予；2006 年复审中被撤销). 另一个例子是 U. S. Patent No. 5,443,036(“遛猫的方法”)。该方法的内容是，运用一种能够在地面上呈现一种有趣图案的手电筒(它并非由专利权人发明)，对准不同的方向照射，以此引诱猫不停地追逐该图案。

[58] U. S. Patent No. 6,004,596 (issued Dec. 21,1999). 该专利被许可给胜美家食品公司。*See* Ex Parte Kretchman, 2001 Pat. App. LEXIS 81, 17 – 19 (B. P. A. I. 2003); *see also* Emily Cunningham, Protecting Cuisine under the Rubric of Intellectual Property Law: Should the Law Play a Bigger Role in the Kitchen?, 9 J. HIGH TECH. L. 21 (2009).

[59] U. S. Patent No. 7,438,231 (issued Oct. 21,2008) (“识别伪造条形码的方法”); U. S. Patent No. 5,720,148 (issued Feb. 24,1998) (“装瓶方法……”); U. S. Patent No. 5,671,262 (issued Sep. 23,1997) (“计量和分发药片的方法……”); U. S. Patent No. 5,494,177 (issued Feb. 27,1996) (旋转式展示架); U. S. Patent No. 4,899,173 (issued Feb. 6,1990) (雇员计时钟); U. S. Patent No. 4,788,427 (issued Nov. 29,1988) (识别受精卵).

并不在于它是否组织或落实了一项商业活动，而在于它是否表达了足够的新颖性和非显而易见性并与有形客体存在充分的联系。

法院从一开始就判决专利会因缺乏与有形客体的联系而无效。联邦最高法院在1868年判决，“如果客体既不是机器也不是产品，又不是物质合成，那么……它必须是一项技术，因为除了针对人造物或者针对制造物的技艺或方法不可能存在有效的专利。”[60]“专利属于财产”的观念内含着“物”（thingness）的概念，或者说内含着与某种具备有形边界的事物之联系，而不仅仅是与抽象的法律权利束之联系。专利过度抽象的现象只不过是1930年代起持续发展的财产概念抽象化现象的一个特例。对于律师而言，“财产”与其说表示人与物之间的关系，勿宁说代表着一个权利束。布莱克斯通曾经小心翼翼地把“无形”（incorporeal）利益视为一个远远更加庞大的财产权利体系的一个独特子系统，并提醒读者不要将二者混为一谈。[61] 然而，根据法律现实主义者的观念，财产中的权利越来越被无形客体所支配。所要承认的权利并非物，而是描述主张者利益的一纸法律文书。正如后文讨论揭示的那样，正是由于没有认识到作为一种特殊“权利文书”的、抽象意义上的专利与受专利保护之物的物理性质之间的差异，才导致人们对专利法上的首次销售法则产生了可能灾难性的混淆。这一法则只有适用于“物”而非专利时才有意义。在广达案（*Quanta*）中，联邦最高法院对于该法则除适用于专利产品之外是否也适用于方法专利抱有疑虑。早期法院深知这种差异所具
117 有的至关重要性。[62] 这一问题的另一个方面似乎显现于商业方法专利

---

[60] Jacobs v. Baker, 74 U. S. (7 Wall.) 295, 297 (1868) [quoting GEORGE TICKNOR CURTIS, A TREATISE ON THE LAW OF PATENTS FOR USEFUL INVENTIONS (3d ed. 1866) (着重号为原作者所加)].

[61] WILLIAM BLACKSTONE, COMMENTARIES ON THE LAWS OF ENGLAND, bk. 2, ch. 3 (1766) (“它并非是有形物本身，包括土地、房屋、珠宝等；而是附属其上的某种东西……它们的存在只不过是一种观念和抽象思索……我们必须注意不要把所生利润与产生这些利润的物……混为一谈。”)

[62] 参见第十三章对 Quanta Computer, Inc. v. LG Elect., Inc., 553 U. S. 617 (2008) 案的讨论。关于专利的日益抽象化现象，*see* Adam Mossoff, The Use and Abuse of IP at the Birth of the Administrative State, 157 Univ. Pa. L. Rev. 2001 (2009); Clarisa Long, Information Costs in Patent and Copyright, 90 Va. L. Rev. 465 (2004); Michael A. Heller, The Boundaries of Private Property, 108 Yale L. J. 1163 (1999); Tony Honore, Ownership, in OXFORD ESSAYS IN JURISPRUDENCE 107, 112 – 124 (A. G. Guest, ed., 1961).

领域。这一领域似乎经常存在一种很明显的现象,即人们对专利文书撰写投入的资源远远超过了投向发明本身的资源。

20 世纪初期法院开始支持可被归为商业方法专利的专利,只要这些专利的客体是一个有形物或者是以某种有用方式改变一个物的方法。1911 年一个联邦上诉法院维持了一项收据簿专利。该收据簿包含很多兑换券,它们可以按金额而非里程兑换火车票,因此可以在使用不同计费结构的铁路之间转换。法院认为:

> 我们也不认为这种被授予专利的概念只不过是一种商业方法。对它的使用构成一项商业方法的一部分。受专利保护的车票根本就不是一种方法,而是一种物理性的有形设施,该方法没了它将无法实施,有了它才可以实施。[63]

另一个法院批准就一种打孔火车票授予专利。这种车票可以在特定位置撕下,以表明乘客已乘坐了哪些路段,还有哪些路段的车票可以使用。法院强调该专利"描述了一种与众不同的物理结构"。[64]

相反,如果涉案方法仅仅是一种既有装置的新用法,法院会抱以敌视的态度。1903 年的一项判决拒绝就使用一种普通商业分类账的方法授予专利。[65] 该方法的内容是在分类账上登载相关条目以追踪交付铁路运送的货物,确保它不会被发往错误的目的地。其他法院则拒绝就如下使用簿记制度的方法授予专利,即只不过使用现有分类账账簿来监测餐馆服务员手中订单或者追踪坏账。[66] 这些专利涉及的有形实体全都是悠久的现有技术,专利权人最多是贡献了一种使用它们的不同方式。

没有创造或转换具体有形物体的专利很少会具有清晰的边界。正是认识到这一点,法院设置了一系列的限制条件。例如,联邦最高法院在比尔斯基案重申了如下立场,即"抽象思想"不具有可专利性。[67] 联邦 118

---

[63] Rand,McNally & Co. v. Exchange Scrip-Book Co. ,187 F. 984,986(7th Cir. 1911).

[64] Cincinnati Traction Co. v. Pope,210 F. 443,446(6th Cir. 1913).

[65] Hocke v. N. Y. Cent. & H. R. R. Co. ,122 F. 467(2d Cir. 1903).

[66] Hotel Sec. Checking Co. v. Lorraine Co. ,160 F. 467(2d Cir. 1908)(追踪服务员订单以防欺诈的方法,不具有可专利性);U. S. Credit Sys. Co. v. Am. Credit Indem. Co. ,53 F. 818,819(S. D. N. Y. 1893)(旨在追踪坏账的簿记制度,不具有可专利性).

[67] Bilski v. Kappos,130 S. Ct. 3218,3225(2010).

最高法院还将纯思维性的专利与不能获得专利保护的自然法则相提并论。[68] 电脑和互联网的相继兴起导致众多领域出现了方法专利的大爆炸，包括数据处理、金融服务和银行、交易促进、风险评定以及税收和商业规划。许多这类专利拥有一个共同点，即它们的主要内容是具有极其广泛潜在用途的公式或算法。如果对一项公式本身而非其具体和确定的应用授予专利，将极其危险地接近于对自然法则或者抽象思想授予专利，而专利政策禁止对此类客体授予专利。联邦最高法院早在 70 年前认可一项无线电天线专利时就作了这种区分。涉案无线电天线根据一项著名的数学公式（“亚伯拉罕公式”）确定天线的长度和姿势，该公式描述了波长与最优天线长度和姿势之间的关系。联邦最高法院的结论是，“虽然一项科学真理或其数学表达式不是可获得专利的发明，但在科学真理的知识引导下创造出来的新颖和实用的结构则可以获得专利保护。”联邦最高法院随后将该专利的范围局限于适用该数学公式的具体结构。[69]

比尔斯基案中的专利申请涉及一系列假设的交易，交易双方是具有不同风险样态的某种大宗商品的买卖双方。风险样态不同意味着某些交易者会在该商品的价值上涨时获利，另一些交易者会在价值下降时获利。例如，一个烧煤的发电企业必须购买大量煤炭并按照管制价格出售电力。如果煤价上涨，发电企业将遭受损失，但煤炭开采企业则会获益。因此，发电企业最佳的投资策略是购买一些采煤企业的股票，这意味着，高煤价导致的营业损失将会被股票收益所抵消。

比尔斯基实质上试图就一种极其一般性的“对冲”形式取得专利权，而对冲是一个已经广为人知几十年的风险管理工具。有关对冲的文献数学化程度很高，不同的对冲策略会形成不同的公式并能够应用于多种场合，包括大宗商品定价、能源管理、外汇汇率、建筑风险、保险等。[70] 即便

---

[68] *See* Diamond v. Diehr, 450 U. S. 175, 185(1981)（将“自然法则、自然现象，[或者]抽象思想”排除在可专利客体范围之外）；Gottschalk v. Benson, 409 U. S. 63, 67(1972)（“思维方法”）.

[69] Mackay Radio & Tel. Co. v. Radio Corp. of Am., 306 U. S. 86, 93 – 94, 98 – 99(1939).

[70] *See* PATRICK CUSATIS & MARTIN THOMAS, HEDGING INSTRUMENTS AND RISK MANAGEMENT(2005); ROBERT W. KOLB, UNDERSTANDING FUTURES MARKETS, 135 – 50, 184 – 91 (5th ed. 1997); *see* NIALL FERGUSON, THE ASCENT OF MONEY: THE FINANCIAL HISTORY OF THE WORLD(2008).

是比尔斯基案所涉专利申请描述的那种方法,即在具有不同风险样态的市场上进行虚拟交易,文献中也已经有了相当成熟的论述。[71] 然而,专利审查员并没有去审查现有技术,而是认为"该发明并非在某个具体装置上实施,仅仅操纵一种抽象思想、解决一个纯数学问题,没有局限于一种实际应用"。[72] 119

比尔斯基案专利的说明书描述了一种应用于能源市场的风险管理方法,这些市场上的价格波动主要受天气状况的影响。但是该专利的第一项权利要求却一般性地指称"大宗商品",表明专利权人今后将针对存在风险差异的众多市场强制执行该专利。跟电子数据案的专利一样,比尔斯基案的专利就像是卡美洛王国(Camelot)的地契——这个王国的具体位置无法确定,其边界也不可能得以查明。这些专利以可能具有新颖性的物品为中心,蔓延覆盖到几个世纪以来人所共知的方法。如果一个农场主通过销售远期合同为自己的粮食对冲低迷的市场价格,她可能发现自己要向比尔斯基支付许可费。

联邦巡回区上诉法院在比尔斯基案中采纳的"机器/转换"测试要求专利申请人必须表明"其权利要求与一个具体机器相联系,或者……转换一个物品"。[73] 联邦最高法院维持了涉案专利无效的判决,但拒绝承认机器/转换标准是判断可专利性的唯一测试。相反,联邦最高法院回归到早期案例使用的一些表述,这意味着机器/转换测试只是判断可专利性的"线索"。[74]

《专利法》对可专利客体所下的定义并没有任何地方暗示到机器/转换测试。不过,该法也完全没有提及抽象思想或者自然法则。《专利法》调整"任何新的和有用的方法",并没有排除思维方法。但联邦最高法院却一再判决抽象思想不受专利保护,比尔斯基案多数意见还以这些

---

[71] *See*, *e. g.*, R. H. Snape & B. S. Yamey, Test of the Effectiveness of Hedging, 73 J. POL. ECON. 540(1965)(主张使用一系列虚拟交易测试各种对冲策略的结果).

[72] *See Ex parte* Bilski, 2006 WL 5738364(B. P. A. I. Sept. 26, 2006).

[73] *In re* Bilski, 545 F. 3d 943, 961 - 62(Fed. Cir. 2008).

[74] Bilski v. Kappos, 130 S. Ct. 3218, 3226(2010); *see also* Gottschalk v. Benson, 409 U. S. 63, 70(1972).

判决作为认定涉案发明不具有可专利性的依据。[75]

从历史上看，第 101 条的用语对考察可专利客体的适当范围仅提供了一个起点。事实上，联邦最高法院承认的几项主要例外（自然现象、自然法则、抽象思想）都没有明确规定于文本之中，它们的主要确立依据是这样一种理念，即这些事物都不是“新的”（new）。另外，“机器/转
120 换”和“抽象思想”这些术语之间的差别可能并没有那么大。肯尼迪大法官采用了“工业时代”专利和“信息时代”专利这种常见的区分方法，并表示机器/转换测试也许适用于前者，但不适用于后者。[76] 但是究竟是什么导致一项思想“抽象”呢？如果一项思想因为没有结合一个机器实施或者因为没有转换一个物品而抽象，那么联邦最高法院与联邦巡回法院之间的分歧基本上只是语义上的不同。

斯蒂文斯大法官在比尔斯基案附议意见中从历史角度对联邦巡回区上诉法院授予商业方法专利的做法提出强有力的批评，指出这类专利无论在英国法上还是在现行美国《专利法》（1952 年）制定以前的美国法发展过程中都找不到支持。[77] 宪法知识产权条款提供专利保护的“实用艺术”一词牵涉 18 世纪后期话语体系对艺术的三分法。这些艺术包括“人文艺术”（例如文学、历史或者纯科学）、“美学艺术”（例如音乐）以及“实用艺术”，后者所指的是工程、机械和实用科学。[78] “商业”并不包含在上述任何一类艺术之中。事实上，虽然联邦国会有权管制满足州

---

[75] Bilski，130 S. Ct. at 3231（“权利要求 1 描述的并且在权利要求 4 中体现为一种数学公式的对冲概念，是一个不具有可专利性的抽象思想。”）；*see also* Diehr，450 U. S. at 185（“自然法则、自然现象和抽象思想被排除在专利保护范围之外。”）；*id.* at 195（斯蒂文斯异议意见）（解释说“涉及思维过程的方法”不是可专利客体）；Parker，437 U. S. at 598（斯图尔特异议意见）（“根据常理，自然法则、物理现象和抽象思想不是可专利客体。”）；*see also* Benson，409 U. S. at 67（类似表述）；*cf.* Rubber-Tip Pencil Co. v. Howard，87 U. S.（20 Wall.）498，507（1874）（“思想本身不具有可专利性。”）；Le Roy v. Tatham，55 U. S.（14 How.）156，175（1852）（“以下原则，抽象而言，是一项基础性的事实；最初原因；动机；这些都不受专利保护。”）.

[76] Bilski，130 S. Ct. at 3227.

[77] *See* Peter S. Menell，Forty Years of Wandering in the Wilderness and No Closer to the Promised Land：Bilski's Superficial Textualism and the Missed Opportunity to Ground Patent Law Interpretation and Return Patent Law to its Technology Mooring，63 STAN. L. REV. 1289（2011）.

[78] 优秀的历史性回顾，*see* EDWARD C. WALTERSCHEID，TO PROMOTE THE PROGRESS OF USEFUL ARTS：AMERICAN PATENT LAW AND ADMINISTRATION，1798 – 1836（1998）；Pollack，*supra* note 51；Alan L. Durham，“Useful Arts” in the Information Age，1999 BRIGHAM YOUNG UNIV. L. REV. 1420.

际活动要求的商业，但该权力规定于联邦宪法“商业条款”而非“知识产权条款”。在制宪者看来，如果联邦国会想要对开展商业活动的方法赋予排他权（正如它偶尔所做的那样），它应该以商业条款的授权而非知识产权条款为依据。另外，一个多世纪以来国会一直对商业活动方面的垄断抱持公开反对的意见。赋予某人对于在互联网上上传和销售照片享有排他权，或者赋予某人对于利用存储的信息便利交易的方法享有排他权，令人想起英国法谴责的令人憎恶的扑克牌垄断，正是这一历史事件导致了商业性垄断和发明专利之间的区分。[79]

但是斯蒂文斯大法官的批评并不是针对这些方法专利被用于商业活动，而是针对这些专利与有形物的生产或转换不相关联。例如，斯蒂文斯大法官指出，“实用艺术”这样的术语指向制造而非金融。[80] 正如他所引用的大多数学术文献一样，斯蒂文斯大法官也未能发现可专利性与激励商业创新之间存在正相关的联系。[81] 另外，由于商业方法的创新具 121
有顺序性，赋予它们专利权往往会限制而非促进竞争，特别是在竞争环境下。商业方法专利的“潜在模糊性”进一步放大了这些问题，因为这类专利往往“并不局限于任何一个特定产业”，“它们也不存在一个可资检索的界定良好的现有技术资料库”。[82] 九位大法官全都明显表达了一种担心，即我们按照联邦巡回区上诉法院的标准授予了过多的专利。由五位大法官组成的比尔斯基案多数意见指出，“虽然［《专利法》］第273条似乎为授予某些商业方法专利留下了可能，但它并没有表明该等所请

---

[79] Darcy v. Allen（The Case of Monopolies），74 Eng. Rep. 1131（1599）（谴责国王授予的在大英帝国进口和销售扑克牌的排他权）.

[80] Bilski，130 S. Ct. at 3244［citing Robert Merges，Property Rights for Business Concepts and Patent System Reform，14 BERKELEY TECH. L. J. 577，585（1999）］.

[81] Bilski，130 S. Ct. at 3252；*See*，*e. g.*，Dan L. Burk & Mark A. Lemley，Policy Levers in Patent Law，89 VA. L. REV. 1575，1618（2003）；Michael Carrier，Unraveling the Patent-Antitrust Paradox，150 U. PA. L. REV. 761，826（2002）；Rochelle Dreyfuss，Are Business Method Patents Bad for Business?，16 SANTA CLARA COMPUTER & HIGH TECH. L. J. 263，274 – 277（2000）；Richard A. Posner，The Law and Economics of Intellectual Property，131 DAEDALUS 5（Spring 2002）.

[82] Bilski，130 S. Ct. 3256［citing Justice Kennedy's concurring opinion in eBay，Inc.，v. MercExchange，L. L. C.，547 U. S. 388，397（2006）；Rebecca Eisenberg，Analyze This：A Law and Economics Agenda for the Patent System，53 VAND. L. REV. 2081，2090（2000）］；James Bessen and Eric Maskin，Sequential Innovation，Patents，and Imitation，40 RAND J. ECON. 611，613（2009）.

发明具有宽泛的可专利性。"[83]四位附议意见大法官则希望完全废除商业方法专利。另外,斯卡利亚大法官明显认为,我们按照联邦巡回区上诉法院的规则授予了太多琐碎的方法专利。[84] 总之,通过阅读比尔斯基案三份判决意见,人们可以得到一条清晰的信息,即联邦最高法院希望联邦巡回区上诉法院削减琐碎专利的数量。

不幸的是,联邦最高法院对于如何实现这一目标并没有提供什么指导。对比尔斯基案最明显的解读是,一项客体不满足机器/转换测试推定不具有可专利性,仅对某些确属例外的、抽象的创新预留了一点点空间。然而,除此之外,比尔斯基案三份判决意见表达的许多关切实际上根本不是针对可专利性"客体"的。九位大法官全都表达了对授予过多专利特别是显而易见专利的关切。机器/转换测试反而成了一个次要问题,因为联邦最高法院所有大法官一致同意它不应该是判断可专利性的唯一标准。多数意见的结论是,《专利法》任何规定都没有表明商业方法专利具有"宽泛的可专利性";但它并不是作为对可专利客体的限制陈述这一结论的,而是作为一种总体上的意见,即在这一领域授予了过多的专利。虽然斯蒂文斯大法官的附议意见尽力想要做到不跑偏,但他的关切也涉及过度抽象和显而易见性的问题。布雷尔大法官的附议意见则根本不局限于对可专利客体的关切。例如,它嘲笑很多已授予的专利,如"利用视频展示培训清洁工打扫卫生和使用真空吸尘器的方法"、"厕所预约系统"以及"使用标有色码的手链标识约会意向以防'遭受拒
122 绝的尴尬'之方法"。[85] 这些专利多数都满足机器/转换测试。清洁工培训专利包含有展示各种清洁步骤的活动挂图。约会意向专利要求使用者佩戴标有色码的手链,以此向提出约会者表示自己的约会意愿——如绿色代表"带我走吧,我是你的",红色表示"我宁远去死"。[86] 这些专利的保护客体顶多是对普通活动的微不足道的改进。之所以在现有技术中找不到它们,恰恰是因为大多数人都不会想到这种无聊的方法也值得

---

[83] Bilski,130 S. Ct. at 3222.

[84] *Id.* at 3257(布雷尔大法官附议意见,斯卡利亚大法官部分参加).

[85] *Id.* at 3259(citing *In re* Bilski,545 F. 3d 943,1004(Fed. Cir. 2008)[梅耶尔法官(Mayer, J.)异议意见)].

[86] 在联邦巡回上诉法院的比尔斯基案判决中,梅耶尔法官的异议意见提到了所有这些专利,Bilski,545 F. 3d at 943,1004。

申请专利。

六、专利抽象属于竞争问题

专利过度抽象直接关涉专利权人在专利侵权之诉中应该证明何种类型的损害。创新背后的驱动力是可预见的回报，但这些回报必须局限于实际源于发明人创造力的事物或方法。我们以塞缪尔·摩尔斯（Samuel F. B. Morse）取得的电报专利为例。摩尔斯专利包含八项权利要求，其中前五项覆盖机械发射机和接收机的各种功能特征。摩尔斯主张这些功能特征将它的发明与无数竞争对手的发明相区别。权利要求6的对象是后来被称为"摩尔斯电码"的一系列点和划，权利要求7的对象是与前几项权利要求描述的硬件相结合使用摩尔斯电码的方法。

然而，除了对装置和电码提出权利要求以外，摩尔斯还撰写了权利要求8：

> 申请人并没有表示要把自己局限于前述说明书和权利要求描述的特定机械或者机械的部件；申请人发明的实质是使用电流或者动电电流的动力在任何距离之外形成或打印清晰的字母、文字或者标志，申请人将这种动力称作电磁，无论以何种方式开发；申请人发明的实质是对该种动力的一种新型应用，申请人对此主张自己是其第一个发明人或发现人。[87]

联邦最高法院批准了摩尔斯的前七项权利要求。然而，首席大法官托尼（Taney）代表最高法院撰写的判决意见驳回了权利要求8。塔尼大法官指出，在摩尔斯提出专利申请案之前的一段时期内，许多科学家都在研究利用电和磁发送长途通讯的方法。[88] 摩尔斯设计了一套具体的 123

---

[87] O'Reilly v. Morse, 56 U.S. (15 How.) 62, 86 (1854)（权利要求8）（着重号为作者所加）.

[88] 有关欧洲和美国在开发首部商业可行电报方面展开的竞争，*see* KENNETH SILVERMAN, LIGHTNING MAN: THE ACCURSED LIFE OF SAMUEL F. B. MORSE (2004); KEN BEAUCHAMP, HISTORY OF TELEGRAPHY (2001); GEORGE B. PRESCOTT, HISTORY, THEORY, AND PRACTICE OF THE ELECTRIC TELEGRAPH 50－80, 125－35 (1860)。

系统，利用它可以把信号进行长距离发送，而不至于在几百英尺的距离内迅速衰减。但是大约在同一时期，一些欧洲科学家也取得了类似的成功。

但是摩尔斯专利的说明书和众多附图根本就没有描述使用电流和磁传送符号的所有可想象的机制。事实上，专利书中的众多附图描述了一套发射机和接收机，后来的发展证明它们是相当粗糙的。尽管摩尔斯开发了后来被称为“摩尔斯电码”的一系列“点和划”，但专利书描述的则是一个电撞针能够在缠绕于接收机周围的纸卷上印出轻微的微型凹口，这种纸卷就像是打印机的色带。两个凹口之间较短的距离代表一个“点”，较长的距离代表一个“划”。信息传递结束后，经过培训的操作员可以撕下纸带，把这些凹口翻译成字母文字。下图节选自摩尔斯 1848 年的专利书，它向我们展示了电码本身：

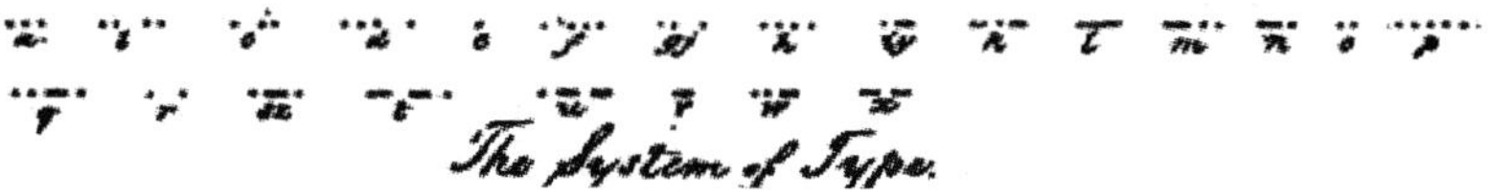

下图则展示了一张纸带，摩尔斯字母正是通过它被发送到电报接收机的：

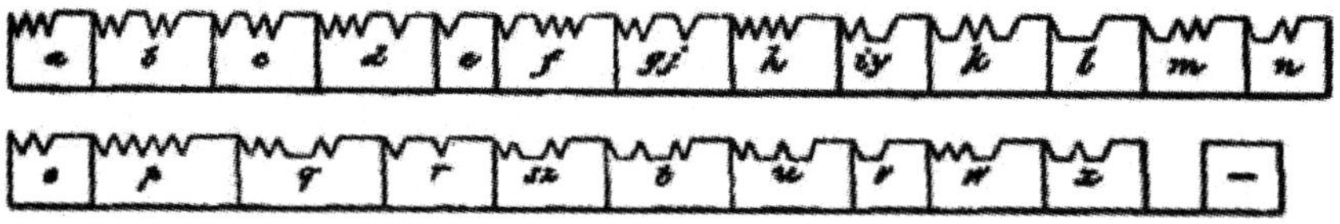

这些附图具体展示了摩尔斯本人开发的创意。相反，权利要求 8 不仅覆盖了他实际发明的东西，还覆盖了使用电磁脉冲远距离发送信息的整个原理。简言之，摩尔斯试图没收能够实现其装置所实现之目的的所有未来技术。正如首席大法官塔尼抱怨说：

> 随着科技的不断进步，说不定未来某个发明人会发现一种通过电流或者动电电流进行远距离书写或印制的方法，而无需使用原告说明书中记载的方法或组合之任何部分。也许它的发明更加简单——更少出
124 错——解释和操作起来也更加省事儿。但如果它被本专利所覆盖，后续发明人将无法对它加以使用，未经本案专利权人许可公众也不能享受它

带来的利益。[89]

塔尼大法官的观察相当具有远见，因为电报科技方面的巨大进步当时已经初露端倪。虽然电报本身具有革命性，但摩尔斯收取信号的方式——印刻在纸带上的微型凹口——却相当繁琐。很快它就被另外一种系统所取代：操作员听取滴答声并持续不断地将其即时翻译成文字。这导致摩尔斯的专利接收机迅速过时。接下来的几十年里人们又陆续发明了更快捷的按键、更可靠的接收机、使用火车传递电报的滑动触点，[90]并最终发明了电传打字机，它可以在接收端打印出字母文字。如果摩尔斯的权利要求 8 获得法院批准，它将使得所有这些改进电报的实验，在该专利的有效期内对专利权人以外的任何人都无利可图。如果是这样，它很可能会延缓许多这些技术的出现。[91] 事实证明，迄今为止，摩尔斯电码本身是摩尔斯发明中最具生命力的部分，它是一项天才的杰作。它不仅是有史以来人类发明的最接近"二进制"的技术字母表，[92]而且极可能是美国颁发的第一个不满足机器或转换测试的专利。

专利的客体越抽象，正如摩尔斯的权利要求 8 那样，权利要求越倾向于延伸到未曾预见的领域。摩尔斯对此表现出相当诚实的态度——它的权利要求延及"无论以什么方式开发"的所有技术，这表明他试图对自己不曾预见的装置主张控制权。没什么比这更能够对创新造成严重的"寒蝉效应"了——知道该专利存在的人将会意识到，他们为改进

---

[89] O'Reilly，56 U. S. at 113.

[90] *See*，*e. g.*，Improvement in Ry. Tel.，U. S. Patent No. 141，604（filed Mar. 28，1873）（issued Aug. 5，1873）.

[91] *See* ANTON A. HUURDEMAN，THE WORLDWIDE HISTORY OF TELECOMMUNICATIONS 300－20（2003）（详细记述了摩尔斯发明电报之后人们对电报所作的各种技术上的改进）；ROBERT LUTHER THOMPSON，WIRING A CONTINENT：THE HISTORY OF THE TELEGRAPH INDUSTRY IN THE UNITED STATES 1832－1866（1947）（类似，但集中介绍美国的情况）. 关于摩尔斯后来的发展，以及之后西联（WestUnion）支配下的网络及其最终被电话取代的情况，*see* RICHARD R. JOHN，NETWORK NATION：INVENTING AMERICAN TELECOMMUNICATIONS 24－200（2010）。

[92] 关于摩尔斯电码是一种技术性字母表的论述，*see* JAMES GLEICK，THE INFORMATION：A HISTORY，A THEORY，A FLOOD 20－24（2011）。严格来说，摩尔斯电码字母表并不是二进制的。虽然它所使用的符号只有点和划，但是操作员也必须经过培训才能制作和阅读单词和句子之间较短和较长的空格——读取电报人员必须在句子末尾说"句号"。相反，事实证明摩尔斯专利使用的装置不具有可行性，已迅速被修改和取代。

电磁长途通讯而发明的任何装置都将落入摩尔斯的权利要求范围并构成侵权,不管它在事实上具有何等的新颖性和重要性。

首席大法官塔尼的观察表明,专利过度抽象会转变成一个竞争问
125 题。过度宽泛的权利要求将消除对抗,因为该专利不仅覆盖专利权人实际发明的技术,还将覆盖假如不受该专利压制本将进入市场的竞争性技术。

坏专利的标志之一是缺乏重要的技术内容。尤其是商业方法专利往往只包含一些连接空盒子的线条,这些空盒子代表既有的技术。诚然,这些专利背后存在众多技术。例如,一群人发明了电子照相技术。另外一些人发明了通讯和存储装置,使得将包括数码照片在内的代码上传到网上成为可能。还有一些人发明了促成消费者联网和进行信用卡安全交易的技术。这些都是重要的技术成就。但是随后有人发明了一种"创意":给每张电子照片标上识别数字或名称,并允许人们使用所有这些既有的互联网技术购买这些照片。

具有讽刺意味的是,在这样的案件中,涉案"创意"虽然对知识宝库的增长贡献甚微甚至没有任何贡献,却极有可能带来巨大的垄断回报,甚至远远超过使数码照片销售成为可能的任何制作或交付技术。垄断范围与技术细节的缺乏程度成正比。联邦最高法院在1960年代就曾指出,除非"方法专利的权利要求落实到生产一种已经被证明有用的产品,否则将无法精确界定该垄断的边界。它将涵盖一个巨大的、不为人知的甚至不可能为人所知的范围"。[93] 在谈到就公式的使用授予高度抽象的权利要求问题时,联邦最高法院区分了具体应用和"攫取[一种]方法在所有领域内的使用"[94]的应用。*

前文讨论的电子数据专利不仅攫取了一个具体的公式,实际还要恶

---

[93] Brenner v. Manson,383 U. S. 519,534(1966).

[94] Bilski v. Kappos,130 S. Ct. 3218,3231(2010)("允许申请人就风险对冲取得专利权将攫取该方法在所有领域内的使用,并将事实上对一种抽象的思想赋予垄断。") Gottschalk v. Benson,409 U. S. 63,72(1972)(一种专利"将完全攫取该数学公式并且实际效果上将构成对该算法本身给予专利保护",法院拒绝授予专利).

* 后半句原文是"the Court has distinguished between specific applications that 'would pre-empt use of [an] approach in all fields.'"经询问,作者将它改为"the Court has distinguished between specific application and applications that 'would pre-empt the use of [an] approach in all fields.'"——译者注

劣得多,因为它攫取了很大一部分商业活动。电子数据专利权人并没有发明制作、储存、传输、收取或下载电子信息或传媒所需的任何技术;他只是发明了一种创意,即通过这些既有技术发送电子产品(例如,歌曲或者电子文档),然后在接收端收费。联邦巡回区上诉法院解释该专利权利要求时,离它在州立街道银行案(*State Street*)中批准商业方法专利刚刚过去三年时间。[95]

电子数据专利主张对“使用位于销售点的**信息生产机器将信息再现于物质实体的方法**”享有排他权。无论是加着重号的文字所具有的惊人适用范围,还是专利权人完全没有对实现所请发明需要使用的任何技 126
术请求权利,都没有让法院感到不安。法院认为,“物质实体”一词是指“能够在其中体现、固定或存储信息”并且能够从中“直接或在另一机器或装置的协助之下观看、再现、使用或以其他方式沟通”该信息的“任何有形媒介或装置”。生产者的技术被简单地描述为“信息生产机器”,只需要它能够“存储信息并收取再现信息的请求,然后将其传输到位于远方的装置”。“物质实体”上的再现被表述为是指类似于如下示例的事物,如“带有印制信息的纸张,或者在软盘、硬盘驱动或磁带等上面形成的录制品”。一批侵权被告通过互联网销售软件,另一批销售了某种形式的电子书。法院判决,该专利覆盖在家中通过互联网购物的行为。在线交易中的收货人通常以信用卡付款方式购买这些产品,但是该专利并没有发明促成在线信用卡交易的安全装置和交易装置。涉案交易大多是消费者购买传媒产品后将其下载到“消费者自有的内部硬盘或其他存储装置”的行为。[96] 事实上,法院甚至将该专利适用于这样一种情形:一个买主购买了一份存储在 CD 上的软件,但必须向远程站点下载密码才能激活它。[97]

下图粗略地展示了该专利涉及的竞争问题,我们称之为“通过避免技术细节实施的垄断行为”:

---

[95] Interactive Gift Exp. , Inc. v. Compuserve, Inc. , 256 F. 3d 1323 (Fed. Cir. 2001); *see* State Street Bank & Trust Co. v. Signature Fin. Grp. , Inc. , 149 F. 3d 1368 (Fed. Cir. 1998).

[96] *Compuserve*, 256 F. 3d at 1330, 1338 – 39.

[97] *Id.* at 1329.

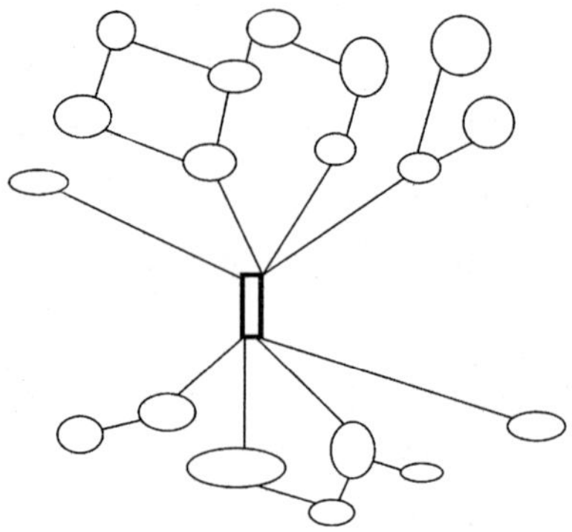

图中的圆和椭圆代表具有清晰边界的具体技术。在电子数据专利
127 中,长方形上方的圆代表生产和分销技术。这些技术形式各异,包括带有硬盘驱动的电脑硬件、通信装置以及数据文档格式,它们相互之间存在竞争、互补或纵向关联的关系。与中心长方形以线条直接相连的那些圆相互之间具有竞争关系。长方形下方的圆和椭圆则代表接收端的各种具体技术。

唯一的垄断环节是一个瓶颈,即连接上面(卖方)和下面(买方)的黑框长方形。要想从上方的任何地方到达下方的任何地方都必须通过这个长方形。电子数据专利将其简单地描述为“再现信息的方法”。生成一个电子物品并将它从 A 点转移到 B 点,这一过程涉及各种生产、发送、接收、截取和交易技术;它们的开发者都在事实上开发了某种具体技术,因此,他人可以开发替代性的技术,无论是独立开发、避开先前技术进行发明还是改进先前技术。文档制作端存在相互竞争的文档格式、数据存储和传输技术以及通讯线路。接收端也存在下载装置和存储要素之间的竞争,包括打印机和硬盘驱动器以及磁带等。这些技术的发明者都贡献了现实的技术方案,与替代技术进行竞争。

令人难以接受的是,长方形的所有者之所以能对市场施加一种垄断,恰恰是因为它根本**没有**开发任何技术。通过对如下创意提出空口白话的权利要求,他强征了整个市场——把上游市场参与者生产的某种东西销售给使用下游市场上的技术购物的客户。

分销市场上只要有一个垄断者就可以攫取全部可得的垄断利润。有形发明通常存在替代方案,即便是伟大的发明也不例外。例如,电报、电灯和百忧解。然而,完全空口主张的发明则覆盖人类语言所及之任何广度的市场。

亚马逊一键下单那样的专利虽然同样对社会有害,但其危害性可能小于电子数据专利。表面上看它和电子数据专利很像——它没有对任何技术提出权利要求,仅主张连接各种盒子的线条,这些盒子代表"快捷选单"或者"在所选分类中组合及安排订单"这样的信息。该专利有些类似于大型卖商开发的某种组织账单和发货信息的分类账系统。亚马逊并没有对在线销售的创意或确保信用卡交易安全的技术提出权利要求,它的所请对象是通过创设宏指令减少每次采购所需点击次数的创意。利用宏指令,店商可以使用购买者事先储存的信用卡信息、地址和发货偏好。所有这些都是通过互联网"cookie"实现的。cookie 是从互联网下载到用户电脑上的短小信息,互联网网站据此可以识别用户、登录信息、地址和信用卡卡号。亚马逊公司并没有主张自己发明了cookie,因为 cookie 是多年前由网景公司开发的。亚马逊发明的核心是 128
一种创意:使用 cookie 和存储信息实现以更少点击次数销售商品。对现有技术领域的任何有意义的理解都要求以显而易见为由宣告亚马逊的专利无效。诚然,亚马逊专利并没有排除所有互联网购物方法。就单笔交易而言,一键下单专利的价值等于以这种方式购买一件商品时减少的点击次数和时间所具有的增量价值。然而,在一个像在线销售这样具有高度竞争性的市场上,即便一项专利只能为每笔交易带来几美分的成本优势,它也将具有极大的总体价值。

七、结论:合理的专利通告制度,独立发明权

本书基本上没有试图提出国会采纳希望渺茫的、空中楼阁式的改革建议。大多数建议都可以直接被法院采纳,或者只需要对制定法作相对微小的修改,但是有两点重大改革举措不得不谈:受到适当限制的独立发明权,以及以客观标准衡量的通告(notice)。根据这一标准,侵权之诉的被告必须证明他不知悉自己的行为侵犯了他人专利,并且处于被告地位的合理谨慎的人也没有理由知悉这一点。

在专利法上承认独立发明权需要修改制定法。版权法和商业秘密法已经承认了这项权利。没有“复制”就不可能违反《版权法》。复制意味着被告不但接触了版权作品，而且可以被认定为以某种方式复制了该作品的至少某些部分。商业秘密法上有类似的制度。秘密性得以保存的前提下成立商业秘密，通过不适当的方式窃取商业秘密的行为非法。但如果某人独立开发了一项构成商业秘密的创新成果，该行为则是合法的。[98]

在外行看来，专利侵权通常涉及某人查看并复制一项专利发明。专利权人有提出这种主张的强大激励，因为《专利法》规定对“故意”侵权行为判赔加重的损害赔偿，故意侵权即某人在知情状态下复制他人的专利产品或方法，或者在进行创新活动时轻率地无视已知专利。[99] 然而，
129 只有在大约11%的专利侵权案件中原告主张了故意侵权行为，只有在大约30%的案件中主张了被告甚至知悉涉案专利。而收录于案例汇编的判决只有不到2%认定了实际复制行为。[100] 因此，专利侵权之诉事实上主要被用于追诉和谴责独立创新者。

要转向以复制为专利侵权要件之一的体制，会给专利制度带来重大变化。同时，联邦国会将被迫直面不同特殊利益集团之间的重大冲突。拥有长效专利的产业会反对这样做，而许多其他产业之中实际生产产品的企业却可能给予很大的支持，特别是涉及电子和信息技术的产业，因为这些产业的创新发展速度很快，市场参与者主要出于防御目的才申请专利。专利侵权案件中涉及复制行为的数据说明了这一点：医药产业中

---

[98] 关于版权法，*see* 17 U. S. C. § 106(2006)，该条要求存在复制行为。关于商业秘密法，*see* Unif. Trade Secrets Act § 1, cmt. 1, 14 U. L. A. 529, 538(2000)（通过“独立发明”取得商业秘密的行为合法）；*see* Stephen M. Maurer and Suzanne Scotchmer, The Independent Invention Defence in Intellectual Property, 69 ECONOMICA 535(2002)。

[99] 35 U. S. C. § 284. *In re* Seagate Tech. LLC, 497 F. 3d 1360, 1368(Fed. Cir. 2007)（全席审理）（“判赔加重的损害赔偿要求证明故意侵权行为。”）.

[100] *See* Christopher A. Cotropia & Mark A. Lemley, Copying in Patent Law, 87 N. C. L. REV. 1421, 1422, 1450 – 1451(2009)（发现除了医药行业以外，在专利侵权案件中证明复制行为并不常见）；*see also* Mark A. Lemley, Should Patent Infringement Require Proof of Copying?, 105 MICH. L. REV. 1525(2007)，评论如下文章 Samson Vermont, Independent Invention as a Defense to Patent Infringement, 105 MICH. L. REV. 475(2006)。

涉及复制行为的案件比例高达20%,而信息技术产业则几乎为零。[101]

无辜侵权人抗辩会给药品生产商及其他强专利所有者带来重大影响,但最终并不会损害他们的利益,尽管可能加重他们的通告义务。首先,采用这种制度后,许多有关显而易见、微不足道专利的问题将随之消失。非显而易见性仍然是授予专利权的要件之一,因为如果一项专利并不是真正的创新,即便是知悉他人专利权的人也有权质疑该专利。但是,显而易见专利的最大问题在于会形成数量庞大的无辜侵权人。小企业应该具有无需专利检索从事某些创新行为的能力,例如,网站上传、销售照片,或者使用存储的客户数据减少购物所需的点击鼠标次数。总之,相对不重要的专利带来的社会成本将大幅降低,而这类专利最有可能成为无辜创新者的侵权对象。相反,除非复制,真正源自创新的专利遭受侵权的可能性较低,在行业内也更加可能广为人知。

带有高度抽象"外溢"权利要求的专利还会引起通告问题,例如,电子数据案和比尔斯基案的涉案专利。这一问题严重困扰着信息技术专利,包括许多商业方法专利。如今,由于这些市场上专利检索成本很高而结果非常不令人满意,许多企业进行创新活动之前干脆根本不进行专利检索,他们发现,冒险应对以后可能发生的侵权之诉成本更低。[102] 这 130
种局面的出现与非实施实体(又称"专利蟑螂")的问题直接相关。这些企业的商业模式通常包括在申请专利时故意向大意的创新者隐瞒权利要求。

最为重要的是,以客观标准证明知悉要件将能够大大改变专利权人和申请人的激励因素,使他们拥有向最可能侵权的群体及时、准确、全面进行披露的强烈动机。提供信息几乎总是比检索信息成本更低、成效更好。在最为可能发生侵权的市场上,专利权人拥有一切动机确保其他企业知悉其专利,并确保权利要求足够清晰、明确地提供了通告。[103]

---

[101] Cotropia and Lemley, *supra* note 100, at 1456,调查发现,以下行业中专利侵权案件涉及复制行为的比例分别是:医药,20%;医疗设备,8.7%;生物科技,0%;电脑,1.5%;软件,2.17%;半导体,0%;电子,0%;化学,10%;机械,7.5%;声学,0%;光学,0%;汽车,12.5%;能源,0%;电信,11%。

[102] Mark A. Lemley, Ignoring Patents, 2008 MICH. ST. L. REV. 19.

[103] *See* Herbert Hovenkamp, Notice and Patent Remedies, 88 TEX. L. REV. ONLINE 221 (2011).

人们反对独立发明抗辩权的理由之一是,这样做将削弱专利权。但它会削弱哪些专利的专利权呢?行业内其他人轻易就能预见到的技术所获得的专利,其价值显然会降低,因为重复发明该技术的人很可能是无辜侵权人。但这样的专利恰恰是我们不希望保护的,甚至一开始就不希望授予的专利。

与不动产通告相比,专利通告制度是一项令人难堪的失败之举。不动产制度之所以成功,是因为它对财产权人克以沉重的及时、有效通告的义务,如不达到这一要求可能受到丧失权利的惩罚。药品专利制度也运行相对良好,原因之一是就具体化合物取得的专利必须列入一份名为“橙皮书”的文件公示。[104] 在一个无辜侵权人免责的体制下,专利权人拥有提供通告的激励。随之将兴起一个电子公告市场,为特定产业内的企业及时提供有关相关专利和专利申请的信息。

虽然实际知悉必然构成通告,但大多数情况下都是按照客观标准来评价“通告”与否的,多数不动产案件中正是如此。[105] 此时需要考察的问题是,处于发明人地位的人是否应当知悉他人专利的存在及其范围。另外,通告问题并不局限于发现他人的专利,还包括对其进行解释。根据独立发明抗辩法则,如果一项撰写清晰的权利要求覆盖该发明人创新的技术,即可按照客观标准推定他知悉该权利要求。

131 目前,激励专利权人清晰、明确描述权利要求的主要因素是专利审查员可能驳回其权利要求。但是驳回之后申请人可以多次重新撰写,直至被接受。事实上,由于前章所述专利延续申请制度的存在,权利要求获得批准的时间越晚专利权人获得的利益越大。因此,撰写人自然会撰写尽可能宽泛甚至模糊不清的权利要求。这种激励结构与不动产制度形成鲜明的对比,在后一制度下撰写者只有一次机会,如果模糊不清将受到丧失产权的惩罚。根据独立发明抗辩,如果某人在被侵权的权利要求公开周知之前已经开发出自己的创新成果,专利权人无权对其主张该

---

[104] *See* 21 U. S. C. §355(b)(1),(c)(2)(要求将通过治疗等效性评估获得批准的药品加公告,俗称“橙皮书”). 橙皮书在线访问网站 http://www. accessdata. fda. gov/scripts/cder/ob/default. cfm。

[105] 故意专利侵权案件中同样如此。*See In re* Seagate Tech. LLC,497 F. 3d 1360,1368(Fed. Cir. 2007)(全席审理)(对故意侵权适用客观标准).

权利要求。

不动产法之所以没有设置无辜侵入权,是因为我们的财产制度(包括登记规则)能够比较好地就哪些人拥有什么及其边界何在等信息提供客观的通告。相反,商业秘密法之所以设置独立发现权,一个重要原因是商业秘密本质上就不是公开为人所知的,企业着手开发一种新方法时无法"检索"他人的商业秘密。因此,对不知情的侵权行为处以责任将极大增加经济发展的成本。版权法上也有独立创作权,但它不像商业秘密法那样极端。虽然经登记的版权作品可以公开查询,但由于其数量如此庞大并且无法进行清晰的分类,检索成本会高得难以接受。[106]

人们会本能地认为,尽管存在各种各样的缺陷,专利登记和检索系统显然要比版权制度更加完善。但事实上很难明确得出这样的结论。诚然,专利在数量上小于版权。专利还拥有一套精密的索引系统,这一点是版权法所无法企及的。[107] 但数字本身只能反映问题的一个方面,专利与版权之间的另一项重大差异是,版权作品仅对它明示记载的内容提出主张。人们看到一部版权作品通常就能够知道自己是否对它进行了复制。诚然,围绕复制多少才算过度复制以及合理使用的范围为何存在一些微妙的法律问题,[108]但它们并不影响对如下根本问题的判断,即不知悉他人版权作品的人是否可以被认定为侵权。另外,复制的标准是由法律规定的,版权人和潜在复制者都可以同等获悉这些标准。

专利的问题却相当不同。即便我们检索到一项专利,要想知道自己的技术是否侵犯该专利往往也是一个解释问题,并且我们容忍专利具有 132
的抽象程度越高,问题就越大。事实上,有关权利要求解释的陪审团裁决被撤销的比例居高不下(大约为三分之一);这表明即便双方当事人都在律师协助下仔细地审阅了一项专利,仍然很有可能无法精确知悉它

[106] 在一个正常年份,版权局会收到大约60万份申报,涉及100多万部作品。参见美国版权局年报,U. S. COPYRIGHT OFFICE, REPORTS (2010), *available at* http://www.copyright.gov/reports/。

[107] 虽然 http://cocatalog.loc.gov 网站上提供一个在线版权检索索引,但它的检索领域相当有限,并且只收录了1978年以来的登记版权。

[108] 参见第六章和第七章。

的覆盖范围。[109]

要求侵权之诉原告证明被告实施了复制行为能够矫正很多诸如此类的问题。另外，“专利市场”将针对这一体制作出相应的调整。几乎可以肯定的是，专利权人一方将会提供更好、质量更高的通告，并因此使得侵权人一方主张无辜的机会越来越少。这样的事态对于激励创新竞争大有裨益。

---

[109] *See* David L. Schwartz, Practice Makes Perfect? An Empirical Study of Claim Construction Reversal Rates in Patent Cases, 107 MICH. L. REV. 223, 249 (2008):

我们往往并不能通过定义或者通过清晰理解法律标准对权利要求的措辞形成统一的理解，这会造成不可决性(indeterminacy)。专利权利要求使用的文字，抽象地看，并不具有清晰的含义，而且专利申请案也很少对这些措辞作出明确界定。任何试图查明这些权利要求具体含义的努力都是不令人满意的。无论怎样，权利要求书中的词语都有多种可行的定义。另外，专利局要求按照一种过时的格式以单句撰写权利要求，不管它包含多少个分句或概念。不管采用什么样的解释标准或法则，关于权利要求的哪种界定更合适都会存在不确定性和不可决性。

See also R. Polk Wagner and Lee Petherbridge, Did Phillips Change Anything? Empirical Analysis of the FederalCircuit's Claim Construction Jurisprudence, in INTELLECTUAL PROPERTY AND THE COMMON LAW (2012, forthcoming)(发现尽管联邦巡回上诉法院为澄清权利要求解释法则作了各种努力，仍然存在严重的不协调和不连惯问题).

第六章　版权的监管俘获问题及其影响

一、《版权法》是一部特殊利益集团立法

今天，版权法面临的危机跟专利法一样严重，但 133
它的危机源头有所不同。尽管我们针对专利制度提出了几点修法建议，但整体而言《专利法》是相对平衡的。导致专利系统运作不畅的主要因素均源于发明人及其代表在申请具体专利过程中所采用的策略以及专利商标局授予专利的程序。至少对于某些专利而言，人们似乎把更多的战略思维投向了如何撰写专利申请书，而非产品发明本身。

在这方面，版权的情况完全不同。作者进行创作，作品一旦被固定在有形媒介上立即开始受到版权保护。他可以选择登记或者不登记，尽管登记会带来某些好处。版权保护的对象是作品本身，并不存在描述作品的哪些部分受保护的“权利要求”。因此，版权法上并不存在尽可能宽泛地撰写权利要求的策略过程。版权法上也不存在延续案程序，因此无需挖空心思地考虑提出哪些信息、保留哪些信息。暂且不论有关合理使用的各种争议，版权法上的“边界”问题也相对较少，几乎不存在与超负荷工

作的官员进行谈判的问题，而只需要进行简单的登记。另外，版权法对版权的保护客体几乎持有一种不可知论的观点，任何拥有最低原创
134 性并固定在有形表达媒介上的作品都可以得到保护。很大比例的已授权专利在诉讼过程中被宣告无效，但宣告版权无效的司法判决则相对很少。鉴于以上所有这些原因，版权制度内的博弈几乎完全发生在立法起草过程中，而非具体版权作品的创造过程中。这向我们提出了两个重要问题：版权人在制定法项下享有什么权利？法院程序中应该对这些权利作何等宽泛的解释？

美国早期的版权制定法仅赋予版权人非常基础性的权利。第一部《1790 年版权法》对任何“地图、图表或图书”提供保护，初始保护期为 14 年，可以续展一次，续展期也为 14 年。另外，保护范围仅限于复制作品本身的权利，而不包括制作“演绎作品”（例如，将一部小说翻译成另一种语言）的权利。[①] 在接下来的一个世纪里该法仅被修改过五次。每次微小的修改都只是添加一两项新的受版权保护的客体，主要是为了反映新技术带来的新表达形式，但保护范围的扩展程度非常小。[②] 尽管国会在《1870 年版权法》中授予了一项制作演绎作品的权利，但该权利仅赋予版权人“将自己的作品改编成剧本或加以翻译的权利”。[③] 在这个一百年期间，保护期仅延长了 14 年。[④] 另外，早期版权制定法（包括《1909 年版权法》）结构非常简单，条文非常抽象，主要依赖法院在制定法的框架下发展版权普通法。[⑤]

现行版权法（即《1976 年版权法》）与其前身形成极其强烈的对比。过去 35 年里，无论是版权制定法的篇幅还是它赋予版权人的权利均出

---

① *See* Act of May 31, 1790, c. 15 § 1, 1 Stat. 124, 1st Cong. 2d Sess.

② *See* 2 Stat. 171 (1802)（印刷品）; 4 Stat. 436 (1831)（编曲）; 11 Stat. 138 (1856)（编剧）; 13 Stat. 540 (1865)（照片）; Act of July 8, 1870, 16 Stat. 212, Rev. Stat. § 4948 – 71, 35 Cong., 2d Sess.（绘画、素描、雕塑以及其他美术作品）.

③ *See* Act of July 8, 1870, 16 Stat. 212 c. 230 § 86, 35 Cong., 2d Sess.

④ 1831 年，原始保护期从 14 年延长到 28 年。*See* 4 Stat. 436. *See also* LAWRENCE LESSIG, FREE CULTURE 34 (2004)（认为，早期延长保护期的做法极其少见；与之不同，由于近期几次对保护期的延长，加之放弃了版权人必须寻求续展版权的要求，极大地提升了版权保护期）.

⑤ *See* Jessica D. Litman, Copyright, Compromise, and Legislative History, 72 CORNELL L. REV. 857, 857 – 59 (1987); 1 MELVILLE B. NIMMER & DAVID NIMMER, NIMMER ON COPYRIGHT xiii, release 55 (LexisNexis 2009).

现了井喷式的增长。过度的版权保护对版权法旨在促进的创造性本身形成威胁。版权保护过度与保护不足一样有害。现在,版权人可以通过以更高的价格生产销售更少的作品来利用自己的市场力量,进而导致公众获得作品的难度加大。与此同时,其他潜在创作者被迫放弃创作那些 135
需要复制或借鉴现有版权作品的新作品。正如兰德斯教授和波斯纳法官指出:

> 版权保护制度的运作成本越低,越多作者、谱曲者、画家及其他创作者能够不经许可借鉴先前的作品且不会因此侵犯版权,因而创作新作品的成本也越低……[版权保护过度]可能增加创作新作品的经质量调整的成本——宽泛界定的表达成本——因此,反而可能减少创作出来的作品数量。[6]

因此,与专利法一样,版权法可能以牺牲公有领域为代价向权利人提供过多保护并因而损害创新。

公共选择理论,或者说特殊利益集团理论,为版权法上的这种转变提供了有力的解释。公共选择理论将政治活动"去浪漫化",[7]认为立法背后的推动力量并非服务公共利益的善意努力,而是政治过程参与者的自身利益。[8] 在这一理论看来,立法者感兴趣的是争取竞选供款、知名人士和企业的支持,以及能够提升再选成功率的任何其他事情。[9]

即便立法者有心服务公共利益,他们获得的信息也主要来源于寻求自身福利最大化的特殊利益集团。特殊利益集团之所以构成公共选择理论的一个重要方面,根源在于影响群体活动的集体行动问题。由于群

---

⑥ *See* WILLIAM M. LANDES & RICHARD A. POSNER, THE ECONOMIC STRUCTURE OF INTELLECTUAL PROPERTY LAW 68 – 69 (2003).

⑦ *See id.* at 276.

⑧ *See* JAMES M. BUCHANAN & GORDON TULLOCK, THE CALCULUS OF CONSENT 334 – 35 (1962).

⑨ *See also* George J. Stigler, The Theory of Economic Regulation, 2 BELL J. ECON. & MGMT. SCI. 3, 12 (1971). 施蒂格勒解释说:

> 寻求政治力量的产业必须找到正确的卖主,即政党。政党会发生运作成本、维持组织及参与竞选的成本……寻求管制的产业必须准备支付政党需要的两样东西:选票和资源。提供资源的方式包括竞选供款、捐助服务(商人担任筹款委员会的领导人)以及更加间接的方式,例如雇请政党工人。团结支持某一措施的选票以及分散反对它的选票,则需要通过成本高昂的项目来教育(或者反教育)本产业及其他相关产业的成员。*See id.*

体的任何成员都可以从立法变化中获益(无论它是否对这种改变的发生贡献过资源),大型群体的成员参与这一过程的个体激励往往很小。[10]要将变革的必要性传递给成员并强制执行集体行动协议,需要非常巨大
136 的组织成本。对于大群体而言该等问题尤为严重,因为小群体的每一个成员都具有相对较大的影响力,而且利益同质化程度通常也较高,有助于降低信息成本和执行成本。[11] 因此,利益分散的大型组织——例如公众或者一般消费者——相对于利益较为集中的小型组织,会存在代表性不足的问题。所以,立法的公共选择理论认为,立法过程会更加有利于从事寻租活动的特殊利益集团而非一般公众。

《版权法》具有特殊利益集团立法的所有标志性特征,包括以下几个:(1)法定利益由小集团集中享有,而法定成本由众多人分散承担;(2)最优监管的框架不清晰;(3)具体而极其详尽的制定法结构(反映着特殊利益集团之间的妥协),而非允许更多司法自由裁量空间的概括式制定法结构;(4)揭示特殊利益集团影响广泛存在的立法史。

第一,由于版权已成为权利人越来越有价值的资产,代表这些人的特殊利益集团拥有组织和游说扩大版权保护的激励。相反,在日常生活中使用版权作品的大多数普通人都没有足够的共同利益促使他们结成组织,即便扩大保护给社会带来的总成本超过它给特殊利益集团带来的利益。第二,尽管为了让作者享有足够的价值有必要提供某些版权保护,但是以期限或范围测度的最优保护水平究竟是什么却具有高度的不确定性。另外,市场力量、技术限制以及其他自力救济手段往往能够减缓版权人可能遭受的损害,而无需立法或司法的干预。正如第九巡回区在格洛克斯特案(*Grokster*)中解释的:

> 新技术的出现总是会对旧市场带来破坏,特别是对通过稳固的分销机制销售作品的版权人。然而,历史表明,时间和市场力量往往能够使不同利益回归均衡,无论这一新技术是自动钢琴、复印机、录音机、录像

---

[10] *See* MANCUR OLSON, THE LOGIC OF COLLECTIVE ACTION 13-22(1965); Daniel A. Farber & Philip P. Frickey, The Jurisprudence of Public Choice, 65 TEX. L. REV. 873, 892(1987).

[11] 例如,最常见的代表经济利益的组织类型是行业协会,它通常由同行业的人组成,他们对某种政治辩论事项抱以强烈的类似情感。行业协会不仅创造了成员碰面的机会,并向他们提供有关共同兴趣的期刊以及其他信息来源。这两种功能均有助于就立法变革的必要性形成共识。*See* OLSON, *supra* note 10, at 144-45.

机、个人电脑、卡拉 OK 机还是 MP3 播放器。因此,在为了应对特定的市场滥用行为而改造责任理论之前,法院应该保持谨慎,即便眼下看来这些滥用行为相当明显。⑫

正如前几章指出,最优保护水平方面的不确定性为特殊利益集团游说立法者提供了更大的空间。⑬ 137

第三,《1976 年版权法》及其后续几个修正案具有复杂的结构,非常不同于之前几部《版权法》,这本身就表明了立法俘获程度不断提高。美国版权登记官芭芭拉·润格尔(Barbara Ringer)在《1976 年版权法》通过之际说,该法"极大地偏离了 1790 年我国制定的第一部版权法",给"美国版权制度带来一系列根本性的变革,其中一些变革的程度非常之大,可能标志着版权的基础理念本身已经发生了方向性的改变"。⑭《1976 年版权法》是特殊利益集团立法的典范,它"充斥着具体的、经过激烈讨价还价的妥协"。⑮ 特殊利益集团将它们之间达成的交易详细地落实在立法文本之中,以免把自己暴露于司法的自由裁量权之下。这与版权法的传统做法截然不同。在过去,调整新技术的规则通常需要以普通法方式进行试验,之后才会被吸收到制定法之中。⑯ 一部颇具影响的、多卷本《版权法》释论的作者梅尔维尔·尼默(Melville Nimmer)也对《1976 年版权法》的结构变化痛心疾首地写道:

如果说先前的制定法就许多重要版权问题规定得过少的话,现在它

---

⑫ Metro-Goldwyn-Mayer Studios, Inc. v. Grokster, Ltd., 380 F. 3d 1154, 1167 (9th Cir. 2004), *rev'd*, 545 U. S. 913 (2005).

⑬ 参见第 3 章; *see also* Herbert Hovenkamp, Regulation History as Politics or Markets, 12 YALE J. REG. 549, 559 (1995)。

⑭ *See* Barbara Ringer, First Thoughts on the Copyright Act of 1976, 22 N. Y. L. SCIL. L. REV. 477, 479 (1977).

⑮ *See* Litman, *supra* note 5, at 857 – 59.

⑯ *See* Frank H. Easterbrook, The Court and the Economic System, 98 HARV. L. REV. 4, 16 – 18 (1984) (指出"法律规定越详细越表明存在特殊利益集团之间的妥协,法官拥有的自由度也就越小,"并主张法官在面对所有类型的立法时都必须考虑特殊利益集团的影响,特别是"传统"经济客体(如知识产权)领域的立法). *See also* Robert P. Merges, One Hundred Years of Solicitude: Intellectual Property Law, 1900 – 2000, 88 CAL. L. REV. 2187, 2190 (2000) (过去一个世纪里,在国会制定"宽泛的授权性修正案"的领域,《版权法》都能够非常高效地适应新技术,因为这种立法方式"为法院塑造规则提供了很大的空间,为不可避免地将准普通法变革整合进主要修法过程争取时间";相反,"反映一时性关切的面向具体技术的、详细的法律条文……在一定程度上会阻碍发展知识产权法的准普通法过程"并且"事实证明难以适应新技术。").

可能规定得过多了。过去的版权法是法官在制定法基础上创造的一套法律,制定法仅包含一些一般性原则,因此它具有灵活性和朴素的简明性。我对于现行法偏离这种传统的做法深感遗憾。它现在被一套类似于《国内税法典》的详尽规则所替代。人们怀疑它许多较为复杂的条文规定都不符合任何法律起草的理想标准,而是相冲突的特殊利益集团经过激烈争吵之后形成的妥协产品。[17]

第四,《1976 年版权法》的立法史不仅仅反映出利益集团对个体立
138 法者的正常游说,而且反映出国会几乎完全把法律起草工作转交给了组织良好的产业选派的代表,而这些产业正是该法的受益者。[18] 尽管早期版权立法也曾受到著名作曲家及作者的影响,包括约翰·菲利浦·苏沙(John Philip Sousa)、诺亚·韦伯斯特(Noah Webster)和马克·吐温,[19] 但《1976 年版权法》立法史反映出的游说程度要远远超过早期。事实上,该法根本就不是由国会成员或他们的工作人员起草的,起草任务基本上转交给了代表作者、出版商及其他权利人利益的人员。由此形成的法律"授予作者广泛的权利,涵盖了可以想像的对版权作品的任何现有和未来使用,并将这些使用行为界定得极其宽泛"。该法对于这些宽泛的权利仅向有力量参与谈判的其他特殊利益集团提供了范围很窄的、详细的例外规定。[20]

《1976 年版权法》通过之后这一进程仍在持续。威廉·帕翠(William Patry)亲历了《1995 年数字表演权法》的立法过程,并以这样的方式描述了特殊利益集团在此过程中发挥的无处不在的影响:

版权特殊利益集团为国会议员举办筹款活动,写作竞选歌曲,邀

---

⑰ *See* NIMMER & NIMMER, *supra* note 5.

⑱ *See* Litman, *supra* note 5, 860 – 62. Cf. Neil W. Netanel, Locating Copyright within the First Amendment Skein, 54 STAN. L. REV. 1, 67 – 69(2001)(指出自《1909 年版权法》以来,国会一直依赖利益相关方起草版权法,这催生了"一整套持续不断扩张的版权人权利","近年来……随着言论权对产业和国民经济的重要性不断提升,版权产业的寻租活动也达到了前所未有的高度");Stewart Sterk, Rhetoric and Reality in Copyright Law, 94 MICH. L. REV. 1197, 1244 – 46(1996)(类似观点).

⑲ *E. g.*, SIVA VAIDHYANATHAN, COPYRIGHTS AND COPYWRONGS 35 – 47(2001). 有关苏沙攻击新发明的留声机及其在《1909 年版权法》立法过程中为自己游说保护的记述, *see* STUART BANNER, AMERICAN PROPERTY: A HISTORY OF HOW, WHY, AND WHAT WE OWN 113(2011)。

⑳ Litman, *supra* note 5, 860 – 61, 883.

请国会议员(及其工作人员)参加私人电影放映或者高度抢手的演唱会,起草他们希望国会不经任何修改加以通过的立法。在第104届国会期间,他们负责起草委员会报告,而且就报告中应该写入什么内容相互讨价还价。根据我的经历,某些版权律师和游说人士事实上对国会议员和工作人员干预立法和委员会报告感到不满,他们认为这些立法和委员会报告是他们自己的。在第104届国会,我们走到了这样一个节点——必须忽视立法史,因为国会工作人员甚至根本就没有碰过委员会报告。[21]

该等广泛的权利覆盖了可以想象的对版权材料的任何现有和未来使用行为。正如我们所看到的,这造成了一个不曾预见到的保护范围扩张问题。它与过度抽象的专利权利要求所导致的保护范围扩张问题没有太大的区别,[22]主要不同在于,《版权法》项下这一问题纯粹是经由制定法本身的效力造成的。

二、版权法监管俘获问题造成的危害

(一)损害创造性作品使用方面的自由和对抗

现行《版权法》授权版权人就使用其版权作品的行为行使广泛的控 139
制权。他们不但控制复制原始作品的行为(包括复制作品的一小部分),而且控制以任何方式对原作品进行“修改、转化或改编”的创作演绎作品的行为。[23] 与大多数侵权责任法和制定法不同,《版权法》授予潜在原告广泛的权利,有时即便使用版权材料的行为不会对版权人造成有意义的损害。跟专利一样,版权侵权之诉的原告必须证明复制,但版权原告只需证明很小量的复制。复制构成法定的错误行为,除非被告能够证明存在某种抗辩,例如合理使用。[24] 即使鉴于复制的性质和程度以及

㉑ *See* William F. Patry, Copyright and the Legislative Process: A Personal Perspective, 14 CARDOZO ARTS & ENT. L. J. 139,141(1996).

㉒ 参见第五章。

㉓ 17 U. S. C. §106(2).

㉔ *See* 17 U. S. C. §501(“任何人违反版权人的任何排他权利……均属于版权侵权人”).

相关环境不可能造成损害,版权人也能够据此证明有表面证据的(prima facie)侵权行为。唱片业为什么能够起诉成千上万的人为个人目的对合法购买的音乐制作副本的行为,即便其中大多数人都不可能再另外购买一套?原因正在于此。[25]

一旦版权人证明了有表面证据的侵权行为,证明责任(burden of proof)通常就转移给被告,由其证明合理使用。[26]《版权法》第107条要求在分析合理使用时考察四项因素:(1)被告使用行为的目的和性质,包括它是否属于商业性使用,是否属于对原告作品的“转化性”使用;(2)版权作品的性质,包括该作品是否未经发表,以及属于事实性作品还是创造性作品;(3)被复制部分的数量及所占比例;(4)对版权作品的市场造成的损害。[27]

通过考察市场损害以外的因素,法院可以轻易拒绝认可合理使用,即便并不存在表明损害的证据或者只有臆测性的该等证据。另外,什么是法律上承认的损害也没有得到很好的界定。事实上,这一界定可能存在循环论证:版权人总可以争辩说被告的使用行为给其造成了损害(因
140 此不合理),因为原告原本可以就任何使用行为向其支付许可费。然而,如果该使用是合理使用根本就无需付费。[28] 其结果是“将合理使用从市场损失这一传统理据上连根拔起,并可能把使用者付得起费用的任何使用行为都转变成必须付费”。[29]

法院也没有把侵权行为局限于可能损害版权人创作和传播作品之激励的复制行为。在处理各种产品——从问答集锦和大学课程参

---

[25] *See* Jessica D. Litman, Lawful Personal Use, 85 TEX. L. REV. 1871, 1871 – 79 (2007)(指出,“唱片业起诉了两万多人的个人使用行为,只有把‘商业性’一词重新定义为‘未经许可的’才能把这些使用行为定性为‘商业性’使用”。)

[26] 并非总是如此。一百多年前斯托雷大法官在福尔森诉马什案(*Folsom v. Marsh*)中首次阐述合理使用的要素时,这些要素被用于评估侵权行为而非一项积极抗辩。很显然应该由原告承担证明责任(burden of proof)表明这些因素指向认定侵权行为。*See* Christina Bohannan, Copyright Harm, Foreseeability, and Fair Use, 85 WASH. U. L. REV. 969, 975 – 77 (2007).

[27] *See* 17 U. S. C. § 107.

[28] *See, e. g.*, Princeton Univ. Press v. Mich. Document Servs., 99 F. 3d 1386, 1387 (6th Cir. 1996); Am. Geophysical Union v. Texaco, 60 F. 3d 913, 929 (2d Cir. 1994); Bohannan, *supra* note 26, at 978.

[29] Mark A. Lemley, Should a Licensing Market Require Licensing?, 70 LAW & CONTEMP. PROBS. 185, 190 (2007).

考资料包到音乐和豆豆娃(Beanie Babies)——的案件中它们都很少关注损害问题。例如,在一个案件中,被告制作了与《桑菲尔德》(*Seinfeld*)电视剧情节和人物相关的问答集锦。证据表明《桑菲尔德》的制片人无意进入问答集锦市场,这一证据得到法院采信。[30] 但是,法院却认定侵权行为成立,因为被告复制了原告的版权材料,而原告本已决定不进入该市场。[31] 因此,法院实质上假设版权人有权控制任何复制其作品的行为,即便被告的复制行为并没有导致版权人的状况相较本将所处的状况变得更差。

另一个法院则仅仅根据这样一种臆测禁止被告使用受版权保护的照片,即被告的使用行为可能在遥远的未来造成某种损害。被告创作了一本收藏方面的参考书,提供有关豆豆娃填充动物玩具藏品的信息,包括文章、估价以及购买建议。书中还使用了各种豆豆娃的照片。法院认定这一使用行为侵犯了玩具生产商的版权并颁发临时禁令。法院拒绝采纳该书构成转化性合理使用的抗辩意见,并认定它损害了版权人的演绎作品市场。[32] 然而,没有任何证据表明该书有可能替代豆豆娃填充动物玩具本身的销售,也不可能与普通的收录豆豆娃照片的图书相竞争。更加重要的是,豆豆娃制造商的身份决定了它无法进入对自身藏品进行中立评估的图书市场。因此,原告及其可能开拓的任何市场都没有受到损害。法院仅仅臆测它**可能**在**遥远的未来**遭受某种损害。法院观察到,“通过反复实施短货策略”,生产商“追求尽可能持久地维持豆豆娃的巨大需求和受欢迎度,并因此寻求避免过度曝光或市场饱和”。但是,该 141
等臆测性的损害证据并不足以正当化认定侵权行为,更别说是以临时禁令压制他人创作性的、有价值的作品。

在一个案件中,一家出版商指控大学课堂上使用的由复印材料组成的参考资料包。第六巡回法院认定该行为构成侵权。[33] 这似乎是一

㉚ Castle Rock Entertainment, Inc. v. Carol Pub. Group, Inc., 150 F. 3d 132(2d Cir. 1998).

㉛ *Id.* at 146(遵循了下级法院的如下推理:如果“仅仅因为艺术家出于艺术方面的考虑决定不以原作品的各种版本充斥市场”就拒绝他们就演绎作品享有垄断权,将不利于实现《版权法》所追求的宪法目的,即促进艺术进步).

㉜ Ty, Inc. v. West Highland Pub., 1998 WL 698922, at *15–16(N. D. Ill. Oct. 5, 1998).

㉝ Princeton University Press v. Michigan Document Services, 99 F. 3d 1381, 1387(6th Cir. 1996).

个简单的合理使用案件。首先,该复制行为的目的用于教育。大学教授以课程参考资料包的形式将节选自多部作品的资料发放给学生,以便他们接触更多样化的不同观点。此外,没有任何证据表明资料包对版权人造成了任何明显的损害,因为出版商自己并不出售汇编作品。几位教授作证说,无论是否允许复制,他们都不可能向学生指定整本作品。[34] 正如麦瑞特法官(Merritt)在异议意见中指出,版权人遭受的损害纯粹是臆测性的:

本案中原告并没有证明被告的复印行为对它们的出版业务哪怕是造成了轻微的经济损害……如果不允许复制节选部分,指定涉案作品的教授可能会指示学生购买整本作品:案件事实表明这完全是出版商的痴心妄想……本案原告指控的使用行为多年来一直非常普遍,而出版商并不能证明在这一期间它们的原作品市场遭受了任何重大损害。[35]

法院并没有就如下问题作出任何认定,即授予版权人控制参考资料包复制市场的权利是否为鼓励其创作和传播版权作品所必须。相反,它仅仅指出了非常明显的一个事实,即版权人将能够享受源于该等使用行为的收入。

《版权法》损害赔偿条款允许法院判赔如下金额的损害赔偿:(1)版权人遭受的实际损害以及被告获得的任何额外利润;(2)法定的损害赔偿金额。[36] 法院曾在原告对实际损害未作任何证明的情况下,根据被告获利判决损害赔偿,或者判决每部侵权作品 750 美元到 150,000 美元之间的法定赔偿。其结果,在没有任何证据表明使用行为对普通版权人创作或发行版权作品的激励会造成损害的情况下判赔损害赔偿可能阻吓使用。
142 例如,在弗兰克音乐公司诉米高梅公司案中,被告

---

[34] *Id.* at 1409[瑞安法官(Ryan)异议意见];*id.* at 1398[麦瑞特法官(Merritt)异议意见].

[35] *See id.* at 1398(麦瑞特法官异议意见). *See also id.* at 1409(瑞安法官异议意见).

[36] *See* 17 U. S. C. § 504. 法定赔偿的金额范围是每部作品 750 美元到 30,000 美元,恶意侵权行为最高可判赔 150,000 美元。*See* Davis v. The Gap, Inc. ,246 F. 3d 152,159(2d Cir. 2001)(将原告实际损害与被告获利视为两个相互独立的类别,"判赔侵权人获利时仅仅从侵权人的角度考察事实");Engel v. Wild Oats, Inc. ,644 F. Supp. 1089,1091 – 92(S. D. N. Y. 1986)(法定损害赔偿的适用不因存在实际损害或被告获利而受到限制).

米高梅在其酒店内上演的多部剧作使用了音乐版名剧《富贵荣华》(Kismet)的部分内容,上诉法院认定原告并未遭受任何可证明的损害。[37] 上诉法院认可了下级法院的如下认定,即“原告的损害理论是不确定的和臆测性的”。另外,“[并非]不可能得出如下结论,正如下级法院明显所做的那样,即一部使用《富贵荣华》六分钟音乐片段但并没有讲述该剧任何故事的作品,并不会对完整演出该剧的前景造成重大损害。”然而,法院却要求被告支付数万甚至数十万美元的赔偿,其计算依据是被告从使用行为中获得的利润。事实上,法院判决,鉴于酒店从该剧中获得了直接利润并且从使用行为可能带来的酒店及博彩活动量增加中获得了间接利润,下级法院判赔的22,000美元损害赔偿金似乎“明显不足”。

最后,法院通常不考虑版权作品和侵权作品属于互补品还是替代品。如果是互补品,被告作品事实上会增加版权作品的销量。例如,丹·布朗(Dan Brown)在创作畅销小说《达·芬奇密码》(*The Da Vinci Code*)时借用了非小说类图书《圣血与圣杯》(*Holy Blood, Holy Grail*)中包含的信息。[38] 由于丹·布朗的小说激起了读者的兴趣,《圣血与圣杯》在英国的销量增加了745%,使其荣登一些英国畅销书排行榜。亚马逊网站报告的销量增幅更大,达到惊人的3500%。该等销量增长远远超过版权人就部分使用作品的行为通常可能索要的许可费,然而法院甚至根本就没有考虑该等证据。如果法院不考虑表明利润增加的证据,其评定的损害肯定会被夸大。

然而,从许多方面来看,如今最困扰人们的版权问题并非那些诉诸诉讼的案件,而是版权对人们使用和创作创造性作品之日常决定的影响。宽泛的版权、不确定的合理使用范围以及严厉的损害赔偿规则造成“寒蝉效应”,因为人们担心即便很小量的复制都可能让自己面临毁灭

---

[37] Frank Music Corp. v. Metro-Goldwyn-Mayer, Inc., 772 F. 2d 505, 513 (9th Cir. 1985). 尽管本案受《1909年版权法》调整,但《1976年版权法》的损害赔偿条款在所有相关事项上都与1909年法相同。原剧由爱德华·诺布洛克(Edward Knoblauch)创作于1911年,已过版权保护期。音乐改编作品由罗伯特·怀特(Robert Wright)和乔治·福瑞斯特(George Forrest)创作于1953年。

[38] 第三章对本案有所讨论。

性的责任。[39] 他们往往要么放弃使用版权材料,要么对于假如进入诉讼143 程序几乎肯定会被认定为合理使用的使用行为也购买许可。[40] 例如,由于取得许可需要耗费大量时间、金钱和精力,创作图书或纪录片等作品的作者,很可能放弃使用那些原本能够提升作品品质的缩小版艺术形象、视频片段以及词曲小样。另外,即便作者认为自己的行为属于合理使用并且愿意赌一把,出版商及其他中介机构往往也会拒绝依赖合理使用,而要求作者要么取得许可要么删除相关材料。例如,我们的一位同事在写作一本有关宪法第一修正案如何调整艺术的著作时,希望使用大型彩色绘画的小版黑白再现品。但是,尽管其向出版商引证的很多案例表明这种行为属于合理使用,出版商仍然要求要么取得许可要么彻底删除。另外,高校学生还收到各种恐吓信,威胁他们非法下载一首歌曲最高可能需要支付150,000美元的法定赔偿金,尽管iTunes上出售的大多数单曲的市场价值也就99美分左右。

在所有这些案件中,也许有人会说,如果某人从使用版权作品中获益,版权人理应获得报酬,不论使用行为是否削弱了版权人的事前激励。然而,正如第三章指出的那样,在发达社会该等“溢出效应”的利益无处不在,但它们很少获得报酬;相反,因为它们的存在社会才得以蒸蒸日上。更加重要的是,宪法授权国会制定版权立法的理由正在于它切实能够使公众受益。如果版权法剥夺公众从那些不会损害版权人激励的版权作品使用行为中获益,它也就不再服务于宪法目的了。

(二)损害言论自由

- 版权的言论管制效果

跟专利法一样,版权保护过度同样会阻碍创新以及阻碍接近创新产品。然而,版权法还会损害专利法通常不会影响到的一些价值和自由。因为版权管制文字及其他创造性表达,它会对宪法第一修正案保护的自

---

[39] *See* Robert Kasunic, Preserving the Traditional Contours of Copyright, 30 COLUM. J. L. & ARTS 397, 403 – 04 (2007); Joseph Liu, Copyright and Freedom of Expression, 30 COLUM. J. L. & ARTS 319, 324 (2007).

[40] James Gibson, Risk Aversion and Rights Accretion in Intellectual Property Law, 116 YALE L. J. 882, 884 (2007) (“灰色地带内的许可实践最终会减弱这些地带的灰色程度,因为许可行为本身将成为表明该使用行为受权利覆盖的证据”).

由形成负担。第一修正案对言论和表达提供强有力的保护，旨在促进民主自治、[41]提升思想市场，[42]以及保护自治权和自我表达权。[43] 随着版权法禁止越来越多的版权表达（copyrighted expression）使用行为，必然会侵害到他人使用版权材料表达自己的能力。 144

《1976 年版权法》增加了一项非常宽泛的演绎作品权，它与复制权结合在一起几乎禁止了任何复制版权表达的行为。另外，版权保护期被延长至作者有生之年加 70 年，很多情况下都会轻易地超过一百年。此外，续展保护不再以提出续展申请为前提。在之前的续展申请制度下，大约 85% 的作品都放弃了续展保护，尽管在实行该制度的大部分时期内续展费只有 12 美元。续展制度是一个简单而有效的平衡版权人与公众利益的方式：一旦版权人认为继续保护不再有价值并放弃续展其作品便进入公有领域供任何人使用。[44] 放弃续展制度之后，旧材料的搜索成本急剧飙升，包括大量已经脱销的材料或者不再具有重大商业价值的材料。在许多情况下，版权人不但没有受到损害，而且由于登记信息非常陈旧，甚至根本无法找到相关材料的所有人。不足为奇的是，一度销声匿迹的版权法与第一修正案的冲突问题现在重新被很多人视为一个严

---

[41] 关于宪法第一修正案和民主程序的讨论，*see* ALEXANDER MEIKLEJOHN, FREE SPEECH AND ITS RELATION TO SELF-GOVERNMENT (1948); CASS R. SUNSTEIN, DEMOCRACY AND THE PROBLEM OF FREE SPEECH (1993); OWEN M. FISS, LIBERALISM DIVIDED: FREEDOM OF SPEECH AND THE MANY USES OF STATE POWER (1996)。

[42] “思想市场”（marketplace of ideas）这一比喻的源头是霍姆斯（Holmes）大法官。他有一句非常著名的话：“检验真理的最佳标准是思想具有的在市场竞争中获得人们接受的力量。”Abrams v. United States, 250 U. S. 616, 630 (1919)（霍姆斯大法官异议意见）. 无论是作为一种理论还是一种比喻，思想市场在宪法第一修正案法和学术领域都得到广泛应用。*See, e. g.*, Red Lion Broad. Co. v. FCC, 395 U. S. 367, 390 (1969)（“宪法第一修正案的目的是维护一个不受限制的思想市场，这一市场上真理终将获胜，而不是要认可由政府本身或其授予的私人垄断这一市场。”）.

[43] *See, e. g.*, C. EDWIN BAKER, HUMAN LIBERTY AND FREEDOM OF SPEECH (1989)（讨论了塑造媒体环境之结构的政府规则如何威胁受宪法第一修正案保护的正当的个人自治利益）; Procunier v. Martinez, 416 U. S. 396, 427 (1974)（马歇尔大法官附议意见）（“宪法第一修正案不仅服务于政体的需要，也服务于人类精神的需要——一种要求自我表达的精神。”）

[44] *See* 17 U. S. C. 301. *See* William F. Patry & Richard A. Posner, Fair Use and Statutory Reform in the Wake of Eldred, 92 CAL. L. REV. 1639, 1640 – 41 (2004)（“续展不仅能起到告知版权存在的作用，而且续展制度的经验表明不具有商业价值的作品不可能被续展，因此能够扩大公有领域的规模。”）

重而“棘手的”问题。[45]

如今，关于如何协调版权和言论自由之间的关系，人们普遍认为“转
145 化性”复制——借用他人的表达并在此基础上添加新的材料或新的背景——属于言论，纯复制则不属于言论。[46] 例如内尔·奈塔奈尔（Neil Netanel）认为，“最为成功的尝试是把‘言论’定义为旨在并且确实被理解为具有沟通性的活动。”[47]因此他认为，转化性复制属于沟通性言论，“绝大部分”“消费性”复制则不属于。杰德·鲁宾菲尔德（Jed Rubenfeld）认为，宪法第一修正案保护“想象自由”，包括“以创造性和沟通性方式探索未知世界的自由”。[48] 相应的，如果版权法禁止运用想象力创作演绎作品或者现场表演版权作品，在此限度内它是违宪的。相反，“当版权法禁止简单的盗版行为时，它并没有惩罚侵权人发挥自己的想象力。它所惩罚的是他们没有发挥想象力——没有在被复制材料的基础上添加任何新的想象性的内容”。

但是宪法第一修正案保护的价值并不支持这种对转化性复制和消费性复制的笨拙区分。宪法第一修正案本身根本就没有作任何划分，它

㊺ 这里仅列举少数几篇相关文献，包括 Melville B. Nimmer, Does Copyright Abridge the First Amendment Guarantees of Free Speech and Press?, 17 UCLA L. REV. 1180 (1970)（主张该冲突是“一个基本被忽视的悖论，需要加以探讨”），请比较 Rebecca Tushnet, Copy this Essay: How Fair Use Doctrine Harms Free Speech and How Copying Serves it, 114 YALE L. J. 535, 546 (2004)（把该冲突描述为“棘手的”，因为复制行为内在地包含着言论价值。）*See also* Yochai Benkler, Free as the Air to Common Use: First Amendment Constraints on Enclosure of the Public Domain, 74 NYU L. REV. 354 (1999); DAVID L. LANGE & H. JEFFERSON POWELL, NO LAW (2009); Mark A. Lemley & Eugene Volokh, Freedom of Speech and Injunctions in Intellectual Property Cases, 48 DUKE L. J. 146 (1998); Lawrence Lessig, Copyright's First Amendment, 48 UCLA L. REV. 1057 (2001); NEIL WEINSTOCK NETANEL, COPYRIGHT'S PARADOX (2008).

㊻ *See, e. g.*, NETANEL, *supra* note 45; Paul Bender, Copyright and Freedom of Expression, 30 COLUM. J. L. & ARTS 319, 330（主张剽窃不属于“宪法第一修正案项下的活动”，第一修正案仅适用于“确实涉及侵权人之表达”的案件）; Pierre N. Leval, Toward a Fair Use Standard, 103 HARV. L. REV. 1105, 1111 (1990)（认定合理使用的正当性“取决于受指控使用行为是否属于转化性使用以及转化的程度”）.

㊼ NETANEL, *supra* note 45, at 44–46.

㊽ Jed Rubenfeld, The Freedom of Imagination: Copyright's Constitutionality, 112 YALE L. J. 1, 49–59 (2002).

只是一味地禁止任何“减损言论自由或新闻自由的法律……”[49]宪法第一修正案和知识产权条款不仅重视新表达的创作而且重视它的传播。[50]鼓励版权作品传播的原因必然在于希望它们被消费，即被加工或考虑。版权法唯有通过版权作品被消费才能提升思想市场和民主治理。大量无害复制行为正是为了促进这种消费。版权作品渗透在我们的文化和周遭环境之中，影响着社会和政治观念并提供了表达它们的语汇。另外，对于听众而言，被复制的言论与原始言论具有完全相同的价值。事实上，正如欧根·沃洛克(Eugene Volokh)指出，在许多涉及版权侵权的情况下，被复制“作品对于读者具有的价值远远超过原作品，因为后者可能难以获得、获得成本过高或者根本不为他们所知”。[51]

复制或其他行为是否构成言论取决于“该具体行为是否包含一定的沟通要素，足以触发宪法第一修正案的管辖”。联邦最高法院解释说，如果一个行为具有“传递某一具体化信息的意图”并且“看到该信息之人理解它的可能性很大”，该行为就构成言论，从而能够得到宪法第一修正案的保护。[52] 146

涉及复制的许多案件都明显具备这些要素。传递信息要素在涉及转化性复制的案件中也许表现得最为明显。说唱组合 2 Live Crew 乐队针对罗伊·奥比森(Roy Orbison)的歌曲《哦，漂亮女人》(Oh Pretty Woman)创作了一部性暗示的戏仿作品，它所传递的信息是拒绝原作的平庸和伤感(或者苍白无力)。[53] 然而，信息要素往往也明显存在于许多纯复制案件之中。在公共场合大声朗读圣经的福音传教士肯定意图传达一种信息，并且也确实做到了这一点，即便他本人并没有创作圣经也

---

[49] *See* Melville Nimmer, Does Copyright Abridge the First Amendment Guarantees of Free Speech and Press, 17 UCLA L. REV. 1180, 1181(1970)(接着指出，“布莱克大法官曾说，此处所说的‘任何法律不得’真的是指任何法律不得，‘而没有任何“如果”、“但是”或“鉴于”之类的限制’”)(quoting Edmond Cahn, Justice Black and First Amendment “Absolutes”: A Public Interview, 37 NYU L. REV. 549, 553, 559(1962)).

[50] *See* L. Ray Patterson, Free Speech, Copyright, and Fair Use, 40 VAND. L. REV. 1, 6 – 7 (1987).

[51] Eugene Volokh, Freedom of Speech and Intellectual Property: Some Thoughts After Eldred, 44 Liquormart, and Bartnicki, 40 HOUS. L. REV. 697, 726(2003); Tushnet, *supra* note 45, at 565 – 66(援引“听众获取”这一价值，主张“复制通过赤裸裸地把信息置于公民手中而促进了民主”).

[52] Texas v. Johnson, 491 U. S. 397, 404, 410 – 411(1989).

[53] *See* Campbell v. Acuff-Rose Music, Inc., 510 U. S. 569, 583(1994).

没有以任何方式对它增加任何内容。暂且不论版权法，宪法第一修正案毋庸置疑会对这种行为提供保护。这一点在如下情况下同样成立，即福音传教士在一份书面文件中复制了圣经的部分内容，并将该文件的复制件广泛传播。当然，有人可能会说，圣经是属于公有领域的作品。但在确定复制者的行为是否构成言论时，并不涉及被复制作品受版权保护还是处于公有领域的问题。这两种情况下复制者都不是最初创作该信息的言论者。[54] 无论如何，虽然圣经原始手稿和1611年詹姆士国王钦定版本已经进入公有领域，但这一福音传教士使用的圣经则可能是一种尚未进入公有领域的翻译本。例如，非常流行的《新国际版本圣经》(*New International Version* (NIV))出版于1978年，《佳音圣经》(*Good News Bible*)最早出版于1966年。这两个版本目前仍然受版权保护。

法院已经认识到，(用马克·吐温的话说)“正确的词语与几乎正确的词语”之间存在巨大差异。[55] 在科恩诉加利福尼亚州案(*Cohen v. California*)中，联邦最高法院判决，个人拥有的言论利益既包括传递其思想的利益，也包括以自己偏爱的词语表达该等思想的利益。[56] 科恩因为在公共场合身穿印有“操兵役”(Fuck the Draft)的夹克衫而被判处闹事罪。联邦最高法院在撤销该判决时解释说，“人们在选择词语时，词语的情感激发力与认知力是同等重要的考量”；它不能“接受如下观点，即虽然宪法关心个人言论包含的认知内容，但很少关注或者根本不关注它的情感激发功能。然而，实际一点说，对所要传递的整体信息而言，词
147 语的情感激发功能往往构成更加重要的因素”。另外，由于改变哪怕是一个单词都会改变一个陈述的整体含义，联邦最高法院认为，它不能“随随便便地假定法院可以禁止使用具体词语而这样做又不会带来压制思想的重大风险”。

这一点在版权法上同样成立。人们言论时可能出于各种各样的原因选择借助他人的语言，其选择会影响所传递的信息。版权人可能会对

---

[54] *See* Worldwide Church of God v. Philadelphia Church of God, 227 F. 3d 1110 (9th Cir. 2000)(合理使用法则并不能对出于福音传教目的而复制宗教图书的行为进行开脱).

[55] *See* Parks v. LaFace Records, 329 F. 3d 437, 450 (6th Cir. 2006) [quoting Mark Twain from J. BARTLETT, FAMILIAR QUOTATIONS 527 (16th ed. 1992)].

[56] Cohen v. California, 403 U. S. 15, 25 – 26 (1971).

他人使用其表达的行为感到生气，但正如某人看到他人在公共场合穿戴写有诅咒语言的衣服时感到愤怒一样，这种愤怒本身并不能决定行为的合法性。

前文所述复印店的案子是一个有关纯复制（而非转化性复制）促进宪法第一修正案提升民主自治之目标的例子。第六巡回法院判决，被告为大学课堂制作课程资料包的行为侵权。法院认定，无论是教授还是复印店都没有以任何方式对版权作品进行转化。然而，让大学生接触文学、历史或其他类型的作品有助于直接培育一个文明的公民群体，并进而有助于提升民主自治。正如瑞安法官（Ryan）在异议意见中指出，"教授提供的多元化的材料虽然不是课程所必需，但能够丰富或扩大学生的知识面，因此能够使社会受益"。[57] 复印店能够比单个学生更加经济有效地复制教育材料。另外，必须指出，《版权法》的合理使用条款对于为教育目的进行复制的行为提供了专门保护，规定"为……教学（包括课堂使用的多份复制件）……目的合理使用版权作品的行为……不构成版权侵权"。[58] 尽管该条对为教育目的而复制的行为似乎明确规定了一项例外，但法院却仅仅根据如下臆测颠覆了宪法第一修正案的价值，即复制行为将会损害版权人创作和发行作品的激励。

根据宪法第一修正案的个人自治理论，复制行为也具有明显的言论价值。复制版权作品往往是进行自我表达的手段。复制者首先查找可资利用的作品，然后选取其认同或不认同的作品，并使用最能表现其思想或情感的部分。联邦最高法院判决，选择将哪些他人言论纳入自身信息的过程涉及一些选取工作，它们构成受保护的言论。例如，联邦最高法院在一个案件中判决，游行组织者在决定谁可以参加游行时所作的取舍构成受保护的言论。[59] 州的反歧视法要求组织者允许同性恋组织参加游行，法院判决该法违反组织者在宪法第一修正案项下享有的沉默权（right not to speak）。《版权法》还对汇编作品提供版权保护，以此承认 148

[57] Princeton Univ. Press v. Mich. Document Servs.，99 F. 3d 1386，1404（6th Cir. 1996）.

[58] 17 U. S. C. § 107.

[59] Hurley v. Irish-American Gay，Lesbian and Bisexual Group of Boston，515 U. S. 557，572－73（1995）. *See also* Miami Herald Pub'g Co. v. Tornillo，418 U. S. 241，258（1974）（报纸对使用哪些他人言论进行编辑，这构成受第一修正案保护的言论）.

“选择、协调与安排”现有材料的工作包含表达价值。[60] 因此，第一修正案不仅应该把转化性复制而且应该把大量“纯”复制作为言论加以保护。相应的，《版权法》构成一种应受合宪性审查的言论管制。

- 版权是基于内容的管制还是内容中立的管制？

如果版权法属于言论管制，那么它属于何种类型的言论管制呢？在传统的宪法第一修正案分析中，法院首先决定涉案法律的监管对象是言论还是纯行为。如果监管对象是言论，未经表明足够的政府利益，政府不得施加某些类型的限制。“基于内容的”(content-based)限制会基于信息的内容而歧视某些形式的言论。这种限制必须以迫切的(compelling)政府利益作为正当理由，并且必须是有助于实现该等利益的、对言论限制最小的手段。[61] 当适用这种严格审查(strict scrutiny)标准时，基于内容的限制几乎总是无法通过审查。而内容中立的(content neutral)限制适用中度审查(intermediate scrutiny)标准，其严厉程度低于前一标准，但仍然相当苛刻，要求该限制必须以重要的(important)政府利益作为正当理由，并且需要以服务该利益为目的进行贴合的剪裁。[62]

版权法是基于内容的管制还是内容中立的管制？诚然，责任的认定取决于对复制内容的考察。《版权法》只禁止与版权表达“实质相似”的言论，而合理使用抗辩给予某些表达的免责程度也高于其他表达。[63] 但是“基于内容的”一词在宪法第一修正案分析中具有特定含义。对基于内容的管制适用严格审查标准的主要目的是防止政府不当歧视某些言论类型。版权法并没有反映出该等不当的政府动机。相反，版权法的制裁目标“不是侵权人言论的观点、客体甚或具有的沟通性影响，而是侵

---

[60] *See* 17 U.S.C. §101(定义受版权保护的“汇编”).另外，即便复制行为包含的“言论”成分不明显，它也明显涉及结社自由(freedom of association)，因为它向复制者提供了与他人思想或表达相靠拢的手段。在宪法第一修正案项下结社自由是一项基本权利，因为它“对第一修正案保护的言论和集会而言是不可或缺的”。ERWIN CHEMERINSKY, CONSTITUTIONAL LAW 1155(3d ed. 2009).

[61] *See*, *e.g.*, United States v. Stevens, 130 S. Ct. 1577(2010)(对描述动物虐待的视频施加的基于内容的限制，被宣布无效)；United States v. Williams, 553 U.S. 285, 304(2008)(谴责儿童色情的规定，被维持)；Lorillard Tobacco Co. v. Reilly, 533 U.S. 525, 577(2001)(对无烟烟草广告施加的监管，被宣布无效).

[62] *See*, *e.g.*, Bartnicki v. Vopper, 532 U.S. 514, 517–21(2001)(禁止新闻机构播放非法窃听到的谈话属于内容中立的规定，被宣告无效).

[63] *See* Volokh, *supra* note 51, at 706–07.

权行为对所有者的激励造成的有害影响”。[64]

因此,版权法属于基于内容的管制还是内容中立的管制?对于这一 149
问题的回答很大程度上取决于“基于内容的”这一标签的适用范围:它适用于基于内容进行区分(distinguish)的言论管制,还是仅仅适用于基于内容进行歧视(discreminate)的言论管制?如果基于内容的区分就足以构成“基于内容的”管制,版权法就属于基于内容的管制法。例如,反窃听法属于内容中立的管制,因为它“并不根据所截获谈话的内容……而是基于它们被非法截获这一事实进行区分”。[65] 相反,版权侵权与否的判断取决于对被告言论内容的考察。法院必须决定被告是否从版权人那里复制了不适当数量的版权表达。这一决定部分取决于被告是借用了可受版权保护的表达,还是仅借用了不可受版权保护的思想。非常明显的一点是,在版权侵权案件中适用思想—表达二分法时需要认真考察原被告双方作品的内容。另外,在被告作为抗辩主张合理使用法则的许多案件中(例如主张其作品是一种戏仿),侵权与否的判断很大程度上取决于被告所传递信息的内容。如果被告传递的信息是批评、评论原告的作品或者对其添加新的含义——易言之,“转化”原告的作品——它被视为侵权作品的可能性将会大大下降。[66]

即便基于内容的限制仅指歧视某些类型之言论或观点的法律,版权法也能够满足要求,即以歧视性的方式加以适用。[67] 版权人有时针对“玷污”原作品形象的使用行为提起侵权之诉。例如,一位摄影师起诉反叛雕塑家杰夫·库恩斯(Jef Koons),指控后者的某雕塑作品试图讽刺其一窝可爱的小狗那幅照片平淡无奇。[68] MCA 音乐公司(MCA Music Company)起诉一位曲作家对1940年代的爱国主义歌曲《B 公司

---

[64] Netanel, *supra* note 18, at 48.

[65] Bartnicki, 532 U. S. at 526(尽管涉案反窃听法是内容中立的,但它管制“纯言论”,将该法适用于被告身上违反其受宪法第一修正案保护的言论权).

[66] *See*, *e. g.*, Campbell v. Acuff-Rose Music, Inc., 510 U. S. 569, 579 (1994)(转化性使用有权获得合理使用法则的更大程度的保护);NXIVM Corp v. Ross Inst., 364 F. 3d 471, 477 – 78 (2d Cir. 2004)(类似观点);Mattel, Inc. v. Walking Mountain Prods., 353 F. 3d 792, 801, 806 (9th Cir. 2003)(类似观点).

[67] *See* Rubenfeld, *supra* note 48, at 6 – 7(主张,如果版权法“禁止借用版权作品的言论,除非[该言论]‘批评’该作品”,那么版权法不仅从事了基于内容的歧视而且从事了观点歧视).

[68] *See* Rogers v. Koons, 960 F. 2d 301, 308 – 09 (2d Cir. 1992).

吹号角的男孩》(*Boogie Woogie Bugle Boy of Company B*)创作一个性幽默版本。[69] 在这两起案件中，法院都在缺少任何经济损害证据的情况下认定侵权行为成立。

然而，从根本上讲，版权法最好被定性为基于内容的言论监管还是内容中立的言论监管，可能并没有那么重要。已经有很多人对这个问题
150 作了大量讨论，对两种定性都提出了很好的论点。然而，似乎存在一种可能，即取决于所涉作品的性质，版权法在某些情况下属于基于内容的限制，另外一些情况下则属于内容中立的限制。重要的是，两种情况下需要考察的问题都是，政府拥有的禁止该言论的利益是否足以构成禁止使用版权材料的正当理由。这一问题主要取决于被告的使用行为是否可能明显损害版权人的创新激励。

- 过度宽泛与模糊不清

言论管制同样可能存在过度宽泛和模糊不清的问题。如果一部法律虽然可以合法地管制某些言论或行为，但同时也会适用于受联邦宪法保护的其他言论，它就是违宪的过度宽泛的法律。“实质性过度宽泛”将导致制定法被宣告无效。[70] 正如联邦最高法院在试图界定这一术语时解释的那样，要构成实质性过度宽泛，“能够想象到一些不被允许的(impermissible)适用情形”还不够达到实质性过度宽泛的标准，“必须存在如下现实的危险，即该制定法本身将实质性削弱当事人以外的人拥有的得到宪法第一修正案认可的保护”。按照这一规则，如果受一部制定法禁止的受保护言论“在该法调整的材料之中仅占微不足道的比例”，联邦最高法院拒绝认定构成实质性过度宽泛。[71] 相反，如果一部制定法“可能经常性地适用于受保护的表达”，则属于违宪的过度宽泛的法律。[72]

一个很好的例子是联邦最高法院近期作出的一个宣告一部联邦制

---

[69] *See* MCA, Inc. v. Wilson, 677 F. 2d 180, 185(2d Cir. 1981).

[70] City Council of Los Angeles v. Taxpayers for Vincent, 466 U. S. 789, 800 - 01(1984)(一部市政条例规定在公共财产上张贴告示的行为非法，得到维持).

[71] *See*, *e. g.*, New York v. Ferber, 458 U. S. 747, 773(1982)(州法禁止儿童色情物品，得到维持，尽管该制定法偶尔会适用于具有严肃文学、科学或教育价值的材料).

[72] City of Houston v. Hill, 482 U. S. 451, 467(1987)(一部条例禁止打扰正在执行公务的警察，被宣告无效).

定法无效的判决。该法规定交易"描述虐待动物的物品"构成犯罪。该法把受禁止的客体定义为：

任何以视频或音频方式描述故意致残、损坏肢体、折磨、弄伤或杀死一个活动物之行为的物品，包括任何照片、电影胶片、录像、电子影像或者录音，前提是根据联邦法或者制作、销售或占有该物品的州的法律该等行为属于非法。[73]

联邦最高法院几位大法官在口头听审期间指出，该规定的宽泛程度足以禁止描述斗牛或狩猎的物品，即便这些活动在发生地是合法 151
的。[74] 因此，它禁止言论的范围超出了实现阻止非法虐待动物这一正当目的所必需的程度。除一位大法官持异议意见外，联邦最高法院一致认定该制定法无效。

《版权法》对演绎作品的禁止至少与之同等宽泛。演绎作品权禁止"基于版权作品"创作新作品的行为，"包括翻译、音乐改编、戏剧改编、小说改编、电影版本、录音制作、艺术再现、节选、缩减，或者任何其他形式的作品重塑、转化或改编"。[75] 正如第九巡回区法官考辛斯基(Kozinski)指出，"制定法的语言宽泛得令人绝望……因为'任何文学、科学和艺术著作都借用并且必然借用，以及使用广为人知的和先前使用过的很多东西'"。

根据字面规定，演绎作品权的定义实际上并不要求被告采用了版权人的任何表达，只要求演绎作品是"基于"(based on)版权作品创作的。[76] 该法也没有对它列举的很多演绎作品的例子作出界定，例如，"小说改编"或"戏剧改编"。[77] 由于它只要求演绎作品"基于"现有作品并赋予版权人进行"小说改编"的排他权，演绎作品权可以被解释为禁止从非小说类历史作品中借鉴事实并据此创作小说作品的行为。根据这种解释，《达·芬奇密码》将侵犯历史作品《圣血与圣杯》的版权，即便它

[73] 18 U.S.C. §48(c)(1)(2006).

[74] United States v. Stevens, 130 S. Ct. 1577(2010); Oral Argument Transcript, 10-11.

[75] 17 U.S.C. §106(2).

[76] *See* 17 U.S.C. §101(2006)("演绎作品"的定义).

[77] *See* 17 U.S.C. §101(列举了一些演绎作品的例子，但并没有提供定义).

并没有复制后者的版权表达。[78] 然而,根据思想—表达二分法,思想和事实是不能获得版权保护的,只有作者的表达可以获得版权保护。一些司法判决采取狭义解释方法将演绎作品权局限于实际纳入版权表达的使用行为,试图以此解决这一模糊不清的问题。[79]

除了授权版权人对于将版权作品转换成多种不同形式和媒介的行为享有排他权,演绎作品的定义还包括一个兜底条款,它赋予版权人对
152 “任何其他形式的作品重塑、转化或改编”享有排他权。[80] 这一定义很有问题。演绎作品法定定义列举的例子是最可能被预见到的演绎作品类型。显然,它们是国会(或者协助起草演绎作品权条款的特殊利益集团)预见到的类型。[81] 相反,按照目前的解释,兜底条款不但适用于版权人自有表达的各种新形式,而且适用于使用版权表达创作具有新含义或新信息的新作品。[82] 该兜底条款用词非常宽泛,足以适用于许多其他(但未加列举的)作品类型,包括指南类图书、问答集锦、讽刺、戏仿等。版权人所处的地位决定了他们通常不会创作这些类型的作品,因为他们没有激励创作批评自己作品的作品,或者不是此类作品的可信赖的来源。[83] 因此,版权人通常不会预期自己能够从受演绎作品条款禁止的一

---

[78] 《圣血与圣杯》的作者在英国法院起诉丹·布朗侵犯版权,指控“布朗复制了其作品的核心主题”。Court Rejects Da Vinci Copy Claim, BBC News, Apr. 7, 2006, http://news.bbc.co.uk/2/hi/entertainment/4886234.stm. 伦敦高等法院认定不构成侵犯版权,即便布郎“在写作[《达·芬奇密码》]某些部分时确实使用了先前的作品”——借用了如下思想,即“耶稣基督和抹大拉的马利亚育有一后代并且其血脉一直延续至今”。*Id.* 布朗认为,小说家“必须能够自由地‘适当借鉴’历史作品”——至少能够借鉴自称历史作品或事实性作品的那些作品。*Id.*

[79] *E.g.*, Micro Star v. Formgen, Inc., 154 F. 3d 1107, 1110 (9th Cir. 1998); Litchfield v. Spielberg, 736 F. 2d 1352, 1357 (9th Cir. 1984).

[80] 17 U.S.C. § 101.

[81] *Id.* (列举了如下例子:“翻译、音乐改编、戏剧改编、小说改编、电影版本、录音制作、艺术再现、节选、缩减”).

[82] *See* Castle Rock Entm't, Inc. v. Carol Publ'g Group, Inc., 150 F. 3d 132, 145 - 46 (2d Cir. 1998) (《桑菲尔德》电视剧问答集锦(*Seinfeld* show trivia book)可能损害版权人日后可能决定创作的类似演绎作品所构成的市场); Dr. Seuss Enters. v. Penguin Books USA, Inc., 109 F. 3d 1394, 1401 (9th Cir. 1997) (被告创作了有关辛普森案审判的作品《不戴帽子的猫》,该作品“广泛模仿了苏斯博士独具特色的风格”;维持下级法院作出的临时禁令).

[83] *See* Campbell v. Acuff-Rose Music, Inc., 510 U.S. 569, 572 - 73 (1994) (版权人拒绝将其作品许可给一个说唱组合制作戏仿作品); Mattel Inc. v. Walking Mountain Prods., 353 F. 3d 792, 802 (9th Cir. 2003) (认识到 Mattel 投入很多精力打造了芭比娃娃“令人印象深刻的营销成功”,并指出 Mattel 不可能营销类似被告作品的裸体芭比娃娃形象).

些使用行为中获得利润,也即这些行为不可能曾经激励版权人的创作。另外,许多该等使用行为事实上还提升了版权人的销量,因为它们构成原作的互补品而非替代品。[84] 总之,版权法禁止的许多使用行为不可能损害版权人创作原作品或可预见演绎作品的激励。

此处对演绎作品权的批评同样适用于复制权(reproduction right),它禁止复制版权表达。[85] 这两项权利存在很大程度的重叠,为创作演绎作品所作的复制同时也构成违反复制权的复制。[86] 鉴于这种重叠,对演绎作品权赋予太大的独立意义似乎是错误的。然而,演绎作品权在两种 153
非常重要的意义上扩大了版权保护的范围。首先,按照侵犯复制权判断标准的一种表述,如果将被告的涉嫌侵权作品与版权人的原作品进行比对,“除非刻意去发现其间的区别,否则普通观察者倾向于忽视这种差异并认为它们美学魅力相同”。[87] 如果被告对版权作品进行了改动并添加了自己的表达,普通观察者可能会认为由此产生的作品具有不同于原作的美学魅力。然而,演绎作品权实质上排除了对这种差异的考虑,因为它授权版权人对于“修改、转化或者改编”版权作品享有排他权。因此,它大大降低了违反复制权的总体相似性门槛。[88] 通过对照《版权法》的早期版本也许能够更好地理解这种效果。早期版本虽规定了复制权,但并没有规定一个总括性的演绎作品权,因此如果借鉴现有版权作品的新作品包含的新材料足以使其构成新作品(work of authorship),将被视

---

[84] *See*, *e. g.*, Ty, Inc. v. Publ'ns Int'l Ltd., 292 F. 3d 512, 517 – 19 (7th Cir. 2002)(判决暗示,提升原作品销量的使用行为(即经济互补品)通常属于合理使用,而替代原作品销量的使用行为(即经济替代品)通常不是合理使用行为)。*See also* Christina Bohannan, *supra* note 26, at 1028 – 29(引证了很多提升原作品的销量的演绎作品的证据,有时提升幅度惊人).

[85] 17 U. S. C. § 106(1)(2006).

[86] H. R. Rep. No. 94 – 1476, at 62, *reprinted in* 1976 U. S. C. C. A. N. at 5675(“创作演绎作品的排他权……在某种程度上与复制排他权相重叠……要构成违反[演绎作品权],侵权作品必须以某种形式纳入了版权作品的一部分。”) *See also* Montgomery v. Noga, 168 F. 3d 1282, 1292 (11th Cir. 1999).

[87] *See* Peter Pan Fabrics, Inc. v. Martin Weiner Corp., 274 F. 2d 487, 489(2d Cir. 1960).

[88] *See*, *e. g.*, Horgan v. Macmillan, Inc., 789 F. 2d 157, 162 – 63(2d Cir. 1986)(下级法院判决,未经授权的照片并未侵犯受版权保护的舞蹈,因为静态照片并不能捕捉舞蹈的“流动感”。但是第二巡回法院撤销原判发回重审,以决定照片与舞蹈之间是否存在“实质性相似”,而无需考虑媒介的差异是否会导致人们无法根据静态照片重新创作舞蹈).

为不侵权。[89]

其次,演绎作品权缩小了受合理使用法则保护的转化作品的范围。合理使用法则的第四个要素是考察被告复制行为对版权作品市场造成的影响。[90] 但该“市场”的构成要素是什么呢?法院必须决定版权人有权控制哪些市场。例如,联邦最高法院曾经说,第四个要素要求考察版权人“通常会自行开发或者许可他人开发”的市场所遭受的损害,[91]而第二巡回法院将该等市场描述为“传统的、合理的或者可能被开发的市
154 场”。[92] 另外,该项分析不仅要考虑“原[作品]受到的损害,还必须考虑……演绎作品市场受到的损害”。[93] 因此,演绎作品权扩大了版权人有权控制的市场类型和数量,增大了被告复制行为被认定为取代其中某个市场的可能性。由于以上原因,尽管复制权涵盖了演绎作品权涵盖的大部分使用行为,但演绎作品权在界定受《版权法》规制的言论范围方面发挥着至关重要的作用。由此导致的过度宽泛的版权应该接受宪法第一修正案的审查。

前文谈到的虐待动物案还向我们展示了《版权法》上存在的模糊不清(vagueness)问题。反虐待动物法和《版权法》都在很大程度上依赖一个模糊的例外条款来避免违宪地禁止受保护言论。反虐待动物法规定,该法对描述虐待动物之物品的禁止“不适用于具有严肃的宗教、政治、科学、教育、采访、历史或艺术价值的任何描述”。[94] 巡回法院曾判决,“在言论自由领域,以积极抗辩挽救原本违宪的制定法,这种做法存在很大问题。”另外,联邦最高法院后来指出,“政府寻求给被告施加一项证明其言论不非

---

[89] *See* BENJAMIN KAPLAN, AN UNHURRIED VIEW OF COPYRIGHT 10(1966)(18 世纪后期和 19 世纪初期版权侵权的规则是,如果涉嫌侵权作品本身被视为“作品,它就不可能同时构成侵权”);John Tehranian, Et Tu, Fair Use? The Triumph of Natural-Law Copyright, 38 U. C. DAVIS L. REV. 465,466(2005)(早期版权法并没有“排除对受保护作品的转化性使用,因为该等使用被视为有利于增进艺术进步”).

[90] *See* 17 U. S. C. § 107(2006).

[91] Campbell v. Acuff-Rose Music, Inc. ,510 U. S. 569,592(1994).

[92] Am. Geophysical Union v. Texaco Inc. ,60 F. 3d 913,930(2d Cir. 1994).

[93] Campbell,510 U. S. at 590(quoting Harper & Row Publishers, Inc. v. Nation Enters. ,471 U. S. 539,568(1985)). *See* also SunTrust Bank v. Houghton Mif ln Co. ,268 F. 3d 1257,1274(11th Cir. 2001)(同样判断).

[94] 18 U. S. C. § 48(b)(2006).

法的证明责任，这引起了诸多严重的宪法困难。”[95]虽然双方当事人均认为该制定法过去被解释为要求政府承担证明责任证明描述虐待动物的物品不落入该法例外条款的调整范围，但法院指出“该法的立法史明确规定‘被告承担证明责任以证据占优标准证明该材料的价值’”。[96] 另外，“将例外条款视为积极抗辩进一步加剧了对宪法保护之言论造成寒蝉效应的风险。”

当抗辩的适用范围如此模糊不清时，依赖积极抗辩保护言论的做法尤其存在问题。在斯蒂文斯案（*Stevens*）口头辩论阶段，肯尼迪大法官（Kennedy）向政府强调，对该法例外条款的模糊性认定具有重要意义：“如果没有这些例外条款，该制定法将极其宽泛。那么，你的观点是，由于存在该例外或除外条款，它并非过度宽泛……但我认为，必须考察这些例外本身是否模糊不清。”[97]还有几位大法官逼问政府如何区分该例外条款保护什么和不保护什么。例如，他们询问描述斗牛的视频是否具 155
有历史价值，描述虐待动物的物品是否可以被视为一种政治表达，以倡议人们赞成或反对该等虐待的行为。[98] 布雷尔大法官（Breyer）说，“人们必须理解它，因为他们必须知道如何做才能避免遭起诉的风险。”

布雷尔大法官的这一陈述简洁地概括了“模糊致使无效”的法则。如果普通人无法理解一部法律允许什么和禁止什么，它就属于违宪的模糊不清的法律。[99] 模糊致使无效法则的源头在于正当程序，因此，具有

---

[95] United States v. Stevens，533 F. 3d 218，231 n. 13（3d Cir. 2008），*aff'd*，130 S. Ct. 1577（2010），quoting Ashcroft v. Free Speech Coalition，535 U. S. 234，255（2002）（一部联邦法禁止“虚拟”儿童色情物品，这些物品涉及计算机制作的形象而非真实的儿童，被宣告无效）.

[96] *Id.* [quoting H. R. Rep. No. 106 – 397，at 8（1999）].

[97] Stevens，Oral Argument transcript，15.

[98] 例如，在口头辩论阶段，罗伯茨大法官（Roberts）围绕斗狗视频询问如下：

你怎么能说这些不是政治性视频呢？要说相关组织，我们确实有“善待动物组织”（PETA）以及类似的机构，它们可能会使用描述同类虐待动物的物品赢取禁止该等物品的支持。你又怎么能说这些视频不会被用于合法化它们的正好相反的目的呢？那么，是不是在每一种情况下它们都符合政治性豁免？

Id. at 8.

[99] *See* United States v. Williams，553 U. S. 285，304（2008）（如果一部制定法“不能公允地告知具有普通智商的人什么受到禁止，或者因为极度缺乏标准可循而授权或鼓励严重的歧视性执法”，它就是违宪的模糊不清的法律）；Kolender v. Lawson，461 U. S. 352，357（1983）（法律的起草必须“具有足够的精确性，以使普通人能够理解哪些行为受到禁止”）；Connally v. Gen. Constr. Co.，269 U. S. 385，391（1926）（如果“具有普通智商的人必须猜测它的含义，它就是违宪的模糊不清的法律。”）

不必要模糊性的法律无论是否管制言论,往往都被认定为无效。[100] 然而,涉及管制言论的法律时法院会特别警惕,因为它们担心模糊不清的法律会威慑受保护的言论。联邦最高法院曾经指出,惩罚或责任威胁可能构成恐吓行使言论自由的有力工具,“由于第一修正案保护的自由需要呼吸空间才能存活,政府只能在明确的狭小领域内进行管制”。[101]

这些担心同样并且完全适用于来自版权侵权责任的威胁。但究竟什么构成版权侵权却具有臭名昭著的模糊性?首先,有表面证据的侵权取决于一个开放式的问题,即被告涉嫌侵权的作品与版权人的作品是否存在“实质性相似”。[102] 第二巡回法院指出,“正如对合理使用之主张的分析一样,对于版权作品与涉嫌侵权作品是否实质性相似的分析同样必须采取个案考察的方式,因为并不存在判断什么构成实质性相似的泾渭分明的标准。”[103]因此,判断版权侵权的标准是模糊不清的,必须采取“逐案”认定的方式。[104]

156 另外,一旦法院认定实质性相似,被告可以主张更加模糊的合理使用法则作为抗辩。《版权法》第 107 条项下的合理使用法则规定,尽管版权人拥有各项排他权利,

为批评、评论、新闻报导、教学(包括课堂使用的多份复制件)、学术或者研究等目的合理使用版权作品的行为,包括以制作录音制品复制件或任何其他方式实施的该等使用……不构成版权侵权。

该条紧接着列举了前文提到的四项要素,但对于如何测度或权衡这些要素并没有提供任何指导。[105]

按照目前法院对它的解释,合理使用法则是一个比反虐待动物法例外条款更加糟糕的保护言论的工具(如果真有什么作用的话)。首先,法院在适用反虐待动物法时要求政府承担证明例外条款不能得以适用

---

[100] *Williams*,553 U. S. at 304(“模糊不清法则的源头并非宪法第一修正案,而是正当程序条款。”).

[101] NAACP v. Button,371 U. S. 415,432 – 33(1963)(“在自由表达领域,用于判断可允许的制定法模糊性的标准很严格。”)(重点号为作者所加).

[102] *See*,*e. g.* , Saturday Evening Post Co. v. Rumbleseat Press,Inc. ,816 F. 2d 1191,1198 – 99(7th Cir 1987).

[103] Sandoval v. New Line Cinema Corp. ,147 F. 3d 215,217(2d Cir. 1998).

[104] Peter Pan Fabrics,Inc. v. Martin Weiner Corp. ,274 F. 2d 487,489(2d Cir. 1960).

[105] 17 U. S. C. § 107(2006).

的证明责任。[106] 相反，法院把合理使用视为一个积极抗辩，尽管第107条的用语只是说合理使用“不构成版权侵权”，根本就没有以任何方式暗示它是一种抗辩。[107]

只要我们把合理使用视为一种积极抗辩，依靠它来保护使用版权表达过程中涉及的言论权就存在问题。但这恰恰正是联邦最高法院在艾尔德瑞德案(*Eldred*)中所作的判决。[108] 它在该案指出，版权本身的“传统轮廓”(包括思想—表达二分法和合理使用法则)足以消除延长版权保护期可能带来的言论方面的关切。[109]

其次，合理使用条款至少跟反虐待动物法例外条款一样模糊不清。两个条款使用的语言具有高度相似性。在反动物虐待法例外条款项下，法院必须认定一个具体的动物虐待描述是否具有科学、教育、采访或其他价值。[110] 同样，合理使用要求法院考察复制行为是否出于研究、教学、新闻报导或类似目的。[111] 事实证明，解读这些受豁免的合理使用类型的 157
适用范围是一项具有很大挑战性的工作，因为法院必须考察如下事项：研究者的复制行为是否必然构成研究，以及教师本人实施的或委托他人实施的复制行为是否必然属于教学类别。事实上，我们根本不可能依赖这些列举的类别，因为法院经常在使用版权材料的行为明显落入其中一类时仍然认定了侵权行为，例如大学课堂资料包案。在该案中，尽管制定法明确规定合理使用包含制作“用于课堂目的的多份复制件”，[112]法院仍然拒绝认定合理使用。

很多时候法院判决，落入其中一项豁免类型的使用行为构成侵权，因为它们不去考察该使用行为的一般目的，而是考察它更加具体或中间性的目的。例如，在德士古公司案(*Texaco*)中法院指出，尽管德士古公司的雇员将复制的期刊文章用于科学“研究”——合理使用条款明确允

---

[106] United States v. Stevens, 533 F. 3d 218, 231 n. 13(2008).

[107] 17 U. S. C. § 107; Campbell v. Acuff-Rose Music, Inc., 510 U. S. 569, 590(1994).

[108] *Eldred*, 537 U. S. 186(2003).

[109] *Id.* at 218－21(“如果该等主张[即使用版权材料的权利]引起宪法第一修正案方面的关切，版权本身内置的言论保障机制通常就足以应对……正如本案中那样，如果国会不曾修改版权保护的传统轮廓，就没有必要根据宪法第一修正案作进一步的审查。”).

[110] 18 U. S. C. § 48(b)(2006).

[111] 17 U. S. C. § 107.

[112] *Id.*

许的一个目的——但该行为更加中间性的目的只不过是在每一位研究者的办公室里都收藏相应的复制件。联邦最高法院在哈珀—罗案（*Harper & Row*）中判决，尽管《国家》（*The Nation*）杂志是在一般性新闻报导过程中使用吉罗德·福特总统回忆录的，但其更具体的目的却是“抢先”《时代杂志》预发表回忆录节选，而《时代杂志》已经付费取得了刊登该故事的排他权。[113] 人们总是能在制定法规定之外设想出各种各样的此类限制条件，结果导致这些合理使用类型基本丧失了作为预测工具的功能。

除了类别上的模糊不清之外，运用合理使用法则时还需要解释、测度和平衡四项要素。正如前文指出，这些要素包括涉嫌侵权性使用行为的目的和性质、版权作品的性质、从版权作品中复制部分的数量及所占比例，以及对版权作品的市场造成的损害。许多法院都观察到这种多要素合理使用测试模糊不清，导致了无法预测的结果。例如，在《哦，漂亮女人》戏仿案中，联邦最高法院将“目的和性质”要素解释为戏仿受到的保护程度高于讽刺。法院指出，针对一部具体版权作品创作戏仿必然要求借用该作品，而社会讽刺作品则“可以独立存在”。[114] 之后一个上诉法院在判决中指出，联邦最高法院给戏仿所下的定义“有些模糊”。[115] 事实上，联邦最高法院自己也承认戏仿和讽刺之间并不存在泾渭分明的界
158 限。尽管它把戏仿界定为对一部具体作品的评论，把讽刺界定为更加宽泛的社会评论，试图以此区分二者，但联邦最高法院承认“当借助一个社会产出的创造性人造物品（creative artifacts）嘲讽该社会时，戏仿经常会渐变为讽刺”。[116]

另外，“尽管这［四项］因素已经足够模糊、宽泛和外延深远，联邦最高法院却指出它们并非是排他性的，合理使用法则是一个‘衡平法上的

---

[113] *See* Am. Geophysical Union v. Texaco 60 F. 3d at 924 – 25; Harper & Row, Publishers, Inc. v. Nation Enters., 471 U. S. 539, 544, 568 – 69 (1985).

[114] Campbell v. Acuf-Rose Music, Inc., 510 U. S. 569, 580 – 81 (1994).

[115] SunTrust Bank v. Houghton Mifflin Co., 268 F. 3d 1257, 1268 (11th Cir. 2001) {“一方面，［坎贝尔案（*Campbell*）中］最高法院暗示戏仿的目的是‘滑稽效果或嘲讽’，但它随后在更宽泛的意义上谈论戏仿，即对原作品的‘评论’。”} (quoting *Campbell*, 510 U. S. at 580)).

[116] *Campbell*, 510 U. S. at 581.

合理原则分析'。"[117]甚至偶尔还有法院私自增设一个被告"善意"行事的要件，尽管制定法本身根本不曾提及善意。[118] 因此，"不可能找出一个普遍适用的[合理使用]定义，引发这一问题的每一个案件都必须依据其自身案情处理"。[119] 其结果是，"寻找一个适用于所有案件的融贯和可预见的解释仍然是一个难以捉摸的课题"。[120] 创造性作品的作者们面临着一个模糊不清的标准，利用它根本无法先验地预测使用某一现存作品的行为是否将被视为合理使用。

正如所料，这样一个模糊不清法则的适用结果具有高度的不可预见性。在联邦最高法院判决的涉及合理使用的三个最新重要案例中，每一级上级法院都撤销了下级法院的判决结果。在哈珀—罗案中，一家新闻杂志擅自使用了吉罗德·福特总统当时尚未发表的总统回忆录。下级法院认定不构成合理使用，第二巡回法院认定构成合理使用并撤销原判，联邦最高法院则认定不构成合理使用并再次撤销原判。[121] 索尼案(*Sony*)涉及家庭录制电视节目是否构成合理使用的问题。[122] 地区法院认定构成合理使用，第九巡回法院认定不构成合理使用并撤销原判，而联邦最高法院则认定构成合理使用并再次撤销原判。[123] 同样的，在《哦，漂亮女人》案中，地区法院认定构成合理使用，第六巡回法院认定不构成合理使用并撤销原判，而联邦最高法院则认定可能构成合理使用、撤销原判并发回重申。[124] 对于一个我们仰仗它保护言论自由的法则而言，这是一份完全站不住脚的解释记录。

---

[117] Am. Geophysical Union v. Texaco Inc. ,802 F. Supp. 1,11(S. D. N. Y. 1992)(quoting Stewart v. Abend,495 U. S. 207,236(1990)).

[118] 比较 *Harper &Row*,471 U. S. at 562["合理使用预设了善意和公平交易"(省略内部引语和引证)]与 *Campbell*,510 U. S. at 585 n. 18(关于合理使用分析中善意是否是一个相关因素，引证了一些相冲突的法律依据，但判决即便善意是一个需要考虑的因素，被告在请求许可并遭到拒绝之后执意使用版权材料的事实并不能表明存在恶意).

[119] *Harper &Row*,471 U. S. at 560; *see also* Wright v. Warner Books,Inc. ,953 F. 2d 731,740(2d Cir. 1991)("合理使用测试是一项综合考察，需要契合每一个案件的具体事实。").

[120] Basic Books,Inc. v. Kinko's Graphics Corp. ,758 F. Supp. 1522,1530(1991)(描述了"法院和评论者……就这四项因素的解释和适用"所持的不同意见).

[121] *Harper &Row*,471 U. S. at 543 – 46(描述了案件的程序过程).

[122] Sony Corp. of Am. v. Universal City Studios,Inc. ,464 U. S. 417,420(1984).

[123] *Id.* at 420 – 21(描述了案件的程序过程).

[124] *Campbell*,510 U. S. at 572(描述了案件的程序过程).

159 合理使用法则的问题并不仅仅在于存在一些疑难案件,我们难以确定涉案使用行为构成侵权还是合理使用。将法律适用于疑难事实的过程存在不确定性,即便法律标准极其清晰仍然可能出现这种不确定性,但这并不是导致一项制定法"因模糊而违宪"的原因。[125] 合理使用法则模糊不清的原因在于没有人能够在观念或定义上知道它是什么或者应该是什么。[126] 这种模糊不清和不确定性对于采用和借鉴版权材料的巨大言论空间造成了严重的"寒蝉效应"。[127] 个体作者以及其他中介机构,例如出版商和复印店,并不能确定哪些使用行为是侵权行为、哪些是合理使用。与此同时,版权人可以利用合理使用的模糊性榨取许可费。[128] 鉴于版权侵权可能导致损害赔偿责任,使用者可能要么支付许可费,要么放弃使用版权作品,而这往往意味着放弃创作一部新作品。[129]

---

[125] *See* United States v. Williams, 553 U. S. 285, 305 - 06(2008).

[126] 正如巴顿·碧布(Barton Beebe)指出,"我们对于合理使用判例法仍然没有任何系统性的、综合性的解读。" Barton Beebe, An Empirical Study of U. S. Copyright Fair Use Opinions, 1978 - 2005, 156 U. PA. L. REV. 549, 552 - 53(2008)(主张,针对所有版权案件的实证研究表明,有关合理使用的"先导案例"模式可能存在问题,然而"总体上,大量非先导案例表明它们完全值得遵循")。这种不确定性促使一些评论者主张,应该以针对具体使用类型的明确规则或推定取代现行模糊的标准。*See* David Fagundes, Crystals in the Public Domain, 50 B. C. L. REV. 139, 178(2009)(主张"以相对直接的公式纳入判断正当征收的具有确定性的基准,以此实现合理使用的具体化:将标准替换成规则"); Gideon Parchomovsky & Kevin A. Goldman, Fair Use Harbors, 93 VA. L. REV. 1483, 1484 - 91(2007)(指出,合理使用是不可预测的,建议以非排他明确的规则界定本身合理的使用行为); Pamela Samuelson, Unbundling Fair Uses, 77 FORDHAM L. REV. 2537, 2587(2009)("出于学习目的的合理使用,其适用范围具有不确定性,正是由于这种不确定性的存在促使人们开始试图制定一套适用于普通教育和研究目的的合理使用指南").

[127] Shyamkrishna Balganesh, Foreseeability and Copyright Incentives, 122 HARV. L. REV. 1569, 1620(2009)("这种标准的不确定性,如果说发挥了什么作用的话,那就是它可能威慑潜在使用者……不要过度接近不受允许的复制行为之边界。").

[128] Jason Mazzone, Administering Fair Use, 51 WM. & MARY L. REV. 395, 398(2009).

[129] 大卫·法恭德斯(David Fagundes)解释说,合理使用法则的不确定性导致使用者受到了过度威慑,因为"直接版权侵权仍然是一项严厉的责任,如果版权人对其作品进行了登记并选择求偿法定损害赔偿,那么即便是很小量的未经许可的使用也可能导致巨大的责任"。因此,他指出,"合理使用因此是混乱的权利状态的缩影,这种不确定性以牺牲使用者为代价并以对所有者有利的方式扭曲了这一抗辩的适用范围……意料之中的结果是过度威慑,因为使用者通常经受不住责任威胁,无论这种责任理论多么牵强。" Fagundes, *supra* note 126, at 152.

三、结论

版权法上的过度保护问题不仅危及创造性创新,而且危及言论自由。以下两章将详细考察本章引出的其中两个最为一般性的话题。首先,第七章探讨的是,版权法要服务于联邦宪法为其设定的激励表达目的以及保护第一修正案保障的价值,需要一个更加强健的损害理论。事 160
实上,版权法构成下述宪法第一修正案一般规则的一项极其醒目的例外,即只有在言论造成真实损害的情况下才能加以谴责。其次,第八章提出了一个适用于《版权法》的制定法解释理论,并将其适用于制定法语言模糊不清且涉及重大表达创新的几个争议领域。

第七章　一个版权损害理论

一、增设损害要件在版权法方面的理由

161 版权法需要的改革应该既能够鼓励创造性作品的创作和传播，又能够保护使用版权材料过程中的言论自由。这要求重新平衡权利人和使用人双方的权利。① 版权保护的范围必须宽泛，足以向作者提供充分的创作激励，但同时又需要受到限制，以允许他人使用这些作品并在此基础上进行新的创作。②

前一章指出，法院在判决版权侵权责任时，经常并不要求证明被告使用版权材料的行为导致了可能切实影响该等激励的任何损害。它们把单纯的复制

---

① *See*, *e. g.*, WILLIAM M. LANDES & RICHARD A. POSNER, THE ECONOMIC STRUCTURE OF INTELLECTUAL PROPERTY LAW 66 – 70 (2003) (版权保护导致新表达的创作成本增加); Zechariah Chafee, Jr., Reflections on the Law of Copyright: I, 45 COLUM. L. REV. 503, 506 – 11 (1945) (版权"保护的限度不应该严重超过保护目的"，因为"对它们加以保护必然会导致这些作品的使用成本增加").

② *See* Mark A. Lemley, Beyond Preemption: The Law and Policy of Intellectual Property Licensing, 87 CAL. L. REV. 111, 125 (1999) ("知识产权法的目的仅在于提供'最优的激励'，而非可能的、最大程度的激励。"); Neil Weinstock Netanel, COPYRIGHT'S PARADOX 30 – 53, 109 – 53 (2008) (类似观点).

而非损害作为判断侵权与否的试金石。虽然法院在考察合理使用抗辩时通常将版权人遭受的损害作为一个考虑因素,但并没有把它作为一个严格的要件。事实上,此时证明责任由被告承担,他需要证明不存在损害。另外,损害的定义非常糟糕,成为一个循环论证的概念。几乎任何未向版权人提供报酬的复制行为都可能被视为对后者的"损害",这仅仅是因为被告原本可以就此使用行为支付许可费。另外,《版权法》的损害赔偿条款授权法院向原告判赔被告利润或者法定损害赔偿,而不要求原告就其遭受的损害提供任何证据。③ 162

随着版权保护范围的不断扩张,创作者的期待值也不断提高。因此,也许有人会争辩说,创作者理应获得因使用其作品而产生的所有回报。更高的利润能够带来更大的创作激励,因此,任何不经支付报酬使用版权作品的行为都应该视为对版权人的损害。也许还有人会说,因为预料之中总会有一定量的不可预见性,精明的版权人尽管不能预见其作品的所有可能用途,但仍然可以指望就这些使用行为获得报酬。

这种推理意味着版权人有权控制任何使用其版权作品的行为,包括他从未想象到的用途。但如果是这样,版权法将区别于几乎任何其他法律领域,因为后者并不会对纯粹臆测性的损害提供救济。法律制度通常要求证明原告的处境因为被告的涉嫌不法行为出现了可证明的恶化。另外,法律规则在判断人类行为时通常使用客观理性人标准。如果合理的版权人是理性经济主体,他们投向创作和发行版权作品的边际投资将取决于预期边际回报,而非他们无法预见到的报酬。④ 经济主体只拥有有限的信息,因此无法预见和评估所有未来事件或其后果。即便合理的版权人并非严格意义上的理性经济主体,他们也应该是根据普通而非反常情景行事的普通人。如果他的版权作品被用于某种意料之外的用途,一个合理的版权人会感到兴奋,正如一个农场主完全意外地在自己土地上发现石油时会感到兴奋一样。但是合理人在决定是否投资以及投资

---

③ *See* Princeton Univ. Press v. Michigan Document Servs. ,Inc. ,99 F. 3d 1381,1409(1996)[瑞安法官(Ryan)异议意见]("《版权法》的指导原则是,只要——并且仅仅在此限度内——原始作品带来的财务性收益对于激励它的创作而言是必要的,该等收益均应该排他性地由该作品的创作者享有。").

④ 参见第三章。

金额大小时并不会指望该等收益。正如侵权法根据合理人的预见划定实体责任的范围一样，法院在版权侵权案件中同样应该如此。

只有在侵权人进入的市场属于合理的版权人在决定是否创作或
163 发表版权作品时会加以考虑的市场时，法院才能够推定存在损害。对于可预测程度较低的使用行为，版权人必须证明实际损害之后才可认定侵权行为。版权案件的原告可以通过举证以下事实达到证明实际损害的目的：(1)被告的擅自使用行为剥夺了原告向另一来源(第三方)销售产品或收取许可费；(2)原告正在积极开拓被告使用行为所在的市场，并且，如果被告曾被要求付费，他更有可能为此使用行为付费而非放弃使用。下节论述表明，联邦最高法院的判决与这一思路基本上非常一致。

(一)版权损害与联邦最高法院

- 索尼案

电视节目版权人起诉 Betamax 家庭录像机的制造商索尼公司，指控它生产的录像机协助家庭观影人侵犯版权。⑤ 联邦最高法院在审理这起帮助侵权案时考察了如下事项，即观影人对录像机的主要使用行为——为实现“易时播放”(time shifting)而录制节目，也即晚于播出时间观看节目——是否构成合理使用。联邦最高法院多数意见以微弱优势判决易时播放功能是一种不侵犯版权的合理使用，索尼因此不承担帮助侵权责任，因为该录像机“可以用于实质性非侵权用途”。

一种观点认为，索尼案提出了一种基于“市场失灵”的合理使用理论。⑥ 由于完整复制整部电视节目构成对版权人排他复制权的侵犯，法律要求家庭录制者就此录制行为取得许可，除非适用合理使用抗辩。但由于每个家庭录制者就易时播放每个节目所需支付的许可费，相对于谈判每个许可发生的交易成本来说金额较小，该等交易不可能发生。因此，易时播放市场将会失灵，应该作为合理使用准许易时播放。

---

⑤ Sony Corp. of Am. v. Universal City Studios, Inc., 464 U. S. 417, 420, 443 – 56(1984).

⑥ *See* Wendy J. Gordon, Fair Use as Market Failure: A Structural and Economic Analysis of the Betamax Case and its Predecessors, 82 COLUM. L. REV. 1600, 1628 – 29(1984). But *see* Wendy J. Gordon, Market Failure and Intellectual Property: A Response to Professor Lunney, 82 Boston Univ. L. Rev. 1031(2002)(重新考察了合理使用是否应该取决于市场失灵理论).

另一种观点认为,索尼案将合理使用视为平衡以下两种公共利益的"核心和至关重要的主宰者",即强制执行版权以鼓励作者创作新作品,以及允许他人使用和改进现有作品。它暗含着一种平衡路径。"只有在版权人证明……禁止一种使用行为能够给社会带来较大净利益时,法 164
院才会认定该使用不合理"。[⑦]

然而,这两种理论都不能准确描述联邦最高法院的推理。相反,索尼案争论的根本焦点在于损害。具体而言,争论的问题是版权人是否必须证明涉案行为对已预见的市场造成了某种损害——该种损害会影响原告是否创作版权作品的最初决定;或者说,版权人原本可以分享被告使用行为带来的利益,这一事实是否足以支持认定责任。

斯蒂文斯大法官撰写的多数意见在分析合理使用时明显认为,版权人必须证明存在发生损害的至少某种有意义的可能(meaningful likelihood)。他的这一观点至关重要,但经常被人忽视。斯蒂文斯大法官写道:

> 版权旨在创设激励鼓励人们努力创作。即便非商业目的的复制行为也可能损害版权人获得国会意图其享有之回报的能力。但如果一种使用行为不会对版权作品的潜在市场或价值造成可证明的影响,并没有必要为保护作者的创作激励而加以禁止。禁止该等非商业性使用只会阻碍人们接触思想,同时又不会带来任何抵消性的利益……
>
> 指控非商业性使用版权作品的行为时,需要证明该具体使用行为是有害的,或者假如它普及起来将会对版权作品的潜在市场造成不利影响。证明眼前的实际损害并非必要,因为如此要求将导致版权人面对可预见的损害时束手无策……只需要以证据占优的标准证明**存在发生未来损害的某种有意义的可能**。[⑧]

在适用这一损害要件时,斯蒂文斯大法官审查了地区法院的判决,以考察是否有证据证明易时播放可能对版权人造成任何真实的损害。事实上,原告承认自己尚未遭受任何实际损害。[⑨] 至于"潜在的未来损

---

⑦ *See* Glenn S. Lunney, Jr., Fair Use and Market Failure: Sony Revisited, 82 B. U. L. REV. 975, 977 - 78 (2002).

⑧ *Sony*, 464 U. S. at 450 - 451.

⑨ *See id.* at 425 - 27, 454.

害”，地区法院就如下事项作了广泛的事实认定，即易时播放是否会导致广告收入下降、电视重播观众减少等。经过仔细审查这些事实认定，斯蒂文斯大法官认为，“易时播放造成的损害是臆测性的，并且顶多是微不足道的”。

在索尼案中，联邦最高法院强调必须证明损害。这与基于市场失灵的合理使用理论不一致，因为根据后一理论，除非高昂的交易成本阻碍
165 付费，否则所有复制行为均需付费，即便版权人无法证明使用行为造成了任何损害。事实上，持反对意见的大法官恰恰就认为版权人有权分享任何复制版权作品的行为带来的利益，否则就构成损害：

> [VCR]的兴起为这些电影公司的作品创造了一个新市场。这一市场的参与者是希望在播出时间之外观看电视节目并因此购买[VCR]录像机进行易时播放的人。因为易时播放电影公司的版权作品涉及对它们的复制，电影公司有权分享这一新市场带来的利益……因此，被申请人只需证明如果他们能够就新市场中使用的复制品得到报酬其版权的价值将会得到提升，就可以证明[VCR]的使用造成了损害。[10]

索尼案多数意见也没有采用平衡测试的方法。没错，多数意见写道：“如果一种使用行为不会对版权作品的潜在市场或价值造成可证明的影响，并没有必要为保护作者的创作激励而加以禁止”，“禁止该等非商业性使用只会阻碍人们接触思想，同时又不会带来任何抵消性的利益”。但这些表述表明平衡操作是不必要的，因为联邦最高法院从一开始就认定没有证据表明版权人受到了损害。

另外，在区分版权作品的商业性使用和非商业性使用时，判决书宽泛地指出，“任何商业性使用版权材料的行为都推定构成不公平利用应由版权人享有的垄断特权”。判词之中并没有什么地方表明这种拒绝以合理使用法则保护商业性使用的推定是基于利益平衡。相反，正如联邦最高法院后来澄清的那样，“索尼案判决完全符合常识：如果商业性使用只不过是对原作品的完整复制，它明显……构成对该作品的市场替代，很可能对原作品造成可诉的市场损害”。[11]

---

⑩ *Id.* at 497－98［布莱克门大法官（Blackmun，J.）异议意见］.

⑪ Campbell v. Acuff-Rose Music，Inc.，510 U.S. 569，591（1994）.

• 哈珀—罗案

在哈珀—罗案中,联邦最高法院再次采纳了基于损害的合理使用理论。[12] 在吉罗德·福特总统撰写的回忆录《疗伤年代》(*A Time to Heal*)即将出版之际,被告取得了他人盗窃的回忆录副本,并在自己的新闻杂 166
志上刊登了有关福特总统赦免尼克松总统的重要摘要部分。由于被告"抢先发表"了该故事,《时代杂志》取消了预发表本书摘要的合同。

被告辩称,其复制行为属于合理使用,因为该使用的目的是报道具有高度公共重要性的、有新闻价值的事件。联邦最高法院驳回了被告的这一主张,指出考察涉案行为对版权作品市场造成的影响"无疑是合理使用分析之中最为重要的一个要素"。联邦最高法院还同意一审法院的如下认定,即本案中"不仅存在潜在市场影响,而且存在实际市场影响",因为"《时代杂志》取消连载计划并拒绝付费……就是侵权行为的直接影响"。联邦最高法院强调,"很少有版权侵权案件能够呈现出如此地清晰表明实际损害的证据"。[13]

• 坎贝尔案

坎贝尔诉阿库夫·罗斯音乐公司案(*Campbell v. Acuff-Rose Music*)是联邦最高法院作出的有关合理使用的最新判决。该案中阿库夫·罗斯音乐公司拥有罗伊·奥比森(Roy Orbison)经典歌曲《哦,漂亮女人》(Oh Pretty Woman)的版权。说唱组合 2 Live Crew 乐队提出为此歌曲创作一个说唱版本的许可申请。[14] 遭到拒绝后 2 Live Crew 乐队执意创作了他们的说唱版本,该版本借用原曲的开头部分、基础旋律以及吉他重复乐段,但把歌词改成了贬低性和具有性暗示的语言,以此嘲笑原曲的浪漫情调。如果不受合理使用法则的保护,新版歌曲将构成侵犯版权的演绎作品。联邦最高法院在考察合理使用抗辩时判决道,该使用构成

---

⑫ Harper & Row Publishers, Inc. v. Nation Enters., 471 U. S. 539, 542 (1985). *See also* Stewart v. Abend, 495 U. S. 207, 238 (1990):

第四个要素[市场损害]是合理使用抗辩最为重要的要素,事实上是它的核心要素。本案卷宗支持上诉法院的如下结论,即重新发行电影侵害了营销该故事之新版本的能力。常识也支持这一结论……本案为我们呈现了一个经典的非合理使用的例子:商业性使用虚构故事对该故事的改编权造成不利影响。

⑬ Harper & Row, 471 U. S. at 555 – 56, 566 – 67.

⑭ *Campbell*, 510 U. S. at 583, 588, 594.

对原曲的戏仿(parody)。联邦最高法院关于合理使用的分析非常明显地暗示该使用属于合理使用，但它选择了将案件发回重申，由下级法院查明演绎作品市场是否受到损害。

从坎贝尔案的分析中可以得出三个非常有用的结论。首先，联邦最高法院清晰地拒绝采纳任何基于市场失灵的合理使用理论。本案中市场运作良好：被告曾经提出许可要约，但遭到原告拒绝。

其次，对版权作品的戏仿属于转化性使用，根据合理使用法则应该跟其他形式的评论或批评受到同等程度的保护。联邦最高法院区分了戏仿和讽刺并判决后者不值得同样的保护。戏仿是对某一部具体作品的评论，而讽刺是对作品类型或整个社会的更宽泛的评论，"与原作品的实质内容或风格并不具有关键性的联系"。联邦最高法院解释说，版权作品被
167 用于纯讽刺目的时，使用人"对于借用他人作品的公平性诉求(claim to fairenes s)随之下降(即便没有消失)，而其商业化程度等其他因素的重要性相应变大"。联邦最高法院承认，对版权作品的戏仿与对社会的讽刺经常混同在一起，二者经常难以区分。它为戏仿设置了一个较低的门槛标准，试图以此降低把戏仿错误识别为讽刺的可能。因此，虽然法院认为，2 Live Crew 乐队的说唱版本戏仿成分可能不是很高，但却认定"该歌曲可以合理地被视为某种程度上在评论或者批评原曲"，这就足够了。

联邦最高法院对于戏仿和讽刺的区分还反映了如下观点，即相对于戏仿，版权人可以更好地为其作品自行开发讽刺性使用市场。这是因为，一部作品被用于讽刺目的时，其"标靶"是社会而非版权作品自身，受版权保护的表达只不过是一种传递与版权作品无关信息的载体(或"武器")。为此原因，版权人对于控制单纯为讽刺目的使用其作品的行为具有更大和更正当的期待。

最后，联邦最高法院描述了《版权法》认可的损害类型。首先，它判决版权人不能控制其作品的戏仿市场。因此，因他人擅自戏仿其作品而丧失的销售或许可费收入不在考察范围之列。联邦最高法院解释说，市场损害仅仅包括版权人"通常会自行开发或者许可他人开发"的市场上发生的损害。而版权人通常并不会许可他人调笑自己的作品。⑮ 版权

⑮ *Id.* at 591 -94.

人可以控制原作品及其非戏仿演绎作品市场,但这些市场遭受的损害仅包括因“替代”而非“贬低”效应造成的损害。联邦最高法院解释说,“正如苛刻的影评一样,如果一个致命的戏仿扼杀了原作的需求,它并没有造成《版权法》认可的损害。”人们不可能把 2 Live Crew 乐队的说唱版本视为奥比森原始版本的替代品,因此即便戏仿因破坏原曲形象导致其销售下降,它也没有对原曲市场造成损害。

然而,联邦最高法院认识到,被告的戏仿使用有可能对版权人有权控制的市场造成损害,例如,歌曲的非戏仿说唱版本市场。在口头庭审过程中,阿库夫·罗斯音乐公司(Acuff-Rose Music)的律师指出,轶闻证据表明存在一个流行音乐说唱版本市场。[16] 联邦最高法院将案件发回重审,指示地区法院查明它是否构成一个可能的市场,以及/或者阿库夫·罗斯音乐公司是否正在试图开拓该市场。[17]

前述几个案例表明,联邦最高法院将损害作为合理使用的试金石:当有明显证据表明版权人受到损害时拒绝认定构成合理使用,而 168
缺乏有意义的损害时认定构成合理使用。当被告的使用属于版权人最可能预见的使用时法院通常推定损害存在,而对于可预见性较低的市场则要求实际证明损害。联邦最高法院的这些判决还拒绝采纳如下观点,即版权原告有权就任何侵犯其排他权的行为获得付费,从而在被告因使用原告作品而获益的所有情况下均遭受了法律上的损害。总之,这些判决界定版权案件中损害赔偿权利的思路,与侵权责任法制度界定损害和近因(法律上的原因)的思路如出一辙。[18] 不幸的是,下级法院并

[16] Transcript of Oral Argument at 31 – 32, Campbell, 510 U. S. 569 (No. 92 – 1292).

[17] *Id.* at 593 – 94.

[18] E. g., WILLIAM M. LANDES & RICHARD A. POSNER, THE ECONOMIC STRUCTURE OF TORT LAW 239 – 51 (1987). 兰德斯和波斯纳主张,如果不付诸适当注意时发生损害的概率(p|v)与付诸适当注意时发生损害的概率(p|nv)之差额较大,应当把疏忽行为视为造成他人损害的法律上的原因(近因)。他们争辩说,如果两个概率之差(p|v-p|nv)较大,付诸避免损害的注意措施有可能在避免损害方面带来明显效果。这种情况下应该认定责任,以鼓励采取具有较大社会价值的谨慎措施。相反,他们争辩说,如果两个概率之差不大不应该认定责任,因为采取注意措施并不大可能避免损害,其他考虑因此变得更加重要,例如,可能阻吓对社会有价值的活动以及诉讼成本。

适用到版权法领域,这一因果关系理论表明,以下两个概率的差额较大时应该认定版权人遭受了损害(以及责任):如果允许涉嫌侵权人使用版权作品,版权人将会创作该作品的概率;如果不允许涉嫌侵权人使用该作品(将该行为视为需要付费的侵权性使用),版权人将会创作该作品的概率。在这一方式下,版权的目的在界定损害以及确定合理使用的范围时具有至高无上的意义。

没有完全把握这一信息。

二、增设损害要件在宪法第一修正案方面的理由

转化性复制以及许多“纯”复制行为都具有言论价值，因此版权法必须像其他言论规制法一样设置损害要件。如果没有损害要件，版权法将会不必要地压制如下具有社会价值的复制行为，即那些能够通过提升创造性和信息性作品的可获得性提升民主治理层次的复制。为避免对个人拥有的受宪法第一修正案保护的自治利益造成无理的践踏，版权法也需要设置损害要件。约翰·斯图尔特·密尔（John Stuart Mill）写道，“民主社会中违背任何成员的意志对其正当使用强力的唯一理由是防止对他人的损害。”[19]所有使用版权材料的行为——无论是转化性使用还是逐字逐句的使用，无论是商业性使用还是为个人目的的使用——都推定受到保护，除非为了防止损害宪法和制定法规定的版权目的确有必
169 要。易言之，我们所要考察的问题不是宪法第一修正案是否要求偏离版权法，而是版权法是否要求偏离宪法第一修正案。

在宪法第一修正案法领域，在决定是否保护某一言论以及保护的程度时，该言论造成的损害发挥着核心作用。造成的损害越大，政府在禁止或管制导致该损害的言论方面拥有的利益也越大。尽管宪法第一修正案有时保护哪怕是有害的言论，但它绝不允许禁止无害的言论。

差不多100年前，联邦最高法院在辛克案（*Schenck*）中判决，宪法第一修正案并不保护“会造成如下明显和现实危险”的言论，即它将“导致国会有权防止的实质性弊害”。[20] 之后，在勃兰登堡诉俄亥俄州案

---

[19] *See* John Stuart Mill, ON LIBERTY（Elizabeth Rapaport, ed., Hackett Publ'g Co. 1978）（1859））. 温迪·高登（Wendy Gordon）教授最近写道，“密尔的担忧在言论自由领域尤其能够得到共鸣……”；*See* Wendy J. Gordon, Harmless Use: Gleaning from Fields of Copyrighted Works, 77 FORDHAM L. REV. 2411, 2428 & n. 65（2009）；Wendy J. Gordon, Trespass-Copyright Parallels and the Harm-Benefit Distinction, 122 HARV. L. REV. F. 62（2009）.

[20] Schenck v. United States, 249 U. S. 47, 52（1919）（霍姆斯大法官解释道，正如宪法第一修正案不会保护在剧院中错误高呼“起火了”的人，它也不会保护那些在战争期间散发传单声称征兵违宪并倡议撤回征兵令的人）.

(*Brandenburg v. Ohio*)中,联邦最高法院判决,宪法第一修正案甚至禁止州谴责倡议脱法行为的人,除非该倡议"指向煽动或导致立即脱法行为,并且很可能煽动或导致该等行为"。[21]

作出勃兰登堡案不久,联邦最高法院判决了五角大楼文件案(*Pentagon Papers*)。《纽约时报》计划刊登关于美国涉足越南事务的保密政府文件。联邦最高法院拒绝对此颁发事前禁制令。[22]《纽约时报》计划印刷的材料是由他人制作的,但在法院看来这一事实似乎并不重要。[23] 真正重要的是政府请求法院施加事前的言论限制,并且没有令人信服的证据表明该言论将导致任何真实的损害。尽管政府主张的损害(对国家安全的损害)性质严重,但发生该损害的可能性却具有高度的臆测性。正如布伦南大法官在附议意见中指出,"政府在所有这些案件中的主张,全部主旨是刊登涉案材料'将会'、'或许'或者'可能'以各种方式损害国家利益"。[24] 因此,尽管政府主张国家利益取决于对敏感资料进行保密,但言论自由的利益否定了禁令请求。

同样地,在涉及有害言论的私人诉讼中,法院也只有在言论可能导 170
致重大损害的情况下才认定它不受保护。例如,在诽谤案件中,原告主张涉案诽谤性沟通(communication)导致他遭受名誉损害。一般而言,只有在一个沟通"非常有可能对他人名誉造成损害,以至于降低他在社区中的评价或者阻碍第三者与其接触或交易"时,它才会构成诽谤性的沟通。[25] 因此,诽谤之诉包含着一个内置要件,即被诉言论可能导致名誉损害。[26]

㉑ Brandenburg v. Ohio,395 U. S. 444,447(1969). *See also* NAACP v. Claiborne Hardware Co.,458 U. S. 886(1982);Hess v. Indiana,414 U. S. 105(1973)(判决 NAACP 官员的言论——"要是抓到谁去哪个种族主义的商店,我们将打断他该死的脖子"——有权得到宪法第一修正案的保护,因为当时情况下并不能证明这一言论很可能导致立即的脱法行为);Hess v. Indiana,414 U. S. 105(1973)(个人被告曾说"待会儿我们要占领他妈的街道",撤销对该人的定罪,因为该言论并没有倡议立即的非法行为).

㉒ New York Times Co. v. United States,403 U. S. 713 – 14(1971).

㉓ *See* Rebecca Tushnet,Copy this Essay:How Fair Use Doctrine Harms Free Speech and How Copying Serves It,114 YALE L. J. 535,563 – 54(2004).

㉔ *See* New York Times,403 U. S. at 725 – 26[布伦南大法官(Brennan)附议意见].

㉕ RESTATEMENT(SECOND) OF TORTS §559(1977).

㉖ *See* DAN B. DOBBS,THE LAW OF TORTS 1190(2000)("对名誉本身的损害尽管往往无法量化,却是主要赔偿项目").

尽管调整诽谤的普通法规则有时也推定损害，但联邦最高法院在格尔茨诉韦尔奇案（*Gertz v. Welch*）中推翻了这一规则。联邦最高法院判决，各州可以允许个人在无需证明被告明知虚假或者轻率地无视事实的情况下就诽谤进行求偿，但求偿金额必须仅限于针对实际损害的损害赔偿：

调整诽谤的普通法在侵权法体系中属于一个怪胎，因为它允许原告无需证明实际损失就能获得所谓的补偿性损害赔偿。根据有关文字诽谤之诉的传统规则，从发表行为本身就可以推定损害的存在。陪审团可以判决巨大的金额用以补偿所谓的名誉损害，而无需原告对该等损害的实际发生作任何证明。陪审团拥有几乎不受控制的裁量权在无损失的情况下判决损害赔偿，这一局面无谓地增大了任何诽谤性虚假陈述责任制度妨碍积极行使宪法第一修正案各项自由的可能性。此外，推定损害的法则还会招致陪审团惩罚不受欢迎的意见，而非补偿个人因他人发表虚假事实遭受的损害。更为重要的是，各州对于确保原告……获得远远超过任何实际损害的金钱赔偿判决并不拥有重大的利益。[27]

因此，格尔茨案判决，诽谤之诉原告能够获得的损害赔偿仅限于得到实际证明的损害。另外，联邦最高法院指出，鉴于地区法院在处理侵权损害方面拥有丰富的经验，它无需对“实际损害”加以界定；但它确实也指出，“必须以适当的指示限制陪审团的自由裁量权，所有判赔都必须得到损害相关的合格证据的支持”。

在查基尼案（*Zacchini*）中，联邦最高法院再一次把关注重点放在了损害上。该案中电视台未经授权播出某人完整的“人体炮弹”表演。联邦最高法院判决，这种情形下宪法第一修正案并不会向电视台提供对抗
171 形象权之诉的保护。[28] 联邦最高法院强调，“播出申请人的整套动作给该表演的经济价值造成实质性威胁”。尽管宪法第一修正案保护新闻媒体报道事件的权利，但是该权利并不包括“传播或者发表（publish）表演人通常能够得到回报的完整动作”。有趣的是，联邦最高法院把州保护形象权的目的与专利法和版权法的宪法目的进行比较：

此处，［州］之所以决定保护申请人的形象权，并不仅仅是为了回报

---

[27] 418 U.S. 323, 344–46, 349, 350 (1974)（重点号为作者所加）.

[28] Zacchini v. Scripps-Howard Broadcasting Co., 433 U.S. 562, 572–75 (1977).

表演者对自己的表演投入的时间和精力；该等保护还向他提供了一种经济激励，鼓励他为创作公众喜爱的表演进行必要的投资。同样的考虑也贯穿于本院长久以来强制执行的专利法和版权法……“授权国会授予专利和版权的宪法条款以这样一种信念作为背后的经济理念，即要想借助‘科学和实用艺术’的作者和发明人发挥才能实现公共福利，最佳选择是以个人利益鼓励个体努力”。[29]

联邦最高法院认为，查基尼案的事实表明了存在损害的极大可能。“与为商业目的擅自使用他人姓名或者与媒体附带性地使用姓名或照片不同，播出申请人的完整表演直接触及到他作为表演者获得生计的能力。”但是联邦最高法院还是判决，为了获得损害赔偿原告必须证明他因为该播出行为事实上受到了损害。实际上，法院暗示，原告必须结合如下可能性证明自己遭受了净损害，即“被申请人的新闻传播刺激了公众观看现场表演的兴趣，进而提升了申请人表演的价值”。[30]

相反，如果表演者遭受的损害微不足道或者不确定，被告享有的受宪法第一修正案保障的言论权就显得更加突出。例如，在幻想棒球案（*Fantasy Baseball*）中，被告销售的幻想游戏使用了原告职业棒球选手的真实姓名及其个人表现相关的统计数据。第八巡回区上诉法院判决，选手的形象权并不能超越被告享有的受宪法第一修正案保护的言论权。法院认定“游戏制作不构成言论”的主张“不能成立”。被告的幻想棒球游戏使用了这些球员的“姓名、绰号、外貌、签名、照片、游戏记录以及/或者传记数据”。被告“在其幻想棒球产品中以交互形式”使用这些信息，然而，这种使用“所具有的表达性并不低于视频游 172
戏中使用的照片、图表设计、概念艺术品、声音、音乐、故事以及叙白”，而法院之前已经多次认定后面这类使用行为有权得到宪法第一修正案的保护。[31]

法院认定，与查基尼案中的传播行为不同，幻想棒球“很少（即便

---

[29] *Id.* at 576(quoting Mazer v. Stein,347 U. S. 201,219(1954)).

[30] *Id.* at 575 n. 12(在被告使用版权作品的行为会同时增加和减少销售的版权侵权案件中，联邦最高法院提出的净损害要求是具有相关性的).

[31] C. B. C. Distribution and Marketing, Inc. v. Major League Baseball Advanced Media, L. P,505 F. 3d 818,820 - 24(8th Cir. 2007).

有）涉及州在向个人提供形象权时通常旨在维护的利益”。该等利益包括保护表演者获得生计的权利、提供激励以鼓励创作公众感兴趣的表演，以及防止消费者因误导性广告发生混淆。查基尼案中，新闻机构录制并向公众传播了表演者的完整动作，而幻想棒球游戏的创作者仅在一个遥远的市场上使用了棒球选手的姓名和数据。这些选手声称被告的使用行为剥夺了他们原本可以获得的利润。但是法院解释道，这种剥夺并不属于合适的损害类型，因为它既没有危及选手通过参与棒球比赛获得生计的能力，也没有危及形象权背后的任何其他利益。

在所有这些案件中，损害——或者损害的缺失——在区分受保护的言论和不受保护的言论过程中扮演着至关重要的角色。尽管宪法第一修正案有时会不顾言论造成的损害坚持对其加以保护，但它并不允许对无害言论课以责任。诚然，判例法有时允许推定损害，而不要求具体证明。但这种情况下必须证明涉案的言论类型很可能（likely）导致重大损害，足以妨碍法律背后蕴含的政府利益。因此，损害要件扮演着某种守门人的角色，有助于避免对言论行为施加不必要的负担。[32]

（一）版权法与宪法第一修正案的直接审查

理想状态下，在适用宪法第一修正案处理版权法上的言论自由问题时，法院采用的方式应该跟它们在其他类型的言论自由案件中采用的适
173 用方式相同。在这种模式下，言论者和写作者均无需依赖合理使用等不可捉摸的制定法法则保护自己的言论。前一章指出，版权法属于应该受

---

[32] 有关侵权行为的普通法还对可能阻碍言论自由的侵权请求施加限制，以此保护宪法第一修正案保障的权利。例如，在蓄意造成情绪困扰（IIED）之诉中，只有原告证明被告言论导致了“严重的情绪困扰”时法院才会认定责任成立，以此保护言论。参见《第二次侵权法重述》［Restatement（Second）of Torts］§46（1966）。《第二次侵权法重述》的评论解释道，之所以要求证明严重损害，是为了给言论自由留下一定的空间，即便该等言论并不是特别有价值：

> 该责任明显不适用于单纯的侮辱、轻蔑、威胁、烦扰、轻微的压制以及其他细小的举动……法律不可能在感情受到伤害的任何情况下都进行干预。必须留有表达不恭维意见的自由，必须保留某种安全阀，以使坏脾气能够从中释放出相对无害的气体。

Restatement（Second）of Torts §46 cmt. d. *See also* Snyder v. Phelps，131 S. Ct. 1207（1911）（尽管被告在殒落海军陆战队士兵的葬礼上进行烦人的纠察行为，导致了明显的损害，宪法性第一修正案仍然阻止将此举认定为蓄意造成情绪困扰）.

到严格审查的基于内容的限制，或者属于应该受到中度审查的内容中立的言论限制。[33] 严格审查是一个严苛程度较高的标准，（至少）要求政府对于制定和强制执行言论限制所拥有的利益足以正当化该言论规制，并且言论限制的宽度没有大大超过实现该利益所需的程度。法院在评估政府利益时需要考察政府试图防止或救济的损害。因此，法院不能不加审查地接受政府利益，而是要进行仔细审查，以确保该利益在具体个案中是否相关，等等。

总体而言，版权法能够为自己的存在提供一种合法的政府利益。与联邦宪法知识产权条款相一致，联邦最高法院曾多次判决，政府对于鼓励创作和传播表达性作品拥有利益。但是，虽然这种一般性利益能够使《版权法》免受表面（facial）违宪的指控，但它并不能正当化现行《版权法》的每一个适用情形。另外，联邦宪法第一修正案并不允许法院假定每起案件中都存在压制言论的一般性政府利益。相反，法院必须审查某项言论限制的每一种适用情形，以决定被告言论是否可能损害政府利益。在版权领域，这意味着法院必须决定被告的版权材料使用行为可能造成的损害是否足以降低版权人创作或传播版权作品的激励。因此，损害要件有助于确保把侵权认定及损害赔偿金额局限于耀蔡·本克勒（Yochai Benkler）笔下的如下情景："政府拥有的良好理由足以正当化它对信息生产和交换所作的任何其他规制。"[34]

（二）版权的"传统轮廓"

联邦最高法院在艾尔德瑞德案中判决，宪法第一修正案在版权侵权案件中并不像在其他案件中那样通常得以适用。联邦最高法院解释说，大多数案件中版权法自身的"传统轮廓"——包括思想—表达二分法和 174
合理使用法则——就能够提供充分的言论保障。[35] 法院观察到，联邦宪

---

[33] 由于版权法不属于对"时间、地点或方式"的限制，也并非仅对言论施加附带性的负担，因此对它不适用那种适用于其他类型言论限制的尊让性的审查。*See* United States v. O'Brien, 391 U. S. 367, 377 (1968)（仅对言论施加附带性负担的行为规章适用严苛程度较低的中度审查，这种审查标准对政府的言论限制采取更加尊让的态度）. *See* Neil Weinstock Netanel, Locating Copyright Within the First Amendment Skein, 54 STAN. L. REV. 1, 45 (2001)（版权法"所施加的远远不仅仅是附带性的言论负担"，这导致对它不能适用严苛程度较低的中度审查）。

[34] Yochai Benkler, Free as the Air to Common Use: First Amendment Constraints on Enclosure of the Public Domain, 74 N. Y. U. L. REV. 354, 357 (1999).

[35] Eldred v. Ashcroft, 537 U. S. 186, 218 - 20 (2003).

法知识产权条款和第一修正案的“制定时间接近”，这表明“制宪者认为版权赋予的有限垄断与言论自由原则是兼容的”。[36]

联邦最高法院认为，在制宪者眼中版权与宪法第一修正案之间冲突很小或者不存在冲突。这一观点也许是正确的。但与今天的版权相比，制宪者所知的版权无论在范围还是期限方面都更加有限。[37] 18世纪后期和19世纪初期制定法规定的版权仅保护已出版的著作本身，而不保护在此基础上创作的其他作品。因此，法院曾判决翻译、节选以及其他转化性使用均不构成侵权。例如，在斯道诉托马斯案（*Stowe v. Thomas*）中，联邦最高法院罗伯特·格里尔大法官（Robert C. Grier）在参与审判一个上诉法院案件时曾判决，哈瑞特·碧策尔·斯道（Harriet Beecher Stowe）并不能针对被告擅自把《汤姆叔叔的小屋》翻译成德语版的行为主张侵犯版权。《汤姆叔叔的小屋》是19世纪中期最重要的小说作品之一。[38] 当时流行的规则似乎认为，“如果被指控的著作构成作品，它就不可能同时构成侵权”。[39]

古老的合理使用法则源于斯托雷大法官1841年在福尔森诉马什案（*Folsom v. Marsh*）中所作的判决。尽管人们把合理使用法则的发展归功于福尔森案，但事实上该案似乎扩展了版权保护的范围，因为它判决节选及其他转化性使用在某些情况下可以构成侵犯版权。[40] 然而，该案同时也强调版权人遭受损害是认定侵权行为的根基。具体而言，它规定，版权侵权责任应该取决于“使用行为损害原作销售、降低其利润或者取代其客体的程度”。[41]

在制定宪法知识产权条款和第一修正案近**两个世纪**以后，《1976年

---

[36] *Id.* at 219.

[37] John Tehranian, Et Tu, Fair Use? The Triumph of Natural-Law Copyright, 38 *U. C. Davis L. Rev.* 465, 466 (2005). 关于早期版权法的演进过程, *see* Christina Bohannan, Copyright Harm, Foreseeability, and Fair Use, 85 WASH. UNIV. L. REV. 969, 975 (2007).

[38] Stowe v. Thomas, 23 F. Cas. 201 (C. C. Pa. 1853)（“按照不那么严谨的措辞，翻译作品可以被称作对她思想或观念的记录或复制，但在任何正确的意义上都不能被称作对她著作的复制”）; Tehranian, *supra* note 37, at 474–80（讨论了其他案件）.

[39] BENJAMIN KAPLAN, AN UNHURRIED VIEW OF COPYRIGHT 10 (1966).

[40] Folsom v. March, 9 F. Cas. 342 (C. C. D. Mass. 1841) (No. 4,901). *See* L. Ray Patterson, Folsom v. Marsh and Its Legacy, 5 *J. Intell. Prop. L.* 431, 432 (1998).

[41] *Folsom*, 9 F. Cas. at 348–49（有几处表述称，责任取决于原作者所受损害）.

版权法》对版权的传统轮廓进行了大幅度修改，一些重要变化阻止或阻吓人们在言论中使用版权材料。首先，它新增了一个宽泛的演绎作品权，版权人不仅对原作品享有排他权，而且对“修改、转化或者改编”原作品的任何作品均享有排他权。[42] 正如考辛斯基法官曾经抱怨的那样，演绎作品权“宽泛得令人绝望”，因为任何新作品都必然在某种程度上借鉴现有作品。[43] 如此宽泛的权利使得版权人对几乎任何复制其作品的行为都能要求支付许可费，结果导致许可警告“急剧飙升”。[44] 这些警告导致大量无害言论受到禁止。虽说版权人能够预见到他人可能对其版权作品进行某些复制或演绎性使用，但在决定是否创作或传播这些作品时，他们不可能指望自己能够控制所有周边使用。[45] 如果复制行为不会损害一个合理版权人创作或传播版权作品的激励，认定其构成侵权就不能以鼓励创作和传播这一政府利益作为正当理由。 175

《1976 年版权法》声称只是将普通法上的合理使用法则纳入制定法，不对其作任何修改。[46] 然而，现在的合理使用版本与斯托雷大法官提出的版本大相径庭。目前，尽管损害是合理使用分析所要考察的四个要素之一，但它并非总是被视为一个核心要素。另外，目前法院把合理使用视为一个积极抗辩，被告负有反证不存在损害的证明责任。相反，福尔森案并没有创设一个合理使用抗辩，而是在讨论侵权行为的判断标准，因此似乎应该由版权人负有证明损害的责任。[47]《1976 年版权法》合理使用条款所用的语言似乎也支持后一种证明责任分配

---

[42] *See* 17 U. S. C. § § 101,106(2)(定义并授予演绎作品权).

[43] Micro Star v. Formgen, Inc. ,154 F. 3d 1107,1110(9th Cir. 1998).

[44] *See* Mark A. Lemley, Should a Licensing Market Require Licensing, 70 L. & Contemp. Prob. 185,190(2007).

[45] *See* Bohannan, *supra* note 37, at 988 – 89(正如侵权法上的合理人根据通常可预见的情形行事一样，合理的版权人在决定是否创作或传播版权作品时也仅仅依赖其版权作品的可预见市场).

[46] H. R. Rep. No. 94 – 1476, at 66(1976), *reprinted in* 1976 U. S. C. C. A. N. 5659,5680(“第 107 条旨在重述有关合理使用的现行司法法则，而不是以任何方式修改、限缩或者扩大这一法则。”)

[47] 相反的观点, *see* Tehranian, *supra* note 37, at 483(主张，福尔森案之前“版权人负有证明该著作侵权而非转化作品的说服负担”，但是，“根据福尔森案及其后续系列案件，一旦版权人以表面证据证明涉嫌侵权人借用了受保护的作品，举证责任就转向涉嫌侵权人，由其证明使用行为是可得原谅的”).

方式:它并没有把合理使用称作一种抗辩,而仅仅规定"对版权作品进行合理使用不构成侵犯版权"。[48] 不幸的是,该法的间架结构给这一问题带来了某些模糊不清之处,因为合理使用作为一个单独条款紧跟在列举版权人各项排他权的条款之后。目前法院认为被告对合理使用及损害负有证明责任。

176 为了恢复版权法对损害的传统关注,必须重塑演绎作品权和合理使用法则。通常应该由原告承担证明责任,表明涉嫌侵权的使用行为属于可能损害其创作或发表(distribute)激励的类型。只有当被告在原告最能预见的市场上对作品进行非常近似的复制时才可以推定损害。另外,演绎作品权的外延范围必须局限于版权人在决定是否创作或发表版权作品时很可能(likely)依赖的那些使用行为。正如下一章分析表明,这一权利应该主要局限于"演绎作品"法定定义列举的示例行为,它们包含了合理的版权人可能期望开拓的用途。然而,即便对演绎作品权作更宽泛的解释,仅仅声称某一违法行为需要支付许可费,跟侵害名誉的言论、侵犯形象权的行为、焚烧国旗或其他压制行为一样,并不必然证明法律要求的损害要件。损害必须及时、重大,足以损及法律背后蕴含的政府利益。版权法领域所要考察的问题是,侵权行为导致的损害是否可能降低版权人的创作和发表激励。

损害要件为法院提供了一条兼顾版权价值和宪法第一修正案价值的路径。例如,某人的图书从受版权保护的柴鲁德影片(Zapruder film)中复制了一些静止画面,该影片记录了肯尼迪遇刺的情形。法院认定该复制行为构成合理使用。[49] 该复制行为对原告的项目计划仅造成"臆测性的"影响。事实上,"我们可以更加合理地猜测,如果该书能对版权作品产生什么影响的话,那可能是增加其价值。"版权法释论的作者梅尔维尔·尼默(Melville Nimmer)反对说,法院的这一分析不恰当地混淆了第一修正案和合理使用两个问题。但我们认为,法院恰恰做了它应该做的,即有效运用版权"内置的第一修正案协调机制"。法院运用合理使用分析考察了被告的使用行为是否对版权人创作或发表版权作品的激励造成了任何真实的损害。如果没有该等损害,就

---

[48] *See* 17 U. S. C. § 107(重点号为作者所加).

[49] Time, Inc. v. Bernard Geis Assocs, 293 F. Supp. 130, 146(S. D. N. Y. 1968).

缺乏压制被告言论的政府利益。

然而,我们在界定和测度版权法应予救济的损害方面,仍然面临着令人生畏的困难。本章以下部分将着力解决这些问题。

三、迈向一个版权损害理论:损害的界定和测度难题

如果某人制作并销售版权图书或电影的完美复制件,法院可以很容易地认定损害,因为侵权人的销售可能在版权作品的原始市场上替代版权人的销售。如果某人在版权人通常会开拓的其他市场上从事复制行为,例如,擅自给版权小说制作电影版本,也可以推定存在损害。但其他 177
情况下损害的清晰程度大大下降。例如,一位教师或大学教授可能希望节选某部作品的少量内容用于课堂教学,但是会在支付许可费之前放弃使用。或者某人创作一部新作品,其中某些成分复制于一部版权作品,其他成分则是新创作的内容并且所占比例很大。正如前文指出,2 Live Crew 乐队创作的说唱版《哦,漂亮女人》复制了奥比森的原曲,同时又跟它有很大差异。类似地,小说《时时刻刻》(*The Hours*)借用了弗吉尼亚·伍尔夫(Virginia Woolf)的著作《黛洛维夫人》(*Mrs Dalloway*),[50]传记《在德黑兰读〈洛丽塔〉》(*Reading* Lolita *in Tehran*)大量使用了来自《洛丽塔》(*Lolita*)的片段,[51]但这两部新作品都是在讲述自己的故事。这些实例中,新作品并非仅对原作品作了轻微的改动,也不是简单地把它转移到一种新载体,而是对原作品作了大幅转化。鉴于新作品的创作凝聚了大量创造性,原作品的版权人不大可能创造出该新作品或者与其类似的作品。另外,新作品通常不会替代被借用之原作品的销售,反而往往会提高其销量。

然而,由于制定法对版权人享有的复制权和演绎作品权界定非常宽泛,法院甚至在如下一些情形也经常认定侵权行为成立:使用人不可能

---

[50] MICHAEL CUNNINGHAM, THE HOURS (1998); VIRGINIA WOOLF, MRS. DALLOWAY(1925).

[51] AZAR NAFISI, READING LOLITA IN TEHRAN: A MEMOIR IN BOOKS (2003); VLADIMIR NABOKOV, LOLITA(1958).

付费使用该作品，使用者的新作品对原作品作了大幅转化，或者新作品提高了原作品的销量。如此宽泛地界定版权人的权利——控制几乎任何一个部分使用该作品的市场——给合理使用分析带来混乱甚至循环论证。版权人总是可以声称自己遭受了某种市场损害，因为被告原本可以就涉案的这种具体使用行为支付许可费。然而，如果被告的使用行为属于合理使用，版权人一开始就根本无权获得报酬。

很多法院认识到了这种循环论证问题，并试图对哪些市场受版权人控制作出界定。[52] 不幸的是，尽管法院尝试了各种市场界定方法，但并未形成任何共识，这些界定也不具有什么明确性。例如，法院经常说要保护版权作品的“正常”市场，[53]版权人“通常会自行开发或者许可他人开发的”市场，[54]或者“传统的、可预见的或可能会开发的市场”。[55] 这些
178 模糊的定义给版权人操纵损害概念提供了很大的空间。此外，由于合理使用被视为积极抗辩，被告通常负有表明不存在损害的不可能完成的证明责任。[56]

法院一直在善意地纠缠于这一问题，但版权损害的界定问题给我们带来观念和实务上的双重挑战。在提出版权损害理论的过程中，我们面临的第一个挑战是这样一种观念，即版权（就像专利权）属于版权人专有控制的财产权。在这种观念下，所有擅自使用版权材料的行为都会因剥夺版权人的专有控制而对其造成损害。例如，侵犯不动产之诉并不要求证明损害，即便涉嫌侵犯行为的目的是将不动产用于言论目的。鉴于不动产在美国历史和文化中所处的独特地位，法律从侵犯行为本身之中推定损害的存在。

但是跟有形财产不同，版权具有非竞斥性（nonrivalrous），即一个人使用通常并不会减损他人的使用。擅自使用版权作品并不必然会排除

[52] *E. g.* , Princeton Univ. Press v. Michigan Document Servs. ,99 F. 3d 1381,1387(6th Cir. 1996);Am. Geophysical Union v. Texaco,60 F. 3d 913,929(2d Cir. 1994).

[53] *See* Harper & Row Publishers,Inc. v. Nation Enters. ,471 U. S. 539,568 & n. 9(1985).

[54] *See* Campbell v. Acuff-Rose Music,Inc. ,510 U. S. 569,592(1994).

[55] *See* Am. Geophysical Union,60 F. 3d at 929 – 30.

[56] 例如，在坎贝尔案中，联邦最高法院把案件发回地区法院重审时指示，2 Live Crew 乐队应该证明其行为没有对歌曲《哦，漂亮女人》的非戏仿说唱版本市场造成损害。*See* Campbell, 510 U. S. at 593 – 94.

所有者(或其被许可人)使用同一作品。另一项差异涉及边界问题。有形财产的清晰边界会向他人发出通告,但根据现代合理使用法则,版权的边界具有令人绝望的模糊性并且还在持续不断地扩张。尽管过度宽泛地撰写权利要求经常人为导致专利边界不清晰,[57]但版权边界问题也许更加糟糕,因为版权之上并不存在用于界定保护对象的权利要求书或说明书。[58] 理论上,版权的保护对象是整部作品——一部图书、电影或者歌曲本身。然而,正如我们所知,哪怕是一部作品的很小部分也受版权保护。多大程度上的复制构成侵权以及什么情况下构成侵权,这些都捉摸不定。

鉴于这些差异的存在,国会并不能简单地通过把版权指称为"财产"来规避宪法第一修正案对言论自由限制的约束。[59] 例如,即便个人名誉权可以视为一种财产权,诽谤之诉仍然要受宪法第一修正案的审查。这种理解同样适用于形象权及其他权利。另外,版权之中的财产权与有形财产权在性质上存在根本差异,这些差异对于宪法第一修正案具有极其重要的意义。授予版权的目的是鼓励创造和传播思想及表达,而授予不动产财产权及界定其边界的理由与宪法第一修正案无关。事实上,联邦最高法院曾明确判决,版权的边界,特别是思想—表达二分法和 179
合理使用法则,肩负着在版权所有权与言论自由之间维持平衡的重任。

版权有遭受损害的可能性也不要求我们把它视为不动产。兰德斯教授和波斯纳法官指出,过度使用版权作品可能导致市场饱和并最终导致消费者需求流失,致使其价值枯竭。[60] 这种对"拥塞外部性"的担心源于公地悲剧:正如除非把牧场围圈起来并加以财产化,否则将被过度放牧一样,除非版权人的财产权赋予他排除他人使用的权利,否则版权作品也会被过度使用。然而,兰德斯和波斯纳本人并没有主张拥塞外部性要求对创造性作品给予财产式保护。尽管认识到"圈地运动对农业生产力提高所作的贡献",他们怀疑"信息及其他知识产品高度财产化也

---

[57] 参见第四章和第五章。

[58] *See* Jeanne Fromer, Claiming Intellectual Property, 76 U. CHI. L. REV. 719(2009).

[59] *See* Mark A. Lemley & Eugene Volokh, Freedom of Speech and Injunctions in Intellectual Property Cases, 48 DUKE L. J. 147, 183(1988).

[60] *See* LANDES & POSNER, *supra* note 1, at 222 – 28.

会带来类似的有益效果”。他们观察到,“我们可以很容易地想象一个没有共同牧场的农业经济,但却很难想象一个制度下字母、符号、颜色及其他标记等的任何可能组合都被人拥有。”他们还承认现实中存在大量这样的公有领域作品:尽管它们被广泛地和不加控制地使用,但仍然保持了自己的价值,包括莎士比亚的作品以及像皮诺丘和灰姑娘这样的人物角色。因此,他们的结论是,“必定不能过度强调拥塞理论……”[61]正如第十二章在论述创新公地时所论证的,在讨论牧场或机场航班分配这种竞斥性产品时,“过度使用导致价值减损”的理论很有吸引力,但其重要性在具有非竞斥性的专利和版权领域大打折扣。无论如何,即便把版权视为财产,也不能支持无需实际证明一概推定损害存在的主张。版权更像动产而非不动产。[62] 侵犯动产之诉跟侵犯不动产之诉不同,它要求证明损害。《第二次侵权法重述》强调,“侵犯动产行为具有可诉性的前
180 提是必须发生了某种实际损害”。[63] 法院拒绝把不动产类比扩张适用于其明显边界以外。例如,在英特尔公司诉汉米蒂案(*Intel Corp. v. Hamidi*)中,加州最高法院判决,被告擅自向英特尔雇员发送电子邮件的

---

[61] *Id.* at 13,226 – 27.

[62] 参见《版权法》第201(d)条,该条规定“版权所有权‘可以像动产一样根据无遗嘱继承法加以继承’”。

[63] Restatement(Second) of Torts § 218. 在《第二次侵权法重述》有关财产侵犯(trespass)的规则制度中,财产权和救济之间可能存在一处脱节。尽管动产所有人不证明损害不能提起侵犯动产之诉,但《第二次侵权法重述》确实允许通过自力救济措施来防止无害的干涉(intermeddlings)。*See id.* § 218 cmt. e(“占有人可以使用合理的武力保护其占有之物免受哪怕是无害的干涉,占有人对其动产拥有的完全不受侵犯的利益据此可以得到充分的法律保护。”) *See* Shyamkrishna Balganesh, Demystifying the Right to Exclude: Of Property, Inviolability, and Automatic Injunctions, 31 *Harv. J. L. & Pub. Pol'y* 593, 613 – 14(2008); Richard A. Epstein, Intel v. Hamidi: The Role of Self-Help in Cyberspace?, 1 *J. L. Econ. & Pol'y* 147(2005); David McGowan, The Trespass Trouble and theMetaphor Muddle, 1 *J. L. Econ. & Pol' y* 109(2005); Henry E. Smith, Self-Help and the Nature of Property, 1 *J. L. Econ. & Pol'y* 69(2005). 但在防止版权侵权方面可以使用自力救济措施的程度及其有效程度并不清晰。诚然,《数字千禧年版权法》在法律上强化了技术性自力救济措施。*See* 17 U. S. C. § 1201(2006)(禁止规避防止接近版权材料的技术措施,例如加密,并禁止贩卖规避技术). 当然,从小偷手中收回自己的汽车和给车库门上锁以防止汽车不被偷走,这两种“自力救济”措施之间存在重大差异。以禁令救济阻止对版权材料的无害使用在宪法第一修正案项下无论如何都是特别有问题的,尤其是当相关制定法以宪法商业条款而非知识产权条款作为立法依据时,正如《数字千禧年版权法》。

行为不受不动产侵犯法的调整。[64] 法院对此适用了动产侵犯规则，该规则要求证明实际损害。事实上，法院指出，英特尔必须证明财产受到了实际损害，而不能仅仅证明英特尔遭受了继发性的损害，例如，雇员因为阅读这些电子邮件而浪费时间。

如果说版权侵权可以在某种程度上被视为一种财产侵犯，它也更加类似于侵犯动产，而该等诉讼中必须证明损害。因此，将版权视为财产的定性并不能否定或削弱在版权侵权案件中证明损害的要求；相反，事实上它还支持这一要求。

如果我们同意并非使用版权材料的行为全都是有害的，并同意要认定侵权必须证明发生损害的真实可能性，我们在阐述一个版权损害理论的道路上就走完了一半——但也仅仅是一半。我们面临的第二项挑战是如何阐述一个有用而恰当的定义。反垄断法上提出了多个相当有用的损害理论。但与反垄断法不同，版权法在界定哪些用途会或者不会造成损害方面遇到困难，主要原因在于我们对最优版权保护是什么并没有一个良好的观念。

也许有人会说，这种划线方面的困难对于在版权法上提出融贯的损害理论具有致命的影响。但是，我们也没有一个统一的第一修正案理论。所有第一修正案理论——从民主治理、思想市场到个体自治、想象自由——都具有逻辑力和解释力。在版权领域之外，法院一直在言论权 181
与其他利益之间进行平衡操作，它们并没有一个能够指示其在哪个确切位置进行划线的完美的言论理论作为支撑。然而，所有这些第一修正案案件具有一个共通之处，即它们都要求不能限制言论，除非它会严重损害政府有权保护的某种利益。如果国会和法院能够认真对待损害概念，融贯性自然就会出现。

---

[64] 71 P. 3d 296，308 －311（Cal. 2003）（拒绝采纳理查德·爱泼斯坦（Richard Epstein）的如下观点，即英特尔的服务器是“它的城堡”）．此外还存在众多其他案例，例如 Thrifty-Tel，Inc. v. Bezenek，54 Cal. Rptr. 2d 468，473（Cal. App. 4th Dist. 1996）（长途电话公司起诉一个儿童的父母，该儿童对公司的电脑系统进行黑客侵入和擅自使用。法院要求公司证明实际损害）；SecureInfo Corp. v. Telos Corp.，387 F. Supp. 2d 593（E. D. Va. 2005）（被告秘密地取得一份原告的商业软件及其包含的数据库，目的是将其与自己的数据库进行比对。法院认定不构成侵犯动产，因为尽管原告主张自己因此受到了业务损害，但非法侵犯之诉要求证明对软件本身造成损害）．

（一）若干基本原则和建议

有一些事情只有国会才能做或者才能做到最好。现行版权保护期是作者有生之年加70年。这一期限实在是太长了，与事前激励完全不存在可信的关系。从所涉损害来看，就临近这一漫长保护期结束时发生的复制行为给予报酬不可能提供创作或发表版权作品的事前激励。但由于制定法对版权保护期有明显、清晰的规定，只有国会才能加以修改。国会还应该通过修订《版权法》限制版权人有权控制的使用和市场类型。权利的界定应使其能够提供足够的创作和传播作品的事前激励，但又不会赋予版权人控制所有版权作品使用行为或从所有此等使用行为中获利的权利。如果国会能够简单地作出这样的规定并把发展细节的任务留给法院，它所带来的制度将比目前更胜一筹。

国会和法院均应该认识到，侵权行为的试金石是版权人的激励是否受到损害。正如在涉及言论压制的其他案件中一样，此时的损害必须是真实的，而不仅仅是臆测性的。例如，正如第八巡回区在幻想棒球游戏案中判决的那样，如果被告的复制行为无论就类型还是数量而言都不可能降低原告的激励，宪法第一修正案就应该阻止认定侵权行为。第一修正案（至少）要求言论规制必须得到一个重要政府利益的正当化，并且为实现该利益进行精心的剪裁。

（二）转化使用及商业性

转化程度或者被告使用行为的商业性等因素，与损害考察具有相关性但并不具有决定性。被告是否转化使用原告的作品，在考察如下两个问题时是相关的：被告是否替代了该作品的市场，被告使用行为带来的价值是否超过它对版权人造成的损害。但如果版权人无法证明损害，就不应要求被告证明转化。例如，过度强调转化性会阻碍大量下述个人复制行为：它们虽没有转化版权作品，但也没有造成损害的任何有意义的可能。没有损害就没有正当理由去压制被告的使用行为，不管是何种使用。

182 我们也不认为国会或法院应该把版权法重新定位为禁止商业性使用本身。[65] 事实上，商业性使用能够添加一些自己的创造性或信息性价

---

[65] 相反观点，*see* Jessica Litman，Real Copyright Reform，96 IOWA L. REV. 1（2010）。

值,进而服务版权的制度目的。正如联邦最高法院在坎贝尔案中观察到的,版权合理使用法则传统上认可的大多数使用行为——包括新闻报道、研究等——都是出于营利目的。另一个经典的合理使用方式——书评——也常常是为了获得金钱报酬而撰写,并刊登于商业媒体之上。事实上,大多数借用现有版权作品的新著作、电影或歌曲都构成商业性使用,但是这些产品同时也给读者、观众或听众带来了新的体验。虽然它们是商业性产品,但这并没有削弱反而增加了其价值。商业化促进了它们的广泛存在和传播。

以商业性使用为主要规制对象的规则,并不能反映对于版权人及其创作激励实际所受损害的关切,而是似乎反映了一种基于不当得利或市场失灵的版权法理论。其背后思路是,如果某人从使用版权作品中获得商业利润而又没有给予报酬,他就获得了不当得利。因此,应该要求他支付报酬,除非市场失灵——通常表现为高额交易成本——阻碍付费行为的发生。然而,这种类型的经济溢出效应在我们的社会中普遍存在,经常都没有得到报酬。[66] 并非所有商业性使用都对创作激励有害,也并非所有个人性(即非商业性)使用都对其无害。例如,如果一部作品的转化程度非常高,超出了被借用作品版权人的想象,该作品的商业发行并不会导致对激励的损害。相反,版权音乐被广泛"个人"分享则很可能造成巨大损害,尤其是(正如可以预见的那样),一旦不再被视为侵权行为分享将变得越来越普及。为了促进创新并保障宪法第一修正案蕴含的价值,法院必须直接考察损害问题。

(三)证明责任

另外,对侵权案件中证明损害的方式进行改革也很重要。目前,大多数法院都要求被告承担证明合理使用各要件(包括损害)的证明责任。[67] 如果被告的使用行为掠夺了原告最能预见的市场,也即可能导致销售或许可费损失等形式的重大损害,适当的做法是要求被告反证该使用行为事实上并未造成损害,以此推翻损害推定。相反,如果被告的使用行为不属于原告可预见的用途之一,或者不可能以其他方式导致销售

---

[66] 参见第三章。

[67] *See*, *e. g.*, Campbell v. Acuf-Rose Music, Inc., 510 U. S. 569, 590(1994).

183 损失,则应该由原告承担证明损害的责任。这种证明责任分配方式与宪法第一修正案的直接审查相一致。然而,即便法院作为合理使用分析的一部分来考察损害,也可在无需修改制定法的前提下采用这种证明责任分配方式。正如前文指出,制定法使用的语言与由原告承担证明责任的做法更加一致。

(四)互补作品及损益相抵

证明损害时必须同时考虑擅自复制行为带来的正面效应。许多情况下未经授权的被告作品事实上提升了原作品的销量。例如:

- 第三章举了一个非小说类著作《圣血与圣杯》的例子。该书作者起诉丹·布朗小说《达·芬奇密码》的出版商,指控其借用《圣血与圣杯》一书中有关耶稣基督、抹大拉的玛利亚和天主教的事实与思想。[68]根据一则CBS新闻报道,《圣血与圣杯》"因为《达·芬奇密码》的成功变得非常流行","据亚马逊网站报告,在[英国]案件审理开始之后不久,销量上涨了3500%"。[69]
- 在华纳兄弟娱乐公司诉RDR图书公司案(*Warner Brothers Entertainment v. RDR Books*)中,哈利·波特图书及电影版权人起诉未经授权的《哈利·波特辞典》(*Harry Potter Lexicon*)百科全书的出版人。法院驳回合理使用抗辩,并在没有任何支持也未作任何解释的情况下指出,该辞典将会损害哈利·波特系列之中经授权的演绎作品市场,包括哈利·波特校园书:《神奇动物在哪里》和《奎地奇溯源》。然而,来自亚马逊网站的证据表明了正好相反的事实:据该网站报告,购买《辞典》的客户同时也购买了法院认为将受其损害的那些演绎作品。[70]
- 在太阳信托银行诉霍顿·米夫林出版公司案(*Suntrust Bank v. Houghton Mifflin Co.*)中,《飘》(*Gone with the Wind*)著作及电影的版权

---

[68] Baigent v. Random House Group Ltd.,[2006] EWHC(Ch) 719(Eng.) ¶182(认定主要复制思想而非表达,因此不构成侵权行为),*aff'd*,[2007] EWCA(Civ) 247(Eng.).

[69] *See Id.*("仅仅在英国销售量就上涨了745%……[这意味着]每周销量从大约350本飙升至大约3000本。")

[70] Warner Bros. Entm't, Inc. v. RDR Books, 575 F. Supp. 2d 513, 549 – 50, 554(S. D. N. Y. 2008. *See* www. amazon. com/Lexicon-Steve-Vander-Ark/dp/1571431748/ref = sr _ 1 _ 1? ie = UTF8&s = books&qid = 1302023920&sr = 8 – 1(购买《辞典》的客户同时也购买了《游唱诗人比多故事集》(The Tales of Beedle the Bard)和哈利·波特哈利·波特校园书:《神奇动物在哪里》/《奎地奇溯源》).

人起诉小说《风已飘去》(*The Wind Done Gone*)的出版人。《风已飘去》以一个奴隶女孩的口吻讲述了原作《飘》中的故事。地区法院认定这可能构成侵权行为并颁发初步禁令,显然认为《风已飘去》有可能替代经授权的《飘》的续集。[71] 上诉法院撤销原判时解释说,太阳信托银行提起的侵权诉讼请求"集中在[《飘》]及其演绎作品的价值,而没有主张[《风已飘去》]将会替代太阳信托受许可演绎作品的需求,并仅仅提供了少许证据和辩论意见支持这种主张"。市场上的轶闻证据表明,《风已飘去》可能增加了原小说及其演绎作品的销量。据亚马逊网站报道,购买《风已飘去》的客户同时也购买了原小说《飘》、其授权续集《斯嘉丽》(Scarlett)以及经授权电影的 DVD。[72] 184

- 正如前文指出,小说《时时刻刻》借鉴了《黛洛维夫人》,小说《藻海无边》(*Wide Sargasso Sea*)取材于《简·爱》,回忆录《在德黑兰读〈洛丽塔〉》广泛使用了《洛丽塔》中的片段。在这每一个实例中,根据亚马逊网站的报道,购买新作品的客户同时也都购买了原作品。事实上,在其中两个实例中,亚马逊网站还向同时购买原作品和新作品的客户提供折扣,以此鼓励他们同时购买二者。[73]

尽管这些具体事例都是轶闻证据,需要更加实证性的数据,但此类证据在评估版权侵权造成了何种损害的过程中也构成整体图景的必要组成部分。为促进版权的激励目的,法院必须评估受指控使用行为对版权作品市场造成的总体竞争影响;事实上,版权制定法似乎也要求考虑

---

[71] *See* The Wind Done Gone: A Novel, www. amazon. com/Wind-Done-Gone-Novel/dp/0618219064/refer_1_1? ie = UTF8&s = books&qid = 1250356777&sr = 1 - 1 (last visited Sept. 2, 2010).

[72] *See* Suntrust Bank v. Houghton Mifflin Co. (Suntrust I), 136 F. Supp. 2d 1357, 1383 - 86 (N. D. Ga. 2001), vacated, 252 F. 3d 1165 (11th Cir. 2001), *rev'd*, (Suntrust II), 268 F. 3d 1257, 1275 (11th Cir. 2001).

[73] http://www. amazon. com/exec/obidos/ASIN/0312305060/qid = 1109970323/sr = 2 - 1/ref = pd_bbs_b_2_1/002 - 6940996 - 1762401(购买《时时刻刻》的客户同时也购买《黛洛维夫人》,并向同时购买二者的客户提供折扣); http://www. amazon. com/exec/obidos/ASIN/0393308804/qid = 1109970506/sr = 2 - 1/ref = pd_bbs_b_2_1/002 - 6940996 - 1762401(购买《藻海无边》的客户同时也购买《简·爱》,并向同时购买二者的客户提供折扣); http://www. amazon. com/exec/obidos/tg/sim-explorer/explore-items/-/081297106X/0/101/1/none/purchase/ref = pd_sexpl/002-6940996-1762401(购买《在德黑兰读〈洛丽塔〉》的客户同时也购买《洛丽塔》).

该等证据。《版权法》第107条列举的第四个要素要求适用合理使用法则的法院应该考虑“使用行为对版权作品的市场或价值产生的影响”。这似乎要求法院同时考察使用行为对版权作品造成的正负两方面的影响，而不仅仅是负面影响。因此，法院应该允许被告证明其使用行为同时增加了作品的销量，以此抵消表明任何销售损失的证据。这种方式符合联邦最高法院在查基尼案中的如下告诫："人体炮弹"申请人必须结合如下可能性证明遭其受了净损害，即“被申请人的新闻传播可能刺激
185 了公众观看现场表演的兴趣，进而提升了申请人表演的价值”。如果考虑抵消性利益之后认定并不存在可证明的净损害，压制言论的政府利益也就不复存在。

尽管大多数法院并不考虑如下证据，即涉嫌侵权作品事实上增加了版权作品的销量，但波斯纳法官曾判决，增加原作品销量的使用行为（互补品）是合理使用，而替代原作品销量的使用行为（替代品）不是合理使用。[74] 如果允许损益相抵，现行法下被视为难题的某些案件将迎刃而解。例如，如果原告不能证明被告的使用行为导致或将会导致其损失销售，并提出似乎存在循环论证的主张说，他遭受了许可费损失形式的损害，那么我们可以允许被告证明该使用行为增加了版权作品的销量，以此抵消该等损害。另外，如果法院对该等证据敞开怀抱，法院和国会都将进一步加深对版权作品市场的理解，这有助于为目前有关版权改革的争论提供有益的信息。

（五）损害与救济

为了避免对创造性创新和言论造成不必要的负担，版权侵权案件中判赔的损害赔偿金额应该与实际净损失相一致。宪法第一修正案法已经在其他案件类型中对损害赔偿作了这样的限制。正如联邦最高法院在格尔茨案（*Gertz*）中明确指出，“各州对于确保原告获得远远超过任何实际损害的金钱赔偿判决并不拥有实质性利益”。[75]《版权法》有关损害赔偿的条文大多数情况下均允许作这样的限制。第504（a）条允许版权人获判“实际损害以及侵权人的任何额外利润”，这可以解释为，只有在

---

[74] *See*, *e. g.*, Ty, Inc. v. Publ'ns Intern. Ltd., 292 F. 3d 512, 517–19 (7th Cir. 2002).

[75] Gertz v. Welch, 418 U. S. 323, 349.

事实上存在实际损害时，版权人才有权获判侵权人的利润。这种解释要求侵权人仅返还源自有害侵权行为的利润。另一方面，由于有关法定赔偿的条文授权在固定的法定区间内判决损害赔偿，必须修改制定法才能将法定赔偿限定在发生有害侵权行为的情形。在损害事实清楚但难以证明确切金额的情况下，法定赔偿将继续发挥重要作用。

类似限制也应该适用于禁令救济，此时宪法第一修正案蕴含的价值具有更加重要的分量。联邦最高法院在 eBay 案中对专利和版权案件中的禁令救济施加了非常重要的限制。[76] 联邦最高法院指出，它“一再拒绝接受以下述规则替代传统衡平法上考虑因素的各种邀请，即在认定版 186
权侵权之后自动给予禁令救济”。该等“衡平法考虑因素”包括颁发禁令会给原告造成的损害以及对公共利益的影响。很显然，这些因素指向对无害使用行为拒绝颁发禁令。然而，即便被告的使用行为导致了需要补偿的损害，在法院决定是否颁布禁令过程中，该使用行为具有的社会价值同样占有重要分量。这种处理方式通过施加许可义务来协调相关利益，它一方面允许对社会有益的使用行为，另一方面又补偿版权人受到的可证明的损害。[77]

四、市场损害和非市场损害

阐述一个版权损害理论时，需要解决的最后一个问题是，版权制度应该涵盖什么类型的损害。争议最小的损害形式是源于市场替代的经

---

[76] 尽管 eBay 案涉及专利侵权案件中的禁令救济问题，但法院推理类推了版权案件中的禁令。*See* eBay Inc. v. MercExchange，L. L. C. ，547 U. S. 388，392（2006）（“《版权法》规定法院‘可以’‘按其认为防止或限制版权侵权合理所需的条件判决禁令救济’”［quoting 17 U. S. C. §502（a）］.

[77] *See*，e. g. ，Campbell v. Acuff-Rose Music，Inc. ，510 U. S. 572，578 n. 10（1994）（“合理使用考察往往要求对可允许的借用程度作出判断，而这种判断是势均力敌的问题……因此自动给予禁令救济并不总是最符合版权法的目的……”）；Lemley，*supra* note 44，at 186 – 87（“许多情况下，合理使用应该区分两个观念：一个是版权人应该就使用行为获得报酬，另一个是版权人应该能够控制该等使用。”）；*See also* Judge Pierre N. Leval，Toward a Fair Use Standard，103 *Harv. L. Rev.* 1105，1132（1990）（主张“简单盗版”案件中禁令救济是适当的，但在“引起合理使用之合理争议”的案件中禁令救济是不适当的）.

济损害，它也是目前为止我们一直在考察的损害形式。然而，除此以外，版权还可能试图救济一些非市场损害，包括名誉损害、被强迫言论或产生联系、负面报道。版权是否应该对这些损害类型提供救济？这一问题提出了一些涉及版权保护之性质以及版权与宪法第一修正案潜在冲突的根本问题。

（一）市场损害与作为“言论自由之引擎”的版权

在索尼案中，原告未证明市场损害，因此法院没有认定版权侵权。事实上，联邦最高法院在判决中描述了下级法院如何运用损害要件保护受第一修正案保障的广泛传播价值：

> 地区法院认为，对通过公共电波广播的材料进行非商业性的、家庭用途的录制，属于对版权作品的合理使用，不构成版权侵权……另外，法院认定，该使用行为追求的目的有助于实现提升电视节目普及率这一公
> 187 共利益，而该利益与通过公共电波保障最大程度获取信息的宪法第一修正案政策是一致的。即便在录制整部版权作品的情况下，地区法院仍然将复制行为视为合理使用，“因为它对于原告的原作品市场并未构成相应的减损。”[78]

联邦最高法院详细审查了地区法院的判决，以寻找能够证明家庭观影人录制电视节目可能损害版权人及其创作版权作品之激励的证据。然而，“地区法院多次以不同方式重申了其总体结论，即‘易时播放造成的损害是臆测性的，顶多是微不足道的。’”[79]因此索尼案实质上呈现的是版权法与宪法第一修正案之间的虚假冲突。正如地区法院指出，该案中存在促进“尽可能充分接近”信息的宪法第一修正案价值。但由于没有损害版权人创作或发行作品的激励，该案中并不存在强制执行版权的版权利益。

异议法官不同意多数意见强调损害之证据的做法，主张版权人应该“有权分享”易时观看作品这一“新市场带来的利益”。[80] 这一观点的实质是认为版权人有权分享使用其作品带来的所有利益，无论是否会损害

---

⑱ Sony Corp. v. Universal City Studios, Inc., 464 U.S. 417, 425 – 26 (1984).

⑲ *Id.* at 454.

⑳ *See id.* at 497 – 98［布莱克本大法官（Blackmun）异议意见］（主张“如果能够证明如若他们就新市场中使用的复制品得到报酬其版权的价值将会得到提升”，原告就可以证明损害）.

版权人创作和发行版权作品的激励。正如我们在第三章指出，不受补偿的"溢出效应"无处不在，包括在知识产权市场上。如果给予企业进行最优投资所需但并不超过这一限度的激励、价格接近于成本并且"剩余"由消费者享有，将会出现生产性效率。普通的竞争性市场就是这样，它们因此是有效率的。知识产权应该同样如此。

哈珀—罗案代表了正好相反的情况。[81] 在《时代杂志》刊登福特总统回忆录部分内容之前，被告秘密取得并发表了该回忆录的一些节选。《时代杂志》因此取消了与哈珀—罗公司之间的合同，并拒绝支付12500美元的尾款。由于存在这种损害，该行为不能被认定为合理使用。尽管被告从事的新闻报道活动属于宪法第一修正案鼓励的对社会有价值的活动，但表明市场替代的证据也是明显的。尽管我们可以质疑这一利润损失金额是否足以影响福特总统写作回忆录的激励，但在出版商决定采用何种形式发行其作品时，预发表节选市场是它很可能会考虑的一个可预见市场。同样重要的是，被告的使用并不可能比原告的使用更能促进 188
言论自由；事实上，该损害之所以如此明显，原因正在于被告的使用行为干脆替代了原告自己的使用计划。

（二）非市场损害：名誉损害和思想市场

版权人还可能抱怨说，侵权作品诋毁版权作品的形象或者该作品相关之人（例如作者或出版商）的形象，从而对其造成损害。该等抱怨涉及的使用很少属于简单的复制行为，而是通常涉及"转化"使用。在合理使用分析中转化使用通常得到友好的对待，一方面可能是因为它们具有独立的社会价值，另一方面则可能是因为它们并不构成原作品的完美替代。[82]

某些转化作品对版权作品的形象有利，例如，根据版权小说创作一部流行的电影。其他一些转化作品则不那么友善。被告的作品可能批评原作，对它作负面评价，或者在原告的版权作品与被告不太吸引人的作品之间建立一种无益的联系。在这些情况下，版权人可能感觉自己或其作品遭受了某种形象或名誉上的损害，即便被告的使用行为并没有造

---

[81] Harper & Row Pub., Inc. v. The Nation Enterp., 471 U. S. 539 (1985).

[82] *See, e. g.*, Campbell, 510 U. S. at 579; NXIVM Corp. v. Ross Inst., 364 F. 3d 471, 477–78 (2d Cir. 2004); Mattel, Inc. v. Walking Mountain Prods., 353 F. 3d 792, 801, 806 (9th Cir. 2003).

成市场损害。此类损害或许可以称作“版权淡化”，因为它与商标淡化相关的损害具有相似性。[83]

在MCA案中，被告写作了一首名为《C公司的舔阴冠军》(Cunnilingus Champion of Company C)的歌曲，它拷贝了《B公司吹号角的男孩》(Boogie Woogie Bugle Boy of Company B)的曲调，但代之以有关“幽默的舔阴方法”的新歌词。法院并不觉得有趣。被告作证说这首新歌曲的目的是“将40年代无辜的音乐与往往被视作忌讳的词语结合起来，以达到一种非常搞笑的效果”。法院拒绝采纳这种观点，并认定新歌曲既不是戏仿也不是讽刺，同时也不属于其他类型的转化使用。[84]法院认为该歌曲不属于合理使用，尽管两首歌曲之间的巨大差异使得它们之间不可能存在市场替代。

189 法院明显是因为被告露骨的性相关的歌词受到了冒犯。它似乎还担心这些歌词会玷污版权人有益和爱国歌曲的形象。原告称，这首歌曲“在第二次世界大战悲剧和不幸的年代里非常流行，这场战争夺去了292, 131名美国人的生命”。因此，法院认定，“我们并不准备判决，一个商业性的作曲人抄袭竞争对手的版权歌曲、填上自己肮脏的歌词、为了商业利益进行表演，却能通过把最终产品称作对社会道德的戏仿或讽刺来获得免责”。[85]

《版权法》对涉及名誉的损害仅提供非常有限的明确保护非常有限。与《兰哈姆(商标)法》不同，《版权法》仅在《视觉艺术家权利法》有关精神权利的条文中对该等损害加以保护。《兰哈姆(商标)法》针对商标淡化行为规定了宽泛的诉因，禁止玷污知名商标的形象。而《视觉艺术家权利法》规定的精神权利赋予作者署名权(“被承认为作品的作者”的权利)，以及如下权利，即“阻止可能损害其尊严或名誉的、对作品的

---

[83] Bohannan, Copyright Harm, *supra* note 37, at 1022 – 27(比较版权淡化和商标淡化两个概念，建议放弃使用版权淡化而采用基于损害的合理使用分析). *See also* 1995年《联邦反商标淡化法》(1995 Federal Trademark Dilution Act(FTDA), 15 U. S. C. § 1125(c)(1))，被《2006年反商标淡化修正法》(The Trademark Dilution Revision Act of 2006, Pub. L. No. 109 – 312, 120 Stat. 1730)所取代(经修正后的条文分散规定于《美国法典》第15篇各条)。

[84] MCA, Inc. v. Wilson, 677 F. 2d 180, 185(2d Cir. 1981).《C公司的舔阴冠军》仍然存在于如下网站 http://www. rockymusic. org/mp3/misc/letmypeoplecome – 11. mp3 (last visited May 20, 2011)。

[85] *Id.* at 184 & n. 1, 185.

任何刻意的扭曲、篡改或其他修改”。[86]

反对扭曲艺术作品的精神权利可能阻止艺术家认为反感的修改行为，进而阻碍艺术对话。[87] 因此该权利本身就可能与宪法第一修正案冲突。[88] 但是《视觉艺术家权利法》规定的精神权利范围极其有限，仅适用于“视觉艺术作品”，包括“存在于单独一份[或者]不超过200份之限量版之上的”绘画、素描、印刷品、雕塑以及摄影。[89] 因此，精神权利仅适用于美术作品，而不适用于更加普遍的作品类型，例如图书或音乐，[90]而这些作品才是戏仿或讽刺的常见对象。另外，精神权利仅适用于作品原件或限量版复制件，而不是普遍适用于复制件。因此，反对“扭曲、篡改或其他修改”的权利，似乎仅反对对于作品具体物理载体的修改，而不反对对其背后无形作品的修改。鉴于精神权利与言论自由之间存在明显的冲突，并且制定法对于精神权利详细列举了这些限制性规定，我们高度不可能得出如下结论，即国会意图法院通过普适的《版权法》条款保 190
护涉及声誉或形象的损害。

如果为了保护形象或名誉免受损害而允许以版权侵权之诉加重言论负担，该等诉讼无疑将成为挂着其他名字的文字诽谤或诽谤之诉。宪法第一修正案的关切在这两类诉讼中向来具有重要分量，在版权侵权案件中应该具有更大的分量。诽谤和文字诽谤法的防止对象是对于人造成的名誉损害，而非对于图书、电影或芭比娃娃造成的名誉损害。另外，诽谤责任要求有发布虚假陈述的行为。事实上，至少在涉及公众人物的诽谤案中——许多侵权之诉中的版权人都是公众人物——虚假事实是一个宪法性要件。联邦最高法院解释道，“自从纽约时报诉沙利文案（*New York Times v. Sullivan*）以来……我们一直判决，只有被告在作出相关陈述时知道它是虚假的或者放任不管它是否虚假，……公众人物才

---

[86] 17 U. S. C. § 106A.

[87] *See* Amy M. Adler, Against Moral Rights, 97 *Cal. L. Rev.* 263(2009)（认为保障艺术完整性的精神权利与艺术实践相左，并可能干扰艺术对话）.

[88] *See* Rebecca Tushnet, Copyright and Freedom of Expression, 30 Colum. J. L. & Arts 336 (2007)（指出，“反对扭曲的精神权利……有可能与第一修正案存在非常直接的冲突”。）

[89] 17 U. S. C. § 101（“视觉艺术作品”的定义）.

[90] *See id.*（“视觉艺术作品不包括……任何招贴画、地图、地球仪、图表、技术画图、设计图、模型、实用艺术、电影或其他视听作品、图书、杂志、报纸、期刊数据库、电子信息服务、电子出版物或者类似出版物。”）

可以请求陈述者承担[诽谤性陈述]的责任。”[91]

版权侵权案件很少涉及与作品或者其作者、出版商或其他版权人相关的虚假事实陈述，而主要涉及为了传递某种思想或观点而使用版权作品。这种使用造成的损害源于嘲讽或批评，而非虚假陈述。从宪法第一修正案的角度来看，这种差异至关重要。正如联邦最高法院在格尔茨案中指出，“在宪法第一修正案看来根本不存在虚假思想这么一说。无论一种观点多么有害，我们都不会依赖有良心的法官和陪审团来加以矫正，而是依赖来自其他思想的竞争”。[92]

相应的，第一修正案判例法对戏仿及其他形式的批判性意见采取的处理方式完全不同于对虚假事实陈述的处理方式。例如，在好色客杂志诉法维尔案（*Hustler Magazine v. Falwell*）中，杰瑞·法威尔（Jerry Falwell）是一位全国知名的宗教人士兼政治评论家，他对《好色客》（*Hustler*）杂志及其编辑拉里·弗莱恩特（Larry Flynt）提起文字诽谤及故意造成情绪困扰之诉。《好色客》登载了一则戏仿广告，描绘法威尔跟他母亲在茅厕中乱伦。陪审团作出对弗莱恩特及其杂志有利的裁决，它作出这一裁决的基础是，陪审团认定该戏仿不可能“合理地被理解为描述了[法威尔]有关的真实事实或者[法威尔]参与的真实事件”。联邦最高法院采纳了这一陪审团裁决。关于故意造成情绪困扰之诉，联邦最高法院判决，公众人物“如果不能证明该广告包含虚假事实陈述”就不能获得赔偿。正如最高法院解释的，“一个社会可能认为某言论具有
191 冒犯性，但这一事实本身并不能成为对其进行压制的充分理由。事实上，如果产生冒犯的源头是言论者的观点，这一后果恰恰是对其赋予宪法保护的理由”。[93]

在版权法领域，联邦最高法院专门考察涉及名誉损害的案例只有一个。在（前文讨论的）坎贝尔案中，联邦最高法院判决，2 Live Crew 乐队说唱版的《哦，漂亮女人》可以被合理地视为对原作品的戏仿。因此，它

---

[91] Hustler Magazine v. Falwell, 485 U. S. 46, 51 (1988) (quoting and discussing New York Times v. Sullivan, 376 U. S. 254, 279 – 80 (1964)).

[92] Gertz v. Welch, 418 U. S. 323, 339 – 40 (1974).

[93] Hustler, 485 U. S. at 47 – 48, 55 – 57. 联邦最高法院指出了一些限制情形，其中包括先前的一个判决，即“低级的、冒犯性的和令人震惊的[言论]无权得到任何情况下都受宪法绝对保护的待遇”。

有权像其他形式的转化评论或批评一样获得同等的合理使用保护。[94]联邦最高法院还认为,市场损害不包括版权人就戏仿作品丧失的销售收入或许可费,因为它非常不可能自行创作戏仿作品。联邦最高法院得出这一结论的理由有两个。第一,市场损害只考虑"替代"式损害而不考虑"诋毁"式损害。也就是说,市场损害仅仅考虑因被告作品"篡夺"原告作品的需求造成的损害,而不考虑因被告的"激烈批评压制该需求"而造成的损害。[95] 第二,被告的戏仿并不会篡夺版权人的戏仿市场,因为后者并不控制戏仿市场以及对其作品进行其他批评所形成的市场。联邦最高法院解释道:

潜在的演绎使用市场仅仅包括原作品的创造者通常会自行开发或者许可他人开发的市场。想象性作品(imaginative work)的创作者不可能许可他人对自己的作品进行批判性评论或者写作讽刺文,这一事实将该等使用排除在潜在许可市场的概念之外。"人们邀请他人批评自己,但他们真正想听到的则是表扬"。[96]

联邦最高法院判决,源于批评的损害并非《版权法》认可的损害形式。这一结论可以被视为版权侵权案件中保护言论自由的一种努力。批评导致的损害不属于版权损害,即便它损害了原作品或艺术家的声誉。尽管联邦最高法院没有明确以宪法第一修正案作为判决依据,它似乎有意通过保护对他人作品自由地表达不受欢迎的意见来促进思想市场。

然而,如果联邦最高法院真正关心版权侵权案件中的言论保护,它应该走得更远。坎贝尔案判决存在两方面的缺陷。首先,它的推理容易受版权人的操纵。联邦最高法院指出,版权人并不控制戏仿及其他批评形式构成的市场,因为这些市场并非版权人"通常会自行开发或者许可 192
他人开发"的市场。这一具有高度实证性的观察可能伴随版权人调整营销策略而发生改变。一个精明的版权人不久就会发现,如果无论是否

---

[94] Campbell v. Acuff-Rose Music Co. ,510 U. S. 569 ,579 ,583(1994).

[95] *See id.* at 591 -92("正如苛刻的影评一样,如果一个致命的戏仿扼杀了原作的需求,它并没有造成《版权法》认可的损害。")

[96] *See id.* at 592 [quoting W. SOMERSET MAUGHAM, OF HUMAN BONDAGE 241 (Penguin ed. 1992)].

经其同意别人都可以创作戏仿作品，那么他将干脆给予许可，这样做至少还能分得一部分利润。[97]

如果版权人可以简单地通过进入戏仿及其他批评形式形成的市场取得对该等使用的控制，其结果将削弱宪法第一修正案鼓励思想市场上开展竞争的目的。相反，第一修正案应该对版权人可控制的市场设置一定的积极限制，以此对合理使用分析中损害要素的界定提供指导。一旦某些市场因为高度重要的宪法价值被排斥出去，合理的版权人就不会再指望对它们加以控制。

联邦最高法院坎贝尔案判决的第二个缺陷是它对待讽刺性使用的态度。联邦最高法院判决，合理使用法则把戏仿作为转化性批评或评论加以保护，但它同时也暗示讽刺并不值得受到该法则同等程度的保护。在区分这两种艺术形式时，联邦最高法院把戏仿定义为对一部具体作品的批评，而把讽刺定义为对作品类型或整个社会的更宽泛的评论，它"与原作品的实质内容或风格并不具有关键性的联系"。[98] 由于讽刺并不直接批评版权作品本身，可以推定联邦最高法院认为（尽管只有很少的证据支持）版权人会更愿意许可其作品用于讽刺目的，而非戏仿目的。

从宪法第一修正案的视角来看，联邦最高法院区分戏仿和讽刺的方法存在问题。这一区分对戏仿提供的合理使用保护程度高于讽刺，联邦最高法院据此颠覆了宪法第一修正案传统上设定的优先级别。第一修正案对有助于民主治理的言论给予最高程度的保护。因此，当涉案言论涉及具有公共意义的事项时，第一修正案判例法对它总是给予最高程度的重视。[99] 联邦最高法院将戏仿优先于讽刺的做法颠覆了这种传统的级别安排，将对一部具体（有时是离奇的）作品的评论优先于对影响更广泛的政治和社会事项的评论。例如，在苏斯博士案（*Dr. Seuss*）中，被

---

[97] *See* Lemley, *supra* note 44, at 190 – 91.

[98] Campbell, 510 U. S. at 580. 联邦最高法院还解释说，不同于讽刺，戏仿"为达至其目的需要模仿原作品，因此一定程度上有权诉求使用受害人（或集体受害人）想象力的创造成果"，See *id.* at 580 – 81，但它同时承认这一"事实……当然并没有向戏仿者或法官提供很多关于在何处划线的信息"。*Id.* at 581.

[99] *See, e. g.*, Bartnicki v. Vopper, 532 U. S. 514, 533 – 34（2001）（解释说，受指控的制定法"涉及宪法第一修正案的核心目标，因为它制裁发布公众关心的真实信息"）.

告写作了一本名为《不戴帽子的猫》(*The Cat Not in the Hat*)的著作,批评司法系统在O.J.辛普森谋杀案中的处理方式。被告复制了苏斯博士塑造的“戴帽子的猫”的形象,并模仿他抒情诗般的叙事风格。适用坎 193
贝尔案提出的戏仿/讽刺的区分方法,上诉法院判决,被告作品不属于合理使用,因为它是对辛普森案的讽刺而非对苏斯博士著作的戏仿。[100] 然而,鉴于宪法第一修正案强调保护具有公众意义之事项相关的言论,批评司法系统对于多年来最具争议的谋杀案之一的处理方式,似乎比评论一本儿童韵律书更应该得到较高程度的保护。

坎贝尔案区分戏仿和讽刺的方法还可能对言论造成“寒蝉效应”,因为许多情况下要区分二者几乎是不可能的。坎贝尔案本身也承认,“当以一个社会产出的创造性人造物品嘲讽该社会时,戏仿经常会渐变为讽刺。”[101]即便是希望创作戏仿作品的人,也可能因为诉讼阴影以及法院在如何定性其使用行为方面的不确定性而受到阻吓。如果版权法压制观点和艺术表达,它将与宪法第一修正案扶持强劲而多元的思想市场之目的背道而驰。相反,通过界定一个符合这一目的的损害概念,可以把版权法与宪法第一修正案保持协调一致。

(三)非市场损害:强制使用及沉默权

版权人还可能抱怨说,对其版权作品的擅自复制本质上属于强迫言论或与他人信息(message)相联系。[102] 正如联邦最高法院在沃雷诉梅纳德案(*Wooley v. Maynard*)中判决的那样,“宪法第一修正案保护的不受州行为干涉的思想自治权,同时包括自由言论的权利和根本不言论的权利”。[103]

然而,正如联邦最高法院在沃雷案中暗示的那样,沉默权只能对抗州行为。如果不涉及州行为,则可以有非自愿言论存在的空间,但没有政府强制言论的存在空间。尽管详细考察州行为法则超出了本书的讨

[100] Dr. Seuss Enters.,L.P. v. Penguin Books USA,109 F.3d 1394,1396 - 97,1401(9th Cir. 1997).

[101] Campbell,510 U.S. at 581.

[102] 出于行文方便,下文中“沉默权”(the right not to speak)同时指代沉默权和拒绝与他人信息相联系的权利。

[103] Wooley v. Maynard,430 U.S. 705,714(1977)(州法对司机遮挡机动车牌照上该州箴言“不自由毋宁死”的行为进行处罚。判决该法违反被上诉人的沉默权。)

论范围，但有必要指出，有关“州行为”的不同观点影响是否承认版权人沉默权的问题。

联邦最高法院有关州行为的判决并不总是连贯一致的。[104] 一方面，联邦最高法院判决只有州做出积极行为时才构成州行为，如果它只是默
194 许私人行为则不构成州行为。[105] 另一方面，几个著名案例判决，州司法机关强制执行私人协议或者普通法权利的行为也构成州行为。[106] 甚至有可能争辩说，当州决定不进行干预进而允许私人行为时，仍然构成州行为。[107] 根据这种广义的州行为理论，如果州允许私人未经版权人授权而使用版权材料，那么就构成州行为，需要进一步考察该行为是否违反了版权人的沉默权。

不管怎样，只有在第一修正案裁判中州行为才是一个必要条件。如果法院在版权案件中继续使用版权法上的法则而非第一修正案的直接审查来保护言论，州行为法则的适用余地将会较为有限。在这种案件中，被告可能援引言论权支持自己使用版权材料的行为，原告版权人则可能反过来援引沉默权。例如，在哈珀—罗案中，联邦最高法院在合理使用分析中考量了版权人的沉默权。被告时事杂志秘密取得并擅自刊登了版权人未经发表的书稿。尽管并不存在明显的州行为，但联邦最高

---

[104] *See* ERWIN CHEMERINSKY, CONSTITUTIONAL LAW 510(3d ed. 2009).

[105] 例如，在 Flagg Brothers v. Brooks, 436 U. S. 149, 160 n. 10(1978)案中伦奎斯特大法官(Rehnquist)在代表多数意见撰写的判决书中就采纳了这种狭义的州行为观点。保罗·布莱斯特认为，伦奎斯特“固执地同时坚持州行为法则和极端形式的宪法实证主义”，这种态度导致的公/私二分法“就好了说是无意义的，就坏了说成为根据大法官的分配价值理念操控结果的工具”。*See* Paul Brest, State Action and Liberal Theory: A Casenote on Flagg Brothers v. Brooks, 130 U. PA. L. REV. 1296, 1301 – 02(1982).

[106] *See*, *e. g.*, New York Times Co. v. Sullivan, 376 U. S. 254(1964)(州法院强制执行私人之间的文字诽谤之诉，构成州行为)；Shelley v. Kraemer, 334 U. S. 1(1948)(州法院强制执行禁止向黑人出售私人财产的种族限制条款，构成州行为). 一般性论述，*see* Robert L. Hale, Coercion and Distribution in a Supposedly Non-Coercive State, 38 POL. SCI. Q. 470, 471(1923)(保护私人财产权过程中存在州的强制，因为它不仅仅被动地“不干预所有者处理物品的行为”而且积极地“强制非所有者停止处理该等财产”。)

[107] *Cf.* Pruneyard Shopping Center v. Robins, 447 U. S. 74, 82 – 85(1980)(加州最高法院赋予公民个人在私人所有的购物中心实施纠察的权利。该案表示，该等判决构成州行为。)*See also* Cass Sunstein, Lochner's Legacy, 87 COLUM. L. REV. 873, 887(1987)(“这些案例确认，州行为考察的重点不在于查明州是否‘行为了’，而在于查明‘它是否偏离了被认为的通常及可取的功能’”).

法院将版权人的沉默权定性为不利于认定构成合理使用的一个第一修正案"价值"。[108]

版权法存在两个系列的沉默权相关的案例。在第一个系列中，联邦最高法院判决并不存在为言论而使用他人财产的第一修正案权利。在第二个案件系列中，联邦最高法院判决第一修正案禁止州强制某人赞助其不认同的事业或信息（message）。

首先，版权人可能主张，擅自使用版权作品的行为构成强迫他把自 195
己的财产用于他人的言论目的。联邦最高法院在劳埃德案（*Lloyd*）中判决，当存在充分的替代传播途径时，宪法第一修正案并不要求一个私人购物中心的业主允许他人使用该财产行使自由言论权。[109] 十年后，联邦最高法院谴责了一个公用事业委员会的规章，因为它要求私人公用事业企业在账单中刊登一个公益组织的信息。[110] 该等"强制进入"违反了宪法第一修正案，因为它"强迫言论者修改自己的言论以符合一个并非他自己设定的议程"。[111]

但是，联邦最高法院也曾判决，如果一项财产通常对公众开放，宪法第一修正案并不会导致要求业主允许其财产用于言论目的的法律无效，只要该法律不侵犯联邦宪法的征收条款或者正当程序条款。在普鲁恩亚德案（*Pruneyard*）中，联邦最高法院维持了一个州法院的判决，它赋予抗议者为言论目的使用购物中心的权利。联邦最高法院推理说，抗议者的观点"不可能被归结为业主的观点"，因为该购物中心并不处于其专有个人控制之下，而是对公众开放的。业主还可以（通过标志或其他方式）告知公众他们并不一定支持抗议者传递的信息。[112]

---

[108] Harper & Row Publishers, Inc. v. Nation Enters., 471 U. S. 539, 542, 559 (1985). 联邦最高法院指出，第一修正案上的表达自由"同时包括自由言论的权利和根本不言论的权利"。（引证 Wooley v. Maynard, 430 U. S. at 714），并指出版权法，特别是首次发表权，服务于"这一抵消性的第一修正案价值"。

[109] Lloyd Corp. v. Tanner, 407 U. S. 551, 567 (1972).

[110] Pacific Gas & Electric v. PUC of California, 475 U. S. 1, 9 (1986).

[111] *See also* Hurley v. Irish-Am. Gay, Lesbian & Bisexual Group of Boston, Inc., 515 U. S. 557, 572－73 (1995)（州的公共接纳法要求游行组织者接纳同性恋权利组织，该法被撤销，因为它"要求申请人修改其游行活动所要表达的内容"）.

[112] Pruneyard, 447 U. S. at 87. *See also* Laurence H. Tribe, Disentangling Symmetries: Speech, Association, Parenthood, 28 PEPP. L. REV. 641, 645 n. 21 (2001)（讨论了普鲁恩亚德案，并把购物中心描述成"产权私有但功能公用"）.

即便版权人拒绝他人强制使用其财产的宪法第一修正案权利应该得到保护，该等权利也应该仅限于擅自使用发生时版权作品尚未发表的情况。一部作品发表之前推定处于版权人的专有个人控制之下。这时第一修正案保护作者在向公众传播之前进一步发展和改进自己信息的权利，以及决定根本不进行传播的权利。[113] 因此，擅自发表一部尚未发表的作品会违背版权人意志强迫其"言论"。现行合理使用法则对未经发表的作品给予更有限的复制空间，以此对沉默权提供适当的保护。[114]

196 复制已发表作品并不会引起同样的第一修正案方面的关切。版权人发表其作品是一种自愿的作品传播行为，并宣告它包含的信息是完整的。另外，作品一经发表，就不再处于版权人专有的个人控制之下。如果他人使用该作品传递一个新的、不同的信息，它不可能被归属于原始版权人。如果他愿意，版权人还可以发布声明否认自己与他人使用其版权作品的行为有任何联系。此外，如果不存在可证明的市场损害，也几乎不可能证明使用版权材料的行为构成征收或者违反正当程序。因此，除非被告采取积极措施误导公众，使其认为版权人与被告的使用行为之间存在某种支持或关联关系，该使用行为并不会被视为损害了版权人的沉默权。

某些版权人可能希望自己的原始信息保持原封不动，因此希望获得阻止将其作品与其他信息相关联的权利。但是宪法第一修正案并没有提供承认这项权利的依据。相反，为实现宪法第一修正案促进强健思想市场上观点多元化的目标，需要保护为传达新含义或新信息（特别是批判性信息）而进行复制的行为。在这一点上，版权法与宪法第一修正案是契合的：涉及已发表的作品，合理使用法则传统上保护传达新信息或不同信息的版权材料使用行为（即转化使用），即便——尤其是——版权人认为该信息比较反感。特别是，合理使用法则青睐出于评论或批评目的使用版权作品的行为，例如书评或戏仿，即便该使用给原作品造成

---

[113] *See* Harper & Row, 471 U. S. at 560（首次发表权支持拒绝强制言论的第一修正案权利）；Hurley, 515 U. S. at 572 - 73（游行组织者拥有决定哪些组织可以参加以此确定游行信息的第一修正案权利）.

[114] *See*, *e. g.*, Campbell v. Acuf-Rose Music, Inc., 510 U. S. 569, 586（1994）; Harper & Row, 471 U. S. at 539.

了负面影响。事实上,合理使用法则对版权人最不希望与之联系起来的版权材料使用行为提供最大程度的保护。

在第二个系列的案件中,当州强制某人提供资金支持其并不认同的事业或信息时,联邦最高法院适用了宪法第一修正案。[115] 版权人可能会认为,擅自使用其版权作品的行为属于强制他赞助他人的信息。[116]

只有版权人放弃了某种东西——一种若非被告使用行为他本来能 197
够获得的东西——才能说他提供了赞助。如果版权人没有受到损害,也就不存在赞助。诚然,即便版权人没有放弃任何东西,被告也可能通过使用版权作品而获益,因此可能会有人说,这种使用也构成版权人提供的"赞助"。但是,这种赞助理论的辩论逻辑太过头了,因为它将导致一个无法成立的结论:不知情或不情愿地对被告使用行为做出贡献的任何人——直至在无意间启发他人写作的人——都可以主张自己的沉默权受到了侵犯。这种主张只不过是版权法上关于损害的如下循环论证的另一种表现形式,即被告得到的任何利益都被视为原告受到的损害。无论如何,"赞助"一词的这种用法都与我们在其他领域对它的理解完全不一致。

根据这种推理,如果作者在被告使用已发表作品的市场上永远不可能自己如此使用该作品,则不会牵涉到宪法第一修正案。不幸的是,法院并不总是这么认为。例如,在桑菲尔德案中,版权人已经决定放弃基于《桑菲尔德》(*Seinfeld*)电视剧开拓问答集锦市场。法院判决它应该"尊重"版权人不进入该市场的权利,并认定被告应就出版问答集锦的行为承担责任,尽管它没有造成任何市场损害。但由于《桑菲尔德》电视剧已经发表,被告的使用并不会侵犯版权人的沉默权。另外,也没有理由认为问答集锦传达的信息将被归属于版权人。众所周知,该版权作

---

[115] *See* Keller v. State Bar,496 U. S. 1,14 – 16(1990)(强制性的律师协会会费可用于支付律协相关的活动,例如惩戒律协成员,但不能用于促进与管理法律职业不相关的意识形态事业);Abood v. Detroit Bd. of Educ. ,431 U. S. 209,234(1977)(工会可以要求会员和非会员付费支持使其从中受益的集体谈判活动,但不能要求他们付费支持与工会作为集体谈判代表职能无关的意识形态事业).

[116] *See* Melville B. Nimmer,Does Copyright Abridge the First Amendment Guarantees of Free Speech and Press?,17 UCLA L. REV. 1180,1200 – 01(1970)(援引强制赞助理论拒绝版权法上存在受第一修正案保障的复制权的主张:"第一修正案保障言论权;但它并不向言论者提供政府赞助,特别是以牺牲作者为代价的赞助,因为作者的福利也是一个公共利益问题。")

品是对公众开放的,版权人可以轻而易举地否认与问答集锦之间有任何联系。法院最多只能要求被告在问答集锦上登载一则声明,以确保读者正确理解版权人并没有支持或批准该问答集锦。由于该案中既不存在市场损害也不存在非市场损害,很明显,法院认定涉案行为侵犯版权给无害言论造成了不必要的负担。

(四)非市场损害:隐私

擅自使用版权作品可能导致违背权利人意愿的宣传。版权人可能就此主张隐私权。隐私权案件往往引发宪法第一修正案方面的担忧。例如,《生活杂志》(*LIFE Magazine*)登载的一则报道暗示一部虚构的新剧作取材于原告黑尔(Hill)一家的真实经历。黑尔一家在家中被越狱犯劫为人质。事实上,该剧只是部分取材于黑尔一家的经历,很多细节都有所不同。真实事件中并没有人受伤,但剧作中父子遭到殴打,女儿则受到言语上的性侮辱。[117]

198 原告根据纽约州的隐私制定法提起违背意愿的宣传之诉(action for unwanted publicity)。该法禁止"未经在世之人事先书面同意,出于广告或商业目的使用其姓名、肖像或照片"。州法院根据该法认定责任成立,但联邦最高法院撤销了判决。联邦最高法院指出,下级法院判决"真实性构成绝对抗辩",以此限制该制定法项下的诉讼请求范围。但联邦最高法院判决,虚假事实要件并不足以保障宪法第一修正案保障的价值,要认定责任还需要证明实际的恶意,以及对虚假事实存在知悉或者放任无视。

联邦最高法院观察到,隐私权内在地受到第一修正案的限制。"在文明社会中,将自己不同程度地曝光给他人是生活的必然。在一个对言论和出版自由赋予首要价值的社会中,这种曝光风险在生活中如影随形。"[118]在民主社会中,人们必须接受一定量的违背意愿和未经授权的曝光。宪法第一修正案授权并作出限制的隐私权,并不允许人们精确测度和控制自己想要接受的宣传程度,特别是当被曝光的事项涉及公

[117] Time, Inc. v. Hill, 385 U. S. 374, 376 – 79(1967).

[118] *Id.* at 397.

共利益时。[119]

《生活杂志》案的判决谈到违背意愿复制已发表材料可能给版权人的隐私利益造成的损害。联邦最高法院观察到,"图书、报纸或杂志为盈利目的而发表和出售,这一事实并不妨碍它们成为一种其自由受宪法第一修正案保护的表达形式。"避免违背意愿的曝光(包括为他人商业利益而曝光)之利益并不足以要求限制言论,除非言论者在做出该言论时知悉存在虚假事实或者放任无视虚假事实。这一推理更应该适用于版权案件。版权侵权案件通常并不涉及对事实的虚假陈述,仅涉及使用版权作品传达意见或观点,而意见和观点均有权得到宪法第一修正案强有力的保护。另外,除了未经发表的作品以外,大多数版权案件中涉及的隐私利益,通常都比其他隐私案件中涉及的隐私利益分量更小。版权案件通常并不涉及敏感的个人事项,而且版权人已经作出了向公众公开的决定,因此任何额外的"隐私侵犯"都可能是轻微的。因此,在经济损 199
害之外,版权法并没有创设一项调控或控制版权作品接受曝光程度的权利。[120]

五、结论:版权改革

联邦宪法知识产权条款和第一修正案均要求,作为认定版权侵权责任的前提必须证明损害。跟其他涉及言论的案件一样,版权损害必须是真实的,而不仅仅是臆测性的。第一修正案(至少)要求言论规制必须

---

[119] 在一起案件中,一份发行范围很广的报纸真实地、但擅自地公布了一名强奸受害者的姓名。联邦最高法院同样判决,此案中宪法第一修正案保护的价值超越了对隐私的关切。联邦最高法院反对创设隐私权的涉案制定法,主要理由是它并不要求就侵犯隐私行为导致的损害进行"逐案认定",而是宽泛地仅仅根据公布行为之本身课以责任。也就是说,该法实质上从公布行为推定损害存在,即便在下述案件中:受害人的身份已经为人所知,或者受害人已经自愿地请求他人关注其困境。在该等案件中,与违背意愿宣传相关的损害并不足以超越宪法第一修正案对评论新闻事件提供的保护。The Florida Star v. B. J. F. ,491 U. S. 524,527 – 29(1989)(判决以下法律无效:Fla. Stat. § 794. 03(1987)).

[120] 这一推理会暴露出一些判决存在的问题,例如前文谈到的豆豆娃案。该案中,未经证明任何市场替代效应,便承认了版权人拥有通过限制收藏品的短期可接触性和暴露度来保护其长期价值的利益。*See*,*e. g.* , Ty,Inc. v. W. Highland Publ'g,Inc. ,1998 WL 698922,at * 16(N. D. Ill. 1998).

得到一个重要政府利益的正当化，并且为实现该利益进行精心的剪裁。因此，它允许政府赋予版权人足够的激励，但不是绝对的控制。版权人通常应该负有证明损害的证明责任，除非高度接近的复制导致了损害推定。

版权损害包括源于市场替代的损害。当被告的使用行为取代版权作品的市场，且可能降低创作或发行作品的经济激励时，构成市场替代。相反，版权法和第一修正案均严格限制承认非市场损害。法院不得承认由批评或贬低造成的名誉损害。另外，除非涉及复制未经发表的作品，法院通常不应该承认对原告沉默权或者隐私权的损害。

回到我们先前提过的主张，考察损害经常可以弥补实体保护方面存在的模糊不清。版权保护和合理使用之间的边界极其不清晰，作者和艺术家们宁可避免使用他们有权使用的版权信息，也不愿担冒身陷诉讼的风险。在这些案件中，得到严格执行的损害要件能够提供一个调控版权人和使用人各自权利范围的更佳的工具。

第八章　重塑版权：违宪审查与制定法解释

一、版权蕴含的公共利益与私人利益

第六章指出，《版权法》具有特殊利益集团进行立法交易的全部特征。该法赋予版权人过度宽泛的权利，同时又通过限制人们接近版权作品频繁压制创新和表达自由。然后我们在第七章提出了一个损害要件，以此恢复版权法在激励创作者与保障公众获取之间维持的传统平衡。但是，损害要件当然并不是治愈困扰版权的所有问题的万能药，我们还必须探索其他途径。例如，法院如何解释制定法，从而使版权法回归服务公共利益的初衷？我们提倡的损害要件会对该等解释产生何种影响？联邦宪法应该扮演什么样的角色？ 200

《版权法》同时服务公共利益和私人利益。如有可能，我们应该以向公共利益倾斜的方式解决它们之间的冲突。这种方式有助于解决版权法上目前面临的某些最为迫切的问题。过去几十年里版权不断扩张，其中最成问题的方面包括更长的版权保护期、宽泛的复制权和演绎作品权，以及《数字千禧年版权法》规定的数字权利,后者阻碍先前被认为不侵权的使用行为。然而,思想—表达二分法和合理使用等版权法法则保护公众使用版权
201 作品之某些部分的权利。本章将要讨论的是,法院如何运用违宪审查和制定法解释的方法界定这些规定的适用范围,并解决它们存在的模棱两可问题,从而恢复版权在激励创作和保障公众获取之间维持的平衡。

(一)版权保护期

1998 年联邦国会通过了《版权保护期延长法》,将未来版权和现有版权的保护期统一延长了 20 年,从而使得一般保护期达到作者有生之年加 70 年。[①] 艾瑞克 · 艾尔德瑞德(Eric Eldred)向公众提供数字化的公有领域著作。他在艾尔德瑞德诉阿什克罗夫特案(*Eldred v. Ashcroft*)中对此立法提起违宪之诉。他主张,如此漫长的保护期,尤其是以回溯方式适用于现有作品,同时违反了联邦宪法知识产权条款和第一修正案。具体而言,他主张,知识产权条款要求授予"有限时间"的版权,而其序言指明版权法必须"促进科学和实用艺术进步",这两点均阻止就已经创作出来的作品延长已经非常漫长的保护期。他还主张,该法属于言论管制,必须根据宪法第一修正案接受加重审查。

联邦最高法院维持了这一回溯性延长保护期的法律。布雷尔大法官持异议意见,他认为知识产权条款"假定,总体而言能够促进现存作品传播的因素是垄断授权的消失而非其永久化"。布雷尔大法官观察到,此次延长后的版权经济上几乎等同于无期限版权:

> 即便根据保守的假设,本次延长也将导致版权保护期的价值等同于永久保护期的 99.8% 以上(对于像艾文 · 柏林[Irving Berlin]这样的歌曲作家以及像《亚历山大的滑稽乐队》[Alexander's Ragtime Band]这样的歌曲,则等同于它的 99.99% 以上)……从作者的事前视角来看,(a)制定法规定的经延长的期限和(b)无期限之间并不存在具有现实意义的区别,这导致最近一次延长难以与宪法对"有限时间"的要求相

① *See* Sonny Bono Copyright Term Extension Act, Pub. L. No. 105 - 298, 112 Stat. 2827 (1998)(经修订之后分散规定于《美国法典》第 17 篇各条).

协调。[2]

联邦最高法院还判决，该制定法并不违反宪法第一修正案，因为复制他人的言论并不像自己的言论一样应该得到宪法第一修正案的保护，并且版权本身通过激励言论也能服务于第一修正案保护的价值。然而，正如前几章指出，很多复制行为确实也构成受保护的言论。此外，除非版权法通过某些有意义的限制机制允许无害使用版权材料的行为，否 202
则，它与宪法第一修正案不一致。

在某种意义上，《版权保护期延长法》是特殊利益集团影响《版权法》的最明显例子，因为回溯性地延长现有作品的保护期对于促进创新几乎不起任何作用，但却能给他人的未来使用、创新以及言论造成严重负担。然而，由于联邦最高法院已经判决该法合宪有效，并且其含义也不存在模棱两可的地方，几乎丧失了法院通过违宪审查或者制定法解释限制其适用范围的空间。只有国会才能够改变版权保护期。

2001年拉里·莱西格（Larry Lessig）建议将版权保护期改成可续展的期限，每期五年。[3] 五年保护期也许过短，但这一原则是可取的。事实上，比起那时，目前我们更加迫切地需要通过修改制定法将保护期改为较短的可续展期限。例如，本书付梓之际，谷歌公司正在磋商一项调整"孤儿作品"数字化的和解协议。所谓"孤儿作品"是指保护期未过、但已经脱销并且无法查明版权人的那些作品。[4] 之所以会出现孤儿作品的问题，主要是因为现行制度可以将版权保护期延长到一个世纪甚至更长，却无法知道权利人是谁。对于想要将旧材料纳入自己作品的作者、电影导演等人而言，这简直就是一场噩梦。[5] 要求定期续展并支付一小笔续展费的制度能够一举两得。首先，已经丧失大部分商业价值的很大一部分版权材料将不会得到续展。在28+28年的旧续展体制下，

---

② Eldred v. Ashcroft, 537 U. S. 186, 260 (2003)（布雷尔大法官异议意见）.

③ LAWRENCE LESSIG, THE FUTURE OF IDEAS: THE FATE OF THE COMMONS IN A CONNECTED WORLD 251－52 (2001).

④ *See* The Authors Guild v. Google, Inc., 770 F. Supp. 2d 666 (S. D. N. Y. 2011)（拒绝批准谷歌图书和解协议，部分因为它涉及如下版权人的复制权：他们是集团诉讼的成员，但其身份并不能有效查明并参与和解——即"孤儿作品"）.

⑤ 参见第六章和第八章。

大约85%的版权从来没有续展，而超过90%的图书版权也从来没有续展。[6] 尽管在实行这一体制的大部分时间里续展费最高也就12美元，仍然会出现这样的局面。要求频繁进行续展可以将许多作品释放到公有领域供人们使用，大大增加其"思想"价值，但又不会损害其商业价值，因为后一种价值已经基本丧失。

频繁定期续展的体制有助于形成一个得到持续合理更新的有关版权人地址信息的数据库。然而，续展体制有可能违反《伯尔尼公约》的有关要求。该公约旨在保障跨境版权保护，特别是对外国作者提供保
203 护。我们应该考虑为此付出的代价是否值得。无论如何，外国版权主管机关与美国面临着相同的问题。[7] 正如一位参与国际进程的人士观察，"延长版权保护期将天平偏离了享受公有领域的一端，但同时对创作提供的经济激励却很小"。[8]

（二）复制权和演绎作品权

《版权法》不仅向版权人授予复制权，还授予其制作演绎作品的权利。前者向来属于版权保护的核心，而后者是阻止他人在借鉴或采纳版权人作品的基础上创作新作品的权利。演绎作品被界定为"基于一部或多部现有版权作品的作品，包括翻译、音乐改编、戏剧改编、小说改编、电影版本、录音制作、艺术再现、节选、缩减，或者任何其他形式的作品重塑、转化或改编"。[9]

美国第一部联邦版权法——《1790年版权法》根本就不保护演绎性使用，而仅仅保护以原始形式复制和销售原始版权作品的行为。[10] 正如

---

⑥ Barbara A. Ringer, Renewal of Copyright, in 1 STUDIES ON COPYRIGHT 503, app. at 616 – 20 (Arthur Fisher memorial ed. 1963); WILLIAM M. LANDES & RICHARD A. POSNER, THE ECONOMIC STRUCTURE OF INTELLECTUAL PROPERTY LAW 236 (2003). *See also* EDWARD B. RAPPAPORT, COPYRIGHT TERM EXTENSION: ESTIMATING THE ECONOMIC VALUES (Cong. Research Serv. Report 98 – 144E, 1998)（记载版权迅速贬值的情况）.

⑦ Berne Convention for the Protection of Literary and Artistic Works, Paris Act, July 24, 1971, 25 U. S. T. 1341, 828 U. N. T. S. 221. *See* Christopher Sprigman, Reform (aliz) ing Copyright, 57 *Stan. L. Rev.* 485 (2004).

⑧ Pater B. Maggs, The Balance of Copyright in the United States, 58 AM. J. COMPARATIVE L. 369, 373 (2010).

⑨ 17 U. S. C. § 101.

⑩ Act of May 31, 1790, ch. 15, § 1, 1 Stat. 124, 124.

莱西格指出，“如果我拿走你的小说，根据它编了一出戏剧，或者翻译它，又或者制作一个节略本，这其中任何一项行为都不受原始《版权法》的调整”。制宪者可能认为演绎作品权是“荒唐的”。[11] 一直到 19 世纪初期，相关规则仍然是如果被告的作品添加了很多新材料，使其本身足以被视为一部作品，它就不构成侵权。[12] 事实上，1841 年的福尔森诉马什案（*Folsom v. Marsh*）表明，节略行为是否构成侵权直到那时仍然是一个难题。[13]

从 1870 年起国会通过一系列修改制定法的举措，增加了针对各种具体演绎性使用行为的权利。[14] 现行《版权法》规定的演绎作品权的特点在于，它不仅仅适用于版权作品的节略、翻译或其他版本，而且适用于在性质、目的或者所传递信息方面有所不同的演绎作品。[15] 这种扩张表明版权领域发生了一项根本性的转变，对宪法第一修正案保护的价值具有强烈而麻烦的影响。首先，通过对新作品课以责任，演 204
绎作品权明显禁止新言论，而不仅仅禁止复制行为。其次，由于这些演绎作品的内容与其借鉴的原作品存在实质性差异，版权人在决定是否创作或传播其自身作品时，往往不可能预见或依赖自己能够控制这些使用行为。

由于版权的目的是鼓励创作创造性作品，只有存在该权利时的创作生产能力（creative productivity）大于不存在该权利时的创作生产能力，授予版权才是正当的。禁止精确复制件之所以是正当的，是因为创作原作品的成本高、复制的成本低，并且新作品在市场上对原作品具有替代效应。同样的道理可以正当化范围较窄的演绎作品权，即阻止以新形式

---

⑪ LAWRENCE LESSIG, FREE CULTURE 138 (2004).

⑫ *See* BENJAMIN KAPLAN, AN UNHURRIED VIEW OF COPYRIGHT (1966).

⑬ Folsom v. Marsh, 9 F. Cas. 342, 348 (C. C. D. Mass. 1841) (No. 4, 901).

⑭ *See, e. g.*, Act of July 8, 1870, ch. 230, § 86, 16 Stat. 198, 212（仅仅授予版权人“将其作品改编为戏剧或者翻译的权利”）.

⑮ *See, e. g.*, SunTrust Bank v. Houghton Mifflin Co., 268 F. 3d 1257 (11th Cir. 2001)（演绎作品，涉及未经授权对《飘》制作的戏仿性续集）.

或新媒介实质上复制原始作品的权利。[⑯] 允许大量复制他人的作品并经稍加修改之后宣称是自己的作品,这不符合版权的目的。

相反,宽泛的演绎作品权赋予版权人阻止他人在借鉴版权作品的基础上制作转化性作品的权利,即便演绎作品之中新内容与借鉴内容的比例相当。此时,创作新作品的成本比创作原作品的成本更高,新作品通常并不会在市场上替代原作品。另外,由于通过将原作品改编成新形式形成演绎作品的过程需要一定的投入,因此进一步降低了如下事前可能性,即一部具体作品的成功程度足使在其基础上制作演绎作品的行为显得合理。因此,作者可能更加不会以演绎作品作为正当化创作原作品的收入来源。总之,如果演绎作品本身是一部实质上的新作品而非接近原作品的复制件,版权人受到的潜在损害也会大大降低。[⑰]

宽泛的演绎作品权大大增加了新作品的创作和交易成本,因为想要在前人作品基础上进行改进的作者必须取得许可并支付许可费。它可
205 能对创造性改进行为造成重大影响。[⑱] 宽泛的演绎作品权将阻止创作哪怕是与原作存在非常大甚至极端差异的作品,只要这些作品在某种程度上“基于”(based upon)他人的作品。这一权利的宽度非常有问题,因为每一部作品都是基于他人的作品。[⑲] 例如,哪怕是像米开朗基罗的经

---

⑯ 这仅仅构成设置任何演绎作品权的一个脆弱的经济理由。比较 LANDES & POSNER, *supra* note 6, at 109 - 12(主张,设置演绎作品权的理由“微弱”,但是赋予原作品作者控制某些演绎作品的权利有助于(1)防止作者将发行原作品的时间推迟到能够创作出演绎作品之时,以及(2)降低与多位作者谈判带来的交易成本)与 Stewart Sterk, Rhetoric and Reality in Copyright Law, 94 *Mich. L. Rev.* 1197, 1216 - 17(1996)(反驳兰德斯和波斯纳提出的设置演绎作品的理由,并建议只有在确定新作品侵犯原作品还是一项演绎作品存在操作上的困难时,设置该权利才是正当的)。

⑰ 即便是兰德斯和波斯纳也同意,当新作品的表达成分超过原作时,法院应该拒绝认定侵权行为。*See* Landes & Posner, *supra* note 6, at 109 - 15.

⑱ *See* Paul Goldstein, Derivative Rights and Derivative Works in Copyright, J. COPYRIGHT SOC'Y USA 209(1983)(“每一个侵犯演绎权的人,根据定义,本身就可能是一部演绎作品的版权人,对于版权的激励投资制度拥有同等的诉求。《版权法》旨在对原作品和演绎作品给予一样的投资激励,这一事实导致对于具体一部演绎作品是否侵犯原作品的判断大大复杂化。”)

⑲ 第九巡回法院将演绎作品的法定定义描述为“宽泛得令人绝望”,因为“任何文学、科学和艺术著作都借用并且必然借用,以及使用广为人知的和先前使用过的很多东西”。*See* Micro Star v. Formgen, Inc. , 154 F. 3d 1107, 1110(9th Cir. 1998)(指出,第九巡回法院增加了一些标准,以此限缩侵权性演绎作品的定义)[quoting Emerson v. Davies, 8 F. Cas 615, 619(C. C. D. Mass. 1845)].

典雕塑《大卫像》[20]和马克·吐温的小说[21]这样"原创性"的作品也是基于先前的现有作品。因此,宽泛的演绎作品权一方面没有提供创作原作品的激励,另一方面又阻碍或威慑他人在借鉴前人作品的基础上创作新作品。如果以专利法作类比的话,它就像是一个包含如下开放式权利要求的专利,该权利要求覆盖所有改进并赋予专利权人对其享有排他权。其结果将是,原始专利权人以外的任何人都没有进行改进的激励。[22]

(三)《数字千禧年版权法》规定的数字权利

1998年制定的《数字千禧年版权法》(以下简称《千禧年法》)规定了一系列新权利,旨在将版权法带入"数字时代"。[23] 该法最重要也是最具争议的条款旨在使美国版权法符合世界知识产权组织主持下缔结的条约。[24]《千禧年法》公开追求的目标是平衡版权人和用户就数字版权作品各自享有的权利。数字作品可以便宜、方便地复制而又几乎不损害作品质量,并且能够通过互联网传送给成千上万的人。因此,世界知识产权组织和美国国会认为,有必要通过新的立法阻止盗版并鼓励数字作品的生产。与此同时,加强数字化作品的保护引起人们对消费者合法使用该等作品之权利的担忧;数字化作品通常比模拟格式的作品或者纸质作品质量更好,也更容易获取。 206

《千禧年法》是在出版、唱片、计算机和通信行业的众多特殊利益集团支持下制定的。因此,不足为奇的是,《千禧年法》是一部非常复杂的立法,针对数字化版权作品的盗版行为提供了强有力的保护。实现这一目的的手段是强化版权人在版权作品上设置的旨在阻止接触、复制及某

---

⑳ *See* ROSS KING, MICHELANGELO AND THE POPE'S CEILING 158(2003)(指出,米开朗基罗雕塑于1504年的《大卫像》受到一具古罗马石棺上的一个裸体形象的启发。米开朗基罗1496年首次到达罗马,不久之后他看到了这个形象并将其描绘下来。)

㉑ *See* SIVA VAIDHYANATHAN, COPYRIGHTS AND COPYWRONGS 62－69(2001)(指出,"按照我们对于剽窃者一词的理解,马克·吐温是一个猖狂的剽窃者",并引用马克·吐温在写给海伦·克勒(Helen Keller)的一封书信中的说法,"除了剽窃以外,人类的任何话语都几乎一无所有,无论口头的还是书面的").

㉒ 参见第四章。

㉓ *See* Report of the Senate Comm. on the Judiciary, S. Rep. No. 105－190, at 2(1998).

㉔ *See* WIPO Performances and Phonograms Treaty(《世界知识产权组织表演和录音制品条约》)(Geneva, 1996), *available at* http://www.wipo.int/treaties/en/ip/wppt/trtdocs_wo034.html.

些其他使用行为的技术控制。[25] 例如，一部商业 DVD 虽然可以观看，但设置在代码中的技术控制通常阻止复制。针对规避该等控制的行为（即“黑客”）以及针对便利该等规避的技术贩卖行为，《千禧年法》为其提供了法律保护。

由于数字形式的作品面临着更大的盗版威胁，《千禧年法》在加强阻止该等有害复制行为方面所作的努力值得称赞。然而，根据目前法院对它的解释，《千禧年法》出现了保护过头的局面，因为它并没有为如下行为留下合法存在的余地，即出于个人或对社会有益的目的从事的对版权人没有造成损害或仅造成很小损害的接触作品行为。它不但对数字化作品的盗版行为规定了额外的惩罚（在传统版权法保护以外新增加的惩罚），而且还惩罚出于传统版权法从来不加禁止的——事实上还加以鼓励的——使用目的而接触作品的行为。事实上，正如我们下文将要看到的，《千禧年法》可以被解释为禁止使用或销售，即便不可能便利版权侵权的技术。另外，通过同时拒绝接触表达和思想，《千禧年法》进入到一种危险境地，即允许某些版权发挥类似于专利的作用，只不过此时可能具有永久的保护期。[26]

与本节讨论的《版权法》的私人利益方面形成对比的是，《版权法》上的另外两项具体规定明显服务于公共利益目的。它们是第 102（b）条规定的思想—表达二分法和第 107 条规定的合理使用法则。

（四）思想—表达二分法

207 思想—表达二分法是指，版权保护不“延及思想、程序、工艺、系统、操作方法、概念、原则或发现，不论它们在该作品中以何种形式被描述、解释、说明或体现”。[27] 因此，思想—表达二分法区分了通常可受版权保

㉕ *See* LESSIG, *supra* note 11, at 157（“《千禧年法》的制定实际上反映了版权人初遇数字空间时感到的恐惧，以及对此作出的反应。该等恐惧是担心版权控制将会事实上消亡，而他们作出的反应则是寻找能够填补这一空缺的技术。”）

㉖ *See* 321 Studios v. Metro Goldwyn Mayer Studios, Inc., 307 F. Supp. 2d 1085, 1103（N. D. Cal. 2004）（指出，《千禧年法》可以被用于封锁公有领域的文章，但是提出如果存在其他版本或者非数字的接触渠道，这并不是一个问题；当然，嵌入代码或者软件代码不可能存在替代性的接触渠道）. *See also* Universal City Studios, Inc. v. Reimerdes, 111 F. Supp. 2d 294, 338 & n. 245（S. D. N. Y. 2000）（指出如下可能性，即通过将公有领域内的作品与版权作品混搅在一起，将前者永久封锁）.

㉗ *See* 17 U. S. C. § 102（b）.

护的独创性表达与不可受版权保护的背后的思想、概念等。思想—表达二分法也许是版权和专利之间最为重要的观念上的区别。

在一定程度上，思想—表达二分法的理论基础是这样一个有些形式性的观念，即独立于发现人之外的事实、概念及其他发现并非源于某个作者或者因其而存在；因此，它们并不构成“独创性作品”。然而，该法则还有一个更加重要的功能性方面。它通过将“积木”一样的事实和思想保留在公有领域来促进公共利益。正如联邦最高法院指出，正是由于思想—表达二分法，“版权作品一经发表，其中蕴含的每一个思想、理论和事实立即就成为可供公众利用的对象”。[28]

思想—表达二分法还有助于促进创新性作品、产品之间的竞争。专利赋予权利人对权利要求所请的思想享有排他权，而版权仅仅保护该等思想的“表达”。因此，如果创新者想要就某个思想取得排他权，他必须通过更加苛刻的取得专利的程序，而不能通过版权将一个思想“封锁”于公众之外。版权相对于专利更容易取得，保护期也更长。然而，思想与表达之间的区分并非总是很清晰，当我们从文学作品进入视觉艺术领域时，或者当涉及事物更具功能性的特征（如计算机代码）时，更是如此。[29]

思想—表达二分法的经典描述是1879年美国联邦最高法院在贝克尔诉塞尔登案（*Baker v. Selden*）中作出的判决。[30] 已故的查尔斯·塞尔登曾经发明一种简式记账方法，他在一本名为《塞尔登精简分类账，或者简式记账法》（*Selden's Condensed Ledger, or Book-keeping Simplified*）的书中对此作了描述。书中还收录了塞尔登设计的旨在实施其方法的各种记账表格。塞尔登去世后，他的遗孀对一位名叫W. C. M. ·贝克尔（W. C. M. Baker）的著名记账专家提起侵权之诉。塞尔登的遗孀指控贝克尔倡导并实施一套与塞尔登的方法实质相似的记账系统。贝克尔使用的表格与塞尔登的表格相似但并不相同。贝克尔通过交谈知道 208

[28] Eldred v. Ashcroft, 537 U. S. 186, 219 (2003).

[29] *See* Dan L. Burk, Expression, Selection, Abstraction: Copyright's Golden Braid, 55 SYRACUSE L. REV. 593 (2005).

[30] 101 U. S. 99 (1879).

塞尔登的系统，但并不清楚他是否阅读或复制了塞尔登的系统。㉛

在联邦最高法院看来，塞尔登的诉讼请求混淆了版权和专利。虽说塞尔登描述该记账系统的表达可以获得版权保护，该系统本身（体现在各种表格之中）却不可以。因此，虽然他的版权能够阻止他人复制这本书，却不能阻止他人使用其中描述的该系统，除非取得专利保护。“如果该书不是其他著作的盗版品，无论它是否具有新颖性，其版权都是有效的。”相反，为了就该系统取得专利（部分取决于当时是否允许授予商业方法专利），他必须证明专利法规定的可专利客体、新颖性、实用性和非显而易见性几个要件。塞尔登很显然曾经试图对该系统申请专利，但并没有成功。㉜

版权可能限制竞争，但是图书、歌曲、电影等产品市场都具有相当高的竞争程度。相反，专利会对竞争性市场造成远远更大的影响，因为它禁止对思想本身作类似使用。通过将保护对象局限于表达，版权法为竞争性替代品预留的存在空间超过专利法。例如，专利政策对反向工程可能持有相当敌意的态度，特别是因为等同原则谴责那些并不受专利权利要求之语言精确覆盖的竞争性产品。但反向工程在网络化的世界中具有特别重要的意义，因为这些领域的竞争取决于实现互联互通的能力。㉝

例如，利盟打印机公司（Lexmark Printer Corporation）试图诱导自己的打印机用户使用其打印墨盒。它采用的手段是对打印机进行特殊设计，使其只有在能够读取和识别墨盒上的芯片时才能够运作。静态控制公司（Static Control）是利盟竞争对手的供应商，它对该芯片进行反向工

㉛ *See* Pamela Samuelson, The Story of Baker v. Selden: Sharpening the Distinction Between Authorship and Invention 159, in INTELLECTUAL PROPERTY STORIES (JANE C. GINSBURG AND ROCHELLE COOPER DREYFUSS, EDS. 2006)，它将思想—表达二分法的源头追溯到更早的时间，并很好地证明了贝克尔的作品基本上是独立创作的，与塞尔登的作品无关。

㉜ 虽说失败的原因不详，但是在商业方法专利兴起之前，法院通常驳回如下专利申请，即它们只是对已经确立的记账技术提供新的用法。Cincinnati Traction Co. v. Pope, 210 F. 443, 446 (6th Cir. 1913); U. S. Credit Sys. Co. v. Am. Credit Indem. Co., 53 F. 818, 819 (S. D. N. Y. 1893). 关于商业方法专利，参见第五章。

㉝ *See, e. g.*, Sony Computer Entertainment, Inc. v. Connectix Corp., 203 F. 3d 596, 602 – 04 (9th Cir. 2000)（合理使用法则允许被告出于实现自己硬件与原告计算机游戏软件兼容的目的制作的单一复制件）. 关于等同原则，参见第 11 章。

程,以实现在利盟打印机上使用仿制墨盒。法院认定此举不构成侵权,并将静态控制公司的行为比作贝克尔诉塞尔登案中的情况。静态控制公司并没有复制芯片中包含的数字代码,这种复制行为将构成版权侵权。相反,它只是检查了该芯片,以观察它如何实现互联互通,然后设计 209 出实质上具有相同功能的自己的芯片。[34]

如果单一的或非常少量的表达构成实现某种思想的全部方式,思想—表达二分法对竞争也具有重要的意义。此时,表达具有了"功能性",而具有功能性的东西就不再是纯粹的表达,因此,通常不能获得版权保护。例如,计算机程序中表述"打印"或"删除"的方式并不多。[35] 计算机代码通常具有功能性,撰写目的是以特定的方式完成任务;代码的价值不在于其表达所具有的美学功能,而在于能够完成一项任务。因此,思想—表达二分法对于软件市场的竞争至关重要。认为自己拥有一项可专利软件思想的程序员可以试着对它申请专利保护。[36]

(五)合理使用法则

正如前几章解释,促进《版权法》目的的版权材料使用行为遭到版权侵权起诉时,合理使用法则提供了一种抗辩。历史上,合理使用是一个通过普通法发展起来的法则,国会将其纳入《1976 年版权法》。该法第 107 条要求法院在评估合理使用主张时考察四项要素:(1)使用行为的目的和性质;(2)版权作品的性质;(3)被复制部分的数量及所占比例;(4)使用行为对版权作品市场造成的影响。[37] 尽管合理使用并没有一个清晰的定义,但这些因素表达了一定的态度:相对于商业性使用,它们更加青睐个人性质的使用;相对于仅仅复制版权作品的行为,它们更

---

[34] Lexmark Intern. ,Inc. v. Static Control Components,387 F. 3d 522,534(6th Cir. 2004).

[35] *E. g.* , Lotus Development Corp. v. Borland Intern. ,Inc. ,49 F. 3d 807(1st Cir. 1995). 一个非常不同的例子涉及珠宝,*see* Herbert Rosenthal Jewelry Corp. v. Kalpakian,446 F. 2d 738(9th Cir. 1971)(某些蜜蜂形状的镶宝石扣针,其表达形式通用于大多数蜜蜂,对这样的表达进行保护将授予一种控制思想的垄断权,使得竞争性珠宝商极难生产任何蜜蜂状的扣针). 专利法的影响要宽泛得多。*See*,*e. g.* ,in re Dembiczak,175 F. 3d 994(Fed. Cir. 1999)(维持了一项带有南瓜灯脸孔的垃圾袋专利。该专利的众多权利要求覆盖了许多种作为实施例的脸孔形状,极有可能覆盖用在大型垃圾袋上的所有类型的南瓜灯脸孔).

[36] *E. g.* , AllVoice Computing PLC v. Nuance Communications,Inc. ,504 F. 3d 1236(Fed. Cir. 2007).

[37] *See* 17 U. S. C. § 107.

加青睐贡献独创性表达或者出于对社会有益的新目的使用作品，从而带来新价值的使用行为。[38]

在《1976 年版权法》立法过程中，经过各方讨价还价最终形成的结果是，版权人享有广泛的权利，以及“拥有足够谈判力量的特殊利益集
210 团为自己争取到具体而详细的豁免”。杰西卡·利特曼(Jessica Litman)这样描述合理使用法则在这些谈判过程中扮演的角色：

> 在……这些扩张界定的权利和严格的豁免之间，合理使用法则成为该法最核心的灵活性源泉。在法案最初的一些版本中，麻烦缠身的合理使用条款提供了调节版权人各种排他权宽泛范围的唯一手段。对于缺乏谈判力量为自己争取具体豁免的利益方而言，合理使用成为唯一的安全港。[39]

因此，正如思想—表达二分法一样，合理使用法则对版权保护设置了一项重要限制，为公众使用和借鉴版权作品预留了空间。联邦最高法院在艾尔德瑞德案中肯认思想—表达二分法和合理使用法则具有的公共利益目的。它将这些法则描述为“内置的言论自由保障机制”，因此，对于那些“没有改动[这两个]传统版权保护轮廓”的版权立法“没有必要以宪法第一修正案作进一步的审查”。[40]

二、以违宪审查约束版权法具有局限性

如果受到俘获的立法过程阻挫了商谈和代议制民主的宪法价值，法院拥有对其加以制约的正当角色，尽管这种角色相当有限。有学者主张，法院应该对国会制定的法律实施严格的违宪审查，并宣告那些服务

---

[38] *See*, *e. g.*, Campbell v. Acuff-Rose Music, Inc., 510 U. S. 569, 578 - 85 (1994); Sony Corp. of Am. v. Universal City Studios, Inc., 464 U. S. 417, 448 - 56 (1984). 两个案例在前一章均有讨论。

[39] Jessica Litman, Copyright, Compromise, and Legislative History, 72 CORNELL L. REV. 857, 883 - 86 (1987).

[40] Eldred v. Ashcrof, 537 U. S. 186, 219, 221 (2003).

私人利益而非公共利益的法律无效。[41] 然而事实上，联邦司法机关很少以任何理由宣告国会制定的法律无效，更别说以公共选择为由宣告无效。[42] 由于受到机构方面的限制，例如，进行独立事实认定的能力有限，以及对权力分立的担忧，除了极其恶劣的案件，法院不愿意轻易撤销立法。因此，违宪审查通常不足以制约特殊利益集团的力量。

违宪审查的局限性在版权法领域相当明显。事实上，艾尔德瑞德案 211
向我们很好地展示了，由于受到机构方面的限制，法院不愿意强迫国会立法完全符合宪法的要求。在实体方面，艾尔德瑞德案中的申请人提出了一个有力的主张，即《版权保护期延长法》违反了宪法知识产权条款对国会权力的限制。他们提出了一种可行的解释，即根据序言规定——版权法必须“促进科学和实用艺术进步”——解释知识产权条款的“有限时间”要求。他们主张，根据这种解释，国会持续回溯性延长版权保护期的做法违宪：它在事实上导致了以分期方式授予无期限的保护，并且对现有版权作品如此回溯性地延长保护对于促进进步（未来创新）并没有发挥任何作用。

联邦最高法院驳回了这些主张，并判决《版权保护期延长法》符合有合理根据的审查标准（rational basis scrutiny）。联邦最高法院从《版权保护期延长法》的立法记录中找出了两项目的：（1）确保美国版权保护期与欧洲版权保护期相一致；（2）鼓励旧作品的版权人修复和发行该等作品。[43] 如果认为仅仅这两个目的就能够使它符合合理根据审查的话，那么这种认识存在很大问题。首先，《版权保护期延长法》并没有实现美国和欧洲版权保护期的真正一致。[44] 即便它实现了这一目的，仍旧高

㊶ *See* Einer R. Elhauge, Does Interest Group Theory Justify More Intrusive Judicial Review?, 101 YALE L. J. 31, 44（1991）（概括介绍了主张对特殊利益集团立法实施加重违宪审查的各种主张）；EINER R. ELHAUGE, STATUTORY DEFAULT RULES：HOW TO INTERPRET UNCLEAR LEGISLATION（2008）.

㊷ *See* Jonathan R. Macey, Promoting Public-Regarding Legislation Through Statutory Interpretation：An Interest Group Model, 86 COLUM. L. REV. 223, 224（1986）（制定法很少被认定违宪，特别是经济立法）（citing William M. Landes and Richard A. Posner, The Independent Judiciary in an Interest-Group Perspective, 18 J. L. & ECON. 875, 895 –（app.）（1975））.

㊸ *See* Eldred, 537 U. S. at 205 – 07.

㊹ *See* id. at 257 – 58（布雷尔大法官异议意见）（解释道，针对其影响到的最为重要的作品类型，包括职务作品、1978 年之前创作的现有作品、匿名作品或假名作品，《版权保护期延长法》并没有实现美国和欧盟在保护期上的真正统一）.

度可疑的是,与欧洲法保持一致是否能够成为判断它满足美国宪法要求的依据,毕竟欧洲法上并不存在同样的要求。欧洲版权法更多反映的是“自然权利”理论,而美国版权法则基于“激励”理论。因此,可以合理地预见到两个体制在保护期长短和延期回溯性问题上可能存在差异。

其次,鼓励修复和发行旧作品的目的也不足以支持《版权保护期延长法》,因为(1)经过修复可实现发行盈利的旧作品在全部版权作品中仅占微不足道的比例,国会完全可以仅仅延长这一小类作品的保护期;[45](2)即便不延长现有版权的保护期,也会存在修复很多旧作品的激励,因为这些改进行为能够产生新版权;(3)如果允许任何人参与修复竞争,就像图书出版人在已进入公有领域的经典著作市场上展开的竞争
212 一样,几乎肯定会带来更好的结果,因为修复工作的增量成本对于版权人和其他人而言是一样的。如果作品已经进入公有领域,修复这些作品的市场将是一个竞争性市场,而改进成果可以独立获得版权保护。

联邦最高法院指出的几个目的对《版权保护期延长法》规定的范围广泛的保护期延长都只能提供很小的支持,因此我们最好从机构限制方面来理解联邦最高法院的这一判决。这些机构限制要求司法机关尊让政治机关。如果立法仅在较小程度上超越了国会的宪法权限,法院有时会维持立法的效力以保持权力分立。有些学者主张艾尔德瑞德案的判决是正确的,因为“即便制宪者认为国会在版权条款项下的权限受到严格限制,他们也不相信法院应该仔细审查立法,以决定国会是否超越了该等界限”。[46] 艾尔德瑞德案的判决书一再强调,联邦最高法院的权限不包括质疑某些立法政策,例如,《版权保护期延长法》的立法政策,“我们曾经强调……通常由国会而非法院来决定如何才能最好地实现宪法版权条款的立法目的”,“国会行为是否明智……并不属于我们事后评价的范畴”。[47]

---

[45] *See* Eldred,537 U. S. at 253(布莱尔大法官异议意见)(解释道,极少旧电影能够加以修复或发行,因为即便存在版权保护,版权人也不认为它们具有足以值得保存的盈利性).

[46] *See* Paul M. Schwartz and William Michael Treanor, Eldred and Lochner: Copyright Term Extension and Intellectual Property as Constitutional Property, 112 YALE L. J. 2331, 2368(2003)(反对以原始意图为由主张艾尔德瑞德案判决错误的观点).

[47] Eldred,537 U. S. at 212,222. 最高法院解释道,“我们无权事后评价国会做出的这种类型的决定和政策判断,无论它有多大的争议或者可能多么不明智”。*See id.* at 208.

法院还受到先例拘束原则的约束。因此，即便涉案立法的合宪性存在疑问，如果维持其效力与先例相一致，它们也会这样做。版权法上尤其如此，因为在漫长的时间内持续不断的期限延长使得法院难以阐述国会的哪一个具体立法行为超越了界限。例如，艾尔德瑞德案注意到一系列“不间断的国会做法”，即之前每一次延期立法都回溯性地适用于现有作品。由于没有任何一个先例曾经宣告之前的延期立法无效，联邦最高法院认为，“申请人未能证明《版权保护期延长法》为何超越了一个具有宪法意义的关于‘有限时间’的门槛，而 1831 年、1909 年和 1976 年《版权法》却并未超越它”。[48]

最后，法院自行查明事实的能力非常有限，需要依赖立法记录，因此必须对国会的政策选择给予尊让。事实上，在联邦最高法院审理艾尔德瑞德案时担任出庭律师的拉里·莱西格事后撰文指出，他认为挑战《版权保护期延长法》失败的主要原因是，他没有充分强调《版权保护期延长法》带来的有害影响，因为他面前的法院没有其他办法了解受控立法的真实效果。莱西格回忆说，一些大律师曾经建议说，要想赢得案件，必 213
须向联邦最高法院证明“该法对言论自由和文化自由造成的剧烈危害”，但是他却认为联邦最高法院明白《版权保护期延长法》的危害，因此只需要向它说明该法如何违宪。回过头来看，莱西格对如下经历感到懊丧：当大法官们询问莱西格《版权保护期延长法》对科学和实用艺术进步会造成哪些障碍性影响时，他回答说自己提起的“根本不是一个实证性请求”，而是一个宪法性请求，即《版权保护期延长法》违反了联邦宪法对国会享有的列举权限设置的结构性约束。[49]

尽管艾尔德瑞德案判决版权保护的总体水平是一个最好留待国会决定的经济判断，但法院仍然可以宣告违反国会权限之具体限制机制的立法无效。例如，联邦最高法院在菲斯特案（*Feist*）中判决，按字母顺序排列的电话目录包含的事实不能得到版权保护，因为它们是被发现的而非被创造的，因此不能构成“作者”的“作品”。[50] 另外一项立法规定，未经授权录制和贩卖现场音乐表演的行为构成犯罪。一些法院对于该法

---

[48] *Id*. at 200，208－10.

[49] *See* LESSIG，*supra* note 11，229－30，238－40，244－45（2004）.

[50] Feist Pub.，Inc. v. Rural Tel. Serv. Co.，Inc.，499 U. S. 340，347－48（1991）.

是否违反如下宪法性要求表示怀疑，即作品必须固定于有形媒介（即被录制）才能得到版权保护。[51] 然而，总体而言，联邦最高法院根据宪法知识产权条款适用合理根据审查标准的情况说明，法院不大可能仅仅因为它认为版权立法不是良好的创新政策就宣告其无效。[52]

艾尔德瑞德案的判决还表明，法院也不大可能直接根据第一修正案审查过度宽泛的版权。联邦最高法院判决，只要包括思想—表达二分法和合理使用法则在内的"传统轮廓"得到保留，就没有必要根据第一修正案进行加重审查。尽管演绎作品权和《千禧年法》反映出版权人的权利得到前所未有的扩张，但它们并没有明确否定以合理使用法则或者思想—表达二分法限制认定版权侵权。另外，即便法院动用宪法第一修正案，它们也不大可能判决《版权法》因为过度宽泛或者模糊不清而违宪。以过度宽泛为由撤销一部法律是"一剂猛药"，法院只可能在极端的案件中做出这样的判决。联邦最高法院解释说，过度宽泛法则"旨在"在两种
214 社会成本之间"维持一种平衡"：过度宽泛的制定法因威慑"自由的思想交流"造成的社会成本与"撤销一部其某些适用情况完全合宪的法律"造成的社会成本。[53] 因此，"制定法的过度宽泛程度必须严重，不仅仅在绝对意义上严重，而且相对于该法明显正当的宽泛适用范围而言也是严重的。"[54]

很显然，《版权法》在许多案件中的适用都是合宪的。然而，正如前几章指出，该法也存在过度宽泛的问题，即它"可能会经常被适用于受保护的表达"。[55] 鉴于人们在言论中经常并且很大程度上使用版权材料，该等适用"在受该法调整的材料中仅占微不足道的比例"。[56] 对《版

---

[51] *See* United States v. Moghadam, 175 F. 3d 1269 (11th Cir. 1999)（根据宪法知识产权条款，有关现场音乐的规定可能违宪，但根据宪法商业条款则是有效的）；United States v. Martignon, 492 F. 3d 140 (2d Cir. 2007)（类似判决）.

[52] Eldred, 537 U. S. at 205 – 08（"总之，我们认为，《版权保护期延长法》是一部合理的立法；我们无权事后评价国会做出的这种类型的决定和政策判断，无论它有多大的争议或者可能多么不明智。"）

[53] United States v. Williams, 553 U. S. 285, 292 – 93 (2008)（认定将贩卖儿童色情物品入罪的制定法不属于违宪性的过度宽泛）.

[54] *Id.*

[55] City of Houston v. Hill, 482 U. S. 451, 467 (1987)（一部条例禁止打扰执行公务中的警察，被宣告无效）.

[56] *See, e. g.*, New York v. Ferber, 458 U. S. 747, 773 (1982)（州法禁止儿童色情物品，得到维持，尽管该制定法偶尔会适用于具有严肃文学、科学或教育价值的材料）.

权法》作这种类型的审查时面临一个问题：要确定该法是否过度宽泛需要决定它的正当范围。尽管过度宽泛并非联邦最高法院在艾尔德瑞德案中所要处理的争议之一，但它明确指出，要精确确定应该赋予版权人多大程度的版权保护，对国会而言是一项困难的工作，更别说法院。[57]

另外，如果存在足够清晰的限制性解释，法院不愿意以过度宽泛为由撤销制定法。在第六章讨论的反虐待动物法的例子中，不重写整部法律就不可能作限制性的解释。该法适用于包含如下内容的录像：动物被“致残、损坏肢体、折磨、弄伤或杀死”。然而，并非所有杀死动物的行为都非法（例如合法狩猎），因此联邦最高法院认定，相对于国会追求的减少非法虐待动物这一正当目的而言，该法过度宽泛。在口头辩论阶段，政府的律师争辩说可以对该法作限缩解释，使其不覆盖描述合法狩猎的物品，其理由是“狩猎并不被视为虐待动物”。但是斯卡利亚大法官（Scalia）回应说，“‘杀死’只有一种含义，……而你……并不能仅仅因为该法除了禁止杀死还禁止折磨及其他行为，就可以限制它的含义。”[58]然而，正如我们在后文所要讨论的，法院可以使用一些合理的解释技巧限制版权的过度宽泛问题。

以宪法第一修正案为依据反对现行《版权法》的理由是充分的，包括过度宽泛和缺乏严肃的损害要件。对于演绎作品权以及高度模糊和可操纵的合理使用抗辩而言，这一点尤其成立。然而，目前的联邦最高法院不可能对《版权法》作必要的违宪审查。相反，它似乎有意要保留 215
一种“版权例外主义”。我们认为这种做法既缺乏历史根据也缺乏政策依据。因此，运用必要的制定法解释方法容纳那些与言论自由和创作激励相关的利益显得尤为重要。

三、以制定法解释方法对抗特殊利益集团的俘获

由于机构方面的局限影响了法院进行违宪审查的能力或意愿，制定法解释就成为应对特殊利益集团影响的一个更加有效的工具。制定法

[57] Eldred, 537 U. S. at 212 – 13.

[58] Oral Argument transcript, 17 – 18. United States v. Stevens, 130 S. Ct. 1577(2010).

解释方法可以把司法自由裁量权局限于对模糊不清条款的解释，并有助于确保司法功能与司法能力相匹配。它还能确保国会仍然是决定法律含义的最终权威，因为国会可以随时通过修改制定法纠正司法错误。

对特殊利益集团立法作限缩解释，存在以下几个方面的理由。第一，根据"对提出者不利"的法律解释格言，立法"交易"中存在的模糊不清之处应该作对特殊利益集团不利的解释。这一格言要求，当制定法或其他书面文件中出现模糊不清的条款时，应该作出对负责提出该语言的一方不利的解释。自从19世纪初期以来，在解释在如下方面类似《版权法》的制定法时，联邦最高法院一直使用这一原则对它们作限缩性解释，即这些法律对争取到该法的特殊利益集团提供回溯性报酬。[59]

历史上，普通法一直促进或模拟基于竞争的自由市场原则，因此，采纳私人利益集团谈判结果的规章，应该被视为有损这些普通法原则的反竞争措施。[60] 因此，私人利益性质的条款应该作限缩解释，因为"造成'市场失灵'的法律不应该享受'矫正'市场失灵的法律应得的尊让"。[61]

早期版权法的理论根据是，为了补救因创造性作品被他人搭便车而出现的市场失灵有必要偏离普通法的自由市场原则。但目前的版权法
216 却在制造市场失灵，它向作者提供过度保护性的权利，这些权利奖励寻租行为并限制竞争。因此，很可能造成受版权保护的创新低于最优量。《版权法》已过度偏离了它的均衡位置，因此应本着恢复这种平衡的宗旨解决模糊不清的条文——不仅因为法院认为这样做属于一种良好的版权政策，而且因为法院通常并不会假定国会希望超越制定法的明确规定减损普通法的原则，或者超越立法契约之当事人争取到的结果赋予其利益。

这一路径尤其适用于涉及合理使用的模糊条文。前一章曾考察过

---

[59] Donovan v. United States, 90 U. S. 383, 396 (1874)（"倡议者意图以涉案法律中模糊不清的表达就当时已经结束的服务获得较先前规定所允许的报酬更多的报酬，对该表达不应该作能够实现该目的的解释……对于特殊立法，就像本案中的情况那样，法院向来倾向于作出对提出者不利的解释。"）*See also* United States v. Heth, 3 Cranch 399, 409 (1806)（类似判决）.

[60] *See* RICHARD A. POSNER, THE ECONOMIC ANALYSIS OF LAW 316 (8th ed. 2011)（"普通法设立财产权、监管其交易并保护它们免受不合理的干扰——所有这一切都是为了促进自由市场的运作，以及在自由市场不能发挥作用时模拟其结果。"）

[61] *See* Frank Easterbrook, The Court and the Economic System, 98 HARV. L. REV. 4, 16 - 19 (1984).

这样一种观点，即合理使用法则的适用应局限于市场失灵的情形。[62] 根据这一观点，版权人有权分享各种版权作品使用行为带来的利益，除非某种市场失灵的存在（例如高交易成本或者外部性）阻止就该等使用行为付费。[63] 这种观点对版权人持有极端尊让的态度。由于认定侵权的复制门槛很低，它将导致所有使用版权材料的行为均需承担责任，包括许多微不足道的或者转化性的使用。

然而，如果版权本身就是反竞争交易带来的结果，法院就不应该尊让这些权利，因为这种试图保持市场的纯洁性（integrity）的努力只是一种徒劳甚至会适得其反。事实上，从制定法解释的角度来看，将合理使用的适用范围局限于市场失灵的情况（并在所有其他情况下均认定责任成立）是在完全错误的方向上设定了一种推定。正如前文所述，合理使用的源头是一个普通法法则。特殊利益集团通过谈判获得的法定权利赋予其某些利益；如果该等利益超越了矫正正当化该制定法的市场失灵所需的程度，而普通法提供了一个判断有效率规则的基准，那么法院就应该以有利于普通法合理使用法则的方式解释条文中的模糊不清。

第二，解释模糊不清的法律时应以其宣称的公共利益目的为依据。[64] 这一路径有助于落实立法目的，因为至少某些议员赞成该制定法的理由，很可能正在于相信它事实上会服务于其宣称的目的。尽管可能有人认为这种方式会鼓励司法能动主义，但是有关制定法目的的宪法或立法表述在其解释过程中显然是相关的。事实上，如果法院为查明法律的含义作出最大努力之后模糊仍然存在，唯一自然的选择就是求助于明
确的立法目的表述。如果该等目的陈述出现在授权国会制定涉案法律 217
的宪法条文中，这一点尤其成立。采用这样一个缺省规则还有助于提升政治过程的透明度，整体降低特殊利益集团立法的数量，以及减少“隐

---

[62] *See also* Wendy J. Gordon, Fair Use as Market Failure: A Structural Economic Analysis of the Betamax Case and Its Predecessors, 82 COLUM. L. REV. 1600 (1982); *but see* Wendy J. Gordon, Market Failure and Intellectual Property: A Response to Professor Lunney, 82 *Boston Univ. L. Rev.* 1031 (2002)（对之前的观点加以限制）.

[63] 联邦最高法院曾在哈珀—罗案中援用这一理论。*See* Harper & Row 案（471 U. S. at 568 n. 9（“讨论过这一问题的经济学家们认为，合理使用例外应该仅仅适用于如下情形，即市场失灵，或者版权人索要的价格接近于零”）。

[64] *See* Macey, *supra* note 42, at 232–33.

藏性”特殊利益立法。[65]

联邦宪法知识产权条款对国会制定联邦版权法所应追求的公共利益目的作了规定,即“促进科学和实用艺术进步”。国会必须向作者授予有限权利,以此换取作品带来的公共利益,从而实现该等目的。知识产权条款包含的交换条件(quid pro quo)强化了这一目的表述,因为它承认“科学和实用艺术”进步取决于对以下两种必要性的平衡:今天向某些作者提供激励的必要,以及保留一个强健的公有领域以供他人明天借鉴的必要。宽泛的演绎作品权打破了这种平衡,不利于实现版权的宪法目的。演绎作品权对原作品的激励作用很小,同时又阻碍了他人基于现有作品创作实质上的新作品,因此,它反而阻碍了版权旨在促进的创造性活动。

对《千禧年法》作宽泛解释会对创新和公众的知识获取带来类似的恶劣影响。然而,《千禧年法》对自己的公共利益目的也有所表述;如果法院据此解释该法,亦可以避免这些问题。《世界知识产权组织条约法》(《千禧年法》中涉及禁止规避和贩卖的条款)的立法史表明,维持权利人和使用人之间的权利平衡是国会最大的关切。版权登记官玛丽白斯·皮特斯(Marybeth Peters)说:“我们面临的挑战是,如何对……版权人[提供]保护,同时又能避免威慑……合法使用版权作品和公有领域材料的行为。”[66]无数议员还强调,《千禧年法》立法不会制造一个“每次使用都要付费”的社会,而是要保护消费者合理使用版权材料和公有领域材料的“传统的”和“历史上的”权利。[67] 事实上,大卫·尼默主张,“在

---

[65] *See* Macey, *supra* note 42, 238(“如果一个特殊利益集团经过与立法机构谈判取得了一个低成本的、隐藏—默示的交易,它根本就没有理由像一个更加昂贵的、公开—明确的交易一样从中获得利益。事实上,授予该等利益将鼓励特殊利益集团转向使用这种模糊不清的立法,进而增加公众评估立法的信息成本。”)

[66] 1997 Hearings, Serial No. 33, at 47.

[67] *See* 144 CONG. REC. H7093(daily ed. Aug. 4, 1998)(众议员 Bliley 的发言)(强调该议案包含一项重要的合理使用条款,“以确保图书馆、高等教育机构以及消费者都能够继续行使他们历史上行使的合理使用权”);144 CONG. REC. E2144(daily ed. Oct. 13, 1998)(众议员 Tauzin 的发言)(支持该议案,并认为每次使用都要付费的体系“与我国自由交流思想和信息的悠久传统完全背道而驰”);144 CONG. REC. H7099(daily ed. Aug. 4, 1998)(众议员 Dingell 的发言)(指出,赋予版权作品过度的保护,以至于它们“对于除了愿意支付当前费率的人以外密不透风”,这不是“美国的作风”,并主张“美国历史上版权法一直都针对版权人的权利设置了很多重要例外”).

《世界知识产权组织条约法》通过之时，人们对于数字环境下合理使用的关切超过了妈妈最拿手好菜的吸引力"，"我国可能会进入一个'每次使用都要付费'的社会，这一幽灵在国会山的流行程度不亚于黑手党的毒品交易"。[68]《千禧年法》立法史本身也充斥着对如下公共利益的描述，即在保护数字时代作品所有人的需要与使用者传统的合理使用权利之间维持平衡。法院应该以符合这些立法目的的表述的方式解释《版权法》。正如乔纳森·马雪（Jonathan Macey）主张，"如果在某部制定法的立法过程中广泛举行了委员会听证和辩论，它们以公共的视角广泛赞扬了该法带来的各种利益，那么，如果法官在法律解释过程中依赖这些公开的表述，有助于确保法官将立法机关的话当真并以立法机关宣称其所希望的方式解释该法"。[69] 218

以偏向公益目的的方式解释版权法绝非没有先例。遵循这一思路，法院已经采用了两项规则，一项规则保护合理使用，另一项通过思想—表达二分法保护思想。联邦最高法院在坎贝尔案（*Campbell*）中对戏仿类合理使用的分析创设了一项接近于安全港的保障机制。联邦最高法院解释道，如果我们对于被告使用版权作品的行为属于戏仿还是讽刺存在疑问，只要它"可以合理地被视为在某种程度上评论或者批评原曲"，[70]就应该将其视为戏仿（从而更加可能被认定为合理使用）。

思想—表达二分法领域存在一项混同原则。根据这一原则，如果表达与不可受版权保护的思想"相混同"，或者表达反映了表达该等思想的几种仅有方式之一，则应该拒绝给予版权保护。如果对原本可受保护的表达提供保护会导致一种风险，即封锁不可受版权保护的思想，那么，混同原则要求法院宁愿犯错也要确保一个健康的公有领域。在艾尔德瑞德案中，联邦最高法院将思想—表达二分法和合理使用法则视为版权法上保障第一修正案价值的两个首要机制，因此，如果这些公共利益条款与保障私人利益的条款（例如，演绎作品权或者《千禧年法》）相冲突，

---

[68] *See* David Nimmer, A Riff on Fair Use in the Digital Millennium Copyright Act, 148 U. PA. L. REV. 673, 725(2000)（接着指出，"没有任何一位众议院或参议员表达了任何相反的观点"。）.

[69] Macey, *supra* note 42, at 233.

[70] Campbell v. Acuff-Rose Music, Inc. , 510 U. S. 569, 583(1994).

法院应该采用一个类似的偏向前者的缺省规则。

第三，为避免宪法方面的问题，也应该对版权作限缩解释。长久以来法院一直适用一条令人尊重的格言，即应该以避免引起宪法难题的方式解释制定法。对于这一制定法解释格言背后的理论根据，凯斯·孙斯坦(Cass Sunstein)这样写道：

> 出于良好的理由，联邦法院并没有充分执行许多宪法规范。由于受
> 219 到机构方面的限制——最明显的包括有限的事实调查能力以及对选民负责的程度较低——法院在维护宪法原则方面的积极性并不像具有更好民主和政治决策血统的政府机构那样强烈。因此，联邦宪法事实上要求达到的水平与宪法法院愿意要求政府政治机构达到的水平之间存在差异……较为进取性的制定法解释方法有助于将制定法拉离存在宪法问题的领域，对于法院维护宪法规范提供了一条路径，干预程度也低于违宪审查。[71]

鉴于前文讨论的过度宽泛和模糊不清问题，在模棱两可的案件中对版权作限缩解释有助于避免在宪法知识产权条款和第一修正案项下引起严重的宪法问题。版权案件中作限缩解释还能够以另外一种方式维护宪法规范或者避免宪法上的疑问。版权属于宪法“征收条款”意义上的“财产”，因此，司法对版权的宽泛解释有时可能创造出无法轻易撤销的财产权，即便创设该等财产权的解释本身是错误的。[72] 如果法院在对版权人有利的方向上出错，并且(随着时间的推移)该等解释形成了一种得到投资支持的对于版权所有权的合理预期，征收条款项下的关切可以阻止国会纠正这一错误。国会可以正当地担心该等矫正会构成一种非法征收，或者在更宽泛的意义上干扰财产权。其结果将会造成一种“棘轮”效应：* 版权只能扩张不能收缩。[73]

艾尔德瑞德案就凸显了这一问题。该案判决，将版权延期回溯性地

---

[71] Cass R. Sunstein, Interpreting Statutes in the Regulatory State, 103 HARV. L. REV. 405, 468 (1989).

[72] *See* Lucas v. South Carolina Coastal Council, 505 U. S. 1003, 1029 (1992)(在解释征收条款意义上的“财产”时应参照州的“背景性”财产规则).

* 棘轮(ratchet)是一种只能朝一个方向转动的齿轮。——译者注

[73] *See id.*; *see also* William W. Fisher III, The Trouble With Lucas, 43 STAN. L. REV. 1393, 1400 (1993)(描述了征收条款项下出现的“棘轮”效应).

适用于现有作品是合宪的，因为过去200年间形成了通过立法延长版权保护期的“不间断的做法”，这导致在某个版权体制下进行创作的作者在决定创作何种作品时会合理地预期自己能够取得未来版权延期带来的利益。[74] 如果这一延长版权保护期的“不间断的做法”对评估版权人拥有的权利提供了一种背景，未来国会可能无法完全自由地考虑限缩版权。另一方面，限缩解释财产权的司法判决则很少构成征收，除非该财产权原本就是非常牢固的。[75] 因此，为避免征收条款项下的问题，法院 220
应该从一开始就对版权作限缩解释，这样可以让国会自由地重新考虑这一事项。

第四，我们提倡的缺省解释规则有其规范基础，即试图限制特殊利益集团的影响程度。但是，即便特殊利益集团对版权法的影响总量保持不变，该规则也能实现几个重要目的。首先，采用我们提倡的规则有助于提升立法过程的透明度。由于法院拒绝假设模糊不清的法律对特殊利益集团有利，这些集团必须更加开诚布公地告诉立法者他们的期望，并说服他们在制定法中写入更加明确的条文。在这方面，我们提倡的规则与法院通常使用的“强迫国会阐述一个事项并清晰记载其意志”的其他“清晰表述”规则类似。[76] 同样地，我们提倡的规则有助于鼓励提升法律起草工作的清晰度。版权人已经证明他们拥有超强的能力获得国会的关注并影响《版权法》的立法起草工作，因此他们比普通公众更有可能确保（无论在法院作出错误解释之前还是之后）制定法语言准确地反映立法意图。

我们提倡的规则还有助于减少立法失灵的风险。这一点在《版权法》领域特别重要，因为这里广泛存在不遵守法律的民事行为。随着版权法的复杂程度和偏向性日益提高，版权材料使用者开始更加频繁地拒绝遵守它，因为他们认为这部法律无法理解而且不公正。事实上，杰西卡·利特曼（Jessica Litman）认为，由于“消费者普遍不遵守”目前的法

---

[74] *See* Eldred v. Ashcroft, 537 U. S. 186, 214 – 15 (2003)（“鉴于持续不断地将现有版权人的地位与未来持有人拉平，过去170年间进行创作的作者将会合理地认为……版权保护期不但包括取得保护时的法律规定的期限，而且包括这一期限内的立法给予的任何续展或延期。”）

[75] *See*, *e. g.*, Roderick E. Walston, The Constitution and Property: Due Process, Regulatory Takings, and Judicial Takings, 2001 UTAH L. REV. 379, 423 – 38 (2001); Barton H. Thompson, Jr., Judicial Takings, 76 VA. L. REV. 1449, 1455 (1990).

[76] *See* Sunstein, Interpreting Statutes, *supra* note 71, 103 HARV. L. REV. at 458.

律,这为版权法的改革带来了“一线希望”。[77]《千禧年法》法领域就在发生这样的情况。例如,在一个案件中,被告在它的网页和杂志上公布一款解码软件,并鼓励人们对DVD进行解码,以此报复电影公司。

本节讨论了在版权法领域,为何法院应该采用一个缺省的制定法解释规则,以有利于公共利益的方式处理模糊不清的问题。以下几节将指出版权范围方面存在的几处重要的模糊不清问题,并探讨限缩解释规则如何帮助版权恢复其促进公共利益的本来面目。

四、《版权法》的解释(一):演绎作品及合理使用

前文指出,某些版权(如复制权和演绎作品权)非常宽泛,而限制其
221 适用范围的首要法则——合理使用法则——却臭名昭著地模糊不清。过度宽泛与模糊不清相结合导致《版权法》上存在许多模棱两可的含义。在传统普通法合理使用分析中,法院考察多项要素,如被告的使用实质上改变了作品还是仅仅“替代”了原作,被告的使用是否可能影响版权人预期到的市场。[78]《1976年版权法》将这些要素纳入第107条,而且立法史确认国会的意图是将普通法上的合理使用法则加以法典化,而非以任何方式改变或减损合理使用法则提供的保护。[79] 现代法院在适用第107条时通常判决“转化性”使用更值得合理使用法则的保护,因为它们不仅仅“取代”原作品。[80] 联邦最高法院在坎贝尔案中推理说,版权法的目的是要鼓励创造性作品,因此新作品的转化程度越高,法院对那些不利于认定合理使用的其他要素(例如被告作品的商业性质)赋予的权重就越低。

---

[77] *See* JESSICA LITMAN, DIGITAL COPYRIGHT 19,194(2001).

[78] *See* Folsom v. Marsh, 9 F. Cas. 342,348(C. C. D. Mass. 1841)(No. 4,901)(要确定是否构成合理使用,法院需要“考察被告选用部分的性质及目的、所用材料的数量及价值,以及该使用行为可能损害原作品销量、降低其利润或者取代其目的的程度”).

[79] *See* 17 U. S. C. § 107; H. R. REP. NO. 94-1476, at 65(1976).

[80] *See* Campbell v. Acuff-Rose Music, Inc., 510 U. S. 569,579(1994)(“按照斯托雷大法官的说法,这一考察的核心目标是,新作品简单地‘取代[原作品的]目标’,还是加入了具有某种新目的或不同性质的新东西,以新的表达、含义或信息修改原作品;易言之,它所要考察的是新作品是否具有‘转化性’及转化的程度。”)

演绎作品权的出现很大程度上修改了合理使用要素的评估方式。具有悖论性的是，虽然使用版权作品的行为具有"转化"性能够增强被告的合理使用主张，但是演绎作品权将制作任何"其他形式的对版权作品进行重塑、转化或改编"而成之作品的权利保留给了版权人。[81] 国会在演绎作品定义中使用的转化(transform)一词，与联邦最高法院在阐述合理使用抗辩时使用的转化性(transformative)一词，存在明显的冲突。[82]

另外，法定演绎作品权将演绎作品市场纳入版权人有权控制的市场范围。因此，法院经常在合理使用分析的第四项要素项下，将版权人可以从被告使用行为中获得的任何许可费认定为市场损害，即便版权人不 222
曾考虑到该等使用行为。[83] 正如我们在前一章看到的，有时，即便被告的使用事实上增加了版权人现有作品或可预见作品的销量，法院仍然认定损害存在。

为应对这些问题，法院应该采用一个缺省规则：在模棱两可的案件中对演绎作品权作限缩解释。通过限缩解释演绎作品权，法院可以解决这一重要法律领域内的法律模棱两可问题，与此同时又能够实现立法目的和宪法目的。

如今，演绎作品权涵盖了制作如下新作品的行为："基于版权作品"创作的新作品，"包括翻译、音乐改编、戏剧改编、小说改编、电影版本、录音制作、艺术再现、节选、缩减，或者任何其他形式的作品重塑、转化或改编"。[84] 对演绎作品权作限缩解释的方法有两种。第一，法院不能只要求涉嫌侵权作品仅仅"基于"版权作品，还应该要求它实质上采纳了源于该作品的版权表达。许多法院已经在以这种方式限制演绎作品权，否则，版权人可以阻止他人借鉴其作品中不可受版权保护的思想创作作

---

[81] *See* 17 U. S. C. § 101(着重号为作者所加).

[82] *See* Ruth Okediji, Givers, Takers, and Other Kinds of Users: A Fair Use Doctrine for Cyberspace, 53 FLA. L. REV. 107, 124 – 28(2001)("按照字面含义适用演绎权将阉割普通法上发展的合理使用法则。它改变了版权侵权的分析方式，要求法院考察原作品并查明原作者可能创作的其他作品，而非考察涉嫌侵权人使用行为的性质")；4 MELVILLE B. NIMMER & DAVID NIMMER, NIMMER ON COPYRIGHT § 13. 05[A][1][b] & n. 82(2001 & Supp.)(指出鉴于 17 U. S. C. § 101 对"演绎作品"的定义，["转化性"一词]可能存在模棱两可的含义).

[83] *E. g.* , Am. Geophysical Union v. Texaco, Inc, 60 F. 3d 913, 930 – 31(2d Cir. 1994)(研究人员制作的复制件).

[84] 17 U. S. C. § 101(2006).

品。这一要求是保持思想—表达二分法所必需的,而这一二分法是联邦最高法院在艾尔德瑞德案中的保护版权法上的第一修正案价值而明确依赖的法则之一。

其次,必须对演绎作品权定义中的兜底性语言作更加限缩性的解释。正如前文指出,“任何其他形式的作品重塑、转化或改编”这一规定导致演绎作品权过度宽泛并且语义模糊。目前法院将这一规定解释为覆盖了以某种方式修改版权作品的几乎任何版权材料使用行为,包括不仅修改形式而且修改内容或信息的使用行为。

被称为“整体解释法”(*noscitur a sociis*)的制定法解释原则提供了一种理性解释演绎作品权的方法。该原则有时被称为“某个词语的含义取决于与其关联的词语”。联邦最高法院在美国诉威廉姆斯案(*United States v. Williams*)中运用这一原则避免反儿童色情法的过度宽泛问题。[85] 该法惩罚“任何人……在明知状态下……广告、促进、展示、分销或者延揽包含儿童色情的材料”。[86] 斯卡利亚大法官在代表联邦最高法院撰写的判决意见中指出,该法的目的是“惩罚如下言论,即儿童色情物品……从一个人转移到另一个人的过程中伴随发生的言论,或者试图引诱这种转移的言论”。因为“从事非法交易的要约行为全部都不
223 受宪法第一修正案的保护”,该法的许多(如果不是大多数的话)具体适用情形都是合宪的。然而,被告主张该法过度宽泛。

联邦最高法院的结论是,“该法使用的一连串关键动词——‘广告、促进、展示、分销或者延揽’——可以被合理地解读为蕴含着交易。”尽管联邦最高法院承认“其中两个动词‘促进’(promote)和‘展示’(present)可以具有多种不同的含义”,但联邦最高法院推理说,“放到语境之中,……这些用语的含义因受整体解释原则这一常识性原则的约束而得到限缩——该原则要求,一个词语的更加明确的含义取决于与其相连的相邻词语。”因此,联邦最高法院把促进一词解释为指代“推荐另一人购买声称的(purported)儿童色情材料”之行为,而展示一词指代“为使另一人购买而向其呈现或提供儿童色情材料”之行为。通过这种方式,联邦最高法院能够将该法的适用范围局限于与非法地试图转

[85] United States v. Williams, 553 U. S. 285, 294(2008).

[86] *Id*. at 289 – 90[quoting 18 U. S. C. § 2252A(a)(3)(B)(2000)].

移儿童色情材料相关的言论。[87]

这一原则显然也适用于演绎作品权与合理使用法则之间的模棱两可问题。演绎作品的法定定义首先列举了一系列示例性的演绎性使用，包括"翻译、音乐改编、戏剧改编、小说改编、电影版本、录音制作、艺术再现、节选、缩减"以及其他使用，然后又加上"或者任何其他形式的作品重塑、转化或改编"这一兜底语言。[88] 尽管"任何其他形式"这一开放式语言可以作宽泛解释，但解释该词时应该结合之前列举的更具体的例子。这些例子反映了版权人作品的通常利用形式，而非具有不同实质、含义或目的的新作品。例如，讽刺、戏仿、指南、问答集锦等作品明显没有出现在这一法条列举的例子之中。尽管可以争辩说该兜底性语言的宽泛程度足以覆盖所有这些类型的作品，但是更加合理的解释应该是，它仅覆盖将版权人自己的表达转换为其他形式或媒介的行为（例如将小说改编成电影），但不覆盖主要由新的实质性内容组成的后续作品。

限缩演绎作品权有助于改变它与合理使用的交互方式，以此缓解过度宽泛和模糊不清问题。首先，将演绎作品权局限于主要将版权作品转换成其他形式或媒介的使用行为，并肯认改变作品内容或目的的使用行为属于合理使用，有助于降低版权法使用转化一词造成的模棱两可程度。其次，限缩演绎作品权有助于限制法院在合理使用分析过程中可以考虑的市场影响。版权人应该有权控制演绎作品定义列举的作品使用形式构成的市场，但并不能控制具有实质性新内容或新目的的作品构成 224
的市场。法院实质上已经对戏仿采用了这种分析方式：判决版权人并不控制其作品的戏仿作品市场，因此无权就戏仿作品取得许可费，除非它损害了版权人有权控制的另一市场。[89]

一旦承认应该对演绎作品权作限缩解释，很明显，我们也必须对复制权作类似的限制。随着时间的推移《版权法》增设了各种演绎作品权，这导致"复制（reproduce）作品"的概念外延不断扩张，以至于目前复

---

[87] *Id*. at 294 –97,299.

[88] 17 U. S. C. § 101.

[89] Mattel Inc. v. Walking Mountain Prods. ,353 F. 3d 792,806(9th Cir. 2003)（被告的戏仿"只可能在面向成人的芭比艺术照市场上合理地替代作品"，但"可以很安全的认为 Mattel 并不会进入或许可他人进入这一市场"）.

制权几乎覆盖了演绎作品权覆盖的所有使用行为。但是演绎作品权是一项独立的权利,专门用来确定版权人在原作品之外享有多大的额外权利。如果限制演绎作品权的覆盖范围,我们也必须限制复制权的外延。这样,我们将能够整体减轻《版权法》上的过度宽泛和模糊不清问题。这种方式也有助于落实损害要件,因为版权人将有权仅仅控制最有可能损害其创作和发行版权作品激励的那些演绎使用行为。

五、《版权法》的解释(二):《数字千禧年版权法》

《数字千禧年版权法》(以下简称《千禧年法》)规定“任何人不得规避为有效控制接触受本编保护之作品而采取的技术措施”。[90] 另一个条文禁止贩卖便利该等规避行为的技术和设备,以此支持禁止规避行为的规定。[91]《千禧年法》还包含一项“除外条款”,对禁止规避和贩卖的规则设定一项例外:

(c)其他权利等不受影响:(1)本条任何规定均不影响本编规定的任何权利、救济、限制,或者版权侵权抗辩,包括合理使用。[92]

225 与《版权法》其他部分一样,《千禧年法》也主要是应权利人的要求而非数字内容使用者的要求制定的。它也是一部复杂的制定法,引起了一系列解释难题。然而,与《版权法》不同,《千禧年法》的立法依据不是联邦宪法知识产权条款,而是国会享有的管理州际商业的宪法权利。因此,我们首先简要考察宪法第一修正案在《千禧年法》上的适用是否与它在其他版权法领域的适用有所不同。我们的结论是《千禧年法》的宪法意义尚不清晰,之后我们转向讨论几个解释问题。总体而言,所有这些事项都涉及《千禧年法》与传统版权侵权之间的关系。第一个问题是

---

[90] 此外,17 U.S.C. §1201(a)(3)规定,“(A)‘规避一项技术措施’是指未经版权人授权,解频受扰频的作品,解密被加密的作品,或者以其他方式避免、绕过、移除、解除或损坏一项技术措施”。

[91] 17 U.S.C. §1201(a)(2)(“任何人不得制造、进口、公开要约出售、提供或以其他方式贩卖[为规避目的设计或生产的、除了规避之外仅具有有限重要商业目的或用途的,或者为用于规避而营销的],任何技术、产品、服务、设备、组件或其任何部分。”).

[92] 17 U.S.C. §1201(c)(1).

《千禧年法》是否针对合理使用版权材料的行为，对禁止规避和贩卖的规则设置了一项例外。第二个相关的问题是，《千禧年法》是否设置了一项与版权侵权没有关系或联系的新权利：禁止接触权。第三个问题涉及的是版权人在动用《千禧年法》“删除”条款之前，是否需要善意相信发布在消极内容公告牌网站（如 YouTube）的内容构成侵权。

（一）宪法第一修正案及国会制定《千禧年法》的权限

数字化技术导致盗版机会大幅增加，《千禧年法》的立法目的正是要对此进行反击。对于音乐、电影等数字内容，即便是一个未经任何技术培训的人也可以迅速制作出高质量的精确复制件。技术“锁”虽然增加了盗版难度，但仍然是可以规避的。然而，并非每一种借用数字内容的情形都涉及盗版。人们可能借用不可受版权保护的思想，或者以一种在传统版权法下构成合理使用的方式使用表达。在这些情况下，宪法第一修正案的相关性就呈现出来了，但是《千禧年法》与第一修正案的关系并不完全等同于《版权法》其他部分与它的关系。

国会制定《千禧年法》的依据是它在宪法商业条款项下享有的立法权限，而非知识产权条款项下的权限。《千禧年法》并不包含知识产权条款规定的将保护限于“有限时间”的要件，保护对象也不限于作者和发明人。无论如何，国会自己宣示其制定该法的宪法依据是商业条款。[93] 这一点至关重要，因为联邦最高法院在艾尔德瑞德案中承认的第一修正案在版权法领域的“例外主义”不适用于商业权限。法院通常将第一修正案审查适用于根据商业条款制定的法律。例如，在上一章讨论到的斯蒂文斯案中，涉案法律宽泛地禁止描述虐待动物的视频，该法就是根据商业权限制定的，被联邦最高法院宣告无效。[94] 226

这一区分具有什么样的宪法寓意，目前尚不明朗。一方面，按照最宽泛的解释，《千禧年法》可以拒绝人们接触如下信息，即该信息的使用

---

[93] *See* H. Rep. No. 105 – 551(II), at 35（“本法的宪法依据是联邦宪法第一条第八款第 3 项，它授予国会管理商业的权力。”），国会规定该法的禁令条款不得被用于“对联邦宪法第一修正案保护的言论和新闻自由施加限制”，以此承认了第一修正案在《千禧年法》诉讼中具有更大的相关性。17 U. S. C. § 1203(b)(1).

[94] United States v. Stevens, 130 S. Ct. 1577(2010). *See also* United States v. Martignon, 492 F. 3d 140(2d Cir. 2007)（由于反对现场音乐盗版法是根据商业条款而非知识产权条款制定的，它必须按照宪法第一修正案接受是否过度宽泛的审查）.

并不会构成版权侵权并且该信息本身可用于受宪法保护的言论活动。《千禧年法》至少与斯蒂文斯案中的反动物虐待法一样过度宽泛,特别是,如果把它解释为不管是否构成合理使用抗辩或不可受版权保护的客体,一概拒绝接触材料用于言论目的。另外,原告无需证明任何损害(甚至任何使用),只需证明被告通过规避技术控制措施取得了接触。此外,《千禧年法》的禁止性规定实施历史较短,法院无需像联邦最高法院在艾尔德瑞德案中那样对国会制定类似立法的悠久做法给予尊让。

另一方面,如果正如艾尔德瑞德案法院暗示的那样,复制来的言论只能比原始言论享受较低程度的宪法第一修正案保护,那么导致复制发生的规避和贩卖行为有权得到的保护可能更小。无论如何,《千禧年法》最多只是内容中立的言论管制,因此可能不应该比传统版权法受到更大程度的宪法第一修正案审查。毕竟,人们并不拥有一项接近数字形式之内容的受宪法保障的权利,即便是针对处于公有领域的内容。

因此,《千禧年法》领域的制定法解释似乎跟其他版权法领域一样重要。本章以下部分将考察目前在该法解释方面遇到的问题。所有这些问题都涉及一个核心问题:是否可以使用《千禧年法》禁止那些并不会导致版权侵权的行为,甚至与之完全无关的行为。事实上,我们在一些案件中面临的问题是,《千禧年法》是否允许版权人阻止创新和竞争。

(二)《数字千禧年版权法》、思想—表达二分法及合理使用

在其他企业的使用行为不违反甚至不可能违反版权法的情况下,原告也经常动用《千禧年法》阻止其突破("规避")技术锁。尽管法律规定了保存合理使用的"除外条款",但是,即便被告为了接触非版权材料(例如不可受版权保护的思想)或者为了合理使用版权材料而对接触控制措施实施解锁,法院仍然认定《千禧年法》责任成立。[95]

227 例如,某教授希望在课堂上为教育目的播放某DVD30秒钟的内容。传统上,该等非商业性、教育性使用版权作品之一小部分的行为,构成非

---

[95] *See*, *e. g.*, Universal City Studios, Inc. v. Corley, 273 F. 3d 429, 443 (2d Cir. 2001)(驳回宪法第一修正案挑战);MDY Indus., LLC v. Blizzard Ent't., Inc., 629 F. 3d 928 (9th Cir. 2010), amended, 2011 WL 538748 (9th Cir. 2011)(《千禧年法》阻止对技术措施实施解锁,即便被告的使用行为不构成版权侵权);321 Studios v. Metro Goldwyn Studios, Inc., 307 F. Supp. 2d 1085, 1101–04 (N. D. Cal. 2004)(被告行为构成合理使用,类似判决);United States v. Elcom, 203 F. Supp. 2d 1111, 1124 (N. D. Cal. 2002)(《千禧年法》拒绝接触被锁数据,属于内容中立的管制).

侵权性的合理使用，甚至得到《版权法》的明确授权。[96] 但是，如果教授为此目的对该 DVD 进行解密，她将承担违反《千禧年法》的责任。尽管《千禧年法》旨在威慑数字盗版，这一无害的解密行为仍将违反反规避规定，除非适用某种例外（有趣的是，为了同样的目的从一部无锁的旧技术 VHS 录影带中复制同样的片段，并不违反任何法律）。如果某人纯粹为了接触版权作品的非版权部分——例如，版权表达背后之不可受版权保护的思想——这种责任同样成立。例如，假设闲来无事时我们运用规避技术接触了电子版的一本内战历史著作，我们使用该书的唯一目的是写作一部关于内战时期浪漫故事的小说，其中的人物是未曾在该历史著作中出现过的虚构角色。思想—表达二分法阻止作者对有关内战的事实描述取得版权，因此按照传统版权法，我们的使用行为肯定被视为不侵权。然而，除非适用某种例外，我们的行为将违反反规避规定，并且如果有人向我们提供促成规避的技术，他将承担贩卖责任。

《千禧年法》项下的责任是否存在一项合理使用例外？这对于竞争政策具有重要意义，特别是在软件市场。根据传统版权法，法院曾在如下情况认定合理使用抗辩成立，即企业读取竞争对手受版权保护的计算机代码并非为了制作盗版复制件，而是为了找出实现兼容性所需的应用编程接口（API）或“钥匙”。[97] 然而，如果该编码受任何形式的接触锁控制，解锁行为将违反《千禧年法》，即便该接触一经获取将构成合理使用。

对某企业的计算机程序进行反向工程以实现与他人计算机程序的兼容，《千禧年法》对此种行为设置了一项非常有限的例外。[98] 但该规定仅适用于合法取得原创公司程序的人，而许多公司许可其软件时严格地将其限于用作消费者使用目的。总之，反向工程例外高度青睐以反向工 228
程创造互补品（它们通常能够提升主程序的销量），但阻挫旨在创造竞

[96] *See* 17 U. S. C. § 107（合理使用分析将考虑使用的目的和性质以及使用数量）；17 U. S. C. § 110（1）（“在非营利性教育机构面对面的教学活动中，老师或学生对一个作品的表演或展示”被排除在版权人排他权之外）.

[97] *E. g.*，Sony Computer Ent't, Inc. v. Connectix Corp, 203 F. 3d 596（9th Cir. 2000）；Sega Enterp. LTD v. Accolade, Inc.，977 F. 2d 1510（9th Cir. 1992）.

[98] 17 U. S. C. § 1201（f）.

争产品的反向工程。后一种情况下,将原本构成合理使用的代码接触行为认定为违反《千禧年法》,会对版权材料创设类似专利的保护,有时还可能形成或固化垄断。

在《千禧年法》项下提起的案件中,被告曾主张受诉行为"仅仅使得正当使用[版权作品]成为可能",此时前文所引的除外条款对规避和贩卖行为均应给予责任豁免。环球城市电影公司诉考雷案(*Universal City Studios, Inc. v. Corley*)中被告主张,为了避免出现知识产权条款和第一修案项下的宪法问题,应该对《千禧年法》禁止规避和贩卖的规定作狭义解释。特别是,他们主张,应该把排除条款解释为"当版权材料被付诸免予版权责任的'合理使用'时,应该允许规避保护该版权材料的加密技术"。但法院不同意这种观点,并判决除外条款:

> 仅仅澄清了《千禧年法》的规制对象是规避保护版权材料之数字墙的行为(以及贩卖规避工具的行为),而不是完成规避以后使用该等材料的行为。第1201(c)(1)条的除外条款确保《千禧年法》不被解读为仅仅因为该信息的取得方式受该法禁止,就禁止对该信息的"合理使用"。申请人主张对该规定作更加宽泛的解释。这种解释不但超出了对该规定的任何符合情理的解读,而且被该法的立法史明确否定。[99]

法院之所以认为被告提出的解释方法不符合情理并且被立法史"明确否定",主要是基于两点:(1)"该法案的立法史表明,国会意图采用一种'平衡的'方式同时容纳对盗版的关切和对合理使用的关切,而避免以一种快捷处理方式简单地把所有出于合理使用目的的规避行为统一豁免适用该法";以及(2)国会实现这种平衡的方法并非设置一个普适的合理使用抗辩,而是设置多个具体而狭窄的例外。法院判决,国会"试图主要通过在该法中规定一种'自动保障'条款实现这种[平衡]目标,该条款授权国会图书馆馆长……在为防止个体使用者取得某一具体类别版权材料的渠道遭受减损而必须时","豁免特定使用者承担反规避

---

[99] Universal Studios v. Corley, 273 F. 3d 429, 443 (2d Cir. 2001).

条款规定的责任”。[100] 法院认为“国会还制定了一些为合理使用保留有 229
限呼吸空间的法律条文,以此落实一种平衡方式”,例如,针对图书馆和教育机构的例外以及反向工程例外。因此,法院得出结论认为,“如果国会一方面通过第1201(d)条设置一些适用面很窄的、精心限制的窗口,以此允许合理使用,另一方面又意图通过第1201(c)(1)条豁免任何实施合理使用所需的规避,这将是奇怪的。”[101]

事实上,《千禧年法》在这一问题上模棱两可,可以很容易地被解释为包含一项对抗禁止性规定的合理使用抗辩。《千禧年法》为图书馆、教育机构及其他主体规定了具体的责任豁免,并不必然排除一项适用面更广的例外,以此允许出于传统合理使用目的实施的规避行为。正如前一章指出,合理使用是一个具有臭名昭著的可塑性的法则,传统语境下(例如印刷媒体)构成合理使用的行为在数字使用环境下未必构成合理使用。因此,即便一项普适的合理使用抗辩确实适用于《千禧年法》项下的责任,具有游说力量的集团仍可能为自己争取具体的例外,以此确保其利益群体摆脱有关合理使用的不可捉摸的诉讼结果。详细的记载显示,《千禧年法》谈判过程中广泛存在着代表图书馆、教育机构及计算机产业的特殊利益集团,因此不足为奇的是,《千禧年法》包含着允许图书馆和教育机构为某些目的实施规避行为的具体豁免规定,以及允许对计算机程序作某些反向工程的具体豁免规定。[102]

《版权法》本身也包含着类似的结构。它包含的一些具体例外显然能够根据更一般性的合理使用法则得到保护。例如,第110(1)条豁免“在非营利性教育机构面对面的教学活动中,老师或学生对一个作品的表演或展示”。第110(3)条豁免“在礼拜地或其他宗教集会场合举行

---

[100] 该款规定:

“某一具体作品类型的版权作品使用者……对该具体类别作品进行非侵权性使用的能力,如果因为禁止规避条款受到不利影响,则对其不适用规避禁止……经版权登记官推荐,国会图书馆馆长应该认定……作为版权作品使用者的人,在本编项下对具体类别版权作品进行非侵权性使用的能力……是否受到了不利影响。”

17U. S. C. § 1201(a)(1)(C). 针对该等禁止性规定设置的例外还包括非营利性图书馆、档案馆和教育机构为决定是否购买收藏一本某作品而接触该作品时,适用一项有限的例外以及一项适用于计算机程序反向工程的例外。17 U. S. C. § 1201(d) and(f).

[101] *See* Universal Studios, 273 F. 3d at 444.

[102] *See*, *e. g.*, S. REP. 105 – 190, at 3 – 4(May 11, 1998).

礼拜过程中表演非戏剧性文学或音乐作品，表演具有宗教性质的戏剧—音乐作品，或者展览作品。”[103]

授权国会图书馆馆长查明可能希望进行非侵权性使用的“受到不利影响的”使用者，这一条款也不能排除更加一般性的合理使用抗辩。
230 《千禧年法》制定于数字技术控制措施的发展初期，当时法院尚没有太多机会在数字化版权作品语境下试验合理使用法则的适用。[104] 然而，立法史清晰地表明了一种关切，即强化数字权利可能对合法使用版权材料的行为造成不利影响。在版权人与使用者这两类人的权利之间实现健康的平衡具有首要的意义。因此，完全讲得通的是，国会通过行政机构持续监督该法对合理使用的影响并据此对它进行补充，正如国会在制定环境法以规制新兴或尚未充分发展的技术时也规定一些行政监督措施一样。

因此，有关“受到不利影响的使用者”的行政性例外规定，最好不要理解成这样一种政策性决定，即只有适用面很窄的几类合理使用才可以得到保护，而最好理解为一种旨在通过行政模式提供额外合理使用保护的努力。国会经常对某些制定法上的事项同时采用规则制定和裁决两种实施模式。具体到《千禧年法》，国会一方面给法院依照该法裁决合理使用个案留下了空间，另一方面又等待国会图书馆馆长针对可能因为该法禁止性规定遭受最严重损害的具体类别的作品制定行政规则。

因此，虽然《千禧年法》规定了具体例外，但这并不能排除承认更加一般性的合理使用例外。对保留合理使用的排除条款最为自然的解读是，在《千禧年法》项下因规避或贩卖行为遭受起诉之人可以主张一项抗辩，即该规避或贩卖行为的唯一目的和效果是对内容进行非侵权性的使用。根据这种解释，排除条款承认《千禧年法》与实体版权法所受限制之间存在强烈的冲突，并指示法院尽最大可能保留《千禧年法》制定之前现存的合理使用之适用范围。这种解释至少与如下一种解释同样合情合理，即将“本条任何规定均不影响本编规定的任何权利、救济、限制，或者版权侵权抗辩，包括合理使用”这样一个条文规定解释为，排除

[103] 17 U. S. C. §110(1) and(3).

[104] *See* Robert P. Merges, One Hundred Years of Solicitude: Intellectual Property Law, 1900 - 2000, 88 CAL. L. REV. 2187, 2202 - 03(2000).

了大多数唯有通过解锁内容才能够行使的合理使用权利。当然，这种最自然的解释并不能挽救考雷案中的被告，因为其在传播软件时并没有区分对加密媒体的侵权性和非侵权性“黑客”行为。

因此，如果《千禧年法》被解释为不包含一项针对非侵权性使用——特别是具有自己表达内容之使用——的抗辩，将很难看出该法如何促进表达进步和自由。在阻吓数字盗版行为的限度内，《千禧年法》服务于一个正当的公共利益目的。但是拒绝对非侵权性使用行为给予抗辩则根本无助于阻吓任何数字盗版，[105]反而会导致针对如下行为形成新的禁止，即这种行为对版权人并没有造成任何得到认可的 231
(cognizable)损害或者该等损害很小，而且传统版权法许可甚至鼓励该等行为。[106] 事实上，因规避控制技术造成的损害，通常甚至不及撬开门上的挂锁带来的最小物理损害程度。另外，跟《版权法》一样，《千禧年法》的损害赔偿条款也不要求原告证明自己遭受了任何损害，而是按照被告的获利或者与任何损失没有任何关系的法定公式计算损害赔偿。[107] 因此，如果《千禧年法》不包含合理使用抗辩或其他豁免，它将无法实现版权人与使用者之间的平衡，而这种平衡在该法的制定中具有首要意义。正如大卫·尼默主张：

> 仔细一看就会发现，那些被广泛赞扬为旨在确保权利人利益和使用者利益平衡的使用者保障机制基本上并不能实现其宣称的目的……这并非一个微不足道的缺陷。许多议员将《千禧年法》称作“也许是本届国会通过的最重要的法案之一”。合理使用问题构成“这部立法最重要的条款之一”。因此，如果我们不得不拒绝接受如下结论这将会令人非常失望，即国会“掌握了有关这一复杂主题的各种错综复杂的细节，并因此创作出平衡的立法成果”。[108]

有一种观点值得一提：可能有人会争辩说，《千禧年法》类似于如下

---

[105] 立法史中提供的各种例子都是严格涉及版权作品及侵权行为的事例。例如，附随《千禧年法》的众议院司法委员会报告指出，“规避版权人为控制接触其版权作品而设置的技术保护措施，相当于电子版本的为取得一本书而强行侵入上锁的房间。”H. R. Rep. No. 105 - 551, pt. 1, at 17(1998).

[106] *See* LESSIG, *supra* note 11, at 160.

[107] *See* 17 U. S. C. § 1203c.

[108] David Nimmer, *supra* note 68, at 740.

类型的其他法律，即它们不仅仅惩罚已经现实发生的错误行为，而且还惩罚从事错误行为的未遂或密谋行为。此时，规避技术锁可能被视为一种从事侵权行为的未遂行为。但是，由于规避或贩卖行为可以服务于完全无辜的目的，《千禧年法》的禁止性规定与法律惩罚犯罪行为之“前行为”（例如未遂或者密谋）的情况存在根本差异。

惩罚未遂行为和密谋行为的法律旨在针对故意犯罪行为提供额外威慑，而不是为了威慑原本无辜的行为。为此，制裁未遂行为的法律几乎总是要求证明如果放任不管该未遂行为将有导致实体犯罪发生的“危险可能性”。[109] 法律通过惩罚未遂行为提升了惩罚概率，从而提升了犯罪行为的预期成本，因为无论是实际发生的犯罪行为还是在完成之前受到阻断的未遂行为都将受到惩罚。在未遂行为和密谋行为两种情形下，犯罪发生的概率以及等到犯罪行为完成之后再进行干预所带来的社
232 会成本都很高，因此法律创设了在犯罪行为实际发生之前进行干预的机会。

相反，由于版权作品可用于许多非侵权性用途，规避控制措施可能服务于完全正当的目的。另外，规避控制措施与对作品内容的使用之间往往并不存在时间差。查获规避行为时，使用行为的性质便已昭然若揭。其结果是，惩罚未遂行为的法律所具有的“提前抓捕”要素在这种情况下往往是不相关的。因此，惩罚那些并不会最终演变成侵权行为的规避行为，其正当性相对不足。

值得注意的是，即便有合理使用抗辩的存在，《千禧年法》也能够以多种方式实现提升威慑数字盗版行为的目的。首先，它针对版权材料强制执行一种接触控制——电子壁垒，这种控制能够通过阻止接触来威慑盗版行为。其次，虽然大量版权侵权行为难以查获（因为发生规模较小，并且发生在家庭或其他私人场所），但规避和贩卖电子规避技术则通常更容易察觉。贩卖技术行为在互联网上进行广告和销售，通过搜索引擎可以迅速确定其位置。例如，在考雷案中，原告电影公司通过简单

---

[109] *See e. g.*, 3B PHILLIP E. AREEDA & HERBERT HOVENKAMP, ANTITRUST LAW ¶ 807(3d ed. 2008)（讨论未遂的垄断行为）. 反垄断法上，attempt to monopolize 习惯译为“企图垄断”。——译者注

的互联网搜索就能够发现被告的网址。[110] 通过禁止规避和贩卖规避技术，《千禧年法》将调整目标集中在(1)与版权侵权相关、但是(2)比侵权行为本身更容易查获的行为。第三，通过相对传统盗版行为提升数字盗版的惩罚力度，《千禧年法》提升了对数字盗版行为的威慑。如果被告通过规避接触控制实施数字盗版，或者通过贩卖规避技术帮助数字盗版，《千禧年法》就规避或贩卖行为设定的惩罚措施，是叠加在传统版权法就侵权行为或者帮助侵权行为设定的惩罚措施之上的。

（三）竞争政策，以及《千禧年法》违法行为与版权侵权行为之间的联系

解释《千禧年法》时需要处理的第二个相关问题是，该法是否创设了一项与版权侵权行为并不存在必然关系的阻止接触数字作品的权利？在创新密集型市场上，《千禧年法》违法行为与版权侵权行为之间的关系对竞争政策具有非常重大的意义，因为竞争往往要求技术兼容，而要实现兼容则往往需要首先能够接触。

在竞争对手互诉的案件中，已经有法院看到了这个问题。一个很好的例子是总管案(*Chamberlain*)。[111] 总管公司和天线公司(Skylink)都是 233
车库开门装置(GDO)的生产企业。总管的竞争对手天线开发了一款通用的车库开门装置发射器，它能够操作许多不同型号的车库开门装置，包括总管公司的该等产品。总管并没有(也不能)起诉天线从事版权侵权行为，因为天线公司显然并没有复制总管的任何代码。因此总管指控天线违反了《千禧年法》，因为它贩卖一种规避技术措施的技术，[112]该技术措施控制着对总管公司受版权保护之程序的接触。

法院在驳回这一主张时指出，车库开门装置的业主传统上拥有使用通用遥控装置的权利，因为版权法虽然禁止复制但允许接触。它驳回了

---

[110] *See* http://www.2600.com/(last visited, May 20, 2011).

[111] Chamberlain Group v. Skylink Tech., 381 F.3d 1178, 1183 – 85 (Fed. Cir. 2004). 比较 MDY Indus., LLC v. Blizzard Ent't, Inc., 629 F.3d 928 (9th Cir. 2010), amended, 2011 WL 538748 (9th Cir. 2011)，拒绝采纳总管案的如下结论，即把《千禧年法》违法行为局限于违反《版权法》的使用行为。629 F.3d at 951.

[112] 涉案技术措施是接收器中使用的一种“滚动码”程序，当车库门被再次使用时该程序会发生改变；它能够阻止使用无线“截码”装置的高级盗贼。*Id.* at 1183 – 85. 天线公司发明了一种方法来读取滚动码并向总管公司的接收器发送正确的信号。

总管公司的如下辩论意见,即"《千禧年法》推翻了消费者对于如何使用如下产品所享有的任何现有期待,即包含受版权保护之嵌入式软件的产品",并规定"所有使用该等产品的行为……均违反《千禧年法》,除非制造企业明确授权消费者"为该等目的接触代码。关于这一点,法院强调指出:

反规避条款本身并没有提供额外的财产权,只是向财产所有人提供了保障财产的新方法……与总管公司的主张相反,《千禧年法》强调它并没有"根本改变"调整消费者或竞争对手合理期待的法律图景,并没有"根本改变"法院分析行业做法的方式,且并没有导致车库开门装置产业在《千禧年法》之前的历史成为无关的事项。[113]

法院还指出,《千禧年法》的条文结构及立法史表明,它的禁止性规定仅仅适用于与《版权法》保护的权利"合理相关"的活动。它拒绝采纳总管公司提议的对《千禧年法》的解释,因为这意味着,如果代码同时受版权和技术锁的保护,竞争对手将"仅仅因为接触该作品而承担责任,即便该等接触仅仅使得[接触者]能够行使《版权法》授予公众的权利"。法院阐述说,这种解释方法推定国会意图"允许版权人拒绝公众从事任何接触";法院暗示,在宪法知识产权条款项下这种解释方法可能因为不合理地限制接触原本可接触的材料而违宪。

234 总管案中法院还认定,对《千禧年法》禁止性规定的宽泛解释与保留合理使用的除外条款之间存在不可避免的冲突,该等宽泛解释"将公然抵触……同一部制定法在同一时间制定的另一项条款"。制定法解释的所有一般规则都要求,如果有可能通过解释制定法赋予"每一个条款某种不相抵触的含义",就应该避免作相互抵触的解释。

在宽泛解释会限制竞争的情况下,其他法院也对《千禧年法》作了狭隘解释,判决《千禧年法》项下的责任需要与版权侵权存在某种联系。例如,在利盟案(*Lexmark*)中,原告打印机生产商在其墨盒上安装一种微型芯片,以此禁止打印机使用第三方翻新的墨盒。墨盒市场上的一个竞争对手读取并模仿了该芯片以使原告的打印机能够使用经翻新的墨盒,这些墨盒与利盟公司的新墨盒进行竞争。法院认定该行为并不违反

---

[113] *See* id. at 1193 – 95(quoting 17 U. S. C. § 1201(a)(3)(A))(着重号为原文所加).

《千禧年法》，因为该接触行为并没有帮助版权侵权。该芯片被接触的部分具有功能性而非表达性，版权法并不保护功能性的特征。[114]

第九巡回区上诉法院并不同意总管案和利盟案的判决。在暴雪游戏案（*Blizzard*）中，暴雪公司是虚拟在线游戏《魔兽世界》（World of Warcraf）的创作者。这款游戏之中有许多游戏玩家进行互动和对阵，并包含很多级别。被告制作了一款自动机器人程序（外挂），游戏玩家在原告游戏网站上可以利用它代为完成游戏的初级级别，从而能够迅速晋级到较高级别。暴雪公司争辩说，它收到数以千计有关Glider外挂的投诉，每年要花费近100万美元回应这些投诉。[115]

法院的结论是，使用外挂并不构成版权侵权，因为外挂玩游戏的行为并不涉及任何复制。然而，法院判决，该行为违反了《千禧年法》的反规避条款。经过详细分析《千禧年法》的文本、结构和立法史，法院认为《千禧年法》项下的责任并不要求与版权侵权存在联系。因此，被告MDY可能对规避暴雪公司反作弊特征的行为承担责任，即便该等规避并不会导致版权侵权。非常重要的一点是，法院区分了两类《千禧年法》条款：一类条款明确保护版权人免受版权侵权之害；另一 235
类条款针对与版权侵权没有任何关系的规避和贩卖行为创设了新的独立诉因。[116] 对创新政策而言，重要的问题是：我们在试图救济何种损害，以及《千禧年法》是否是实现这一目的的正确手段？在总管案中，原告版权人所遭受的损害是，由于产品市场上竞争增加以及车库门遥控装置市场上创新增加而丧失的利润。换言之，总管公司试图使用《千禧年法》阻止无害的版权材料使用行为，以求在不受版权保护的市

---

[114] Lexmark Intern. , Inc. v. Static Control Components, 387 F. 3d 522 (6th Cir. 2004). *See also* Storage Technology Corp. v. Custom Hardware Engineering & Consulting, Inc. , 421 F. 3d 1307 (Fed. Cir. 2005)（与原告存在竞争关系的维修公司复制了原告加代码的诊断软件，以便能够分析其计算机硬件中存在的问题，该行为并不违法）. 比较 Apple, Inc. v. Psystar Corp. , 673 F. Supp. 2d 943 (N. D. Cal. 2009)（被告在其计算机上使用一个经修改的苹果公司操作系统，该行为非常可能同时构成版权侵权和《千禧年法》违法）。*See also* In re Apple iPod iTunes Antitrust Litigation. , 2010 WL 2629907 (N. D. Cal. 2010)（指出但并没有解决如下问题，竞争对手试图将其MP3播放器与iTunes实现兼容的行为是否违反《千禧年法》）.

[115] MDY Indus. , LLC v. Blizzard Ent't. , Inc. , 629 F. 3d 928, 935 – 37 (9th Cir. 2010), amended, 2011 WL 538748 (9th Cir. 2011).

[116] *Id*. at 944 – 48.

场上阻止竞争。在利盟案中,原告试图使用技术锁强制执行一种搭售安排。虽然大多数搭售安排合法,[117]但也有一些非法。更加重要的是,强制执行搭售合同(无论合法与否)都远远超过了《千禧年法》防盗版的立法目的。另外,利盟案涉及的限制重新使用产品的行为不仅仅是一个搭售问题,还禁止用户重新使用那些市场经验证明可重新使用的产品,浪费现实的资源。

相反,在暴雪案中,原告切切实实地关心其产品的完整性会受到损害。游戏用户抱怨说,某些用户可以利用被告的外挂程序在游戏中取得不正当的优势。这一情况据称对给暴雪公司增加了巨大的执行成本。无论如何,法院还指出,双方当事人并非直接竞争对手,因此援引《千禧年法》并不会引起任何反垄断法问题。我们仍需解决的问题是,就暴雪案中出现的损害类型而言,《千禧年法》是否是寻求救济的适当工具。该案中的"规避"主要是指引诱原告游戏玩家违反协议,即他们与暴雪公司达成的禁止使用该等外挂程序的许可协议。普通法上关于引诱违约的侵权之诉可能就足以很好地维护原告权益了。

(四)《千禧年法》删除通知涉及的善意和合理使用问题

《千禧年法》包含一些安全港规定,在线服务提供商(OSP)以及像YouTube这样的网站据此可免于就用户张贴的侵权材料承担责任。要想享受这些安全港,OSP或其他网站必须是纯粹的通道,不得对张贴的材料进行任何判断。如果版权人"善意"相信OSP或网站上存有侵权材料,可以向其发出"删除"通知,OSP或网站迅速删除这些材料后可免于承担侵权责任。《千禧年法》要求版权人在发出删除通知时
236 提供某些信息,其中包括版权人必须提供一项陈述,即其"善意地相信以被投诉的方式使用该材料的行为未经版权人、其代理人或者法律的授权"。[118]

在伦茨诉环球音乐公司案(*Lenz v. Universal Music Corp.*)中,版权人争辩说,"善意相信"要件并不要求它们考察发帖行为是否构成合理

---

[117] 参见第二章。

[118] *See* 17 U. S. C. § 512(c)(3)(A)(v).

使用,“因为合理使用只不过是一种被免责的版权侵权行为,而非经版权人或者法律授权的使用行为”。[119] 案件事实强烈表明合理使用的存在。一位母亲在 YouTube 上张贴了一个 29 秒钟长的视频短片:她的婴儿和着王子(Prince)的歌曲《一起疯狂》(Let’s Go Crazy)翩翩起舞,但歌曲只是一种背景,几乎无法听清。法院对版权人的辩论意见赋予了极小的权重,它解释道:

《版权法》明确规定“对版权作品的合理使用……不构成版权侵权”,即便环球公司有关合理使用只不过使侵权行为获得免责的说法是正确的,事实仍然是,合理使用是合法使用版权的行为。相应的,版权人行事时要满足《千禧年法》的如下要求,必须评估该材料是否属于对版权的合理使用:善意地相信以被投诉的方式使用该材料的行为未经版权人、其代理人或者法律的授权。[120]

《千禧年法》在这一问题上并不存在模棱两可。它并没有规定说,版权人必须善意相信被张贴的材料构成对一项排他权有表面证据的侵权,而是规定说,版权人必须善意相信该张贴根本没有得到法律的授权。然而,即便其他法院认定该制定法语言模棱两可,这种认定也将提供一个完美的机会对《千禧年法》作狭隘解释,以维持合理使用法则的传统轮廓。否则,版权人将能够无需担责地动辄威胁提起诉讼,这将导致合理使用法则的瘫痪并对言论自由造成“寒蝉效应”。

六、结论

虽然版权法历史上曾经服务于鼓励创造这一公共利益,但近期的版权立法日益反映出特殊利益集团的俘获。对版权的过度保护可能损害

---

[119] Lenz v. Universal Music Corp. ,572 F. Supp. 2d 1150,1154(N. D. Cal. 2008). *See also* Wolk v. Kodak Imaging Network,Inc. ,2011 WL 940056(S. D. N. Y 2011)(网站告知用户版权法相关的问题,并删除了其合理认为侵犯版权的帖子,这是善意的行为). *See also* Viacom Intern. , Inc. v. YouTube,Inc. ,718 F. Supp. 2d 514(S. D. N. Y 2010)(YouTube 要求,版权人需要就侵犯版权的具体视频提供通知才会予以删除,法院维持了这一要求的合法性). 在本书付梓之际,第二巡回法院正在审理维亚康姆(*Viacom*)上诉案。

[120] Lenz,572 F. Supp. 2d at 1154.

237 创新和威慑言论，这与宪法知识产权条款和第一修正案相悖。然而，我们面对的事实却是，联邦最高法院对版权法提供了一定程度的宪法“例外主义”，这种态度严重限制了对版权过度宽泛问题提起宪法质疑的范围。

在这种背景下，制定法解释方法就成为处理特殊利益集团影响《版权法》问题的一个有效工具。当私人利益条款（如演绎作品权或者《千禧年法》的禁止性规定）与公共利益条款（如思想—表达二分法或者合理使用抗辩）之间存在模糊不清时，应该以不认定侵权为处理原则。这种解释方法一方面强制执行特殊利益集团在国会所得交易成果，另一方面也能实施联邦宪法明确宣示的《版权法》目的，因而能够落实立法意图。它还能够服务于众多实体目标和程序目标，包括通过限缩解释范围维护宪法规范，提升立法过程透明度，提升法律起草质量，以及降低制定法失灵的程度。而最为重要的是，它能够鼓励表达创新，并以此恢复版权服务公众的初衷。

第九章　限制创新行为

一、限制创新行为的社会成本

创新从来不曾非常惬意地融入反垄断执法政策。反垄断政策主要依赖新古典经济学的模型，这些模型根据价格和产出（主要以生产数量测度）识别反竞争行为。例如，并购政策处理的根本问题是并购是否会导致价格上涨。我们通常根据本身违法原则谴责卡特尔，该原则不允许任何抗辩，尽管至少有一些卡特尔能够通过如下机制促进创新，即把竞争重点从受卡特尔固定的价格转向通常不受卡特尔固定的品种和产品显著性上来。[①] 有关排斥竞争行为和纵向限制的政策基本上也都是以价格效应作为背后驱动力。虽然反垄断考察几乎向来都把创新作为一项考虑因素，但创新通常仅以增补方式附属于相对传统的价格/产出模型。反垄断政策考虑创新的主要方式是，

---

① *See* Jeffrey Fear, Cartels and Competition: Neither Markets nor Hierarchies (Harv. Bus. Sch., Working Paper Aug. 2006), *available at* http://hbswk.hbs.edu/item/5537.html; Stephen M Maurer, The Penguin and the Cartel: Rethinking Antitrust and Innovation Policy for the Age of Commercial Open Source, Utah L. Rev. (2012) (forthcoming 2012).

239 在价格效应不明显时纳入对创新的考虑,我们经常会据此批准理解不是很深入却可能促进创新的行为。[②]

如今,在经济增长的贡献要素之中,创新毫无疑问远远超过价格竞争程度从低到高的市场运动。约瑟夫·熊彼特(Joseph Schumpeter)在20世纪40年代的著述中谴责同时代经济学家在构建经济模型时过度关注价格与成本之间的关系,而忽视创新。熊彼特以他一贯的风格运用极其抽象的笔触写道,一方面,同时代的经济学家对于寡头、产品差异化及垄断竞争理论的发展感到痛心疾首,他们明显认为这些理论背离了某种"想象中的完全竞争的黄金时代";另一方面,以需求种类以及满足这些需求所需的劳动小时数衡量,人类的生活水平明显得到了极大的改善。换言之,即便经济竞争程度大幅下降,社会财富却得到极大的增加,这怎么可能?

历史上,有关竞争的经济模型假设产品是静态的。"竞争"是指一种事态,即价格尽可能接近成本并且企业得到的回报刚好足以维持投资。经济学家的关注点通常在于价格和产出的变化,消费者口味较为随意的转变,以及偶尔发生的一种技术驱逐并取代另一种技术的例外的策略行为。

熊彼特抗议说,竞争过程的破坏性要比这种认识强大得多,在此过程中创新持续不断地破坏着人们的努力、资产和财富。新古典经济学眼中的竞争有些像风平浪静的大海,熊彼特式的竞争则像猛烈的风暴或潮汐波。这股永不停息的暴怒的力量推开旧技术,为新技术开路。但它带来的经济增长步伐也远远超过更加稳定和保守的替代方式。然而,超过竞争水平的回报对于筹集创新活动所需的融资而言至关重要。因此,促进竞争以使价格接近于成本的政府政策事实上会阻碍创新。[③]

熊彼特论证所使用的历史前提并不完全正确。生活水平显然在提

---

② *See* Joshua D. Wright, Antitrust, Multi-Dimensional Competition, and Innovation: Do we have an Antitrust-Relevant Theory of Competition Now?, in COMPETITION POLICY AND PATENT LAW UNDER UNCERTAINTY: REGULATING INNOVATION(Geoffrey A. Manne and Joshua D. Wright, eds. ,2011).

③ 最为著名的论述出现在 JOSEPH A. SCHUMPETER, CAPITALISM, SOCIALISM AND DEMOCRACY(1942),特别是第七章"创造性破坏的过程"。他的某些观点更早出现在 JOSEPH A. SCHUMPETER, THE THEORY OF ECONOMIC DEVELOPMENT(1912)。

高,但并没有理由认为1940年时的市场竞争程度整体上低于一个多世纪以前。诚然,企业规模变大了,固定成本的比例增加了。但市场规模 240
也变得更大了,并且机器生产方式下成本下降的幅度远远超过了利润空间扩大的程度。[4] 总之,从完全竞争模型的视角来看,市场"绩效"可能恶化了,这一模型假定固定成本很小。但如果考虑到大幅下降的生产成本,它却大大改进了。

然而,熊彼特的一个根本观点却很有说服力,即创新对经济增长的贡献很大。15年之后,罗伯特·索罗(Robert M. Solow)——他在关于经济增长的古典经济学模型方面有深刻的著述,并因此获得诺贝尔奖——提出,20世纪前半叶非农业经济增长中高达90%的部分源于创新和技术进步,而非固定技术状态下的积累,包括市场竞争程度的提高。虽然索罗的方法论和结论受到质疑并被后人提炼,但如今无人怀疑他的如下基本结论,即创新和技术进步对经济增长的贡献很可能远远超过推动投资和产出接近竞争水平的政策压力。[5]

即便熊彼特有关20世纪初期创新积极效应远远抵消价格竞争下降的结论是正确的,这也不能说明福利与竞争数量之间存在某种关系。它也不能证明经济政策就应该不关注价格竞争;实际上我们可以二者兼得。更加重要的是,也许竞争程度的提高能够带来比现实世界中更多的创新。这正是第一章所讨论的肯尼斯·阿罗(Kenneth Arrow)与熊彼特之间著名辩论的核心要旨。

反垄断政策可以从中领教的一点是,在考察被控反竞争行为时我们必须非常谨慎,以免给创新本身贴上反竞争的标签。对于某些垄断行为,例如赤裸裸的固定价格、掠夺性定价或者提起欺诈性的专利侵权之诉,这并不是一个值得关注的问题。虽然某些情况下创新能够解释这类行为,但绝对很难直接推定这一点。谴责这些行为很可能同时促进竞争

---

④ *See*, *e. g.*, MANSEL G. BLACKFORD, THE RISE OF MODERN BUSINESS 52 - 53, 86 - 106, 193 - 230(3d ed. 2008).

⑤ Robert M. Solow, Technical Change and the Aggregate Production Function, 39 REV. ECON. STUDS. 32(1957). 对索罗1950年代以来的贡献和作品的概要, *see* FREDERIC M. SCHERER AND DAVID ROSS, INDUSTRIAL MARKET STRUCTURE AND ECONOMIC PERFORMANCE 613 - 617(3d ed. 1990)。对于这些问题的简要和清晰评述, *see* ELHANAN HELPMAN, THE MYSTERY OF ECONOMIC GROWTH(2004)。

和创新。

然而，当我们把目光转向创新密集型领域的支配地位企业——现实世界中的微软、英特尔和谷歌——考察它们从事的排斥竞争行为时，竞争和创新都具有价值这一观察将具有更大的威力。作为一般原则，一项创新给消费者带来的效益越大，它对无法从中获益的竞争对手造成的损害也越大。极具创新性的技术尤其如此。例如，自 17 世纪以来，人们一直使用一种名为计算尺（slide rule）的产品，但在差不
241 多十年的时间内（大约 1960 ~ 1972 年），便携式数字电子计算器的兴起便完全消灭了这一市场。[6] 造成这一毁灭性后果的原因不仅仅是电子计算器性能更好，而且因为计算尺制造商无法轻易把自己的工厂转向生产计算器。它们基本上没有任何生产电子设备的经验或制造能力。

在这种情况下，反垄断政策可能做到的最糟糕的事情就是，运用反垄断法保护成为创新牺牲品的竞争对手。历史上确实不止一次发生过这种事情。例如，20 世纪 60 年代后期美国联邦政府对 IBM 公司发起一场灾难性的反垄断诉讼，众多私人诉讼接踵而至。1982 年政府撤销了案件，IBM 在私人诉讼中也取得胜诉。这些形形色色反垄断原告的真正控诉对象正是竞争。当时 IBM 公司发起了一个令人生畏的计算机小型化项目，它最终将导致现代个人电脑的出现。然而，这一过程也不可避免地会破坏许多竞争对手企业，因为它们已经把大量资源投入过时的旧技术之中。[7]

很难为反垄断法发展一些创新模型，因为跟短期价格/产出效应不同，要将具体的竞争行为与有关创新的可靠结论相联系是极其困难的。相对于汹涌澎湃的熊彼特情形，新古典经济学在为相对稳定的情形建模时感到更加心安。自阿尔弗雷德·马歇尔以来的经济学家都认为，主导产业经济学的静态“部分均衡”分析[8]更容易作数学分析，其中许多较为

---

⑥ GILES SLADE, MADE TO BREAK: TECHNOLOGY AND OBSOLESCENCE IN AMERICA 198 - 205(2006).

⑦ *See* FRANKLIN M. FISHER, JOHN J. MCGOWAN & JOEN E. GREENWOOD, FOLDED, SPINDLED AND MUTILATED: ECONOMIC ANALYSIS AND U. S. VS. IBM(1985).

⑧ “部分均衡”分析是指孤立考察单一市场而非整体经济的分析方法。

具体的论点也都是可检验的。[9] 熊彼特和索罗的模型虽然在非常抽象的层面上也是可检验的，但这种检验很可能不是反垄断政策认为有用的任何意义上的检验。熊彼特的分析过于关注经济整体在长期内面临的最为难以管理的经济现实，远远超越了任何反垄断法庭的预测能力。

在一种层面上，我们可以为创新对经济增长的贡献进行建模和检验。例如，20 世纪 50 年代索罗提出的新古典增长模型假设创新是经济的一个外生因素；易言之，创新率取决于模型之外的因素。我们可以通过如下方式检验创新的存在和大小：评估内生因素——即模型内部的因素——的影响，然后假设“残差”——即增长值超过该等预期的数量——必然是创新带来的结果。[10] 相反，内生增长模型通常把创新视为 242
经济模型内部变量带来的结果。[11]

然而，我们无法事先测度具体创新项目的长期影响。要适用反垄断法，必须能够在当下考察一种行为并预测其未来的创新效果，并且这种预测的确定应该使人有足够的信心正当化采用任何救济方式。虽然总体而言创新会给社会带来巨大回报，但要预测哪个具体创新项目能够成功则是徒劳。索罗新古典经济增长模型那样的测试完全是一种事后测度，用以考察先前创新在某个既定地点和时期内的影响。另外，它只能测度总体劳动生产率。

我们在事先测度创新的影响时会面临一个问题，即相对于新古典经济学的价格和产出规则，创新具有极高的不可预见性。大多数价格和产出变化都具有连续性，彼此具有相关性。我们对许多类型的行为都拥有足够多的了解，能够预测它们的价格和产出效果（如固定价格、掠夺性定价、并购等）。例如，我们能够预见到，企业生产能力增加时价格通常会下降，或者集中度较高的市场上企业数量减少时价格会上升。但具体项目对创新的未来影响则具有极大的不确定性，有时一个大型投资项目

---

⑨ 关于这一点，*see* JOSEPH A. SCHUMPETER, HISTORY OF ECONOMIC ANALYSIS 835 – 838 (1954; rev. ed. 1984); *see also* Herbert Hovenkamp, United States Competition Policy in Crisis, 1890 – 1955, 94 MINN. L. REV. 311 (2009).

⑩ Robert M. Solow, A Contribution to the Theory of Economic Growth, 70 Q. J. ECON. 65 (1956). *See* John S. L. McCombie, The Solow Residual, Technical Change, and Aggregate Production Functions, 23 J. POST-KEYNESIAN ECON. 267 (2000).

⑪ *See* Paul M. Romer, The Origins of Endogenous Growth, 8 J. ECON. PERSP. 3 (1994).

一无所获,有时又可能带来任何人都料想不到的结果。事实上,某些此类不可预见性已经被纳入知识产权制度本身。例如,专利法对于非显而易见性的要求如果得到忠实的遵循,本领域具有熟练技能的普通人员能够预见的东西就不能获得专利。依其性质,可专利性取决于未预见的东西。同样,虽然我们可以通过回溯历史观察专利和经济增长之间的联系,⑫但它跟能够预见一个具体的未来创新会有什么经济影响大相径庭。另外,创新具有极其笨重的特质,即需要大笔投资的项目多数都无法赢利,并且我们没有好的办法事先预测其中哪一个会取得成功。如果我们能够做到这一点,终将失败的项目从一开始就根本不可能得到资助。

例如最终创造出万艾可(伟哥)的极其成功的研究项目。万艾可给它的生产商辉瑞公司带来了数十亿美元的收益。⑬ 辉瑞公司的万艾可研究项目最初是要开发一种治疗心绞痛的药物。心绞痛是因为心脏供
243 血不足导致的胸口疼痛。项目团队开发出药品以后发现它对于治疗心绞痛没什么疗效,直到这时才有人意外地发现它具有通过增加阴部供血治疗男性勃起障碍的功效。事实上,刚开始辉瑞科学家在试验报告中认为,持续的勃起是治疗心绞痛这一计划疗效伴随的“不良”副作用之一。⑭

反垄断制度和知识产权制度反映了这种不确定性。如今,人们对于何为最优的传统价格/产出竞争(即所谓“静态”竞争)保护所形成的共

---

⑫ *E. g*, Ricardo J. Caballero & Adam B. Jaffe, How High are the Giants' Shoulders: An Empirical Assessment of Knowledge Spillovers and Creative Destruction in a Model of Economic Growth, 8 NBER MACROECONOMICS ANN. 15(1993).

⑬ *See* MEIKA LOE, THE RISE OF VIAGRA: HOW THE LITTLE BLUE PILL CHANGED SEX IN AMERICA 220 - 22(2004).

⑭ *See* Ian H. Osterloh, The Discovery and Development of Viagra (sildenafil citrate), in SILDENAFIL 1, 3(Udo Duzendorfer, ed. , 2004):

最终导致人们发现和开发出万艾可的项目,起源于20世纪80年代中期前后。当时,辉瑞欧洲研发中心的科学家痴迷于治疗严重心血管疾病的可能新方法。心绞痛是他们特别感兴趣的一种适应症。1991年和1992年进行的早期临床实验发现,西地那非[万艾可]会轻微降低健康志愿者的血压。另外,还发现西地那非与硝酸盐发生反应,其结合物会导致某些个体的血压过度下降。由于硝酸盐是常用于男性心绞痛患者的处方药,为心绞痛这一主适应症进一步开发西地那非的工作似乎面临着需要克服的重大障碍。另外,西地那非的半衰期较短,每天对健康志愿者用药三次会出现几种不良后果。其中之一是阴茎勃起,“临床试验148 - 207”记录中首次报告了这一副作用。

识，远远超过了对于何为最优知识产权保护的共识。何为最优知识产权保护的问题包括何为最优的保护期间和范围、专利法是否应该保护无辜侵权人、版权合理使用的范围，以及版权法演绎作品的版权保护问题。正如我们先前指出的，这种不确定性带来的后果之一是，很少有法律政策领域像知识产权法那样受到特殊利益集团的巨大影响。

当然，反垄断政策并非完全没有争议。例如，学术文献一直在争论反垄断法应该使用“总福利”还是“消费者福利”作为判断垄断行为的经济标准。然而，即便这些文献也经常把福利等同于竞争性价格。尽管并购政策能够承认效率这是一件了不起的大事，但效率一词通常是指由规模经济效应或交易成本减少带来的成本削减。另外，反垄断法认可的救济方式几乎完全局限于促使价格接近于成本。直白一点说，反垄断模型高度关注价格—成本之差，而在纳入对创新的长期关切方面存在很大困难。

鼓励最优创新量的短期政策极有可能比促使价格接近成本的短期政策带来更大的经济效益。如果这是唯一的相关考虑，它表明当反垄断政策与知识产权政策发生冲突时，总是应该由前者让路。然而，熊彼特和索罗的著述是关于创新而非创设知识产权的现有法律体制的理论和观察。如果知识产权设置不合理，不但不会促进创新反而可能遏制创
新。我们目前的专利政策和版权政策恰恰就存在严重的缺陷，在这两个 244
领域降低现有保护水平可能会改善我们的境况。

事实上，某些情况下，反垄断法在促进创新方面的效果可能远好于目前的知识产权法。另外，通过改革知识产权政策而非反垄断政策，我们很可能在促进创新方面收到更好的效果。例如，正如我们在全书一直阐述的那样，对于知识产权侵权案件设置更加严肃的证明损害的要求，能够解决很多问题。如果一项侵权行为对侵权人及其客户有益，同时又没有给知识产权人造成损害，它带给社会的是纯收益。

反垄断法之所以几乎只关注“短期”效应，主要是因为它存在操作方面的局限。预测眼下或短期的价格效应已经足够困难，要评估未来几年内可能发生的情况更是基本不可能。在联邦法院系统受理的私人原告提起的诉讼中，这种困难尤为严重，因为这类程序中的事实认定主要依赖陪审团。虽然知识产权政策关注长期效果，但它体现为成

文法典,条文规定也要比反垄断法详细得多,后者以极其简单的条文指示执法者追诉“限制贸易”或“垄断化”行为。详细的法典不但表明它受到特殊利益集团的俘获,而且迫使法院把目光转向无关紧要的事项。除了在联邦最高法院层面,以及偶尔在联邦巡回法院层面以外,知识产权案件中的司法判决很少考察某个行为是否鼓励创新。相反,法院沉迷于探究制定法的含义,并且正如其角色要求的那样,对国会有关长期事项(例如最优专利期限或范围)的决策给予尊让。负责解释反垄断法的法院可没有这么好的命,极其简略的制定法语言迫使它们不得不直面难题。

即便使用熊彼特自己的非数学研究范式,也很难对反垄断法谴责的许多行为测估创新效应。并非任何垄断违法行为都对创新具有重大影响。定价行为就是很好的例子。按照对固定价格和掠夺性定价的正确定义,两种行为都涉及以反竞争方式改变产品价格,但它们都不会对创新产生重大影响,除了一点:人们总是可以争辩说,企业会使用垄断利润进行更多创新。但这种主张想要得出的结论显然超过了它的证明力,足以为无论以任何方式形成或维持的垄断提供正当理由。无论如何,如果索罗的理论正确,一概容忍更多垄断的政策并不能带来更多创新。

纵观人类历史,最具破坏力和进步性的创新从来都不是来自垄断者,而是来自支配性企业或技术的挑战者。正如吴修铭(Tim Wu)教授在他有关20世纪美国信息帝国史的著述《总开关:信息帝国的兴衰变迁》一书中观察到的那样,在信息密集型市场上,支配性企业一再被那些遭其低估的技术所颠覆。西联(Western Union)没有认识到电话的重要性。调幅(AM)广播电台没有对调频技术进行开发。AT&T公司对无线竞争产品的开发报以敌意。另外,即便支配性企业确实参与了新技术的开发,它们通常也只进行有限的开发,使这些技术从属于现有基础设施。这表明,下文以及第十章将要讨论的联邦巡回区上诉法院在2010
245 年普林科案(*Princo*)中所作的判决是多么的刚愎自用。法院在该案中判决,联合拒绝许可竞争技术中包含的弃用专利并不构成滥用,因为相关技术的未来发展状况是完全臆测性的。我国司法体系中流砥柱式的专利法院应该比任何人更加清楚,尚未实现的未来创新具有何等巨大但却羽翼未丰的力量。⑮

二、反垄断法与限制创新行为

应该获得广泛共识的一点是，如果创新能够比竞争贡献如此更多的经济增长，限制创新行为（restraint on innovation）也会比传统限制竞争行为具有更大的危害。在各种条件都已具备的情形下，反垄断法能够比目前更加有所作为。* 如果某种行为限制他人创新，同时又不能以严肃的可得证明的效率作出解释，反垄断法应该更加积极地查处该行为。限制创新对社会造成的危害极有可能比传统价格卡特尔还要严重，尽管后者通常被视为危害程度最高的反竞争行为。限制创新行为的危害性几乎肯定比反垄断法谴责的众多排斥竞争行为都要严重，反垄断法经常在没有很好理解这些行为的前提下对其加以谴责。但不幸的是，反垄断法高度关注促使价格接近成本，因此它经常搞错了打击对象。

大卫·伊万斯和凯斯·希尔顿认为对于可能立即造成竞争损害的创新行为，应该放松反垄断法规则。为论证这一观点，他们提供了一个非常有意思的例子。一家公司开发了一种具有创新性但不受专利保护的新型假牙。为获得投资回报，该公司实施独家交易行为，以此通过限制市场准入排斥竞争对手。⑯ 暂且不论这一故事版本是否符合情理，但

---

⑮ TIM WU, THE MASTER SWITCH: THE RISE AND FALL OF INFORMATION EMPIRES 22－32, 129－131, 173－186, 188－192, 245－47 (New York: Knopf, 2010); *see* Princo Corp. v. International Trade Com'n, 616 F. 3d 1318 (Fed. Cir. 2010), *cert. denied*, 131 S. Ct. 2480 (2011).

* 原文是"One place the antitrust laws could be more aggressive than they are today is when the stars are in alignment."经询问，作者解释"when the stars are in alignment"的含义是："Perhaps there is a different metaphor in chinese —— it means when all the conditions are just right for a certain thing to happen."（"也许中文之中也有这样的比喻——它是指某件事情发生的所有条件刚好成熟之时"），似乎是"万事俱备只欠东风"的意思，但此处似乎不像这种含义。——译者注

⑯ David S. Evans & Keith N. Hylton, The Lawful Acquisition and Exercise of Monopoly Power and its Implications for the Objectives of Antitrust, 4 COMPETITION POL'Y INT'L 203 (2008)，讨论了 United States v. Dentsply Int'l, Inc., 399 F. 3d 181 (3d Cir. 2005), *cert. denied*, 546 U. S. 1089 (2006)（根据《谢尔曼法》第 2 条谴责独家交易构成非法垄断行为）; *see* 3B PHILLIP E. AREEDA & HERBERT HOVENKAMP, ANTITRUST LAW ¶768 (3d ed. 2008).

另一个版本肯定更加符合情理。假设一个规模较小的竞争对手开发了一种创新性假牙，它极有可能受专利保护，但其成功取决于能够获得市场准入。进一步假设，这种假牙一旦得到成功部署将占有很大市场份额。支配地位企业的独家交易将阻止它进入市场。

在这种假设情形下，垄断违法行为被用于限制而非促进创新。另外，这一版本的故事比伊万斯/希尔顿版本更加符合情理，理由有二。第
246 一，在这种情形下，颠覆市场的创新更有可能源自小型企业。一旦取得市场支配地位，企业对于创造性破坏的兴趣将会下降，因为这时它不但可能是成就者，同样可能是受害者。事实上，企业往往会因为对自己技术已作的投资形成内部路径依赖。如果缺乏重大竞争压力，相对于创造颠覆性的创新它会对维持自己的重大投资更感兴趣。虽然它将继续创新，但也会主要围绕着现有的技术展开。相反，规模更小的竞争对手通过实现自有产品的差异化和颠覆支配地位企业的技术取得成功。[17] 第二，支配地位企业从事独家交易行为能更有效地排斥小型竞争对手的创新，而非促进支配地位企业自己的创新。事实上，为使自己的故事版本可行，伊万斯和希尔顿必须假定知识产权法根本不提供保护。

为限制创新行为建模要比为创新本身建模容易一些，尽管测度长期效果的工作往往同样困难。限制他人创新的反竞争动机通常可以运用较为规矩的价格理论进行测度。垄断违法者从该等限制行为中获得的回报主要表现为，维系源于既有技术的垄断价格和利润，即支配地位企业限制创新通常是为了阻止自己在既有技术上的市场地位遭受侵蚀。运用反垄断经济学的普通工具就可以测度垄断者的该等获益。

例如，假设一家比涉案大型企业规模小很多的企业携带创新性技术进入市场，于是前者对后者提起专利侵权之诉。该大型企业合理确信新进入者的技术并不侵犯其专利，但它同时也知道新兴竞争对手无力承受多年侵权之诉的消耗，特别是如果它还同时警告小企业的客户说使用该产品构成侵权。在这种情况下，通过以反竞争方式运用专利侵权制度，支配地位企业可以成功压制一项更优秀的技术。第四章讨论过的沃克

---

[17] *See*, *e. g.* , S. J. Liebowitz and Stephen E. Margolis, Path Dependence, Lock-in and History, 11 J. L. , Econ. & Org. 205(1995); Joseph Farrell & Garth Saloner, Installed Base and Compatability: Innovation, Product Preannouncements, and Predation, 76 AM. ECON. REV. 940(1986).

尔工艺案法则(*Walker Process* doctrine)允许对这种行为提起反垄断诉讼。该支配地位企业从中获得的利润实质上是对既有技术持续收取垄断加价。

然而,不正当地提起侵权之诉造成的社会危害可能远远超过垄断定价。该等诉讼还可能导致优质竞争技术推迟进入市场,甚至完全无法进入市场。事实上,无效专利的社会成本之一并非侵权之诉,而是其存在本身,他人在发现这种专利以后会因为不愿冒侵权风险而放弃研发项目。[18] 之所以会出现这种情况,原因之一是有可能在侵权之诉中揭示出 247
来并导致专利无效的不当行为,很多都不会显现在正常的专利检索程序中。[19] 那些无法通过专利检索揭示出来的缺陷尤其如此,例如违反在先销售阻却(on sale bar)的规定。但那些因受现有技术阻止可专利性或者因权利要求范围过宽而无效的专利同样如此。收购专利并弃置不用,如果能够帮助支配地位企业成功地将竞争性技术排斥在市场之外,同样会限制创新。[20]

在几乎所有这类利用专利排斥竞争的案件中,专利权人的动机都是确保自己能够在既有技术上获得源源不断的垄断利润,这当然是反垄断法的核心关切。但限制创新行为会造成动机和损害的脱节。虽然垄断者的动机只是为了获得更高的价格—成本差,但造成的损害却同时包括价格效应和创新效应。创新效应可能远远超过价格效应,但也更加难以测度。假设这样一种情形:W 的垄断者不当地对一家小型竞争对手提起专利侵权之诉,后者打算携带 S 进入市场,S 是一项比 W 性能更好的优质技术。W 产断者提起诉讼的动机是要保护 W 的利润流免受竞争侵蚀。但公众受到的伤害却不止于 W 持续收取高价,同时还包括丧失优质的 S 技术,因为它可能推迟上市或者完全无法上市。

---

[18] Christopher R. Leslie, The Anticompetitive Effects of Unenforced Invalid Patents, 91 MINN. L. REV. 101 (2006); Christopher R. Leslie, Patents of Damocles, 83 IND. L. J. 133 (2008); Ian Ayres & Paul Klemperer, Limiting Patentees' Market Power Without Reducing Innovation Incentives: The Perverse Benefits of Uncertainty and Non-Injunctive Remedies, 97 MICH. L. REV. 985, 1019 (1999).

[19] 关于这一点, *see* FED. TRADE COMM'N, TO PROMOTE INNOVATION: THE PROPER BALANCE OF COMPETITION AND PATENT LAW AND POLICY 2, 5 – 6, 54 (2003) ("问题专利可能对小企业和个人的市场进入行为造成不成比例的负面影响,因为它们缺乏质疑该等专利的资源").

[20] 参见第十一章。

反垄断法上的沃克尔工艺案法则并不区分针对真正创新者提起的侵权之诉和针对正当归属公有领域之技术的纯复制者提起的侵权之诉。事实上,由于复制并非专利侵权之诉的要件,除非出于巧合,我们甚至无法发现这一问题的答案。如果支配地位企业拥有不可强制执行的专利,通过不加区分地排除创新者、赤裸裸的复制者以及完全自主开发出同样技术的独立开发者,它可以从中获益。另外,过度授予显而易见的专利也会鼓励这种结果。[21] 我们可能认为支配地位企业有更大的动力排斥纯粹复制者,因为一旦复制者开始投入生产,它将提供非常接近的产品与支配地位企业竞争。但事实情况更加复杂。新的进入者认为自己能够提供更好的产品时,才最有可能承诺进入受支配地位企业控制的市场。如果涉嫌侵权人的技术在某些重要方面具有"转换性",该等诉讼
248 带来的危险会进一步加大。而针对赤裸裸的复制者或者类似技术的独立开发者不适当地提起专利侵权之诉并不会明显限制创新,尽管长期内在竞争程度更高的市场上会产生更多创新。

不当提起侵权之诉是反垄断法可以调整的一类重要限制创新行为,但并非唯一的一类。反垄断法历史上充斥着各种限制创新行为的实例,它们背后的动机都是支配地位企业或者卡特尔对于垄断利润的追逐。例如,美国发生的微软诉讼案涉及的行为就是微软公司面对比尔·盖茨所谓的电脑操作系统市场遭受"大宗商品化"这一威胁作出的反应,微软的视窗操作系统在这一市场具有支配地位。[22] 这种威胁来自于网景公司的网络浏览器,它的程序中包含某些操作系统功能,因此无需完全依赖视窗操作系统。网景还整合了太阳微系统公司开发的一款名为 Java 的程序。Java 是一种计算机语言,如今广泛应用于各种互联网应用程序。Java 语言的特点之一是具有多平台能力。利用 Java 语言编制的程序可在不同的硬件配置和操作系统上运行。正如太阳公司对该系统的描述那样,它具有"架构中立性"。Java 的工作原理是,能够运行 Java 程序的每一台电脑都使用一种"Java 虚拟机";Java 虚拟机是一种中介程序,Java 程序的翻译者,可以把它翻译成主机电脑能够理解的语言。

---

[21] 参见第五章。

[22] *See* United States v. Microsoft Corp. ,84 F. Supp. 2d 9,29(D. D. C. 1999), *aff'd in part*, *rev'd in part*,253 F. 3d 34(D. C. Cir. 2001),*cert. denied*,534 U. S. 952(2001).

应用程序(例如文字处理器或者数据库)的编程人员编写面向 Java 的程序,每台主机电脑上的 Java 虚拟机对该程序的代码进行翻译,使其能够在该电脑上运行。由此,使用基本不兼容硬件配置和操作系统的众多计算机,可以运行相同的软件。其结果是,“一次编写、随处运行”成为 Java 的标语。[23]

20 世纪 90 年代中期,微软担心 Java 将创造一种新型操作系统市场:不同卖主销售的不同操作系统将能够运行同样的软件,从而享受许多先前由微软公司独享的网络优势;微软视窗操作系统之所以取得如此非凡的成功所仰仗的正是网络优势。网络优势是指视窗操作系统比任何其他操作系统拥有的用户都要多,并且用户高度看重他们之间的兼容性,因此它更有吸引力。另外,在供应端,庞大的既有客户基础能够确保针对它编写的软件拥有更大的市场。其结果是,软件开发商更愿意为微 249
软视窗而非其他不太流行的操作系统编写软件。为视窗编写的软件可以以低很多的价格出售。微软的支配地位取决于它能够充分享有这些网络效应,同时又没有任何其他操作系统生产商能够成功地进入这一网络。

Java 威胁到了微软的战略,可能导致操作系统市场变得高度类似于电话服务市场。在电话服务市场上,虽然产品之间存在差异,但它们在同一个网络上就价格和产品特征展开竞争,客户能够购买提供最佳性价比的产品。在这样的市场上,微软将被迫像竞争者而非垄断者那样行事。由于买方拥有向其他卖方购买产品的更大选择权,微软的利润水平将会下滑,并且必须加大投资维持视窗操作系统的吸引力。

于是微软公司发起了一场运动,企图遏制多平台 Java 语言的开发。此前它已经从太阳微系统公司获得了使用 Java 的许可,但它随后开发了另一种版本的 Java,公司内部称为“污染版 Java”,并把它发放给为视

---

[23] *See* United States v. Microsoft Corp. ,253 F. 3d at 53 – 54 ,74;84 F. Supp. 2d at 17 – 18 ,29 (“使用 Java 语言编写的程序仅仅依赖 Java 类库暴露的 API,就可以在包含 Java 虚拟机的任何个人电脑系统上运行,Java 虚拟机本身依靠端口植入常驻操作系统。”另参见 Java 的主页,java.com;and SHAHROOZ FEIZABADI,“A HISTORY OF JAVA,” in WORLD WIDE WEB——BEYOND THE BASICS(Marc Abrams, ed. , Englewood Cliffs, N. J. : Prentice-Hall, 1998);JAMES GOSLING, BILL JOY, GUY STEELE, & GILAD BRACHA, THE JAVA LANGUAGE SPECIFICATION(3d ed. 2005)。

窗电脑编写软件的企业。污染版Java缺乏传统Java的跨平台能力。[24]然后微软把自己的开发工具，包括污染版Java，提供给软件开发商。其中一些开发商甚至因受到欺诈而相信他们编写的软件能够在跨平台Java上运行并与多种操作系统兼容，但事实上这些软件只能在视窗系统上运行。[25]

另外，为了使跨平台Java有效运行，太阳微系统公司及其合作伙伴需要一款专门为此目的设计的电脑芯片。起初英特尔公司同意开发一款所谓"支持Java的"芯片。然而，微软公司随后向英特尔施加了巨大的压力，威胁它如果继续实施Java项目，将拒绝向其提供开发视窗技术所需的支持。[26] 重压之下英特尔放弃了这一项目。

这些行为的目的是要确保微软能够在英特尔兼容的个人电脑操作
250 系统市场上保存其支配地位。微软公司原本可以通过开发更好、性能更强大的视窗版本实现这一目的。创新本身能够带来垄断地位，发生这种情况时我们通常持欢迎态度。但是微软的上述行为很难说是一种创新。相反，为了阻止自己的市场地位遭受侵蚀，微软从事了一系列压制他人创新的行为——本案中，阻止英特尔兼容电脑构成的网络从一个受主导的游戏场所变为一个竞争性的游戏场地。

（一）共谋型的限制创新行为

并非所有限制创新行为都是由单一企业从事的垄断行为。卡特尔和专利许可协议也可能使用该等限制行为，以此减缓自己的投资力度或者将创新型市场新入者赶出市场。

以联邦最高法院1988年审理的联合导线管案（*Allied Tube &*

---

[24] *See* Microsoft，253 F. 3d at 76 – 77（把微软公司的策略描述为"通过开发污染版Java的市场扼杀跨平台Java，并指出跨平台能力是迄今为止人们选择/使用Java的头号原因。"）*See also id.* at 74，指出微软的Java虚拟机提高了Java应用程序的运行速度，但并不能与非微软Java虚拟机兼容。另参见杰克逊法官的事实认定*id.* at 389 – 390.

[25] *See* Microsoft，253 F. 3d at 76 – 77（引用微软公司的文件，这些文件表明它"意图欺诈Java开发商，并预测其行为的后果将是，开发商编写出其认为具有跨平台能力、但实际上依赖视窗的Java应用程序；这些文件还表明，微软的最终的目的是要压制Java在操作系统市场上对微软垄断地位造成的威胁"）. *See also id.* Findings of Fact，84 F. Supp. 2d at 107.

[26] *See* Microsoft，253 F. 3d at 77 – 78（微软威胁英特尔，除非放弃开发跨平台的、支持Java的芯片，否则微软将拒绝把英特尔技术与视窗捆绑发行）. *See also* Microsoft，84 F. Supp. 2d at 107（指出"盖茨本人"参与了对英特尔的威胁行为）；*id.* at 109 – 110.

Conduit)为例。[27] 被告是一家钢制导线管生产商,也是标准制定组织全国防火协会(NFPA)的会员。该协会为市政建筑守则制定建筑标准,它的影响力非常大,许多市政府几乎将这些标准完全照搬为本辖区的建筑守则。如果某个建材生产商的产品不能被协会纳入标准,它将被事实上排除在市场之外。原告印第安纳海德公司推出一种以聚氯乙烯(PVC)为材料的、创新型软塑料导线管并就此取得专利。[28] PVC 导线管相比钢制导线管具有很多优势。它价格更便宜,操作更简单,可以用刀切割,使用黏胶黏接。重要的是,由于它使用非金属材料,与暴露的电线接触时不会造成短路。涉案反垄断争议在于,联合导线管公司及其共谋者向一次标准制定会议塞进大量人员,他们表决反对把 PVC 导线管纳入标准。联合导线管公司成功地赢得了这次投票,但随后发起的反垄断诉讼暴露了这一阴谋。涉案卡特尔通过这种方式成功地延缓了 PVC 导线管进入市场的时间,但并没有将其完全从市场上排除。

大多数标准制定行为都有利于竞争。然而,正如联合导线管案表明,如果控制制定程序的企业对先前技术进行了大量投资,而竞争对手的新发明可能导致它打水漂,标准制定行为也可能限制创新。正如其他限制创新行为一样,排斥创新产品或方法的标准制定行为也会造成被告的利润动机与其所致社会损害之间出现脱节。它造成的损害不仅包括实施排斥行为的企业在既有技术上的利润得以延续,而且包括因创新无法进入市场而造成的创新损失。

(二)以反垄断法打击限制创新行为存在的障碍:因果关系和损害要件

限制创新行为毫无疑问是反垄断政策的关切对象,但这方面的执法 251
力度从未达到应有的水平。一方面,很明显,限制创新行为导致的社会损失非常巨大。另一方面,事实证明,查明反竞争的限制创新行为非常困难,制定适当的救济方案更是难上加难。

涉案创新越是不成熟,这些测度难题对反垄断分析构成的障碍就越

[27] Allied Tube & Conduit Corp. v. Indian Head, 486 U. S. 492, 496 – 97 (1988); *see* 13 HERBERT HOVENKAMP, ANTITRUST LAW ¶ 2220b (3d ed. 2012).

[28] *See* U. S. Patent No. 4,248,459 (issued Feb. 3, 1981) (软性导线系统).

大。联合导线管案是一个相当容易适用反垄断法的案件,因为在提起反垄断诉讼时 PVC 导线管已经得到充分发展。审判发生时,排斥塑料导线管的标准已经被撤销,PVC 导线管也已经在市场上证明了自己的成功。实际上,事实最终证明这种导线管非常成功,甚至被告联合导线管公司也建设了能够生产 PVC 导线管的生产设施。[29] 在涉及充分发展并经市场检验成功的产品时,从反竞争的排斥就可以就损害和损害赔偿数额得出相当有力的结论。例如,如果涉案限制行为导致 PVC 导线管推迟进入市场两年,但进入市场后迅速取得成功,专家可以提出一套损害赔偿模型,证明印第安纳海德公司在被限制行为排斥在市场之外的两年期间内本将取得的利润额。如果导线管用户起诉,他们还必须能够证明假设自己可以更早使用 PVC 导线管,其地位本将得到改善的程度。

前述微软案涉及的限制创新行为则完全不同。在微软公司逼迫英特尔公司放弃开发支持 Java 的芯片时,这种芯片的开发工作尚未启动。如果受限制创新行为影响的产品因此行为的发生根本没有被开发出来,那么预测可能出现的结果将具有高度的臆测性。事实上,此时我们所处的状况并不好于参与那个最终带来万艾可创新之项目的辉瑞工程师。要评估微软对英特尔施压带来了什么影响,需要就如下事项提出一系列假设:英特尔原本是否能够成功地开发出这种芯片,这种芯片的成本及市场接受度本将如何,它原本是否能带来天衣无缝的多平台兼容性并足以造成比尔·盖茨担心的那种后果,以及最为臆测性的是,消费者的境况原本将会因此得到多大程度的改善。

总体而言,预测未来的价格/产出效果要比预测未成型创新的效果容易得多。例如,如果汽车制造商协议固定价格,我们可以使用相当成
252 熟的理论近似测算出卡特尔导致价格偏离竞争价格的程度,并且可以据此计算损害赔偿。但如果涉案诉讼请求是,这些汽车制造商通过协议限制开发降低污染的技术,会出现什么情况呢? 20 世纪 70 年代政府曾经

㉙ *See* Allied Tube, 486 U. S. at 497 n. 1,指出美国消防协会(NFPA)的 1984 年守则批准 PVC 导线管用于不超过三层的建筑物,1987 年守则批准用于所有建筑。如今,联合导线管公司自己也是一家 PVC 导线管生产商。*See* http://www.alliedtube.com/electrical-raceways/conduit/pvc-conduit.asp (last visited May 1, 2011); *see* 13 HOVENKAMP, *supra* note 27, ¶2115.

通过一项和解令(consent decree)*谴责过这种行为,私人原告随后在几个州内提起诉讼,主张这种诉讼请求。㉚ 此时,损害赔偿总额等于既有技术导致的污染损失超过如下污染损失之程度,即不受限制的市场上本将开发出来的替代技术造成的污染损失,这一损失额推定会小于前者。然而,某些这类案件中的原告并不是车主,而是农场主,他们主张污染量更大导致他们遭受了作物损失,那些从来没有发明出来的技术原本可以使其避免这些更大的污染量。㉛

仅从描述问题的过程就可以看出测度损害赔偿会有多么困难。我们必须预测原本能开发出什么设备,这些新设备将具有多大的有效性,开发它们将需要多长时间,它们的节能效果将会如何。我们还需要知道这些设备将会以什么样的速度产生重大影响,因为它们很可能仅仅被安装在新车上,而不会被装配到现有车辆上。同样的问题基本上也出现在20世纪90年代后期针对烟草制造商提起的众多反垄断诉讼。原告指控烟草制造商违反反垄断法共谋限制开发更加健康的香烟,并且共谋隐瞒涉及现有香烟之健康影响的信息。但这些诉讼几乎无一例外地被法院以缺乏起诉资格或因果关系为由驳回,它们认为涉案损害过于具有臆测性。㉜

---

* “同意令”(consent decree),在中国和欧盟通常称为“经营者承诺制度”。这一制度下,当事企业无需承认违法行为,执法机关也无需对此作出认定,双方只需达成消除竞争关切的和解即可结案。参见兰磊:《经营者承诺制度中的公共利益保障——基于美国和欧盟实践比较与分析》,载《价格理论与实践》2015年第5期,第22~25页。——译者注

㉚ United States v. Auto. Mfgs. Ass'n, 307 F. Supp. 617 (C. D. Cal 1969), *appeal dismissed sub nom.* City of New York v. United States, 397 U. S. 248 (1970). 后续的私人诉讼包括 *In re* Motor Vehicle Air Pollution Control Equipment, 52 F. R. D. 398 (C. D. Cal. 1970)(指控涉案卡特尔“阻止或限制开发、生产、安装、分销或销售车用空气污染控制设备”,法院拒绝驳回私人三倍损害赔偿诉讼); *see also* Ford Motor Co. v. Lane, 86 F. Supp. 2d 711 (E. D. Mich. 2000)(驳回原告对如下请求拥有反垄断起诉资格,即福特公司有能力制造更加节能、低排放的车辆,但它因为与其他汽车制造商共谋而没有这样做;法院在驳回原告的起诉资格时认定原告的实际损害源于如下事实,即其购买汽油的数量高于如果发动机更加节能其本将购买的数量,法院还认定福特公司并没有在汽油市场上开展业务).

㉛ *In re* Multidistrict Vehicle Air Pollution, M. D. L. No. 31, 481 F. 2d 122 (9th Cir. 1973).

㉜ *E. g.*, Ass'n of Washington Pub. Hosp. Dists. v. Philip Morris, 241 F. 3d 696 (9th Cir. 2001)(医院不具有根据如下诉讼请求起诉烟草公司的起诉资格,即烟草公司共谋限制开发安全性能更高的香烟). 2A PHILLIP E. AREEDA & HERBERT HOVENKAMP, ANTITRUST LAW ¶¶ 338 - 40 (3d ed. 2007) 讨论了其他判决。

总体而言,一项创新的成熟度越低,支配地位企业越容易排除它。相反,企业的市场前景越广阔、已作的专门投资越多,它们就愈发不愿意放弃自己的选择。处于投资计划初期的企业很可能会考虑其他投资方案,并且,如果沿着一个方向前进可能遭遇知识产权摩擦,这也会促使它
253 改换道路。相反,一旦开发出产品,特别是一经建造出专门的生产设施,退出成本将会大大增加。

另外,创新尚处于初期阶段时,向法院证明损害的困难程度也会大大增加。这些测度难题可能会带来致命的现实后果,私人反垄断诉讼中尤其如此。例如,哥伦比亚特区巡回法院在政府提起的诉讼中谴责了微软公司从事的限制创新行为,但另一个上诉法院却驳回了消费者针对相同行为提起的诉讼。该法院作出的两点判决值得关注。限制创新行为只有在导致微软产品价格上涨的限度内,才受到反垄断法调整。[33] 因此,在消费者能够提起的任何垄断性多收价款之诉中,这种限制已得到了充分考虑。这一结论是错误的:虽然维持高价可能是微软公司的动机,但所失创新对消费者具有的价值可能数倍于限制创新行为造成的现有产品价格上涨。

法院随后提出了一项无可置疑的观察。它同意地区法院作出的如下结论:

> 凭借后见之明构建一个从未出现过的技术域空(universe)是完全臆测性的,超越了司法程序的能力……而要决定非微软公司的产品可能给市场带来的相关效益和损害,以及……可能给众多分散的终端用户带来的相对货币价值更具臆测性。

"总而言之",法院指出,"原告就竞争性技术的丧失主张的损害具有高度分散性,不可能对其作出充分的测度。"

这些结论不免严苛,但也是如下事实带来的不可避免的后果,即本案中的原告是私人当事人,他们针对微软公司导致从未出现的创新寻求

---

[33] Kloth v. Microsoft Corp. ,444 F. 3d 312 ,323(4th Cir. 2006):

如果微软公司开发劣质的技术,这种行为的本质是超过其能够在竞争性市场上收取的价格,就其产品向中间商多收价款。该等损害与对终端用户的许可限制以及压制替代技术并无原则上的区别,本质上都是主张微软非法多收价款,这些高价最终被转嫁到消费者身上。而如果微软公司的软件降低了原告电脑的性能,任何该等损害都不构成反垄断损害之诉的依据,而构成某种产品责任损害之诉的依据。原则上,原告可以像提起任何其他产品责任之诉一样提起该等诉讼。

损害赔偿。创新带来的收益总体上是非常巨大的,但任何具体案件中的未来创新会有什么影响却是无法预测的,任何具体创新受阻事件造成的损失也似乎是几乎不可能量化的。正因如此,私人损害赔偿诉讼似乎并不是一个制裁限制创新行为的有用工具。然而,我们有一些替代方式可 254 供使用。一个是政府下设的反垄断执法机构。另一个是私人诉讼中请求禁令救济或主张知识产权"滥用",因为这些诉讼并不要求计算损害赔偿的金额。

三、结论:查处与救济有害的限制创新行为

适用反垄断法追诉限制创新行为存在的问题之一是,被指控行为可能存在有益甚至促进竞争的其他解释。然而,我们并没有理由认为反垄断法的合理原则不能适用于这些情形。几乎所有单边行为和纵向协议行为,甚至大量竞争者之间的协议行为,都面临着类似的问题:行为具有多种可能的解释,反垄断法庭必须从中剔除不合情理的解释,选出最符合案件事实的解释。它们确实会给反垄断法带来难题,但除了极少数胜负非常难辨的情形之外,也并非完全无法处理。[34] 许多案件作为竞争或创新政策问题处理时并没有那么困难,例如联合导线管案和微软公司对英特尔多平台芯片的打击。

另一个反垄断法问题则要困难得多,即对限制未成型创新导致的损失进行测度。其困难程度不亚于测度创新带来的效益这一难题。这两种情况下,事先评估特定但未实现的创新项目会有什么可能结果都具有高度的臆测性。但这并不必然意味着反垄断法对此束手无策。我们必须查明哪些行为对创新形成严重威胁。虽然某些情况下查明限制创新行为的工作非常困难,但也不乏一些相对较为容易的情况。最为困难的情形可能是涉及合营企业的案件以及至少某些涉及并购的案件,这时必须权衡它们带来的危险与极有可能带来的重大创新及其他效率。标准制定是一个极易导致错误判断的领域。可靠的标准可能带来巨大的成

---

[34] *See* 7 PHILLIP E. AREEDA & HERBERT HOVENKAMP, ANTITRUST LAW, ch. 15 (3d ed. 2010).

本节约，但标准制定过程也可能被用于排斥新颖的和威胁性的技术。此前讨论的联合导线管案就是一例。另一个例子是联邦最高法院判决的水位案（*Hydrolevel*）。涉案产品是原告的创新性阀门，它能够在锅炉水位下降到危险低位时自动关闭锅炉。美国机械工程师协会下属的一个标准制定委员会因受到欺诈而拒绝批准原告的这种阀门，从而阻止其进入市场。该案中，支配地位企业看到了新产品给其带来的市场威胁，并且有能力操纵标准制定过程。联邦最高法院维持了下级法院作出的认定反垄断法责任的判决。[35]

255 另外，同样存在问题的是，反垄断法必须能够设计有效的救济方案。反垄断法在制裁限制创新行为方面收效不佳的原因之一是，它对私人反垄断诉讼设置了各种各样的严厉限制。如今，美国90%以上的反垄断诉讼都是由私人原告提起的，它们必须满足有关损害和因果关系的严格要求。在如下类型的案件中这些要求削弱了私人执行制度的效力，即原告主张其损害并非源于被告的利润增加，而是源于未成型产品或流程的创新下降。

反垄断法与知识产权法在这方面形成鲜明对比。尽管反垄断法的损害模型远比知识产权法强健，但反垄断法设置了多个更加严格和有针对性的损害赔偿要件。《克莱顿法》第4条要求私人原告必须证明"其遭受的"损害，也即它必须证明自己的处境因为该违法行为遭受的恶化程度。[36] 因此，在涉及被告协议压制高成本的创新研发活动时，反垄断法损害赔偿通常并不包含要求被告缴出从中不正当获得的成本节约。相反，《版权法》和《专利法》均允许原告根据被告的获益而非权利人的损失计算损害赔偿。《版权法》允许原告求偿"源于侵权行为的侵权人的任何获益"，只要该等获益与基于版权人实际损失的赔偿不构成重复。[37]《专利法》规定了多种计算损害赔偿的方法，并且总体上规定这些赔偿"无论如何不得少于侵权人因使用该发明应当支付的合理许可费"。合理许可费通常根据侵权产品或方法给被告产品或其销售带来

---

[35] Am. Soc'y of Mech. Eng'rs v. Hydrolevel Corp. ,456 U. S. 556(1982).

[36] 15 U. S. C. §15.

[37] 17 U. S. C. §504.

的价值计算。[38]

正如前文指出,限制创新行为造成的社会损害与被告从中得到的利益严重失衡。例如,一项协议限制开发车用抗污染设备。它造成的创新损失广泛分散于社会之中,无法加以测度,但汽车制造商的获益仅为研发成本的减少。正如第三章指出,根据最优的反垄断法规则,计算损害赔偿的依据是受限制产品的价格上涨外加产出减少导致的垄断性净损失(monopoly deadweight loss)。[39] 唯有对"净损失"的概念作扩大解释,使其外延远远超过当前的理解,根据最优规则计算出来的数字才能够涵盖未成型技术的价值。另外,若要以此方式测度限制创新行为造成的私人损害需要首先修订《克莱顿法》第 4 条,因为现行规定要求根据原告遭受的损失计算损害赔偿。我们需要面对的一项重要原则是,虽然我们以某一行为造成的社会成本为由谴责它,但实际诉讼中的私人原告通常 256
仅承担了这些成本的一小部分。

政府应该在这一领域更加积极地执法。私人请求损害赔偿救济时必须证明因果关系和实际损害,请求禁令救济时必须证明损害威胁,但美国司法部和联邦贸易委员会执法时只需要证明被告违反了反垄断法。[40] 微软案就是一个很好的例证。一个上诉法院在政府起诉中谴责了微软公司对英特尔施压、限制创新的行为,另一个法院则驳回了基于同种行为的私人诉讼。私人起诉的主要动机是希望取得三倍损害赔偿,反垄断法对此发展了极其严苛的量化损害及损害赔偿的规则。这表明,负有反垄断执法职责的政府机构应该对限制创新行为给予特殊的关注。

另外,知识产权政策本身也能够并且也应该处理限制创新行为。专利"滥用"或版权"滥用"法则有时可用于制裁知识产权人限制竞争对手进行创新。然而,滥用法则存在局限,它只能适用于知识产权人,并且通常只能在侵权之诉中作为抗辩事由提起。例如,在联合导线管案和微软案中,系争限制行为的主体均不是以知识产权人身份行事的企业,而是

---

[38] 35 U. S. C. § 284.

[39] *See* HERBERT HOVENKAMP, FEDERAL ANTITRUST POLICY, THE LAW OF COMPETITION AND ITS PRACTICE § 17. 2b(4th ed. 2011).

[40] 2 & 2A PHILLIP E. AREEDA & HERBERT HOVENKAMP, ANTITRUST LAW ¶¶ 303, 326(3d ed. 2007).

对其他企业拥有重大杠杆力量的市场参与者。它们所要保护的既有技术甚至都没有取得专利保护。例如,无论其钢制导线管是否仍然受专利保护,联合导线管公司都可能一样会从事涉案行为。不管怎样,它利用建筑守则标准限制创新的行为跟它拥有的专利没有任何关系。

但在另外一些情形下,限制创新行为明显涉及专利政策或者版权政策。这时知识产权滥用法则将服务于一种非常不同于反垄断法角色的重要目的。在下章将要讨论的普林科案(Princo)中,联邦巡回区上诉法院所作的判决存在很大问题,因为它没有区分短期市场效果(反垄断法的关注领域)和长期创新效果(专利政策的核心关切)。涉案企业联合拒绝许可一项弃用专利。法院拒绝谴责该行为并正确地指出,测度限制未成型创新造成的损害包含大量的臆测成分。[41] 但是,保护未成型创新恰恰应该是专利法的核心任务。联邦巡回区要求原告"证明存在如下'合理可能性',即如果该弃用专利可供许可,它'本将成长为储存技术市场上的一只竞争力量'"。[42] 虽然这构成对反垄断损害赔偿诉讼的适
257 当限制,但它却把知识产权政策对保持所有创新形式(尤其是无法立即预见到的创新)的关切完全淹没在了反垄断法对可预见性的关切之下。

重要的是,知识产权滥用案件中质疑者的目的并不是要获得损害赔偿,而仅仅是要获得一项禁止强制执行限制措施的禁令,但专利权人有权通过证明该限制措施服务于一种重要和正当的目的正当化该措施。这种情况下,测度难题并不会影响法院的如下能力,即评估任何正当和可证明的正当理由并将其与潜在的创新损害进行权衡。

---

[41] Princo Corp. v. Int'l Trade Com'n. ,616 F. 3d 1318(Fed. Cir. 2010), *cert. denied*,131 S. Ct. 2480(2011).

[42] *Id*. at 1338.

第十章　知识产权滥用

一、一个还在寻找理论根据的法官创制的法则

上一章研究表明，限制创新行为可能比限制竞争行为造成的公共损害更大。然而，反垄断法处理限制创新行为的能力有限，因为创新路径往往无法预测，至少在创新前景呈现于未来的情况下是这样。知识产权滥用法则提供了另一条打击限制创新行为的路径。滥用法则还能够救济某些反竞争行为，只要该等行为涉及受专利权或版权保护的产品，例如专利搭售。事实上，谴责搭售安排的早期联邦最高法院判决反映的正是知识产权政策对于过度宽泛问题的关切，而非反垄断法对于产出和价格的关切。 258

不幸的是，知识产权滥用法则正深陷一场身份危机。目前它在知识产权政策上缺乏任何具有融贯性的根据。尽管法院通常认为滥用法则关涉通过知识产权许可和其他安排取得专利或版权“范围之外的”权利，但该法则缺乏一套用于判断哪些行为应受谴责以及根据什么理由谴责的统一准则。也许正因如此，有关滥用的判例法大多以反垄断法作为判断滥用的

标准。虽然这样做能够带来融贯性,但并不是非常忠实于促进创新和保
259 护接触公有领域这两项知识产权法的核心价值。这一发展的结果是造就了一个游移于知识产权法与反垄断法之间的精神分裂的法则。①

知识产权滥用法则起源于专利法。这些案例涉及专利搭售。专利搭售是卖方设置的这样一种要求:除非买方同时接受非专利产品或服务,否则其不能购买或租赁专利产品。② 有几个法院判决该等搭售试图将法定垄断扩张到不受专利权利要求覆盖的第二个产品,从而违反了联邦专利政策。此后滥用法则被扩张适用于其他行为,并进入版权法领域。它被适用于相关专利产品或版权产品的"一揽子"许可,限制被许可人开发相关技术的行为,③以及要求在专利或版权保护期届满以后继续支付许可费的协议。④

法院一开始就指出,滥用法则的目的是要矫正试图扩张知识产权人法定"垄断"的行为。虽然早期的某些此类案例从反垄断法上为这一关切寻找支持,⑤但它们作出判决的主要依据却是联邦知识产权政策。然

---

① 对于知识产权滥用的反垄断法进路和知识产权法进路划分的一般性介绍,*see* 1 HERBERT HOVENKAMP ET AL., IP AND ANTITRUST: AN ANALYSIS OF ANTITRUST PRINCIPLES APPLIED TO INTELLECTUAL PROPERTY LAW ch. 3(2d ed. 2010), and Thomas F. Cotter, Misuse, 44 HOUS. L. REV. 901(2007)。关于不应该将专利滥用局限于垄断违法行为的主张,*see* Robin C. Feldman, The Insufficiency of Antitrust Analysis for Patent Misuse, 55 HASTINGS L. J. 399(2003), and Robert J. Hoerner, The Decline(and Fall?) of the Patent Misuse Doctrine in the Federal Circuit, 69 ANTITRUST L. J. 669(2001)。关于版权滥用不应该完全按照反垄断法进行界定的主张,*see* Brett Frischmann & Dan Moylan, The Evolving Common Law Doctrine of Copyright Misuse: A Unified Theory and Its Application to Software, 15 BERKELEY TECH. L. J. 865(2000).

② *E. g.*, Morton Salt Co. v. G. S. Suppiger Co., 314 U. S. 488(1942)(首次阐述了现代知识产权滥用法则,并将它适用于一个将专利注盐机器与非专利食盐进行搭售的行为); Leitch Mfg. Co. v. Barber Co., 302 U. S. 458, 461 – 63(1938)(知识产权滥用法则出现之前的案例,涉案行为是将一种受专利保护的在道路上铺设柏油乳化剂的方法与不受专利保护的柏油相结搭); Carbice Corp. v. Am. Patents Dev. Corp., 283 U. S. 27(1931)(同上,将受专利保护的冷藏柜与干冰相结搭); Motion Picture Patents Co. v. Universal Film Mfg. Co.(MPPC), 243 U. S. 502(1917).

③ *E. g.*, Princo Corp. v. Int'l Trade Comm'n, 616 F. 3d 1318(Fed. Cir. 2010), *cert. denied*, ___ S. Ct. __(2011); Lasercomb Am., Inc. v. Reynolds, 911 F. 2d 970, 973, 979(4th Cir. 1990)(计算机辅助设计(CAD)许可人限制被许可人开发任何计算机辅助设计程序,法院认定这构成滥用).

④ Brulotte v. Thys Co., 379 U. S. 29(1964).

⑤ *See, e. g.*, Motion Picture Patents Co., 243 U. S. at 517(指出《克莱顿法》反搭售条款的相关性); Mercoid Corp. v. Minneapolis-Honeywell Regulator Co.(Mercoid II), 320 U. S. 680, 684(1944).

而,随着时间的推移法院开始按照反垄断法的标准审理许多指控知识产权滥用的案件,主要是因为反垄断法提供了可供法官评判复杂竞争效果的设计精良的规则。

知识产权滥用的惩罚制度具有特殊的性质和严苛性。有鉴于此,该法则缺乏融贯性构成一个非常严重的问题。滥用不是积极诉因,而是通常在专利或版权侵权之诉中提出的抗辩事由。⑥ 因此,这一法则的主要 260
受益人是受控侵权人,包括主张知识产权人针对他人滥用知识产权的侵权人,即使他们自身没有因为滥用行为受到任何损害。⑦ 另外,认定滥用会给专利或版权人带来极其严重的后果。一旦认定滥用,专利或版权即不再具有强制执行性,直至滥用得到"清洗"。⑧ 因此,我们需要回答一个严肃的问题,即救济滥用行为所带来的利益是否超过禁止强制执行专利所造成的成本。为此,有人认为知识产权滥用主张应该"安全、合法并且稀少"。⑨

专利滥用法则的主要问题是它选错了打击对象。滥用法则起源于对竞争性技术遭受排斥的正确关切,但它很快就放弃了这种理据,开始专注于对"传导效应"的夸大恐惧,或者某些行为可能扩张知识产权垄断的范围这类表述不清的关切。在这种语境下,传导效应(leverage)是指知识产权人试图超越应得范围获得更大的回报。目前许多案例用以知识产权滥用的判断标准基本上属于反垄断法的标准,强调以主产品(通常受专利保护)具有市场势力作为关键要素。反垄断法的规制进路没有对如下事实给予应有的重视,即滥用法则的根基存在于知识产权政策而非反垄断政策,并且知识产权政策对于限制权利过度扩张拥有自身

---

⑥ 一个不经常使用的例外是针对违反许可协议的行为提起的违约之诉:如果被违反的许可之中发生滥用,法院也会承认衡平法性质的专利滥用抗辩。经典案例是布鲁洛特案(Brulotte)。这是一个根据州法提起的违约之诉,一路上诉到联邦最高法院。涉案合同规定被许可人应该在专利到期后继续支付许可费;被许可人停止支付合同规定的许可费,于是许可人提起违约之诉。*See* Thys Co. v. Brulotte, 382 P. 2d 271 (Wash. 1963).

⑦ *E. g.*, Morton Salt, 314 U. S. at 494.

⑧ B. B. Chem. Co. v. Ellis, 314 U. S. at 498(滥用被清洗之后,专利权人可以恢复强制执行专利); *see also* U. S. Gypsum v. Nat'l Gypsum Co., 352 U. S. 457 (1957)(类似判决); Practice Mgmt. Info. Corp. v. Am. Med. Ass'n, 121 F. 3d 516, 520 n. 9 (9th Cir. 1997)("版权滥用并不会导致版权无效,但会在滥用存在期间阻止其强制执行").

⑨ *See* Cotter, *supra* note 1, at 903.

的一套理由。即便是反垄断法自己使用的规制知识产权滥用的理据（即阻止反竞争行为）也存在界定方面的问题，即过度强调受专利或版权保护的产品或技术具有市场势力，而过少关注竞争性产品或技术受到的封锁效应。尽管市场势力和封锁效应是两个相关的要素，但其外延并不完全相同。

处理知识产权滥用的另一种进路把它视为一种超越法定界限扩张知识产权的行为。这一进路的主要缺陷是一项知识产权的“边界”是不可能加以确定的。任何许可协议都包含未明确记载在专利或版权授权之中的条款，但“超越范围”测试并不能提供一种确定哪些行为超越知识产权授权范围的有效方法。

最为重要的是，这两种进路都不考察知识产权法真正应该关注的问题，即涉案滥用行为是否违反了鼓励创新、促进创新竞争或者保护接近
261 公有领域这几项知识产权政策。尽管滥用抗辩应继续适用于违反反垄断法的行为，但它同时也应该适用于即便不违反反垄断法但削弱这些知识产权政策的行为。虽然知识产权法也关注反竞争的限制行为，但其关切对象应该更加广泛。如果我们真的把滥用法则作为一项落实知识产权政策的工具，而不仅仅是挂着另一个名字的反垄断执法，它应该专注于**封锁效应**。易言之，如果知识产权人从事的行为不合理地封锁竞争、封锁未来创新或者封锁接近公有领域，就应该认定它构成知识产权滥用。

二、滥用法则的源头

知识产权滥用的概念起源于 20 世纪初期的一系列案件。如果专利权人利用其专利要求被许可人购买其非专利产品，联邦最高法院就会拒绝强制执行专利权人提起的专利侵权之诉。在电影专利案（*MPPC*）中，专利权人（原告）在其受专利保护的电影放映机上张贴了一项通知，要求操作人员只能在放映机中使用专利权人自己生产的不受专利保护的电影。被告违反了该通知的规定，专利权人对其提起侵权之诉。因此，MPPC 案是一个搭售案件：一家企业以用户购买一种产品（非专利电影）

作为向其销售或出租另一种产品(专利放映机)的条件。与后来法院受理的涉及搭售普通大宗商品的知识产权滥用案件不同,MPPC 案涉及的是专利权人真正试图控制整个电影产业的行为(但最终以失败告终)。⑩

联邦最高法院拒绝强制执行这项限制。联邦最高法院判决首次销售(或专利用尽)法则阻止强制执行该通知,因为它构成对专利产品使用行为的售后限制。⑪ 联邦最高法院拒绝接受霍姆斯大法官在异议意见中表达的如下观点,即既然专利权人可以完全拒绝许可专利,它也可以按照其提出的任何条件许可专利,违反这些条件的行为构成专利侵权。⑫

严格来说,MPPC 案并没有创设我们今天所知的知识产权滥用法则。首先,它只是一个首次销售法则案件。其次,它也没有提出针对知识产权滥用的非常有争议的救济方式,即在清除滥用行为之前专利不具有强制执行性,即便侵权之诉的被告本身并没有受到该滥用行为的损害。然而,MPPC 案确实提供了一项裁判滥用案件的标准: 262

这样的限制无效,因为此种电影明显不属于涉案专利发明的任何一部分;因为它是在没有任何法律依据的情况下,试图在专利到期之后继续对这种具体类型的电影维持专利垄断;并且因为强制执行它将会完全超出涉案专利以及依本院解释的专利法的范围,创造一种电影生产和使用方面的垄断。

……

电影产业必须被视为我国娱乐生活中的一个重要元素。根据我们在本判决意见中得出的结论,针对这一产业向原告赋予具有如此潜

---

⑩ MPPC, 243 U. S. at 505 – 07. 关于所谓"爱迪生托拉斯"试图垄断电影产业的历史叙述, *see* MICHAEL CONANT, ANTITRUST IN THE MOTION PICTURE INDUSTRY 16 – 21, 77 – 80 (1960); BENJAMIN B. HAMPTON, A HISTORY OF THE MOVIES 8 – 11, 17 – 24, 34 – 35, 64 – 76, 79 – 81 (1931); MAE D. HUETTIG, ECONOMIC CONTROL OF THE MOTION PICTURE INDUSTRY: A STUDY IN INDUSTRIAL ORGANIZATION 9 – 12 (1944); LEWIS JACOBS, THE RISE OF THE AMERICAN FILM 8, 81 – 85, 88, 164 – 65, 291 – 92 (1939), and BARAK Y. ORBACH, REEL LAW: A LEGAL HISTORY OF THE AMERICAN MOTION PICTURE INDUSTRY (forthcoming 2011).

⑪ 参见第十三章。

⑫ MPPC, 243 U. S. at 520(霍姆斯大法官异议意见).

在邪恶力量的限制性规定明显无效,因为它完全超出了我国专利法的范围和目的,并且因为,如果得到强制执行,它必将严重损害这种公共利益,而我们已经认定法律更青睐这种公共利益而非促进私人财富。[13]

因此,联邦最高法院实质上对滥用提出了两项要求。第一,专利权人试图控制不属于法定授权范围的客体。如果专利权人仅仅试图强制执行专利授权四至之内的权利,即便强制执行会在次要市场上赋予专利权人垄断地位或者带来其他后果也无关紧要。《专利法》赋予专利权人控制专利本身的权利,即便控制专利产品会形成垄断,但并没有赋予它超越专利范围控制其他利益的权利。

第二,允许或强制执行专利权人设置的限制性行为,将就某种次要产品或者将就专利权之外的某种物品形成垄断,这是违反公共利益的。然而,联邦最高法院并没有把对垄断的关切立基于反垄断法或反垄断政策。相反,它根据联邦专利法背后的公共利益禁止专利权人控制并非明显落入专利授权范围之内的额外产品。因此,联邦最高法院承认了一项在非专利产品市场上鼓励竞争和创新的专利法政策。

MPPC 案之后联邦最高法院又受理了几起涉及专利权人将专利发明的销售与非专利产品进行结搭的案件,并认定该等行为构成专利滥用。在卡尔拜斯案(*Carbice*)中,干冰公司(Dry Ice Corporation)是涉案产品的专属被许可人(因此是专利权人)。涉案产品是一种用作运输冷冻产品的专利容器。该容器是"一种由绝缘材料构成的保护套,
263 内部装有一定数量的冷冻二氧化碳"。干冰公司将容器与固态二氧化碳("干冰")一起销售给客户,供其用于运输冰激凌及其他食品。干冰本身不具可专利性,因为"这种物质及其作为冷冻剂的属性已经久为人知"。事实上,干冰存在于大自然之中,无论如何都很可能不具可专利性,尽管干冰公司是第一家对该产品取得商标并赋予它这一名字的企业。[14] 销售干冰的每一张发票都记载一项通知,规定干冰公司的

⑬ *Id*. at 518 – 19.

⑭ Carbice Corp. v. Am. Patents Dev. Corp., 283 U. S. 27, 27 – 30(1931). *See* Duane H. D. Roller, Thilorier and the First Solidifiation of a "Permanent" Gas, 43 ISIS 109(1952).

干冰只能用于得到其批准的容器,并且干冰公司容器也只能用于储装其销售的干冰。

卡尔拜斯公司是一家制造干冰的竞争对手。它向干冰公司的客户销售自己的产品,并且在销售时也知道客户只能将干冰公司的容器用于储装其产品这一条件。干冰公司起诉卡尔拜斯公司的行为构成帮助专利侵权。[15] 联邦最高法院判决 MPPC 案不允许专利权人"'不是从法律赋予其垄断地位的发明中取得利润,而是从与其一起使用的'并且'完全处于专利垄断范围之外的''非专利消耗品中获得利润'"。

正如 MPPC 案一样,联邦最高法院并没有在卡尔拜斯案中阐述一个真正的"专利滥用"法则。不过,它确实谴责了一个专利权人出于反竞争目的试图扩张专利范围的行为,判决干冰公司"无权在销售固态二氧化碳方面免于竞争"。联邦最高法院拒绝向干冰公司提供救济,因为它"未经法律许可,试图利用专利就该发明实施过程中使用的非专利材料取得有限垄断"。另外,这种行为"类似于以专利为工具实施受《谢尔曼反垄断法》谴责的限制商业行为"。[16]

此后,联邦最高法院继续谴责专利产品搭售普通大宗商品的行为。利奇案(*Leitch*)中,双方当事人是生产沥青乳化剂的竞争对手。联邦最高法院将这种产品描述为"一种不受专利保护的普通商品,被用户广泛应用于多种目的,美国有很多生产企业"。[17] 长期以来,这种乳化剂一直被用作建设柏油石子路过程中黏合碎石子的涂层。[18] 巴布尔公司(Barber)就某种在建设水泥路时使用乳化剂的方法取得一项方法专利。巴布尔公司的盈利模式并非直接许可这项专利方法,而是向铺路者销售乳化剂。铺路者据此取得一项默示许可,即它们可以在实施该方法的过程中使用乳化剂。利奇公司向使用该专利方法的铺路者销售乳化剂,于 264

---

⑮ "帮助"专利侵权(contributory patent infringemnt)是指第三方导致或促使他人从事专利侵权的行为。*See* 35 U. S. C. § 271(c).

⑯ Carbice, 283 U. S. at 31 – 34 n. 4(quoting MPPC).

⑰ Leitch Manuf. Co. v. Barber Co., 302 U. S. 458, 460 – 63(1938).

⑱ 柏油石子路是一种用碎石子铺成的道路,这些碎石子通过沥青等粘合材料结合在一起。*See* ROY BEVEREUX, JOHN LOUDON MCADAM: CHAPTERS IN THE HISTORY OF HIGHWAYS(1936).

是巴布尔对其提起帮助专利侵权之诉。联邦最高法院认为，巴布尔“的经营方式实质上等同于授予包含如下条件的书面许可，即实施专利方法过程中只能使用从它那里购买的乳化剂”。联邦最高法院驳回了巴布尔公司的帮助侵权之诉，指出根据卡尔拜斯案，“任何以专利为手段就非专利材料取得有限垄断的行为均受禁止”。

滥用法则的现代表述起源于莫顿盐业公司案（*Morton Salt*）。该案中，萨匹格公司（Suppiger）就某种在食品装罐过程中计量和添加食盐的机器拥有几项专利。萨匹格公司将机器租赁给食品装罐企业，但是以它们只能在这些机器中使用该公司的盐片为条件。事实上，销售盐片是萨匹格公司的主要业务。萨匹格起诉莫顿盐业公司，指控它生产的一种竞争性投放食盐的机器侵犯了自己的专利权。联邦最高法院驳回了萨匹格公司的侵权之诉，判决其搭售行为构成“使用专利垄断来限制如下市场上的营销竞争，即与专利机器共同使用的非专利产品——盐片，从而协助在不属于专利授权范围之内的盐片市场上形成有限垄断”。[19]

以上案件中联邦最高法院均表达了一项植根于专利法的关切，即反对专利权人利用专利排除非专利产品市场上的竞争。然而，MPPC案与后续案件之间存在一项重大区别，其重要意义完全遭到了忽视。电影专利公司（MPPC）在电影放映机市场拥有垄断地位，而且电影无法离开放映机单独使用，因此将放映机和电影相结搭将禁止专利权人以外的任何人通过专利权人的放映机放映自己的影片，从而威胁垄断电影市场。换句话说，电影专利公司威胁封锁电影市场上的竞争。相反，其他几个案件中的被搭售品都是由多家竞争性企业生产的、可用于不同目的的普通大宗商品，因此，这种搭售封锁竞争的可能性非常小。

莫顿盐业公司案还在另外一个重要方面偏离了先例。在之前的判决中，专利权人因竞争对手向其被许可人出售非专利产品而提起帮助侵权之诉，联邦最高法院拒绝对该等专利权人伸出援手。莫顿盐业公司案进一步判决，如果专利权人将专利发明与非专利产品相结搭，

---

⑲ Morton Salt Co. v. G. S. Suppiger Co. ,314 U. S. 488,489 - 91(1942).

他也不能对直接侵犯专利发明的行为提起诉讼。因此，如果专利权人从事被禁止的搭售行为，该案判决将阻止它强制执行任何基本的专利权利。从而，该案发展了一项极其严苛的救济方式，即如果专利权人的许可协议构成“滥用”，它将丧失针对任何人强制执行该专利的权利。

专利滥用现在通常是在专利侵权之诉中作为抗辩事由提出的。如果法院认定专利权人滥用专利，该专利将无法得到强制执行，除非专利权人能够证明专利滥用已得到清洗，或者它“已放弃了不当行为并且消除了滥用专利的后果”。[20] 265

莫顿盐业公司案对采用强势专利滥用法则阐述了一项衡平法上的理据。虽然强制执行自己的法定专利权通常没什么问题，但联邦最高法院指出，出现专利滥用时衡平法将阻止法院向专利权人颁发其请求的救济。联邦最高法院解释道：

如果专利被用于限制专利权人在销售某种非专利产品方面面临的竞争，并且针对与其在该等产品销售方面不存在竞争关系者亦能够提起侵权之诉并取得胜诉，这将有力地协助推进针对该非专利产品的垄断企图，阻挫专利授权背后蕴含的公共政策。维持和扩大针对非专利产品的垄断企图一定程度上取决于让公众相信专利有效，而侵权之诉的目的就是要证明这种有效性。衡平法可以拒绝受理这样的侵权之诉，以此正当地拒绝协助该等专利使用行为。[21]

三、知识产权滥用的现代范围

法院在早期案例的基础上发展了两种处理知识产权滥用的进路。第一种进路采纳反垄断法的原则，其理论根据是滥用的关注对象是反竞争行为。第二种进路将滥用界定为试图就知识产权“范围以外的”某种商品取得市场势力或优势。

---

[20] *Id.* at 493; *accord* B. B. Chem. Co. v. Ellis, 314 U. S. 495 (1942).

[21] Morton Salt, 314 U. S. at 493.

(一)以实体反垄断原则界定知识产权滥用

可以说过去几十年间的主流观点认为，只有当专利权人的行为——搭售安排、许可限制或者其他行为——违反反垄断法时才构成专利滥用。按照反垄断法模式的滥用法则，被告必须证明以下二者之一：受控行为本身违法，或者专利权人在专利产品所在相关市场上具有市场势力，并且从事了得到反垄断法承认的反竞争行为。

266 美国国会在《1988 年专利滥用改革法》中采纳了这一进路的某些要素。该法规定，除非专利权人对一种专利产品具有市场势力，否则不应该因为对其搭售非专利产品而承担滥用责任：

> (d)任何原本有权获得专利侵权或者帮助侵权救济的专利权人，均不应该因为从事以下行为而被拒绝救济或者被视为负有滥用或非法扩张专利权的责任……(5)以取得另一专利的权利许可或者以购买另一产品为条件，许可一个专利的任何权利或者销售专利产品，除非根据具体情况，专利权人在对其许可或销售设置前提条件的专利或专利产品所在相关市场上具有市场势力。[22]

然而，该法并没有全盘接受反垄断法标准。立法史表明，该法的最初方案曾把专利滥用等同于垄断违法行为。[23] 然而，国会最终仅列举了几项不构成滥用的行为，包括搭售、拒绝许可和合法强制执行有效专利。总之，国会曾明确考察严格按照反垄断法的原则界定专利滥用，但最终拒绝采纳这一立法方案。

判例法在这方面存在分歧。许多这方面的判决都出自联邦巡回区上诉法院，因为专利滥用主要是作为专利侵权之诉的抗辩事由提起的，而该院对专利侵权之诉拥有专属上诉管辖权。但即便这同一个法院作出的不同判决之间也存在不一致。一些判决似乎对专利滥用采用反垄

---

[22] 35 U. S. C. § 271 (d). *See* Richard Calkins, Patent Law: The Impact of the 1988 Patent Misuse Reform Act and Noerr-Pennington Doctrine on Misuse Defenses and Antitrust Counterclaims, 38 DRAKE L. REV. 175, 197 (1989).

[23] S. REP. NO. 100 – 492, at 17 – 18 (1988). *See* Joel R. Bennett, Patent Misuse: Must an Alleged Infringer Prove an Antitrust Violation?, 17 AIPLA Q. J. 1 (1989); Kenneth J. Burchfiel, Patent Misuse and Antitrust Reform: "Blessed Be the Tie?," 4 HARV. J. L. & TECH. 1, 2 n. 9 (1991); and Jere M. Webb & Lawrence A. Locke, Recent Development, Intellectual Property Misuse: Developments in the Misuse Doctrine, 4 HARV. J. L. & TECH. 257, 264 – 65 (1991).

断法标准。[24] 另一些判决则表明“专利滥用……是比垄断违法行为更宽泛的不法行为类型”，并解释说，“专利滥用法则的政策是‘阻止专利权人超越法定专利权所生利益之范围利用专利获取更多的市场利益’”。[25] 因此，构成滥用的前提是行为人必须“过度扩大了专利授权的范围，并 267
造成反竞争效果”。[26]

相对于专利滥用案件，法院似乎更愿意在版权滥用案件中偏离反垄断法规则。例如，波斯纳法官曾在早期专利滥用案件中判决，应该适用反垄断法标准，因为滥用法则的关切对象是限制竞争行为，而只有反垄断法能够提供一套拥有丰富竞争法规则的法律体系。[27] 然而，稍近的时候他曾表示版权滥用的适用范围要超过反垄断法。[28] 其他上诉法院也同意，要证明版权滥用抗辩成立，版权侵权之诉的被告无需证明垄断违法行为。[29]

联邦最高法院在 MPPC 案中以附带意见暗示，该判决得到了反垄断法的支持。这一附带意见以及联邦最高法院在该案中有关“垄断”

㉔ *E. g.* , Windsurfing Int'l, Inc. v. AMF, Inc. , 782 F. 2d 995, 1001 – 02, 1003 n. 12 (Fed. Cir. 1986) (“事实认定必须揭示出该许可的总体效果倾向于非法限制了一个适当界定的相关市场上的竞争”); *see also* Mallinckrodt, Inc. v. Medipart, Inc. , 976 F. 2d 700, 703 – 04, 708 (Fed. Cir. 1992) (暗示专利滥用基本上遵循反垄断法的思路，尽管也可能偶尔具有更宽泛的适用范围).

㉕ Monsanto Co. v. Scruggs, 459 F. 3d 1328, 1339 (Fed. Cir. 2006) [quoting C. R. Bard, Inc. v. M3 Sys. , Inc. , 157 F. 3d 1340, 1372 (Fed. Cir. 1998)]. *See also* Hewlett-Packard Co. v. Bausch & Lomb Inc. , 882 F. 2d 1556, 1563 (Fed. Cir. 1989) (区分滥用和垄断违法行为); Senza-Gel Corp. v. Seiffhart, 803 F. 2d 661, 669 – 71 (Fed. Cir. 1986) (专利权人将它的肉类剔骨方法与它的剔骨机器搭售，法院认定构成滥用但不构成垄断违法行为，因为该方法和机器不构成反垄断上反搭售法要求的两种“独立的产品”).

㉖ Scruggs, 459 F. 3d 1328; Monsanto Co. v. McFarling, 363 F. 3d at 1336, 1341 (Fed. Cir. 2004) (受专利保护的转基因种子的开发商阻止农户种植第二代种子，不构成滥用).

㉗ *See* USM Corp. v. SPS Techs. , Inc. , 694 F. 2d 505 (7th Cir. 1982).

㉘ Assessment Techs. , LLC v. WIREdata, Inc. , 350 F. 3d 640, 647 (7th Cir. 2003) (在一个版权法案件中将受指控行为描述为类似于滥用行为，尽管并没有证明反垄断法项下的市场势力要件).

㉙ Practice Mgmt. Info. Corp. v. Am. Med. Ass'n, 121 F. 3d 516, 521 (9th Cir. 1997) (“要证明版权滥用抗辩成立，版权侵权之诉的被告并不需要证明垄断违法行为”); Lasercomb Am. , Inc. v. Reynolds, 911 F. 2d 970, 978 – 79 (4th Cir. 1990); *see also* Apple Inc. v. Psystar Corp. , No. C 08 – 03251 WHA, 2009 WL 303046, at *3 – 4 (N. D. Cal. Feb. 6, 2009) (苹果操作系统与苹果电脑相结搭，在诉答阶段足以构成提出了滥用诉讼请求，无需考察该结搭行为是否构成垄断违法行为), *amended by* 93 U. S. P. Q. 2d (BNA) 1272, 1272 (N. D. Cal. Dec. 15, 2009) (认定不构成滥用).

的讨论，对于以反垄断法作为判断反竞争滥用行为的标准提供了表面上的支持。然而，该案判决清晰地表明，它谴责知识产权结搭的根据深深植根于知识产权政策。如果电影专利公司成功地利用自己拥有的放映机专利要求影院只能使用它的影片，其他潜在制片人将丧失制作新影片的激励。其结果将导致一个贫弱的电影市场，消费者能够选择的影片将远远少于本来可能出现的情况。这不仅仅是一个竞争问题，也是一个创新问题。

（二）以反垄断法定义知识产权滥用是错误的做法

严格的反垄断法模式导致滥用法则至少存在三个方面的错误。第
268 一，根据反垄断法模式认定一项排斥竞争行为为知识产权滥用时，原告必须证明行为人在专利或版权产品上具有市场势力。然而，20 世纪 40 年代起联邦最高法院判决搭售案件中可以从专利或版权的存在推定市场势力，这导致在搭售或类似案件中证明滥用变得非常简单。[30] 联邦最高法院在 2006 年的伊利诺伊工具公司案（*Illinois Tool Works*）中推翻先例纠正了这一错误。[31]

第二，滥用法则和反垄断法上均出现了以“传导效应”理论谴责搭售普通商品的错误做法。MPPC 案涉及的是真正的封锁竞争性制片人的行为。但此后联邦最高法院日益开始谴责搭售普通大宗商品或其他高度竞争性产品的行为，这些情况下根本不可能发生排斥竞争对手的效果。这些案件采用的共同理论是，搭售行为违法，因为它把专利权人的垄断利润从搭售品市场“传导到”或扩张到被搭售品市场。

在长达几十年的时间里，搭售的传导效应理论一直主导着有关专利搭售安排的法律规则，把考察重心从被搭售品市场上的排斥效应转向了专利产品的市场势力。例如，虽然布兰代斯大法官认为卡尔拜斯案和 MPPC 案不存在区别，但事实上 MPPC 案涉及一个真正的专利垄断者谋划在影片市场上制造第二个垄断的明显企图。相反，卡尔拜斯案中的搭

---

[30] United States v. Loew's Inc.，371 U. S. 38（1962）（在质疑“成批订购”电影的案件中，采纳了推定版权产品具有市场势力的做法）；Int'l Salt Co. v. United States，332 U. S. 392（1947）（采纳了推定受专利保护的搭售品具有市场势力的做法）.

[31] 547 U. S. 28（2006）.

售安排根本不可能封锁被搭售品市场上的竞争：虽然冷藏容器受专利保护，但没有证据表明它具有市场势力。另外，由于被搭售品干冰是一种普通非专利大宗商品，拥有众多与专利容器无关的用途，该行为不可能对被搭售品市场造成封锁效应。因此它几乎不可能造成竞争损害或者创新损害。

联邦最高法院随后作出的判决，例如莫顿盐业公司案和利奇案，运用同样的思路评估滥用行为：首先认定（或想象）被告在搭售品市场上具有垄断地位，然后认定它以某种形式不适当地将这种垄断传导到被搭售品市场。有几个判决甚至指出涉案被搭售品具有高度竞争的性质。例如，利奇案中的产品被刻画为“一种不受专利保护的普通商品，被用户广泛应用于多种目的，……有很多生产企业”。然而法院却判决专利权人的产品—方法结搭构成我们现在称为滥用的那种不适当的反竞争行为。㉜

尽管仍然不断有学者主张在有限范围内适用传导效应理论，㉝但反垄断学术界已经基本上否弃了它。㉞《专利法》授权专利权人排除他人制造、使用或销售其专利产品，并授权它收取市场能够接受的任何价格。买方的支付意愿取决于它赋予产品组合的整体价值，同时需要搭售品和被搭售品的买方并不关心卖方如何在两种产品之间分配价格。其结果是，搭售并不能使得专利权人能够对被搭售品收取第二个垄断价格，以此挣取额外的垄断利润。 269

例如，假设买方赋予打印机和墨盒组合的价值是 100 美元。对打

㉜ Leitch Mfg. Co. v. Barber Co. ,302 U. S. 458,460 – 63(1938)(着重号为笔者所加).

㉝ *See*, *e. g.* , Einer Elhauge, Tying, Bundled Discounts, and the Death of the Single Monopoly Profit Theory, 123 HARV. L. REV. 397(2009); Robin Cooper Feldman, Essay, Defensive Leveraging in Antitrust, 87 GEO. L. J. 2079, 2093 – 94(1999)(主张防御性传导效应理论。该理论认为垄断者可能通过传导行为维持或延长其垄断地位).

㉞ *See* Herbert Hovenkamp, Federal Antitrust Policy: The Law of Competition and its Practice § 10.6(4th ed. 2011). 对于该理论的最早批评来自 1957 年沃尔德·鲍曼(Ward Bowman)的文章。此后，曾有无数作者批评过该理论。*See* Ward S. Bowman, Jr. , Tying Arrangements and the Leverage Problem, 67 *Yale L. J.* 19, 35(1957). Since then, numerous writers have criticized the theory. See, e. g. , Richard S. Markovits, Tie-Ins, Leverage, and the American Antitrust Laws, 80 *Yale L. J.* 195(1970); Richard S. Markovits, Tie-Ins, Reciprocity, and the Leverage Th eory, 76 *Yale L. J.* 1397(1967); Richard A. Posner, Th e Chicago School of Antitrust Analysis, 127 *U. Pa. L. Rev.* 925(1979).

印机单独收取 90 美元的打印机垄断者，并不能通过搭售有利可图地对墨盒收取超过 10 美元的价格，尽管它对打印机拥有市场势力。另外，只要买方能够以 100 美元的价格购买该组合，它并不关心自己对打印机和墨盒分别支付了 100 美元和 0 美元，还是 90 美元和 10 美元，还是其他某种价格分配方法。总之，买方并不能通过将非专利产品与专利产品相结搭就前者获得**额外的**垄断，即便卖方在专利产品市场上拥有市场势力。

通过完全接受反垄断法的实体标准，滥用法则进一步放大了传导效应理论的错误。由于过度担心搭售会导致被告就搭售品榨取双重垄断利润，包括联邦最高法院在内的许多法院都忽视了被搭售品市场上的封锁效应问题。由于法院过度专注于主产品的市场势力，特别是再加之当时推定专利产品具有市场势力（这一做法现在已遭否弃），导致众多不具有反竞争效果的搭售遭到谴责。

并不是说传导效应在反垄断法上根本不是问题。然而，人们对传导效应的担忧被严重夸大了，导致滥用法则几乎完全专注于搭售品的市场势力而忽视了被搭售品的竞争封锁问题。通过制定《1988 年专利滥用改革法》，联邦国会基本上固化了这一错误，规定搭售不构成滥用，除非“专利权人在对其许可或销售设置前提条件的专利或专利产品所在相关市场上具有市场势力”。[35]

270 第三，对于我们当下的目的而言非常重要的一点是，在它以严格的反垄断法模型作为滥用行为判断标准的限度内，当前的滥用法则是错误的。滥用法则是知识产权法的产物，而非反垄断法的产物。滥用法则完全专注于反垄断法的关切而非知识产权法对过度宽泛效应的正当关切，这是毫无道理的。因此，虽然滥用法则可以继续谴责垄断违法行为，但在专利权人虽然不违反反垄断法、却违反知识产权政策的情况下，它也应该得到适用。知识产权政策不仅关注促进竞争，也关注促进创新和接近公有领域。

（三）获取法定授权“范围之外”的权利

不占主导地位的另一种滥用法则进路认为，知识产权人的如下

㉟ 35 U. S. C. §271(d)(2006).

行为违反知识产权政策，即试图超越授权范围扩张其知识产权，[36]或者，在某些案件中，将其扩张到授权过期之后。[37]“超越范围”测试是一种将知识产权滥用法则植根于知识产权政策之中的合理尝试。其总体思路是，知识产权追求鼓励创新和接近公有领域，这要求对知识产权加以限制，以使他人能够使用和借鉴现有的专利发明和版权作品。

按照超越范围测试认定滥用，有时还需要满足一项模糊不清的要件，即过度宽泛对竞争造成了某种不利影响。例如，联邦巡回区曾判决，专利权人“过度扩大专利授权的‘物理或时间范围’，并造成反竞争效果”时，滥用成立。[38] 以这种方式描述滥用法则，至少在某种程度上试图协调滥用的超越范围进路和反垄断法进路。

然而，即便是加上某种“反竞争效果”要件，超越范围测试仍然无法对什么落入专利或版权范围“之内”或“之外”这一难题的解决提供任何指导意见——就连该测试的拥护者也承认这一点。[39] 例如如果知识产权保护期届满后继续支付的许可费与保护期内的知识产权使用行为相关，超越范围测试并不能明确告诉我们，这种要求继续支付许可费的行为是否违法。事实上，绝大多数合同条款都覆盖一定的在技术上超越专利授权范围的行为——否则，合同将成为多余的东西——但肯定不是所 271

---

[36] *See*, *e. g.*, Morton Salt, 314 U. S. at 491 – 92（专利权人施加的一项限制造成“不在授权范围之内的垄断”，构成滥用）；Windsurfing Int'l, 782 F. 2d 1001（Fed. Cir. 1986）（专利权人“过度扩大了专利授权的‘物理或时间范围’，并造成反竞争效果”[quoting Blonder-Tongue Labs., Inc. v. Univ. of Ill. Found., 402 U. S. 313, 343（1971）]；Video Pipeline, Inc. v. Buena Vista Home Entm't, Inc., 275 F. Supp. 2d 543, 557（D. N. J. 2003）（将“版权滥用”界定为版权人试图以反竞争方式将其垄断地位扩张到版权法范围之外”的行为）.

[37] *See* Brulotte v. Thys Co., 379 U. S. 29, 33（1964）（“版权授权权利人利用垄断杠杆收取其通过谈判所能得到的任何许可费，不管有多高。但通过这一杠杆将许可费支付延伸到专利有效期之外，则类似于试图将专利产品的销售或使用与非专利产品的销售或使用相结搭，以此扩大专利垄断。”）

[38] Windsurf ng Int'l, Inc., 782 F. 2d at 1001.

[39] *See*, *e. g.*, ROBIN COOPER FELDMAN, RETHINKING PATENT LAW, ch. 5（forthcoming 2011）（“事实证明，要查明专利法所授权利的边界，困难程度超过联邦最高法院的预计”）；J. H. Reichman & Jonathan A. Franklin, Privately Legislated Intellectual Property Rights: Reconciling Freedom of Contract with Public Good Uses of Information, 147 U. PA. L. REV. 875, 923（1999）（“我们无法轻易区分何为滥用法则的适用，何为对该等权利之授权范围和界限的分析。”）

有该等行为都对竞争政策有害。

超越范围测试还会造成假阴和假阳的错误。例如,将非专利产品与专利产品相结搭的搭售行为似乎明显包含超越专利范围获取权利的企图。但对传导效应理论持批评意见的人士告诉我们,并非所有该等行为都对知识产权政策有害。如果仅从字面上理解,超越范围测试的适用范围极其宽泛,可以禁止将知识产权与大宗商品相结搭的行为,尽管这样做通常会使价格下降和消费者受益,同时又不会以任何方式限制创新。[40] 另一方面,这一测试无法谴责某些对知识产权政策有害的行为,包括某些拒绝交易行为和少数一揽子许可行为。简言之,超越范围测试并没有提供一个有用的机制区分有害的许可限制和无害的(甚至是有益的)许可限制。

四、完善滥用法则的理论根据

滥用法则绝对不能只是对反垄断法的重新表述,其正当的关切对象是削弱知识产权核心政策的行为。早期滥用案例对限制知识产权之上的“垄断”权利表现出强烈的关切,而这种关切植根于知识产权政策。尽管传统上认为规制垄断是反垄断法的领地,但知识产权法对于限制知识产权垄断拥有自己的一套理由。反垄断法通常关注垄断造成的价格和产出效应,而知识产权法关注垄断的主要原因是它对创新和接近公有领域具有潜在影响。由于竞争和创新相互关联,反竞争的行为往往也是反创新的。例如,联邦最高法院之所以对电影专利公司(MPPC)的反竞争行为抱有敌意,似乎并不是因为关切该行为可能在短期内造成价格上涨,而是因为 MPPC 能够排斥其他制片人,进而接管整个电影产业。阻止影院放映竞争对手的影片给新影片的制作和分销造成了极大的障碍或者反向激励,而电影

[40] 参见第二章,以及 Erik Hovenkamp & Herbert Hovenkamp, Tying Arrangements and Antitrust Harm, 52 ARIZ. L. REV. 925(2010).

产业是“我国娱乐生活中的一个重要元素”。[41] 换言之，虽然这一限制行为很可能是反竞争的，但联邦最高法院谴责它的理论根据却是它限制了创新。 272

限制创新行为在稍近的案件中引起了同样的关切。在雷射康案（*Lasercomb*）中，一款计算机辅助设计（CAD）软件的许可人公然禁止被许可人开发任何其他计算机辅助设计软件。[42] 第四巡回区上诉法院认定该行为构成滥用。法院并没有要求首先认定该行为构成垄断违法行为，也没有评估搭售品的市场势力。[43] 法院明确指出它的关切对象并非垄断价格，而是限制创新的企图。

反竞争行为还可能因为切断接近公有领域的渠道而违反知识产权政策。例如，如果一款计算机软件的许可人授权被许可人使用该软件时，要求后者承诺不对它进行反向工程（可以推定这将阻止被许可人开发竞争性软件），许可人此举事实上构成拒绝他人接近其版权表达背后不可受版权保护的思想。[44] 如果反向工程使得创新者能够在不复制版权表达的情况下借鉴前人的作品，在知识产权法项下它通常是合法的。在被许可人原本有权进行自由创新的领域，禁止反向工程的限制措施会限制创新。[45]

---

[41] Motion Picture Patents Co. v. Universal Film Mfg. Co.（MPPC），243 U. S. 502，519（1917）.

[42] Lasercomb Am. v. Reynolds，911 F. 2d 970，973（4th Cir. 1990）（“被许可人同意，在本协议有效期内及其终止后一年内，未经雷射康直接或间接事先书面同意，不得编写、开发、制作或销售，也不得协助他人编写、开发、制作或销售计算机辅助钢条模制作软件。”）

[43] Lasercomb，911 F. 2d at 973，978 – 79（“滥用行为无需构成违反反垄断法的行为即可构成对抗侵权之诉的衡平法抗辩”）. *See also* Alcatel USA，Inc. v. DGI Techs.，Inc.，166 F. 3d 772（5th Cir. 1999）（因为市场势力没有得到证明而拒绝认定垄断违法，但认定构成版权滥用）.

[44] 如果没有该限制，纯粹出于反向工程目的的复制行为是合法的，构成版权法项下的合理使用。*See* Sony Computer Entm't，Inc. v. Connectix Corp.，203 F. 3d 596（9th Cir. 2000）（为反向工程目的复制一套软件的行为构成合理使用）；Sega Enters. Ltd. v. Accolade，Inc.，977 F. 2d 1510，1520 – 28（9th Cir. 1992）（同样的判决）；*see also* Pamela Samuelson & Suzanne Scotchmer，The Law and Economics of Reverse Engineering，111 YALE L. J. 1575，1584 n. 39（2002）. 对限制反向工程的严厉批评，*see* Craig Zieminski，Game Over for Reverse Engineering?：How the DMCA and Contracts Have Affected Innovation，13 J. TECH. L. & POL'Y 289（2008），作者指出，禁止反向工程的版权许可要么受到禁止，要么构成版权滥用。*Cf.* Davidson & Assocs.，Inc. v. Internet Gateway，334 F. Supp. 2d 1164（E. D. Mo. 2004）（禁止反向工程的许可限制不构成版权滥用）.

[45] *See* Lawrence D. Graham & Richard O. Zerbe，Jr.，Economically Efficient Treatment of Computer Software：Reverse Engineering，Protection，and Disclosure，22 RUTGERS COMPUTER & TECH. L. J. 61（1996）（指出，反向工程是得到法律许可的、源自前人创新成果的溢出效应）.

另外，如果唯有通过使用软件才可以对它进行反向工程，而使用行为需要获得许可，那么许可要求将事实上禁止任何人从事反向工程。

知识产权法是创新发动机。这一角色也赋予知识产权法对提升竞
273 争水平拥有独立的利益。竞争状况会影响企业携带新产品和创新产品进入市场的动机和能力。如果知识产权法因授予过度宽泛的权利而阻碍竞争，它将阻挫竞争者借鉴现有思想、作品和发明。如果知识产权法允许知识产权人通过许可或其他私人安排取得过度宽泛的权利，也会造成同样的问题。事实上，鉴于专利法和版权法的现状，过度宽泛是一个需要给予高度关注的问题。目前，知识产权权利范围内含的宽泛度和模糊性已对竞争和创新带来了严重的问题，这些问题因为权利人通过滥用知识产权获取额外的市场竞争优势而放大。

本章以下部分将分析法院在滥用法则项下考察过的几种行为。我们首先考察搭售和类似搭售的安排，它们构成数量最多和最具代表性的一类滥用案件。我们认为，滥用法则错误地将考察重点集中于搭售品的市场势力，而基本上忽视了被搭售品市场上的封锁或排斥效应。我们尝试提出一套更具融惯性的滥用理论，使其植根于源于封锁或排斥效应的知识产权政策损害。根据这种观点，知识产权滥用是指封锁他人从事如下行为的行为（主要是许可行为）：(1)在某个具体市场上参与竞争，(2)生产它们原本合法有权开发的技术（即限制创新行为），或者(3)接近原本正当归属公有领域的信息或技术。

（一）搭售及准搭售诉讼请求

历史上，法院曾经对大多数种类的搭售安排都抱以敌意，只要被告对搭售品或服务具有市场势力。这种专注于搭售品市场势力的做法并不总是有助于实现知识产权政策。搭售是指联合而非单独地销售、出租或许可至少两个独立的产品。早期案件中法院判决搭售构成知识产权滥用。其理论根据是，知识产权人超过专利或版权范围，利用它对一种主导产品拥有的知识产权迫使买方购买另一种产品或服务。为增强说理性，这些案件援引了反垄断法谴责反竞争行为的政策，但其主要判决依据却是反对扩大法定垄断的知识产权政策。

反垄断法谴责满足四项条件的搭售行为：(1)在搭售品（主产品）市场上具有市场势力的经营者；(2)强迫组合或捆绑；(3)不同的产品或服

务；以及(4)该行为影响到被搭售品市场上较大数量的商业活动。[46] 这一严厉的规则并不要求认真考察反竞争效果；反垄断法下的搭售案件通常将考察重点放在市场势力上。《1988 年专利滥用改革法》的搭售滥用 274
规则沿用了当时反垄断法调整搭售的现行规则，所不同的是它要求实际证明而非推定市场势力。[47] 无论这些修正案还是有关滥用的传统案例法都不要求对如下要事作有意义的考察，即搭售是否在被搭售品市场造成了任何真实的竞争影响。

强调搭售品的市场势力强化了搭售的传导效应理论。该理论根据这样一种观念谴责搭售，即在一种商品上具有市场势力的企业通过搭售能够将一种垄断利润传导成两种。然而，正如前文分析指出，传导效应理论的通用版本基于一个简单的经济错误。知识产权法允许知识产权人以其认为合适的任何价格销售或许可产品。因此，在专利产品与非专利产品相搭售的情况下，专利权人可以将组合价格全部分派给专利产品。版权产品和非版权产品相搭售时同样如此。但知识产权人并不能针对被搭售品收取第二个垄断价格，以此挣得更多的垄断利润。

另外，正如第二章阐述的，搭售被用作实现价格歧视的工具时，法院不应该假定搭售有害，因为这时搭售经常会通过提升产出和增加产品可得性使消费者受益。价格歧视型搭售确实会导致高使用量用户支付的价款增加，但它同时也会给市场带来一些低使用量用户。例如，假设一家公司将专利打印机与非专利墨盒搭售，以之作为实施价格歧视的手段，它将向所有用户收取同一个较低的打印机价格，以吸引更多的用户购买。这样做它能够从高使用量用户身上挣得更多利润，因为它们购买了更多墨盒，因而支付了更多价款。[48] 这样的搭售通常会增加产出，而反垄断法谴责增加产出的行为徒劳无功，除非造成竞争损害的迹象极其明显。

---

[46] HOVENKAMP, *supra* note 34, ch. 10. 搭售行为影响到被搭售品市场上较大数量的商业活动这一要件几乎总能得到满足。*See* 9 PHILLIP E. AREEDA & HERBERT HOVENKAMP, ANTITRUST LAW ¶ 1702(3d ed. 2011).

[47] 35 U. S. C. § 271(d)(5)(2006).

[48] 参见第二章, *and see See* David McGowan, Essay, What Tool Works Tells Us About Tailoring Patent Misuse Remedies, 102 NW. U. L. REV. 421, 423 – 24(2008).

(二)搭售的竞争封锁效应

搭售案件中最可能发生的竞争损害是在次要产品或者被搭售品市场上造成竞争封锁。例如,假设我就 A 和 B 拥有专利,它们是相关联的产品或技术,被许可人可能单独使用它们,也可能组合使用。你可能就 B * 拥有专利,它构成 B 的替代技术(并因此通常与之竞争)。有相当数量的潜在被许可人更青睐 A/B * 组合而非 A/B 组合。然而,如果我把 A 和 B 进行搭售,任何买方想要购买我的 A 也必须同时购买我的 B。一旦购买了我的 B,它们支付额外许可费购买你的 B * 的动力将大大下降。其结果是对 B * 技术所在的市场造成竞争封锁,即便某些用户认为 B * 是更优的技术。

275 在这样的案件中,搭售品具有市场势力往往是被搭售品市场上发生封锁效应的必要条件。潜在被许可人通常只有在真正想要或需要购买我的 A 的情况下才会默许购买作为次优选择的 B 技术。事实上,搭售品具有的市场势力有时足以在被搭售品市场造成封锁效应,特别是如果 B/B * 技术除了与 A 一起使用以外只有很小的用途。再以 MPPC 案为例。专利权人试图通过它在放映机市场的市场势力垄断次要市场即电影市场。鉴于它在放映机市场拥有强大的市场势力,电影专利公司(MPPC)的独家交易行为可能在电影市场导致竞争封锁效应,使专利权人有能力取得整个电影市场。造成这种潜在封锁效应的重要因素有两个。第一,由于专利权人在放映机市场具有支配地位,用户被迫排他性地使用专利权人的电影。第二,如果影片不与放映机一起使用将丧失任何用途,因此他人将没有或者只有很小的制作影片的激励。当被搭售品是大宗商品(如干冰或食盐)时,第二项条件未得到满足。

另一个例子是微软反垄断案。微软在视窗电脑操作系统领域具有支配地位,市场份额超过 90% 。通过搭售它的 IE 网页浏览器——先是通过合同,之后通过将 IE 代码直接嵌入视窗程序——微软实际上要求任何人想要在电脑上运行视窗操作系统都必须同时使用 IE 浏览器。这导致竞争对手网景浏览器极度难以维持自己的市场。[49] 这里两项封锁

---

[49] United States v. Microsoft Corp. ,87 F. Supp. 2d 30,51 & n. 6(D. D. C. 2000), *aff'd in part, rev'd in part*,253 F. 3d 34(D. C. Cir. 2001).

要素均得以成立。第一，对大多数用户而言，视窗是唯一现实可行的操作系统选择（从而可以推断微软对搭售品具有市场势力）；第二，如果不与操作系统一起使用，浏览器没有其他可行的用途。因此，该搭售行为封锁了被搭售品市场上的竞争。

虽然主市场上的市场势力往往与次要市场上的市场封锁效应相关，但它并不总是具有决定意义。如果被搭售品是大宗商品，除了与搭售品联合使用还拥有多种其他用途，即便专利权人在搭售品市场上拥有巨大的势力，搭售也不可能封锁任何市场上的竞争。这正是 MPPC 案之后的早期滥用案件所犯的错误。例如在卡尔拜斯案中，尽管专利冰柜在冷冻容器市场上具有市场势力，冰柜与干冰之间的搭售也不可能封锁干冰市场上的竞争，因为干冰具有很多与专利权人的冰柜不相关的替代用途。莫顿盐业公司案中的普通盐片也是这种情况。在该案中，专利权人注盐机器使用的盐片很可能仅占食盐用途的很小一部分。

另一方面，即便非垄断者有时也能封锁创新或者封锁接近公有领 276
域，即便没有封锁竞争。知识产权法上存在足够强大的反对该等封锁效应的政策，即便这些行为不构成垄断违法行为，也应该作为知识产权滥用受到谴责。

（三）搭售的创新封锁效应和接近公有领域封锁效应

搭售能够封锁创新或接近公有领域。这二者即便不构成反垄断政策的关切对象，也应构成知识产权政策的关切对象。例如，微软公司的视窗—IE 搭售不仅削弱经济竞争，还通过耗尽竞争性浏览器（如网景）的市场机会限制网页浏览技术的未来创新。微软公司运用当时的现行技术把视窗和 IE 程序捆绑成单一的软件包，致使网景几乎不可能进入电脑桌面市场以及获得互联网服务提供商（ISP）的支持软件。另外，微软的目的并不止于将网景排除出浏览器市场，而且要阻止它开发一个将会与微软视窗平台相竞争的新平台。[50] 此后几年间一些替代性浏览器取得巨大成功，这恰好表明了浏览器竞争曾经受到何等程度的压制。[51]

---

[50] Microsoft, 87 F. Supp. 2d at 65, 67.

[51] 参见第十一章。

在其他一些类似搭售的案件中，知识产权人利用专利或版权阻止人们接近公有领域的材料，以此实施专利或版权滥用。例如在评定技术公司诉连线数据公司案（*Assessment Technologies v. WIREdata, Inc.*）中，版权人利用它对数据库拥有的版权“没收”存储其中的公有领域数据。法院判决该行为构成版权滥用。连线数据公司（WIREdata）向市政税收评定局提出获得不动产税收评定数据的申请。这些数据由税收评定局收集，存储在评定技术公司（AT）受版权保护的数据库中。评定技术公司起诉连线数据公司的行为构成帮助版权侵权。评定技术公司主张，要取得数据就需要复制受版权保护的数据库软件。通过针对下述任何人员提起版权侵权之诉，评定技术公司实质上将公有领域的数据与其软件相“结搭”：他们仅仅为了接触数据库中收录的不可受版权保护的事实性数据而需要接近数据库。[52] 在随后的另一个判决中，法院判决这类案件中判决原告向被告支付律师费是一项合理的制裁，因为如果没有“获判律师费的预期，[被告]将承受被迫投降的压力”。[53]

波斯纳法官在连线数据案（WIREData）中依赖的理论根据是滥用的
277 封锁效应理论。该案中并不存在垄断违法行为，因为没有证明“评定技术公司仅仅因为就一个系统拥有版权就具有市场势力，该系统收录了为评估房地产税收目的而汇编的估值数据”。事实上，波斯纳法官指出其他案件已经“将滥用从反垄断法中解脱出来”。本案中，公有领域的税收评定数据无法以其他任何渠道获得，因为市政税收评定官员把数据直接录入了这一受版权保护的数据库。因此，评定技术公司利用它拥有的数据库版权阻止接近不受版权保护的数据，这样做具有违反版权政策封锁（或者用波斯纳法官话说，“没收”）公有领域信息的效果。[54]

（四）知识产权打包许可

打包许可（package licensing），在电影产业也称为“成批订购”

---

[52] Assessment Techs., LLC v. WIREdata, Inc., 350 F. 3d 640, 642 – 43, 647 (7th Cir. 2003).

[53] Assessment Techs., LLC v. WIREdata, Inc., 361 F. 3d 434, 437 (7th Cir. 2004).

[54] WIREdata, 350 F. 3d at 647. 关于反垄断法和滥用之间的区别，法院写道：

之所以要突破反垄断法的界限适用版权滥用，一方面是因为如果仅限于反垄断法，该法则将成为多余的工具；另一方面，如果版权人运用侵权诉讼试图取得版权法明显没有提供的财产保护（这里用于保护数据），希望以此迫使缺乏有效抵抗所需资源或法律知识的对手达成和解或者干脆对其取得胜诉，这构成滥用诉讼程序。

Id.（引证略）.

(block booking),可以引起类似于搭售的封锁效应。在打包许可中,专利权人或版权人拒绝许可知识产权,除非采用“打包”或“成批”方式。[55]通常情况下,被许可人只想要许可包中的一个或几个成分而非全部。传导效应理论认为该等许可是有害的,因为它使得许可人可以同时就被许可人想要和不想要的知识产权收取许可费。[56] 通过将考察重点集中于市场势力,《专利法》第 271 条(d)显然不仅将传导效应理论应用于经典的专利产品和非专利产品之间的搭售安排,也适用于专利的打包许可。[57] 但是我们在搭售安排背景下对传导效应理论提出的批评意见在这里同样适用。如果被许可人想要专利 A 而非专利 B,许可人可以将被许可人对这个专利包愿意支付的全部价格分配到专利 A。许可人并不能通过添加被许可人不想要的东西并提高价格来收取额外的垄断价格。相反,要求许可人从许可包中剥离被许可人确实不想要的专利根本就不能降低价格,除非法院同时愿意实施价格管制。

处理打包许可的一个更有说服力的滥用理论是封锁专利 B 及其替 278
代专利 B * 之间的竞争。打包许可实际上要求被许可人同时向许可人购买 A 和 B。一旦得到 B,被许可人购买竞争性技术 B * 的意愿将大大降低,即便他们更加青睐 B * 。因此打包许可剥夺了 B * 的许可人争取被许可人业务的机会。

有几个案例考察了打包许可案件中的竞争封锁效应。联邦巡回区上诉法院在飞利浦案(*Philips*)中指出,只有在证明某种替代产品或技术遭到封锁时才能够按照封锁效应理论认定打包许可构成滥用。“如果据称的非必要专利并不存在具有商业可行性的替代品,将这些专利与所谓的必要专利进行打包并不会在市场上造成反竞争效应,因为它并没有封锁任何可行替代品参与竞争。”尽管法院正确地认定该案事实情况下

---

[55] *See*, *e. g.* , Zenith Radio Corp. v. Hazeltine Research, Inc. ,395 U. S. 100(1969)(打包许可专利构成滥用);United States v. Loew's, Inc. ,371 U. S. 38(1962)(谴责成批订购版权影片的行为);Automatic Radio Mfg. Co. v. Hazeltine Research, Inc. ,339 U. S. 827(1950)(自愿订立打包许可协议的情况下,法院拒绝认定专利打包许可构成滥用).

[56] *See* Cotter, *supra* note 1, at 921 n. 101(认定打包许可中的传导效应理论有一定的可信性).

[57] 35 U. S. C. § 271(d)(2006)(该条规定,如果不具有搭售品市场势力,要求被许可人购买一个独立的产品或者取得“另一项专利的许可”均不构成滥用).

不存在封锁效应，但它同时还认定打包许可通常都不大可能造成封锁效应。打包许可本身"并没有阻止被许可人使用许可人的竞争对手可能提供的任何替代技术"，而"仅仅将竞争对手放在了假如它与非专利技术进行竞争本将所处的地位"。[58]*

这一观察在该案事实下也许是正确的。如果许可包之中包含有一项次要或非必要专利，被许可人将根据其对于必要专利的支付意愿决定愿意为整个许可包支付的价格。因此，非必要专利的边际成本为零，正如法院指出，这等于公有领域技术的价格。

但是，这一观察与封锁效应问题完全是不相关的。打包许可之所以可能在第二个市场上造成竞争封锁效应，正是因为它迫使竞争对手跟一个为零的价格竞争，后者当然不可能获胜。如果被许可人能够以零增量成本使用许可包中的一项技术，它不大可能购买另一项竞争性技术，即便该技术有很大改进；大多数被许可人都会"将就"使用别人给它的技术。[59] 举一个简单的例子。如果某人作为生日礼物得到了一部黑莓手机，即便更喜欢 iPhone 的某些功能，她也不大可能再花几百美元买一部 iPhone 手机。

另外，打包许可还可能封锁创新。正如飞利浦案中法院肯认的那样，价格为零时被许可人的选择仅限于许可人的现有专利技术和公有领
279 域的旧技术。竞争对手的新技术并不在选择范围之内，虽然至少某些被许可人认为它比这两个可行选项都有大幅改进。

打包许可并不总会造成封锁效应。竞争对手的替代技术或产品有时可能尚处于非常初期阶段，法院无法断定打包许可是否真的封锁了任何事物的开发或销售。然而，鉴于知识产权政策拥有鼓励创新的强大利

---

[58] U. S. Philips Corp. v. Int'l Trade Comm'n, 424 F. 3d 1179, 1190, 1193 (Fed. Cir. 2010).

* 法院后半句所指的是："作为类比，如果飞利浦决定放弃其'非必要'专利或者干脆宣布自己不打算强制执行这些专利，生产商将无以拒绝或反对飞利普的决定。然而，对于那些想要与该等'非必要'专利覆盖的技术进行竞争的第三方而言，该等决定给其造成的影响与飞利浦专利打包许可安排所具有的经济效果并不存在根本差异。"U. S. Philips Corp. v. Int'l Trade Comm'n, 424 F. 3d 1179, 1190, 1190 (Fed. Cir. 2010). ——译者注

[59] *See* United States v. Microsoft Corp., 87 F. Supp. 2d 30, 51 & n. 6 (D. D. C. 2000), *aff'd in part, rev'd in part*, 253 F. 3d 34, 67 – 69 (D. C. Cir. 2001)（认定将视窗平台和 IE 浏览器代码"混合"的行为反竞争，因为视窗操作系统的客户将自动获得 IE 浏览器，安装第二个浏览器的激励非常小）.

益，法院并不应该要求竞争对手的技术或产品已达可商业化的阶段才可认定打包许可构成滥用，至少在打包许可不存在较大抵消性效益的情况下应该如此。

最为可取的做法是，如果涉案行为威胁竞争、创新或接近公有领域并且不具有可证明的效益，法院应认定它构成滥用，但根据它造成的损害情况量身定制救济方式。如果打包行为缺乏任何正当理由且可能造成封锁效应，法院应该直接禁止打包，并责令以非歧视的方式分别许可。目前法院之所以不愿意使用滥用法则，原因之一是现行滥用法则的救济方式过于严苛：导致知识产权完全丧失强制执行性。但是滥用法则是法官创制的衡平法规则，法官可对它量身定制救济方式。这与反垄断法上经常提及的一种现象非常相像：反垄断法的私人救济条款强制性地要求对胜诉原告判以三倍损害赔偿和律师费，作为对这一极其严苛的救济规定的回应，法院对责任范围进行非常狭窄的解释。[60] 如果把滥用法则的救济方式局限于拒绝强制执行缺乏良好效率解释的不法规定本身，即便认定封闭效应的决定有误也不会造成巨大的社会成本。

打包许可有时也对社会有益，例如解决专利阻滞问题。如果无法在不侵犯另一项专利的情况下使用一项专利，它们就构成相互“阻滞”的专利。[61] 当两项专利是真正的阻滞专利时，无论是否打包都会造成封锁效应。例如，假设 A 和 B 是阻滞专利，竞争对手的替代技术 B＊无法在不侵犯 B 的情况下与 A 联合使用。[*] 这种限制将严重削弱对 B＊的需求，直至达到封锁效应的程度，除非 B 和 B＊之间存在足够大的差异使得可以在既不侵犯 A 也不侵犯 B 的情况下使用 B＊。对阻滞技术分别授予专利不可避免地会造成这种类型的封锁效应。

---

[60] *See* 2 PHILLIP E. AREEDA & HERBERT HOVENKAMP, ANTITRUST LAW ¶ 303c, d (3d ed. 2007).

[61] 法院很久以前就对禁止打包许可的规则设定了“阻滞例外”。*See*, *e. g.*, Int'l Mfg. Co. v. Landon, Inc., 336 F. 2d 723, 729 (9th Cir. 1964)（为许可目的将两个阻滞专利进行打包并不违法，因为“无法在不侵犯另一项专利的前提下使用一项专利制造商业上可行的产品”）.

＊ 因为使用 A 必然会侵犯 B。——译者注

当被许可人无法确定自己需要哪些具体权利时，打包许可可能是交付复杂专利权利组合的合理方法。在自动无线电案（*Automatic Radio*）中，联邦最高法院批准了地区法院的如下结论：该许可包“是当事人设
280 计的一个方便的操作模式，旨在避免如下必要性，即确定申请人每一类产品是否都实施了黑泽公司（Hazeltine）众多专利中的一个”。[62] 换句话说，相对其带来的价值而言，如果确定个体权利需要发生很大成本，打包许可有助于降低不确定性和交易成本。

（五）限制使用或开发新技术或新产品的许可

某些限制创新行为与搭售安排具有更加遥远的家族相似性。最为常见的例子包括不竞争协议和独家交易协议。这些协议中，知识产权人不一定以被许可人取得某种可区分的被搭售品为条件许可受专利或版权保护的搭售品，而是将如下要求作为许可产品的前提条件，即被许可人不经营竞争对手的产品或者不开发竞争性替代产品。

被许可人同意不从许可人的竞争对手手中许可技术，这可能对创新构成重大威慑。[63] 如果该等独家交易条款不必要地限制创新，应认定其构成滥用。然而，不竞争协议可能具有完全正当的目的，因此将它们视为“本身”构成滥用并不适当。[64] 例如，在雷射康案（*Lasercomb*）中，许可人要求涉案软件的被许可人不得开发任何相竞争的软件，无论它是否复制许可人的产品。第四巡回区上诉法院认定该行为构成滥用。法院解释道：

> 雷射康无疑有权保护自己的“互动”代码（Interact code）不受复制。然而，其标准许可协议远远超出了这一限度，实质上试图压制被许可人独立实施互动代码所表达之思想的任何尝试。该协议禁止被许可人开

---

[62] Automatic Radio Manufacturing v. Hazeltine Research，339 U. S. at 833.

[63] *See In re* Recombinant DNA Tech. Patent & Contract Litig.，850 F. Supp. 769，774（S. D. Ind. 1994）（涉案产品是用于生产胰岛素的重组微生物，被许可人同意未经许可人的允许不使用来自任何竞争对手的该等微生物，法院拒绝作出不构成滥用的简易判决）.

[64] *See*，*e. g.*，Cnty. Materials Corp. v. Allan Block Corp.，502 F. 3d 730（7th Cir. 2007）（一个纯制造许可协议允许被许可人制造两种相竞争的水泥砖，该许可协议中的不竞争条款并不构成本身滥用）. 一些早期判决倾向于认定构成滥用。*See*，*e. g.*，Nat'l Lockwasher Co. v. George K. Garrett Co.，137 F. 2d 255（3d Cir. 1943）（生产专用洗衣机的被许可人同意在许可期限内不生产任何竞争性的洗衣机）.

发或者协助他人开发任何种类的计算机辅助钢模软件。如果被许可人是企业,该协议还将阻止其任何董事、高管、雇员以任何方式协助他人开发计算机辅助钢模软件。尽管可能有一两个被许可人通过谈判成功删除不竞争条款,但这并不能否定如下事实:雷射康试图以不利于版权法 281
蕴含之公共政策的方式使用版权,并且至少在与一个被许可人的交易中成功实现了这一目的。[65]

另一些案件中涉及的行为类似于独家交易或者反创新的产品开发限制。在普林科诉国际贸易委员会案(*Princo Corp. v. International Trade Commission*)中,飞利浦公司和索尼公司颁发标准化可录写光盘技术的许可,但它们涉嫌约定不许可一项未使用的专利,即 Lagadec 专利,它可能有助于开发替代技术。[66] 这两家公司实际许可的技术采用模拟方式,而涉嫌拒绝许可的技术采用数字方式,但当时的数字技术不但没有模拟技术稳定而且更加古怪。普林科是一家光盘制造商,被控专利侵权,后辩称该协议限制了未来数字技术的开发。

联邦巡回区上诉法院驳回了普林科的辩论意见,认为它没有证明飞利浦和索尼之间的协议对竞争有任何明显的影响。它指出,"Lagadec 方式'容易出错'并且会'非常难以'实施。"普林科没有证明数字专利"不只是一个理论上的解决方案",并且没有证明拒绝许可的约定"导致了某种现实的竞争封锁效应"。

该院并没有认识到保护未成型创新所具有的重要意义。当事人拒绝许可的数字技术按照当时的现有形态也许不具有商业可行性,但是飞利浦和索尼达成的拒绝许可协议同时也会阻止他人在这一技术基础上开发可行甚至更好的数字技术。反垄断法的正当关切对象是现有竞争对手或其技术遭受的封锁效应,专利法的目光则必然投向未来。创新之路不可预见,并且技术在被改良者用作开发新事物之前,其价值往往遭到低估。诚然,最容易证明不合理限制创新的情况是,被许可人已经拥有一项竞争性的产品或技术,知识产权人却要阻止它的使用或传播。对于滥用的救济,传统的反垄断分析方法往往就能够提供有用的工具。然

---

[65] Lasercomb Am. ,Inc. v. Reynolds,911 F. 2d 970,978 – 79(4th Cir. 1990).

[66] Princo Corp. v. Int'l Trade Comm'n,616 F. 3d 1318(Fed. Cir. 2010),*cert. denied*,131 S. Ct. 2480(2011).

而,其他案件中的损害则是阻止新兴产品或技术的出现。正如上一章分析指出,当潜在封锁对象是新兴产品或技术时,反垄断法有关起诉资格、因果关系和损害的要求往往均无法得到满足。相竞争的生产商无法证明假如没有知识产权人的限制,新产品或技术本将取得市场成功。然而,正如普林科案的事实表明,知识产权人从事的反竞争或反创新行为
282 往往会阻止竞争技术的进一步发展和推广。知识产权政策强烈关注鼓励创新,足以支持将其认定为知识产权滥用,只要该行为可能对创新造成某种明显的损害并且不存在抵消性的效率作为正当理由。[67] 由于滥用法则是一个衡平法规则,法院有权塑造适当的救济方式,例如仅限于拒绝强制执行不法协议。

五、许可费扩张

50年前联邦最高法院曾判决,要求被许可人在专利保护期届满后继续就专利产品支付许可费构成滥用,因为它不适当地扩张了专利权的范围。布鲁洛特诉赛斯公司(*Brulotte v. Thys Co.*)案涉及多种与啤酒花采摘相关的专利。专利权人许可多个被许可人使用一种机器,许可协议要求被许可人就专利保护期届满后使用机器的行为支付许可费。然而,专利保护期届满后被许可人拒绝支付任何已发生的许可费。联邦最高法院判决该许可协议“本身违法”并构成滥用,“因为它允许许可人在整合进机器的最后一项专利失效后继续收取使用费”。联邦最高法院作出这一判决的依据是滥用的传导效应理论:

> 版权授权权利人利用垄断杠杆收取其通过谈判所能得到的任何许可费,无论有多高。但通过这一杠杆将许可费支付延伸到专利有效期之外,则类似于试图将专利产品的销售或使用与非专利产品的销售或使用相结搭,以此扩大专利垄断。……要求就专利保护期届满之后使用机器的行为支付许可费构成在届满后的期间内主张垄断权,而正如我们所

---

[67] 正如普林科案的异议法官指出,多数意见并没有要求飞利浦就其从事的限制行为提供任何正当理由。Princo,616 F. 3d at 1354 – 55.

知,这时专利已经进入公有领域。[68]

联邦最高法院将这一许可协议视为许可人企图将专利保护期间与专利届满后的期间进行"结搭",并根据传导效应理论谴责这种搭售安排。然而,联邦最高法院也在无意间肯认了这一理论的错误:法院承认专利许可"权利人利用垄断杠杆收取其通过谈判所能得到的任何许可费,无论有多高",但是却得出如下结论,即"要求就专利保护期届满后使用机器的行为支付许可费构成在届满之后的期间内主张垄断权"。[69]这种双重垄断当然是不可能存在的,因为专利权人在专利保护期内可以对使用该发明的行为收取其所希望的任何高价。许可费可以采取事先一次付清的方式收取,也可以分配到剩余的专利保护期之内,又或者分配到其他某个期间之内。 283

联邦最高法院在布鲁洛特案中似乎混淆了两个概念,一个是不同的专利保护期本身(它当然会影响专利具有的价值),另一个是对于使用某一既定保护期的专利采用不同的财务安排支付许可费。金融交易可以创设各种各样的安排,分别采用不同的支付时间和支付方式。高额交易往往允许把购买价格分摊在一个较长时期内。它本身并没有什么反创新的地方。相反,灵活的融资安排能够促进而非阻碍交易,从而鼓励创新投资。

延期的许可费安排也不会阻碍人们接近已经进入公有领域的专利

---

[68] Brulotte v. Thys Co. ,379 U. S. 29,33(1964). 一个相关的问题涉及根据非专利产品收取许可费。有些法院将这种做法也视为专利权人没有理由地扩张权利,迫使被许可人就不受任何专利覆盖的产品支付费用。*See*,*e. g.* , Cummer-Graham Co. v. Straight Side Basket Corp. ,142 F. 2d 646(5th Cir. 1944)(受专利保护的编篮机器的许可人按照被许可人生产的不受专利保护的篮子数量计算许可费,并固定这些产品的销售价格,法院认定构成滥用)。其他判决认定,如果专利权人迫使被许可人按照未实施专利的产品支付许可费,亦构成滥用。*See*,*e. g.* ,Zenith Radio Corp. v. Hazeltine Research,Inc. ,395 U. S. 100,133 –40(1969). 将许可费的收取对象扩张到非专利产品大多数情况下并不会排斥任何人,这种许可费规定很可能只不过是一种手段,为了计算许可费而测算被许可人产量。正如传导效应理论的批评人士指出,专利权人并不能简单地通过扩大计算许可费的基数,获得超过被许可人支付意愿的更多许可费。然而,在一些案件中,根据非专利产品收取许可费可能构成排斥竞争行为。*See*,*e. g.* , Microsoft,56 F. 3d at 1451(微软公司使用的合同条款要求电脑制造商就其出售的每一台电脑支付许可费,无论该电脑是否使用微软公司的视窗操作系统。法院谴责了该行为,因为竞争对手要想向该等电脑供应操作系统,只能免费供货,或者要求客户购买第二套操作系统).

[69] Brulotte,379 U. S. at 33 –34.

技术。[70] 相反,由于延期许可费实质上是就保护期内的专利使用行为支付的一部分价格,对它们应采取跟任何其他债务偿还一样的处理方式。虽然偿还债务总是会挤占可用于其他活动的资金,对接近公有领域造成一定程度的封锁,但超过专利保护期支付许可费造成的封锁程度并不会高于其他商业债务偿还行为,例如不动产抵押、雇员工资或者已发生的税款。[71]

(一)获取下游价值:穿透式许可费及相关做法

穿透式许可费协议,不是直接依据专利技术的使用情况计算专利许
284 可费,而是依据该技术带来的产品。该等安排在生物科技产业被广泛应用于"研究工具"的许可,例如克隆工具、试剂、[72]流程、实验室设备。在这些情况下,专利权人以如下内容作为许可其专利工具的前提条件,即被许可人如果使用专利工具获得任何产品,应将其销售额的一定比例支付给专利权人。

穿透式许可费往往被用作一种"计量"使用量的手段,据此收取相应的费用。它们被用作实施价格歧视的工具,因为专利权人可以利用其向生产较大价值产品的用户收取更多许可费。例如,专利权人将一项生物"工具"许可给他人用于生产某种药丸形式的药品,并就药丸销售额收取穿透式许可费。被许可人销售的药丸数量越多、售价越高,支付的许可费也就越多。正如前文指出,搭售安排经常被用于同样的目的。

一些面向下游的许可行为类似于穿透式许可费协议,知识产权人销售专利产品或版权产品,而非单纯的许可其使用。按照第十三章介绍的专利权穷竭(首词销售)法则,该等行为自动无效。但如果主许可不是依附于专利产品的销售,首次销售法则并不限制使用穿透式许可费。另外,知识产权人总是可以采取合同方式设置穿透式许可费。这种情况可

---

[70] 相反,要求按照非专利技术支付许可费事实上还可能鼓励如下企业进入市场:它们不受许可协议约束并且有能力比原专利权人收取更低价格。

[71] 布鲁洛特案认定许可费扩张构成滥用的态度,在很多案件中受到批评。*See*, *e. g.*, Zila, Inc. v. Tinnell, 502 F. 3d 1014(9th Cir. 2007)(批评布鲁洛特案,并将其适用范围限制在国内专利许可);Scheiber v. Dolby Labs., Inc., 293 F. 3d 1014(7th Cir. 2002)(波斯纳法官)(严厉批评布鲁洛特案,但指出该法院有义务遵循联邦最高法院的先例).

[72] "试剂"是一种化学物品,添加到其他化学物品中以产生特定的反应,或者用于评估某一化学反应中发生的变化。

以使用的救济方式是违约之诉，而非专利侵权之诉。然而，滥用法则适用于所有许可协议，因此，即便一项下游许可费要求不违反首次销售法则，也不自动意味着它不违反滥用法则。

穿透式许可费协议是否构成滥用尚无定论。拜耳案（*Bayer*）涉及一种开发新药的方法专利，专利权人要求从使用该专利方法开发的任何适销药品之中提取一定的销售分成作为许可费。重要的是，协议规定专利权人就新开发药品收取许可费的期限为十年，即便某些情况下这一期限超过专利有效期。因此，该案同时类似于穿透式许可费和布鲁洛特案式的许可费扩张。但是法院区分了布鲁洛特案，并认定该行为不构成滥用。[73]

拜耳案表明，反对穿透式许可费协议的可能理由有两种。第一，如果以专利技术带来的产品作为收取许可费的基数，收取期间可能超过剩余的专利保护期。然而，正如前文指出，超过知识产权保护期收取许可费很少会封锁竞争对手或者限制创新，有些甚至可能促进创新。因此，拜耳案法院有关许可（而非直接销售）的如下判决几乎肯定是正确的，285
即穿透式许可费协议不会不合理地扩张专利保护期或者限制接近公有领域的技术。

第二，穿透式许可费可能被认为赋予专利权人对他人发明享有一定程度的控制权，从而扩张了专利的范围。这方面的关切之一是，专利权人这样做会降低后续发明人的创新激励，进而限制创新。一个更加系统性的关切是，广泛使用穿透式许可协议可能增加交易成本，因为它要求在后创新者查明无数在先发明人并向他们支付许可费。一些学者认为这类协议会导致"权利人过多，进而阻碍发明的有效利用"。[74] 另一些学者认为，穿透式许可费可能在生物科技领域造成反公地问题，因为上游专利权人会将它们的权利主张叠加于下游创新者的产品。[75] 涉及受版权保护的期刊文章，如果研究人员要求后续使用者向其支付版税，同样

---

[73] Bayer AG v. Housey Pharms, Inc., 228 F. Supp 2d 467, 468 (D. Del. 2002).

[74] Robin C. Feldman, The Insufficiency of Antitrust Analysis for Patent Misuse, 55 HASTINGS L. J. 399, 447 (2003).

[75] Michael A. Heller & Rebecca S. Eisenberg, Can Patents Deter Innovation? The Anticommons in Biomedical Research, 280 SCIENCE 698 (1998).

会出现这样的问题。

穿透式许可费可能削弱创新。尽管这是一个正当的关切,但我们并不清楚是不是许多穿透式许可费协议总体上都对创新有害。穿透式许可费协议也存在一些促进创新和竞争的优势。许多企业,尤其是新兴企业,无力一次性支付使用某种方法技术的许可费,这些技术的价值在于它们在开发新产品的过程中扮演着潜在但并不确定的角色。允许这些企业仅在成功开发出适销产品之后支付费用是一种或然性付费安排。因此,穿透式许可费协议是一种鼓励创新的有效的风险分担方法。法院应当权衡这些协议的有害效果和有益效果。因此,举例而言,也许我们可以说要求支付穿透式许可费的、简单的双方当事人协议,比如下协议构成滥用的可能性更低:这种协议项下,专利权人不仅要求自己的被许可人,而且要求所有下游被许可人均就其后续发明成果支付许可费。[76]

286 穿透式许可费只不过是知识产权人试图从被许可的知识产权获取下游价值的方式之一。除此之外还有更加直接的方式,例如返授条款。[77] 返授通常要求,如果被许可人使用被许可的产品或技术进行创新,它必须将自己对该等创新拥有的任何知识产权返授给许可人。要求被许可人将全部权利返授给许可人的许可构成限制创新,因为它导致被许可人丧失任何创新激励。相反,非排他返授通常得到允许,因为虽然它要求被许可人将改进成果许可回许可人,但也允许被许可人保留某些

---

[76] 此外,还应该区分穿透式许可费和"许可费堆叠"问题,后者是指如下情形,即要生产一种产品或者使用一种方法可能需要向多个知识产权人分别获得许可。*See*, *e. g.*, Woods v. Universal City Studios, Inc., 920 F. Supp. 62 (S. D. N. Y. 1996)(涉及版权许可中的许可费堆叠)。尽管许可费堆叠也可能造成反公地问题,但它跟穿透式许可费属于两个不同的问题。一个专利权人坚持要求他人就使用专利的行为支付许可费,并不会仅仅因为其他专利权人也要求就同一产品上使用的其他专利支付许可费而构成滥用。一般性讨论,*see* Mark A. Lemley & Carl Shapiro, Patent Holdup and Royalty Stacking, 85 TEX. L. REV. 1991, 1993 (2007)("作为一个简单的算术问题,许可费堆叠放大了禁令威胁和劫持相关的问题"); Einer Elhauge, Do Patent Holdup and Royalty Stacking Lead to Systematically Excessive Royalties?, 4 J. COMP. L. & ECON. 535 (2008)(质疑 Lemley-Shapiro 模型).

[77] *See*, *e. g.*, Certain Set Top Boxes and Components Thereof, Inv. No. 337 – TA – 454, USITC Pub. 3564, at 154 (June 21, 2002) (Final), *available at* http://www.usitc.gov/publications/337/pub3564.pdf(涉案产品是一个包含众多专利的许可包,返授条款要求被许可人向专利权人返授他独立开发的所有知识产权。法院判决该规定构成限制创新); Duplan Corp. v. Deering Milliken, Inc., 444 F. Supp. 648, 671 – 73 (D. S. C. 1977)(许可协议要求被许可人将所有改进返授给许可人,构成滥用), *aff'd in part*, *rev'd in part*, 594 F. 2d 979 (4th Cir. 1979).

使用权或所有权。[78] 在这种意义上，非排他返授规定跟穿透式许可费具有类似的风险分担效果。同样，大多数开源协议可能也不构成滥用。虽然它们确实要求被许可人对外许可任何改进，但在先许可人以及所有后续被许可人均可以获得这些改进。[79]

另一种获取知识产权下游价值的方式是直接限制重复使用。例如，在马林克罗案(*Mallinckrodt*)中，专利权人以禁止重复使用为条件销售一种医疗设备。联邦巡回区上诉法院判决该行为不构成专利滥用。[80] 在不涉及销售的许可情形下，如果重复使用会影响设备的安全性能或操作效能，则可以正当地设置只准单次使用的限制性规定。[81] 然而，如果涉案产品在技术上可以重复使用，禁止重复使用将构成生产资源的浪费。因此，要求每次使用均要支付许可费，可能是一种资源成本很高的测量下游使用量的方法：因为专利权人无法测度下游使用量，它干脆将每个被许可产品的使用量设置为一次，并对每次使用许可一个新的产品。如果单次使用限制会阻碍形成一个与主生产商的新品进行竞争的二手市场，这种限制被认为是反竞争的。[82] 然而，我们很难将限制重复 287
使用的行为视为表面上排斥竞争的行为。一旦完成首次使用，用户可以自由地转向其他销售来源进行采购；事实上，单次使用限制可能诱使用

---

[78] Int'l Norcent Tech. v. Koninklijke Philips Elecs. N. V. , No. CV 07 - 00043 MMM(SSx), 2007 WL 4976364(C. D. Cal. Oct. 29, 2007)(起诉书指控非排他返授及类似行为，驳回起诉), *aff'd*, 323 F. App'x 571(9th Cir. 2009); Van Dyk Research Corp. v. Xerox Corp. , 478 F. Supp. 1268 (D. N. J. 1979)(类似判决), *aff'd* 631 F. 2d 251(3rd Cir. 1980).

[79] *See* Fabrizio Marrella & Christopher S. Yoo, Is Open Source Software the New Lex Mercatoria?, 47 VA. J. INT'L L. 807, 810(2007). 然而，如果开源许可强制性地要求许可现存或不相关的知识产权，则认定滥用是适当的。*See* Robin Feldman, The Open Source Biotechnology Movement: Is It Patent Misuse?, 6 MINN. J. L. SCI. & TECH. 117, 167(2004); Christian H. Nadan, Open Source Licensing: Virus or Virtue?, 10 TEX. INTELL. PROP. L. J. 349(2002).

[80] Mallinckrodt, Inc. v. Medipart, Inc. , 976 F. 2d 700, 706 - 08(Fed. Cir. 1992). 联邦最高法院以首次销售法则为由撤销了该判决。参见第十三章。

[81] 例如，在马林克罗案中，专利权人主张它的医疗设备翻新后再次使用存在安全隐患。法院认为没有必要考察这一主张是否成立。976 F. 2d at 706 - 08.

[82] *See*, *e. g.* , United States v. United Shoe Mach. Corp. , 110 F. Supp. 295, 346(D. Mass. 1953), *aff'd mem.* , 347 U. S. 521, 521(1954)(认定被告为阻止形成二手市场采用租赁而非销售制鞋机的政策). 一般性讨论, *see* Barak Y. Orbach, The Durapolist Puzzle: Monopoly Power in Durable-Goods Markets, 21 YALE J. ON REG. 67, 108 - 09(2004)(指出，该等限制性要求用于解决垄断者面临的耐用品问题——垄断者必须与强劲的二手市场或旧货市场进行竞争的局面).

户这样做。其结果是，任何要求以封闭效应为由谴责单次使用限制的一概而论的主张，其理论根据都是非常孱弱的。第十三章讨论首次销售法则时我们将再次讨论这一问题。

（二）限制接近公有领域信息的许可

许可人有时试图利用知识产权阻止他人接近公有领域的信息，最常见的情况是版权许可。版权保护仅及于版权人的原创性表达，而不及于该表达背后的事实或思想。然而，由于版权作品通常同时包含表达和思想，版权人可能会试图利用它对表达拥有的版权阻止用户接近被锁在其中的不可受版权保护的材料。其目的是要阻止他人开发竞争性的作品，还可能是为了对使用其作品的行为多收许可费。[83]

对接近公有领域的限制可能表现为不同的形式，前文谈到的一些行为不但会限制竞争或创新，也可能限制接近公有领域。例如，前文谈到的构成限制创新行为的反向工程限制，同时也构成限制接近公有领域思想的一个重要子类。

另一类行为涉及使用或者威胁使用版权侵权之诉。例如，在连线数据案（*WIREdata*）中，法院指出，版权人使用其对数据库拥有的版权阻止人们接近市政机构存储其中的公有领域数据，该行为可能构成滥用。因为此案中属于公有领域的数据无法通过其他渠道获得，版权人即便不具有反垄断法意义上的市场势力，也能够封锁公众对该等数据的接触。尽管专利权人和版权人有权通过起诉强制执行知识产权，但该等权利并不允许它们“没收”或封锁公众接触归属公有领域的材料
288 或技术。事实上，联邦最高法院曾判决，旨在没收公有领域技术的虚假诉讼可能构成垄断违法行为。[84] 因此，该等诉讼也可能构成知识产权滥用。

其他案件引发了同样的关切。其中一个例子是我们在第八章讨论的《数字千禧年版权法》（以下简称《千禧年法》）。该法禁止通过规避技术控制措施接近版权作品的行为。正如丹·博尔克（Dan Burk）指

---

[83] 虽然传导效应理论的批评意见表明，知识产权人不可能简单地通过搭售安排向任何具体的被许可人收取更多许可费，但它仍然可以通过扩大收取许可费的用户基数增加许可费。

[84] *See* Walker Process Equip., Inc. v. Food Mach. & Chem. Corp., 382 U. S. 172, 178 (1965). 另参见第四章。

出,《千禧年法》不但可能被用于禁止接近版权材料,还可能被用于禁止接近非版权材料:

> 因为[《千禧年法》]根据技术系统而非内容界定接近权,反规避权同时调整版权材料和非版权材料。受到控制的内容可能包括不受版权保护的事实、公有领域的材料以及纯功能性的作品,然而未经授权接近这些内容同样构成违法,在定性上与它们假如属于受版权保护的原创表达没什么区别。[85]

因此,版权人可以根据《千禧年法》提起诉讼,阻止他人仅仅为了接近不可受版权保护的作品成分(如基础事实和思想)而规避数字作品上设置的接近控制措施。当然,如果数字作品中蕴含的不可受版权保护的思想能够通过其他途径方便地获取——例如纸质版的图书——这样做并不会威胁造成封锁效应。例如,《白鲸记》(*Moby Dick*)是一部已进入公有领域的作品,如果某人对含有该作品的光盘设置技术锁,并不会因此禁止公众接近该作品本身,因为人们可以很方便地通过其他渠道获得它。连线数据案的重要特征是,无法通过任何其他渠道获得被封锁的涉案信息。计算机代码也经常存在类似情况。[86]

六、结论

为阻止专利权人和版权人的权利过度扩张,知识产权法需要一套立基于知识产权政策的融贯的滥用法则。我们主张,当知识产权人的行为威胁造成不合理地封闭竞争、创新或公有领域接近效果时,应认定它构成滥用。然而,应该根据行为类型精心设计救济方式。如果受控行为造成封锁效应或者使其发生成为可能,并且不存在可证明的正当理由,法院应该判决在滥用得到清洗之前不可强制执行该知识产权。相反,如果 289
证明封锁效应的证据不甚明显,法院不应该拒绝强制执行该知识产权,

---

[85] Dan L. Burk, Anticircumvention Misuse, 50 UCLA L. REV. 1095, 1108, 1109, 1139 (2003); *see also* Aaron K. Perzanowski, Rethinking Anticircumvention's Interoperability Policy, 42 U. C. DAVIS L. REV. 1549, 1620(2009).

[86] 参见第八章。

而应该只拒绝强制执行知识产权人试图扩张其权利的行为。易言之,法院应该仅仅判决具体的许可协议、合同或侵权之诉无效。

由于我们提倡以封锁效应作为判断滥用的理论根据,因此认定“本身违法”滥用的空间很小。认定滥用时必须适用一种类似于反垄断法“合理原则”分析的考察方法。根据这种分析方法,指控知识产权滥用的一方应该表明知识产权人对于竞争、创新激励或者接近公有领域造成了不合理的限制,以此建立一个有表面证据的案情。虽然市场势力是这一分析过程的一个重要因素,但它既非发生封锁效应的必要条件,也非它的充分条件。如果侵权之诉的被告建立了有表面证据的滥用案情,举证责任即转移到侵权之诉的原告身上,由其证明受控行为具有良好的理由并且不存在限制性更小的替代措施。

第十一章　创新和排斥效应

一、知识产权排斥和市场支配地位企业

竞争政策的两个紧密相联的关切对象是排斥和 290
共谋。不合理的排斥是指排斥其他企业进入某个市场，以使剩余企业能够降低产出和收取垄断利润的反竞争行为。共谋是指两个或更多企业为了相同的目的协调产出或者“固定”价格的行为。某些反竞争策略同时包含排斥和共谋。例如，卡特尔需要把那些发现卡特尔利润有利可图并希望进入该市场的新企业排除在外。

反竞争排斥和共谋的对立面是效率和协作。企业可以单纯通过提高质量或降低价格达到排斥效果。特别是在创新密集型市场上，企业通过相互合作降低成本或提高质量。因此，简单地说某个企业的行为排斥竞争（exclusionary）在政策层面上并不具有什么意义，因为无论是反竞争行为还是促进竞争行为都可能有排斥效果。类似的，如果没有其他信息，简单地说多个企业相互合作并不能告诉我们任何有意义的内容。它们像石油输出国组织（欧佩克）那样纯粹固定价格？还是为了开发更好的产品或技术而协调彼此

291 行为,例如为我们带来电信系统、银行信用卡、职业及大学体育赛事等产品的合作型联营企业?[①]

本章考察创新密集型市场上发生的支配地位企业排斥竞争行为。[②]下一章讨论协作型创新,它们可能带来不合理排斥和共谋的双重风险,但同时也可能带来重大的效率。

知识产权经常被说成具有内在的排斥竞争效应,因为它赋予权利人在有限期间内禁止侵权行为的权利。前文指出这种"边界型排斥"并不同于"市场型排斥"。但如果排斥竞争行为试图将边界型排斥转变成市场型排斥,它们将成为竞争政策的独立关切对象。这种行为可能是试图超越知识产权的授权范围排斥其他企业,以此没收正当归属公众所有的技术或信息。这种行为还可能是试图压制他人的创新。最后,我们还将面临两个问题。第一,支配地位企业是否在反垄断法或知识产权政策项下承担与竞争对手分享知识产权的义务。第二,创新本身是否可能具有不合理的排斥效应。

本章采用比较研究的方法考察过于激进的(aggressive)知识产权排斥行为问题,并从知识产权法、反垄断法以及源于衡平法规则的其他规制制度的视角提出解决方案。然而,我们需要首先简要介绍如何界定那些通常适用单方行为规则的企业。有关单方排斥竞争行为的反垄断规则通常只适用于支配地位企业,即那些在所在市场上具有很大市场份额的企业,尽管市场份额无需达到百分之百。除了某些知识产权滥用案件,知识产权法很少需要区分支配地位企业和非支配地位企业。

如果我们关心的对象是保护产出竞争或价格竞争,无论从原则方面还是管理方面,我们都有良好的理由把单方行为考察的主体局限于支配地位企业。诚然,非支配地位企业的行为也可能对社会有害。它们也能

---

① 对于这些事项的详细探讨,*see* 11,12 & 13 PHILLIP E. AREEDA & HERBERT HOVENKAMP, ANTITRUST LAW(3d ed. 2012).

② 关于反垄断法处理排斥竞争行为的讨论,*see* 3,3A,3B PHILLIP E. AREEDA & HERBERT HOVENKAMP, ANTITRUST LAW(3d ed. 2008). 本书许多章节也涉及排斥竞争行为。例如,参见第二章(搭售);第四章(沃克尔工艺案和恶劣的反竞争的知识产权侵权诉讼);第七、八章(过于咄咄逼人的强制执行版权,特别是针对演绎作品);第九章(排斥性限制创新行为);第十章(封锁效应和滥用);第十二章(协作型排斥,包括标准制定)。

够并且也确实会从事欺诈行为，包括导致不正当创设知识产权的欺诈行为。例如，无论支配地位企业还是非支配地位企业都可能就阻却可专利性的在先销售等事项向美国专利和商标局（PTO）撒谎，从而不正当地取得专利。无论该等行为是否可能造成垄断，专利制度本身都需要制定一套惩罚政策。事实上，即便最终证明该专利本身是没有任何商业价值的 292 废品，仍然应该在专利制度内部制裁欺诈性取得专利的行为。因为事前来看，我们并不知道它是不是一个废品，但高度成功的专利却可以确定无疑地形成垄断力量。可以推定，除非预期获益，没有人会就专利申请提供伪证。有关惩罚的法律总是采取事前视角，因为其目的就是要在有害行为发生之前进行威慑。

动用反垄断法的繁琐机制则是另一回事。除非该等欺诈行为可能形成垄断，否则最好把它留给知识产权制度的内部机制处理，或者有时留给侵权法处理。反垄断法的惩罚制度富有高度攻击性，包括私人诉讼中判赔三倍损害赔偿和律师费，以及某些情况下强制分拆企业。要适用反垄断法的惩罚机制，仅仅知道欺诈事实还不够，还必须存在造成消费者损害的严重威胁，这些消费者损害应源于价格上涨、产品质量下降或者品种减少。

正如前一章指出，我们并不能仅仅因为一个企业拥有一项或多项专利或版权就认定它是支配地位企业，必须有严肃的证据表明它具有通过降低产出提高市场价格的能力。单一专利偶尔足以带来该等势力；稍微更加普遍一点的情况是，精心设计的某一领域内的专利组合也可能形成这种效果。但是，现实世界中到处充斥着琐碎的专利，就连出版根本无法有利可图的博士学位论文都可以获得版权；在这种情况下，简单地从拥有该等权利这一事实推定具有市场势力是荒唐的。

在胜负难辨的案件中评估单一企业的市场势力是反垄断法面临的最为头疼的课题之一。[③] 为此，我们可能以消费者行为作为考察对象：如果消费者在被告产品和竞争对手产品之间进行自由替代，被告一定不是垄断者。但这一测度方法的问题在于，出现较高替代率的原因可能正

---

③ *See* 3 AREEDA & HOVENKAMP, *supra* note 2, ¶650. 对反垄断法测度市场势力方法的有用性提出严重质疑的观点，*see* Louis Kaplow, Why (Ever) Define Markets?, 124 HARV. L. REV. 437 (2010)。

是被告已经在收取垄断价格,从而诱使更加易变的消费者转向其他产品。[4] 我们还可以考察价格—成本之差(利差):价格远远超过边际成本的企业必然具有强大的市场势力。但这一测度方法在知识产权密集型市场上的准确性极差,因为这些市场上固定成本的比例很高,它们不会反映到边际成本之中。[5] 当然,并非所有案件都胜负难辨。例如,在微软案中,微软在个人电脑操作系统市场上长期持有90%以上市场份额。法院正确地从这一事实推断它具有市场势力。[6] 在许多市场上,替代品
293 的性能明显不及支配地位企业的产品,或者使用的生产技术非常不同,从中可以自信地认定垄断势力。

二、排斥竞争的知识产权购买行为

(一)以非排他许可作为救济

作为一般原则,反垄断法关切收购行为的原因在于它会造成共谋效应而非排斥效应。收购导致市场集中度提高,使得企业有能力涨价。但知识产权排斥有所不同,特别是涉及替代技术的时候。支配地位企业可能仅仅为了排斥他人的技术进入市场而对它实施收购。例如,支配地位企业可能拥有手机电路系统使用的大多数专利技术。但忽然之间冒出一个竞争对手,它拥有的一项技术性能更好或者虽然性能相同但更加便宜。支配地位企业可能收购该竞争对手的专利,意图通过根本不予实施封藏该技术,或者由它自己开发该技术以替代既有技术。该收购行为可能导致两家企业之间无法出现技术竞争。

但也存在相反的考虑。任何企业,包括支配地位企业,都有保持自身技术与时俱进的利益。另外,重要的技术改进经常源于独立发明人或

---

④ 2B PHILLIP E. AREEDA & HERBERT HOVENKAMP, ANTITRUST LAW ¶539(3d ed. 2007).

⑤ *See id.* at ¶518e.

⑥ United States v. Microsoft Corp., 253 F. 3d 34, 54 – 55(D. C. Cir. 2001), *cert. denied*, 534 U. S. 952(2001).

者非支配地位企业。[7] 即便是相竞争的技术也可能具有互补的方面。过于严厉地反对收购知识产权的规则可能在允许竞争对手大步前进的同时束缚企业的手脚。

然而，大多数情况下处理这一问题的方法非常简单：允许支配地位企业对任何如下技术取得**非排他许可**，即该技术对其市场支配地位至关重要，但同时也有助于提升它自己的生产。非排他许可具有买断性（即排他性）专利转让的大部分优势，同时基本避免了它的劣势。首先，如果支配地位企业真的对提升自己的生产感兴趣，非排他许可就足以提供它想要的一切，即有权改进自身技术。其次，非排他许可允许竞争对手实施该专利并与支配地位企业展开竞争。在联合制鞋机器反垄断案（*United Shoe Machinery*）中，维赞斯基（Wyzanski）法官认定，在原本可以非常方便地取得非排他权利的情况下，联合制鞋机器公司通过从专利权人手中取得排他性权利聚集了许多专利，该行为非法。[8] 1955 年关于反垄断法的检察总长报告同样对专利聚集行为表达了关切，并得出如下一般性结论，即虽然企业可以通过内部研发取得其所希望的任何数量的 294 专利，但极端情况下应该认定其从他人手中取得排他权的行为非法。[9] 20 世纪中叶以来这一观点在反垄断诉讼中并没有扮演应有的角色，但它应该这样做。

非排他许可规则遭受的两项质疑值得我们认真对待，但它们并不具有决定意义。第一，新技术可能受到旧技术的"阻滞"，即要想使用第三方的改进技术必须同时获得使用支配地位企业专利的许可。这种情况下要求支配地位企业接受非排他许可并不能改善局面，因为无论如何它都能禁止他人使用该项新技术。[10] 然而，即便假设这种批评属实，它也仅出现在少数情况。另外，如果改进技术出现的时间较晚还可能出现如

---

⑦ 在信息和通讯技术市场上，对这一主张提供强有力史料支持的观点，*see* TIM WU, THE MASTER SWITCH: THE RISE AND FALL OF INFORMATION EMPIRES (2010); RICHARD R. JOHN, NETWORK NATION: INVENTING AMERICAN TELECOMMUNICATIONS (2010).

⑧ United States v. United Shoe Machinery Corp., 110 F. Supp. 295, 310 – 12, 333 (D. Mass. 1953), *aff'd per curiam*, 347 U. S. 521 (1954).

⑨ Report of the Attorney General's National Committee to Study the Antitrust Laws(《检察总长全国委员会反垄断法研究报告》) 226 (1955).

⑩ *See* Mark A. Lemley, The Economics of Improvement in Intellectual Property Law, 75 TEX. L. REV. 989, 1062 – 63 (1997).

下情况，即支配地位企业的专利失效时该改进技术的专利仍然有效，因此非排他许可允许该技术在他人手中继续有效。

第二项质疑更有威力：如果市场垄断构成一个重要的价值成分，非排他许可的价值将会大大小于排他许可。举一个极端的例子。一个公司开发了一种名为A的支配性技术，第三方开发了一个名为B的完美替代品。如果A的所有者能对B够取得排他权，A将能够维持其垄断地位。而如果A的所有者只能取得非排他权，那么竞争对手也能够取得B，进而形成竞争性市场。在这种情况下，A的所有者将愿意支付其垄断地位的现值以取得对B的排他性控制。然而，如果只允许取得非排他权，或者B被他人取得，A的价值将仅限于它在竞争性市场上具有的价值。向支配地位企业销售排他权的能力在价值上大大超过向竞争性市场销售的权利，因此，规定支配地位企业只能购买非独占权将大大削弱B的创新者进行投资的激励。

有关市场的一个讽刺性的现象是，如果赋予一项专利最大价值的主体恰是试图将其加以封藏的支配地位企业，创新者也只能通过将该专利销售给它才能取得最高价格。但此时我们对外部发明人的关切将让位于对维持创新和竞争的关切。无论是宪法知识产权条款还是《专利法》或《版权法》都没有授予创设经济垄断的权利，它们当然也不会偏袒从市场上排除可取技术的意图。《专利法》仅规定专利视为个人财产并可
295 以转让。[11] 反垄断法明确谴责被证明存在反竞争效果的资产收购行为，包括收购知识产权的行为。这种情况下，我们说维持竞争的政策压倒了偏爱向最高出价人自由让渡财产权的冲突政策——在财产可转让性与垄断形成之间产生冲突的任何情况下，我们采用的都是这种处理方式。达至这一平衡的最好方法是允许支配地位企业对其自行取得专利权的技术享有排他权，但如果从独立第三方手中取得技术可能巩固其垄断地位，则只允许它对该技术享有非排他权。

（二）取得排他权并弃之不用：纸袋案

针对支配地位企业实施专利收购并弃之不用的策略性行为，我们在专利法上具备有力的理由拒绝提供咄咄逼人的救济。虽然我们经

---

⑪ 15 U.S.C. §18.

常说专利购买人或受让人跟创新者拥有相同的权利，但其地位差异可能带来大相径庭的政策含义。如果不讨论防御性申请专利这种可能情况，很少有企业有动机只为了不让它进入市场而创造一项重要的新技术。然而，支配地位企业看到他人开发出竞争性技术时则会有不同的想法。事实上，该等情况下收购并弃之不用他人专利有时会完全颠覆宪法确定的专利法立法目的，它实质上是运用专利制度确保新技术不为公众所得。

20 世纪初期一些法院判决，根据专利法则（而非反垄断法），涉及弃之不用的专利时，专利侵权之诉原告可获得的救济仅限于损害赔偿。⑫然而，联邦最高法院在 1908 年纸袋案（*Paper Bag*）中推翻了这些判例，并判决专利权人有权关闭侵权人的业务，即便它自己并不使用涉案专利。⑬ 这场涉及纸袋制作技术的旷日持久的诉讼向我们展示了一种为排斥竞争性技术进入市场而进行专利收购并弃之不用的策略性行为。19 世纪后期，随着纸袋机器的发展，纸袋产业的机械化程度迅速提高。这些机器把纸切割成统一的形状，把边缘粘贴起来并在底部形成一定的折痕，使其能够在打开时站立起来。一个名叫威廉・里戴尔（William Liddell）的独立发明人发明了一种装置并取得了专利权，该装置能够在纸袋适当的位置形成折痕。同一时期还出现了其他一些具有同样功能的替代技术。里戴尔将他的专利转让给了具有支配地位的纸袋生产商东部纸袋公司（Eastern Paper Bag Co.），后者使用显然具有同等良好性能的另一种技术。转让是指对排他权的转移，意味着东部纸袋公司可以自行使用该技术，也可以对他人使用该技术提起侵权之诉。 296

东部纸袋公司从来不曾把里戴尔专利投入使用，却对大陆纸袋公司（Continental Paper Bag Co.）提起诉讼，试图把它关停。大陆纸袋公司使用的制袋系统跟里戴尔专利非常接近，按照专利等同法则足以构成专利侵权。等同法则（the doctrine of equivalents）是一项专利权利要求解释

---

⑫ Elec. Smelting & Aluminum Co. v. Carborundum Co., 189 F. 710(C. C. W. D. Pa. 1900); Dorsey Harvester Revolving Rake Co. v. Marsh, 7 F. Cas. 939, 945(C. C. E. D. Pa. 1873). 这些早期案例背后的理据是，侵权人拥有大量厂房和雇员，因此具有生产能力，专利权人却没有，关闭这些工厂所带来的社会成本相对于专利权人遭受的无法通过损害赔偿得到弥补的任何损失而言都过于巨大。

⑬ Cont'l Paper Bag Co. v. E. Paper Bag Co., 210 U. S. 405, 429(1908).

规则。根据该法则，字面上不受一项权利要求覆盖的技术如果与该专利所请发明相“等同”，同样会构成侵权。该法则起源于19世纪50年代，在19世纪后期达到巅峰，当时联邦最高法院曾对它作如下描述：

> 如果一项发明具有原始性质（of a primary character），并且，总体上看，该机器带来的机械功能是全新的，那么，**使用基本相同的方式实现相同结果的所有在后机器都构成侵权**，尽管在后机器可能对构成其组成部分的独立机制进行了某些改进。[14]

其结果是，专利经常被宽泛地解释为覆盖了以有所不同的方式实现相同目的的多种技术。在纸袋案中，两种替代技术的发明时间也就间隔两个月左右。里戴尔的技术以旋转圆筒形成纸袋折痕，被告的技术则使用一种往复板。

根据地区法院法官的认定，东部纸袋公司购买里戴尔专利的目的并非实际使用，而是把它覆盖的技术完全排除在生产领域以外：

> [原告]从来没有根据里戴尔专利制造任何用于实际生产目的的机器。卷宗还表明原告把该专利束之高阁。它从来没有试图作任何实际使用，无论是自己使用还是许可他人利用，而且很显然它的政策方针向来都是避免这种使用……毫无疑问，原告属于普遍存在的一类生产商之一，它们聚集专利完全是为了保护其整体产业和整垮竞争对手。[15]

297 事实上，东部纸袋公司的辩护律师在口头辩论阶段承认，公司并没有使用里戴尔技术的计划，它购买该专利只是为了将其排除在市场之外。“我们之所以不制造这种机器，是因为我们根本不需要它”，他说，“我们出于控制目的持有该专利。”[16]

纸袋案暴露了两个对立的专利理论，它们持续存在于19世纪的大部分时间里。一种理论认为专利政策是公众取向的和功利性的，专利政

---

[14] Morley Sewing Mach. Co. v. Lancaster, 129 U. S. 263, 274 (1889). 该法则起源于 Winans v. Denmead, 15 How. 330 (1854)（5:4的判决，异议法官主张原告的发明在产业内具有相当的显而易见性，法院采纳的这项法则使原告能够对所请发明的多项替代技术主张权利）；*see also* Graver Tank & Mfg. Co. v. Linde Air Prods. Co., 339 U. S. 605 (1950)（表述了现代版本的等同法则）。Warner-Jenkinson Co., Inc. v. Hilton Davis Chem. Co., 520 U. S. 17 (1997) 案维持了该法则，尽管当事人主张《1952年专利法》因为提高了权利要求的具体化程度而在事实上废除了该法则。

[15] E. Paper Bag Co. v. Cont'l Paper Bag Co., 142 F. 479, 487 (C. C. Me. 1905).

[16] Cont'l Paper Bag Co. v. E. Paper Bag Co., 150 F. 741, 747 (1st Cir. 1906).

策应该为了公众利益鼓励开发技术并将其推向市场。这种观点与宪法知识产权条款的规定相一致，它的坚定拥护者之一是后来被提名为联邦最高法院大法官的霍瑞斯·勒顿法官(Horace H. Lurton)。虽然勒顿认为应该赋予强专利权，但他同时也认为专利的授予"应该基于如下合理预期，即[专利权人]会把它的专利付诸实际使用，或者以合理的条件许可他人使用"。⑰

在第一巡回区上诉法院审理纸袋案过程中持异议意见的詹姆斯·阿尔德里奇法官(James Aldrich)也持有该观点。虽然专利政策可能允许企业控制相竞争的技术，但衡平法院有时也可能"压制发明"：

如果某人可以为颠覆竞争条件而收购并持有唯一的竞争性专利、故意和刻意弃置不用，而且可以为此目的动用衡平法上的禁令救济，他将能够取得并压制所有竞争性发明。

阿尔德里奇抱怨说，这将"颠覆整个宪法和制定法方案，该方案的主要和根本目的是要让公众和企业受益"。⑱

联邦最高法院采纳了一种相对立的观点。作为自己的论证前提，该观点认为专利是一种财产权，所有者可以随心所欲地做任何事情，包括拒绝将该技术推向市场。联邦最高法院拒绝接受专利权人"处于准公众受托人地位"的观点。相反，

发明人是发现某种有价值事物的人。该发明是他的绝对财产。他可以拒绝公众分享与之有关的知识，他可以坚持获得制定法许诺给向公众披露发明之人的任何优势和利益。⑲

纸袋案的影响取决于具体情况。有时专利装置或流程的价值期间超过 298
专利本身，专利保护期届满时仍然可以剩余一些价值进入公有领域。正如联邦最高法院指出，这种情况下不实施专利的专利权人向公众披露了该发明，但却要他们一直等到保护期届满时才可以使用该技术。如果我们想象大多数侵权人都是模仿者，他们并不会自行发现这项发明，那么这一规则可

---

⑰ Heaton-Peninsular Button-Fastener Co. v. Eureka Specialty Co., 77 F. 288, 294 (6th Cir. 1896).

⑱ Cont'l Paper Bag, 150 F. at 749 – 750.

⑲ Cont'l Paper Bag Co. v. E. Paper Bag Co., 210 U.S. 405, 424 (1908). 只有哈兰大法官(Harlan)持异议意见。

能造成的唯一损害是公众必须等待一项他们原本根本不可能获得的发明。

但在另外三种情况下,纸袋案的规则却可能具有灾难性的负面影响。前两种情况主要涉及专利政策,第三种情况涉及反垄断法。第一种情况是侵权人总体上不是模仿者而是独立发现者。在这种情况下,购买并弃之不用策略将阻止正当发明人自行将替代技术推向市场。非常可能的现实情况是只有很小一部分专利侵权人是模仿者,因为绝大多数都是独立发现者。

第二种有害情况是专利发明的商业生命短于专利保护期。许多发展迅速的产业之中都存在这种情况。此时,纸袋案的处理方式实际上允许支配地位企业购买竞争性技术并将它们完全排除在市场之外。如果像纸袋案那样宽泛地适用等同法则会使这一问题雪上加霜,因为这时专利权人甚至可以排除独立开发的不同技术。这明显违背了宪法知识产权条款要求专利政策必须激励发明的本意。

第三种情况会加剧前两种情况,属于反垄断政策的范畴:购买者是一个支配地位企业或者垄断者,购买行为有助于在一个原本会走向竞争的市场上维持垄断状态。[20] 纸袋案是完全按照专利法作出的判决,没有触及市场结构或支配地位问题。

除了禁止支配地位企业对重要专利取得排他许可,我们还建议把未付诸实施的专利可获得的救济局限于损害赔偿。[21] 这一规则与
299 联邦最高法院作出的 eBay 案相一致,但与纸袋案相冲突。这一解决方案不但适用于不实施专利的"非实施实体"(NPE,又称"专利流氓"),而且适用于支配地位企业以未付诸实施的专利作为排斥竞争的手段。

---

⑳ 罗伯特·莫吉斯(Robert Merges)主张,市场垄断地位对于专利权人的成功至关重要,即除非该企业能够将受专利保护的竞争性技术排除在市场之外,否则它无法收回投入专利开发中的资源。*See* ROBERT P. MERGES, JUSTIFYING INTELLECTUAL PROPERTY 60 - 61(2011). 首先,虽然这种主张在某些情况下成立,但它提出了一个事实问题,对它的回答不能采用推定的方式。第二,该问题最好作为专利范围问题而非竞争政策问题解决。《专利法》并没有赋予形成垄断的权利。第三,这种主张比较过头,因为原则上它也允许竞争性专利的所有者为确保收回投资而固定价格或者划分市场。第四,无论如何,莫吉斯的主张似乎主要涉及企业内部自行开发的替代专利,而不是从其他人手中购买竞争性专利并束之高阁的策略。

㉑ 参见第四章。

三、拒绝交易

无论在知识产权法还是反垄断法上，垄断者拒绝与竞争对手分享生产性资产总是会引起激烈的争议。美国反垄断法对垄断者无条件拒绝交易行为抱以高度容忍的态度。[22] 另外，《专利法》规定单纯的单方拒绝许可专利不构成专利“滥用”。[23] 然而，与此同时，反垄断政策和专利政策都继续认为某些有条件拒绝交易行为可能违法。例如，《克莱顿法》第3条谴责反竞争的搭售专利产品和独家交易专利产品。搭售是指有条件拒绝销售一个产品，除非买方同时购买另一种产品。独家交易是指除非买方许诺不向竞争对手购买类似产品，否则卖方拒绝向其销售产品。《专利法》规定除非专利权人拥有搭售品市场势力，否则搭售不构成“滥用”。[24] 其暗含的相反含义即如果存在市场势力搭售可能构成滥用。

同样，专利权人之间达成的固定价格协议实际上是这样一种约定，即除非被许可人支付规定的价格，否则拒绝许可。另外，如果许可人以被许可人放弃开发竞争性技术为条件许可一项技术，这既可能构成《谢尔曼法》项下的排斥竞争行为，也可能构成专利滥用或版权滥用。[25] 这一清单还可以继续延长，但其基本要点是清晰的：当有条件拒绝交易可能危及正常市场竞争时，应根据反垄断法的原则处理，并且大多数情况下，非法拒绝交易行为并不因为其客体是知识产权而得到豁免。当有条件拒绝许可构成限制创新行为时，反垄断法可能并不是有效的工具，这时可以使用知识产权法上的救济方式，例如“滥用”法则。

这里需要注意两点。第一，虽然拒绝交易本身可能不构成垄断违法

---

[22] Verizon Commc'ns Inc. v. Law Offices of Curtis V. Trinko, LLP, 540 U. S. 398 (2004); Pac. Bell Tel. Co. v. Linkline Commc'ns, Inc., 555 U. S. 438 (2009).

[23] 35 U. S. C. § 271 (d) (4).

[24] *Id.* at § 271 (d) (5).

[25] *E. g.*, Lasercomb Am. v. Reynolds, 911 F. 2d 970, 973, 979 (4th Cir. 1990) (侵权之诉的原告以被许可人放弃自行开发设计软件为条件向其许可设计软件，构成版权滥用)。参见第十章。

行为，但强制许可却是一种常用的救济手段，用以处理得到独立证明的
300 其他垄断违法行为，即拒绝许可以外的其他违法行为。㉖ 第二，我们将在下文谈到，在网络型产业有条件和无条件拒绝许可之间的界限比较模糊。

（一）单纯的拒绝许可知识产权

专利产品或版权产品的销售会涉及明示的知识产权许可，至少也会默示地涉及。根据首次销售法则，㉗专利产品的购买者有权使用甚至转售它，但无权制作复制件并向他人销售。主要在以下情况下，许可或拒绝许可成为一个竞争法问题，即竞争对手向知识产权人提出许可要求以便能够生产产品与其展开竞争。

在决定应该对拒绝知识产权许可采取何种适当的政策时，需要考虑以下几个问题：第一，单边拒绝和联合拒绝之间的区别。第二，单纯的单边拒绝许可是否有构成垄断违法行为的任何可能，如果有，在什么情形下。第三，如何设计有效的救济方式。

根据美国法，知识产权人没有向他人授予许可的一般性义务。例如，如果通用电气公司拥有生产电灯泡的专利，它可以按照自己的意愿决定是否生产灯泡。通用电气没有义务许可西屋电气公司（Westinghouse）生产灯泡，即便该许可对于后者的生存而言是必要的，或者后者能够据此降低灯泡价格。当然，专利失效之后，西屋电气无需许可就能根据自己的意愿生产任何数量的灯泡；但专利权的性质就是要赋予专利权人控制产量的权利。除了某些例外，版权法具有同样的功能。㉘

但是，拒绝许可行为要落入这一受保护的范围必须是“单方的”。联合拒绝交易（concerted refusals to deal）——有时也称为“杯葛”

㉖ *See*, *e. g.*, United States v. Glaxo Grp., Ltd., 410 U. S. 52, 63 (1973)（以强制许可作为救济手段）；Besser Mfg. Co. v. United States, 343 U. S. 444, 449 (1952)（同上）；United States v. Gen. Elec. Co., 115 F. Supp. 835, 845 (D. N. J. 1953)（以允许许可作为救济手段）；*see* United States v. AT&T, 552 F. Supp. 131, 136 (D. D. C. 1982), *aff'd mem. sub nom.*, Maryland v. United States, 460 U. S. 1001 (1983)（分拆 AT&T 公司，要求 AT&T 公司向分拆出来的七个“小贝尔”公司授予使用其专利的非独占许可）.

㉗ 参见第十三章。

㉘ *See*, *e. g.*, 17 U. S. C. § 115（就复制非戏剧音乐作品的行为规定强制许可，但以作私人用途为条件）.

(boycott)——的处理方式非常不同,而且这种区别对待是有良好理由的。首先,单方面拒绝与竞争对手进行分享是一种普遍行为,能够解释大多数企业开展日常业务的模式。这些企业创造出生产性资产并将其用于自己的生产,但通常不会把与竞争对手分享资产作为自己的业务。事实上,我们通常会对竞争对手之间的分享协议投以怀疑的目光,因为这会促成共谋。而两个企业达成不向第三方许可的协议是更加非同寻常的行为,需要作出解释。联合拒绝行为内在地具有更大的排斥性,因 301
为它不仅涉及一个企业的自我生产意愿,而且涉及控制竞争对手分享技术的意图。因此,它更可能具有反竞争的背后动机。强调这种区分的一个很好的例子是联邦最高法院 2010 年的美国针织公司案(American Needle)判决。该案中,美国国家橄榄球联盟(NFL)拒绝许可一家服装制造商生产带有成员球队商标的帽子。联邦最高法院在该案中判决,该行为应视为成员球队之间的联合拒绝交易行为,而非 NFL 的单方拒绝交易行为。原告之所以能够证明垄断违法行为,几乎完全取决于法院将涉案行为认定为多方行为而非单方行为。[29] 当然,并非所有联合拒绝交易行为都是反竞争的,某些此类行为对社会有益,例如发生在协作型创新中的联合拒绝交易。

设计可行的救济方式也很重要。一旦决定谴责两个或更多企业之间订立的协议,通常我们只需要禁止强制执行该协议。之后这些企业可以自行决定是否许可。如果许可对其有利,它们就会选择许可。它们甚至会就许可费的高低展开竞争。例如,在全美大学生体育协会案(*NCAA*)中,联邦最高法院谴责 NCAA 的成员大学集体强制执行向全国性电视台许可比赛的数量上限。法院的反垄断法命令以禁令形式禁止强制执行该限制规定,允许每一个球队按照自己的意愿许可任何数量的比赛。其结果是,全国性播出的球赛数量大幅增加。[30]

---

[29] Am. Needle, Inc. v. NFL, 130 S. Ct. 2201 (2010). *See* Herbert Hovenkamp & Christopher Leslie, The Firm as Cartel Manager, 64 VAND. L. REV. 813 (2011).

[30] Nat'l Collegiate Athletic Ass'n v. Bd. of Regents of Univ. of Okla., 486 U. S. 85 (1985). NCAA 控制的时代结束后,个体球队取代 NCAA 成为市场上的卖方,产量大幅增加。Ira Horowitz, The Reasonableness of Horizontal Restraints: NCAA (1984), in THE ANTITRUST REVOLUTION 215 – 16 (John E. Kwoka, Jr. & Lawrence J. White eds., 2d ed. 1994).

截然相反，如果法院强制单一企业进行许可，会带来一系列棘手的问题。其中之一是价格问题。法院是否必须决定许可价格？如果它只是简单地责令垄断者进行交易而不对价格作任何规定，垄断者对竞争对手收取的许可费将至少跟垄断价格持平，价格和产出并不会发生对消费者有利的变化。其结果是，法庭将不得不对价格作出规定。但是高科技市场上成本不断发生变化，这要求法院持续不断地监督企业的定价决定以及责令交易之命令的适用范围，使其承担起电力零售或天然气监管机构那样的角色。此外，许可的范围如何？是可以用于任何目的，还是只能用于生产竞争性产品？知识产权人必须提供单个专利，还是一组专利？除了提供许可是否还需要同时提供硬件？权利人是否可以限制产品数量？申请许可的企业必须证明该许可是其生存所必要的，还是仅需证明许可对它有利可图或者也许只是更加方便？也许法院会责令权利
302 人按照“合理”条件进行许可，试图以此避免这些问题。但一旦发生新纠纷，合理性问题经常会重新回到法院手中。正是由于这些原因，联邦最高法院在 2004 年多林克案（*Trinko*）中基本消灭了单方拒绝交易构成反垄断法诉因的可能。[31] 虽然多林克案并不涉及知识产权本身（尽管它默示地涉及专利许可），但法院事实上判决专利人或版权人没有向他人许可技术的义务。[32] 强制许可的观念与我们坚定持有的如下信念背道而驰，即知识产权制度为其创设的权利创造了一个基本自我运作的市场，知识产权人可以按照自己的意愿自由地交易（或不交易）这些权利。

虽然说责令企业分享知识产权的情况应该较少，但并不意味着完全不能这样做。偶尔，强制许可带来的社会价值可能非常大或者实施中引发的问题非常小，足以抵消掉这些令人生畏的反对理由。无论如何，我们

---

[31] Verizon Commc'ns., Inc. v. Law Offices of Curtis V. Trinko, LLP, 540 U. S. 398 (2004).

[32] *See* Cont'l Paper Bag Co. v. E. Paper Bag Co., 210 U. S. 405, 429 (1908); Dawson Chem. Co. v. Rohm & Haas Co., 448 U. S. 176, 215 (1980)（“排除他人利用专利发明获利的权利”是专利的“实质”）; Data Gen. Corp. v. Grumman Sys. Support Corp., 36 F. 3d 1147 (1st Cir. 1994); Genentech v. Eli Lilly & Co., 998 F. 2d 931, 949 (Fed. Cir. 1993), *cert. denied*, 510 U. S. 1140 (1994); SCM Corp. v. Xerox Corp., 645 F. 2d 1195, 1204, 1206 (2d Cir. 1981), *cert. denied*, 455 U. S. 1016 (1982)（“没有任何法院曾经判决，一旦专利权人的专利垄断赋予它对某个相关产品市场拥有垄断势力，反垄断法就将要求它放弃专利本身内含的排斥力”）.

应该根据《谢尔曼法》第 2 条的“垄断化”条款评估单方拒绝行为，这要求证明企业在涉案知识产权覆盖的市场上具有支配地位。另外，还必须有理由相信我们能够以适当的方式设计和实施救济措施，并且能够改善市场竞争状况。

《专利法》有关救济方式的规定同样存在问题。首先，正如反垄断法一样，知识产权政策有时为了救济其他知识产权违法行为而责令许可。例如，专利权人在与标准制定组织打交道的过程中就自己的权利作不实陈述。[33] 但如果不存在其他不当行为，单边拒绝许可几乎完全不可能违反知识产权政策。事实上，《专利法》本身就规定单边拒绝交易不构成专利滥用；这表明了一项国会政策，即在专利法上不应强迫专利权人交易。[34]

联邦最高法院在 eBay 案（*eBay*）中针对拒绝许可开启了一扇救济后门：法院在专利侵权个案中决定损害赔偿救济还是禁令救济更加合适。《版权法》下有基本相同的规则；事实上，eBay 案判决大量借鉴了《版权法》项下的实践。[35] 然而，正如第四章分析指出，eBay 案并不是一个允许竞争对手事先请求许可专利的强制许可规则。相反，它要求竞争 303
对手先行从事侵权行为，而只能寄希望于法院把侵权救济局限于法院确定的许可费而非禁令。

另外，eBay 案并没有**明确要求**将反竞争效果作为拒绝禁令的理据之一。正如大多数知识产权执法情形一样，市场结构在这里也不是一个相关因素。诚然，按照 eBay 案的规则，专利权人必须让法院信服颁发禁令有利于“公共利益”。但这里的公共利益是什么呢？在适用 eBay 案规则时法院根本不去认定促进竞争这种公共利益，而是倾向于将专利权人和侵权人之间的竞争视为**授予**而非拒绝禁令的理由之一。[36] 当然，这

㉝　参见第十二章，*see also* Qualcomm, Inc. v. Broadcom Corp., 548 F. 3d 1004 (Fed. Cir. 2008)（被告企业向标准制定组织错误陈述其专利权，法院根据反垄断法以外的衡平原则责令其向该组织许可专利）.

㉞　35 U. S. C. § 271d(4).

㉟　eBay, Inc. v. MercExchange, LLC, 547 U. S. 388, 392 – 93 (2006).

㊱　TiVo, Inc. v. EchoStar Commc'ns Corp., 446 F. Supp. 2d 664, 669 – 70 (E. D. Tex. 2006); MGM Well Servs., Inc. v. Mega Lift Sys., LLC, 505 F. Supp. 2d 359 (S. D. Tex. 2007).

两家公司相互竞争的事实并不意味着它们支配市场。[*] 另外，法院在处理专利侵权案件时看到的最明显的事实是，从事侵权行为的竞争者会攫取专利权人的销量。然而，专利禁令诉讼中相关的公共利益标准与反垄断法促进竞争和限制垄断的公共利益标准涉及非常不同的因素。

（二）柯达案“例外”：封闭型维修网络及售后市场

“无交易义务”的专利法规则存在一项有争议的例外，它源于1990年代柯达反垄断诉讼案（*Kodak*）的判决。柯达是一个不太成功的复印机生产商和维修商，市场份额为23%左右。它最终把复印机业务出售给了丹卡公司（Danka）。正如其他大型企业（如施乐公司）一样，柯达公司采取鼓励复印机客户同时购买柯达公司维修服务的政策。柯达公司的另一项政策是仅向自己的维修技术人员提供售后市场零部件，并拒绝向独立维修组织（ISO）销售这些零部件。ISO也提供维修柯达复印机的服务，它们指控柯达的这些政策试图垄断“柯达复印机维修服务”市场。[37]

任何一家公司都毫无疑问百分之百控制着自己的品牌，但并不会因此成为一个垄断者，而且就本案而言，柯达的规模远远小于市场领导者施乐公司。但是，联邦最高法院却判决，相对“被锁定的”买方而言，柯达可以具有市场势力并可以被视为一家支配地位企业。所谓“被锁定的”买方是指已经购买柯达复印机并因此被迫购买柯达售后市场零部件的买方，许多这些零部件都是柯达机器独一无二的配套品。联邦最高法院拒绝采纳经常被归结为芝加哥反垄断学派观点的如下规则，或者说对它进行了限制：理性消费者采用“生命周期定价”方式，即他们在估算价格时不是简
304 单地仅考虑先期采购价格，而是考虑总体拥有成本。消费者因此会把零部件或服务市场上的垄断价格计入拥有机器本身的成本，从而转向购买其他机器。

---

* 原文是“Of course, the fact that two firms compete does not mean that they dominate a market.”作者对此的解释是“Two perfectly competitive firms still have no incentive to reduce output because the rest of the market will pick it up.”（两家完全竞争性的企业仍然没有减少产出的激励，因为市场上的其他企业将会将其填补。）——译者注

㊲ Eastman Kodak Co. v. Image Tech. Servs.，504 U. S. 451（1992）. 发回重审之后的判决，*see* Eastman Kodak Co. v. Image Tech. Servs.，125 F. 3d 1195（9th Cir. 1997），*cert. denied*，523 U. S. 1094（1998）。有关柯达复印机业务出售给丹卡公司的情况，*see* 125 F. 3d at 1229 n. 1。

在发回重申时，第九巡回区上诉法院认定，柯达公司通过拒绝交易其零部件非法垄断了自有维修的售后市场。尽管《专利法》规定拒绝销售受专利保护的零部件不构成"滥用"，但法院认为该规定并不适用于反垄断法诉讼。然后法院提出了一个专利"单次垄断"理论，即专利权人有权享有垄断地位，但只能享有一次。柯达公司凭借其可能的零部件专利对某些零部件享有垄断地位，但柯达试图通过拒绝向独立维修技术人员销售零部件对自己的维修服务创设第二个垄断。[38]

第九巡回法院的推理立基于一个有关专利的严重错误的概念。[39]专利所描述的是发明而非市场。专利通常根本不会形成垄断。但取决于专利技术的使用领域和方法，少数专利可能在一个或多个市场上形成垄断。柯达针对售后市场零部件拥有的专利，在零部件本身所在市场以及复印机维修这个互补市场上都具有价值。第九巡回法院认为这一事实意味着柯达有义务向其中一个市场销售零部件，否则，它将同时在零部件市场和维修市场上享有垄断利益。

联邦最高法院的柯达案判决目前仍然是有效判例。[40] 虽然第九巡回法院的推理存在瑕疵，但它处理的政策问题却非常重要：抛开"搭售"的论调不谈，是否应该允许企业经营封闭型维修网络呢？如果答案是否定的，在决定何时应该强制撬开该等网络方面，知识产权法或反垄断法是合适的工具吗？行业间的商业做法存在非常大的差异。例如，在汽车市场上，由生产商付费的大多数保修工作都只能由某一具体品牌的经销商以及"授权"独立维修商承担。然而，一旦超过保修期，汽车的售后市场维修工作可由成千上万的独立修车行承担。家用电器以及电子音视频系统产品市场通常亦是如此。

封闭型维修网络的存在可能更多反映了技术的复杂性而非市场势

㊳ Kodak,125 F. 3d at 1215 – 16,1225. 早期提出单方拒绝许可有可能违法的观点，*see* Data General Corp. v. Grumman Systems Support Corp. ,36 F. 3d 1147,1187 & n. 64(1st Cir. 1994)案的附带意见。*See also* 10 PHILLIP E. AREEDA & HERBERT HOVENKAMP, ANTITRUST LAW ¶ 1740(3d ed. 2011).

㊴ 涉及施乐公司的平行诉讼也如此判决。*See* Independent Service Organizations(ISO) Antitrust Litigation,989 F. Supp. 1131,1138(D. Kan. 1989) and ISO Antitrust Litigation,203 F. 3d 1322,1325(Fed. Cir. 2000),*cert. denied*,531 U. S. 1143(2001).

㊵ *See* eg. Newcal Indus. ,Inc. v. Ikon Office Solution,513 F. 3d 1038(9th Cir. 2008)(适用柯达案).

力。随着相关产品的复杂化程度和出错率不断提高,该等网络的重要性日益凸显。这包括消费品市场上的复印机和笔记本电脑,以及生产型市
305 场上的专门机械。这些设备的性能高度依赖售后市场维修和零部件的质量,而且一旦出错,人们倾向于怪罪生产商而非维修技术人员。这一事实表明,法院强制生产商接纳不受其控制的独立技术人员是一个坏主意,在主产品市场具有竞争性结构时尤其如此。柯达案就是这种情况。柯达案的真正问题在于它过度夸大了非支配地位企业仅仅通过剥削被锁定客户能够行使的市场势力。由于复印机市场存在竞争,低劣的售后市场维修质量可能给柯达带来巨大的风险。

(三)受支配协作型网络中发生的拒绝交易

联邦最高法院2004年的多林克案(*Trinko*)大大提高了原告证明被告单方拒绝交易行为违反美国反垄断法的难度。[41] 五年后,联邦最高法院在连线价格挤压案(*LinkLine*)判决中重申了这一观点。[42] 欧盟竞争法在这方面较为激进。[43] 欧盟微软案责令微软与竞争性服务器生产商分享服务器软件协议。然而,即便是这一案件也只是适用于一个特定的网络产业,微软在其中拥有与竞争对手进行交易的稳固传统。[44] 欧盟司法机关责令微软公司分享协议,以使服务器联网软件的竞争性生产商在一个由视窗计算机主导的系统内能够透明地运行其系统。[45]

"服务器"是指接收、存储和发布文档的计算机。这些文档包括电子邮件通信、网页以及网络成员可能分享的其他信息。一些服务器以微

---

[41] Verizon Commc'ns Inc. v. Law Offices of Curtis V. Trinko, LLP, 540 U. S. 398(2004).

[42] Pac. Bell Tel. Co. v. LinkLine Commc'ns, Inc., 129 S. Ct. 1109, 1118(2009)("公司单方拒绝与竞争对手交易的行为仅在有限情形下产生垄断责任"); *see* Erik N. Hovenkamp & Herbert Hovenkamp, The Viability of Antitrust Price Squeeze Claims, 51 ARIZ. L. REV. 273(2009).

[43] *See* European Commission, DG Competition Discussion Paper on the Application of Article 82 of the Treaty to Exclusionary Abuses(Dec. 2005), at § 9, *available at* http://ec. europa. eu/competition/antitrust/art82/discpaper2005. pdf. 总体而言,只有拒绝交易会产生消除竞争或禁止某种新产品开发的效果时欧盟才会加以谴责。*See* Christian Ahlborn & David S. Evans, The Microsoft Judgment and Its Implications for Competition Policy Towards Dominant Firms in Europe, 75 ANTITRUST L. J. 887, 889(2009).

[44] Case T – 201/04, Microsoft v. Comm'n, 2007 E. C. R. II – 1, *available at* http://curia. europa. eu/jurisp/cgi – bin/gettext. pl? lang = en&num = 79929082T19040201&doc = T&ouvert = T&seance = ARRET. In particular, *see* ¶¶ 627 – 36.

[45] Id., ¶¶ 181, 186(要求"透明的"互联互通,达到运营商无法识别服务器软件身份的程度).

软操作系统作为运行环境，另一些服务器使用的运行环境则是其他操作系统，主要是基于 UNIX 的系统和其他开源系统。除非微软向这些竞争性服务器系统的生产商提供完整、及时的操作协议，否则这些竞争性系统在视窗计算机上的表现会逊于微软自己的服务器软件。事实上，服务 306
器系统市场是在微软进入之前由其竞争对手培育起来的，当时微软乐于向它们提供互操作性协议。但在微软进入这一市场之后，它便开始拒绝提供关键数据。㊻

总体而言，具有普遍管辖权的法院并不是很适合决定某公司与竞争对手交易义务的范围和条件。另外，这也不是一个可以通过事后适用三倍损害赔偿规则解决的问题。这样做会使问题进一步恶化，因为公司将不得不在一个不确定的领域自担风险进行经营。任何交易义务的范围都可能存在高度争议，即便是在监管语境下，因此事后处以三倍损害赔偿将迫使公司为避免反垄断法责任而无效率地行事。因此，反垄断法对于单方交易义务处以责任的空间极其有限。

但在网络型产业处以这样的义务则是可行的，例如计算机操作系统和应用程序软件产业，因为这些产业之中的网络是在多方共同参与下发展起来的，并且网络的持续有效运作要求它们进行合作。如果网络是在协作型体制下发展起来的，而责令交易的主要目的是维持现有实践而非形成新的实践，我们更有理由处以强制交易的责任。还有一种情况比它还要有理由处以强制交易义务，即只需取消一项排他权的专有性即可实现交易。

有人可能会认为协作型网络类似于前文介绍的柯达案的情况，我们当时反对处以交易义务。但它们实际上存在一些重大差异。首先，也是最重要的一点是，柯达不是一个垄断者而是一个与其他企业进行竞争的非支配地位企业，出售一种需要提供专业服务的耐用设备。将交易义务扩张适用于竞争性市场并不能使消费者受益。这样做还将导致联邦法院深陷繁重和持续监管的漩涡之中，关注数以百计单一品牌的分销和维

㊻ *See* id. ,¶ 565; *see* Microsoft Corp. , Commission Decision No. COMP/C – 3/37. 92/EEC (E Com Mar 24,2004), findings ¶¶ 587 – 636; *See*, *e. g.* , finding ¶ 588 (“然而，一旦其工作组服务器操作系统得到市场认可，微软的激励因素就发生了改变，拒绝提供与视窗环境实现互操作性相关的信息变得顺理成章”).

修网络，从汽车到草坪修剪机到厨房用品。该等企业除了要比拼主产品的质量，还必须就其维修服务的质量展开竞争。其次，柯达案中的独立维修组织（ISO）本身并不是强大的创新者，而只是修理柯达复印机的维修人员。与之相关，该案中也不存在重大的联合开发情节。柯达自行开发复印机及其售后市场零部件，ISO只不过参与到一个已经存在的系统之中。[47] 易言之，该案中事态的发展顺序与欧盟微软案相反，后一案件中独立企业开发出这一市场在先微软进入在后。

307 在阿斯攀滑雪案（*Aspen*）中，联邦最高法院谴责了一起拒绝继续交易的行为，但将判决的适用范围局限于支配地位企业“邀请”一家小型竞争对手参与一项分享计划的情形。竞争对手把自己的资源承诺其中之后，支配地位企业在没有任何良好理由的情况下决定终止计划。[48] 该计划创设了一套行为基准，包括消费者在内的市场参与者都曾经据此调整了自己的承诺（commitments）。美国反垄断法至少口头上继续承认如下情形中存在交易义务，即一家企业以对市场及其消费者有害的方式，没有正当理由地改变先前承诺的交易做法。[49] 欧盟也承认不合理地终止现有关系应该承担责任。[50]

在评估协作型网络中发生的涉嫌反竞争行为时，网络的发展历程是一个相关的考虑因素。在多方联合提供的网络中创新能够沿着多条路径发生，支配地位企业则可能有能力选择路径，仅仅是因为它能够导致竞争对手的技术不兼容。如果允许支配地位企业一旦有能力就可以随

---

[47] 在改变政策之前，柯达曾有三年时间向ISO出售零部件，但在ISO进入之时柯达的网络实际已经建立起来。*See* Eastman Kodak Co. v. Image Tech. Servs.，125 F. 3d 1195，1211（9th Cir. 1997），*cert. denied*，523 U. S. 1094（1998）.

[48] Aspen Skiing Co. v. Aspen Highlands Skiing Corp.，472 U. S. 585，603（1985）（被告垄断者“决定对分销安排作重大改变，而该安排起源于当年的竞争性市场并持续存在了多年”）.

[49] *See* Verizon Commc'ns Inc. v. Law Offies of Curtis v. Trinko，LLP，540 U. S. 398，409 – 10（2004）（强调被告从未与AT&T公司进行过自愿交易，它之所以与之交易完全是因为受到联邦法互联互通要求的强制，并将阿斯攀案描述成“位于《谢尔曼法》第2条责任的外部边缘或其附近”）；*see also* 3B PHILLIP E. AREEDA & HERBERT HOVENKAMP, ANTITRUST LAW ¶ 772e（3d ed. 2008）.

[50] DG Competition Discussion paper，*supra* note 43，§ 9. 2. 1（将“终止现有供应关系”作为一个独立的类别）. 相反的观点，*see* Alan Devlin, Michael Jacobs & Bruno Peixoto, Success, Dominance, and Interoperability，84 IND. L. J. 1157，1162（2009）. 我们认为后者的观点对于协作型网络的发展历史没有给予足够的重视。

心所欲地霸占全部私人利益，我们将迅速丧失掉源自协作型网络的社会效益。[51]

协作型网络的一个共同特征是市场运作需要多个生产商和买方集体行动。网络的产出品往往是多个卖方共同提供的一系列互补的产品或服务，例如本地和长途通讯，或者计算机硬件、软件和通讯。网络通常表现出消费端规模经济，有时被称为"网络效应"。网络效应是指客户给予网络的赋值随着网络规模变大以及参与者的数量和类型增加而增加。例如，如果不与任何他人的电话相连接，一部电话作为通讯设施没有任何价值。而如果能够连接到单一系统之中，随着用户数量的不断增加，电话也将具有更大的价值。最优的系统允许任何人与任何他人交 308
谈。[52] 计算机同样如此，它们通过互联网与世界沟通，并依赖用户之间以及许多类型供应者之间的互相兼容实现网络效应。如果某一具体类型计算机的现有客户群增加，为它编写软件就会更加有利可图，购买与它兼容的软件也更加便宜。正因如此，现在的软件市场与 20 世纪 50 年代时完全不同，当时经常需要编写只能在具体某一台大型计算机上运行的软件，一套软件的开发成本经常高达数十万美元。[53]

网络型市场通常是"双边市场"，也就是说交易发生在三个（或者更多）方向上，而不像传统新古典经济学市场那样通常在单一的买卖双方之间进行配对。[54] 双边市场上，一个群体的需求会影响另一个群体的需求。一个很好的例子是网络电视。它对观众免费，但向广告商收费，观众群体越大广告商愿意支付的广告费越高。另一个例子是酒吧的"女士之夜"。尽管公众对性别歧视日益反感，但许多酒吧继续采取对女士

---

[51] 关于某些网络具有极强协作性质的论述，*see* YOCHAI BENKLER, THE WEALTH OF NETWORKS: HOW SOCIAL PRODUCTION TRANSFORMS MARKETS AND FREEDOM (2006).

[52] 然而，美国电话系统花费了半个多世纪才形成一个单一网络。*See* RICHARD R. JOHN, NETWORK NATION: INVENTING AMERICAN TELECOMMUNICATIONS (2010).

[53] *See* Nicholas Economides & Lawrence J. White, Networks and Compatibility: Implications for Antitrust, 38 EUR. ECON. REV. 651 (1994); Michael L. Katz & Carl Shapiro, Network Externalities, Competition and Compatibility, 75 AM. ECON. REV. 424 (1985).

[54] 在传统市场上，发生在单一卖方和单一买方之间的每一笔交易都同时对双方有利并因此是有效率的，只要不影响其他人。而在双边市场上，如果不考虑某人与一组交易伙伴的交易（例如电视制片人与广告商），就无法评估他与另一组交易伙伴的交易（例如电视制片人与消费者）是否有效率。

免费开放或免费提供酒水而对男士收费的策略。更多女性进入酒吧能够吸引更多男性，而男士的酒量很可能很大。微软的视窗操作系统是一个双边平台，其服务对象除了消费者，还有电脑生产商和应用软件开发商。因此，它可能对电脑生产商收取极低的视窗操作系统价格，因为它知道这有助于增加用户数量，进而提升视窗市场对软件开发商和用户的吸引力。最优策略可能是向一边客户免费提供产品。另一个例子是信用卡。它通常对按时全额还款的客户免费，从而以极低的客户费争取非常广泛的客户面，进而吸引更多商户使用该卡，而发卡方通常向商户收取较高的费用。

市场的双边特性可能导致某些行为的反垄断分析非常复杂，特别是涉及定价和排他性的行为。正常情况下反竞争的行为，在双边市场上可能仅仅是一种手段，为了增加市场某一部分的产出以此在另一部分获取利益。[55] 例如，如果市场另一边的收益（硬件使用或者电视广告）超过因
309 提供免费服务导致的收入损失，免费发行软件或网络电视的行为就不构成反竞争的掠夺性定价。

虽然网络通常涉及互补品卖方之间的大量合作，但这些卖方也经常兼有竞争关系。例如，发行维萨（Visa）信用卡的两家银行在清算信用卡交易方面是合作伙伴，在发行信用卡方面则是竞争对手。这些关系有时以反直觉的方式呈现。如果第3频道正在播出克里夫兰布朗队（Browns）和匹茨堡钢人队（Steelers）之间的比赛，而第8频道正在播出芝加哥熊队（Bears）和底特律雄狮队（Lions）之间的比赛，谁和谁是竞争关系，谁和谁又是互补关系呢？布朗队和钢人队属于互补关系，因为要形成一场足球赛必须有两只球队参加；熊队和雄狮队同样如此。但是，这两场球赛则属于经济竞争对手的关系，因为一位观众同一时间只可能观看其中之一，而且两场比赛还在争夺广告商的投资。一周以后，在不同的比赛组合中它们扮演的角色可能发生反转。

---

[55] *See* David S. Evans, The Antitrust Economics of Multi-Sided Platform Markets, 20 YALE J. ON REG. 325 (2003); Jean-Charles Rochet and Jean Tirole, Platform Competition in Two-Sided Markets, 1 J. EUR. ECON. ASSN. 990 (2003); *see* 关于双边市场的论文集，另参见 COLUM. BUS. L. REV. 509 (2005), and David S. Evans, Essays on the Economics of Two-Sided Markets: Economics, Antitrust and Strategy (Nov. 2010), *available at* http://papers.ssrn.com/sol3/papers.cfm?abstract_id=1714254.

许多规模较大的网络都包含众多卖方。例如,如今美国电信网络包含数百家企业,AT&T 只不过是其中之一。但就在不久的过去,AT&T 曾经是一家庞大的垄断企业,控制着几乎整个网络,包括本地电话服务、长途电话服务,甚至设备制造和分销。另一些网络在某些方面由一家企业主导,其他方面则是竞争性的。一个很好的例子是全国电网,批发层面存在竞争,但本地零售层面却存在法定垄断和价格管制。还有一些网络基本由政府拥有和控制,例如全国高速公路系统。

在网络语境下,支配(domiannce)一词有两种含义。首先,它可以指一家企业支配自己的网络;其次,它还可以指一个网络支配了其所参与的至少一个市场。在第一种含义上,网络的良好运营并不要求有一家支配地位企业。相反,它必须制定一系列规则或协议来调整什么东西可以入网、交易如何进行,等等。网络通常由多个企业组成的合营企业创设,例如标准制定组织、全国性搬家公司或者体育联盟,它们通过制定规则协调彼此的行为。例如,国际送花协会(FTD)是一家花店网络,允许客户在一个地方订购鲜花但在另一个遥远的地方交付。FTD 成立于 1910 年,当时 15 家花店约定通过电报管理订单为彼此位于遥远城市的客户提供服务。如今该网络包含全球大约 45000 家花店。FTD 的会员就如下事项进行协调,如花束或植物的分类、定价、交付条款、维护共同网站(www. ftd. com)以及收费。但其中任何一项都不需要一个控制整个系统的支配地位企业。同样,在全美足球联盟(NFL)中,一个球队可能在 310
胜负记录方面处于“支配地位”,但所有球队在网络内部的决策地位一律平等。

另外,并非所有网络都支配市场。随着网络规模的不断扩大,在增加吸引力的同时,也会增加网络的维护和管理成本,消费者口味和偏好的不同也要求多个网络并存。有些网络很容易出现规模过大的问题。体育联盟就是很好的例子。一个赛季只能安排那么多比赛场次,组织对决的方式也只有那么多。因此,如今大多数流行体育赛事都组织成多个联盟或大联盟,其中只有一小群队伍经常碰面。例如,(截止到 2011 年)全美体育协会(NCAA)旗下拥有将近 1300 家会员学校,但任何体育赛事项目中都只有一小部分能够对决。所以,在 NCAA 系统内,每一项主要赛事都根据学校规模、地理位置及其他因素被划分成多个联盟。

如果一个网络在这两种意义上都不具有支配性,则可能出现竞争,消费者可以同时享受到网络联接以及竞争性价格和产出的好处。如果网络之中不存在支配地位企业,其成员可以在不需要网络协调的任何方面展开竞争。例如,NCAA 球队必须就比赛规则、球员资格及赛事日程达成一致,但可以就单独销售的入场券、电视合同以及(可以推定)个体商标权的销售等方面展开竞争。如果该网络本身只是多个网络之一,还会出现网络之间的竞争。同样,客户可以同时享受到网络的价值以及竞争性价格和产出。这些网络中可能存在共谋和排斥,但传统的反垄断分析工具通常就可以对此进行有效的管理。

许多网络曾经受到政府机构的广泛管制,例如电信、电网和天然气。人们对此等管制提供的最为常见的证成理由是它们属于自然垄断。如果企业成本随着产出增加持续下降,一家企业能够比任何一群企业收取更低的价格,我们称这种现象为自然垄断。[56] 例如,单一电力企业向用户家中铺设电线的成本远低于多家企业各自铺设电线并提供竞争性服务。然而,过去 30 年间有关自然垄断范围的观念发生了巨大变化。在传统上被视为自然垄断的许多市场上,至少其中某些部分的活动放开竞争反而表现更好。例如,电信、电力和天然气市场最初都采取自上而下的价格和产出监管并由单一企业主导,但它们都在朝着更加有限的监管
311 类型演化。这些新型监管旨在鼓励网络之中的多家企业相互竞争。这些变革背后的推动因素力量之一是技术的发展。例如,随着各种无线通信方式的兴起,长途电信业务走向了竞争程度更高的市场结构。

同样重要的是监管理论的变革。这方面演化出了两项重要的原则:第一,传统的价格和产出监管成本高昂,不可避免地导致无法实现最优结果,特别是考虑到特殊利益集团的影响。第二,作为第一项原则的结果,必须对监管"范围"或领域作尽可能狭窄的界定。诚然,在一些核心领域,例如本地电力服务,价格管制型垄断并不存在良好的结构性替代。但是也应该仅在这些具体领域内允许垄断存在,而在其他方面鼓励竞争的

---

[56] 如果规模经济要求为达到最低生产成本必须持有 50% 以上的市场份额,并且极大的规模并不会导致规模不经济,那么任何单一企业的生产成本将总是低于两个或更多企业。

出现。[57]

这些方面的变化带来了关于部分放松管制的大规模实验,它通常要求仔细考察哪些市场环节允许存在竞争。与此同时,在竞争表现不佳的领域,监管制度通常得到保留。多数部分放松管制实验具有一个共同特点,即它们拥有自己的"互联互通规则",要求市场的垄断环节与竞争环节互联互通,形成一个无缝运作的系统整体。如今,一些一度受管制的行业都改为了受竞争和互联互通规则的联合调整,如电信、电力和天然气。[58] 这几个产业中的互联互通规则是由政府强制规定的。另一些网络的互联互通规则由运作该网络的企业联合制定和强制执行,如 FTD 和体育联盟。例如,全国橄榄球大联盟约定的赛事日程具体规定了比赛的日期、具体时间、地点和参赛双方,这些是内部制定的互联互通规则。再如,FTD 的规则要求各个花店在价格和产品符合组织标准的情况下履行其他花店收到的订单。

微软公司为我们提供了这样一个实例:一个不受管制的企业支配它的网络,该网络又支配它所在的市场。这很有问题,因为它同时限制了网内竞争和网间竞争。过去我们也曾有过的就是这样网络,例如 1982 年被反垄断法判决强制分拆之前 AT&T 公司的电话网络。[59] 但在具有支配地位的时期,AT&T 公司也是一个受到价格管制的企业,受到一个联邦机构以及众多控制本地电话服务的州政府机构的监管。相反,国会从来没有认真考虑过对视窗系统进行全面监管或者施以互联互通规则。因此,对它的监管责任基本落在了反垄断法身上。

当前的计算机网络大部分环节都是竞争性的。计算机硬件的生产 312
是竞争性的,大部分应用软件的生产也是竞争性的。因特网的骨干网由一系列受管制的供应商和竞争性的供应商联合提供,网页本身之间也存

---

[57] *See* 1B PHILLIP E. AREEDA & HERBERT HOVENKAMP, ANTITRUST LAW ¶¶241 – 242 (3d ed. 2007).

[58] 《1996 年电信法》对电信运营商制定了严格的互联互通规则。例如,所有运营商都有义务与其他运营商互联互通,并且不得安装不兼容的网络。47 U. S. C. § 251(a)(1) – (2) (2006). 该法还要求本地交换运营商向其他运营商提供以合理价格接入基础设施的服务。*See* 47 U. S. C. § 251(b)(4).

[59] United States v. AT&T Co., 552 F. Supp. 131 (D. D. C. 1982)(修改最终判决), *aff'd mem. sub nom.* Maryland v. United States, 460 U. S. 1001 (1983).

在激烈的竞争。然而,对于很多种用途而言,微软的视窗系统是这些网络要素必经的关键入口,它们唯有与之兼容才能实现互联互通。欧盟与微软公司围绕竞争对手服务器软件合理接入问题发生的争议,核心就是微软终止了先前的互联互通实践。[60]

竞争政策在网络产业面临的问题之一是如何处理路径依赖程度的提升。[61] 即便对于一个在孤立市场上经营的个体企业而言,剧烈的技术变化也需要投入大量资源。网络中的变革则可能需要许多企业通力协作。例如,如果25家企业承诺采用一种DVD技术,那么没有任何一家企业能够单独进行不兼容的变革。正因如此,计算机网络中的向后兼容问题受到高度关注。向后兼容(backward compatibility)通常是指即便具有高度创造性的创新也很难为自己找到市场,因为它们很难与网络的其他部分实现兼容。这种固化通常更有利于对支配该网络的特定技术已作大量投资的支配地位企业。

也许有人会反对说,网络中任何企业的市场支配地位都不是一成不变的自然定律,随着时间的推移将会出现可行的替代方案。但大多数自然垄断也不是永久性的,它们之所以是"自然"垄断仅仅是因为现有技术限制了可能的选择。电话系统的自然垄断地位仅维持到这样一个时间点:不断前进的技术(尤其是无线传播)使我们能够剥离很多成分并将其交由市场竞争调整。市场安排鲜有永久存在的,反垄断法提供的解决方案也只是着眼于短期。微软案及其后续影响说明了这一点。微软在互联网接入程序(浏览器)市场长期占有支配地位,这一地位结束之后市场竞争程度大大提高。在微软案作出反垄断判决之时微软IE浏览器的市场份额接近90%。到2011年,各种版本IE浏览器的使用份额之和已经降到50%左右,而在几个海外国家IE已经不再是市场领导者。市场份额每天都在发生变化,这表明浏览器市场

---

[60] Cf. Case T-201/04, Microsoft v. Comm'n, 2007 E. C. R. II-1, *available at* http://curia.europa.eu/jurisp/cgi-bin/gettext.pl?lang=en&num=79929082T19040201&doc=T&ouvert=T&seance=ARRET.

[61] *See* HERBERT HOVENKAMP, THE ANTITRUST ENTERPRISE: PRINCIPLE AND EXECUTION 277-304 (2005).

的竞争已经达到了可接受的程度。[62] 如果不是因为微软公司在操作系统市场上具有较高的市场份额，浏览器市场的竞争程度可能还会更高。

操作系统市场则是另一番景象。在反垄断判决作出之际微软操作系统的市场份额大约是 95%，这一市场上的产品还有苹果操作系统（Apple OS）。到 2011 年，微软市场份额（包括从 Windows XP 到 Windows 7 的各个版本）降到稍微低于 90% 的水平，但它仍然具有高度支配地位。各种版本 Linux 操作系统的市场份额在过去五年间稍有上涨，达到大约 3.5% 到 4%。苹果操作系统从微软手中抢夺了少量使用份额，徘徊在 6% 左右。[63] 313

很难讲微软浏览器市场份额的大幅下降或者操作系统市场份额的小幅下降是不是源于反垄断法判决。微软浏览器份额下降的部分原因是免费浏览器的广泛使用和高速下载，以及开源替代品（例如 Mozilla 和 Google Chrome）创新力度超过微软。具有讽刺意味的是，尽管法院的反垄断判决谴责微软公司将 IE 和视窗操作系统捆绑销售，但司法部的和解令（于 2011 年 5 月到期）却允许它继续这样做。其结果是，新生产的装有视窗操作系统的计算机总是同时安装有 IE 浏览器，很少装有第二个浏览器。然而，如今很大比例的视窗客户都自行下载了其他浏览器并以此替代 IE。和解令还授权计算机制造商生产不安装视窗操作系统的计算机，但事实上很少有客户选择安装其他操作系统。Apple OS 很大程度上仅用于苹果机器，尽管随着时间的推移视窗和苹果机器的系统结构已经日益趋同化。[64]

---

[62] *See* United States v. Microsoft Corp., 84 F. Supp. 2d 9 (D. D. C. 1999), *aff'd* in part, *rev'd* in part, 253 F. 3d 34 (D. C. Cir.) (en banc) (per curiam), *cert. denied*, 534 U. S. 952 (2001). 关于浏览器的份额，*see* http://marketshare.hitslink.com/browser-market-share.aspx?qprid=0 (last visited May 20, 2011); or http://en.wikipedia.org/wiki/Usage_share_of_web_browsers (last visited May 20, 2011).

[63] 以上数字包括移动设备（如 iPhone 和 iPad）的市场份额。*See* NetMarketShare, Operating System Market Share, http://marketshare.hitslink.com/operating-system-market-share.aspx?qprid=10 (last visited May 20, 2011); or http://en.wikipedia.org/wiki/Usage_share_of_operating_systems (last visited May 20, 2011).

[64] *See* Apple, Inc. v. Psystar., 2009 WL 303046 (N. D. Cal. Feb. 6, 2009)（指出苹果公司采取排他的操作系统政策）.

微软是一家创新能力很强的企业，但与大多数网络领导者一样，它也会把创新活动引向某一个具体路径，并限制其他路径上的创新。受支配网络存在的问题之一是，支配地位企业的利益并不必然是最优利益，但受支配网络却没有给良好的替代方案预留空间。例如，网络规模的扩大通常是一件好事，因为网络规模越大对用户具有的价值越高。然而，唯有支配地位企业继续支配该网络，网络规模的扩大对它来说才是有利可图的。如果扩大意味着需要在网络内部容留竞争对手和更大程度的操作系统竞争，则可以预见支配地位企业会抵制扩容。事实上，在竞争
314 均衡状态下，即便网内企业也只能赚取竞争性的回报率。[65] 诚然，如果客户能够有效地组织自己，他们也许能够抵制支配地位企业并强迫它扩大网络规模。[66] 但客户很少有能力按照这种方式进行组织，尤其如果他们数量众多且彼此差异很大。

（四）以反垄断法确保遵守互联互通义务

“互联互通”规则在反垄断法上的对等物是调整拒绝交易的规则。另外，互联互通是实现网内竞争的手段，迫使支配地位企业在切实可实现竞争的方面开放网络。计算机网络需要全方位兼容，但正如各种网络的历史表明，兼容性并不要求支配地位。

在创设和强制执行互联互通义务方面如果能够得到正确执行，反垄断法规则可能是比制定法管制更加优越性的工具。首先，它们承受特殊利益集团压力的可能性更小。其次，它们更加谦逊，通常仅在有助于改进竞争绩效时施加互联互通义务。这与《1996 年电信法》强加的广泛的互联互通义务形成对比，后者赋予竞争对手进入几乎所有网络环节的权利，无论竞争性企业是否有能力自我开发资产。过度宽泛的互联互通义务事实上不仅不会促进创新还可能遏制创新，因为它会降低非支配地位

---

[65] *See* Katz & Shapiro, *supra* note 53, at 429（包含数量众多企业的网络互联互通会走向竞争性均衡）.

[66] 关于这一观点，*see* Daniel F. Spulber, Unlocking Technology: Antitrust and Innovation, 4 J. COMPETITION L. & ECON. 915（2008）; Daniel F. Spulber, Consumer Coordination in the Small and in the Large: Implications for Antitrust in Markets with Network Effects, 4 J. COMPETITION L. & ECON. 207（2008）; Daniel F. Spulber, Unlocking Technology: Antitrust and Innovation 120, in COMPETITION AND PATENT LAW UNDER UNCERTAINTY（Geoffrey A. Manne & Joshua D. Wright, eds. , 2011）.

企业自我开发生产性资产的激励。[67]

想象一下，一个城镇只有一家香蕉销售商——当地的克鲁格(Kroger)杂货店。为促进香蕉竞争该镇发布了一项条例，要求克罗格以高度打折的批发价向个体创业者销售香蕉。后者在商店周围推着贩卖车转售这些香蕉，售价也许仅仅比克罗格的零售价低几美分。克鲁格要提供商店设施、仓储、热、光甚至香蕉本身，这些小型卖方则只需提供自己的劳动力。

这一香蕉竞争条例完全混淆了竞争和众多零售商这两个概念。真正的香蕉竞争要求拥有自己设施的个体商店独立采购和分销香蕉。在企业可以轻易自我开发替代资产的情况下，允许他们搭竞争对手投资的便车将同时阻碍创新和竞争。传统政府机构管制受到的最为严 315
厉的批评之一是它会阻碍创新。反垄断法的处理方式有助于减轻这种批评声音。[68]

网络型市场上运用反垄断法强制交易的理由之一是历史，它能够为这种做法提供正当化支持。在微软案中，涉案网络形成的原因是微软自己选择了限制竞争性平台的开发。在一个存在路径依赖的市场上，仅仅谴责这些选择不可能恢复竞争，因为这里的选择具有长期效应，其效果可能远远超过法院禁令的有效期。微软案的诉讼历史是一个有关救济措施太弱、太迟的故事。例如，微软公司根据处理器计算许可费的做法，实际上不等法院禁令能够提供救济就已经扼杀了唯一可能的竞争性操作系统。[69]

微软公司遭受的反竞争行为指控绝对不限于拒绝交易，尽管它构成

---

[67] *See* Talk America, Inc. v. Michigan Bell Tel. Co., 131 S. Ct. 2254(2011)(一项监管命令要求在位电话运营商按照基于成本的费率向竞争性运营商提供自己的设施用于互联互通目的，法院批准了这一命令).

[68] 香蕉竞争条例的例子来源于 Herbert Hovenkamp, Milton Handler Lecture: Antitrust and the Regulatory Enterprise, 2004 Col. Bus. L. Rev. 335, 369. 在最为抽象的层面上，经济管制越多，企业带来的创新越少。*See* OECD, GOING FOR GROWTH 68(2006).

[69] United States v. Microsoft, 56 F.3d 1448, 1451(D. C. Cir. 1995). 在根据处理器计算许可费的方式下，计算机生产商必须就其生产的每台电脑(处理器)向视窗系统支付许可费，无论该计算机是否使用了视窗操作系统。其结果是，唯有消费者支付两套操作系统，竞争对手才可能为一台电脑提供操作系统。当时它的主要竞争对手是 IBM 公司，其 OS/2 操作系统惨遭商业失败的命运。

一个重要的核心。围绕微软在美国和欧盟遭受的反垄断诉讼形成了不计其数的学术文献。[70] 这些受指控的行为当中有很多是相当传统的垄断行为类型，其中包括将微软视窗操作系统与 IE 浏览器进行“搭售”；对英特尔公司施压，要求它停止开发能够跨多个操作系统高速处理指示的基于 Java 的芯片；[71]对苹果公司施压，要求它在 Mac 版微软办公软件（Office）中排他性地使用 IE 浏览器；阻止计算机制造商通过修改桌面
316 突出非微软产品；以独家交易协议阻止某些互联网接入提供商使用网景浏览器；在协议中约定软件开发商开发的软件如果排斥网景将得到微软的优待，或者如果使用 IE 浏览器将获得更好的性能；最后，欺骗应用软件开发商，诱使它们使用不具有跨平台性能的 Java 编程语言版本。[72]

微软公司的主要担心是，网景浏览器与 Java 多平台计算语言相结合将导致出现多个互相兼容的竞争性操作系统与视窗进行竞争。如果出现这种局面，计算机网络将变成一个类似于长途电话服务市场的产品差异化竞争市场。用户可以根据产品特性和价格选择操作系统，而且他们需要的几乎所有软件和外设都可以在多种操作系统上运行。

美国反垄断政策是否应该追随欧盟的步伐，制定更加咄咄逼人的调

---

[70] 众多文献之中包括：Harry First & Andrew I. Gavil, Microsoft and the Globalization of Competition Policy：A Study in Antitrust Institutions（forthcoming）；A. Douglas Melamed & Daniel L. Rubinfeld, U. S. v. Microsoft：Lessons Learned and Issues Raised, in ANTITRUST STORIES 287（Eleanor M. Fox & Daniel A. Crane eds.，2007）；WILLIAM H. PAGE & JOHN E. LOPATKA, THE MICROSOFT CASE：ANTITRUST, HIGH TECHNOLOGY, AND CONSUMER WELFARE（2007）；Wayne R. Dunham, The Determination of Antitrust Liability in United States v. Microsoft：The Empirical Evidence the Department of Justice Used to Prove Its Case, 2 J. COMPETITION L. & ECON. 549（2006）；Philip Marsden, Picking Over the CFI Microsoft Judgment of 17 September, 2007, 20 LOY. CONSUMER L. REV. 172（2008）；David McGowan, Between Logic and Experience：Error Costs and United States v. Microsoft Corp.，20 BERKELEY TECH. L. J. 1185（2005）；William H. Page & Seldon J. Childers, Bargaining in the Shadow of the European Microsoft Decision：The Microsoft-Samba Protocol License, 102 NW. U. L. REV. 332（2008）；Daniel F. Spulber, Competition Policy and the Incentive to Innovate：The Dynamic Effects of Microsoft v. Commission, 25 YALE J. ON REG. 247（2008）；Mehmet Bilal Unver, Does a ‘Rule of Reason’ Analysis Emerge Out of Interoperability-Centric Concerns Under EC Law？A Critical Analysis in Light of EU Microsoft Case, 12 INT’L J. COMM. L. & POL’Y 369（2008）.

[71] 参见第九章。

[72] *See* United States v. Microsoft Corp.，253 F. 3d 34（D. C. Cir.）（en banc）（per curiam），*cert. denied*, 534 U. S. 952（2001）. 对该诉讼的概要，*see* 3 PHILLIP E. AREEDA & HERBERT HOVENKAMP, ANTITRUST LAW ¶617（3d ed. 2008）.

整受支配网络的强制交易规则呢？[73] 在多林克案中（*Trinko*），联邦最高法院的大法官们一致拒绝为高度网络化的电信产业创设反垄断法上的交易义务。尽管联邦最高法院没有判决单方拒绝联通的行为本身合法，它在反垄断法项下对于责令强制交易也仅仅预留了极小的空间。相反，欧盟的判决要求非微软工作组服务器能够与微软支配的系统互联互通，实现无缝操作，正如这一系列网络整体上由单一公司运营一样。该案中，虽然竞争性服务器系统的供应商没有被完全排斥出市场，它们的市场份额却在持续下降，而微软的份额在不断上升。因此，该判决依据的事实基础并非认定存在“不可或缺性”（欧盟法之前作出的拒绝交易案都要求符合这一要件），而更像是存在微软接管服务器系统市场的“严重威胁”。其背后关切并非纯粹为了确保竞争对手能够生存，而是确保如果微软没有以对竞争对手不利的方式使用视窗“瓶颈”，一个完全能够放开竞争的市场应该具有竞争性。

然而，我们不应该夸大美国和欧盟之间的政策差异。多林克案的背景是《电信法》已经规定了一套监管制度，提出几近全方位互联互通的强制性要求，包括这起反垄断诉讼中涉案的联通独立本地电话服务提供商的义务。因此，多林克案判决的实质是，不应该把反垄断法叠加到电信监管机构已经在实施并且明显实施情况很好的互联互通要求之上。斯卡利亚大法官把这些监管机构称作是“反垄断事务的称职 317
管家”。[74]

微软案和解令并不是反垄断法强制互联互通的完美模板，但借助一点事后诸葛亮的智慧，我们可以用它作为分析的起点。虽然关于和解令对视窗操作系统或浏览器市场带来了何种影响存在争议，但它却真切地推动了谷歌甚或其他竞争对手或潜在竞争对手的兴起。达成和解令之时谷歌还只是一家羽翼未丰的企业，甚至直到 2004 年才公开上市。微软反垄断诉讼中的涉案行为是其实施的如下政策：鼓励其操作系统与互

---

[73] 本论点的相反观点，*see* Keith N. Hylton and Haizhen Zin, American and European Monopolization Law：A Doctrinal and Empirical Comparison 252，in COMPETITION AND PATENT LAW UNDER UNCERTAINTY（Geoffrey Manne & Joshua D. Wright，eds.，2011）.

[74] Verizon Commc'ns Inc. v. Law Offices of Curtis v. Trinko，LLP，540 U.S. 398.413（2004）.

补品（如大多数应用软件）兼容，但拒绝与竞争品兼容，例如浏览器市场上的网景，可能还有文字处理和办公系统市场上的 Wordperfect（微软 Office 办公软件的竞争对手）。[75] 假设微软赢得这场反垄断诉讼，它将事实上取得继续实施这一政策的批准。假如是这样，虽然很难确切地讲会出现什么后果，我们没有理由相信微软会容忍计算中心从硬盘驱动转向云端，而后者现在已经成为谷歌的主营业务。我们还有理由相信，一旦竞争性技术开始显现出潜在的竞争威胁，微软就将拒绝与之保持有效的互操作性（欧盟的服务器诉讼突显了这一点）。虽然美国微软案的和解令涉及与服务器的互联互通问题，但它并没有像后来的欧盟判决那样要求实现完全的互可操作性。[76]

总之，虽然微软案是一个在救济方面存在重大缺陷的不完美的反垄断诉讼案，但它开启了如下观念，即如果涉案网络及其中的支配地位企业双双拥有重大市场势力，竞争法在监管网络互联互通义务方面可以有用武之地。美国和解令已于 2011 年失效。目前欧盟判决仍然有效，该判决包含的很多规定都与美国和解令类似，并明确以“互可操作性”作为该和解的名称。[77]

在存在路径依赖的受支配网络中，拒绝交易呈现的面貌可能与一般的拒绝交易有很大区别。它可能类似搭售安排，因为市场支配地位与路径依赖相结合往往有助于把争议产品与既有技术相“结搭”。[78] 例如，如
318 果以美国的眼光来看，欧盟判决要求微软分享服务器技术可能属于不适当地谴责简单的拒绝交易行为。有什么理由要求微软协助竞争对手，向其提供微软自行开发的协议呢？但在一个路径依赖的世界中，即便竞争对手的服务器质量明显更优或者成本更低，它也无法生存，除非能够与

[75] 本书付梓之际，涉及 Wordperfect 的诉讼仍在进行中。*See* Novell, Inc. v. Microsoft Corp. ,2011 WL 1651225（4th Cir. 2011）.

[76] *See* Massachusets v. Microsoft Corp. ,373 F. 3d 1199,1223 – 1224（D. C. Cir. 2004）.

[77] *See* Microsoft Interoperability Undertaking（《微软互操作性承诺》）（Dec. 16, 2009）, *available at* http://www. microsoft. com/presspass/press/2009/dec09/12 – 16statement. mspx（last visited May 20,2011）.

[78] *See* Stanley J. Liebowitz and Stephen E. Margolis, Path Dependence, Lock-in and History, 11 J. L. , ECON. , AND ORG. 205（1995）; Joseph Farrell and Garth Saloner, Installed Base and Compatability: Innovation, Product Preannouncements, and Predation, 76 AM. ECON. REV. 940（1986）.

网络的其他部分实现兼容。微软的政策等同于说要想进入我的操作系统网络,你的本地网络也必须使用我的服务器软件。这样来看,微软的政策更像是搭售安排,而非简单的拒绝交易。事实上,它非常类似于“技术搭售”,即不是通过合同,而是运用技术性限制措施实际上要求一起使用两个产品或服务,以此将它们结搭在一起。[79]

如果微软公司起草一份合同,要求人们以使用微软本地网络服务器软件为条件使用微软操作系统,我们可以很容易地把这种行为归为“搭售”而非拒绝交易。根据现行法律,搭售被视作本身违法,而拒绝交易则被视为几乎本身合法。从政策明智性的角度来看,这两个法律规则都是错误的。搭售仅在部分情况下反竞争,而在竞争对手间协作具有至关重要作用的网络产业,拒绝交易有时也是反竞争的。正因如此,搭售和拒绝交易都非常适合按照《谢尔曼法》第 2 条作合理原则分析。搭售领域出现的一项重要和值得欢迎的发展是,人们越来越多地把第 2 条作为分析搭售的法律依据。该条仅适用于支配地位企业,并且比传统反搭售法绝对化的技术要件温和得多。

如今很多人对管制感到不安。一些人可能认为,在受支配网络中以反垄断法施加分享义务属于过度“管制”。但通过反垄断法进行管制至少正是我们的部分意图。在更全面的管制不符合消费者利益的市场上,反垄断法被用于片段式地取代管制。扩大适用反垄断法也许是在更全面的管制与持续侵入相邻市场的长期垄断之间开辟出的一条有用的中间道路。

例如,我们可以运用反垄断法发展一个可行的“网络中立”(即平等进入)概念,通过因地制宜地配置政府干预来服务竞争政策和创新政策。过度宽泛的管制式的互联网中立概念赋予任何人进入平台的同等机会,无论它对平台的投入多寡,例如《1996 年电信法》的全面互联互通条款。这会损害创新和增长。互联网可能也需要一定的差别待遇,以实现产出和进入最大化。但它不需要能够利用支配地位排除竞争性技术的纵向一体化企业。一个地方性支配地位电缆公司根据用量进行差别定价是一回事,关停与自身产品相竞争的网站则完全是另一回事。另一 319

---

[79] *See* 10 PHILLIP E. AREEDA & HERBERT HOVENKAMP, ANTITRUST LAW ¶ 1757(3d ed. 2011).

个例子是，同时销售语音电话服务的互联网服务提供商试图关停竞争性的互联网电话提供商，如 Vonage 和 Skype。[80] 如果善加利用，反垄断法的普通法模式能够针对可能造成竞争损害的情形，发展一套促进竞争和创新的互联互通规则。[81]

当然，使用反垄断法强制互联互通也会带来一些问题。例如，如何确定互联互通的费率和义务范围？这些问题并不会仅仅因为争议发生在受支配网络上就不复存在。更加适当的处理方式是，反垄断法应该在施加反歧视规则的同时允许纯粹基于纵向考虑（包括用量、生产者成本或者客户支付意愿）的价格歧视。但应该禁止基于受歧视者与支配性供应商之间竞争关系实施的歧视行为或者歧视性排斥行为。因此，应该允许互联网服务提供商以有助于增加产出的方式、根据用量或客户需求收取不同的价格，但不能允许它们屏蔽与自身服务或内容相竞争的内容。

同样的情况也发生在由纵向一体化企业运营的具有市场支配地位的搜索引擎领域，因为它们能够不成比例地引导过多数量的用户使用自己的资产。[82] 在本书付梓之际，美国和欧盟反垄断机关都在考虑谷歌公司的搜索结果是否过度偏惠自己的资产，例如 YouTube。导致问题进一步复杂化的是，搜索引擎市场上的消费者“转换成本”似乎非常低。例如，如果一个客户的互联网服务提供商（ISP）屏蔽某些视频内容，他要更换互联网提供商可能要发生很大的成本和不便。但电脑用户却可以在极短时间内获得多个搜索引擎，如果其中某一个的搜索结果难以接受，他可以几乎无成本地在各种搜索引擎之间转换。因此，这种偏惠必须足够强，能够实现排斥竞争的结果，但同时又必须足够微妙，不至于把消费者推向其他搜索引擎。这种策略是否能够排斥竞争对手并形成或

---

[80] *See* Frank Pasquale, Beyond Innovation and Competition: the Need for Qualified Transparency in Internet intermediaries, 104 NW. UNIV. L. REV. 105, 122 - 123(2010).

[81] 关于互联网中立性，*see* Tim Wu, Network Neutrality, Broadband Discrimination, 2 J. TELECOMM. & HIGH TECH L. 141(2003); Philip J. Weiser, The Future of Internet Regulation, 43 U. C. DAVIS L. REV. 529(2009).

[82] *See* Benjamin Edelman and Benjamin Lockwood, Measuring Bias in "Organic" Web Search (Jan., 2011), *available at* 2011) http://www. benedelman. org/searchbias/(发现谷歌搜索对谷歌自己的其他产品给予不成比例的偏惠).

维持持久的垄断，目前还是一个悬而未决的问题，尽管这其中肯定存在值得考虑的消费者权益保护问题。

反垄断法在这类案件中面临的最大问题是机构障碍：它的主要实施机制是私人向具有一般管辖权的法院提起诉讼，并且通常由陪审团审理。这是一个糟糕的制定监管政策的路径。我们在后序中提出的建议之一就是，作为反垄断法规则发展一项有限的互联互通权，并在 320
《联邦贸易委员会法》第 5 条项下实施。只有联邦贸易委员会有权执行该法，并且可以超越《谢尔曼法》的管辖范围对它作宽泛解释。没有理由认为联邦贸易委员会不能处理欧盟制裁微软服务器案那样的案件并提供避免如下缺陷的互联互通救济：《电信法》全方位互联互通权带来的种种问题，以及《谢尔曼法》项下形成的美国反垄断政策的极端不干预主义态度。

四、排斥竞争的创新

最难评估的诉讼请求之一是指控创新本身反竞争，即支配地位企业生产的一种产品或方法以反竞争的方式排斥市场参与者。许多这类行为都涉及某种形式的默示搭售。例如，某种支配性耐用品与一次性附件配合使用，生产这种耐用品的垄断者重新设计了该支配性产品或者两种产品之间的连接部件，导致只有支配地位企业提供的一次性产品可用于主产品。许多案件中的重新设计行为还涉及多项专利，它们覆盖耐用品和一次性产品。例如，在 C. R. 巴德案（*C. R. Bard*）中，反垄断诉讼被告对于一种提取病人微小皮肤样本的耐用医疗设备产品具有支配地位。[83] 该设备使用一种一次性活检针，它能切取微小的皮肤组织，将其装入洞孔之中提取出来用于实验室分析。这种活检针最初在竞争性市场上销售，供应商是包括原告在内的多家企业。之后巴德公司重新设计了设备上的“领口”（即连接器），导致它只能与巴德自己的活检针兼容。一个

---

[83] C. R. Bard, Inc. v. M3 Sys., Inc., 157 F. 3d 1340, 1383 (Fed. Cir. 1998). Gajarsa 法官就拒绝重新听审决定单独撰写的判决意见值得一读。*See* C. R. Bard, Inc. v. M3 Sys., Inc. 161 F. 3d 1380 (Fed. Cir. 1998).

竞争性活检针制造商提起反垄断诉讼。陪审团认定巴德公司此举根本无意改进设备，只是为了导致竞争对手的活检针与之不兼容，因此作出对原告有利的裁决。该裁决得到法院的维持。

我们有时把这种重新设计行为称作“技术搭售”。它们不但出现在反垄断诉讼中，还可能出现在涉及第八章所论《数字千禧年版权法》（以下简称《千禧年法》）的诉讼。例如，通过改变数字代码将iPod与iTunes进行结搭，苹果公司可能违反反垄断法禁止反竞争搭售安排的规定。但是，竞争对手为了使其自己的技术与之兼容而试图规避这一数字“锁”的行为则可能违反《千禧年法》。易言之，支配地位企业能够通过《千禧年法》对原本仅受版权保护的代码设定类似专利的保护。[84] 如果导致不兼容的代码受专利而非版权保护，
321 会进一步恶化这一问题。这时，任何试图绕开导致不兼容的技术特征进行设计的行为都可能构成字面上的专利侵权，或者依照等同原则构成专利侵权。

正如前文指出，绝大多数搭售都对竞争无害，但少数涉及市场支配地位企业的搭售可能反竞争。《千禧年法》中没有任何规定表明它可以用于正当化一个原本违反反垄断法的行为。涉及专利的情况要稍微复杂一些，因为这里涉及的并不是通过搭售把专利产品结搭到非专利产品上，或者把两个不同的专利结搭到一起，而是技术锁本身受专利保护，它把两个本身不受专利保护的产品相结搭。我们应该以这样一个反垄断规则处理这些案件：它允许大多数搭售，但谴责根据合理原则分析被认定为反竞争的搭售。

美国高级别的法院仅仅曾在少数几个案件中谴责产品重新设计行为本身反竞争，其中之一是微软公司将视窗和IE代码进行“混合”（commingling）的行为。[85] 混合两种代码意味着客户无法购买不带IE的

---

[84] *See In re* Apple iPod iTunes Antitrust Litigation, 2010 WL 2629907 (N. D. Cal. 2010)，该案同时涉及反垄断法和《千禧年法》项下的诉讼请求。之后法院准许了一项诉讼主张，即苹果发布新版本的iTunes软件是为了导致竞争对手的技术不兼容。*In re* Apple iPod iTunes Antitrust Litigation, ___ F. Supp. 2d ___, 2011 WL 2690511 (N. D. Cal. May 19, 2011).

[85] United States v. Microsoft Corp., 253 F. 3d 34, 66 – 67 (D. C. Cir. 2001), *cert. denied*, 534 U. S. 952 (2001).

视窗，而且永远不能从电脑中卸载 IE。法院认定该行为试图阻止计算机生产商预装其他浏览器，以此限制竞争对手网景浏览器的发展。电脑生产商通常只为它生产的电脑上预装的软件提供支持，并不希望承担费用为两种具有同样功能的软件提供支持。另外，微软无法为自己的行为提供任何产品“整合方面的”（integrative）正当理由。重要的是，该判决并未要求对微软在视窗或 IE 中包含的知识产权进行任何有效性分析。[86]

相反，伯奇摄影案（*Berkey Photo*）涉及柯达公司开发一项技术的行为。这项技术最终被称为“口袋傻瓜相机”（Pocket Instamatic），它是一个小巧、简单的照相系统，使用防误操作的胶卷暗盒，而不是必须缠绕在卷带轴上的传统胶卷。[87] 这种暗盒不但容易操作，而且在相机胶片仓关闭之前一直处于绝光状态，更有助于防止业余照相者错误操作。然而，只有经过重新设计的相机底座才接受这种暗盒。一段时间内，人们只能在柯达相机上使用这种新型胶卷暗盒，后者也只能用在柯达相机上。原告是一家苦苦挣扎的相机生产商，柯达的这种新型相机/胶卷组合使其遭受严重损害，因为它横扫低价业余照相市场。伯 322
奇公司主张，柯达公司有义务向竞争对手“预先披露”自己的研发活动，以使竞争对手能够进行反向工程并向市场推出自己的产品。法院拒绝接受这一主张。

伯奇摄影案说明了重要的几点。首先，柯达的创新明显损害了竞争对手伯奇公司。其次，然而，该创新损害伯奇的原因恰恰在于它非常成功——事实上，这一相机系统推出之后美国业余相机市场的销量急剧攀升。[88] 如果一项行为带来整个市场的产出增加，这强烈表明它是促进竞争的。如果新设计的相机/胶卷组合是一个失败的作品，它根本不可能

---

[86] 为使竞争对手的产品不兼容而修改互补品的行为，无论在竞争政策还是知识产权领域都是学术文献研究的一大主题。*See* 3B PHILLIP E. AREEDA & HERBERT HOVENKAMP, ANTITRUST LAW ¶¶776 – 77（3d ed. 2008）；Pamela Samuelson, Are Patents on Interfaces Impeding Interoperability, 93 MINN. L. REV. 1943（2009）（计算机和电信界面，或者互联互通设备）；Jessie Cheng, An Antitrust Analysis of Product Hopping in the Pharmaceutical Industry, 108 COL. L. REV. 1471（2008）（对药品微不足道的创新，并诱使消费者放弃购买专利即将到期的产品，转向经过如此处理的新产品）.

[87] Berkey Photo, Inc. v. Eastman Kodak Co., 603 F. 2d 263（2d Cir. 1979）.

[88] Id. at 278.

损害伯奇公司,甚至还会让它从中受益。第三,正如大多数颠覆市场的发明一样,傻瓜相机的开发工作需要投入大笔创新资金,然而毫无疑问的是,它能否成功至少存在某些不确定性。即便是拥有良好资金支持的研究项目有时也会失败。

关于微软案和伯奇案,我们可以很有把握地说,竞争对手(网景和伯奇相机公司)都因为被告的产品重新设计受到损害。但事实上两案存在重大区别。柯达公司的胶卷暗盒系统之所以损害伯奇公司,正是因为它取得的市场成功。这一事实本身就足以否定任何责任。反垄断法庭永远都不应该干预市场本身关于某个创新是否是个好主意的判断。相反,哥伦比亚特区巡回法院之所以谴责微软公司混合视窗和IE代码的行为,不仅仅因为微软没有对此提出任何抗辩理由,而且因为混合代码给竞争性浏览器生产商造成了严重的负担。

所谓"掠夺性"产品创新经常被拿来与掠夺性定价相提并论,后者是指企业大幅减价直至将竞争对手赶出市场,然后再把价格提高到垄断水平。但二者事实上存在巨大的差别。最重要的一点是,减价通常可以立即实施,并在不凑效时加以终止。掠夺性产品创新则只有在产品实际推向市场时才算成功,而这一过程中通常需要向新产品投入数量非常巨大并且往往无法挽回的资源;因此,此时掠夺者承受的风险远远高于掠夺性定价行为。其次,如果"成功"是指抢走竞争对手的销量,这意味着客户更加喜欢创新产品而非旧的替代品——也许因为某些特征,也许因为价格。这种情况下适用反垄断法将把政府政策转变成惩罚企业成功创新的工具。

理论上,也许我们希望稍微精调一下分析方法。有人可能主张,我们应该在竞争性技术遭受的损害相对技术改进而言过度的情况下谴责
323 创新;然而,法院并不擅长这样的精细调整工作。另外,事后评估非常不同于事前预期。创新结果往往难以预见。因此,以事后标准评判产品改进是不可行的。我们不能向创新者发出这样的信号,即他们好心的创新无论成功与否,如果损害竞争对手就需要承担反垄断法责任。这将大大增加支配地位企业的创新成本。

相反,针对产品创新提起的反竞争诉讼请求,应该局限于如下极少数情形:从一开始就非常明显,支配地位企业并不打算改进自己的产品

或者只打算对它作微不足道的改进，它只是为了损害竞争对手的市场。[89] 支配地位企业至少应该能够指明其试图解决的问题，并提供一套创新纪录表明其行为是旨在实现这一结果的善意措施。

即便在这些情况下，我们也必须谨慎行事。某些产品创新也许并非旨在改进产品，而是为了将两个产品联系起来。然而，只有在该联系本身不合理地排斥竞争时才有理由用反垄断法加以谴责。在漫长的利盟案诉讼（*Lexmark*）中，被告是一家不具有支配地位的电脑打印机生产商。[90] 它出售电脑打印机，并对该等打印机使用的墨盒采用两种不同的定价方案。低价方案对墨盒收取较低的前期价格，但要求墨盒用完之后必须退还利盟公司，而不得由独立墨盒加墨商重新加墨。此外，利盟开发了一种技术“锁”，打印机借助它可以识别重新加墨的墨盒并阻止使用。没有人主张该锁能够改进打印机或墨盒的性能，其功能仅在于确保利盟打印机上只能使用利盟加墨的墨盒。易言之，该锁的唯一目的是要创设搭售安排。

在利盟案中，撇开涉及《千禧年法》的诉讼请求不论，适用反垄断法的前提是必须考查该搭售本身是否反竞争。得到否定答案的可能性非常大。利盟并不是一个打印机垄断者，它与惠普、佳能、爱普生等大型竞争对手分享这一市场。正如第二章解释的那样，可变比例搭售最常见的用途就是实施价格歧视。利盟在墨盒上得到的回报率很可能高于打印机本身，并从打印量较大并因此使用更多墨盒的用户身上获得更大的总体回落。虽然我们可能认为价格歧视并不那么诱人，但事实上它通常都会带来产量增加并使消费者受益。[91] 另外，价格歧视的成功并不取决于市场排斥效果。因此，似乎可以推定，以反垄断法谴责价格歧视缺乏正 324
当理由。

---

[89] *See* Allied Orthopedic Aplicances, Inc. v. Tyco Health Care Grp. LP, 592 F. 3d 991, 1001–02 (9th Cir. 2010)（拒绝将产品改进带来的效益与对竞争对手造成的损害加以平衡，指出被告从一开始就寻求开发一种更好的产品来解决旧版本没有解决的问题）；*see also* the FTC consent decree in Intel Corp., part V. A. (Aug., 2010), *available at* http://www.ftc.gov/os/adjpro/d9341/101102inteldo.pdf. 和解令禁止英特尔公司进行导致竞争对手产品“降级”并且不会对英特尔产品“带来任何实际利益”的“任何工程设计或者设计改变”。

[90] 关于漫长的利盟案诉讼，参见第八章。

[91] *See* Erik N. Hovenkamp & Herbert Hovenkamp, Tying Arrangements and Antitrust Harm, 52 ARIZ. L. REV. 925 (2010).

五、结论

历史上,美国经济政策经常摇摆于不受限制的竞争和自上而下的政府管制两个极端之间。富有智慧的反垄断政策应该避免采纳这些极端立场,在市场能够发挥作用的领域放手市场运作,仅在个别滥用情形下才进行干预。如果反垄断法能做到这一点,它就能提供一套替代管制的有用工具,而管制不可避免地具有更大程度的干预性。不幸的是,这种方案说起来容易实施起来难,特别是在涉及支配地位企业和创新密集型市场的情况下。选择性干预有助于提升该等市场的竞争程度,同时又使其避免攻击性管制带来的成本和无效率问题。下一章的讨论主题与本章基本相同,只不过专注于共谋而非单方行为。

第十二章 创新公地

一、公地与生产组织形式

公地(commons)*是指被分享使用时效率最高的资源。这一高度抽象的定义背后隐藏着极其多样的公地资源和结构。不过所有类型的公地都拥有一个共同特点,即有至少两个人进行管理或获准进入。至少对于某些目的而言,公共高速公路和海洋都属于公地。天空、公共公园以及已经进入公有领域的艺术作品也属于公地。大多数公地都不是就所有目的对外开放,它们可以设置调整所有权和会员、进入或行为的规则。例如,公寓单元的业主可以使用一个特定开发区域内的公共洗衣设备或网球场。只有拥有有效驾照的人可以在公共高速公路上驾车,并且任何人都不能在高速公路上种植玉米或者踢足球。 325

---

* commons,实践中有不同的译法,如"公地"、"公共资源"、"公共事务"。虽然"公共资源"的适用面广于"公地",但鉴于"公地悲剧"(tragedy of commons)、"反公地"(anticommons)等译法已经成为相对固定的表述,本文采用"公地"的译法。但需要注意的是,公地是一种形象的说法,其外延不仅包括土地等公共资源,也包括无形财产(如知识产权)构成的公共资源。——译者注

某些财产利益归为“半公地”(semicommons)比较合适,因为它们同
326 时包含私有使用和共享使用的成分。[①] 例如,居民公寓既有个体业主享有排他权的房屋,也有任何业主均可进入的公共区域。工业合营企业也可能在一定程度上归于半公地,即成员共享某些业务活动例如生产,但作为独立企业经营其他活动例如分销。[②] 互联网属于半公地,因为它允许几乎不受限制地进入门户网站及许多其他网站,另一些网站则受到众多进入或会员规则的严格限制。[③] 专利池如果涉及分享知识产权的部分而非全部使用,也构成半公地。专利池是一种安排,允许企业交叉许可或以其他方式分享某一技术相关的专利。

某些公地属于国家所有,其他归属私人。某些情况下只有所有者可以进入,而其他情况下则对客户或被许可人开放。少数公地可能不为任何人拥有,或者不受很多进入规则的限制,如天空。任何人都可以随心所欲地享受夜晚的天空,甚至可以从中营利,例如拍照、占星或者组织观看月食的游览活动。(国界以外的)海洋也不为任何人拥有,但受到国家间缔结的管辖准入及使用方式的条约调整。

公地资源的概念从来都不能很好地兼容英美法的财产和契约制度或者新古典经济理论,因为后两者均具有高度个体化的特质。这些财产权模型的强项是利用了可获益性(appropriability)与激励之间强有力的联系:财富的创造动因在于人们有机会保有自己的产出。共享的资源面临一个问题:它们通常割裂消费与生产,造成可能极其严重的激励与管理问题。例如,如果从海洋中捕捞能给个体带来利益,而补充鱼苗和良好管理带来的利益由整个捕捞共同体共同享有,将会出现捕捞过度以及

---

① 关于半公地,*see* Henry E. Smith, Semicommon Property Rights and Scattering in the Open Field, 29 J. LEGAL STUD. 131 (2000); *see also* Henry E. Smith, Institutions and Indirectness in Intellectual Property, 157 U. PA. L. REV. 2083 (2009); LEE ANNE FENNELL, Commons, Anticommons, Semicommons 6 – 10, in RESEARCH HANDBOOK IN THE ECONOMICS OF PROPERTY LAW (Kenneth Ayotte & Henry E. Smith eds., 2009).

② *E. g.*, Texaco, Inc. v. Dagher, 547 U. S. 1 (2006)(两家大型石油生产商将所有生产活动整合进一个工厂,但保持分销业务独立,法院驳回针对该行为的反垄断指控).

③ James Grimmelmann, The Internet is a Semicommons, 78 FORDHAM L. REV. 2799 (2010).

补充与管理不足的问题。这最终会导致海洋枯竭。[④] 传统的财产模型认为,确保资源有效利用的最佳方式是把管理这些资源的义务和从中获取利益的权利分配给相同的人。例如,如果可以以"农场"方式在相互割离的、私人拥有的池塘中养殖三文鱼或者小虾,就可以将收获激励与有效管理激励协调一致。最近几十年出现了水产业从野生捕捞到人工养殖的大规模转移,这一现象的背后原因正是将海洋或其他公共水资源作为公地进行管理的效果并不理想。[⑤] 这一趋势基本上再现了几个世 327
纪前肉类生产从捕猎转向家庭养殖牲畜的现象。

虽然社会的基本规则青睐排他的个人所有权和管理权,但也承认公地构成重要的例外。例如,公共物品理论可用于解释政府所有权(国家公园)、社区所有权(遛狗公园)或者政府管制。另外,普通法向来认可共同财产利益,即通过合同或者总财产(estate)、法人设立(incorporate)等精密制度分配所有权和管理权。其中一个例子是婚内财产,这是法律强制创设的共同法律利益,即便当事人自己并没有明示这样做。[⑥] 另一个具有极其重要意义的例子是商业组织。它们是这样一类法律实体:利用它们可以把生产性财产作为"一股"(one stock,古代普通法的术语)进行管理,即便这些财产由一群个体拥有甚至有时由他们积极管理。

二、公地与企业

我们很少把商业股份公司视作"公地"。五个世纪以来英国法一直将企业和公地视为两种替代的生产组织方式。如果一群个体农民在一

---

④ *See* Garrett Hardin, Tragedy of the Commons, 162 SCIENCE 1243(1968). 关于财产权的一般论述, *see* Ilya Segal and Michael D. Whinston, Property Rights, in HANDBOOK OF ORGANIZATIONAL ECONOMICS, (Robert Gibbons and John Robers, eds., 2011). 关于卡特尔管理的相关问题, *see* Herbert Hovenkamp & Christopher R. Leslie, The Firm as Cartel Manager, 64 VAND. L. REV. 813(2011).

⑤ *See* Mansel Blackford, Fishers, Fishing, and Overfishing: American Experiences in Global Perspective, 1976 – 2006, 83 BUS. HIS. REV. 239(2009).

⑥ *See* HERBERT HOVENKAMP & SHELDON F. KURTZ, PRINCIPLES OF PROPERTY LAW 90 – 135(6th ed. 2005).

片共同拥有或控制的草场上放牧绵羊,这属于一种公地;[7]但如果这些农民将他们拥有的绵羊合并一起交由一位共同的经理人管理,就具有了企业的特征。然而,由于现代商业股份公司具有所有权与控制权相分离的特点,将商业企业视为公地似乎并不合适。这种两权分离模式下,所有者甩手一旁,把企业交由统一的管理者经营。[8]

因此,公地和企业构成控制某种共享资源的两种替代的组织形式。早在16世纪蒙乔伊案(*Mountjoy's Case*)就已判决,就某一地块上的矿石和草地主张所有权的若干人只有作为"一股"经营才可以动用这些资
328 源;"一股"的表述预示着合股公司(joint stock company)的出现,而合股公司最终将演变成商业股份公司。[9] 为了处理这一具体的公地悲剧,法院责令这些个体在开发资源方面进行合作,以确保任何个体都不会过度使用这些资源。19世纪40年代斯托雷大法官根据蒙乔伊案将"一股"规则扩张适用于专利,判决某种火柴专利不能在众多受让人之间进行分割,除非该转让明确规定了每一个受让人的生产数量或者这些受让人作为单一实体共同生产。[10]

斯托雷大法官并没有因如下事实感到不妥,即蒙乔伊案中的矿石和草地是竞斥性物品,而根据专利生产火柴的权利是非竞斥性的。如果一个人的取用行为会减少他人可用的数量,这种物品就是竞斥性的(rivalrous)*或者说"递减的",如鱼类、灌溉水以及地下石油。在蒙乔伊

---

⑦ *See* ELINOR OSTROM, GOVERNING THE COMMONS: THE EVOLUTION OF INSTITUTIONS FOR COLLECTIVE ACTION 61 - 65(1990).

⑧ *See* ADOLF A. BERLE & GARDINER C. MEANS, THE MODERN CORPORATION AND PRIVATE PROPERTY(1932). 关于伯利和米恩斯与现代的企业经济理论之间的关系, *see* Herbert Hovenkamp, Neoclassicism and the Separation of Ownership and Control, 4 VA. L. & BUS. REV. 373(2009).

⑨ *See* Earl of Huntington v. Lord Mountjoy(Mountjoy's Case), 123 Eng. Rep. 488(C. P. D. (1583)). 关于这一判决与商业企业兴起之间的关系, *see* Herbert Hovenkamp, The Law of Vertical Integration and the Business Firm: 1880 - 1960, 95 IOWA L. REV. 863, 888 - 89(2010). 一个著名的发展是,后来 Miller v. Lutheran Conf. & Camp Ass., 331 Pa. 241, 200 A. 646(1938)案适用蒙乔伊案的规则判决道,在某个湖中进行有商业价值的划船、洗浴和捕捞的权利不得分割,除非拥有这些权利者作为一个联合企业进行管理。

⑩ Brooks v. Byam, 2 Story 525, 4 F. Cas. 261(C. C. Mass. 1843).

* rivalrous,经济学文献中通常翻译为"竞争性"。但由于本书同时讨论市场的竞争性(competitive),如果将 rivalrous 翻译为"竞争性",中文版本将难以区分两个概念,因此本书将其译为"竞斥性"。

案中，一个共同所有人取用的矿石越多留给其他共同所有人的矿石就越少，如果不受产出限制最终将导致过度利用。相反，火柴专利的每一个被许可人都可以生产其所希望的任何数量，并不会剥夺他人生产其所希望的任何数量火柴的权利，它们的产量仅受市场规模的限制。

竞斥性物品和非竞斥性物品的区分对于理解产量限制在公地运作中扮演的角色非常关键。对于公共池塘资源（CPR）的成功而言，联合生产和对个体取用权的限制都至关重要。公共池塘资源是由竞斥性物品形成的公地。英国在普通法时代就已经理解了这一问题。例如，普通法承认伐木权公地。所谓伐木权（estover）是指某人拥有的从他人土地上取用木材作为燃料或修葺之用的权利。传统上，伐木权并没有具体规定每个租户的取用数量，这导致可能非常严重的过度使用问题。伟大的普通法法学家爱德华·柯克爵士主张，授予某人的伐木权不得分割并与他人分享。事实上，根据柯克的观察，普通法通常将修葺用的伐木权局限于设置权利之时权利人拥有的房屋之修葺。如果该人后来对原始房屋进行了添附，根据伐木权取用的木材只能用于修葺原始部分，而不能用于修葺新增部分。[11] 或者，如果某人拥有某牧 329
场公地的一个份额，但是该公地并没有明确规定可放牧的牛的数量，那么他的份额也不能进行分割。但如果它属于"确定数量的公地（例如十头动物），这时应该分配该公地"。[12] 总之，四百多年前普通法就已经认可了竞斥性物品公地管理具有的潜能和问题，并发展了阻止过度使用的分配规则。布莱克斯通在著于18世纪后期的《英国法释义》中重述了这一问题：

公地面临的另一个问题是过度使用；或者在其中放牧的牛的数量超过了牧场和草场可以承受的牛的数量，或者超过了某一方有权放牧

---

⑪ 1 EDWARD COKE，A COMMENTAIRIE UPON LITTLETON 164B（1641）. 该卷基本上是对首次出版于1481年或1482年的托马斯·利特尔顿爵士《租佃论集》（Sir Thomas Littleton's Tenures）一书的逐字摘录，因此本卷通常被称为《柯克论利特尔顿》（Coke upon Littleton）。Stanton v. T. L. Herbert & Sons，141 Tenn. 440，211 S. W. 353（1919）案适用了一般规则。该案中，土地转让人保留从土地上取用石子的权利，但未明确规定取用数量。法院禁止转让人将此项权利在"纳什维尔（Nashville）三个最大承包商"之间进行分割，这些承包商正在为政府建造一座战时工厂。

⑫ *Id.* at 149B.

的牛的数量。在这种情况下，过度使用者对其他所有者造成损害，因为他剥夺了他们的相应部分，或者至少把他们压缩在一个更小的范围内。[13]

遵循柯克的做法，布莱克斯通区分了“附属性的”公地和“概括性的”公地，前者只能按照个体拥有所附土地的比例进行分割，而后者则不能分割。

另外，区分供应端竞斥性和产出端（或需求端）竞斥性也很重要。在说捕捞公地具有竞斥性而专利池具有非竞斥性时，我们谈论的对象是供应端。某人每捕捞一条鱼就会减少留给他人的鱼，而每使用一次专利并不会产生这种结果。但在产出端，无论是鱼还是专利都必须被使用、销售或许可。根据市场状况，每一笔销售都会减少剩余部分面对的需求。因此，知识产权侵权中发生的“损害”明显不是指造成供应枯竭的后果，因为它的供应是无限的。相反，该损失源于拥塞外部性，即他人的使用行为造成剩余部分的价值减损。如果涉案公地相对市场规模而言体量很小，产出端的竞斥性通常并不重要，因为一个成员的销售并不会明显缩小留给他人的市场。但如果该公地主导着所在的市场，需求端竞斥性将变得和供应端竞斥性同等重要。例如，具有市场支配地位之专利池的成员之所以担心“过度使用”问题，是因为每一次使用都会降低人们对剩余部分的需求。这一事实对于理解知识产权公地具有至关重要的意义，因为大量这类公地都是覆盖整个市场的。组织成单一企业能够解决这种产出端竞斥性问题，因为一个企业并不会与自己进行竞争，它会把产出量设定在能够实现自己利润最大化的水平。如果涉案专利支配市场，这一产出水平则为垄断水平。

那么，商业公地为何不全都组建成企业呢？例如，如果一个巨型公
330 司拥有整个大西洋的捕捞权，有效管理将符合它自己的最佳利益。正如任何大型公司一样，该企业的经理人将为了股东利益通过制定使用和产出规则实现海洋价值的最大化。或者，如果单独一家企业制造所有缝纫机、飞机或汽车，那么这些产业的发展历史上将根本不可能出现专利法

[13] WILLIAM BLACKSTONE, COMMENTARIES ON THE LAWS OF ENGLAND, bk. 3, ch. 16 (1765 – 1769).

所讨论的那些著名的专利池。⑭ 如果所有被录制的音乐都由单独一个企业拥有和实施许可,那么我们将不需要复杂的一揽子许可协议,这种协议使得电台能够立即获准使用不计其数专利权人录制的音乐。⑮

有时公地生产失灵或效率不高。于是,人们作为一种替代成立了企业。其中一个例子是美国无线电公司(RCA),它最初是一个专利持有公司,旨在克服无线电真空管技术方面的专利丛林。这个专利池同时也是一家商业股份公司,后来由通用电气、AT&T 和威斯汀豪斯几家公司共同所有,担任真空管专利方面的清算机构。这一专利公地一直持续经营到20世纪30年代政府通过反垄断诉讼迫使美国无线电公司分拆持股,之后它作为单一企业持续存在。⑯ 反垄断的历史还向我们展示了分享知识产权的法人式公地的发展情况。其中一个例子是 NFL 财产公司(NFL Properties, Inc.),它拥有所有全美国足球联盟(NFL)成员球队商标的排他许可并负责销售生产权。⑰ 另一个例子是著名的床垫生产商丝涟床垫公司(Sealy),它是几家地方性床垫制造商作为股东创设的一家股份公司。这家公司后来开发并营销丝涟品牌、床垫设计以及某些专利,并将这些权利许可给各个股东厂商。⑱ 因此,丝涟公司是许多生产商共享的一个成员有限的知识产权公地,而非由单一企业拥有的品牌。近年来发展起来了一些被称作"专利聚合体"的法人式商业企业,它们买断专利并将其重新许可给自己的成员,向非受许人提起侵权之诉,有

---

⑭ 飞机制造商联营(The Manufacturers Aircraft Pool)是一个由政府推动的专利池,旨在鼓励莱特公司(Wright Company)和柯蒂斯公司(the Curtis Company)停止相互及针对他人积极强制执行专利,以此推动飞机制造,因为它们的行为已经阻碍了该产业的发展。*See* Jean Tirole & Josh Lerner, Efficient Patent Pools, 94 Am. Econ. Rev. 691(2004). 关于机动车制造商协会专利池的发展, *see* JAMES J. FINK, THE CAR CULTURE(1977).

⑮ *See* Broadcast Music, Inc. v. CBS, Inc., 441 U. S. 1(1979)(驳回对一揽子许可的反垄断起诉).

⑯ *See* United States v. Radio Corp. of Am., 3 F. Supp. 23(D. C. Del. 1933); *see* ROBERT N. SOBEL, RCA(1986). 关于美国无线电公司专利池的详细历史, *see* JOSEPHINE YOUNG CASE AND EVERETT NEEDHAM CASE, OWEN D. YOUNG AND AMERICAN ENTERPRISE 209 -28(1982).

⑰ *See* American Needle, Inc. v. NFL, 130 S. Ct. 2201(2010)(法院认定涉案许可政策属于个体球队之间的协议行为,而非 NFL 财产公司的单方行为).

⑱ United States v. Sealy, Inc., 388 U. S. 350(1967). 另见下级法院的判决: United States v. Sealy, Inc., 146 U. S. P. Q. 6, 1964 WL 8089(N. D. Ill. Oct. 6, 1964)(反复提到丝涟品牌、商标和专利是许可协议的一部分).

时还担任不起诉协议的经纪公司,不起诉协议实质上相当于非排他许可。⑲

331 公地研究引出了一个产业组织方面的基本问题。人们什么时候进行个体生产,什么时候组建企业,什么时候组建公地?另外,如果它们选择组建公地,什么情况下设置产出限制或排斥外人是正当的?企业的设立目的是挣取利润,因此它们会选择最有助于实现利润最大化的组织结构。罗纳德·科斯早在20世纪30年代就已经观察到企业的边界取决于经理人持续不断地对两种成本的比较,一方面是内部生产的成本,另一方面是在市场上进行采购的成本。⑳ 企业应该自行构思广告文案,还是向广告代理商采购?汽车制造商应该自行生产雨刷,还是向他人采购?企业进行自我生产,直至内部生产的成本刚好等于市场采购的成本。这家企业的边界位于两项成本实现均衡的一条线上。例如,如果自行制造雨刷的单位成本是1美元,而向另一家企业采购同样雨刷的成本是1.05美元,该企业将转向内部生产。如果两项成本相同,内部生产还是市场采购对它来说就是无所谓的。

公地同样如此。如果独立生产的回报水平超过公地组织,人们就会按照个体控制的方式组织财产权;反之亦然。例如,农场主可能各自独立生产粮食,但通过农场主作物或乳制品合作社进行销售,或者可能经营一套共享的灌溉资源(例如一个池塘)并制定一套分配规则调整使用方式。有时,即便是一个简单的企业也可能同时参加多个公地。例如,一个农场主可能与少数相邻土地的业主共享一个放牧公地,但通过一个更大规模的合作社公地销售生产出来的牛奶或牛肉。

如果"分割"一种资源并强制执行个体边界的成本超过集体管理的成本,业主们将倾向于使用公地管理的方式。相反,如果谈判或强制执

---

⑲ *E. g.*, Allied Security Trust, Inc., and RPX, Inc. *See* Allen W. Wang, Rise of the Patent Intermediaries, 25 BERKELEY TECH. L. J. 159, 176 (2010); Anne Kelley, Practicing in the Patent Marketplace, 78 UNIV. CHI. L. REV. 115 (2011) (讨论 Intellectual Ventures, Inc. 及其他专利聚合体). 关于以不起诉协议替代防御性专利聚合之趋势的讨论, Patent Owners Fleeing RPX Acquisition Model, at http://gametimeip.com/2011/08/18/patent-owners-fleeing-rpx-acquisition-model/ (last visited Aug. 18. 2011).

⑳ *See* Ronald H. Coase, The Nature of the Firm, 4 ECONOMICA (n. s.) 386 (1937); *see* Herbert Hovenkamp, Coase, Institutionalism, and the Origins of Law and Economics, 88 INDIANA L. J. 499 (2011).

行共享规则的成本很高,企业将转而使用外部市场采购或者传统的个体生产方式。历史上有很多公地失灵的例子,还有一些很可能仅仅因为市场失衡才出现公地的例子。公海捕捞可能是一个现代实例。一个历史上的例子是,19 世纪初期开阔的草原上曾经生活着不计其数的美国犎牛,但后来因遭到猎杀而基本绝迹。如今犎牛市场是一个靠私人农场主供应的规模非常小的市场,这些农场发展并管理各自的牛群,通常由个体业主采取篱笆圈养的方式。[21] 相反,研发活动特别适合采用公地管理的方式。如果界定和防御知识产权边界的成本很高,例如创新成本较 332
高、复制成本较低,更有可能出现这种局面。

公地管理也比将所有使用者整合进一家单一企业的做法更为对社会有利。如果难以强制执行内部边界,利用公地管理能够让社会享受到共同开发和竞争的双重利益。例如,我们通常允许覆盖整个产业的专利池或标准制定组织存在,尽管反垄断政策绝对不可能允许所有参与方合并成一家企业。专利池允许以竞争方式单独生产那些能够独立生产的部分,并共享那些通过共享达到使用效率最大化的投入品。19 世纪著名的缝纫机专利池使得多家缝纫机制造商能够更有效地相互竞争,同时又避免了过度授予专利权和专利范围不清晰带来的诉讼问题。[22] 19 世纪下半期出现的铁路专利池同样如此,它基本上消除了铁路制动系统相关的专利诉讼。[23]

㉑ *See* Dean Lueck, The Extermination and Conservation of the American Bison, 31 J. LEGAL STUD. 609(2002).

㉒ Adam Mossoff, The Rise and Fall of the First American Patent Thicket: The Sewing Machine War of the 1850s, 53 *Ariz. L. Rev.* 165(2011). 明显相反的观点, *see* Ryan Lampe and Petra Moser, Do Patent Pools Encourage Innovation? Evidence from the 19th-Century Sewing Machine Industry (Working Paper, June 8, 2010), *available at* http://papers.ssrn.com/sol3/papers.cfm?abstract_id=1308997.

㉓ *See* Steven W. Usselman, Organizing a Market for Technological Innovation: Patent Pools and Patent Politics on American Railroads, 1860 – 1900, 19 BUSINESS AND ECONOMIC HISTORY 203 (2d series, 1990). *See* generally EDWARD CHASE KIRKLAND, INDUSTRY COMES OF AGE: BUSINESS, LABOR, AND PUBLIC POLICY, 1860 – 97 (1961). 在本书付梓之际,开放专利联盟(Open Patent Alliance)开发了一个专利池,以促进 4G 蜂窝电信网络的开发。该网络的骨干和个体装置必须互相兼容,并且有大量企业参与建造。*See* Open Patent Alliance, http://openpatentalliance.com/(last visited August 15, 2011); *see* Wireless Week(Aug. 10, 2010). 关于开放专利联盟参与 4G 专利聚合活动的情况, see http://www.wirelessweek.com/News/2010/08/Policy-and-Industry-Open-Patent-Alliance-4G-Patent-Pools-Legal/.

相当于竞斥性物品公地，专利池及其他非竞斥性物品公地可能带来一些独特的竞争风险。例如，产出限制协议对于涉及竞斥性物品（如捕捞或放牧权）的、真正公共池塘资源的有效运作至关重要，因为如果没有该等限制将出现过度使用问题。但针对非竞斥性资源设置的产出限制则较难辩护。诚然，捕捞公地在对每个成员设置捕捞上限时也可能从事反竞争的固定价格行为。但对竞斥性物品公共池塘设置的产出限制毕竟不具有**内在的**可疑性。另外，为确保可持续性而设置的最优捕捞量与利润最大化的卡特尔产出量之间很可能不存在关联性，前者取决于特
333 定公地可持续的供应，后者则取决于整体的市场需求状况。大多数公共池塘资源都缺少从事有害固定价格行为的市场势力。例如，在某县共享放牧权的 15 个牧场主很可能在全国性市场上销售牛肉。如果它们之间设置产出限制，例如每个牧场主生产 100 头肉牛，这种限制高度不可能是固定价格行为的反映，而是一种避免过度使用公地资源的手法。

但我们对于非竞斥性物品池塘就不能如此乐观，特别是当它们的成员集体支配某个市场时。例如，前文讨论到斯托雷大法官在布鲁克斯诉比亚姆案（*Brooks v. Byam*）中的判决，该案中那些共享火柴制造权的人能够随心所欲地制造任何数量的火柴。理论上，他们也确实会这样做，直至达到竞争性的产出水平。因此，有必要对他们之间约定的产出限制作更加细致的考察。即便在专利池中，为确保参与者能够收回研发投资也可能需要设置某些产出限制，否则，竞争将促使价格跌落至等于边际成本的水平，导致这些企业无法收回它们的固定成本投资。如果参与方经营差异化产品或者该产业的集中度足够高，即便没有明示协议也能够确保价格高于成本，不大可能出现这种局面。然而，其他情况下“池塘”可能只不过是一个掩饰卡特尔的幌子。例如，涉案专利基本上无效或者没有价值并把卡特尔的产出限制或市场分割装饰成专利交叉许可。当相关专利是无效专利时，防御内部边界的真实成本实际为零，因为根本就不存在需要防御的内部边界。又或者，虽然设置池塘的行为本身存有正当理由，但该池塘对竞争的限制相对其有效运作而言是过度的或不必要的。此时，可以运用反垄断法谴责不必要的反竞争限制。

信息公地的有效管理要求特别关注损害问题。在真实的公共池塘资源（CPR）中，从他人的获益行为就可以推定损害的发生，因为池塘中

鱼的数量是既定的。但如果某人的取用行为不会减少剩余部分的数量或价值，这种取用就是纯粹的"帕累托"改进。知识产权的非竞斥性还凸显出一个庞大的公有领域具有何等重要的意义。适当界定的归属公有领域的物品并不存在内部边界，因为任何人都无权排斥他人享有思想本身。因此，为设置公地提供支持的消除内部边界理论在这里无以适用。这会给企业带来一项强大的激励，即主张并交叉许可有效性存疑的专利，同时在专利池中设置产出限制或者市场分割。伴随价格限制或产出限制，由无效专利组成的专利"池"可以在原本竞争性的市场事实上创造出一个卡特尔。

三、公地资源的类型

下表列出了各种资源类型以及决定它们是否使用公地管理形式的各种特质： 334

资源类型	强制执行内部边界	强制执行外部边界	竞斥性	获益能力
传统财产	可行	可行	是	良好
公共池塘资源(CPR)	很高成本	对 CPR 而言通常至关重要	是	取决于恰当的管理
个体知识产权(IIPR)	往往高成本	往往高成本	非 *	往往有问题
知识产权共同体	可行；非竞斥性限制了设置获益规则的必要	往往比 IIPR 成本低	非 *	恰当管理时良好
公有领域	往往高成本；经常非法	往往高成本；经常非法	非	视情况

* 不具有如下意义的竞斥性，即一个人的使用会减损他人的可得数量(供应端竞斥性)，但可能具有如下经济意义上的竞斥性，即为了使投资活动物有所值有必要限制产出，尽管这样会带来共谋指控的风险(产出端竞斥性)。

传统财产最不适合采用公地形式。它们的边界非常清晰，价值通常能够被各个独立开发者完全享有。这些权利由个体独立持有，因此不存在"内部"边界和"外部"边界的区分。当每个业主都能完全享有其投资带来的回报时,能够实现激励最大化。但即便这种类型之下也存在某些例外。例如,共同所有权能够带来开发或生产方面的经济效应或者降低风险。正因如此,我们仍然能够看到合营企业以及其他形式的多方所有权,即便其中存在清晰的内部边界。

公共池塘资源(CPR),如鱼类养殖权或放牧权,与传统私有财产之间的主要区别在于,虽然这类资源是有形竞斥性物品,但内部边界界定难、防御成本高,造成收益方面的困难。随着内部边界的界定和防御成本不断上升,个体管理相对于公地管理的价值也不断下降。然而,即便是公共池塘资源,要形成正确的激励也需要清晰的外部边界,即指明哪些人有权进入。另外,还必须存在有效的获益规则和管理规则,它们在经济效果上可以替代内部边界。[24]

335 例如,如果给牧场设置围栏带来的排斥成本相对于价值而言很高,相关共同体可能因此制定一套规则:(1)通过界定谁有权在该土地上放牧建立起外部边界;并且在内部包含(2)(a)获益规则,允许牛在整个公地上活动,但是每个农场主的饲养量限制为一个特定数值,如十头;以及(b)管理规则,要求每个牧场主每周贡献一定金钱(如每头牛十美元)或同等价值的时间用于支持和维护公地。总之,成功的公共池塘资源的一个显著特征是外部边界清晰,但建立和守护内部边界线的成本超过制定并强制执行替代性获益规则的成本。

由于专利制度本身不完善,以及版权法上存在思想/表达二分法、"合理使用"法则调整范围模糊,个体知识产权(individual IP rights)往往存在边界模糊的问题。[25] 正如传统财产权一样,只要知识产权由个体持有就不存在内部边界和外部边界之间的区分。知识产权的可获益性取决于防御边界的能力,因此往往是有问题的。但个体知识产权是非竞斥性物品,这带了两方面的重要后果。第一,分享带来的效益可能特别巨大。第二,分享能够解决分享者之间的"内部"边界问题。例如,如果同一项技术的多个专利权人互相免费授予非排他许可,他们就在相互之间消除了提起专利诉讼的必要。

㉔ *See* ELINOR OSTROM, UNDERSTANDING INSTITUTIONAL DIVERSITY 194 - 202 (2005); Ostrom, *supra* note 7, at 90 - 100.

㉕ 参见第四章和第五章(专利),以及第六章至第八章(版权)。

与个体知识产权不同,知识产权共同体是主要通过私人协议构建的知识产权共同利益。专利池是最为明显的例子,但还存在其他形式,包括一揽子许可和许多类型的标准制定。虽然专利池有助于解决内部边界模糊问题,但也可能增加其他成本。例如,由于能够保障企业获许使用他人的创新成果,它提供了搭便车的机会,可能削弱投资激励。在这种意义上,知识产权共同体跟公共池塘资源一样涉及投资和激励之间的权衡问题。知识产权公地造成的另一项重要社会成本是共谋风险。产出减少对于传统公共池塘资源的管理至关重要,因为它涉及竞斥性物品。因此,公地管理者对竞斥性物品(如鱼类和灌溉用水)设置的产出限制具有明显的效率方面的解释(尽管也可能是共谋的掩饰物)。相反,非竞斥性物品(如专利)的产出限制则需要更加仔细的考察。

最后,公有领域不同于表中所列的其他利益形式。我们有时说公有领域内的物品没有边界,因为任何人对它们都不拥有排他权。严格来说,这一点并不属实。例如,卢浮宫的档案馆收藏着数以千计早已进入公有领域的绘画,但公众并不能接触它们。又或者,在某些情况下,不受专利 336
保护的公有领域物品只能通过某种专利方法使用。[26] 虽然这些情况下公有领域物品本身不具有可强制执行的边界,但事实上却"被隔绝于"一个不同的物品之中,例如不动产或专利。

公有领域物品的"获益"栏之所以标注视情况,是因为其获益性随着情况的不同而不同。属于公有领域的许多物品并没有什么可"开发"的,因为用户只是在进行简单的复制。当然,即便复制公有领域的物品(例如蒙诺丽莎或者不受专利保护的浴缸阀门)也需要一定的工厂和设备。但这些投入品受普通财产规则调整。这些投资的获益性完全取决于市场的需求状况,而市场是面向任何人开放的并且通常是竞争性的。一些原本属于公有领域的物品,例如不具有可专利性的方法,可能受商业秘密的保护。然而,即便在这种情况下,任何人仍然都可以进行独立开发,因为商业秘密只制止不当占益行为。

另外一些公有领域的物品存在创新成本,但不受知识产权保护。很

㉖ *See*, *e. g.*, Leitch Mfg. Co. v. Barber Co., 302 U. S. 458(1938)(不受专利保护的乳化剂只能通过一种专利方法实施).参见第十章。

好的例子包括现行法之下的时装设计[27]以及从环境中提取的天然物质。[28]这些创新能否得到适当的激励完全取决于市场状况,例如先发优势的程度以及秘密性具有的价值。正如第一章指出,这些优势往往等于甚至超过专利保护的价值。由于一些原因联合生产传统财产性质的物品是可取的,例如规模经济或范围经济;出于同样的原因,共同生产公有领域物品也具有很高的可行性。例如,一群投资者建造一座工厂印刷公有领域艺术或文学作品的复制件,或者一群业余厨师创建一个网站上传和分享公有领域的菜谱。抛开可能存在的侵权情势不谈,YouTube 和 Facebook 这样的网站都代表着联合生产公有领域之表达的行为。

四、知识产权公地的功能

知识产权公地并非公地经济文献中所指的"公共池塘资源"(CPR)。
337 真正的公共池塘资源要求存在递减性,或者竞斥性的使用。[29] 包括受知识产权保护的信息在内,信息通常不具备这一特点。然而,出于组建普通公地的相同原因人们组建了很多知识产权公地。事实上,递减性不但不是一个有利于公地管理的特质,而且会导致公地的管理更加困难,因为经理人必须警惕出现过度使用。因此,涉及非竞斥性资源的公地生产更加普遍。

知识产权公地有助于处理三个不同但经常相联系的问题。第一个是降低防御内部边界不清晰的网络所需的成本。第二个是促进无法通过个体创新实现的兼容性或互联互通。即便内部边界清晰也会出现这第二个问题。第三个是单独许可会发生而以某种方式整合许可可以大幅降低的

---

[27] *See* C. Scott Hemphill & Jeannie Suk, The Law, Culture, and Economics of Fashion, 61 STAN. L. REV. 1147(2009);Kal Raustiala & Christopher Sprigman, The Piracy Paradox: Innovation and Intellectual Property in Fashion Design, 92 VA. L. REV. 1687, 1692(2006).

[28] 关于后者, *see* Funk Bros. Seed Co. v. Kalo Inoculant Co., 333 U. S. 127(1948)(自然界中发现的细菌品种的简单混合不具有可专利性). Cf. Diamond v. Chakrabarty, 447 U. S. 303(1980)(转基因细菌具有可专利性).

[29] *See* ELINOR OSTROM, ROY GARDNER & JAMES WALKER, RULES, GAMES, & COMMON-POOL RESOURCES 6(1994).

高额交易成本。下文将要讨论的一揽子许可和某些专利池，其组建目的就是要消除昂贵单独许可的必要。

推动组建公地的主要因素是，查明和防御个体边界的成本超过汇拢一池进行公地生产的成本。因此，某一具体市场形成公地池的可能性及程度不仅取决于技术，还取决于知识产权法的状态。例如，授予专利越多或者权利要求越抽象，专利的质量越低，边界越发不清晰。[30] 这会导致专利面临更多质疑有效性的诉讼，增加防御成本。这种情况下，相对于共同管理的成本而言单独所有权的成本将会上涨。

然而，在生产商需要实现相互兼容的产业（例如汽车能源），即便专利边界清晰、易于防御，为实现标准化或互可操作性仍然需要专利公地。不过，许多专利池也出现在生产商之间并不是非常有必要实现兼容的市场，包括折叠床、农用耙具、卫浴陶瓷件、玻璃容器以及器具金属饰面。[31] 许多这类专利池都是在历经多年成本高昂的专利诉讼之后形成的，这表明它们的组建目的之一是回应专利制度的缺陷，尽管另一个目的可能是共谋。专利池是企业"通过合同绕开"该种缺陷的一种方式。另外，由于专利池的结构是针对具体产业专门设计的，能够按需剪裁排他规则和进入规则，以此应对专利授予中存在的"一刀切"问题。

竞斥性自然资源公地与非竞斥性知识产权公地之间的可能差异之一是，前者的边界在某种意义上是"天然的"，后者的边界则是"构建的"。[32] 338
但是边界的确定从来都是一个政策问题或者集体选择问题。在创设和防御个体边界有利可图时商业实体会选择这样做，而使用共享利益有利可图时又会选择那样做。因此，边界的构建必须通过不停的试验逐渐摸索。例如，如果奥克拉马荷州的多位牧场主各自拥有自己的油井，但这些油井通向同一个地下"油池"。这是一个竞斥性的公地，任何一个牧场主都可

---

[30] 参见第四章和第五章。

[31] *See*, *e. g.*, Keeler v. Standard Folding Bed Co., 157 U. S. 659 (1895). Bement v. Nat'l Harrow Co., 186 U. S. 70 (1902); Standard Sanitary Mfr. Co. v. United States, 226 U. S. 20 (1916); Hartford-Empire Co. v. United States, 46 F. Supp. 541 (N. D. Ohio 1942), *modified*, 323 U. S. 386 (1945); United States v. New Wrinkle, Inc., 342 U. S. 371 (1952).

[32] 主张这种观点的论述，*see* Michael J. Madison, Brett M. Frischmann, & Katherine J. Strandburg, Constructing Commons in the Cultural Environment, 95 CORNELL L. REV. 657, 672 (2010). *See also* Michael J. Madison, Brett M. Frischmann, & Katherine J. Strandburg, The Complexity of Commons, 95 Cornell L. Rev. 839, 846 & n. 23 (2010).

能抽干整个池,因此他们将会展开一场疯狂的过度生产的比赛。[33] 养鱼、灌溉权、牧场基本面临同样的问题。因此,必须创设边界,形式可以多种多样:通过政府机构,或者通过合并成单一企业,又或者通过当事人之间订立使用或准入协议。缺乏递减性并不会对边界的“天然性”有任何减损,但在确定公地使用权的程度和范围方面,它却可能是一项重要因素。例如使用同一块放牧土地的牧场主很可能高度关注每一个牧场主投放到公共牧场的肉牛数量。相反,如果十个生产商分享投入专利池的一项专利,他们可能并不关心彼此制造的物品数量,或者它们对此的关心会被视为对该产业实施卡特尔的非法愿望。总之,虽然不同产业选用的具体管理形式相互存在重大差异,但构建边界的总体指导原则向来是一致的,即边界的形成需要存在成本理由。

知识产权或其他信息公地的外在表现似乎经常与人们普遍接受的有关企业活动的观念——企业的目的是盈利——不一致。很好的例子包括开源软件(免费自由许可)以及协作型信息仓库,如 YouTube 和维基百科,后者是一部向用户免费提供的百科全书。[34] 答案通常是如下二者或者其中之一:第一,参与者是效用最大化者而非利润最大化者;第二,所涉市场属于双边市场。

339 商业企业追求利润最大化,人类个体则追求效用最大化,二者并非完全相同。利润以某种具有恒定价值的通用货币(如美元)表示。但进入个人“效用函数”的需求和欲望不仅包括货币财富,还包括社会、心理和宗教需求,文化和传统,以及很多无法轻易转换成货币的其他价值。另外,与利润不同,这些效用变量无法进行人际比较。

众多成功的传统公地都是由小型创业者(如家庭农场或者渔民)组建的,这并非巧合。例如,埃莉诺·奥斯特罗姆(Elinor Ostrom)在她关于公地发展的开创性著作中,重点讨论了存在于瑞士喀布尔村以及日本微

---

[33] 普通法管理石油生产的历史恰恰证明了这一点。*See* LEONARDO MAUGERI, THE AGE OF OIL: THE MYTHOLOGY, HISTORY AND FUTURE OF THE WORLD'S MOST CONTROVERSIAL RESOURCE 41 – 51 (2006); Bruce M. Kramer & Owen L. Anderson, The Rule of Capture: An Oil and Gas Perspective, 35 ENVTL. L. 899 (2005).

[34] *See* LAWRENCE LESSIG, FREE CULTURE: THE NATURE AND FUTURE OF CREATIVITY (2005); Creative Commons, http://www.creativecommons.org (last visited May 15, 2011).

型社区的放牧权公地，以及西班牙瓦伦西亚小型农场主共享的灌溉权，80%的瓦伦西亚农场面积不足一公顷（大约2.5英亩）。[35] 这些企业不但规模很小，而且业主是一些积极的经理人，他们把企业整合进自己的价值体系之中。这种情况下，进入公地决策程序的价值元素不仅包括利润最大化，还包括构成个体人类偏好的基本不具有可比性的各种东西。向维基百科和YouTube无偿贡献内容的人显然不是为了利润最大化。然而，同样明显的是，他们也从这些无偿活动中获得了效用。

另一方面，免费发放产品（例如开源软件）与利润最大化可能也相当一致。它们通常涉及"双边"市场，设置免费许可义务的真正效果是限制或禁止从某一边市场获得补偿，从而将需求转向另一边市场。在双边市场上，一种产品或服务同时在至少两个不同的方向进行销售，一边获得的收入通常与另一边的规模相联系。前一章曾以电视节目制作为例说明双边市场。节目制作商潜在地能够从观众和广告商那里获得收入。传统无线电视网络免费提供收视服务，大大增加了收视者的数量。结果是，其节目制作对广告商更具吸引力，后者愿意为更大的收视群体支付更多广告费。有线电视系统兴起之后，节目制作者可以搭配使用多种不同的收入来源。例如，节目制作者通过收取基本费率从收视者那里取得一定收入。这样做会减少收视群体，导致广告的营利性下降，但同时来自收视者的收入带来了一定的抵消。HBO那样的"高档"频道源自广告的收入更少，而源自收视者的收入更多。利用这种在两个边上进行权衡的能力，节目制作者能够实现来自收视者和广告商的综合收入最大化。

软件等产品的收益可能来源于多种渠道。第一种渠道是软件本身的销售收入，第二种是提供维修和支持服务取得的收入，第三种是互补品
（如硬件）的销售收入。开源协议规定企业不得就软件本身收费，并且通 340
常不允许设置产出限制，因此它们必须从一种或多种补充渠道获得收入。供应商为何选择带有种种限制的开源软件呢？首先，可以避免开发成本，该等成本有可能很高。其次，如果用户规模越大产品越便宜、越有吸引力，选择开源软件可以享受网络外部效应。一个很好的例子是安卓系统，

---

[35] Ostrom, *supra* note 7, at 61 – 73.

它是由谷歌公司开发的手机开源操作系统。在自己的系统中使用安卓的手机生产商——包括三星、摩托罗拉、夏普等——不得销售操作系统软件本身，但可以销售硬件和应用软件。另外，正如网络电视一样，安卓系统本身"免费"的事实使得它对于手机生产商和应用程序编写者都具有吸引力，因为用户群体越大编程者能够卖出越多自己的软件。而随着可用的应用软件增多，使用安卓系统的手机对消费者也更具吸引力。谷歌从搜索引擎广告商那里获得收入，因为谷歌是安卓系统的默认搜索引擎。这里并不存在利他主义。很多大型企业都对开源软件投入了大量资源，如 IBM、太阳微系统甚至微软公司。[36]

企业在开发一种产品（如操作系统软件）时采用的分销决策反映了一系列判断，包括（1）将会带来的客户群体规模，将会带来的附带收入数量；以及（2）如采用受产权保护的系统，保护边界所需的成本。如果用户购买该系统的成本较高，受产权保护的系统（例如微软的视窗操作系统以及苹果的操作系统）通常会限制客户群体的规模，还会给企业施加一项确保系统不受侵权的成本高昂的义务。

开源就像专利池一样能够解决内部边界问题，但并不能确保用户不会遭受外部企业起诉专利侵权。开源与成员间无限量免费许可的专利池最大的区别在于，专利池界定了哪些企业能够进入其中，而开源通常不设任何准入限制。

总之，开源或其他免费分销机制的使用引起了一个产业组织方面的问题，即企业试图通过考虑客户群体的规模、个体边界的防御成本以及具体产品的各种收入来源等因素实现利润最大化。这些因素带来了一种"半公地"：企业对其某些部分的产出坚持采用个体所有权和产权保护制
341 度，而对其他部分采用甚至发放开源及其他无偿技术。[37]

---

[36] *See* Wallace v. IBM Corp.，467 F. 3d 1104（7th Cir. 2006）. 该案中，原告指控 IBM 公司从事掠夺性定价，因为它的某些电脑以零价格整合 Linux 开源操作系统，法院驳回该诉讼请求。微软视窗操作系统所在的市场由用户、应用程序编程者以及硬件生产商组成。为了实现收入最大化，它可能自愿向某一个群体（如编程商）免费提供受知识产权保护的权利，以增加源自另一群体的收益。

[37] Jonathan M. Barnett，The Host's Dilemma：Strategic Forfeiture in Platform Markets for Informational Goods，124 HARV. L. REV. 1861（2011）（提供计算机和电信市场上的各种例子）。

五、利用公地依约绕开过度或错位的财产权

(一)知识产权规则过于抽象的问题

按照经典理论,公地起源于原属公有领域的财产,往往历经多个世纪演进而来。[38] 但是,公地还经常按照相反的方向演进,即针对政府所作的过于分散化的原始财产权分配状况作出的调整。例如,我们称为"知识产权"的一束束思想和发明,如果不是因为被制定法、条约和司法判决以创设个体所有权的方式"圈围"起来,本将全都是可随便进入的公地。知识产权公地得以发展的原因往往正是,就当下目的而言,现在授予个体权利的体制做得过度了。

法律制度针对各类市场和技术提供量身定制财产权的能力有限。限制之一是高昂的管理成本,这要求通过制定抽象的规则节约成本。限制之二是国家需要保持超脱。

如果政府程序无成本,国家可以针对每一个功能社区制定最优财产规则。每个地段都可以拥有一套完美针对其需要状况的土地使用限制,每个商业领域内的活动都会受到精确的规制。专利系统可以针对每个具体产业或专利类型设定高度具体化的保护规则。不幸的是,政府的运作成本很高,并且信息有限。因此,政府通常制定能够适用于多个群体或类别的一般性立法。例如,不同产业的专利在价值和有用性方面存在极大差异,但现行专利制度基本上只提供了单一的一套适用于任何人的专利规则,只有几项不太重要的例外。[39] 然而,幸运的是,专利和版权制度都明确允许许可行为,使知识产权人通过合同行为避开现有权利制度成为 342
可能。

---

[38] 参见奥斯特罗姆著作中的许多例子:OSTROM, *supra* note 7.

[39] 这些例外包括 the Plant Variety Protection Act(《植物品种保护法》),7 U. S. C. § § 2321 – 2582(对于有性繁殖的植物品种给予 25 年类似专利的保护);以及设计专利,*see* 35 U. S. C. § § 171 et seq(对装饰性、非功能性的设计提供为期 14 年的保护). *See also* SUZANNE SCOTCHMER, INNOVATION AND INCENTIVES 117(2006)(所有市场适用相同的保护期会造成某些产业回报过度,其他产业回报不足);Dan L. Burk & Mark A. Lemley, Is Patent Law Technology-Specific?, 17 BERKELEY TECH. L. J. 1155, 1205 – 06(2002)(类似观点).

公共法律制定活动的超脱性也至关重要,因为我们希望公共政策决策者具有中立性。但这一要求与新古典经济学如下最根本的原则之间存在非常紧张的关系,即每一个个体最了解他自己的偏好。作为个人偏好的最终表达,缔约权再一次起到了缩小这一空挡的作用。包括知识产权在内的财产法对财产权进行了初始配置。人们可以以此为起点利用合同作出个案情形下更具针对性的秩序安排(private ordering)。然而,决策权从理应关注公益的政府官员转向私益驱动的企业家会带来一项重大的代价:财产权的治理结构私有化会产生服务自我利益的反竞争行为的风险。

"一刀切"式的知识产权体制有一个特点,即某个产业授予的个体保护数量超过最优值时将造成过度的争议和许可成本。知识产权过度个体化会形成具有极高交易成本的许可"丛林"。知识产权丛林造成的一项重要后果是双重边际化,即互补的许可人无法就收取联合利润最大化的价格进行合作。[40] 其结果是,每一个许可人收取的许可费相对于他人收取的许可费而言都是过度的,造成所有市场参与方的整体情况恶化。另一项后果是无辜创新者面临的风险增大、交易成本(包括诉讼成本)增加。问题不在于许可丛林中的每一项专利都质量低下,事实上许多专利的质量很高。问题在于专利的数量过多,需要通过代价高昂的诉讼查明哪些是高质量的专利。

诚然,知识产权公地对知识产权过度碎片化的问题只能提供次优的解决方案。它最为严重的缺陷是需要运作成本:我们使用一项成本高昂的公地管理制度来消除由另一项成本高昂的知识产权授予制度造成的破坏——正是后一制度首先造成了高度碎片化的问题。这就像通过同时燃烧壁炉和开启冷气保持适当的室温一样。一个相关的问题是,为恢复正确的激励水平需要的管理活动越多出现错误的概率就越大。

(二)私人共同利益社区的实例

作为对法律权利过度碎片化和同质化发展的回应,历史上曾出现过一个重要的私人公地发展方面的实例,即民用地段和公寓开发领域出现的共同利益社区(common interest communities)*。在美国,几乎任何一

---

[40] 参见第二章。

* common interest communities,也译"共同兴趣社区",本书译为"共同利益社区"。——译者注

个人口居住区都存在这种基于地役权(即不动产契约)的私人土地使用安排,它往往取代土地分区制成为主导的土地使用控制制度。 343

在美国历史上,除了受普通法非法侵入和滋扰之诉的调整以外,土地使用很少受到规制。然而,从 20 世纪初开始政府对土地用途的控制日益突出,特别是联邦最高法院在 1926 年欧几里德案(*Euclid*)判决中批准综合性分区制以后。[41] 早期分区制的一个突出特点是正规化(regularization)。正因如此,它通常被称为"欧几里德"分区("Euclidean" zoning),这一名称同时指称联邦最高法院判决的欧几里德案和著名的希腊几何学家欧几里德。如果驱车经过 20 世纪上半叶建设的居民地段,你就能观察到这种调整的结果。街道通常呈跳棋盘的形状,与之相伴的是尺寸基本相同、空间大小相当的地块。这种分区制显示出对单户住宅的强烈偏好,它们与公寓房相分离,后者通常被视为居民用地和商业用地之间的"缓冲地带"。这种分区规划有时甚至完全排除多户住宅。[42]

然而,欧几里德分区并没有反映美国人口在经济和生活方式方面日益增长的多元化,也不能满足战后出现的住房需求的高速增长。于是迎来了一场迅速但又非常复杂的重新调整,其特征是对传统分区的"放松管制"以及大量使用私人控制措施。[43] 反映这些变化的发展经常被称为"共同利益社区",主要发生在地段和公寓方面。这些社区的居民通常拥有相同的生活方式,或者在经济地位、隐私期望值、家庭地位甚至年龄方面存在相似性,更有甚者在意识形态或宗教信仰方面也存在相似性。[44] 共同利益社区的一个几乎相通的特征是拥有公地财产,从高尔夫球场、游泳池、网球场到舞会和洗衣设施、停车位无所不包。这些公地在一定程度上

㊶ Village of Euclid, Ohio v Ambler Realty Co., 272 U. S. 365(1926)(以 5:4 多数判决综合分区制不违宪). 关于这段历史, *see* SEYMOUR TOLL, ZONED AMERICAN(1969); FISCHLER MARC A. WEISS, THE RISE OF THE COMMUNITY BUILDERS: THE AMERICAN REAL ESTATE INDUSTRY AND URBAN LAND PLANNING(1986); Raphael Fischler, Health, Safety, and the General Welfare-Markets, Politics, and Social Science in Early Land-Use Regulation and Community Design, 24 J. URBAN HIST. 675(1998).

㊷ *See E. g.*, S. Burlington County N. A. A. C. P. v. Twp. of Mount Laurel, 67 N. J. 151 (1975)(涉案分区条例以低密度单户住宅分区排斥低收入人群,被法院撤销).

㊸ *See* EVAN MCKENZIE, PRIVATOPIA: HOMEOWNER ASSOCIATIONS AND THE RISE OF RESIDENTIAL PRIVATE GOVERNMENTS(1994).

㊹ *See, e. g.*, Paula A. Franzese & Steven Siegel, Trust and Community: The Common Interest Community as Metaphor and Paradox, 72 MO. L. REV. 1111(2007).

是"私有的",因为它们归居民集体所有。它们还受准入规则(例如住房业主或他们的客人可用)以及使用规则(例如晚上十点以后不准在公共池塘中游泳)的调整。

共同利益社区兴起过程的另一个重要特征是传统分区制往往阻碍它
344 们的发展。因此,必须通过对分区"放松管制"赋予地段和公寓开发商更大的灵活性,形成能够满足居民和未来购买者需求的私人土地用途控制。因而出现了一场异常剧烈的转向,从欧几里德分区运动中包含的自上而下的、权威式的分区模式,转向了一个由私人开发商和政府官员在更大程度上就土地用途进行单独谈判的模式。[45] 从这段历史中可以学到很多有用的启示,尤其是专利法。

六、知识产权公地的多样性

知识产权有很多共同特点,使其非常适合采用公地管理的形式。但与此同时,知识产权形式多样并存在于更加多样化的市场形态之中。公地管理的必要性和性质在不同市场差异很大。

实施公地管理的动机相当清晰。例如,创新成果应用于大量产出时会带来创新成本的大幅下降,使分享有利可图。内部边界通常(尽管并非总是)难以精确界定。实现网络化的必要性广泛存在,尽管并非随处存在。最为重要的是,现行知识产权制度造就了大量个体权利,相对于具体市场的创新和发展需要而言权利严重过度,导致交易成本过高。正如地段开发情形下的土地业主一样,知识产权权利人根据合同法构建了更多的共同利益,以此"规避"权利过度个体化。

下文仅简要讨论众多形式的知识产权公用安排,特别是开源协议、一揽子许可和专利池。

---

[45] *See*, *e. g.*, Erin Ryan, Zoning, Taking, and Dealing: The Problems and Promise of Bargaining in Land Use Planning Conflicts, 7 Harv. NEGOT. L. REV. 337(2002); Jerold S. Kayden, Market-Based Regulatory Approaches: A Comparative Discussion of Environmental and Land Use Techniques in the United States, 19 B. C. ENVTL. AFF. L. REV. 565(1992).

(一)开源和知识共享

当今最为著名的知识产权公地是开源运动中形成的各种庞大的共同体,这场运动旨在开放受专利和版权保护的技术。正如前文指出,开源软件往往存在于“双边”市场。在这种市场上企业利用一种装置获利,例如手机,同时免费提供配套的开源操作系统。易言之,该企业至少出售两种 345
互补的产品,免费提供其中一种能够增加另一种的销量。

开源运动以反叛者的形象出现,现在已成为主流,在利用合同规避知识产权过度问题的这场战斗中成为一个标志性事件。由于篇幅所限,我们不能在这里详细列举开源运动的众多表现,这方面已经产生了大量的重要文献。[46] 开源运动的实例包括 Linux 电脑操作系统及其许多变体、火狐(Firefox)浏览器项目、知识共享(Creative Commons 非营利性组织)、GNU 计划之通用公共授权项目(GNU General Public License)以及自由软件联盟(Free Software Foundation)。开源运动在一些市场上取得的成果有限。例如 Linux 开源操作系统的市场份额相对微软视窗系统微不足道。但在其他一些领域,开源运动取得了非常令人瞩目的成就。例如,很大比例的服务器(而非工作站)使用开源操作系统。开源的火狐网络浏览器已经成为微软自主知识产权 IE 浏览器的强大竞争对手。谷歌开发的应用于智能手机等小型设备的开源安卓操作系统占有的市场份额超过任何自主知识产权的操作系统(包括苹果 iPhone 系统)。

(二)一揽子许可:应对边界清晰但交易成本高昂的情形

版权音乐作品通常并不像许多专利那样存在边界不清晰或者缺乏互

---

[46] *See* YOCHAI BENKLER, THE WEALTH OF NETWORKS: HOW SOCIAL PRODUCTION TRANSFORMS MARKETS AND FREEDOM 70 - 74 (2006); LAWRENCE LESSIG, CODE: AND OTHER LAWS OF CYBERSPACE(2.0,2006); LAWRENCE LESSIG, FREE CULTURE: THE NATURE AND FUTURE OF CREATIVITY (2005); LAWRENCE LESSIG, THE FUTURE OF IDEAS: THE FATE OF THE COMMONS IN A CONNECTED WORLD(2002); SIVA VAIDHYANATHAN, THE GOOGLIZATION OF EVERYTHING: (AND WHY WE SHOULD WORRY) (2011); STEVEN WEBER, THE SUCCESS OF OPEN SOURCE (2005); *see also* JOSH LERNER & MARK SCHANKERMAN, THE COMMINGLED CODE: OPEN SOURCE AND ECONOMIC DEVELOPMENT(2010)(更加批判性的观点认为许多市场上的开源生产初始成本较低,但后续的支持成本较高); Fabrizio Marrella & Christopher S. Yoo, Is Open Source Software the New Lex Mercatoria?, 47 VA. J. INT'L L. 807(2007).

联互通的问题。诚然，一些版权案件中，确定复制和实质相似并非易事。[47] 但是，数字音乐作品却实行集体管理。其背后的原因在于要实现收益就需要进行许可，而许可的交易成本相对于单次表演的价值而言极其高昂。艺术家创作歌曲的目的通常并不是为了自我表演。我们消费如此众多的音乐作品，它们来自如此众多的不同来源，因此单独许可谈判方式的交易成本可能极高。一个受欢迎的音乐电台每天大约播放一二百首歌曲。取决于电台的节目制作模式，它可能根本没有很多预留时间临时谈判许可事宜。例如，你可能打电话为电台给自己的配偶或伴侣点播一
346 首《心碎旅馆》(*Heartbreak Hotel*)。虽然电台拥有这张 CD，但未经许可它并不能在广播中播放。它必须向埃尔维斯·普雷斯利(Elvis Presley)版本《心碎旅馆》的版权人索尼贝塔斯曼公司(SONY BMG)取得许可。这样做会大煞风景。事实上，如果电台每次都是需要时才去单独谈判许可，我们今天所知的电台点歌服务根本就不可能存在。

于是市场上迎来了两个数字版权管理组织：广播音乐公司(BMI)以及美国作曲家、作家与出版人协会(ASCAP)。表演艺术家或拥有权利的其他人授予 ASCAP 或 BMI 广播其音乐作品的非排他许可。该组织随后将所有这些许可"捆绑成"一个巨型"一揽子许可"。电台或其他广播者只需购买一揽子许可就可以播放 BMI 或 ASCAP 曲库中的任何歌曲。这种情形下一揽子许可具有的价值非常明显：电台希望能够"出其不意、迅速、有偿"地使用歌曲，这意味着拥有一经通知立即能够播放歌曲的权利，并确保自己不会侵权。[48]

一揽子版权许可是历史上最为成功的数字公地之一。在反垄断法领域，这些许可曾经受到两种理论的挑战，但均未成功。一份最终遭到联邦最高法院驳回的起诉状实质上主张 BMI 从事固定价格行为，因为它制作了一个向许可人支付许可费的单一费率表。然而，艺术家们不可能相互

---

[47] *See*, *e. g.*, Arnstein vs. Porter, 154 F. 2d 464(2d Cir. 1946)(允许陪审团评议被告曲调使用大致类似的短语是否构成复制原告的歌曲)。

[48] 2011 年 ASCAP 曲库包含大约 850 万首歌曲，BMI 包含大约 650 万首歌曲。ASCAP 主要由作家和出版人拥有，而 BMI 是一个由广播业拥有的股份公司。对于二者差异的精彩解释，*see* ArtistHouse Music 对 ASCAP 前执行副总裁托德·布拉贝克(Todd Brabec)的采访，http://www.artistshousemusic.org/videos/the+difference+between+ascap+and+bmi(last visited Feb. 7, 2011)。

之间就此价格进行约定，该费率表的实质是 BMI 按照大致相同的条款与各个艺术家达成独立的交易。因此，这一安排极其不可能是固定价格，而只不过是按照买方规定的价格销售一项权利。[49] 不管怎样，法院采用了非常友好的分析态度。

攻击一揽子许可的第二个反垄断法理论是，把大量权利整合成单一许可构成非法搭售或捆绑行为。在一个案件中，三镍币西部乡村音乐酒吧（Triple Nickel）指控说，它购买的一揽子许可包括 BMI 曲库中的所有音乐，从朋克摇滚到经典音乐无所不包。但它只希望播放西部乡村音乐。酒吧主张 BMI 从事了非法搭售行为，它想要的西部乡村音乐是搭售品，而它不想要的音乐是被搭售品。三镍币酒吧主张，按照反垄断法，它有权以相应减少的费率取得仅包含西部乡村音乐的许可。

然而，按曲风分类和划分音乐会造成极高的交易成本。例如，三镍 347
币酒吧承认，“除了西部乡村音乐”，它有时也会播放“摇滚、民族音乐、兰草音乐和福音音乐”。另外，为了核实酒吧是否播放了未经授权的音乐，BMI 将必须聘用一个检查员频繁到访酒吧。简言之，管理一个小型许可包的成本会远远高于一次性销售整个曲库的成本。法院在判决中写道：

> 由于额外消费的边际成本为零，BMI 提供有限曲库许可并不会比许可全部 100 万首歌曲成本更低。事实上，……BMI 提供有限曲库许可的成本无疑会更高，原因之一是它需要监测该等许可的被许可人是否超过许可范围使用了 BMI 的音乐，这会发生额外的成本。[50]

（三）专利池：降低个体边界的执行成本或者提升互联互通性

专利池是一种协作型组织，以交叉许可协议向专利池成员提供有偿使用池中专利技术的权利。运作良好的专利池像一揽子许可一样，在专利池覆盖的领域内能够确保成员不必在从事创新活动之前进行大量专利检索或许可活动。在个体专利具有最小价值的市场上——就相对微不足道的改进授予过多专利，或者因专利边界极度模糊不清导致

---

[49] BMI v. CBS, 441 U. S. 1 (1979). 关于 BMI 向版权人支付费率的计算方法，*see* BMI, http://www.bmi.com/licensing/radio/? link = navbar (last visited Feb. 7, 2011).

[50] BMI v. Moor-Law, Inc., 527 F. Supp. 758, 763, 767 – 68 (D. Del. 1981), *aff'd* 691 F. 2d 490 (3d Cir. 1982).

检索和解释工作非常困难、诉讼成本很高——专利池通常具有最大的价值。专利池在电子、半导体和软件市场非常普遍，医药和化工产品市场上则比较少见。许多专利池都是在经过长期激烈的专利诉讼之后形成的。

私人专利池是一种在创新密集型市场上形成某种“共同利益社区”*的有前景的方式，但也存在一些问题。就积极方面而言，由于这种共同体的成员是关注自我利益的主体，它们更有可能通过设置适合具体市场状况的许可权利和义务，实现创新成果的价值最大化。专利池有助于在成员之间大幅降低检索和诉讼成本。

就消极方面而言，虽然专利池能够有效解决内部边界问题，但通常并
348 不能有效处理外部关系问题。专利池通常采取自愿加入模式，并不能覆盖或约束非成员专利权人。专利池与音乐一揽子许可的一项重大差异是，受许可电台在播放一首收录在 BMI 或 ASPCP 曲库的歌曲时可以高度确信自己不会侵权，因为曲库内外之间的边界相当清晰。相反，专利池只覆盖成员贡献到池中的一组专利，并不覆盖非专利池成员开发的专利，特别是根本不在市场上生产产品的非实施实体掌握的专利。为了做到真正有效，专利池必须针对任何方面提起的侵权之诉都能够提供一定保护。这一问题的一个变体出现在第四章和下文讨论的拉姆布斯案。[51] 在提起专利诉讼时，拉姆布斯已经退出了一个电子产品标准制定组织，却能够对成员榨取高额使用费，因为它未披露自己的知识产权，专利法也没有规定及时通告的义务。

专利政策需要实施的一项改革措施是，要求外部主体将自己的知识产权及时、具体地通告给它应当合理知悉的专利池，以此保护有效率的专利池免受外部攻击。专利池应该取得一定的组织形式并制定一套实践做法提交专利商标局审查批准，专利商标局在审查过程中尤其应该关注那些可能减少竞争的结构。一旦获得批准，专利池成员只需在知悉该外部主体之专利的限度内，就落入专利权范围内的技术承担专利侵权责任。

---

* 原文使用的术语是“private interest communities”（私人利益共同体）。经询问，作者回答该词与前文提到的“common interest communities”是同一含义，为避免读者混淆可以将该词替换为“common interest communities”。因此，译文中作了替换。——译者注

[51] Rambus Inc. v. FTC, 522 F. 3d 456 (D. C. Cir. 2008), *cert. denied*, 129 S. Ct. 1318 (2009).

判断是否知悉时应采用客观标准,如外部主体向专利池作出通告,从作出之日起视为知悉。通告义务应该由通知成本最低的一方承担。外部创新者承担通告义务并不是一项很重的负担,因为这些大型专利池组织经注册登记很容易查明。这种情况下提供通告的成本要远低于检索一个由非实施实体组成的不确定的领域。

七、竞争政策与知识产权公地

竞争政策关注共谋和排斥两种效应,因为二者都能够导致市场产出减少和价格上涨。典型的一揽子许可或开源许可并不会促成这其中任何一种效应的出现。

一揽子许可和开源许可通常并不会限制产出,并且通常允许任何人参加。例如,任何拥有合格数字权利的人都可以将其纳入一揽子许可曲库,并且曲库与版权人达成的协议是非排他性的。这意味着艺术家可以根据自己的意愿进行任何数量的单独销售。而如果卡特尔允许成员随意 349
出售任何数量的产品并允许任何人加入,它就不可能存续。开源安排同样如此:它通常面向任何人提供许可,并对产出不作任何限制。[52] 开源技术当然可能带来巨大的总产出甚至支配所在市场,但为此谴责该技术将混淆规模与竞争损害这两个不同的概念。如果一项技术优于其他技术并面向任何人免费提供,可以预见任何人都想使用它。诚然,该等安排并不具有内在的开放性,我们不能无视出现反竞争行为的可能。但关键问题是,不要混淆源于成功的非排他协议和不限制产出的巨大规模,与可能源于市场势力和排斥竞争行为的支配地位。

抛开边界和获益性问题不谈,在非竞斥性物品与成本高速递减的双重作用下,协作型创新无论对于私人还是社会而言都是有益的。例如,电视生产商 A 看到了一个开发某项新数字技术的机遇。这项技术需要前期投入大笔研发资金,一旦成功却能带来高额回报。假如市场上有五家

---

[52] 例如,参见本书付梓之际安卓操作系统软件生产商使用的阿帕奇 2.0(Apache 2.0)开源许可协议。Apache Software Found., Apache License 2.0, http://www.apache.org/licenses/LICENSE-2.0(last visited May 23,2011).

企业，每家每周生产1万台。A可能发生大量创新成本，成功之后将其许可给其他四家企业，每家就购买这项成功的创新成果支付至少五分之一的研发成本。然而，如果创新项目失败，A并不能要求其他四家企业分摊成本，而只能独自承担亏损。在决定是否启动该创新项目时，A必须把这一风险计算在内。

然而，假设五家电视生产商事前约定联合开发这项技术，每家支付五分之一的开发费用。此时它们面临的风险样态将大为不同。如果项目成功A仍然能够分享投资和回报。但如果项目失败A只需承担其中五分之一的损失。五家企业联合起来更可能启动该项目，或者投入的总金额更可能高于一家企业单独创新时的投入。

需要保留的一点是，至少在一定程度上，协作型创新的结果是推出单一技术。如果消费者更加青睐多种相互竞争的、差异化的选择，这种局面实际上对经济有害。另一方面，在互联互通具有至关重要意义的网络型市场上，协作型创新会带来巨大的经济效益。作为前一方面的例子，具体一部小说作品同时具有非竞斥性和规模经济的特点，但是我们并没有看到为了以极低的价格销售极高数量的小说，全世界所有小说家协同创作唯一的一部小说。事实上，读者希望看到众多小说作品，
350 并且看重这些小说基本互不相同这一事实。小说之间无需存在任何强势意义上的互相“兼容性”。相反，如果研究和创新项目涉及无线通信技术，消费者对个性的要求将大大降低而更为重视兼容性。多数情况下市场本身会自我甄别这些问题，尽管通常要经过成本高昂的试错过程。

协作型创新还可能增加共谋风险。反垄断法历史上充斥着协作型创新计划最终导致固定价格、市场分割或联合抵制的实例。[53] 即便不存

---

[53] *E. g.*, United States v. New Wrinkle, Inc., 342 U. S. 371 (1952)（固定价格；通过组建一个联合所有的公司形成专利池，由其购买各个参与方拥有的全部专利）；Hartford-Empire Co. v. United States, 323 U. S. 386 (1945)（玻璃容器方面的专利池；固定价格、市场分割和联合拒绝交易）；United States v. Line Material Co., 333 U. S. 287 (1948)（类似）；Standard Oil Co. v. United States, 283 U. S. 163 (1931)（专利池；阻滞性专利）；Standard Sanitary Mfg. v. United States, 226 U. S. 20 (1912)（固定价格）；E. Bement & Sons v. Nat'l Harrow Co., 186 U. S. 70 (1902)（固定价格；联合拒绝交易）；*see also* PolyGram Holding, Inc. v. FTC, 416 F. 3d 29 (D. C. Cir. 2005)（联合发行两家公司持有的音乐表演权，附带约定在合营企业范围之外不相互竞争）.

在明示的固定价格协议，协作型创新也会增加沟通和标准化的程度，成为固定价格或市场分割的诱因。另外，协作型创新，尤其是标准制定，可能被用于联合抵制竞争对手参与市场竞争，进而同时限制价格竞争和创新。拥有稳固技术的现有企业能够通过制定标准阻止威胁其利益的新兴创业者或技术进入市场。[54] 如果成员通过集体行为以向其支付极低价格为条件采纳一个潜在卖主的标准，标准制定过程也可能形成买方卡特尔。[55]

就事前（ex ante）创新激励而言，前文提到的数字电视的例子表明，协作有助于降低创新成本，进而降低无法获得回报的风险。但协作并不必然增加创新激励。例如，五家电视制造商可能已经向既有技术投入了大量资源。在竞争状态下，有望出现一项新技术时每家电视制造商都会对其进行投资，以免竞争对手取得该技术。然而一旦形成合营企业，它们将拥有放慢研发速度的激励，甚至以合营企业作为烟雾弹完全终止这项技术。易言之，第一章阐述的垄断还是竞争更有利于创新的熊彼特—阿罗争论同样适用于卡特尔。合营企业可能被用于掩盖限制研发的协议。例如，1960 年代美国汽车制造商达成了多项有关燃料排放技术的专利交叉许可协议，但其中一项协议约定这些制造商将停止开发控制空气污染的装置。[56] 在普林科案中，参与方颁布了一项可重 351
写光盘标准，就某一技术特征采用模拟技术，但它们还涉嫌约定限制开发数字技术。[57]

许多合营项目既可能造成竞争损害，又可能带来重大的社会效益。这导致知识产权协作行为的反垄断分析相当复杂。除了极其明显的案件以外，反垄断法在大多数此类案件中都缺乏“平衡”这两种效果的测度工具，因此它尽一切可能去避免平衡操作。反垄断法采取的方法是根据基

---

[54] 参见第九章。

[55] *See*, *e. g.*, Golden Bridge Tech., Inc. v. Motorola, Inc., 547 F. 3d 266 (5th Cir. 2008)（手机技术生产商指控标准制定组织将其技术从标准中剔除）.

[56] *See* United States v. Auto. Mfrs. Ass'n, 307 F. Supp. 617 (C. D. Cal. 1969), *appeal dismissed*, 397 U. S. 248 (1970)（和解令）.

[57] Princo Corp. v. Int'l. Trade Com'n., 816 F. 3d 1318 (Fed. Cir. 2010), *cert. denied*, 131 S. Ct. 2480 (2011). 参见第九章和第十章。

本的决策理论制定一系列简化步骤。[58] 第一，反垄断法庭试图通过考察市场结构、合营项目本身的结构及其各种协议和行为，寻找透露产出下降、价格上涨或创新受限制的迹象。危险的信号包括合营企业的成员可能集体支配某个市场，各种类型的排他性要求，以及/或者促进价格或产出协调、降低创新激励的协议。如果没有发现该等迹象，反垄断分析就此结束。

如果法庭发现了任何该等迹象，接下来需要考察是否存在限制价格、产出或创新的“赤裸裸的”协议。赤裸裸的协议（naked agreement）是指完全基于如下假设方可有利可图的协议，即参与方拥有降低所在市场之产出、进而提高其价格的力量。因此，这样的协议不可能是“附带于”（ancillary）正当合营企业活动的协议。例如，在联邦最高法院裁判的NCAA案中，涉案主体是一个管理大学体育运动的高效率的高校合营企业。然而，该合营企业的结构和运作都无以正当化它就每个球队在全国性电视台播出球赛的场次作出约定。因此，对播出场次的限制可以被剥离出来加以谴责，而不至于损害整个合营企业可能带来的效率。[59] 这种处理方式蕴涵着重要的一点，即不必仅仅因为合营企业包含一项反竞争的规定就将其解散。删除或修改该等规定本身通常并不会损害合营企业的其余部分。

如果合营企业的结构或运作规则透露出某些竞争威胁，但并没有任何赤裸裸的限制协议，我们将进入一个更加困难的区域。首先，需要更加详细地考察市场势力。例如，如果相对于市场而言合营企业的规模很小，或者市场上存在众多类似的合营企业，我们对竞争损害的关切
352 将相当有限。如果三四家小型出版商决定开发一项数字化其产品的共同技术，或者两家规模较小的医药生产商决定联合建设一个成本高昂的研发设施，我们无需过于担心。不过此处“结构”考察的对象不限于市场份额。合营企业与可能发生竞争损害的市场之间的关系也能揭示出很多关于切实竞争威胁的信息。例如，虽然合营企业的成员可能有

---

[58] 关于合理原则分析的步骤，*see* 7 PHILLIP E. AREEDA & HERBERT HOVENKAMP, ANTITRUST LAW, ch. 15（3d ed. 2010）; HERBERT HOVENKAMP, THE ANTITRUST ENTERPRISE：PRINCIPLE AND EXECUTION，148－150（2006）.

[59] NCAA v. Bd. of Regents，468 U. S. 85（1984）.

兴趣降低自己市场上的产出,但它们通常并不希望降低相关联的纵向市场上的产出,而且希望上下游市场存在尽可能高的竞争程度。总体而言,对于市场结构的考察包含两个方面。首先,整个市场以及和合营企业在市场上所处地位是否有利于造成致使价格上涨或创新减少的产出下降?第二,合营企业是否会切实提升成员从事该等行为的机会或激励?

最终,我们可能会面临这样的情景:合营企业拥有强大的市场势力并威胁造成切实的竞争损害,但同时也可能带来切实的效率。这时需要考察是否存在限制性更小的替代方法。市场分割或产出限制是否切实必要?在不会对合营企业运作造成过度损害的前提下,是否能够将某个排他协议替换为非排他协议?卡特尔唯有能够减少市场范围的产出才有可能成功,而排他条款对实现这一结果往往至关重要。禁止成员向非成员许可技术对于合营企业的运作而言是否确实至关重要?有时,通过修改某些条款可以在不对合营企业的运作造成重大损害的前提下大大降低它的竞争威胁。[60]

少数麻烦的案件中可能仍然需要平衡可能的效益和竞争损害,但这样做会把竞争政策带入一个危险的境地。量化合营企业带来的效益和可能损失几乎是不可能的,特别是在胜负难分的案件中,而能够走到这一步的一小类案件几乎都是胜负难分的案件。我们顶多只能寄希望于绝大多数案件中都能够借助前述某个步骤的仔细分析消除进行实际平衡操作的必要。

前述原则如何具体适用于反垄断法曾处理过的多种多样的协作型研究活动?这一问题超出了本书的讨论范围。[61] 我们这里仅仅集中关注专利池和标准制定组织,据此简要考察一些频繁出现的问题以及反垄断法提供的看似正确的回应。

(一)专利池

部分因为人们过度担心它会产生反竞争危害,专利池成为了一个反 353
垄断诉讼的多发区。专利池是至少两个企业达成的相互许可其全部或某

---

[60] *See* AREEDA & HOVENKAMP, *supra* note 58, ¶ 1505.

[61] 更详细的讨论, *see* 11, 12 & 13 PHILLIP E. AREEDA & HERBERT HOVENKAMP, ANTITRUST LAW (3d ed. 2012).

一部分专利的协议以及各种各样的平行协议。其目的通常是解决内部边界争议。这些协议往往同时覆盖已授予的专利和未来取得的专利。[62] 参与方还可能约定彼此不质疑对方的专利、不向专利池之外的主体许可专利,或者约定限制产出、固定价格或者分割地域或客户。[63] 就结构而言,最简单的专利池是每个成员均授权其他成员非独占实施其专利的"交叉许可"协议。另一种形式是,专利池成员将各自权利集体转让给一个共同许可人,由其担任代理人。[64] 有些专利池采取独立法人式控股公司的形式。[65]

企业将自己拥有的某一特定领域的所有专利进行交叉许可之后,就可以自由地进行创新活动,而无需担心会侵犯专利池中他人的技术。专利池的设立还可以解决专利相互"阻滞"的问题。从技术上讲,如果无法在不侵犯某项专利至少一项权利要求的前提下实施另一项专利的某项权利要求,即构成两项技术相互阻滞。确定专利是否相互阻滞时会引发第四章和第五章讨论的有关模糊权利要求的许多解释问题。改进型专利通常都会遇到这种问题。例如,如果 A 将某项技术许可给 B,B 在此基础上开发了一项与该技术联合使用的改进,那么只有 B 能够同时使用两项技术。如果任何实体仅取得 B 的许可而没有同时取得 A 的许可,它并不能实施这项改进技术。某些专利双向阻滞,即不取得实施 B 的许可就不能实施 A,反之亦然。

---

[62] *See,e. g.* , Intel Corp. v. ULSI Sys. Tech. ,995 F. 2d 1566,1567(Fed Cir. 1993)(英特尔和惠普之间的交叉许可交易,旨在"通过就对方拥有或控制的现有和未来专利及专利申请取得许可,提升它们的设计自由度");Texas Instruments v. Hyundai Elec. Indus. Corp. ,49 F. Supp. 2d 893(E. D. Tex. 1999)(类似).

[63] *E. g.* , United States v. Glaxo Grp. ,Ltd. ,410 U. S. 52(1973). 帝国化学工业公司(ICI)和葛兰素公司(Glaxo)分别拥有生产灰黄霉素(一种抗真菌药物)的方法专利。葛兰素的专利覆盖散装剂型的药品,ICI 的专利覆盖常规剂型的药品。两家公司约定将各自技术纳入一个专利池,并且 ICI 同意不允许任何分许可被许可人未经葛兰素书面批准以散装剂型转售药品,并且自己也不会这样做。之后,ICI 和葛兰素在与多家公司达成的分许可协议和许可协议中都规定任何以散装剂型转售该药品的行为均必须事先取得葛兰素的批准。

[64] *E. g.* , United States v. U. S. Gypsum Co. ,333 U. S. 364(1948)(小企业将它们的权利转让给支配地位企业); *see* Robert P. Merges, Contracting into Liability Rules: Intellectual Property Rights and Collective Rights Organizations,84 CAL. L. REV. 1293(1996).

[65] *E. g.* , United States v. New Wrinkle, Inc. ,342 U. S. 371(1952)(工业用漆专利权人将其专利转移给它们共同拥有的一家股份公司).

在标准石油("裂化")案(*Standard Oil*)中,多家企业拥有冶炼技术相关的多种互补专利。这项技术的多个独立成分被分散在多个专利之中的多项权利要求所覆盖,而这些专利由多人分别拥有。因此,非经多个专利权人的许可无法生产这些成分。⑯ 354

即便涉案专利不相互阻滞,多项专利的存在也可能导致许可费"堆叠"问题或相关的专利丛林问题。如果某个市场上授予了数量庞大的微不足道的专利,将使这一问题雪上加霜,而如果这些专利的范围模糊不清,将使问题更加严重。如果一个生产商需要同时取得多个专利权人的许可,将会导致专利劫持和双重边际化。⑰

联邦最高法院处理的早期专利池案件之一是1902年判决的农用耙具诉讼。六家不同的企业分别拥有覆盖弹簧齿耙各种零部件的相互竞争的、互补的或冲突的专利。弹簧齿耙是一种马拉的工具,用于种植作物前松散表层土壤。为解决彼此间的多起侵权诉讼,这些企业把它们拥有的全部专利许可给一家共同设立的企业——全国耙具公司(National Harrow Co.)。该公司反过来把这些专利许可给组建专利池的各个成员。后来陆续有其他成员加入,该公司最终拥有22家会员企业,控制着该市场大约90%的份额。除了专利许可协议,它们还约定专利池中的所有企业都必须遵守一个规范全国耙具公司销售的固定价格表。该案争议的导火线是专利池的一家成员博蒙特(Bement)拒绝遵守价目表。联邦最高法院批准了这一专利池,并驳回对固定价格行为的反垄断指控。⑱

对专利池的反垄断分析应考察两类因素。首先,专利池成员企业所持专利之间的结构关系以及这些专利的质量。其次,专利池成员达成的一系列平行协议。反垄断执法者通常将考察重点放在后一方面,显然是因为这涉及他们更为熟悉的领域。例如,如果专利池成员通过协议固定

---

⑯ Standard Oil Co. (Ind.) v. United States, 283 U. S. 163, 170 – 77 (1931). *See* Robert P. Merges, Intellectual Property Rights and Bargaining Breakdown: The Case of Blocking Patents, 62 TENN. L. REV. 75 (1994); *see also* Mark A. Lemley, The Economics of Improvement in Intellectual Property Law, 75 TEX. L. REV. 993, 1009 (1997).

⑰ 参见第二章。

⑱ E. Bement & Sons v. Nat'l Harrow Co., 186 U. S. 70 (1902). 对本案及其他早期专利池案件的精彩分析, *see* Richard J. Gilbert, Antitrust for patent Pools: A Century of Policy Evolution, 2004 STAN. TECH. L. REV. 3, 7 – 9 (2004).

355 价格，特别是专利池产品的价格，很可能受到反垄断指控。[69] 少数案件，例如前文提到的机动车空气污染控制案，可能涉及限制创新的明示协议。

分析反竞争的平行协议具有重大意义。如果这些协议明显反竞争且并非专利池的运作所必须，则可以根据反垄断法的本身违法原则快速加以谴责。产品市场上的固定价格行为通常都可以这样处理。如果这些协议具有重大的潜在竞争危害，但也以某种正当方式协助专利池，那么当存在限制性更小的替代方式时法院应该要求当事人采用这种替代方式。

某个具体专利池对社会有害还是有益还取决于专利本身相关的几项因素，包括池中专利间的关系、回报的分配情况、专利的质量。如果这些企业拥有互补专利，要进行技术开发活动必须将它们组合在一起，那么专利池将具有很高的效率。专利相互阻滞时尤其如此。相反，如果池中专利是替代品而非互补品，则会产生竞争风险。作为一般命题，如果一家企业建造一种装置时必须取得三项专利许可，则该企业需要这些专利许可以实施互补性的功能；三项许可均用于生产同一台机器。当多项专利需要联合使用，也就是说它们最普遍地作为互补品而非替代品发挥功能时，会出现阻滞性权利要求问题。然而，专利池中替代性专利比例加大时，其整合价值下降，共谋和市场支配的风险加大。例如，市场上有三种混合油漆的替代技术。每家油漆生产商通常采用其中之一，正常情况下不会同时采用三种技术，因此也没有必要同时获得三种技术的许可。另外，出现专利阻滞的可能性也比较小，尽管并非完全不可能。[70] 如果各自拥有其中一项替代技术的三家企业形成专利池，很可能的解释是它们试图固定价格，或者利用其专利组合将竞争性技术赶出市场。

然而，与此同时，所有类型的专利都面临边界模糊不清的严重问题，哪怕是由竞争性专利构成的专利池也可能以此作为正当理由。如果各专利彼此完美独立、边界清晰，企业将无需交叉许可纯竞争性的专利。但是

---

⑲ *E. g.*, New Wrinkle, 342 U. S. 371; United States v. U. S. Gypsum Co., 333 U. S. 364 (1948); United States v. Line Material Co., 333 U. S. 287, 305 – 315 (1948); *see also* Arista Records LLC v. Lime Grp. LLC, 532 F. Supp. 2d 556, 563 – 64 (S. D. N. Y. 2007)(版权侵权中的反诉，指控唱片公司为了“拖延和破坏”在线音乐“这种替代性分销方式的进入和出现”，“将它们的版权汇聚一池”并“实施固定价格安排”).

⑳ 就替代性油漆混合技术取得三项专利可能相互阻滞，字面上的阻滞或者根据等同法则的阻滞。这种情况下，这些专利是互补品，尽管它们所覆盖的技术本身并非互补品。

当边界难以查明、专利间的关系不甚清晰时，交叉许可也许是避免高成本
侵权之诉的最佳方式。因此，竞争关系并不具有决定意义。例如，普林科
案中的数字技术和模拟技术本质上属于竞争关系而非互补关系，因为一
家企业通常只使用其中之一。然而，数字技术专利中的一项权利要求阻
滞模拟技术专利的至少一项用途。[71] 如果两项专利存在相互阻滞的现实 356
可能性，它应该能够正当化交叉许可，但不一定能正当化限制价格或产出
的平行协议。

影响专利池与创新激励之关系的另一项因素是创新回报的分配方式。专利池通常假设成员企业进行单方创新而非联合创新，但就如何分享回报事前作出约定。因此，如果成员企业必须为自己的创新活动独自支付成本，却必须按照专利池协议分享由此带来的技术，可能造成开发懒惰。如果这些企业存在竞争关系，甚至可能导致创新回报降至零。如果专利池中的企业具有市场支配地位，将导致问题进一步恶化，因为此时创新的外部压力不足。[72]

还有一项因素是专利的强度。专利池协议实质上构成相互不质疑专利有效性的协议。事实上，免费许可的专利池之中，由于可以相互免费使用彼此的专利，成员之间没有提出质疑的激励。不过，其效果也取决于市场覆盖率。如果市场上存在众多未加入专利池的潜在侵权人，它们当然拥有质疑专利的激励。但如果专利池支配一个市场，将没有任何外部人拥有质疑专利的适当激励。众多专利池协议正是为了和解大范围的专利诉讼而达成的。1942 年美国联邦最高法院在美森耐案（*Masonite*）中作出一项著名的判决：为和解久诉不决的侵权诉讼而成立的专利池并不能为它提供抗辩。[73] 然而，该案起诉状并非主张被告实施交叉许可，而是主张它们的协议包含固定制成品价格的行为。

总之，专利质量是个复杂的问题，需要认真分析。首先，正如前文指出，如果专利的边界模糊不清，正如信息技术领域常见的情形那样，组建

---

[71] Princo Corp. v. Int'l. Trade Comm'n. ,816 F. 3d 1318(Fed. Cir. 2010), *cert. denied*,131 S. Ct. 2480(2011).

[72] *See* SCOTCHMER, *supra* note 39, at 178(2004); John H. Barton, Antitrust Treatment of Oligopolies with Mutually Blocking Patent Portfolios, 69 ANTITRUST L. J. 851(2002).

[73] United States v. Masonite Corp. ,316 U. S. 265(1942).

专利池能够大大降低过度专利保护造成的成本。但如果相关专利很可能无效，专利池至少是一项不质疑专利的默契协议。[74] 取决于不同的专利池运作规则，该等协议可能具有不同的影响。在一个极端，如果专利池规
357 则不限制成员企业的产出量并且不施加任何价格或地域限制，它很可能具有正面效应：有助于消除大量不必要的专利检索和诉讼，但不会造成反竞争的产出减少机会。在另一个极端，如果专利池施加产出或地域限制或者固定价格，正如美耐森案那样，它就是一个纯粹的卡特尔。例如，如果 A 和 B 各自拥有一项糟糕的专利，相互许可这些专利并设置互斥的地域限制，则它们可以通过专利池实施原本构成刑事犯罪的行为——市场分割协议。

（二）标准制定

标准是指对多家企业生产的某种产品或方法提供通用设计或互可操作性的一套规格。[75] 标准有助于降低搜寻成本，增强消费者信心，大大降低投入品供应商的成本，使网络化成为可能，或者实现规模经济效益。因此，不应该对标准设置任何不利的法律推定，即便是由竞争性企业联合制定的标准。调整标准制定的竞争政策规则应该放行绝大部分标准制定行为，但也应该识别某些以反竞争方式使用标准的情形。反垄断法完成这一任务的最佳路径是清晰识别竞争危险的类型，对于它们出现的可能条件作出规定，并针对可证明的威胁设置有适当针对性的救济。

---

[74] *See* Richard J. Gilbert, Antitrust for Patent Pools: A Century of Policy Evolution, 2004 STAN. TECH. L. REV. 3, 90. 仅有的两家开发眼部激光手术技术的公司组成专利池，FTC 指控它们之间的协议消除了替代性专利的生产商之间通常存在的竞争。*In re* Summit Tech., Inc. & VISX, Inc., No. 9286 (FTC Mar. 24, 1998)（起诉状），*available at* http://www.ftc.gov/os/1998/03/summit.cmp.htm. 在最初起诉状中，FTC 主张威视公司（VISX）的许多专利无效，因为它们是通过不衡平行为取得的，*id.* at ¶¶ 14–21，但由于双方达成和解令，之后公司同意终止专利池协议，这些主张被撤回。*In re* VISX, Inc., No. 9286 (FTC May 27, 1999), *available at* http://www.ftc.gov/os/1999/06/visxid.pdf.

[75] *See* 12 HERBERT HOVENKAMP, ANTITRUST LAW ¶¶ 2230–35 (3d ed. 2012); Thomas F. Cotter, Patent Holdup, Patent Remedies, and Antitrust Responses, 34 J. CORP. L. 1151 (2009); Joseph Farrell, John Hayes, Carl Shapiro & Theresa Sullivan, Standard Setting, Patents, and Hold-Up, 74 ANTITRUST L. J. 603 (2007); Damien Geradin, Anne Layne-Farrar & A. Jorge Padilla, The Complements Problem Within Standard Setting: Assessing the Evidence on Royalty Stacking, 14 B. U. J. SCI. & TECH. L. 144 (2008); Bruce H. Kobayashi & Joshua D. Wright, Intellectual Property and Standard Setting, in ABA HANDBOOK ON THE ANTITRUST ASPECTS OF STANDARD SETTING (2d ed. 2010).

虽然标准制定目前主要应用于高科技产业,但反垄断法规制标准的历史要远早于电子和信息时代的出现时间。联邦最高法院作出实体判决的第一个反垄断法案件涉及铁路公司之间的“联合运营安排”,其中就包括一个重要的标准制定成分。为了使全国铁路系统运行畅通,19 世纪后期各州许可设立的数百家小型铁路公司制定了多种标准程序,它们涉及安排车次和转运货物、代理机构(当时没有电脑的协助)对经由多家铁路转运的货物须收取的费率作出规定、制定轨距以及处理一般性的协调事务。联邦最高法院认定该安排只不过是一个卡特尔并加以谴责,完全不 358
顾下级法院的如下认定,即该协议的主要目的是确保多家铁路公司能够像一家公司一样顺畅地运营。[76]

标准在许多方面类似于知识产权本身。从经济效果上讲,其福利增长效果主要源自产品改进而非促使价格接近于成本。因此,反垄断法与知识产权之间的某些矛盾同样存在于反垄断法与标准制定之间。标准的有效颁布不但涉及市场排斥也可能涉及一定的共谋——二者均会招致反垄断法的审查。另外,开发正当标准的行为往往是一种研发活动,具有先期投入和后期回报相结合的特点。最后,标准本身跟知识产权一样具有非竞斥性。易言之,除了市场竞争程度增加导致的损失以外,多一个企业复制并采纳一项标准并不会从已经使用该标准的企业手中抢走什么。

技术选择的一个重要特征是容易形成路径依赖,标准加剧了这一倾向。一旦一项标准被采纳并围绕它设计技术,转换成本将会增加,使市场势力的持续存在成为可能。前一章已经在受单一企业主导的网络背景下讨论过这一问题。此处关心的是标准制定过程中无数参与者之间的协作可能带来哪些问题。投向某个既定标准的资源越大、涉及的企业越多,将一个市场从某项技术转向其他技术的难度也越大。例如,作为家用录像系统(VHS)录像带标准的半英寸带宽并非天然如此,而是一项面向播放机和盒带生产商的标准。一旦该标准被采用,任何企业都不可能单方面

---

[76] United States v. Trans-Missouri Freight Ass'n, 58 Fed. 58, 79 – 80 (8th Cir. 1893), *rev'd*, 166 U. S. 290, 17 (1897); *see also* Herbert Hovenkamp, Regulatory Conflict in the Gilded Age: Federalism and the Railroad Problem, 97 YALE. L. J. 1017, 1041 (1988). 19 世纪铁路建设过程中,即便是轨距(即铁轨之间的距离)的制定也引发了一场标准战。*See* HOVENKAMP, *supra* note 58, at 284.

采用不同宽度的录像带，即便它发现更宽（或更窄）的录像带更具技术优势。总体而言，要想随着技术发展实现市场转向，例如从 VHS 到 DVD 到蓝光（BluRay），需要传媒内容和播放机的众多制作和使用企业共同推动。

标准往往具有重大网络效应。例如，随着被更加广泛地采用，标准给每个用户带来的价值通常会相应提高。取决于竞争状况，路径依赖和网络效应通常会提高技术之间的转换成本，进而促进市场势力的形成。这种情况下，标准所有者有能力对标准兼容产品收取较高的价格，或者对使用标准本身的行为收取较高的价格。例如，（第九章讨论的）联合导线管
359 案涉及的示范建筑守则具有很大的排斥竞争力量，因为很多企业参与该守则的制定，并且该守则被许多市政府几乎全盘采纳。这赋予标准制定者可援引法律强制执行的市场进入壁垒。被告成员采纳排斥某竞争对手的反竞争标准时，该排斥行为具有重大的市场效应，即便被排斥的技术性能更好。[77]

一些标准很容易得到遵守，被众多企业广泛采用，或者对取得市场竞争成功而言并不必要。[78] 这样的标准与强健的竞争完全一致。另一些标准则受到严格控制，只有一小部分公司可以有效进入。如果与标准兼容具有至关重要的技术意义，或者政府要求遵守某项具体标准，那么个体企业难以获得该标准时可能产生巨大的排斥力。

协作型标准制定活动通常会带来两个方面的社会福利改进：源于联合开发的成本节约，以及互可操作性的提高。例如，想象这样一个世界：五家汽车制造商必须在彼此无任何沟通的情况下开发发动机和燃料系统。所有开发成本都将发生五次，并且很多部分是重叠的。除非高度巧合，这些汽车制造商将开发出使用不同燃料的互不兼容的系统。事实上，早期开发的汽车包括蒸汽驱动车、电动汽车以及内燃发动机汽车。其中在内燃机一类之中，有的以煤油为燃料，有的以汽油为燃料，

---

[77] Allied Tube & Conduit Corp. v. Indian Head, Inc. ,486 U. S. 492,494(1988).

[78] *See*, *e. g.* , Found. for Interior Design Educ. Research v. Savannah Coll. of Art & Design, 244 F. 3d 521(6th Cir. 2001)（私人发布的对于室内设计学校的认可标准不是反竞争的，因为并无证据表明“被认可的”学校相对未被认可的学校拥有任何市场优势）.

还有少数甚至以乙醇为燃烧。[79] 同样的情况基本也曾发生于计算机的开发过程中。它们曾是体积庞大的机器，使用互不兼容的、由各公司分别开发的操作系统。这一行业几乎是在IBM和微软等大型企业的强力推进下才实现了兼容。

早期历史还展示了协作的风险和回报。许多独立汽车和电脑生产商曾在彼此缺乏协作的情况下投身技术开发，但最终多以失败收场，这些努力可以被视为一种浪费。如果早期汽车开发商事先约定开发使用某种共同燃料的汽油技术，它们原本可以节省下大量开发资金。然而，一开始人们并不清楚最优燃料是什么，即便在当今拥有丰富知识的情况下我们仍在争论以汽油为燃料的选择是否明智。[80] 所以，协作可能大幅减少研发成本，但也会减少未来研发的发生路径。

反垄断法和知识产权法都没有力量迫使企业个体或集体作出最优选 360
择。我们主要依靠市场力量做这种选择。然而，法律政策可以做到的一点是，确保这些选择受到的限制不超过实现协作型创新之效益所需的程度。同样，竞争政策并不能消除协作型技术选择之中蕴含的路径依赖，但能够确保路径依赖的程度不超过技术进步所需——即对于人们在不同方向开展研究的能力不存在人为限制。

竞争政策在这一领域需要面对的一个重大难题是技术的复杂性。立法者、律师和法官都是精明之人，但总体而言他们并不是科学方面的专家。他们的任务并不是要回答诸如此类的问题，如某个具体医疗程序是否安全有效，或者某个具体工程标准是否为小型客车所必须？[81] 不管怎样，没人会是标准制定活动所涉全部领域的专家。当涉及复杂标准时，法律政策的制定者必须避免过度涉足标准本身的实体是非曲直。大多数情况下我们可以考察如下问题，如标准制定参与人的身份和数量，标准造成

---

[79] *See* DANIEL YERGIN, THE PRIZE: THE EPIC QUEST FOR OIL, MONEY AND POWER(1992).

[80] *See id.*

[81] *E. g.*, Craftsmen Limousine, Inc. v. Ford Motor Co., 363 F. 3d 761 (8th Cir. 2004)（关于小客车的结构标准）; Wilk v. Am. Med. Ass'n, 895 F. 2d 352 (7th Cir.), *cert. denied*, 496 U. S. 927 (1990)（谴责美国医学会排斥脊椎按摩师的标准）; Schachar v. Am. Acad. of Ophthalmology, Inc., 870 F. 2d 397 400 (7th Cir. 1989)（放射状角膜切开术）; Hassan v. Spicer, 2006 WL 228958 (E. D. N. Y., Jan 31, 2006)（核心脏病学）.

的排斥力，该标准可能便利行使市场势力或限制竞争的其他迹象。并不是说竞争政策永远不会直面标准的实体评估问题，而是说它只需要在少数情况下这样做。

例如，竞争者为自己制定标准的背后动机可能是分配产出或以其他方式降低所在市场的竞争强度。但纵向关联的企业或者不参与该市场经营的企业并没有这样的激励。例如，在 1961 年辐射式燃烧器案（*Radiant Burners*）中，联邦最高法院认可了一个天然气加热器生产商的起诉，指控一项产业安全标准导致其无法进入市场。[82] 联邦最高法院判决应该通过考察标准制定者的意图来评估标准。但运用这种考察方法必须搜索众多成员的记录，这种搜索工作成本非常高昂并且结果很不确定——该案仅涉及十个成员，但近期的标准制定案件往往涉及数百家成员。该案中的标准制定成员不仅有竞争性的天然气加热器生产商，还有天然气公用事业以及管道公司。我们可以很容易地看到竞争性加热器生产商会希望排斥廉价或技术上更优的燃烧器，或者干脆普遍排除竞争对手进入市场。但天然气公用事业和管道公司销售的是互补产品，它们通常没有任何激励将一个更安全有效的燃烧器从市场上
361 排除。事实上，它们可能要对不安全燃烧器导致的火灾共同承担责任。另外，虽然说单个燃烧器制造商或其卡特尔控制天然气产业并非完全不可能，但也是高度不可能的，而且反垄断执法机构几乎明显可以确信这一点。

以反垄断法审查排斥竞争的标准制定行为，首先要进行结构方面的分析，考察被告（或者其中达到控制程度的几个）是否拥有足够的市场势力和反竞争激励。第七巡回区上诉法院在摩尔案（*Moore*）中采用了这种正确的方法。原告生产一种用于拖船挂车的可潜水尾灯。因为其尾灯容易短路，一个由拖船挂车生产商组成的标准制定协会在制定标准时排除了原告。[83] 法院认定此举不构成垄断行为，并指出原告尾灯生产商与控制该协会的拖船挂车生产商之间并不存在竞争关系。挂车生产商没有对尾灯实施反竞争限制的激励，因为这样做会导致尾灯价

---

[82] Radiant Burners, Inc. v. Peoples Gas Light & Coke Co., 364 U. S. 656 (1961).

[83] Moore v. Boating Indus. Ass'ns, 819 F. 2d 693 (7th Cir.), *cert. denied*, 484 U. S. 854 (1987).

格上涨。它们只希望能够采购到既符合联邦规格又具有价格竞争力的安全尾灯。

参与标准制定的企业数量也是一个相关因素，但对此必须谨慎对待。如果参与企业数量庞大、根本不可能共谋，它们将拥有很小的激励排斥与其拥有相同技术和成本的企业。然而，即便是相互竞争的企业也有激励排斥成本更低或质量更高的技术，特别是在它们自己不能迅速取得该等技术的情况下。例如，联合导线管案中的标准制定组织拥有数千家成员，但我们并不清楚其中有多少家实际制造并销售现有产品（钢制导线管）。[84]

如果担心一家竞争对手新推出的创新型塑料导线管物美价廉，钢制导线管生产商将拥有一切激励将其排除。假设钢制导线管市场是竞争性市场，价格等于成本（每英尺 1 美元）。这时出现了塑料导线管，它与钢制导线管一样有吸引力，但是每英尺的成本只有 70 美分。如果塑料导线管生产商拥有足以取代钢制导线管生产商全部销量的产能，即便是竞争性行事的企业也将遭受灾难性的亏损。又或者，如果塑料导线管的成本与钢制导线管相同，但客户认为前者质量更好，也会出现同样的结果。总之，即便钢制导线管生产商相互竞争，甚或它们的数量庞大到不可能固定
价格的程度，也不会阻碍它们组织起来排除替代性的塑料导线管。另外， 362
虽然通过秘密降价的“作弊”形式可以削弱一个拥有庞大数量成员的卡特尔，但并不可能通过秘密地向市场疯狂提供塑料导线管进行“作弊”。这并不意味着该等情形下的标准制定具有内在的反竞争性，但它确实意味着如果存在造成竞争损害的结构条件，有必要考察标准制定者的意图或其他情节。

另一方面，如果标准制定程序确实有意义，肯定会有一些企业“不能满足”标准，或者必须进行大量的投资才可能满足标准。涉及标准制定的最为常见的反垄断指控是标准制定被用于排斥竞争对手进而限制竞争，

---

[84] Allied Tube & Conduit Corp. v. Indian Head, Inc. ,486 U. S. 492,494(1988). 全国防火协会(NFPA)的网站显示，当今它拥有 70,000 多家会员。*See* Nat'l Fire Protection Ass'n, http://www. NFPA. org(last visited Feb. 7,2011). 参与不批准塑料导线管投票的企业数量为 784 家，它们以 394 票对 390 票的投票结果不批准塑料导线管。*See* Allied Tube,486 U. S. at 497.

例如限制性的司法考试通过率,[85]医院的认可标准排除脊椎治疗师或其他专业人士,[86]手术标准排除降低成本的医疗程序,[87]以及建筑守则或产品安全标准保护下游企业免受新技术的威胁。网络标准可能会阻止某些企业入网,这样做也许会对后者造成极高的成本。

标准制定程序可能带来的另一项损害是劫持。在标准制定组织作出大量技术承诺之后,一个成员或非成员能够对其加以盘剥的情形即为劫持(hold-up)。第四章讨论的拉姆布斯案中就发生了这种情形。劫持问题绝不仅限于标准制定过程,而是可能发生于任何如下情形,即一个开发者因为自己的过失或者因为专利通告制度的缺陷没有意识到他人的知识产权,并在这种状态下进行了不可撤回的投资。

反垄断法要救济标准制定语境下的劫持存在困难,因为它通常属于单方行为,并且往往不能满足《谢尔曼法》第 2 条规定的"垄断化"(monopolize)一个市场的要件。例如,联邦巡回区上诉法院在拉姆布斯案中驳回了 FTC 的垄断化诉讼请求,因为它并未证明拉姆布斯的行为是
363 否实际上"排斥了"任何企业。FTC 顶多只能证明如果拉姆布斯没有就自己的专利利益作不实陈述,标准制定组织原本能够坚持要求一个较低的费率——低于标准采纳之后所能取得的费率。[88] 正如第十一章建议的那样,FTC 根据《联邦贸易委员会法》第 5 条起诉也许结果会更好,因为该条的管辖范围大于《谢尔曼法》,它只要求被诉行为"对消费者造成或

---

[85] Hoover v. Ronwin, 466 U. S. 558(1984)(司法考试评分标准由州最高法院制定发布,符合反垄断法上的"州行为"法则豁免);Mothershed v. Justices of the Supreme Court(Arizona), 410 F. 3d 602(9th Cir. 2005)(类似).

[86] Wilk v. Am. Med. Ass'n, 895 F. 2d 352(7th Cir.), *cert. denied*, 496 U. S. 927(1990)(谴责美国医学会排斥脊椎治疗师的规则);Schachar v. Am. Acad. of Ophthalmology, Inc., 870 F. 2d 397 400(7th Cir. 1989)(眼科治疗标准,涉嫌歧视放射状角膜切开术);Hahn v. Oregon Physicians' Serv., 868 F. 2d 1022, 1028–29(9th Cir. 1988), *cert. denied*, 493 U. S. 846(1989)(排斥足科医生). 在法律领域, *see* Mass. School of Law at Andover, Inc. v. ABA, 107 F. 3d 1026, 1032, 1037(3d Cir.), *cert. denied*, 522 U. S. 907(1997)(法学院认可标准,一定程度上将认可与否与教授薪水挂钩);United States v. ABA, 60 Fed. Reg. 39, 421(1995)[和解令限制美国律师协会(ABA)将法学院认可与否与教工薪酬相联系].

[87] Summit Health, Ltd. v. Pinhas, 500 U. S. 322, 341(1991)(涉嫌拒绝给予内科医生员工身份,因为他开发了一种只需一名(而非两名)外科医生的成本更低的眼科手术程序).

[88] Rambus Inc. v. FTC, 522 F. 3d 456, 463(D. C. Cir. 2008), *cert. denied*, 129 S. Ct. 1318(2009).

者可能造成实质性损害”。易言之，导致消费者价格提高的行为即便没有排斥任何人也可以受到指控。[89] 然而，专利法可以管辖拉姆布斯的行为，且不要求证明这些效果。合理的专利通告制度要求拉姆布斯就自己的行为及时提供通告。又或者，如果拉姆布斯对知识产权的存在状况或许可条件作过任何陈述，专利政策将阻止它在他人依赖这些陈述进行开发之后对此反悔。[90]

八、结论

创新公地是复杂、多样的制度，往往通过大量技术性很强的条款对竞争者分享技术的条件作出规定。再次重申之前的一个警告：如果反垄断法试图通过直接考察技术的是非曲直评估各种涉及竞争者分享行为的做法，例如专利池或标准制定，往往会大大超出自己的能力范围。尽管反垄断法包含合理原则的分析方法，但这一语境下的“合理性”所指的是一项安排或标准对竞争的影响，而非它在技术上的合理性。大多数私人反垄断案件中原告都请求损害赔偿救济，因此它们多半假定自己的案件会得到陪审团审理。除了涉及明显滥用行为的案件，陪审团并不能胜任评估某个具体协作行为或标准的必要性或适当性等技术问题。

正因如此，从事前和事后两个视角对标准制定行为作结构性分析至关重要。就事后而言，正如前文讨论的辐射式燃烧器案和拖船挂车案表明的那样，纵向关联的企业、保险公司以及市政府或者政府机构很少会因 364

---

[89] *See* 15 U. S. C. §45(n). 该条的标准是，涉案行为“可能给消费者造成实质性损害，消费者本身无法合理地避免该损害并且该行为给消费者或竞争带来的抵消性利益不超过该损害”。

[90] *E. g.* ,Qualcomm Inc. v. Broadcom Corp. ,548 F. 3d 1004,1022 – 23(Fed. Cir. 2008)(责令专利权人遵守此前对专利标准制定组织所作的承诺)。*See also* In re Negotiated Data Solutions (“N-Data”)(发布和解令时附带的陈述)，http://www. ftc. gov/os/caselist/0510094/080923ndsdo. pdf，该决定和解了如下一项请求：全国半导体公司(National Semiconductor)向某标准制定组织承诺将按照规定价格进行许可，之后 N-Data 收购全国半导体公司的专利，并随即不兑现这些承诺。由于双方和解结案，该决定并没有认定消费者损害。重要的是，《联邦贸易委员会法》第 5 条并不像私人损害赔偿诉讼那样要求 FTC 计算消费者多付的价款，而只要求就该等多付价款效果的出现作出合理的推断。如果许可费是生产商支付的一项可变成本，并且该生产商拥有足够的市场势力转嫁增加的成本，这一推断具有合理的强健性。

为某种产品价格更便宜或技术更优而有动机排斥它。相反,它们的利益与消费者利益基本上是一致的。从事前来看,它表明在设计标准制定组织时,成员必须包括与其产品或方法被纳入标准的企业不存在竞争关系的各种类型的企业、消费者以及其他主体。标准制定组织的市场势力越大,越是要求成员的多样化。

反垄断法并不具有质疑设计糟糕的协作方案的全面授权。反垄断责任以竞争损害为要件,而在判断竞争损害的最低条件是否具备时往往无需考察联合行为本身的是非曲直。协同创新或标准制定过程带来的有害结果往往受到两方面的约束——知识产权法保护知识产权制度的纯洁性及其鼓励创新的根本目的,而当可能出现真实的垄断时由竞争政策给予纠正。

第十三章　售后限制

一、纵向限制规制政策的法律渊源

售后限制（post-sale restraint）一词泛指卖主对于 365
商品在首次销售之后如何使用或转售所作的任何限制。“销售”还包括出租和许可。这些不同转让形式之间的区别在法律政策上可能具有至关重要的意义。例如，知识产权法的“首次销售”法则仅适用于产品的销售，反垄断法有关转售价格维持的规则同样如此。但是，有关搭售的法律则同时适用于销售、出租和许可，不存在重大区别。尽管法律政策对它们有此等区分，但转让方式的不同对于理解售后限制的基础经济意义而言通常并不重要。

反垄断法主要根据调整纵向限制（vertical restraints 或者 vertical restrictions）的法律处理售后限制，纵向限制有时也称为“限制性分销”（restricted distribution）。[1]品牌内限制就卖主自身产品的分销或
使用方式设置的限制。经典的例子是转售价格维持 366

[1] *See* 8, 9, & 10 PHILLIP E. AREEDA & HERBERT HOVENKAMP, ANTITRUST LAW ch. 16 (3d ed. 2010)（品牌内限制）, ch. 17 & 18 (3d ed. 2011)（搭售和独家交易）.

(RPM),即卖方就其产品的转售价格作出规定。[②] 此外还包括品牌内非价格限制,它们可能限制下游当事人转售产品的地域,区分商业用户和非商业用户,[③]或者详细规定转售产品的条件。专利法上的大多数“使用领域”限制——要求被许可人只能就特定类型客户或用途实施专利——均属于品牌内限制。[④] 相反,品牌间限制则限制买方将涉案产品与其他供应商生产的产品一起使用,或者限制转售商销售其他卖主的产品。最为常见的品牌间限制有搭售和独家交易。正如第二章阐述,搭售安排要求“搭售品”(如打印机)的买主只能将其与卖方自己的“被搭售品”(如墨水)一同使用。[⑤] 独家交易禁止经营卖主产品的转售商同时经营任何竞争对手的竞争产品。例如,特许经营合同禁止福特经销商销售竞争对手制造的新车。[⑥]

纵向限制的规制史向来充满争议,并且历史表明这类行为对竞争和福利的影响极其难以评估。纯粹的纵向限制并没有消除竞争者之间的竞争,或者减少市场上的企业数量,也不会导致任何企业的规模变大。[⑦]

---

② Dr. Miles Medical Co. v. John D. Park & Sons Co. ,220 U. S. 373(1911)(在反垄断法项下转售价格维持本身违法),*overruled by* Leegin Creative Leather Prods. ,Inc. v. PSKS,Inc. ,551 U. S. 877(2007)(适用合理原则); *see also* Omega S. A. v. Costco Wholesale Corp. ,541 F. 3d 982 (9th Cir. 2008),*aff'd without opinion by an equally divided Court*,131 S. Ct. 565(Dec. 13,2010)(涉案产品在国外生产,但是带有在美国版权局注册的外观设计,法院判决不适用版权法规定的首次销售法则;侵权被告涉嫌以低于原告许可中规定的价格销售钟表).

③ *See*,*e. g.* , ProCD,Inc. v. Zeidenberg,86 F. 3d 1447(7th Cir. 1996)(软件许可协议区分商业用户和非商业用户).

④ *E. g.* , Gen. Talking Pictures Corp. v. W. Elec. Co. ,304 U. S. 175(1938)(仅限于非商业用途).

⑤ *See*,*e. g.* , Illinois Tool Works,Inc. v. Indep. Ink,Inc. ,547 U. S. 28(2006)(推翻了司法创设的搭售品上的专利赋予市场势力的推定,并拒绝谴责打印机—墨水搭售);Henry v. A. B. Dick & Co. ,224 U. S. 1(1912)(拒绝对售后搭售条件适用首次销售法则); *see* Erik Hovenkamp & Herbert Hovenkamp, Tying Arrangements and Antitrust Harm, 52 ARIZ. L. REV. 925 (2010), *available at* http://papers. ssrn. com/sol3/papers. cfm? abstract_id = 1443284.

⑥ *See*,*e. g.* , Quanta Computer,Inc. v. LG Elecs. ,Inc. ,553 U. S. 617(2008)(售后限制条款禁止买方将涉案产品与非由英特尔生产的零部件加以组合,法院拒绝强制执行售后限制条款); United States v. Dentsply Int'l, Inc. ,399 F. 3d 181(3d Cir. 2005), *cert. denied*,546 U. S. 1089 (2006)(牙科材料的垄断性生产商禁止经销商销售竞争对手的产品,遭到谴责)。这方面的反垄断经典案例是 Standard Oil Co. of California v. United States,337 U. S. 293(1949)案(谴责石油冶炼商的限制安排,该安排禁止加油站销售其他品牌的汽油)。

⑦ 然而,如果一项限制有助于降低企业的成本或者排斥竞争对手,则会导致企业规模或市场份额增大。

因此，在纵向限制案件中往往难以查明竞争政策的一对孪生关切（共谋和支配地位企业实施的排斥）。在某些案件中，纵向限制可能以限制创新的方式引导或限制未来研发。另一方面，长期纵向合同通常有助于降 367
低企业成本，而知识产权限制是确保企业能够分享技术或分担风险的关键手段。更为一般性的，在不受限制的市场交易和通过所有权实施的纵向一体化之间，纵向限制是一个非常重要的妥协方案。它使得商业企业能够享有纵向一体化企业具有的某些市场替代机制的好处，但又无需承担这种彻底所有权方式产生的各种成本。[8]

相对于所有权式一体化，长期纵向合同有时会带来一些新形式的竞争威胁。例如，反垄断法谴责品牌内限制的许多理论根据并非立基于上游卖方或知识产权人拥有的市场势力，而是立基于对如下事实的担心，即有势力的经销商或其卡特尔可能强迫供应商对前者的竞争对手施加反竞争的限制。[9] 纵向一体化的企业并没有降低其分销体系之效率的激励，但独立经销商则能够通过限制与同品牌其他经销商之间的竞争获益。事实上，首次根据反垄断法本身违法原则谴责转售价格维持的案件——迈尔斯博士案（*Dr. Miles*）——就涉及药品零售商卡特尔，它们迫使供应商对与前者竞争的削价企业实施价格限制。[10]

正如第十章讨论的调整知识产权“滥用”的法律一样，如今反垄断法对纵向限制采取总体宽松的处理态度。我们通常把转售价格维持和纵向地域或客户限制视为一个结构型分销网络的重要组成部分。易言之，它们是生产商对经销商施加的条件，目的是取得纵向所有权式一体化具有的某些控制方面的利益。虽说反竞争效果不常见，但也并非完全不可能。搭售和独家交易往往旨在确保转售商专心经营生产商的品牌，或者销售生产商的全系列产品。然而，搭售是一种极其复杂的做法，具

---

⑧ *See* OLIVER E. WILLIAMSON, THE MECHANISMS OF GOVERNANCE chs. 11 & 12 (1995); Herbert Hovenkamp, Harvard, Chicago, and Transaction Cost Economics in Antitrust, 55 ANTITRUST BULL. 613 (2010), *available at* http://papers.ssrn.com/sol3/papers.cfm?abstract_id=1592476.

⑨ *See* 8 PHILLIP E. AREEDA & HERBERT HOVENKAMP, ANTITRUST LAW ¶ 1604 (3d ed. 2010).

⑩ *See* HERBERT HOVENKAMP, ENTERPRISE AND AMERICAN LAW, 1836 – 1937 at 331-348 (2001).

有本书其他章节讨论的许多表现形式。搭售和独家交易如果能够阻碍竞争对手获得足够的市场准入进而对它们造成“封锁效应”，则会威胁竞争。然而，搭售损害竞争属于例外而非原则。应该根据反垄断法的合理原则分析搭售行为，该原则要求证明市场势力和反竞争效果。⑪

纵向限制往往涉及知识产权，因为这些限制大多是针对具体品牌和
368 技术设置的。如果销售土豆等大宗商品的人规定只能以特定方式使用这些商品或者仅能按照特定的条件进行转售，通常并不能给自己带来什么利益。当然，如果土豆本身受专利保护则另当别论。⑫ 但制造品不同，特别是如果它能带来某个“售后市场”。例如，购买打印机、电脑或汽车会带来对墨水、软件、独特替换件或维修服务的持续需求。另外，经销商必须对某个具体卖主的产品作长期投入，因为要实现有效销售必须针对具体品牌提供产品特性和维修方面的培训。现代分销体系中的大多数纵向限制都发生于商标、版权或专利，扮演着重要角色的市场。

事实上，现代分销限制法正是起源于 19 世纪的知识产权法则，远早于任何一部反垄断法。在美国，有关分销限制的首个重要法律领域是由法官创设的“首次销售”法则，经常被称为专利“权利用尽”。该法则约束专利权人在专利产品售出后对其施加限制的能力。在首次销售法则不适用的情形下，权利人可以通过专利侵权之诉或者违约之诉强制执行违反该等限制性规定的行为。第二个法律领域起源于《谢尔曼反垄断法》(1890 年)。该法第 1 条谴责限制贸易的合同，对知识产权许可限制没有设置任何例外。之后，《克莱顿法》(1914 年)明确谴责搭售和独家交易行为，无论是否涉及专利产品。第三个法律领域涉及知识产权“滥用”，可用于谴责任何类型的售后限制。

这三个法则——首次销售、反垄断法和知识产权滥用——分别拥有不同的历史和技术要件，适用于不同的情形。然而，它们之间也存在高

---

⑪ 参见第二章；以及 vols. 8，9，and 10 of ANTITRUST LAW，*supra* note 1. 对于所有这些行为的简略讨论，*see* HERBERT HOVENKAMP，FEDERAL ANTITRUST POLICY：THE LAW OF COMPETITION AND ITS PRACTICE(4th ed. 2011)，Ch. 10(搭售和独家交易)，Ch. 11(转售价格维持和非价格限制).

⑫ *See* Monsanto Co. vs. McFarling，488 F. 3d 973(Fed. Cir. 2007)(涉案售后限制禁止农场主使用以专利种子生产的植物自行开发种子，法院维持其效力)；Monsanto Co. v. Scruggs，459 F. 3d 1328(Fed. Cir. 2006)(拒绝适用首次销售法则).

度的政策重叠。例如,1917 年联邦最高法院判决的著名的电影专利案(*MPPC*)拒绝强制执行一个经典的搭售安排。[13] 专利权人禁止其放映机的任何使用人利用它放映竞争对手制作的影片。联邦最高法院判决的主体部分涉及首次销售法则,但它同时也援引了《克莱顿法》。如今该案还被广泛视为一个"滥用"案件。[14]

联邦最高法院在广达电脑案中(*Quanta Computer*)[15]错失了一次提升售后限制法融贯性的机会,反而回归到严格适用首次销售法则的态度。这种态度与促进竞争或创新的任何政策都没有明显联系。该案专 369
利权人 LG 把一种有关信息处理的方法专利许可给英特尔公司,后者使用该等方法制造微处理器用于销售。LG 和英特尔公司之间的许可包含一项条件,即英特尔的下游买方不得将这些微处理器与其他公司的产品组合使用。因此,虽然 LG 授予英特尔的专利许可涉及一种方法,但它的交易条件都被施加于英特尔制造的产品,并试图将其延伸适用于英特尔售出该产品之后的阶段。电脑组装商广达电脑公司向英特尔购买了这种微处理器,并违反该项条件加以使用。

广达案之前两代人期间的判例法一以贯之地追求两项主题:对纵向限制的宽容态度,以及认为知识产权并不具有内在的垄断性。广达案是对一种更古老形式的专利"例外主义"的回归,它认为专利产品的售后限制具有内在的可疑性。因此,无需证明竞争政策或知识产权法受到任何损害,即可谴责售后的专利或版权限制。广达案引发了三个问题。第一,什么类型的售后限制是有正当理由的?第二,何时根据合同法、知识产权侵权法强制执行售后限制?第三,知识产权因素什么情况下可以带来不同的结果?

关于第一个问题,我们有良好的理由对某些纵向限制加以约束:(1)它们可能通过减少产出或提高价格损害竞争;(2)它们可能限制创新;(3)它们可能妨碍公众接触公有领域的技术或信息。但这些理由并

---

⑬ 参见第十章。

⑭ *See*, *e. g.*, ROBERT P. MERGES, PETER S. MENELL, & MARK A. LEMLEY, INTELLECTUAL PROPERTY IN THE NEW TECHNOLOGICAL AGE 331(rev. 4th ed. 2007)(将电影专利案视为一个知识产权滥用的例子).

⑮ Quanta Computer, Inc. v. LG Elecs., Inc., 553 U. S. 617(2008).

非存在于每一个案件,甚或并非存在于多数案件。因此,个案中必须实际证明损害效果。

关于第二和第三个问题,违约之诉和侵权之诉各有不同的优势和问题。合同方式的问题最小,因为权利人通常只能针对具有合同“相对性”的人——协议的原始当事方——强制执行合同。相反,他们可以针对任何侵犯知识产权的人提起侵权之诉,甚至在知情状态下帮助他人侵权的人。这增加了毫无戒备的违法者受到起诉的风险,虽然通过设置有效的通告要求可以解决这一问题。但出于同样的理由,侵权之诉在强制执行正当的、有益的限制规定方面也更有效率。例如,设想一下,在一个不动产权利制度下,一块土地每转售一次就需要针对地役权或建筑物限制订立一次合同,该是多么繁琐的事情啊。

有关售后知识产权限制的法律政策史揭示出,该法则现在为何如此复杂以及为何如此不着边际。售后条件可能造成的主要损害是限制竞争和限制创新。一个行为降低产出、提高价格或者不合理地排斥企业进入市场时构成限制竞争。而一个行为阻碍而非促进创新时构成限制创新,通常表现为对他人的创新施加限制。在目前的制度下,反垄断法和
370 知识产权滥用法主要关注限制竞争,只是偶尔关注限制创新。按照广达案的判决,首次销售法则不涉及两种损害中的任何一个。相反,适用该法则的结果是不管售后限制是否产生竞争影响或创新效果均不得强制执行。

虽然这三个法则——首次销售、反垄断法和知识产权滥用——源于不同的时期、处理不同的问题,但 20 世纪上半叶它们已基本融合一体。首次销售法则起源于普通法反对限制产权让渡的强大政策,它与保护竞争的关系很小,除非我们把保护竞争理解为该法则能够阻止富裕的土地所有者无期限地将土地扣留在自己的家族之中。哈佛大学法学院教授约翰·奇普曼·格雷(John Chipman Gray)著于 1890 年的释论《反对限制产权让渡》(Restraints on the Alienation of Property)几乎将反对限制产权让渡的普通法规则视为一项神圣的原则。这种关切在专利法首次销售法则的发展过程中居于主导地位,后来又毫无困难地被整合进反垄断法反对纵向限制的规则之中。联邦最高法院首次使用反垄断法谴责对经销商购买的产品施加转售价格限制时,同时依据格雷的释论和关于产

权让渡限制的英国普通法,判决供应商不得对转售价格设置售后限制。[16]

二、早期分销限制及首次销售法则

19 世纪中期,生产企业开始通过单独特许经营的经销商而非自有的渠道进入分销和销售领域。例如,麦考密克收割机公司(McCormick Harvesting Co.)使用一套区域性的专利和商标许可安排与地方生产商/经销商形成持续的类似特许经营的关系,后者在当地生产产品并就地销售给农民,而无需在全国范围内长途运输这种笨重的设备。[17] 麦考密克还能借助这一安排与他人分担开发一个全国性分销体系带来的风险和成本。经销商可能同意担任麦考密克收割机在某个特定区域的独家转售代理,或者同意不销售麦考密克公司以外的任何收割机。胜家缝纫机公司(Singer Corp.)在缝纫机行业采用了类似的做法,有所不同的是,它 371
将集中生产的机器运往经销商,而不是由经销商自己就地生产。[18]

麦考密克公司和胜家公司采用的这两种方式在竞争效果方面并不存在重大差异,它们形式上的差异完全取决于所涉技术和产品物理属性的不同。对于麦考密克公司笨重但相对简单的木制收割机而言,授权地方经销商就地生产能够节约运输成本。今天,许多快餐特许经营涉及的

---

⑯ JOHN CHIPMAN GRAY, RESTRAINTS ON THE ALIENATION OF PROPERTY iii-viii (2d ed. 1895); *see* Dr. Miles Med. Co. v. John D. Park & Sons Co., 220 U. S. 373, 405(1911).

⑰ *See* Seymour v. McCormick, 57 U. S. 480, 490(1853)(描述了这一安排).麦考密克公司后来采用了一种集权程度更高的分销制度,采用独资所有的渠道。关于该公司的历史,*see* ALFRED CHANDLER, JR., THE VISIBLE HAND: THE MANAGERIAL REVOLUTION IN AMERICAN BUSINESS 305 – 07, 402 – 08 (1977); THOMAS S. DICKE, FRANCHISING IN AMERICA: THE DEVELOPMENT OF A BUSINESS METHOD, 1840 – 1980, at 18 – 19(1992).关于这些做法在美国纵向一体化政策史上所处的地位,*see* Herbert Hovenkamp, The Law of Vertical Integration and the Business Firm: 1880 – 1960, 95 IOWA L. REV. 863(2010)。

⑱ RUTH BRANDON, SINGER AND THE SEWING MACHINE: A CAPITALIST ROMANCE(1977); Andrew B. Jack, The Channels of Distribution for an Innovation: the Sewing-Machine Industry in America, 1860 – 1865, 9 EXPLORATIONS IN ENTREPRENEURIAL HIST. 114 (1957); Andrew Godley, Selling the Sewing Machine Around the World: Singer's International Marketing Strategies, 1850 – 1920, 7 ENTERPRISE & SOC'Y 266(2006).

食物都是利用本地材料在餐馆就地“制造”的,而不是从特许经营权人的营业地向各地派送成品。可口可乐公司向被特许经营的经销商销售和发送浓缩糖浆,后者只需添加水和二氧化碳并进行装瓶,因此事实上可乐成品的一部分由特许经营权人集中生产,另一部分由被特许经营权人就地生产。[19] 相反,无论今天还是过去,福特汽车都是由一个中央工厂制造并发往经销商,后者除了在销售之前作一些经销准备工作以外没有太多参与。首次销售法则约束福特公司对自己的汽车施加交货后限制,但并不约束麦考密克公司限制其本地生产的收割机如何转售。这是因为,福特的例子中经销商购买的是制造品,但麦考密克的例子中经销商只是取得了进行生产的许可,而这并不受首次销售法则的调整。

首次销售法则的一个关键点是,它适用于物(things)而非抽象的知识产权权利。正是由于没有认识到这一点才在实践中造成了很多问题。例如联邦最高法院在广达案中得出的有关方法专利的模糊结论。简言之,并不存在适用于方法专利本身的首次销售法则,但销售物时伴随的在该具体物上实施此方法的许可——即“附属于”物的方法专利——则可以适用首次销售法则。专利法首次销售法则的内容是,一旦专利权人销售或授权他人销售一个专利物品,他就穷尽了对于该“物”享有的权利,不能再对它加以限制。联邦最高法院曾在19世纪对这一法则作过最强有力的表述,即阿当姆斯诉伯克案(*Adams v. Burke*),这是一个纵向地域限制案件。[20] 阿当姆斯案涉及美国内战时期的一个棺材盖专利权人,它创设了一套分销体系,许可多个生产商在规定的地理区域内生产
372 销售这种棺材盖。洛克哈特—希尔公司(Lockhart and Seelye)取得在波士顿方圆十英里范围内生产和销售棺材盖的权利。该公司制造了涉案棺材盖并把它放置于出售给伯克的一口棺材上。伯克是一位殡葬业者,他把这口棺材用于马萨诸塞州纳提克市举行的一场葬礼,该地离波士顿

---

[19] *See* MARK PENDERGRAST, FOR GOD, COUNTRY, AND COCA-COLA: THE DEFINITIVE HISTORY OF THE GREAT AMERICAN SOFT DRINK AND THE COMPANY THAT MAKES IT(2000).

[20] *See* Adams v. Burke,84 U. S. (17 Wall)453(1873). 对于该案事实更加完整的叙述,*see* Adams v. Burke,1 Holmes 40,1 F. Cas. 100(C. C. Mass. 1871). 联邦最高法院于 Bloomer 案中首次宣布这一法则。*See* Bloomer v. McQuewan,55 U. S. (14 How.)539,549(1853)(“该机器转售到买方手中时,它就不再位于[专利]垄断的界限之内”).

大约17英里。阿当姆斯指控该葬礼违反了专利许可中的地域限制条款，构成专利侵权。

联邦最高法院假设原告在授予洛克哈特—希尔公司的制造许可中设置的地域限制具有强制执行力。然而，一旦棺材盖成品被制造出来并销售给他人，买方就不再受任何后续专利限制的约束并能够按照自己的意愿随意使用它。因此，在远早于反垄断法出现的时间，首次销售法则通过专利许可制度，以限制制造商对产品转售施加地域限制的方式扮演着“反垄断法”的功能。正如联邦最高法院指出：

> 如果一部机器或工具的唯一价值在于使用，根据事物的本质特性，专利权人或者拥有其权利的人售出该机器或工具时就已经就该等使用获得了对价，此后不再继续享有限制该等使用的权利。按照法院的说法，这一物品已流转出了垄断的界限。易言之，对于这一具体机器或工具中蕴含的发明之使用，专利权人或其受让人所能请求的全部许可费或对价，已经经由销售行为获得，此后买方可以自由使用而不再受制于专利权人垄断地位带来的限制。[21]

联邦最高法院在1908年鲍勃米尔案（*Bobbs-Merrill*）中将首次销售法则的适用范围扩张到版权领域。该案拒绝强制执行一项转售价格维持限制，比联邦最高法院以反垄断法调整转售价格维持早三年。鲍勃米尔公司（Bobbs-Merrill）出版了海利·里弗斯（Hallie Ermine Rives）的小说《孤岛求生》（*The Castaway*）。里弗斯是一位流行和历史小说方面的作家以及礼仪类图书的作者。《孤岛求生》的版权页印有一项通告，禁止任何人以低于1美元的价格转售该书。梅西百货从一个分销商手中购得此书，然后以89美分的价格销售。联邦最高法院同时依据专利法 373
案例和反对限制让渡产权的政策判决该书的销售，穷尽了《版权法》赋

[21] Adams, 84 U. S. (17 Wall) 453, 456 (1873); *see also* Keeler v. Standard Folding Bed Co., 157 U. S. 659 (1895)（床架专利权人无权针对后续买方强制执行地域限制）。某些早期案例中提出了一个类似于首次销售的问题，即专利权人将专利撰写得能够同时覆盖机器及其使用的消耗品。*See* Morgan Envelope Co. v. Albany Perforated Wrapping Paper Co., 152 U. S. 425 (1894)，这是一个早期“搭售安排”案件，专利权人的组合专利同时覆盖一个分发卫生纸纸卷的设备以及纸卷本身。联邦最高法院驳回覆盖纸卷的权利要求，并判决该设备的用户从其他地方购买卫生纸不构成专利侵权。

予的所有权利,梅西百货可以自由地按照自己选择的任何价格出售。[22]

该案对于分销法的未来发展具有重要意义的一点是,联邦最高法院指出涉案价格限制包含于版权许可而非销售合同之中。当事人在呈现和辩论这一案件时,完全把它作为一个版权侵权案件而非销售合同违约案件。未来的发展将会证明这一区分至关重要。按照1908年时现行的法律,对于专利物品或版权物品施加的任何售后限制,如果采取许可限制的方式设置并通过侵权之诉强制执行,该限制就是不可强制执行的。但法院当时尚未按照《谢尔曼法》处理限制性纵向合同的合法性问题。

联邦最高法院有关首次销售法则的规则在大部分时期都相当连贯一致和绝对。无论市场结构的竞争程度如何,也无论是否有人遭到排斥,该法则均得以适用;易言之,它的适用范围远远超过传统反垄断分析。首次销售法则不但适用于品牌内限制,如地域条款或转售价格维持,而且适用于品牌间限制,如搭售或独家交易。该法则并不关心涉案限制条款促进还是限制创新。根据现行法,这甚至是一个完全不相关的问题。

三、首次销售法则的几个短暂例外

历史上,严格的首次销售法则曾经出现过两个例外,一个由联邦最高法院在1912年的一个案件中承认,另一个则是由联邦巡回区上诉法院在80年之后发展的,该法院对于基于违反售后限制的专利侵权之诉拥有专属上诉管辖权。这两个例外最终都被联邦最高法院撤销。

第一项例外涉及勒顿大法官(Lurton)分别于1896年和1912年撰

---

[22] Bobbs-Merrill Co. v. Straus, 210 U. S. 339, 349 – 51 (1908); *see* HALLIE ERMINIE RIVES, THE CASTAWAY (1904). 关于版权及相关许可实践中的反竞争售后限制, *see* Christina Bohannan, Copyright Preemption of Contract, 67 MARYLAND L. REV. 616 (2008)。纯粹的版权许可如今不再受首次销售法则调整,即便版权材料包含于一个有形物品之中。*See, e. g.*, Vernor v Autodesk, Inc., 621 F. 3d 1102 (9th Cir. 2010), *pet. for cert. filed*, 79 USLW 3674 (May 18, 2011) (制造商最初让渡软件的行为属于许可而非销售,因此首次销售法则并不允许被告公司销售包含该软件的二手光盘)。

写的一对判决，前者是他在担任第六巡回区上诉法院法官时撰写的，后者是他在被任命为联邦最高法院大法官之后撰写的。两个案件均涉及搭售安排，其中搭售品是专利产品，被搭售品是非专利产品。这类行为后来在反垄断法上引起激烈的争议。1896 年纽扣机案（*Button-Fastener*）中第六巡回区上诉法院判决，首次销售法则不禁止该案涉及的如下许可限制，即它要求购买专利权人专利钮扣机的企业只能使用专利 374
权人自己的纽扣。它还规定，违反该限制将受到没收机器的惩罚。[23] 勒顿法官判决首次销售法则仅适用于“无条件”销售，因此事实上把该法则转变成了一个缺省的许可规则。他推理道，很显然，专利权人“使用”其发明的权利暗含着以类似限制为前提许可他人使用的权利——即如果专利权人可以在它的钮扣机上仅使用自己生产的钮扣，它也能够对被许可人施加同样的限制。勒顿法官对该项权利承认的唯一例外是可能就“非专利产品”形成垄断的情形，但本案中并没有该等证据。勒顿法官无视联邦最高法院对限制产权让渡的关切，试图将竞争政策引入首次销售法则。他在本案中的分析为几代人之后以反垄断法分析搭售安排开辟了一条路径。

1909 年塔夫脱总统（Taft）提名勒顿法官担任联邦最高法院大法官。塔夫脱总统也曾任第六巡回区上诉法院法官，并在纽扣机案中加入勒顿法官撰写的判决意见。1912 年勒顿大法官在亨利诉 A. B. 迪克案（*Henry v. A. B. Dick Co.*）中代表联邦最高法院撰写的判决书[24]以更加简短的方式重申了他此前在钮扣机案中的观点。涉案专利权人在其生产的滚筒油印机上张贴一份许可告示，要求买方只能使用专利权人生产的纸张、墨水和蜡纸。A. B. 迪克向克里斯蒂娜·B. 斯寇（Christina B. Skou）出售一台机器，后者违反该限制向办公用品销售商悉尼·亨利（Sidney Henry）购买了一罐墨水。该机器本身以成本价甚或更低的价格销售，这表明 A. B. 迪克通过提供被搭售品挣取利润，因此它很可能是以这一搭售安排作为实施价格歧视的手段，实质是为了从使用量较大

---

[23] Heaton-Penninsular Button-Fastener Co. v. Eureka Specialty Co., 77 F. 288, 290, 91 – 96 (6th Cir. 1896). 该限制规定：“本机器买卖之后只能使用半岛新颖公司（Peninsular Novelty Company）生产的钮扣，一旦违反本销售合同，本机器的产权立即归属半岛公司。”

[24] Henry v. A. B. Dick Co., 224 U. S. 1, 31 – 32 (1912).

的客户身上挣取较高的回报。[25] A. B. 迪克对亨利提起本案诉讼，指控其从事专利帮助侵权。在知情的状态下协助他人从事专利侵权构成专利帮助侵权。[26] 勒顿大法官再一次区分了有条件销售和无条件销售，并指出本案中不可能形成对被搭售品蜡纸、纸张和墨水的垄断。1914 年国会在《克莱顿法》中对亨利案作出回应，第 3 条规定搭售品无论出租
375 还是销售，也无论是否受专利保护，反竞争的搭售均属违法。[27] 随后联邦最高法院在 1917 年电影专利案（*MPPC*）中响亮地推翻了亨利案。

历史上针对首次销售法则的攻击性姿态出现的第二个例外发生于晚近时期：联邦巡回区上诉法院在马林克罗案（*Mallinckrodt*）中复活了勒顿大法官试图以现实垄断威胁作为该规则适用条件的做法。马林克罗案再次区分了“有条件”销售，即专利权人对买方取得的权利设置限制，而不是将该物品中的专利利益全部转让给买方。[28] 由于这些条件被表述为专利权人保留部分专利权利，因此违反该等限制的行为被视为专利侵权。而由于第一个购买者并不能超过自己拥有的利益转让更大的利益，后续购买者购买的物品受制于同样的条件。最后，创设这一条件的方法既可以是与第一个购买者达成协议，也可以是简单地由专利权人在专利物品上附加一项通告。法院对此认可的唯一例外是该条件不得“超越”专利授权的范围，即该条件不得违反反垄断法，不得构成专利滥用，也不得因其他理由违反公共政策。[29] 总之，针对不违反反垄断法或其他竞争政策的售后限制，法院对首次销售法则创设了一项由专利权人握有控制权的例外。

联邦最高法院在 2008 年广达案中以一致意见否定了联邦巡回区上

---

[25] 关于这一事实，*see* Bauer & Cie v. O'Donnell, 229 U. S. 1, 14(1913)（刻画了亨利诉 A. B. 迪克案的事实）。关于以搭售安排作为实施价格歧视的手段，参见第十二章。

[26] 关于现行《专利法》中有关帮助侵权的规定，*see* 35 U. S. C. §271(c)。《版权法》并没有就帮助侵权作明确规定，但存在具有类似要件的法官创造的规则。*See* Metro-Goldwyn-Mayer Studies, Inc. v. Grokster, Ltd., 545 U. S. 913(2005)（认定帮助侵权）；Sony Corp. of Am. v. Universal City Studios, Inc., 464 U. S. 417(1984)（消费者的合理使用抗辩削弱了针对录像机销售商的帮助侵权诉讼）。

[27] 15 U. S. C. §14, 38 Stat. 731(Oct. 15, 1914).

[28] Mallinckrodt, Inc. v. Medipart, Inc., 976 F. 2d 700, 706–08(Fed. Cir. 1992); *see also* B. Braun Med., Inc. v. Abbott Labs., 124 F. 3d 1419, 1426(Fed. Cir. 1997).

[29] Mallinckrodt, 976 F. 2d at 708.

诉法院的这一做法,恢复了首次销售法则最初的宽泛适用范围,[30]判决“实质性实施一项专利的物品经授权售出后即穷尽了专利权人的权利,专利权人不得再援引专利法控制该物品的售后使用”。除了遵循先例的理由以外,判决意见对于为何采用这一法则没有阐述任何理论依据,无视对竞争政策的关切。遵循政府的观点,联邦最高法院表示虽然专利产品售出时可以设置条件,但必须采取合同限制的方式,而不得采取对专利使用设置条件的方式。这意味着,该等条件只能通过合同之诉而非专利侵权之诉强制执行。

广达案给人留下的印象是首次销售法则跟竞争政策完全不相干。但事实绝非如此:在亨利案(1912 年)和广达案(2008 年)之间近一个世纪的时间内,多数首次销售法则案件都涉及转售价格维持或搭售。虽然亨利案之后联邦最高法院在首次销售法则的适用方面保持了连贯性,但它也毫无例外地将首次销售法则与反垄断政策相联系。这一时期法院对首次销售法则采取咄咄逼人的态度,但这种做法与“联邦最高法院考 376
虑了竞争政策”这一观点并不冲突。因为同一时期,联邦最高法院在按照反垄断规则或知识产权滥用法则分析相同行为时也一贯抱以敌意。事实上,联邦最高法院在广达案之前判决的适用首次销售法则的案件,如果按照反垄断法或滥用法则进行裁判,几乎也会得出同样的结果。亨利案在两个方面有所不同:首先,它偏离了联邦最高法院的首次销售法则;第二,在联邦最高法院的判决中间,它独树一帜地对专利搭售抱持友好的态度。[31] 在推翻亨利案之后的 60 年间,联邦最高法院一以贯之地按照反垄断政策、知识产权滥用或首次销售法则对搭售进行谴责。

联邦最高法院通常并不含蓄地指出,首次销售法则和反垄断法并行不悖。促成这种混同的部分原因是,法院在理解限制性分销的经济效果方面面临巨大困难。由于不能解释纵向限制具有传统意义上的反竞争性质——即导致产出下降和价格上涨——反垄断法从首次销售法则中

---

[30] Quanta Computer, Inc. v. LG Elecs., Inc., 553 U. S. 617, 635 - 637 & n. 7 (2008).

[31] 联邦最高法院在以下案件中开始对搭售采用更友好的态度:Steel Corp. v. Fortner Enterp., Inc., 429 U. S. 610 (1977) (Fortner II); Jefferson Parish Hosp. Dist. No. 2 v. Hyde, 466 U. S. 2 (1984); *see* 9 PHILLIP E. AREEDA & HERBERT HOVENKAMP, ANTITRUST LAW ¶ 1733 (3d ed. 2011).

引入了普通法对限制产权让渡的关切。

四、转售价格维持和搭售,1908～1917年

在晚于鲍勃米尔案三年时间判决的迈尔斯博士案(*Dr. Miles*)中,联邦最高法院同时依据首次销售法则和反垄断法判决某专利药品的一个生产商与一个零售商之间达成的转售价格维持(RPM)协议违反法律政策。联邦最高法院同时还援引了反对限制产权让渡的普通法政策,并为此引用了《柯克论利特尔顿》(*Coke upon Littleton*)。这是一部15世纪财产法释论的17世纪早期版本。[32] 即便是半个多世纪以后谴责生产商施加经销商地域限制的施文案(*Schwinn*)也援引这一"古老的反对限制
377 产权让渡的规则"作为适用反垄断法的理据。[33] 尽管施文案是一个由政府提起的反垄断案件,但它并没有将约束限制产权让渡的政策与降低产量或提高价格联系起来。

1977年联邦最高法院在希尔伐尼亚案(*Sylvania*)中否弃了以此理据对分销行为适用反垄断法的做法,基本结束了反垄断法谴责经销商地域限制的历史。[34] 在希尔伐尼亚案到广达案之间的时期内,联邦最高法院从未审理过一个首次销售法则案件,因此没有机会判决是否应该根据处理纵向非价格限制的宽松态度放松首次销售法则。在2007年推翻迈

---

[32] 法院援引的是爱德华·柯克(Edward Coke)首席大法官勋爵的《利特尔顿评注》(Commentary upon Littleton,1628年),即柯克《英格兰法释义》(Institutes of the Laws of England)的第1卷。该卷基本上是对首次出版于1481年或1482年的托马斯·利特尔顿爵士《租佃论集》(Sir Thomas Littleton's Tenures)一书的逐字摘录,因此本卷通常被称为《柯克论利特尔顿》(Coke upon Littleton)。*See* Dr. Miles,220 U. S. at 404－05,quoting Coke upon Littleton(《柯克论利特尔顿》),§360,该节的内容是,如果某人:

占有……一匹马或者任何其他财产,无论是不动产还是动产,并且以受赠人或买方不得让渡该财产的产权为条件,将他在其中的全部利益或财产进行赠与或者销售,该条件无效,因为全部利益和财产都已脱离了他,因此他没有任何恢复该利益的可能,并且这样做也违反贸易、交易以及人与人之间的谈判和缔约。

联邦最高法院还引证了RESTRAINTS ON ALIENATION,*supra* note 16,§§27,28,尽管格雷在该著作中从来没有提及专利产品或版权产品。

[33] United States v. Arnold,Schwann & Co.,388 U. S. 365,380(1967).

[34] Continental T. V.,Inc. v. GTE Sylvania,Inc.,433 U. S. 36,67－68(1977).

尔斯博士案的丽锦案（*Leegin*）中，联邦最高法院否定了以反对限制产权让渡的普通法政策为根据对转售价格维持适用本身违法原则。法院判决，这样的规则反映的是"'形式主义的'法律准则而非'可证明的经济效果'"。[35] 相反，一年后作出的广达案却全盘恢复了历史上的首次销售法则，但并没有提及竞争政策甚或任何其他政策。

20 世纪初期，专利法和反垄断法都发展了更为咄咄逼人和有针对性的规则，以处理被认为因专利范围过宽造成的种种问题。在 1917 年 4 月同一天作出的两个判决中，首次销售法则和反垄断政策事实上被合二为一。第一个案件是施特劳斯诉维克多唱机公司案（*Straus v. Victor Talking Machine*），它涉及转售价格维持；第二个，也是其中更为人知的案件是电影专利案（*MPPC*），它涉及搭售安排。

斯特劳斯案的事实展示了一种试图规避迈尔斯博士案和首次销售法则的笨拙做法。维克多公司将一种专利唱机"许可"给经销商，并授权它们将机器"转许可"给客户。[36] 涉案许可限制不但包括要求客户使用专利权人唱针及其他用品的搭售条款，还有一个条款规定了经销商向客户转让机器时应收取的最低价格。虽然这些转让唱机的交易名义上是"许可"，但在任何其他方面都很像销售。一位纽约商人低于规定价格销售唱机，专利权人对其提起专利侵权之诉。联邦最高法院同时根据首次销售法则和反垄断法谴责了涉案限制条款。

MPPC 案[37]远比施特劳斯案更加著名，而且该案判决语言中包含的一系列思想决定了首次销售法则、知识产权滥用法则和反垄断法的未来发展方向。作为对亨利案的回应，1914 年愤怒的国会制定了《克莱顿法》第 3 条，谴责反竞争的搭售，包括涉及专利搭售品的搭售。联邦最高法院原本可以区分亨利案，它只需要指出亨利案的被搭售品是罐装的通用墨水，而 MPPC 案的被搭售品是有可能被垄断的影片。如果法院这样 378
做，该案原本可以是一个解释《克莱顿法》"可能严重削弱竞争"标准的

---

[35] Leegin Creative Leather Prods., Inc. v. PSKS, Inc., 551 U. S. 877, 887 – 88 (2007).

[36] Straus v. Victor Talking Mach. Co., 243 U. S. 490, 497 (1917).

[37] Motion Picture Patents Co. v. Universal Film Mfg. Co., 243 U. S. 502, 517 – 518 (1917)（引用《克莱顿法》"印证"其根据首次销售法则独立作出的结论，并宣告亨利案"必须被视为已被推翻"）.

绝佳机会,但是联邦最高法院并没有这样做,而且很可能也不能这样做,因为国会的敌意指向亨利案本身。于是联邦最高法院推翻了亨利案,并从此迈向了谴责无竞争危害之搭售安排的漫长征程,蜿蜒近一个世纪。正如第十章指出,该案还流露出后来兴起的专利"滥用"法则的早期迹象。联邦最高法院谴责了专利电影放映机卖方要求买方只能用其放映前者影片的规定。这一限制实际上是托马斯·爱迪生放映机和影片专利[38]利益持有者试图垄断整个美国电影产业的失败计划的一部分。这一计划甚至还包括封杀出演竞争对手公司影片的演员。[39] 联邦最高法院作出 MPPC 案判决之时这一垄断已经瓦解。然而,当时国会已经制定了《克莱顿法》,联邦最高法院以 MPPC 案为契机表示这部新法律"印证了"它在亨利案之前作出的适用严格首次销售法则的判决。

如今 MPPC 案还被广泛视为一个早期的专利滥用案件和反垄断法案件,但事实上判决书主要涉及首次销售法则。

联邦最高法院判决,"销售权因单次无条件销售而穷尽,被售出的物品因此被带出专利法设置的垄断边界,不再受制于卖方试图施加的任何限制。"[40]

五、首次销售法则和现代竞争政策

虽然首次销售法则、反垄断法和滥用法则都处理被视为反竞争的行为,如搭售,但随着精细化程度和技术化程度的不断提高,这些不断发展

---

[38] 虽然爱迪生并非最早的发明人,但他却是输片齿轮放映机输片盘和边缘带孔胶片最早的商业开发者之一。胶片边缘的小孔与输片齿轮相扣接能够确保胶片平稳放映,解决初期困扰电影放映过程中出现的颠簸现象。这项技术的所有权本身存在争议。*See* CHARLES MUSSER, THE EMERGENCE OF CINEMA:THE AMERICAN SCREEN TO 1907, at 130 – 80(1994).

[39] 关于这段历史,*see* TIM WU, THE MASTER SWITCH: THE RISE AND FALL OF INFORMATION EMPIRES(2010); LEWIS JACOBS, THE RISE OF THE AMERICAN FILM: A CRITICAL HISTORY, 1921 – 1947, at 81 – 85, 88, 164 – 65, 291 – 92(1939); BENJAMIN B. HAMPTON, A HISTORY OF THE MOVIES(THE LITERATURE OF CINEMA) 8 – 11, 17 – 24, 34, 64 – 76, 79 – 81(1931); MICHAEL CONANT, ANTITRUST IN THE MOTION PICTURE INDUSTRY: ECONOMIC AND LEGAL ANALYSIS 16 – 21, 77 – 80(1960).

[40] MPPC, 243 U.S. at 516.

的规则也在朝着不同的方向前进。简言之：

1. 首次销售法则仅适用于专利产品或版权作品的销售，专利法上的该法则完全由法官创设，版权法上于1976年纳入制定法。[41] 违反该法 379 则的救济是涉案限制丧失强制执行力，适用该法则时不要求考察竞争效果或限制创新效果。然而，该法则的适用对象仅限于有形物体，并要求有**销售**，而不能仅有出租或许可。

2. 第十章讨论的知识产权滥用不仅适用于专利产品或版权作品的销售和出租，还适用于许可；因此，它适用于首次销售法则不能适用的许多情形。知识产权滥用是侵权之诉的抗辩事由，但是在滥用被"消除"之前该专利针对任何人均不具有强制执行力。该法则发展的判断专利滥用的标准类似于反垄断法，但也能正确地关注那些不受反垄断法调整的限制创新和公有领域的行为。

3. 若能证明适当的反竞争效果，限制协议构成垄断违法。反垄断法适用于所有协议或约束条件，无论交易采用销售、出租、合同还是许可形式。

本章以下部分考察曾经适用过首次销售法则的众多行为形式，并提出相应的政策建议。一个根本性的问题是，由于反垄断法和知识产权滥用法几乎总能用于分析首次销售法则调整的行为，该法则的制度价值何在？

（一）多重许可费和传导效应

在讨论搭售安排和知识产权滥用时，我们均曾指出历史上有这样一个关切，即搭售能使专利权人挣取多重垄断利润。[42] 这一关切实际上起源于远早于《谢尔曼法》制定时间的首次销售法则案件。1863年联邦最高法院在一个案件中宣布，首次销售法则具有至关重要的意义，因为专利权人

> 就一台专利机器仅有权取得一次许可费，因此，如果专利权人自己制造并出售该机器，或者授权他人制造并出售或者制造、使用及运作该机器，并且已经就此权利得到了对价，那么，以此为限，他就脱离了自己

---

[41] 17 U.S.C. §109(a).

[42] 参见第二章和第十章。

拥有的垄断,并对如此售出或者授权制造和运作的机器不再拥有任何利益。[43]

广达案地区法院的判决最近一次表达了这一关切,并援引禁止"双
380 重"许可费的关切为首次销售法则寻找理论支持。[44] 然而,正如我们在讨论反垄断法和知识产权滥用政策时指出,作为一个根本问题,该理论已经基本丧失了可信度,尽管少数情形下有可能存在传导效应。

例如,以广达案的涉案事实为基础,假设专利权人把一种制造微型处理器的方法许可给 A 公司,后者生产芯片并销售给 B 公司,B 公司将芯片连同其他组件组装成电脑。专利权人能够向 A 收取 5 美元许可费,并通过许可限制再次向 B 收取 3 美元许可费。又或者,它可以向 A 收取全部 8 美元的加价,并推定 A 可以将这额外 3 美元的收费转嫁给 B。但是假设许可费的利润最大化价值对于单一垄断者而言是 8 美元,专利权人并不能有利可图地对 A 收取 8 美元许可费,又额外对 B 收取 3 美元许可费。首次销售法则要求专利权人向 A 收取全部 8 美元许可费,而 A 在与 B 的二次交易中有权收取任何价格。但无论采取哪种方式,专利权人挣得的利润都基本相同。只要通告义务履行充分、没有人受到出其不意的敲诈,有关传导更高许可费的关切基本上是没有根据的。

(二)双重边际化

如果上下游企业均拥有市场势力,上述情形下适用首次销售法则事实上对社会有害。正如第二章指出,这时将会出现双重边际化或者双重加价。它会同时损害卖方和消费者。例如,对专利权人而言最优的许可费总额是 8 美元,它希望限制下游企业再次收取加价。控制双重边际化的有效途径是所谓的最高转售价格维持,即专利权人对下游企业的加价幅度设置上限。根据联邦最高法院 1997 年州立石油公司案(*State Oil*)的判决,如果纯粹作为合同强制执行,限制卖方最高转售价格的行为在

---

[43] Bloomer v. Millinger, 68 U. S. 340, 350(1863).

[44] LG Elecs., Inc. v. Asustek Computer, Inc., 2002 WL 31996860(N. D. Cal. 2002), *rev'd*, 453 F. 3d 1364(Fed. Cir. 2006), *rev'd sub. nom.* Quanta Computer, Inc. v. LG Elecs., Inc., 553 U. S. 617(2008).

反垄断法项下通常合法。[45] 然而，根据广达案的判决，最高加价限制不能作为售后限制强制执行。因此，只有上下游企业之间存在合同相对性时才能够控制双重边际化。因此，如果被控制的企业不与控制方直接交易，首次销售法则将导致企业控制下游加价变得困难。例如，一个零部件制造商向组装企业销售零部件，组装企业又转售给经销商，那么制造商将无法控制经销商的加价，因为它与经销商之间缺乏合同相对性。

（三）交易成本、劫持和通告

某些情况下首次销售法则可能对社会有益，尽管通过其他方式也能 381
取得相同的效果。假设专利权人向 A 销售专利产品时施加了一项售后许可要求，但随后购买该产品的 B 并不知悉该限制。这时 B 可能要向 A 支付过高价款，因为它在购买之后才发现自己还需向专利权人支付 3 美元。在专利侵权之诉中，不知悉通常并不构成抗辩。未作通知的售后限制可能导致间接购买者过度消费，因为它们在购买该技术时并没有获得有关该限制的充分通知。这一问题可能非常严重，因为专利许可并不像专利本身那样以可检索的形式记录和公告。如果专利权人能出其不意地抓获下游侵权者，它们将能够榨取极高的许可费。例如，如果电脑组装商在购买英特尔组件时没有注意到 LG 授予英特尔的许可中还规定有限制条件，将推定自己可以自由地安装这些组件，而无需对遥远的专利权人承担进一步的义务。这会促使它们决定选择使用英特尔组件而非竞争对手组件。它们可能在对英特尔的技术作出结构性承诺以后才发现需要向 LG 支付另一部分许可费。正如广达案那样，专利权人提起售后侵权之诉的原因之一，可能是推迟许可费谈判，直至买方已经作出撤销成本将会极其高昂的承诺。如果专利权人必须向初始购买者收取全部许可费，它所能收取的许可费金额将反映一套完全不同的市场现实，因为此时购买者尚未对某项技术作出承诺、与其他企业之间尚且存在竞争。[46]

---

[45] State Oil Co. v. Khan, 522 U. S. 3(1997).

[46] Cf. FED. TRADE COMM'N, TO PROMOTE INNOVATION: THE PROPER BALANCE OF COMPETITION AND PATENT LAW AND POLICY Ch. 2, at 29 (Oct. 2003), *available at* http://www.ftc.gov/os/2003/10/innovationrpt.pdf（如果"生产商只有在对自己的……生产投入沉没成本——并因此锁定其中——之后才发现自己侵犯了某项专利，专利权人将能够勒索超竞争的许可费"）.

但是,把及时通告设定为强制执行专利权的前提条件,也可以解决这一问题。勒顿大法官在亨利案代表联邦最高法院撰写的判决意见采用的正是这种处理方式。尽管联邦最高法院在该案事实情况下并没有适用首次销售法则,从而允许原告起诉侵权,但它同时将专利侵权之诉局限于如下情形,即买方"注意到自己仅仅购买了具有有限使用权的产品"。[47] 正如我们下文讨论揭示的那样,有关不动产地役权的法律要求以合同相对性或者及时有效的通告作为强制执行的前提条件。知识产权法同样应该如此。

在亨利案中,正如 MPPC 案一样,每台机器都张贴一张告示,要求用户只能使用专利权人生产的售后市场产品,因此可以假定原始购买者得到了通知。假设该告示没有被移除,后续购买者可能也得到了通
382 知。然而,亨利案有趣的一点是,亨利本人根本不是机器的购买者,而是一个向机器所有者出售墨水的文具商,而且在出售墨水时知道并"预期"它会以违反告示中所载限制的方式用于原告机器。[48] 这一点使得亨利案的事实有些不同寻常,因为销售墨水的办公用品商店通常不可能知道买方办公室中消耗墨水的机器上印有什么样的告示。对亨利提起违约之诉并不可行,因为他与 A. B. 迪克公司之间并不存在合同相对性。可以推定,在更为典型的情形下,即商品卖方并不知悉它将以何种确切的方式被使用,联邦最高法院不会允许 A. B. 迪克公司提起侵权之诉。然而,与直接侵权不同,调整帮助侵权的法律的确要求事先通告,并且联邦最高法院判决亨利案时的法律也明显有此要求。[49] 联邦巡回区上诉法院近期作出的马林克罗案(*Mallinckrodt*)[50]一定程度上遵循了亨利案的判决。涉案专利侵权之诉的被告实际上知悉遭其违反的"不准重复使用"的限制。由于双方对通告事实并无争议,法院在该案中没有解决何种类型的通告满足要求的问题。然而,它显然假定必须有某种类型的通告。在广达案中,专利芯片的初始购

---

[47] Henry v. A. B. Dick Co. ,224 U. S. 1,26 – 27(1912).

[48] Henry,224 U. S. at 11 – 12.

[49] *See* 35 U. S. C. § 271. 关于这一要件在 20 世纪初期的状况,*see* Cortelyou v. Charles Eneu Johnson and Company,145 F. 933(2d Cir. 1906),*aff'd*,207 U. S. 196(1907)(驳回帮助侵权之诉,因为被告并不知道该限制)。

[50] Mallinckrodt, Inc. v. Medipart, Inc. ,976 F. 2d 700,706 – 08(Fed. Cir. 1992).

买者英特尔公司与专利权人约定,自己将向下游购买者告知不得将专利产品与非英特尔组件组合使用的规定。[51] 联邦最高法院指出,专利权人试图对其施加售后限制的下游购买者——广达电脑公司——在购买时实际知悉该限制。然而,因适用首次销售法则禁止强制执行专利,法院并没有对通告事项作更多的考察。

即便售后限制具有某种社会价值,以首次销售法则处理缺乏通告以及潜在的专利劫持问题似乎也存在手段过度之嫌。更为可取的解决方案是赋予专利权人适当的激励,以确保任何可能受售后限制约束的人在作出承诺前均已知悉该限制。例如,规定专利权人不能对没有客观合理知悉该限制的后续购买者或任何其他人提起专利侵权之诉。如果原始购买者违反了通知下游购买者的协议义务,适当的救济是针对初始购买者提起违约之诉。

不动产法上的地役权很好地契合了土地使用制度,后者承认合同之诉和遥远的(即非相对性的)诉讼请求均具有作为强制执行手段的价值。例如,假设你购买了与卖方房屋相邻的一块土地,卖方就此土地设 383
置了一项售后限制,禁止将其用于任何商业目的。该限制既可以作为"对物契约"(real covenant)又可以作为"衡平地役权"(equitable servitude)强制执行。传统的对物契约法属合同性质,要求具有相对性——合同相对性或者"地产相对性"(privity of estate)。在原始当事人之间强制执行协议时适用合同相对性;土地被转让之后则以"地产相对性"替代合同相对性。例如,如果你将该地块转售给X,后者开始在上面建造一座加油站,原始卖方可以通过如下方式对X强制执行该契约:证明该限制具有合同性质,并且你向X转让土地的行为在X与原始卖方之间创设了地产相对性,它取代了合同相对性。[52]

然而,如果卖方把非商业性使用的约定写入地契并对地契进行了适当的登记,则无需存在相对性。这时可将其作为衡平地役权针对任何实

---

[51] *See* Quanta Computer, Inc. v. LG Elecs., Inc., 553 U. S. 617, 623 (2008).

[52] *See, e. g.*, SHELDON F. KURTZ & HERBERT HOVENKAMP, AMERICAN PROPERTY LAW 623 – 755 (5th ed. 2007).

际或推定知悉该限制的人强制执行。[53] 大多数法院要求，该地役权必须适当记载在由全部后续被强制执行人构成的产权链之中。[54] 这一推理相当简单：将某种利益记载于已知的产权链之中远比检索众多不为人知的利益成本更低。同样的推理也适用于知识产权限制。以棺材盖专利为例，如若不然，购买棺材的人将不得不追踪覆盖其上的每一项专利以决定它是否仍然可强制执行，然后再考察专利权人是否在与某个组件制造商的在先转让交易中施加了某种限制。

如果售后限制能够服务于某种有潜在价值的功能，而反对它们的唯一理由是其可能出其不意地造成后续购买者侵权，那么，对权利人设定通告义务似乎比威力更大的完全禁止该等限制更适合于解决这一问题。

（四）中间技术的转让以及方法专利

即便按照广达案恢复的首次销售法则的宽泛定义，也并非针对知识产权设置的任何转让后限制都不可强制执行。如果转让对象只包括一项制造许可而不包括任何专利物品，则不适用该法则。

384 根据联邦最高法院首次销售法则判决体现的逻辑，专利权人销售一个专利物品时就放弃了其针对并且仅仅针对该具体物品享有的权利。专利权人仍然控制该专利及其制造的其他单位的该物品。相反，如果专利权人向他人许可生产权，被许可人能够制造的专利产品数量将缺乏内在的限制，设置转让后条件就至关重要了。然而，如果专利权人转让一个单位的产品并且该产品需要使用某方法专利作进一步的加工，则该次转让仍然仅转让了一个单位，相应地该项限制的调整范围也是有限的。[55] 使用这些原则可以得出如下规则：

1. 按照首次销售法则，一个专利制成品销售给首个购买者时，专

---

[53] Trustees of Columbia Coll. vs. Lynch, 70 N. Y. 440(1877)（尽管缺乏相对性，强制执行产权前手之间达成并经登记的如下约定，即只能在它们各自的地块上建造独户房屋）.

[54] *See, e. g.*, Witter v. Taggart, 78 N. Y. 2d 234, 573 N. Y. S. 2d 146, 577 N. E. 2d 338 (1991); Genovese Drug Stores, Inc. v. Conn. Packing Co., 732 F. 2d 286(2d Cir. 1984); Basore v. Johnson, 689 S. W. 2d 103(Mo. App. 1985). For the analogy to petents, *See* Herbert Hovenkamp, Notice and Patent Remedies, 88 TEX. L. REV. ONLINE 221(2011), *available at* http://papers.ssrn.com/sol3/papers.cfm? abstract_id = 1596789.

[55] 比较联邦巡回区上诉法院的如下判决，它相当一概而论地宣布方法专利不会穷尽，LG Elecs., Inc. v. Bizcom Elecs., Inc., 453 F. 3d 1364, 1374(Fed. Cir. 2006), *rev'd*, Quanta Computer, Inc. v. LG Elecs., Inc., 553 U. S. 617(2008).

利权人针对这一单位的产品享有的权利终止；对该物品未来处置方式的任何限制均受合同法以及有关限制产权让渡的州公共政策调整。

2. 如果专利权人销售一个半成品，而且为使这一具体单位的产品可以使用或具有适销性需要使用专利权人的方法专利，这时也适用首次销售法则。另外，这一产品包含的技术以及完成其制作所需的方法专利针对这一具体单位而言均被穷尽。唯有如此，联邦最高法院在广达案中得出的首次销售法则适用于方法专利的结论才有意义。解决这一问题的一个思路是，如果销售的非制成品需要进一步使用被告的专利方法，该销售就同时赋予了买方完成制作这一具体单位物品的默示许可，因此该物品以及附带的方法许可都适用穷尽法则。[56]

3. 如果许可对象既不是制成品也不是半成品，而是授权使用专利权人方法的一般许可，首次销售法则通常并不适用于许可该方法本身的交易。然而，如果专利权人就如何处置使用该专利方法制造的产品设置限制，产品售出后专利权即针对这些被售出的产品发生穷尽。也就是说，根据专利权人的授权销售该产品的行为导致专利权针对该等被售的产品被穷尽。

这些规则可以追溯到布莱克斯通区分“附属”(appurtenant)土地利益和“概括”(in gross)土地利益的做法，特别是针对公地财产的区分。 385
布莱克斯通指出，农场主分享附属于各自农场的在公地上放牧的权利时，其使用行为天然地受到限制，因为他们在公地上放养牛的数量不能超过自有农场能够支持的数量。然而，如果他们拥有“概括”公地或属人公地，其对公共权利的使用并不会受到天然的限制，因此必须设置人为限制。[57] 布莱克斯通的这种区分如今被应用于不动产地役权和契约相关的法律。附属地役权“附属于”一块具体的土地，只能用于使该土地受益的目的。[58] 相反，概括地役权归属于被授权者本人，因此有可能

[56] *See* Quanta, 553 U. S. at 628.

[57] *See* WILLIAM BLACKSTONE, COMMENTARIES ON THE LAWS OF ENGLAND, bk. 3, ch. 16(1765–1769). 关于布莱克斯通对过度使用公共池塘资源的担心，参见前一章的论述。

[58] *See*, *e. g.*, Penn Bowling Recreation Ctr. v. Hot Shoppes, Inc., 179 F. 2d 64 (D. C. Cir. 1949)(使用普通法规则禁止附属地役权的拥有者将其用于为主地产以外的土地获取利益).

被过度使用。普通法对此的回应是规定概括地役权不可分割，[59]附属地役权可以按照其所属主地产的分割方式按比例分割。[60]

销售一件半成品并附带完成其制作的默示许可，构成一项仅限完成制作这件被转让产品的"附属"权利。相反，除非明确设置限制，某产品制造权的纯粹许可可以无限使用。例如，在亚当姆斯诉伯克案（*Adams v. Burke*）中，专利权人可以许可他人制造棺材盖并按其意愿设置任何地域限制。这是专利权人与其被许可人共同组织生产的一种方式，正如麦考密克公司的收割机生产安排一样，但它不能就成品棺材盖设置控制在何地使用的地域限制。

因此，首次销售法则的制度功能是区分专利权人何种情形下能够获得发明带来的价值。[61] 不包含后合同限制的纯制造许可对于被许可人制造多少、在何处销售以及向何人销售产品都没有任何限制。相反，如果专利权人出售的只是一个单位的专利产品，通过收取销售价格即可获得这一单位产品的全部价值。买方购买一个单位的产品并不能获得制作或者许可他人制作更多单位该产品的权利；买方甚至不能在专利产品损耗以后进行"重做"。[62]

联邦最高法院有关中间专利权利——未达制成品阶段的产品——
386 转让的判决与布莱克斯通的这些原则相一致。联邦最高法院在 1926 年通用电气案（*General Electric*）中判决，纯制造许可没有穷尽该专利的任何权利。通用电气公司许可威斯汀豪斯公司生产受通用电气专利覆盖的灯泡，而不是销售灯泡本身。联邦最高法院判决，通用电气可以规定威斯汀豪斯销售这些灯泡的价格。[63] 因此，即便是当时被反垄断法视为本身违法的转售价格维持协议，如果被认定位于专利授权范围之内，它

---

[59] *See*, *e. g.*, Miller v. Lutheran Conference & Camp Ass'n, 331 Pa. 241, 200 A. 646 (1938); *see* Lewis M. Simes, The Assignability of Easements in Gross in American Law, 22 MICH. L. REV. 521 (1924).

[60] *See*, *e. g.*, Martin v. Music, 254 S. W. 2d 701 (Ky. 1953).

[61] *See* Kenneth W. Dam, The Economic Underpinnings of Patent Law, 23 J. LEGAL STUD. 247 (1994); WILLIAM M. LANDES & RICHARD A. POSNER, THE ECONOMIC STRUCTURE OF INTELLECTUAL PROPERTY LAW 125 - 27（版权）, 297 - 306（专利）(2003).

[62] 总体而言，一个专利产品的买方可以对其进行修理，但不得"重做"。事实证明，二者的区分极其困难。*See* Jazz Photo Corp. v. ITC, 264 F. 3d 1094, 1102 - 05 (Fed. Cir. 2001).

[63] United States v. Gen. Elec. Co., 272 U. S. 476 (1926).

也是有效的。

尤尼维斯眼镜案(*Univis Lens*)和通用有声电影案(*General Talking Pictures*)[64]涉及更加复杂的安排,同时包括转让某种中间产品和许可使用某种专利方法。联邦最高法院在前一个案件中适用了首次销售法则,但在后一个案件中没有适用。尤尼维斯案是联邦最高法院在广达案之前作出的适用首次销售法则的最新案例。该案中被告专利权人销售用于双焦点眼镜的毛坯镜片。毛坯镜片在销售之时尚无法使用,还须根据使用人的要求进一步打磨。尤尼维斯同时拥有覆盖毛坯镜片及其打磨方法的专利。它在销售毛坯镜片时设置了一项转售价格维持。联邦最高法院首先认定该限制违反首次销售法则,进而认定它非法。

联邦最高法院坦承该专利产品并非"制成品",必然要求作进一步处理,而处理过程受尤尼维斯专利权的覆盖。然而,法院认定"它的唯一用途和唯一销售目的是交由后者打磨和抛光以供潜在佩戴者作为眼镜使用"。销售毛坯镜片的交易默示蕴涵着在此镜片上使用尤尼维斯眼镜打磨方法的权利。按照布莱克斯通的术语,这项加工权"附属于"买方购买的这一具体单位的专利产品。方法许可和毛坯镜片之间存在一比一的对应关系。联邦最高法院认为购买半成品镜片"内在地"包含着使镜片适销所需的实施这一方法的权利。[65] 但是这种情形下并没有内在地包含任何转售价格限制,因此它超越了专利授权的范围。

这一类比可适用于软件专利。虽然擅自制作一单位专利产品构成 387
侵权,但如果不能在使用软件过程中临时复制存于电脑之中的至少部分软件代码,我们就无法使用电脑软件。因此禁止该等"复制"事实上将

---

[64] United States v. Univis Lens Co. ,316 U. S. 241(1942);Gen. Talking Pictures Corp. v. Western Elec. Co. ,305 U. S. 124(1938).

[65] *See* Univis,316 U. S. at 244 - 45,249 - 52:

很显然,当专利权人或被许可人——这里是 Lens Company——向成品加工商销售毛坯镜片时,它的唯一用途和唯一销售目的是交由后者打磨和抛光以供潜在佩戴者作为眼镜使用。购买的任何产品,无论是专利产品还是非专利产品,都附带着使用和销售它的权利。根据熟悉的原则,涉及只有通过实施专利方可使用的产品,经授权的销售行为构成针对该被销售产品放弃专利垄断。

See also Dawson Chem. Co. v. Rohm & Haas Co. ,448 U. S. 176,186(1980),联邦最高法院并没有质疑如下观点,即除与卖方专利方法结合以外没有任何其他用途的非专利化学品,一旦销售即针对该组合穷尽了涉案方法专利。*See also* Ethyl Gasoline Corp. v. United States,309 U. S. 436,446(1940)(首次销售法则,涉及汽油添加剂及其混合方法专利).

导致软件无法使用。[66] 但是与尤尼维斯眼镜案相一致，销售时带有这一默示许可的软件本身也可能受首次销售法则的约束，从而禁止专利权人通过威胁起诉侵权行为来设置售后限制。当然，仍然可以提起违约之诉。

相反，联邦最高法院把通用有声电影案刻画为涉及许可他人生产一套制成品组合，而非销售一个专利产品。该案中，专利权人许可他人生产其音响系统，但同时设置了使用领域限制，仅授权其生产非商业用途的产品。联邦最高法院在稍稍提及首次销售法则的情况下认可了这项限制。它与早期首次销售法则案件的主要区别在于：(1)正如通用电气案，专利权人并非向首个购买者销售专利产品，而是许可其生产专利产品并对其设置使用领域限制；以及(2)被许可人之后违反许可协议，销售制成品时未遵守该限制。[67]

尤尼维斯案和通用有声电影案之间的另一项区别更大程度上涉及竞争政策。尤尼维斯案涉及对成品镜片转售价格的限制。转售价格维持在当时属于《谢尔曼法》项下的本身违法行为。尤尼维斯案与联邦最高法院1926年通用电气案相结合表达了两个命题。第一，尤尼维斯案宣告销售产品(即便是非成品)时不得对转售商施加转售价格维持。相反，非附属于销售某一产品的、纯粹的制造许可并没有穷尽专利权，因此许可人可自由设置通过专利侵权之诉强制执行的转售价格限制。通用有声电影案涉及的只准生产非商业用途产品的限制属于纵向非价格限制，当时联邦最高法院尚未就反垄断法对此类行为应采取何种态度作出判决。[68]

联邦巡回区上诉法院以一种相当一概而论的方式判决，如果专利产品需要进一步使用专利方法，该交易不适用首次销售法则。[69] 这种思路

---

[66] *See* Julie E. Cohen & Mark A. Lemley, Patent Scope and Innovation in the Software Industry, 89 CAL. L. REV. 1, 31 – 32(2001).

[67] 布莱克大法官(Justice Black)在一份措辞激烈的异议意见中主张应该适用首次销售法则。Gen. Talking Pictures, 305 U. S. at 128.

[68] 反垄断法对纵向非价格限制的谴责出现于20世纪60年代，之后联邦最高法院两次改变立场。*See* White Motor Co. v. United States, 372 U. S. 253(1963)(拒绝谴责纵向非价格限制); United States v. Arnold, Schwinn & Co., 388 U. S. 365(1967)(本身违法); Cont'l T. V. v. GTE Sylvania, Inc., 433 U. S. 36(1977)(推翻Schwinn案；适用合理原则分析).

[69] *See* LG Elecs., Inc. v. Bizcom Elecs., Inc., 453 F. 3d 1364, 1371(Fed. Cir. 2006), *rev'd sub nom.*, Quanta Computer, Inc. v. LG Elecs., Inc., 553 U. S. 617(2008).

基本无视前述各种区分。联邦最高法院在广达案中判决，当方法专利“蕴含于”(embodied)某个产品时，首次销售法则适用于专利方法。⑩ 388

(五)马林克罗案与耐用品问题

联邦巡回区上诉法院作出的马林克罗案(*Mallinckrodt*)判决无视联邦最高法院的先例，允许专利权人强制执行其对专利产品设置的售后限制。该案现在已被推翻。联邦巡回区上诉法院在该案中遵循勒顿法官在大约一个世纪前钮扣机案和 A. B. 迪克案中的判决，区分无条件销售和有条件销售。⑪ 涉案限制性规定禁止某种医疗设备的购买者重复使用该设备。⑫ 虽然这一限制性规定可能存在不同解释，但它极有可能是专利权人试图处理耐用品问题的手段。⑬ 垄断者和寡头企业极力避免耐用性，因为它们担心自己的产品会回过头来与其竞争。因此，它们可能会采用出租而非销售产品的策略。⑭ 例如，在控制各自耐用品市场的时期，联合制鞋机、施乐和 IBM 公司均采用出租而非销售的策略。⑮ 这样做有助于阻止出现一个竞争性的二手货市场。

---

⑩ Quanta, 553 U. S. at 628 – 629.

⑪ Mallinckrodt, Inc. v. Medipart, Inc., 976 F. 2d 700, 701, 708 (Fed. Cir. 1992), *overruled by* Quanta Computer, Inc. v. LG Elecs., Inc., 553 U. S. 617 (2008).

⑫ 该案判决直接违背了联邦最高法院一个世纪以前在 American Cotton-Tie Co. v. Simmons, 106 U. S. 89 (1882) 案中的判决。联邦最高法院在 Simmons 案中适用首次销售法则，认定专利权人设置的禁止皮带扣重复使用的限制无效。

⑬ 一位杰出的经济学家很早以前就已观察到这一问题，*see* Edward H. Chamberlin, The Product as an Economic Variable, 67 Q. J. ECON. 1, 23 – 24 (1953)：

> 由于耐用程度存在差异，生产商必须妥善处理其产品具备多高耐用程度的问题。显然，如果耐用程度过高，人们购买一个单位的产品之后很长时间内就不再对此产品有“重复需求”，因而也不再需要购买另外一个单位的产品。于是他有兴趣降低产品的耐用程度，以使人们尽快重新购买其产品。

对这一问题的全面梳理和批评，*see* Barak Y. Orbach, The Durapolist Puzzle: Monopoly Power in Durable-Goods Markets, 21 YALE J. ON REG. 67 (2004)。

⑭ *See* Ronald H. Coase, Durability and Monopoly, 15 J. L. & ECON. 143 (1972); *see also* Michael Waldman, Durable Goods Theory for Real World Markets, 17 J. ECON. PERSP. 131 (2003)。

⑮ United States v. United Shoe Mach. Corp., 110 F. Supp. 295 (D. Mass 1953), *aff'd mem.*, 347 U. S. 521 (1954). 批评意见，*see* Scott E. Masten & Edward A. Snyder, United States Versus United Shoe Machinery Corporation: On the Merits, 36 J. L. & ECON. 33 (1993). *See also In re* Xerox Corp., 86 F. T. C. 364 (1975); Timothy F. Bresnahan, Post-Entry Competition in the Plain Paper Copier Market, 75 AM. ECON. REV. 15 (1985); *see* United States v. IBM Corp., 1956 Trade Cas. (CCH) ¶ 68, 245 (S. D. N. Y. Jan. 25, 1956); FRANKLIN M. FISHER, ET AL., FOLDED, SPINDLED AND MUTILATED: ECONOMIC ANALYSIS IN U. S. V. IBM 191 – 95 (1983).

为单次使用限制(single-use-only restriction)辩护的一个可能理由立基于如下事实,即专利权本身蕴含限制产出的权利。专利权人有权按照自己的意愿生产任何数量的专利产品,哪怕是零。单次使用限制事实上是一种产出减少。专利权人可以自行决定生产1000个单位的产品还是
389 100个单位。如果选择生产100个单位,它还可以同时施加单次使用限制,以此阻止买方通过两次或更多次重复使用将这100个单位变成200个甚至更多个单位。

但是,单次使用限制比单纯产出限制危害更大,因为它会消耗现实的资源。假设一个专利产品损耗之前可以使用两次。竞争状态下,市场上能够售出1000个单位的产品,或者2000个单位的使用量。然而,进一步假设专利权人将产出削减到1000个单位的使用量并提高许可费率,以此实现利润最大化。它可以通过以下两种途径之一实现这种结果:(1)生产500个单位的产品且不施加使用限制,从而带来每个客户使用两次的效果;或者(2)生产1000个单位的产品,但施加单次使用限制。虽然两种方式均带来1000个单位的使用量,但第二种方式需要生产1000个单位的产品,第一种则只需要生产500个单位。这种情况下,单次使用限制是解决耐用品问题的一个对社会有害的方案,它不仅阻止二手货市场的兴起,还要求报废尚具有使用价值的产品。

当然,如果这种做法的成本很高,它本身就会具有自我抑制性。如果生产商生产500个单位的产品并允许客户使用两次就能够获得同样的利润,它为何要生产1000个单位的产品并设置单次使用限制呢?另外,该等限制还可能具有完全正当的技术方面的理由,例如该设备重新使用时可能存在危险或者不可靠。但马林克罗案的被告显然不这么认为,因为它从事的业务正是翻新涉案医疗设备,而医院也乐于购买经过翻新的设备。该案专利权人主张单次使用限制存在健康和可靠性方面的理由,但联邦巡回区上诉法院认为没有必要考察这一解释是否在实体上成立。[76] 在允许专利权人强制执行限制重复使用的规定之前,联邦巡回区上诉法院并不要求考察它是否具有技术上的正当性;这样做等于是

---

[76] 涉案设备能够在治疗肺病的过程中以气雾形式将放射性治疗物质施药到肺部。该设备在使用过程中会受到放射性物质的污染。翻新包括一个辐射灭菌过程。*See* Mallinckrodt, Inc. v. Medipart, Inc., 976 F. 2d 700, 701－02(Fed. Cir. 1992).

认为专利权本身包含一项强迫用户以无效率方式使用产品的权利。医院之所以接受马林克罗设置的条件,最为可能的解释是该设备的开支由第三方医保支付机制负担,因此降低了真实成本的透明度。[77]

与此同时,由于有害的单次使用限制具有自我抑制性,至少某些此类限制存在其他解释,而首次销售法则采用一种本身禁止强制执行的处理方式,似乎有手段过度之嫌。反垄断法上的合理原则分析甚或专利滥用法则似乎都更能够胜任这方面的工作,因为这两种方式都允许更加精致地区分有害行为和无害行为。按照广达案恢复的首次销售法则,即便 390
在重复使用具有危险性的情况下,也不允许设置禁止重复使用的售后限制。专利权人当然可以对重复使用行为提出警告,但不能以售后限制的方式禁止重复使用。诚然,广达案允许专利权人通过提起违约之诉强制执行单次使用限制,但是这种方式取决于捉摸不定的相对性要件。例如,如果医院在单次使用以后抛弃了该设备,但是废品回收公司将其销售给一家循环利用公司,专利权人并不能针对后者提起违约之诉,即便存在清晰的告知。

(六)价格歧视

如果一个卖方从几笔不同的销售中获得的利润水平不同,构成价格歧视。正如第二章分析指出,可变比例搭售安排(variable proportion tying arrangement)是一种常见的“二级”价格歧视手段,它会导致高用量用户支付较高的捆绑价格,但也会增加产出。相反,“三级”价格歧视涉及卖方把买方划分成不同的群体,因此会导致销售从高赋值买方转移到低赋值买方。例如,如果一个扩音器生产商对商业用户收取 1000 美元的价格,而对个人用户收取 500 美元,商业用户赋予它的边际价值降到 1000 美元时将停止购买。如果一个商业用户赋予下一个扩音器的价值为 950 美元,在 1000 美元的价位上它将放弃购买,尽管个人用户实际上以 500 美元的价格就能购得此产品。因此,一个赋值 950 美元的买方不能得到供货,而另一个赋值 500 美元的买方却能够得到满足。

可变比例搭售通常涉及一方面搭售品降价——有时降至竞争水平

---

[77] *See* Wolfhard Ramm, On the Durability of Capital Goods Under Imperfect Market Conditions, 64 AM. ECON. REV. 787(1974).

甚至零——而另一方面被搭售品涨价。取决于以下三个数字的大小，可变比例搭售可能导致总福利和消费者福利的上涨或下降：(1)搭售品的减价幅度；(2)被搭售品的涨价幅度；(3)产出增加的幅度。大多数价格歧视型搭售都会增加产出，而且往往增幅可观，因此极有可能增加福利。[78] 另外，价格歧视型搭售的盈利能力并不取决于对任何竞争对手的排斥，它们在竞争性市场上也普遍存在，例如快餐特许经营。因此，在竞争政策上，我们并没有谴责它的确定依据，更不能使用一概而论的本身违法原则。

1912 年亨利案是联邦最高法院最后一次针对设置可变比例搭售的专利产品销售行为拒绝适用首次销售法则的案例。[79] 该案生产商以低于成本的价格销售滚桶式复印机，而通过对耗材收取较高价格获得利润。[80] 亨
391 利案被 MPPC 案推翻，该案同样涉及促进价格歧视的可变比例搭售安排。MPPC 案以后专利权人基本转向了依赖合同限制而非售后限制来设置搭售——联邦最高法院自己也曾在本案中提示采用这种方式。[81] 又或者，它们通过许可(而非出售)专利耐用品来规避首次销售法则。[82]

《1988 年专利滥用改革法》规定，除非专利权人对专利搭售品拥有市场势力，否则专利搭售不构成滥用。[83] 这一规定似乎允许伴随销售专

---

[78] *See* Hovenkamp & Hovenkamp, *supra* note 5.

[79] Henry v. A. B. Dick & Co., 224 U. S. 1(1912).

[80] 参见下级法院的判决：A. B. Dick Co. v. Henry, 149 F. 424, 425(C. C. N. Y. 1907)("证据表明，原告以低于实际制造成本的价格亏损销售机器，通过销售该机器使用的耗材取得利润"). *See also* Motion Picture Patents Co. v. Universal Film Mfg. Co., 243 U. S. 502, 516(1917)(专利权人主张，公众能够"从以实际等于成本的价格销售机器"的行为中获益).

[81] *See* Motion Picture Patents Co. v. Universal Film Mfg. Co. (MPPC), 243 U. S. 502, 509 (1917)("专利机器的使用能够在多大程度上通过专利权人和买方之间的特殊合同，被有效地限定于特定耗材或在其他方面受到限制，"是"一个超出专利法范围的问题"). *See, e. g.*, Illinois Tool Works Incorporated v. Indep. Ink, Incorporated, 547 U. S. 28(2006)，在否定专利搭售品赋予市场势力的推定之后，拒绝谴责将专利打印机与非专利墨水搭售的做法。专利权人最初主张该墨水受其专利覆盖，但之后修改了这一主张，因此一个以专利侵权之诉开始的诉讼成为一个指控许可协议的反垄断诉讼。参见联邦巡回区上诉法院的判决：Independent Ink, Inc. v. Illinois Tool Works, Inc., 396 F. 3d 1342(Fed. Cir. 2005).

[82] *See, e. g.*, Morton Salt Co. v. G. S. Suppiger Co., 314 U. S. 488, 489(1942)(专利权人出租注盐机器，其中包含要求承租人使用专利权人盐片的条款，法院认定构成专利滥用)；Int'l Salt Co. v. United States, 332 U. S. 392(1947)(同样，出租机器)；Int'l Bus. Mach. Corp. (IBM) v. United States, 298 U. S. 131(1936)(租约要求制表机承租人使用出租人的打孔卡).

[83] 35 U. S. C. §271(d)(5)；第十章.

利产品的专利搭售,即便违反首次销售法则。该条规定,除非专利权人具有市场势力,否则它"以取得另一专利权的权利许可或者以购买另一产品为条件,许可一个专利的任何权利或者销售专利产品"的行为,不构成"非法扩展专利权"。广达案涉及独家交易而非搭售,因此并不涉及该条的适用问题。然而,在 MPPC 案中,专利放映机的销售被设定为以购买一个独立产品(即影片)为条件。[84] 因此,很难不得出如下结论,即《专利滥用改革法》为首次销售法则设置了一项针对搭售安排的法定例外,尽管没有任何案例以这种方式解释该法。不管怎样,如今调整搭售的反垄断规则已经有了很大改变,认为它们是相对良性的行为。[85] 相反,首次销售法则并没有针对无害竞争的限制承认任何例外。

售后专利限制还可能涉及三级价格歧视。例如,"仅用于非商业用途"限制很可能是专利权人用以对商业用户收取更高价格的手段。虽然专利权人可以在初始销售中仅向非商业用户销售非商业版本,但为了限制非商业版本在后续交易中被转卖给商业用户,即阻止套利行为,需 392
要设置一定的限制。[86] 同样,选择性地使用"单次使用"限制可能会在不受使用限制和受有使用限制的被许可人之间造成歧视。[87] 针对不同用户群体(例如商业用户和居民用户)收取不同价格的限制,确实会造成销售从高赋值买方转向低赋值买方,从而造成福利减损,除非产出增加。

鉴于大多数价格歧视型搭售都对竞争无害,与"首次销售"相关的问题就是,这种搭售是否应该通过侵权之诉而非违约之诉强制执行。在帮助侵权人比直接侵权人更容易查明的情况下,这一问题具有重大意义。例如,利盟打印机公司可能希望将打印机和墨盒进行搭售。然而,如果不能通过技术锁排斥未经授权的墨盒,要针对利盟的客户强制执行

---

[84] MPPC,243 U. S. 502(1917).

[85] *See* 9,10 PHILLIP E. AREEDA & HERBERT HOVENKAMP, ANTITRUST LAW ch. 17 (3d ed. 2011).

[86] *See*, *e. g.*, Gen. Talking Pictures Corp. v. Western Elec. Co. ,305 U. S. 124(1938)(认可区分商业用户和非商业用户的专利使用领域限制);ProCD, Inc. v. Zeidenberg, 86 F. 3d 1447 (7th Cir. 1996)(通过合同法强制执行拆封许可(shrink wrap license),该许可对商业性和非商业性使用安全软件的行为收取不同的价格).关于版权法案件中合同执行和首次销售法则之间的重要区别,*see* Christina Bohannan, Copyright Preemption of Contract, 67 MARYLAND L. REV. 616(2008).

[87] *See*, *e. g.*, Static Control Components, Inc. v. Lexmark Int'l. , Inc. ,487 F. Supp. 2d 830(E. D. Ky. 2007)(打印机生产商对接受不得重新加墨之条件者以较低价格出售专利墨盒).

搭售限制将极其困难,因为监测客户在售后市场的采购行为成本非常高昂。相反,旨在规避利盟监测技术的大规模制造墨盒的行为则相对容易发现。如果能够通过侵权之诉强制执行该搭售,这些"盗版"生产商将承担帮助侵权责任,正如格洛克斯特公司(Grokster)对于销售主要用于便利非法盗版行为的软件需要承担帮助侵权责任一样。[88] 如果通告至关重要,利盟可以通过如下方式满足这一要求:将该等限制通知墨盒生产商,或者在涉及翻新制造者时,在墨盒上张贴告知。然而,它并不能作为"合同"强制执行不得重新加墨的要求,因为这些生产商与利盟之间并不存在任何合同关系。

总之,首次销售法则对于价格歧视型搭售的规制并没有发挥任何额外作用,唯一例外是谴责销售专利产品或版权产品时附带的搭售;但如今,除非证明市场势力或者反竞争效果,反垄断法和知识产权滥用法均不再谴责此类被额外谴责的搭售。

六、结论

在广达案中,联邦政府争辩说"州合同法允许对下游使用或转售行
393 为设置限制,联邦专利法则不允许"。[89] 而就在一年前,同一个司法部反垄断局曾经争辩说应该推翻针对转售价格维持适用本身违法原则,[90]而且它还已经在极大程度上减少了针对纵向限制的执法活动。它为何对于能够通过知识产权侵权之诉强制执行的售后条件采取如此强硬的态度,而对于实现同一目的的合同安排却如此宽容呢?

正如所有反垄断和知识产权法规则一样,首次销售法则也需要一个融贯的损害理论。诚然,在涉及固定价格和赤裸裸市场分割等行为的案件中,造成损害的风险很大,因此放松证明要求是有益的。但售后限制

---

[88] Metro-Goldwyn-Mayer Studies, Inc. v. Grokster, Ltd. ,545 U. S. 913(2005).

[89] Brief for the United States as Amicus Curiae Supporting Petitioners, Quanta Computer, Inc. v. LG Elecs. ,Inc. ,553 U. S. 617(2008)(No. 06 - 937),2007 WL 3353102 at * 17.

[90] Brief for the United States as Amicus Curiae Supporting Petitioner, Leegin Creative Leather Prods. ,Inc. v. PSKS,551 U. S. 877(2007)(No. 06 - 480)2007 WL 173650.

几乎全都是纯纵向行为,极其不大可能属于此类损害风险很大的行为,绝大多数反而会对竞争有益。首次销售法则的一个严重问题是它缺乏细腻性。诚然,它在确定涉案行为是否构成合格的“销售”时使用高度技术性的规则。然而,一旦认定销售行为存在,该规则便自动拒绝强制执行这项限制,完全不考虑它的目的或效果。市场势力、竞争效应以及对创新的影响都是不相关的因素。

首次销售法则是否根本能够服务于任何有用的目的?是否存在这样的案件:简单的合同执行不能带来充分的救济,同时,反垄断法和知识产权滥用规则也无法全面管辖我们希望加以控制的每一个行为?联邦竞争政策或知识产权政策并没有明显理由阻止权利人对收到适当告知者设置原本无害甚至有益的限制。如果能够证明某项具体限制损害竞争或对创新构成反向激励,我们应该以此等理由谴责该限制,同时应该对这些理由进行充分的阐述和论证。

如果涉案售后限制对社会有益,但潜在侵权人人数众多、难以查明或者不具有合同相对性,通过专利侵权之诉强制执行该限制似乎比合同之诉更为优越。再次以不动产领域的地役权为例。如果 A 不希望黑土地(Blackacre)被用于商业目的,它可以对该土地设置限制性契约并进行适当登记——一切搞定。任何想要购买黑土地或在上面进行建筑活动的人都推定知悉这项限制。换一种情况,A 可能与黑土地的最初购买者订立合同,要求后者对所有下游当事人设置该限制。这种情况下可能会达成长长的一系列该等合同。这种解决方案要复杂得多并且大大增加了交易成本,因为它要求反复订立合同。总之,利用侵权之诉可以更为高效地强制执行该限制。

不动产地役权法通常规定,未经适当登记不能针对未得到告知的善意后续购买者强制执行地役权。正是由于这一规定,地役权市场运行状 394
况非常良好,基本上消除了“劫持”问题。例如开发商在某个地块上进行了开发建设之后才发现该地块上存在一项禁止开发的限制。不幸的是,知识产权权利及许可方面并不存在任何类似于这种有效登记和通告规定的制度。因此,如果要强制执行售后限制,强制执行者应该承担通告义务。然而,非常明显,通告是关键。

后 记

395 知识产权法和反垄断法都是技术性很强的学科,在几个世纪的时间里由睿智的好心人逐渐发展。同时它们也是市场驱动下的民主程序的产物,这既是它的优势,也给它带来了一些缺陷。最大的优势也适用于一般的民主程序,即广泛的参与性以及(乐观一点讲)透明性。缺点之一是受到特殊利益集团的俘获。另一个缺陷是较高程度的路径依赖:不形成广泛的共识就无法改变重大的政策,而这种共识往往包括获得对现状作出巨额投资者的同意。

我们在这里提出一些建议,以使创新过程更自由、更具竞争性。出于两点考虑,我们的建议绝大部分面向法院。第一,法院承受的特殊利益集团压力较小,因此更有可能做出明智的决定。第二,我们提议的绝大多数变化都能通过解释制定法的方式实现,国会随时可加以纠正。我们提议的变化均不要求法院像联邦最高法院在 20 世纪 70 年代采纳"反垄断法损害"要件时那样无视制定法清晰和相反的规定。[①] 然而,我们建议的少数变化确实要求

① 参见第三章。

修改制定法。

(一)必须在专利审查过程中以缺乏技术具体性或者以标的显而易见为由驳回更多的专利申请

许多专利的边界不清晰,这往往是策略性的权利要求撰写造成的, 396
权利人试图以此手段使其覆盖尽可能宽广的领域。这一问题的严重性在不同专利领域有所不同,其中在信息技术和商业方法专利领域尤其严重。不管我们认为可专利客体的适当定义是什么都回避不了如下事实,即把专利与技术相绑定有助于收窄专利的边界。正如第五章指出,缺乏技术细节会导致一个反常的结果,即专利发明的内容越少,它的排斥范围越宽。

联邦最高法院在比尔斯基案中对判断可专利客体的“机器或转换”测试作了一定限制。尽管该测试有一定价值,但它并非最终解决方案。相反,专利的权利要求必须立基于申请人明显掌握并具有充分可实施性的具体技术贡献。我们必须毫不例外地驳回覆盖范围远超过发明人实际发明内容的所谓“万福玛丽亚”式的专利权利要求。但更为重要的是,专利权利要求必须只能请求专利权人通过引证具体技术明确描述和清晰控制的发明。第五章讨论的电子数据(eData)专利存在的问题是,它所使用的语言覆盖了实现某个特定结果的所有技术(无论是现有的还是尚未开发的),虽然它本身并没有作出任何技术贡献。

过度抽象性问题的一个重要特征是,通过考察专利申请书的语言往往就可以对它作出处理,而无需参照现有技术。这一点至关重要,因为检索现有技术往往成本更高,结果却更加不确定,尤其是如果相关现有技术并未收录于一个被广泛使用的专利检索数据库。筛选糟糕专利的第一步是考察专利申请文件。

在比尔斯基案中,联邦最高法院九位大法官一致认为现有体制下授予了过多专利,尤其是在商业方法领域。四位大法官主张完全排除商业方法专利。斯蒂文斯大法官代表他们作了令人信服的历史考察,以此展示了专利和技术之间应存在强有力的联系。布雷尔大法官的附议意见主要讨论了琐碎性和缺乏非显而易见客体的问题。肯尼迪大法官撰写的多数意见重申了抽象思想不具有可专利性的原则,虽然不赞同整体废除商业方法专利,但也对授予过多微不足道专利表达了强烈的关切。[②]

397 如下事实导致琐碎性或者创造步伐不足的问题进一步复杂化,即相对于审查员切实能够检索的现有技术领域而言,相关现有技术的整体范围更加巨大并跨越多个学科。除此之外,多数专利并不具有经济价值,从未被许可甚至从未付诸实施。[③] 当然,这一问题在一定程度上属于一个先有鸡还是先有蛋的问题:大幅增加现有技术的检索资源,将有助于减少授予对社会无价值的专利。然而,最有能力理解相关现有技术的人是相关专利的潜在竞争对手或者被许可人,它们具有强烈的激励去质疑不满足法定非显而易见要件的专利。这使第三方质疑成为至关重要的机制——联邦国会刚刚通过的《莱西—史密斯美国发明法》(Leahy-Smith America Invents Act)采纳了这一方案,从2013年起将扩大提起授权后异议的权利。一旦这种审查程序付诸实施,曾经从事防御性专利申请的那些产业组织将具备一切激励开始组织质疑专利的活动。经得起这种质疑的专利其质量将大大提高。

最后,相关现有技术的范围必须包括关联市场上的类似实践。例如,如果我们把检索范围局限于互联网创新领域,亚马逊的一键下单专利貌似具有新颖性。但如果我们把视野投向商业活动中已经存在几个世纪的广泛实践,它显然不具有新颖性,亚马逊只不过是用鼠标来完成这一任务。

(二)必须提高专利权人的通告义务

要使专利制度的运作能像普通财产制度那样激励发展,必须采纳相应的通告制度,迫使其表现得更像财产:

1. 如果某项技术在一个专利权利要求公开之前就已经开发出来,不得针对它强制执行该权利要求。在经过短暂的宽限期之后,作为延续申

---

② *See* Bilski v. Kappos, 130 S. Ct. 3218, 3229 (2010),虽然《专利法》似乎"为授予某些商业方法专利留下了可能,但它并没有表明该等所请发明具有宽泛的可专利性",随后得出结论:

信息时代赋予人们以新的速度和高深度从事数据分析和数学计算的能力,使人们能够设计出更有效完成巨量商业任务的协议(protocol)。如果不对这类专利申请书的考察设置一个足够高的门槛,专利审查员和法院将面临洪水般的请求,对人们的创造激情和动态变革造成寒蝉效应。

③ *See* Mark A. Lemley, Rational Ignorance at the Patent Office, 95 Nw. U. L. Rev. 1495, 1507 (2001)(指出只有极小一部分专利曾经被用于有偿许可换取许可费,只有1.5%涉诉;怀疑涉诉专利和被许可专利之和不超过5%).

请的一部分加入的延迟权利要求只具有前瞻性强制执行效力。

2. 专利权利要求中存在的模糊不清之处应作对起草人不利的解释。

3. 应该允许专利池或标准制定组织成员在公开可得的文件中登记自己的组织并描述其技术,据此可以免于外部发明人(尤其是非实施实体)的起诉。从登记时起,任何外部专利权人想要对其提起侵权之诉都 398
必须证明自己已经就拟强制执行的权利要求向该实体及时作了通告。不通告有时会造成极其严重的损害,其中一种情形是如果没有专利池或标准制定组织,涉案市场将面临由相互重叠且往往模糊不清的专利构成的丛林。正如我们在第十二章指出,这些组织的成员可以通过合同避免相互起诉,但并不能免予外部主体的起诉。如果某个专利池或标准制定组织是一个可以合理预见的侵权人,非成员专利权人应该将其专利及时通告给它。这样的组织通常规模较大,数量较少,并且为行业内人士所知。外部发明人向其提供通告的成本要远低于这些组织检索庞大和多样的现有技术源。

4. 应该修订《专利法》,像商业秘密法和版权法那样将无辜的独立开发行为作为绝对抗辩事由。这种改变必须由国会做出。只要对通告采取客观判断标准,该制度将远比现行制度更能激励创新。要求那些不知道自己产品或方法侵犯他人专利的无辜创新者承担责任,在以下三种情形下危害尤其巨大。第一种情形是经比对全部现有技术记录可发现专利覆盖的思想显而易见,但侵权人并没有充分检索这些记录。显而易见的专利会造成数量庞大的无辜侵权人。第二种情形是涉案专利没有付诸实施。第三种情形是专利的一项或多项权利要求撰写模糊、边界宽泛,因此覆盖范围可能延及发明人并未完全掌握的思想,并且没有就其覆盖范围提供清晰的通告。

将通告设定为侵权要件的修法行为表面上是一种剧烈的改变,但市场能够进行自我调整。最为重要的是,它会极大地提升专利权人提供及时通告的激励。另外,由于提供通告的成本远低于检索成本,可以预见这种制度下投资侵权性技术的情况将会大大减少。这一制度只不过是如下原则的一个具体应用,即通过将责任分配给避免成本最低的主体,法律政策能够减少社会损失。

(三)对未付诸实施的专利原则上拒绝禁令救济

如果一项专利未付诸实施,它对于专利权人具有的价值通常来源于两个方面：(1)许可费收入，或者(2)它在排斥技术进入市场方面具有的价值。这两种价值都不属于传统上赋予原告禁令救济权时所要关切的要素。如果专利权人的主要利润预期源于许可费，损害赔偿就可以构成
399 充分的救济，法院可以根据普通的专利损害赔偿原则计算许可费。④ 而排斥技术进入市场根本不具有任何“公共利益”。⑤ 如果专利权人的目的是要将技术排斥出市场，正如第十一章讨论的纸袋案诉讼，给予禁令救济将违背《专利法》的立法目的——促进而非限制创新。

(四)支配地位企业购买的专利应该仅限于非排他许可

即便是支配地位企业也有权就其发明申请专利并拒绝许可他人。专利还可以在不同企业之间进行转让和许可。但无论是专利法的字面规定还是专利政策都不允许利用专利转让形成经济垄断。例如，除了某些保留以外，有关固定价格、独家交易和搭售的一般反垄断规则均可适用于专利。⑥ 虽然垄断者有权向外部发明人购买技术，并据此申请专利和更新自己的主导市场的技术，但它也几乎总是能够通过取得非排他许可实现这一目的。⑦ 该等许可使其既能够改进自己的技术，又不会阻止竞争对手获得该技术。

(五)侵权之诉的原告必须证明正确类型的损害

正如第三章指出，反垄断法在20世纪80年代和90年代发展了一个“竞争损害”理论，将原告所受损害的性质与反垄断法背后的立法目的相联系，从而使反垄断法成为一项具有牢固基础的事业。知识产权法能够从这一发展中学到很多东西。在太多的侵权之诉中，(1)原告根本没有受到损害，或者(2)原告受到的损害与宪法知识产权条款以及制定法的目的——促进创造被侵权作品的事前激励——没有任何关系。

缺乏站得住脚的损害要件在版权法上造成了尤其严重的问题，因为版权法会在版权人受到极小甚至零损害的情况下压制言论自由。我们

---

④ *See*, *e. g.*, IP Innovation LLC v. Red Hat, Inc., 705 F. Supp. 2d 687(E. D. Tex. 2010).

⑤ *See* eBay, Inc. v. MercExchange, LLC, 547 U. S. 388, 392 - 93(2006)(将获得禁令救济的权利局限于衡平法院适用的传统四要素测试，指出这种方法也应用于版权侵权案件).

⑥ *See* HERBERT HOVENKAMP, FEDERAL ANTITRUST POLICY: THE LAW OF COMPETITION AND ITS PRACTICE §5.5(4th ed. 2011).

⑦ 该规则适用于就那些有助于形成该企业市场势力的技术取得的任何专利，但并不适用于严格存在于如下次要市场上的专利：该支配地位企业在此市场上并不具有重大的市场势力。

可以通过违宪审查和制定法解释这两种方式设置损害要件。联邦最高法院在艾尔德瑞德案中暗示,宪法第一修正案在版权侵权分析中无需扮演非常重要的角色。这属于附带意见,因为该案涉及的唯一问题是一部回溯性延长版权保护期的制定法是否违宪。联邦最高法院还暗示,国会已经在《版权法》中在版权保护和言论自由之间找到了一个恰当的平衡点。这反映了联邦最高法院对立法的天真认识——但它在其他领域并没有出现同样的问题,例如宪法商业条款项下的监管。 400

在涉及赤裸裸的复制行为时,也许我们可以对第一修正案的保护力度设置一定限制,但没有任何理由将该等限制适用于演绎作品。艾尔德瑞德案的部分推理基于如下观察,即宪法知识产权条款和第一修正案的制定"时间接近",似乎表明知识产权条款已经默示地纳入了充分的言论保障。[8] 然而,宪法知识产权条款绝对不同于现行《1976 年版权法》这样详细的法典。这些宪法条款的制定时间远早于版权法对目前认可的创造性演绎作品加以保护的大扩张运动。艾尔德瑞德案中法院还暗示,版权的合理使用法则给人们使用版权作品预留了巨大的空间,我们可以信赖该空间能够容纳第一修正案的关切。但是,我们为这种容纳划定的边界完全不同于为任何其他言论活动划定的边界。根据现行法,没有给原告造成任何损害的、具有高度创新性的演绎作品也可以被认定为侵权。[9] 在所有其他领域,法院通常都以宪法第一修正案保护言论自由,哪怕是对受害人造成巨大损害的攻击性言论。[10] 不管怎样,《数字千禧年版权法》的制定依据并非国会制定版权法的授权,而是宪法商业条款。因此,应该对该法全面适用宪法第一修正案。

(六)版权保护应该采用短暂但可续展的保护期

基于第八章阐释的理由,应该修改《版权法》,将版权保护改为短暂而可续展的保护期制度——例如每届保护期五年,但可以续展,总共不超过 50 年。续展费应该金额很小但并非微不足道。这样可以达到两个

---

⑧ *See* Eldred v. Ashcrof, 537 U. S. 186, 219(2003)("版权条款和第一修正案的制定时间接近。这种接近性表明制宪者认为版权的有限垄断与言论自由原则是相容的。")

⑨ 参见第七章。

⑩ *See* Snyder v. Phelps, 131 S. Ct. 1207(2011)(原教旨主义教会在阵亡士兵葬礼上进行有害和攻击性抗议活动,法院支持其拥有此种权利).

目的。第一,促使具有短暂商业价值的作品迅速进入公有领域。在早期
401 采取续展制的法律制度下,尽管续展费金额很小,但也只有10%的版权经过续展保护期超过28年。第二,它有助于维持一个基本上及时更新的版权人数据库,从而解决无法查明版权人的所谓“孤儿”作品问题。[⑪]

(七)《专利法》和《版权法》中的模糊之处通常应解释为拒绝给予保护

如今,《专利法》和《版权法》主要朝着代表权利人利益而非创新这一公共利益的方向发展。然而,我们并不能仅以特殊利益俘获为由撤销一部在其他方面均有效的制定法。但法院仍然能够对这些制定法予以仔细审查以确保它们符合宪法要求,包括知识产权条款和第一修正案。

另外,制定法必须不断得到解释。制定法的模糊不清有时是无意间造成的,但更常见的情况是,联邦国会试图通过降低透明度对特殊利益集团作出回应。模糊不清可以使特殊利益集团的影响不再那么明显。有鉴于此,法院在解释模糊不清的立法条文时应该作对权利人不利的解释。如果法院作对权利人有利的解释,将几乎没有废除这种解释的可能。但如果法院作对权利人不利的解释,联邦国会确实想澄清自己的意图时它可以通过立法推翻法院的解释。这一过程有助于逼迫国会提高立法的问责程度。

(八)联邦贸易委员会应该通过制定类似反垄断法的规则调整互联互通及其他交易义务

正如第十一章指出,美国反垄断法对支配地位企业拒绝与竞争对手交易的行为抱持极度宽容的态度,欧盟法相对较为严苛。尽管美国承认大型网络(如电信)之中存在互联互通义务,但该等义务来源于具体的监管制度而非反垄断法。无论在混合有垄断市场和竞争市场的部分放松管制的产业之中,还是在从未受到过重大价格和风险监管的新兴网络
402 之中,例如计算机通讯和互联网,这些互联互通义务都至关重要。理论上,反垄断政策是塑造适当互联互通义务的有用工具,因为它能够针对

---

⑪ 在本书付梓之际,一个地区法院拒绝批准谷歌公司与诉讼对方达成的和解协议。根据该协议,谷歌公司能够对巨量作品进行数字化。法院作出该决定的部分原因是对于无法查明、因此无法参与和解协议的大量版权人的关切。*See* Authors Guild v. Google, Inc. ,770 F. Supp. 2d 666(S. D. N. Y. 2011).

涉案竞争问题进行微调。但美国反垄断法的问题在于，它的运作体系以具有一般管辖权的法院、三倍损害赔偿以及陪审团审理为特征；这种体制非常不适合制定监管性质的义务，例如互联互通的技术规格。事实上，这一制度的过度进攻性已经促使法院通过制定威慑不足的实体规则加以抵消。

这一事实为联邦贸易委员会打开了一扇窗：根据其谴责不公平竞争方法的使命设置互联互通义务。联邦贸易委员会的管辖权范围能够并且应当大于《谢尔曼法》，延及调整支配地位企业在网络型市场上从事的限制竞争行为，只要可以合理推断存在消费者损害。与《谢尔曼法》第 2 条不同，《联邦贸易委员会法》规定的责任要件是推断存在消费者损害，不一定要求推断存在市场排斥效应。[12] 另外，联邦贸易委员会是一个专家型机构，在应对这些问题的复杂性方面，其能力远远胜过联邦法院和陪审团。最后，《联邦贸易委员会法》并未规定私人诉因，因此无需担心成本高昂的私人损害赔偿诉讼，而在《谢尔曼法》或《克莱顿法》项下，联邦政府一旦取得胜诉通常都会招惹私人随后提起此类诉讼。这些关于联邦贸易委员会拥有更大权限的观点，一度牢固确立并很少存在争议。然而，由于联邦贸易委员会自己在历史上混淆"不公平"商业做法与真正的反竞争行为，这些观点遭到了严重的削弱。[13] 现在到了针对这些情形扩大联邦贸易委员会角色的时候了。

（九）必须认真对待限制创新行为

关于限制创新行为，第九章指出两点。第一，它们造成的社会成本远远超过简单的限制竞争行为。第二，由于创新轨迹的可预见性远远低于价格竞争，因果关系和损害要件的证明尤为困难。这一事实会阻碍许多限制创新行为受害者提起私人反垄断诉讼。这要求政府执法机关保持更加敏捷的执法态势，并扩大知识产权滥用法则的外延。

---

⑫ *See* 15 U. S. C. § 45(a)(i)and(n)，这些条文规定"不公平竞争方法"非法，并将联邦贸易委员会的权限局限于管辖符合如下条件的不公平竞争，即"可能给消费者造成实质性损害，消费者本身无法合理地避免该损害并且该行为给消费者或竞争带来的抵消性利益不超过该损害"。

⑬ *See* Herbert Hovenkamp, The Federal Trade Commission and the Sherman Act, 62 *Florida L. Rev.* 871(2010).

(十)知识产权滥用法则应该扩大适用范围但收窄救济方式

403 过去30年间有许多法律和观点考察过知识产权滥用与反垄断法之间的关系，其中主流观点认为知识产权滥用应受反垄断法原则的管辖。但滥用法则源于知识产权法，关切对象延及反垄断法不能到达的领域。因此，知识产权滥用之诉除了管辖违反反垄断法的行为(这使得该法则基本上成为一个多余的制度)，还管辖包括限制创新行为以及试图没收原属公有领域之信息的行为。

事实上，知识产权滥用法则是追诉限制创新行为的理想工具。它是侵权之诉的抗辩事由，因此无需证明损害。然而，根据现行法，知识产权滥用的救济手段——在清除违法行为之前拒绝针对任何人强制执行知识产权——过于严厉。在大多数情况下，适当的救济是仅仅禁止强制执行违法的规定，而非禁止该知识产权的任何强制执行。

(十一)竞争法和知识产权法需要更加融贯一致的调整分销限制行为的规则

如今，经济生活中大量存在组织型分销网络，例如汽车和电脑的销售与维护、快餐特许经营、制造许可、数字媒体分销。知识产权政策和反垄断政策包含众多处理私人企业分销政策的法则。然而，这些法则并不完全一致，知识产权规则和反垄断规则之间有时还存在冲突。反垄断法的关切对象是限制竞争进而损害消费者的限制行为。专利法和版权法的主要关切对象则是保护知识产权授予程序的纯洁性、制裁限制而非促进创新的行为，以及制裁不合理封锁原属公有领域之技术或思想的行为。另一方面，分销限制行为具有很大的潜在社会效益。它们能够增加产出，提升产品或方法的质量或者消费者满意度，消除“搭便车”，或者通过消除双重边际化降低价格。因此，不应该存在反对它们的法律推定。在这方面，联邦最高法院在广达案中重申的知识产权法“首次销售”法则存在过度僵硬及不合理的问题。通过一个更加微妙的方式就可以很好地实现它所追求的正当目的。这种替代方式就是确保下游当事人就该等限制得到充分及时的通知。[14]

* * *

---

⑭ 参见第十三章。

知识产权政策的制定者必需更加充分地认识到知识产权法扮演着 404
市场监管的角色。专利或版权政策很多时候涉及政府是否应该干预经济的深层次意识形态分歧。在右翼，有时能看到有人呼吁自由竞争、减少反垄断执法以及市场监管，但他们同时却愿意向知识产权制度方面投入几乎任何数量的政府监管——保护越多越好。这种态度忽略了一个事关所有监管形式的基本经济规律，即市场失灵的矫正需要使用柳叶刀而非短柄斧。如果你不理解自己的所作所为将会产生何种效果，最好放手市场自行处理。相反，在意识形态的左翼，许多人愿意看到更多反垄断干预以及更直接的政府监管，但他们同时也乐于看到减少知识产权制度方面的政府干预，包括在某些情况下完全不加保护。

只要财产权清晰、存在足够多的竞争者并且生产商和消费者都没有被过度锁定于先前的承诺，大多数市场都会运行得差强人意。与此同时，对创新进行某些法律控制也是必要的。有时，为形成激励和限制搭便车需要提升获益程度。但是市场本身也通过赋予先发优势和鼓励保密为这些问题提供了一些解决方案。如果知识产权制度无视这些市场事实，它们事实上根本就不是在做处理“市场失灵”的事情。正如其他市场一样，为了促进交易，知识产权市场也需要清晰的产权规则和及时的权利通告。具有讽刺意味的是，由于知识产权制度导致产权模糊不清以及只规定了无足轻重的通告义务，往往造成适得其反的效果。在知识产权法领域，正如在任何其他监管领域一样，有时候，越少越好。在有关私人获益与公众接触这场伟大的知识产权战斗中，如今获益权占了上风。与此同时，事实证明，寻找二者之间的适当平衡点是政府政策所要处理的最为困难的问题之一。为此，我们需要更加透明的政治程序和更加敏锐的司法机关。

索　引*

* 索引中的页码为英文版的页码。数字后的 n 表示"脚注"，t 表示"表格"。——译者注

译后记

2011年8月8日，北京首都国际机场，我以富布赖特访问学者（博士生子项目）的身份登上前往美国的航班。这是我首次踏出国门，尽管临行前美国大使馆和富布赖特基金会已经安排了两天的培训，我心中仍然充满了忐忑不安。我将前往一个从未亲身接触过的国家，印象中它充满了暴力和危险。

飞机在洛杉矶机场降落。按照计划，我要前往加州大学伯克利分校参加入学培训。在时差、语言障碍、不确定性和与家人失联的状态下，我在那个风景如画的校园度过了煎熬的一周。接下来乘机前往我此次行程的目的地——位于美国中西部的爱荷华城（Iowa City），我将在那里的爱荷华大学法学院度过一年的访学时光。飞机进入爱荷华州以后，映入眼帘的到处是绿色的农场，偶尔点缀着规模不大的村镇和谷仓。到达Cedar Rapids机场，早已有学生会的中国留学生在那里等候。他们驱车带我前往爱荷华城。沿路依然是开阔的农田和草地，充满了恬静和田园气息。但这种惬意很快就被现实所打破。临行前我已经通过互联网租好了公寓。但到达住处发现我的房间位于马路旁边、噪声很大；房间内什么都没有，一切都要自己购置;在这两眼一抹黑的地方,不知道超市在哪,也不知道该如何解决临时用餐问题;我甚至不知道踩到门前的大草坪会不会像传说中那样被枪杀……糟糕的心情挥之不去,心中不断默默地问自己为什么要远离家人来到这里?

不过我很快就度过了这种文化休克期。在中国留学生的帮助下我找到了超市、市中心,知道了如何乘坐公交车,办理了入学手续、水电网络开通手续,调换了房间。更幸运的是,当时正好赶上当地教会的施舍日。他们把上届毕业生或者其他人捐赠的各种家具无偿送给新来的学生,并负责把大件物品运送到家。我一次性地得到了锅碗瓢盆等家用所需,还幸运地拿到了一张很大的书桌和床垫。

爱荷华城偏居美国中西部的爱荷华州。它实际上是一个大学城,除了爱荷华大学之外基本上没有其他产业。小城人口不多,人们非常友善,治安状况很好。这里天空很蓝,云总是很低,似乎伸手就能够到;古老的小城到处是巨大的橡树、开阔的草坪和低矮的小房子;从我的住处徒步十几分钟穿过绿地和社区就到达了法学院。法学院旁边是宽阔的静静流淌的爱荷华河,沿河有大片草坪和供人们跑步的水泥道。在如此美丽的地方,不久,一向待在家中的太太(当时受严重失眠的困扰)开始热爱上了跑步。于是只要天气允许,我们就沿着这条大河在蓝天白云、绿荫的环绕下自由地慢跑。到我们2012年7月回国时,太太已经基本克服了失眠的困扰,并深深地热爱上了运动,整个人也变得积极向上和乐观。

就是在这样一个仙境般的地方,我深深地感受到被反垄断法界称为"爱荷华城神谕"(Iowa City Oracle)①的赫伯特·霍温坎普教授的学术启迪。

自从2003年考取对经济贸易大学法学硕士研究生,我就与反垄断法结下了不解之缘。我的硕士导师董灵副教授以及我后来的博士生导

① Rebecca Haw Allensworth, The Influence of the Areeda-Hovenkamp Treatise in the Lower Courts and What It Means for Institutional Reform in Antitrust, 100 Iowa L. Rev. 1919, 1933(2015)("霍温坎普教授应该被称为'爱荷华城神谕',因为他的思想经常预见到法院和执法机关采纳的规则和裁决。");Daniel A. Crane, Antitrust Modesty, 105 MICH. L. REV. 1193, 1193(2007)("作为《反托拉斯法》释论的守护人,霍温坎普常带着神谕一样的权威对反托拉斯法事务发表观点。")

师黄勇教授,当时以竞争法中心为平台开展了各种反垄断法相关的学术活动。作为董老师的学生,我自然也就接触了这个学科,并为它的复杂、精致和富有挑战性感到着迷。当然,作为硕士生,我的积累相当有限,加之我把大部分精力投向了《英文判例阅读详解》一书的写作,当时对于反垄断法并没有太深入的研究。毕业后我前往英国富而德律师事务所北京办事处工作。当时的想法是工作几年有些经济基础以后再去读博,所以就选择了法律翻译的职务,因为工作内容比较纯粹,可以有更多的时间继续研究。不曾想一年多之后我因为用眼过度患上了干眼症,工作开始变得吃力。于是我就以此为"契机"提前辞职读博。在此我要特别感谢我的博士生导师黄勇教授对于我的特别照顾,让我能够在此状态下攻读博士学位。

在这期间,由于眼疾的原因,我很少上网和写作,而是把主要精力用在了大量阅读文献。这一过程中,我自然而然地频频接触到赫伯特·霍温坎普教授的著述,为他睿智的思想所折服。于是 2011 年前往美国做访问学者时,我自然慕名选择了霍温坎普教授作为美方导师。感谢他和他所在的法学院接受了我这名中国学生。爱荷华城生活节奏很慢,远离大都市的喧嚣和诱惑,非常适合思考和学术研究。在那里的一年时间是我学术生涯中最为安逸的时光,不受任何杂务的干扰。我每天的生活非常简单:上课、购物、运动、自学。第一个学期我旁听了"LLM 导论"、"美国宪法"和霍温坎普教授的"反垄断法"课程,第二学期旁听了霍温坎普教授新开设的"创新与竞争政策"课程。没课的时候我就坐在窗前的书桌旁静静地阅读文献,上午的时候还有阳光透过百叶窗照射进来。窗前的草地上时常有野兔悠闲地吃草,大树上不时传来鸟鸣和松鼠嬉戏打闹的声音,工作日课间的时候还能听到不远处小学操场上孩子们驰骋足球场时的欢乐尖叫声……就是在这样的环境中我不断地预习霍温坎普教授的课堂材料,并在他的影响下扩展阅读。

霍温坎普教授在课堂上从来不用 PPT,完全凭借他极其丰富的知识储备滔滔不绝地讲授和互动。他充分诠释了好的课堂并不一定需要借助任何技术手段。"创新与竞争政策"是他当时新开设的一门课程,使用的教材正是他和太太克里斯蒂娜·博翰楠教授刚刚出版的《创造无羁限》(*Creation Without Restraint*)以及他放在互联网上供人免费下载的开源教科书《创新与竞争政策案例和材料》(*Cases and Materials on Innovation and Competition Policy*)。[②] 此前国外已经有"知识产权与反垄断法"这个学科的发展,也有一些学校开设了这门课程。但"创新与竞争政策"则采用了一个相当不同的视角。"知识产权与反垄断法"以反垄断法为切入点,讨论反垄断法案件涉及知识产权时如何评判竞争问题,如何在此语境下适用反垄断法的原则和规则。"创新与竞争政策"则以创新为切入点,探讨反垄断法和知识产权法各自如何调整,才能更好地促进创新(当然也涉及其他一些问题,如版权法上的言论自由保障问题)。它是以一个新的目标(创新)为标准去重新评判两套既有的法律制度,对二者均有重大的反思和重构。例如,如何在互联互通的市场上适用反垄断法?如何以反垄断法制裁限制创新行为?如何以反垄断法保障有利于创新竞争的市场结构?如何重构专利法、版权法、《数字千禧年版权法》,使其更有利于创新?如何评判和肯认各种组织形式、行为方式的创新促进功能?

对于一个只接受过正统知识产权法和反垄断法教育的学生而言,这种新视角的冲击力可想而知。从此以后我就迷恋上了创新与竞争政策这个话题,2013 年还曾经在《电子知识产权》上发表过一篇短文,[③]引介这种思想。当然,由于我在反垄断法和知识产权法两个领域的基础研究均不够深入,所以还无法娴熟地驾驭这个话题,只好将它作为一个"缓慢的预感"(slow hunch)静静地发育;并将精力集中在对这两个学科的基础研究上,尤其是反垄断法。也正是由于这段研究经历,使我有机会进入华政知识产权学院做竞争法与知识产权法的交叉研究。

在阅读《创造无羁限》一书的过程中,我就萌生了将其翻译成中文的念头。但由于当时面临发表博士毕业资格论文和写作学位论文的重重困扰,我完全无力担当此任。出国前曾与霍温坎普教授《联邦反托拉斯政策》一书的译者、我国著名反垄断法学者许光耀教授交谈,他有意翻译霍温坎普教授的另一本专著《反托拉斯事业》,后来得知此书已经被翻译成中文。于是我向许老师推荐此书。不巧的是他当时已另有安排,于是他建议我进行翻译。令人感动的是,许老师还热情帮我联系某

---

② http://papers. ssrn. com/sol3/cf_dev/AbsByAuth. cfm? per_id = 23858。

③ 兰磊:《创新视角下的知识产权—反垄断法关系》,载《电子知识产权》2013 年第 5 期。

大型跨国公司资助出版事宜。不过,出于种种考虑,这家公司最终没有资助,翻译的事情也就暂时搁浅。2012 年 7 月我回国之后开始着手写作学位论文。我选择了一个理论性很强的题目——《反垄断法的立法目的研究》,[④]远远超越了我当时的驾驭能力,耗费了巨大的精力。其间也曾联系过国内出版社协助办理版权引进事宜,但由于涉及版税问题最终没能成行。

2014 年 4 月我进入华政知识产权学院做师资博士后,从事知识产权与竞争法的交叉研究。于是翻译的事情再次被提起。在黄武双教授的大力支持及学院的资助下,法律出版社迅速帮我引进了翻译版权。从 2015 年 3 月开始,历经九个月时间四易其稿,才有幸将这本专著呈现给读者。

"译事艰辛",只有认真做过翻译的人才深知其中含义。绝不像有些人认为的那样,无论什么人,只要学过外语就可以做翻译。国外经典著作被译得错误百出的例子不胜枚举,被译得几乎全错也不乏其例。《创造无羁限》一书是霍温坎普教授和博翰楠教授极其丰富学术思想的精华浓缩,涉及面广,背景知识多,翻译难度很大。霍温坎普教授从 1984 年开始参与由阿瑞达和特纳发起的《反托拉斯法》释论丛书的撰写。该套丛书是目前美国联邦法院系统和学术界引证率最高的反垄断法著作,霍温坎普教授目前是其唯一修订人。2012 年第三版修订完成时(目前正在进行第四版的修订工作),该套丛书已达 21 卷,近 6000 页。霍温坎普还是另一套权威著作《知识产权与反托拉斯法》的第一作者。此外他还发表有 100 余篇学术论文,约 50 篇杂文和书评,以及多部专著。其著述涉及历史学、宗教、经济学、政治学、法理学、宪法学、财产法、侵权法、竞争法、知识产权法等多个方面。博翰楠教授在知识产权法领域颇有造诣。《创造无羁限》一书对于这些知识信手拈来,此书的翻译难度可想而知。

我之所以斗胆担此重任,有以下几个理由。第一,我本硕博都在高度重视英语教学的对外经济贸易大学学习,本科攻读商务英语专业、辅修国际贸易专业(取得经济学学士学位),硕士和博士阶段攻读国际法

---

④ 后将博士学位论文题目缩小为《论反垄断法多元立法目的的平衡》。该论文稍作修改后将于 2016 年由法律出版社出版。

学专业(反垄断法方向)。第二,我通过英语专业八级考试,硕士毕业后曾在外资所从事一年半法律翻译工作,并在近十年间担任《财富》(中文版)兼职翻译,[5]多年的研究以英文文献为主。第三,我曾出版过商务英语[6]和法律案例导读[7]方面的专著,对商务知识和英美法有所钻研;参与过《国际商事合同通则》的翻译和审校,[8]对于法律翻译有所心得。第四,我从事反垄断法研究多年,[9]并在华政知识产权学院接受知识产权法方面的熏陶。第五,作为霍温坎普教授指导的学生,我对其思想体系较为了解;访问研究期间旁听其"反托拉斯法"、"创新与竞争政策"课程,后者使用的教材之一正是本书,上课期间我认真阅读和领会过该书,回国后又阅读了一遍,因此对作者的原意具有相当深刻而准确的把握;翻译期间又四易其稿,反复雕琢。第六,作为霍温坎普教授的学生,我深感有准确传播其思想的重任,以免其如此优秀的著作被人误译。

---

⑤ 虽然客观上为生活所迫,但这份兼职工作也使我受益很多。在此对《财富》(中文版)以及常年负责与我接洽的吴文耀编辑表示感谢!

⑥ 兰磊:《英美报刊核心商务术语释义》,中国对外经济贸易出版社2003年版;兰磊:《商务英语常用术语释义》,中国纺织出版社2009年版。

⑦ 兰磊:《英文判例阅读详解》,中国商务出版社2006年版。

⑧ 张玉卿主编:《国际商事合同通则2004》,中国商务出版社2005年版(审校部分译文);张玉卿主编:《国际商事合同通则2010》,中国商务出版社2012年版(负责2010年版新增部分翻译及2004年版已有部分的译文校订);《国际统一私法协会(UNIDROIT)国际商事合同通则2010条文中文文本》(兰磊译,张玉卿校),国际统一私法协会网站,http://www.unidroit.org/english/principles/contracts/principles2010/translations/blackletter2010-chinese.pdf。

⑨ 戴宾、兰磊:《反垄断法民事救济制度比较研究》,法律出版社2010年版;参与《反垄断法经典判例选读——禁止垄断性协议》(黄勇、董灵著,人民法院出版社2008年版)的写作。兰磊:《最低转售价格维持的竞争效果分析》,载《价格理论与实践》2012年第12期;兰磊:《创新视角下的知识产权——反垄断法关系》,载《电子知识产权》2013年第5期;兰磊:《反倾销制度的福利效果考察》,载《国际商务》2013年第5期;兰磊:《最低转售价格维持的结构型合理原则分析》,载《经济与法论丛》(第1卷),中国社会科学出版社2014年版;兰磊:《反垄断法唯效率论质疑》,载《华东政法大学学报》2014年第4期(被人大复印资料《经济法学、劳动法学》2014年第10期全文转载);兰磊:《比例原则视角下的反不正当竞争法一般条款解释——以视频网站上广告拦截和快进是否构成不正当竞争为例》,载《东方法学》2015年第3期(被人大复印资料《经济法学、劳动法学》2015年第8期全文转载);兰磊:《经营者承诺制度中的公共利益保障:基于美国和欧盟实践比较与分析》,载《价格理论与实践》2015年第5期;兰磊:《非法价格歧视行为的判断标准研究》,载《竞争政策研究》(第2卷),2005年10月;兰磊:《论欧盟垄断协议规制制度的困境及其对我国的启示》,载王先林主编:《竞争法律与政策评论》(第1卷),上海交通大学出版社2015年版,第84~120页;兰磊:《转售价格维持违法推定之批判》,载《清华法学》2016年第2期。

尽管有前述翻译条件，翻译过程中我仍然诚惶诚恐，生怕误读作者的原意。虽然我多遍精读原著，并在翻译过程中多次请教霍温坎普教授，试图使译文准确传达原著含义，但我深知不足之处肯定难免，望读者不吝指正。

感谢华政知识产权学院何敏院长以及合作导师孔祥俊教授、工作导师黄武双教授给我很大的研究自由，使我能够集中精力进行该书的翻译工作。感谢孔祥俊教授拨冗赐序！感谢学院王迁教授、尹腊梅副教授、侍孝祥博士、贺炯博士等同事对我在翻译过程中遇到的疑惑的解答。当然，理解不当和翻译不准之处，皆因我个人学艺不精所致。感谢法律出版社韩满春编辑为本书的编辑出版付出的辛勤劳动！

感谢我的家人对于我工作一如既往的支持！

兰磊

2016 年 4 月 26 日

图书在版编目(CIP)数据

创造无羁限:促进创新中的自由与竞争/(美)博翰楠(Bohannan,C.),(美)霍温坎普(Hovenkamp,H.)著;兰磊译. —北京:法律出版社,2016.4
(知识产权法律译丛)
书名原文:Creation Without Restraint:Promoting Liberty and Rivalry in Innovation
ISBN 978-7-5118-9376-5

Ⅰ.①创… Ⅱ.①博…②霍…③兰… Ⅲ.①知识产权法—研究—美国 Ⅳ.①D971.23

中国版本图书馆CIP数据核字(2016)第075786号

创造无羁限:促进创新中的自由与竞争

克里斯蒂娜·博翰楠
赫伯特·霍温坎普 主编
兰 磊 译

责任编辑 韩满春
装帧设计 贾丹丹

开本 720毫米×960毫米 1/16
印张 32.75 **字数** 486千
版本 2016年7月第1版
印次 2016年7月第1次印刷
出版 法律出版社
编辑统筹 学术·对外出版分社
总发行 中国法律图书有限公司
经销 新华书店
印刷 三河市龙大印装有限公司
责任印制 陶 松

法律出版社/北京市丰台区莲花池西里7号(100073)
电子邮件/info@lawpress.com.cn
销售热线/010-63939792/9779
网址/www.lawpress.com.cn
咨询电话/010-63939796

中国法律图书有限公司/北京市丰台区莲花池西里7号(100073)
全国各地中法图分、子公司电话:
第一法律书店/010-63939781/9782
西安分公司/029-85388843
重庆公司/023-65382816/2908
上海公司/021-62071010/1636
北京分公司/010-62534456
深圳公司/0755-83072995

书号:ISBN 978-7-5118-9376-5
定价:96.00元